Princípios de Política

Benjamin Constant

Princípios de Política
Aplicáveis a Todos os Governos

Benjamin Constant

Princípios de Política Aplicáveis a Todos os Governos

Editado por
Etienne Hofmann

Traduzido para o inglês por
Dennis O'Keeffe

Introdução de
Nicholas Capaldi

Tradução
Joubert de Oliveira Brízida

Principes de politique applicables à tous les gouvernements was edited by
Etienne Hofmann. Edition published by Droz, CH-1206, Geneva.
© 1980 by Librairie Droz S. A. Introduction: © 2003 by Liberty Fund, Inc.
© 2007 Topbooks to the portuguese translation
Princípios de política aplicáveis a todos os governos foi editado por
Etienne Hoffman. Edição publicada por Droz, CH-1206, Genebra.
© 1980 Livraria Droz S. A. Introdução: © 2003 Liberty Fund, Inc.
© 2007 Topbooks para a edição em língua portuguesa
1ª edição brasileira: setembro de 2007

Editor
José Mario Pereira

Editora-assistente
Christine Ajuz

Projeto gráfico e capa
Victor Burton

Revisão
Clara Diament
Fernanda Pedrosa

Índice
Joubert de Oliveira Brízida

Editoração e fotolitos
Arte das Letras

Gerente do programa editorial em
português do Liberty Fund, Inc.
Leônidas Zelmanovitz

Todos os direitos reservados pela
TOPBOOKS EDITORA E DISTRIBUIDORA DE LIVROS LTDA.
Rua Visconde de Inhaúma, 58 / gr. 203 — Rio de Janeiro — RJ
CEP: 20091-000 Telefax: (21) 2233-8718 e 2283-1039
www.topbooks.com.br / topbooks@topbooks.com.br

Impresso no Brasil

Sumário

Nota do Tradutor para o Inglês 17
Agradecimentos 23
Introdução – *Nicholas Capaldi* 25

Princípios de política

LIVRO I
Das Idéias Herdadas sobre o Escopo da Autoridade Política

1. O propósito desta obra 39
2. Primeiro princípio de Rousseau sobre a origem da
   autoridade política 43
3. Segundo princípio de Rousseau sobre o escopo da
   autoridade política 47
4. Argumentos de Rousseau para a autoridade
   política ilimitada 58
5. Que o erro de Rousseau advém de seu desejo de
   distinção entre as prerrogativas da
   sociedade e as do governo 60
6. As conseqüências da teoria de Rousseau 63
7. Sobre Hobbes 67
8. Reprodução da opinião de Hobbes 70
9. Sobre a inconsistência com que Rousseau foi censurado 72

LIVRO II
Dos Princípios para Substituir Idéias Herdadas sobre a Extensão da Autoridade Política

1. Da limitação da autoridade política...81
2. Dos direitos da maioria...82
3. Da organização do governo quando a autoridade política não é limitada...88
4. Objeção à possibilidade de limitação da autoridade política...90
5. Dos limites da autoridade política restringidos a um mínimo...92
6. Dos direitos individuais quando a autoridade política é assim restringida.................................93
7. Da substituição da idéia de direitos individuais pelo princípio da utilidade...94

LIVRO III
Dos Argumentos e Hipóteses em Favor da Extensão da Autoridade Política

1. Da extensão da autoridade política além do mínimo necessário por razões de utilidade.........................105
2. Das hipóteses sem as quais a extensão da autoridade política é ilegítima..109
3. São os governantes necessariamente menos propensos ao erro que os governados?..................................110
4. São os erros governamentais menos perigosos que os dos indivíduos?..118

5. Da natureza dos meios que a autoridade política pode empregar por razões de utilidade. 120

LIVRO IV
Da Proliferação de Leis

1. Causas naturais da proliferação de leis 129
2. A idéia que usualmente se desenvolve sobre os efeitos que a proliferação de leis causa, e a falsidade da idéia 130
3. Que não existe o benefício principal que os defensores do governo democrático esperam com a proliferação de leis 132
4. Da corrupção que a proliferação de leis provoca entre os agentes do governo 134
5. Outra desvantagem da proliferação de leis 136

LIVRO V
Das Medidas Arbitrárias

1. Das medidas arbitrárias e do porquê de as pessoas terem sempre protestado menos contra elas do que contra os ataques à propriedade 143
2. Das razões para as medidas arbitrárias e a prerrogativa da prevenção de crimes 145
3. Argumento falacioso em favor do governo arbitrário 150
4. Do efeito das medidas arbitrárias em termos de vida moral, indústria e duração dos governos 151

5. Da influência do mando arbitrário sobre os próprios governantes 154

LIVRO VI
Dos Coups d'Etat

1. Da admiração pelos *coups d'Etat*.................................. 161
2. Dos *coups d'Etat* em países com Constituição escrita............... 168
3. A condição necessária para barrar violações constitucionais 174

LIVRO VII
Da Liberdade de Pensamento

1. O assunto dos três livros seguintes 189
2. Da liberdade de pensamento 189
3. Da expressão do pensamento 192
4. Continuação do mesmo assunto................................. 203
5. Continuação do mesmo assunto................................. 212
6. Certa explicação necessária...................................... 222
7. Observações finais 222

LIVRO VIII
Da Liberdade Religiosa

1. Por que a religião foi atacada com tanta freqüência pelos homens do Iluminismo................................. 233
2. Da intolerância civil 241

3. Da proliferação de seitas 243
4. Da manutenção da religião pelo governo contra
   o espírito de inquirição 246
5. Do restabelecimento da religião pelo governo 248
6. Do axioma de que o povo precisa ter uma religião 249
7. Do caso utilitário para a religião 251
8. Outro efeito do axioma de que o povo precisa
   ter uma religião 252
9. Da tolerância quando o governo se envolve 254
10. Da perseguição a uma crença religiosa 255

LIVRO IX
Das Salvaguardas Legais

1. Da independência dos tribunais 263
2. Da abreviação dos processos devidos 267
3. Das penas 273
4. Da prerrogativa para o exercício da clemência 279

LIVRO X
Da Ação do Governo em Relação à Propriedade

1. O propósito deste livro 285
2. Da divisão natural dos habitantes do mesmo
   território em duas classes 286
3. Da propriedade 288
4. Do *status* que a propriedade deve ocupar nas
   instituições políticas 291

5. Dos exemplos recolhidos do passado 296
6. Do espírito proprietário 299
7. Que só a propriedade territorial reúne todas as vantagens da propriedade 300
8. Da propriedade em fundos públicos 309
9. Da quantidade de propriedade fundiária que a sociedade tem o direito de demandar para o exercício dos direitos políticos 313
10. Que os proprietários não têm interesse no poder abusivo *vis-à-vis* os não-proprietários 314
11. Dos privilégios hereditários comparados com a propriedade 318
12. Comentário necessário 321
13. Da melhor maneira de conferir aos proprietários grande influência política 326
14. Da ação do governo sobre a propriedade 330
15. Das leis que favorecem o acúmulo de propriedade nas mesmas mãos 331
16. Das leis que garantem um alastramento mais amplo da propriedade 336

LIVRO XI
Dos Impostos

1. O propósito deste livro 351
2. O primeiro direito dos governados em relação à taxação..... 351
3. O segundo direito dos governados em relação à taxação 354

4. Dos vários tipos de impostos.. 355
5. Como a taxação vai de encontro aos direitos individuais..... 363
6. Que os impostos incidentes sobre o capital são
   contrários aos direitos individuais... 367
7. Que o interesse do Estado em matéria de taxação
   é consistente com os direitos individuais............................. 369
8. Um axioma incontestável... 375
9. A desvantagem da taxação excessiva...................................... 377
10. Mais uma desvantagem da taxação excessiva...................... 378

LIVRO XII
Da Jurisdição do Governo sobre a Atividade Econômica e a População

1. Observação preliminar... 387
2. Da jurisdição política legítima *vis-à-vis* a
   atividade econômica.. 388
3. Que existem dois ramos da intervenção
   governamental com respeito à atividade econômica........... 389
4. Dos privilégios e proibições 390
5. Do efeito geral das proibições... 420
6. Daquilo que força o governo para essa direção equivocada.....423
7. Dos suportes oferecidos pelo governo 427
8. Do equilíbrio da produção 434
9. Um exemplo final dos efeitos adversos da
   intervenção do governo 438
10. Conclusões das reflexões anteriores..................................... 440
11. Das medidas governamentais em relação à população..... 441

LIVRO XIII
Da Guerra

1. De que ponto de vista a guerra pode ser considerada vantajosa 467
2. Dos pretextos para a guerra 470
3. O efeito da política de guerra sobre a condição doméstica das nações 475
4. Das salvaguardas contra a mania de guerra dos governos 482
5. Da maneira de constituir e manter exércitos 486

LIVRO XIV
Da Ação do Governo na Ilustração

1. Questões que serão enfocadas neste livro 499
2. Do valor atribuído aos erros 501
3. Do governo em apoio à verdade 506
4. Da proteção do governo à ilustração 511
5. Da sustentação da moralidade 515
6. Da contribuição do governo para a educação 517
7. Dos deveres do governo *vis-à-vis* a ilustração 527

LIVRO XV
O Resultado da Discussão Precedente Relativa à Ação do Governo

1. O resultado da discussão precedente 535
2. De três idéias perniciosas 537
3. Das idéias de uniformidade 538

4. Aplicação desse princípio à composição de assembléias representativas.. 544
5. Mais pensamentos sobre o capítulo anterior....................... 547
6. Das idéias de estabilidade.. 562
7. Dos aperfeiçoamentos prematuros.. 566
8. De uma maneira falsa de raciocinar...................................... 574

LIVRO XVI
Da Autoridade Política no Mundo Antigo

1. Por que entre os antigos a autoridade política podia ser mais extensa que nos tempos modernos............. 579
2. A primeira diferença entre o Estado social dos antigos e o dos tempos modernos.. 580
3. A segunda diferença 582
4. A terceira diferença... 586
5. A quarta diferença.. 591
6. A quinta diferença... 592
7. O resultado dessas diferenças entre antigos e modernos...... 595
8. Imitadores modernos das repúblicas antigas 602

LIVRO XVII
Dos Verdadeiros Princípios da Liberdade

1. Da inviolabilidade dos princípios verdadeiros da liberdade... 629

2. Que a circunscrição da autoridade política, dentro de seus princípios precisos, não tende em absoluto a enfraquecer a necessária ação do governo. 633
3. Pensamentos finais sobre liberdade civil e liberdade política 635
4. Apologia ao despotismo por Luís XIV 644

LIVRO XVIII
Dos Deveres dos Indivíduos em Relação à Autoridade Política

1. Dificuldades com respeito à questão da resistência 651
2. Da obediência à lei 653
3. Das revoluções 664
4. Dos deveres dos homens ilustrados durante as revoluções .. 667
5. Continuação do mesmo assunto... 678
6. Dos deveres dos homens ilustrados depois de revoluções violentas 686

Adendos à Obra Intitulada *Princípios de Política Aplicáveis a Todos os Governos*... 697

Alguns pontos adicionais... 883

Índice 895

Nota do tradutor
para o inglês

*P*rincípios de Política Aplicáveis a Todos os Governos (1810), de Benjamin Constant (1767-1830), jamais foi traduzido antes para o inglês em sua inteireza. É difícil dizer-se por que não é uma obra mais bem conhecida, por que tem sido relativamente negligenciada. É escrita em prosa graciosa e clara. Fundamenta-se em erudição muito vasta e no conhecimento da filosofia, da história, da economia, da política e do direito. A falha do academicismo recente em não prestar a devida atenção a este trabalho portentoso pode ser atribuída ao falecimento generalizado do pensamento liberal que começou na França dos meados do século XIX e que, em si mesmo, permanece inexplicável. Frédéric Bastiat (1801-1850), outro expressivo cientista social, de algumas maneiras herdeiro de Constant, padeceu igualmente da negligência da posteridade. Nenhum dos dois é citado no *The Fontana Dictionary of Modern Thought* (editado por Allan Bullock *et alii*, Londres, Macmillan, 1988). Scruton, mais tarde, veio a considerar a omissão de Constant nessa primeira edição uma subestimação séria de um escritor que agora emerge como figura formidável no debate sobre a modernidade política e econômica. Por conseguinte, a edição de 1996 de Scruton (Londres, Macmillan), embora ainda omita

Bastiat, incluiu um vigoroso resumo das principais posições do *Princípios de Política*.

Esta primeira tradução completa para o inglês do *Princípios de Política* baseia-se apenas na edição de 1980 de Etienne Hofmann. O livro de Constant, na realidade, aparece como Tomo II dessa publicação de 1980 da Librairie Droz, de Genebra, cujo Tomo I é uma versão da tese de doutorado de Hofmann sobre Constant. Traduzi todos os dezoito Livros, juntamente com os longos Adendos que Constant apensou a eles. Estes últimos são uma série de sumários, extensões e pensamentos adicionais sobre os dezoito Livros do texto principal. Minha intenção ao longo de todo o trabalho foi a de conservar ao máximo a elegância geral e a sutileza retórica da escrita de Constant, ao mesmo tempo que procurava repassá-la para o inglês mais exato, elegante e acessível. Onde o significado e a harmonia permitiram, mantive-me não só na prosa inglesa mais aproximada possível do senso exato do francês original como também me esforcei, onde o vocabulário francês tem correspondentes próximos ao inglês, por empregar tais correspondentes. A única e notável exceção é a palavra "liberté,"* com suas duas possíveis traduções em inglês, "freedom" e "liberty". Na maioria dos casos preferi a palavra "freedom" para capturar, em inglês, uma representação mais autêntica de *liberté*, com suas variações nuançadas em francês.

Até onde permite a língua inglesa, tentei também reter na tradução mesmo as mais longas das muito compridas sentenças de Constant. Não há prejuízo para a exposição e para o significado ao se agir assim, pois mesmo dentro dessas frases muito longas pode ser

---

* *"Freedom"* é o termo mais geral para a tradução de "liberdade," enquanto *"liberty"* enfatiza especialmente o poder de livre escolha. (N. T.)

encontrada brilhante clareza. Só onde o comprimento das sentenças colocou em risco a inteligibilidade, quebrei a construção. Assim, na maior parte da obra, mantive-me fiel à estrutura original.

Esta tradução não pretende reproduzir o elaborado *apparatus criticus* do Dr. Hofmann. A maioria dos estudiosos, ou mesmo dos professores profissionais, não precisa saber, quando trabalhando com o Constant em inglês, em que fólio manuscrito aparece uma passagem específica do original em francês. Tampouco são de grande interesse os erros ligeiros ou infelicidades verbais no texto original para aqueles cujo interesse principal é ler uma versão exata em inglês do significado de Constant. Assim sendo, conservei apenas aquelas muitas notas de rodapé que ajudam o leitor a entender o pensamento e a erudição de Constant. Acrescentei umas poucas notas de minha autoria com o objetivo de esclarecimento ou comentário. Naqueles casos em que Hofmann emprega o pronome francês "nous" da primeira pessoa do plural, eu o substituí pela palavra "Hofmann".

O texto de Constant tem alguns erros. Por vezes, são feitas referências a páginas inexatas ou a detalhes do tomo. Noutras, ocorrem deslizes mecânicos na escrita. Hofmann, com freqüência, os identifica. Na tradução, eu os corrigi em sua maior parte, de modo a tornar a leitura do texto mais confortável e fluente. Constant foi particularmente descuidado com a referência a títulos de obras (e com títulos de capítulos dentro de obras) de Jeremy Bentham. É comum ele dar a esses títulos uma forma reduzida ou parafraseada. Num trabalho originalmente composto sem os benefícios da tecnologia de que hoje nem sonhamos em abrir mão, a mim não parece importante que o leitor em inglês seja informado sobre cada pequeno deslize na produção literária ou erro de vocabulário.

Existe, no entanto, uma espécie de inconsistência para a qual deve ser chamada a atenção do leitor. Algumas vezes, no texto principal, Constant não é consistente com seus títulos de capítulos, que são listados no início do Livro e aparecem de novo como cabeçalhos de cada capítulo. Há ocasiões em que os títulos variam entre as duas localizações. Fiz questão de ressaltar essas ocasiões para o leitor como, pelo menos potencialmente, de alguma importância conceitual.

Talvez fosse importante preparar notas, como o texto de Hofmann constantemente o faz, sobre quais sentenças e parágrafos do *Princípios de Política* também aparecem *verbatim* em trabalhos anteriores ou posteriores de Constant. Porém, mesmo notas como essas parecem de grande relevância apenas para aqueles leitores com capacidade para consultar confortavelmente o texto em francês. Na versão para o inglês elas só serviriam para interromper a fluência da leitura. Por causa disso, não as incluí. Não obstante, inseri entre colchetes no texto os números das páginas de Hofmann.

Os Adendos, de longe mais longos que qualquer dos dezoito Livros do texto principal, foram preparados por Constant com a intenção de comprimir, expandir e elaborar os argumentos do texto principal. Constant com freqüência seleciona uma frase ou uma proposição para trabalhar sobre ela em seus Adendos. Na versão em inglês dos Adendos, essas frases ou proposições escolhidas aparecem em itálico. Onde a ordem das palavras da construção de frases em inglês permite, traduzi as palavras selecionadas por Constant nos Adendos com as mesmas palavras em inglês usadas na tradução do texto principal. Onde a ordem das palavras em inglês é diferente, limitei-me a traduzir as palavras escolhidas por

Constant nos Adendos. Pouco significado fica com isso perdido; e, na verdade, Constant se mostra freqüentemente desatento com suas próprias seqüências de palavras e autocitações. As frases que seleciona do texto principal para inclusão nos Adendos quase sempre são abreviadas ou alteradas de alguma forma. Em sua maior parte, os Adendos constituem comentários por méritos próprios.

Em muitas passagens, Constant enfatizou palavras de outros escritores e, ocasionalmente, palavras suas, e o fez sublinhando-as. No texto em inglês, tal ênfase é feita com o emprego do itálico. Onde Constant cita *ipsis litteris* palavras de outro escritor, essas palavras são mostradas entre aspas no novo texto em inglês.

As deficiências de parte do vocabulário básico têm que ser aceitas. Constant emprega "poder", "autoridade", "governo", "os governantes", a "classe governante", "autoridade social", e por vezes até mesmo "força", como sinônimos. As distinções conceituais importantes que a corrente principal dos filósofos e teóricos sociais do século XX, liderada por Max Weber, fez entre os conceitos de autoridade e poder não aparecem no *Princípios*, pelo menos ostensivamente. Tal distinção não foi nova para Weber. Ela pode ser encontrada em Maquiavel. Entretanto, só com Weber se tornou importante nos escritos políticos, e Constant não estava a par dela. A moderna ciência política ocidental tende a ver, sob a tutela de Weber, a autoridade como *tipo* especial de poder — legítimo e legal — sobretudo porque conferido pelo povo sobre o qual ela é exercida.

Contudo, Constant está, senão verbal, pelo menos conceitualmente, sintonizado com tal distinção. Pode-se dizer que seu adjetivo mais importante é *legítimo*. Para ele, governo adequado é o governo legítimo, e governo ilegítimo é despotismo. Mesmo um ato arbitrário (despótico) é, para Constant, um passo no caminho para o despotismo. O tema mais repetido por Constant ao longo de toda a obra trata dos resultados desastrosos que advêm do abandono do império da lei.

Grande parte da vida política de Constant foi moldada por sua experiência na Revolução Francesa, e seus pensamentos e escritos subseqüentes foram uma reação àquilo que ele considerou republicanismo catastroficamente à deriva. Constant é, como Maquiavel, a quem muito apreciava, de preferência um republicano, mas fica perfeitamente à vontade para admitir que a monarquia pode ser uma forma civilizada de governo. O *Princípios de Política* evita deliberadamente todas as questões constitucionais tais como republicanismo *versus* monarquia e os diversos méritos de diversificadas organizações das primeira e segunda câmaras, os modos de eleição e assim por diante. Em vez disso, Constant se dispõe a erigir, como o título completo de sua obra deixa claro, uma política legal "aplicável a todas as formas de governo".

Agradecimentos

Sou profundamente agradecido ao Liberty Fund por sua generosa provisão de assistência financeira para esta tradução. Nos estágios iniciais da empreitada, tal generosidade permitiu que eu ficasse aliviado de cerca de 50 por cento de minhas obrigações na University of North London ao longo de todo o ano acadêmico. O trabalho foi uma experiência realmente marcante, uma exposição maravilhosa a uma mente extraordinariamente poderosa e terna.

Muitos acadêmicos ajudaram no processo de tradução. Sou especialmente grato ao Dr. Simon Green, do All Souls College, que foi o primeiro a me convencer sobre as excepcionais penetração e presciência intelectuais de Constant. O professor David Marsland, da Brunel University, foi uma fonte constante de encorajamento e otimismo. Devo acrescentar que o Dr. Sean Gabb dispôs-se todo o tempo a partilhar comigo seu notável domínio dos mistérios da tecnologia da informação, sempre que precisei de aconselhamento ou quando meu computador se comportou erraticamente.

Um grupo de experientes acadêmicos franceses ajudou-me em pesquisas ocasionais. Devo mencionar com gratidão minha encorajadora colega da University of North London, Dra. Lucile

Desblache. Meu velho amigo Mr. Allan Inglis esteve sempre pronto a cooperar na tradução da linguagem mais arcaica do texto original. No que tange às passagens em latim, contei com a sorte de meu irmão, Mr. Patrick O'Keeffe, possuir erudição clássica que esteve sempre à minha disposição.

O professor Pierre Garello instruiu-me com valioso assessoramento sobre o vocabulário econômico muito complexo dos Livros X, XI e XII, pelo qual sou muito agradecido.

Devo expressar agradecimento particular a Mr. Michael Winterburn, por seu aconselhamento e ajuda inestimáveis e irrestritos. Passamos muitas horas em concentrada discussão sobre Constant e o *Princípios de Política*.

Por último, mas não menos importante, o muito obrigado a minha esposa Mary. Como em tudo o mais, seu apoio e seus conselhos foram indispensáveis durante esta tradução.

Introdução

Benjamin Constant foi o pensador-chave da tradição clássica liberal francesa entre Montesquieu e Tocqueville. Nasceu em 25 de outubro de 1767, em Lausanne, na Suíça, filho de Henriette de Chandieu e Juste Constant de Rebecque. A mãe, que morreu logo depois de seu nascimento, era descendente de família huguenote francesa que buscara refúgio na Suíça em virtude da perseguição religiosa. A herança protestante – ou, mais especificamente, calvinista – permaneceu sendo importante parte da estrutura de Constant. Seu pai foi soldado profissional em regimento suíço a serviço dos Países Baixos. Constant escreveu detalhado relato sobre sua vida privada de 1767 a 1787 no *Le Cahier rouge* (não publicado até 1907); subseqüentemente, manteve um *Journal intime* (publicado sem nenhum polimento em 1952).

O grande evento intelectual na vida de Constant foi sua ida para estudar em Edimburgo entre 1783 e 1785. Lá ele aprendeu a falar inglês com fluência; leu William Blackstone, David Hume, Adam Smith, Adam Ferguson e Dugald Stewart, bem como Edward Gibbon, Edmund Burke e William Godwin. O Iluminismo escocês permaneceu como influência formativa de seu pensamento. Numa maneira não muito diferente de Montesquieu, pelo resto da vida,

Constant buscou introduzir os princípios do liberalismo clássico britânico na vida política francesa.

De 1788 até 1794, Constant serviu na corte do duque de Brunswick e, em 1789, casou-se com uma dama da corte, Wilhelmine von Cramm. Em 1793, Constant começou um relacionamento com Charlotte von Hardenburg, com quem se casou secretamente quinze anos depois. Tal relação foi descrita numa novela, *Cécile*, só descoberta e publicada em 1951. Em 1794, conheceu Mme. Germaine de Staël (1766-1817), divorciou-se de Wilhelmine, esposa de então, e retornou com Mme. de Staël para Paris em 1795.

Começou assim a tempestuosa relação intelectual e política entre Constant e Mme. de Staël. Germaine de Staël, filha do estadista e financista Jacques Necker, foi figura intelectual de destaque e, mais tarde, autora de livros importantes sobre literatura, bem como sobre teoria literária, romantismo e o pensamento de Rousseau. Ela foi o centro do mais brilhante salão de Paris e ativista política. Seu modelo político, também influenciado por Montesquieu, foi a monarquia constitucional inglesa, e suas simpatias políticas na França recaíam sobre a facção girondina. Mme. de Staël é descrita como, talvez, a mulher mais brilhante e influente na Europa de seu tempo. Constant, em sua novela *Cécile*, descreve uma Mme. de Malbée (ou seja, Mme. de Staël) da seguinte maneira: "Seu intelecto, o de maior alcance jamais possuído por uma mulher, e talvez também por um homem, demonstrava, num debate sério, mais força que graça e, no tocante à vida emocional, uma certa pompa e afetação. Mas em sua alegria havia um certo charme indefinível, uma espécie de afabilidade infantil que cativava corações e estabelecia de imediato uma completa intimidade entre ela e seu interlocutor". É possível que Constant seja o pai do terceiro filho dela, uma menina, Albertine.

Embora não fosse cidadão francês de origem nem estivesse presente durante os dias sombrios da Revolução, Constant, através da associação com Mme. de Staël, tornou-se um defensor do Diretório. Dentro desse grupo, ele não se identificou com os que queriam uma monarquia restaurada, porém constitucional; em vez disso, ligou-se aos que trabalhavam por uma república com cidadania baseada na posse da propriedade. Constant se tornou cidadão francês em 1798. Seguindo-se ao *coup d'état* de 18 Brumário (1799), ele foi nomeado para o novo Tribunato, mas por volta de 1802 seus clássicos pontos de vista liberais e sua associação com Mme. de Staël e com o economista liberal Jean-Baptiste Say o indispuseram com Napoleão. Em 1803, acompanhou Mme. de Staël ao exílio na Alemanha e na Suíça. Durante esse tempo, eles conheceram Goethe, Schiller e os irmãos Schlegel, e tanto Constant quanto Mme. de Staël ficaram impregnados com o romantismo germânico. Constant começou a trabalhar em seus escritos religiosos, alguns dos quais fizeram parte do *Sobre a Religião Considerada em Suas Fontes, Suas Formas e Seus Desenvolvimentos* (publicado em cinco volumes entre 1824 e 1831).

Pelos doze anos seguintes, até 1815, Constant foi inimigo implacável de Napoleão. O resultado disso foi uma crítica clássica ao autoritarismo, *O Espírito de Conquista e Usurpação e Sua Relação com a Civilização Européia* (1814). Constant foi também consultor de Jean Baptiste Jules Bernadotte, ex-general napoleônico e então príncipe real da Suécia e aspirante ao trono francês. Quando Napoleão retornou ao poder por breve período de tempo e pareceu quase pronto a aceitar o modelo britânico de monarquia constitucional, ele, juntamente com a amante do momento de Constant, Mme. Récamier, amiga de Mme. de Staël e reputadamente a mais bela mulher da Europa, tiveram um encontro com Constant e o persuadiram a se tornar *conseiller d'état*. No período dos "Cem Dias", Constant chegou a preparar uma nova Constituição, conhecida como a "Benjamine". Foi com tal inspiração que Constant completou e publicou a obra em que vinha trabalhando havia muito tempo, *Princípios de Política Aplicáveis a Todos os Governos*. Esse trabalho deve ser distinguido da versão mais longa de 1810, editada em 1980 por Etienne Hofmann, na qual a tradução do Liberty Fund se baseia. Claramente, existe uma tremenda afinidade entre os assuntos das duas publicações, com freqüência perfeitamente explicável, embora a versão de 1815 seja curta e dirigida, enquanto a de 1810 é longa e discursiva. Onde a versão de 1815 enfoca repetidamente questões constitucionais e, em particular, as possibilidades civilizadoras da monarquia constitucional, a versão de 1810 evita explicitamente as matérias constitucionais, penetrando em vez disso na pesquisa dos princípios filosóficos, econômicos e jurisprudenciais que dão suporte a qualquer sociedade livre. E, em 1810, o viés, se é que existe algum, é mais leve, porém se inclina assim mesmo para um republicanismo algo chegado a Maquiavel, a quem Constant muito admirava.

Ao saber da derrota de Napoleão em Waterloo, Constant fugiu para a Inglaterra e publicou o que muitos consideraram a primeira novela romântica, *Adolphe* (1816). Também escreveu uma apologia aceitável por Luís XVIII que preparou o caminho para seu retorno a Paris. Durante o resto da vida, Constant foi autor e jornalista prolífico. Em 1819, publicou o ensaio clássico "A Liberdade dos Antigos Comparada com a dos Modernos". O cerne do argumento está prefigurado no Livro XVI da edição de 1810 do *Princípios*, que trata da diferença entre a liberdade antiga (política) e a moderna (civil). Ele iria repetir tal argumentação num famoso discurso, mas esse livro é o *locus classicus*. Como François Furet observou, cada pensador francês subseqüente, inclusive Constant, é julgado por sua interpretação da Revolução. Constant, da mesma forma que Mme. de Staël, buscou explicar como a noção de Rousseau sobre a vontade geral havia sido empregada por Robespierre e outros para transformar a Revolução Francesa no Reino do Terror. Constant argumentou que foi a tentativa de instituir a liberdade antiga num contexto moderno que levou a essa perversão. E prosseguiu afirmando que o governo representativo era o sistema que os modernos haviam concebido para preservar a liberdade. Sua defesa persistente da liberdade de imprensa e sua veemente oposição ao tráfico de escravos são marcos das posições que assumiu em uma série de questões.

Constant, depois disso, serviu na Câmara dos Deputados, tendo sido eleito deputado por Paris em 1824 e pelo Baixo Reno em 1827. A despeito da saúde comprometida, apoiou a Revolução de Julho de Luís-Felipe e serviu de novo como *conseiller d'état* até sua morte, em 8 de dezembro de 1830. Da mesma maneira que outros grandes pensadores franceses, ele está sepultado no cemitério de Père-Lachaise, em Paris, e também como muitos outros foi-lhe sido persistentemente negada a filiação à Academia Francesa. Por ocasião da morte de Constant, Louis Blanc e outros tentaram sem sucesso seu sepultamento no Panthéon. Uma das coisas que distinguiram Constant dos outros liberais clássicos daquele tempo, fossem franceses ou ingleses, foi seu reconhecimento da importância da dimensão espiritual para o sustento da cultura liberal. Essa opinião se reflete no *Sobre a Religião*, bem como na maciça dose de especulação religiosa não-publicada acumulada ao longo de sua existência.

O *Princípios de Política* de Constant é um microcosmo de toda a sua filosofia política e uma expressão de sua experiência política. Já no período entre 1800 e 1803, Constant havia começado um projeto de traduzir e comentar o *Exame a Respeito de Justiça Política* (*Enquiry Concerning Political Justice*), de Godwin. Esse trabalho evoluiu para a minuta de comentário preparada em 1806 sobre *A Riqueza das Nações*, de Smith, e, finalmente, em 1815, durante os Cem Dias, para um ensaio sobre o *Acte additional aux constitutions de l'empire* – a "Benjamine". Em função do desconforto por sua associação com Napoleão, Constant não a incluiu no seu *Cours de politique constitutionelle* de 1818-20. Ela fez parte da edição de 1861 do *Cours* editada por Édouard Laboulaye.

O *Princípios de Política* em todas as suas versões espelhou o imenso impacto da Revolução Francesa sobre o pensamento de Constant. Todavia, a edição de 1810 expressa na sua forma mais pura as idéias que Constant considerava universalmente aplicáveis a todos os governos civilizados. Diferentemente da edição de 1815, a de 1810 não é de forma alguma um manual de política aplicada. Ela não enfoca a monarquia constitucional, o equilíbrio constitucional dos poderes nem o controle dos ministros. Malgrado o republicanismo gentilmente aparente de Constant, ele aceita de bom grado que a república pode ser despótica e a monarquia, decente.

Constant, como Tocqueville e Mill depois, mostrou-se obcecado com os perigos da soberania popular. Como ressaltou, onde não há limites para a legislatura ou para o corpo representativo, esses representantes (isto é, a Convenção durante a Revolução Francesa) se tornam não os defensores da liberdade, mas os agentes da tirania. Constant centrou-se sobretudo na liberdade. A Revolução havia destruído o antigo regime e todas as suas instituições intermediárias constituídas. Sem tais instituições, uma sociedade de indivíduos atomizados passou a enfrentar o estado todo-poderoso. Para restaurar e preservar a liberdade, novas instituições intermediárias precisavam ser estabelecidas. Capital entre elas era a liberdade de imprensa. Essa liberdade proporcionava um contexto não só para o debate público como também para chamar a atenção sobre o abuso governamental (ministerial).

No *Princípios*, Constant reafirma seu compromisso de toda uma vida com as liberdades individual e institucional e com a ausência do poder arbitrário. Assevera que mesmo um único ato arbitrário coloca o governo na trilha do despotismo. Constant sempre viu a liberdade como fenômeno orgânico: atacá-la em qualquer particular significava atacá-la de maneira geral. Para construir essa tese, ele explorou muitas questões: lei, soberania e representação; poder e prestação de contas; governo, propriedade e taxação; abundância e pobreza; guerra, paz e manutenção da ordem pública; e, acima de tudo, todas as liberdades, do indivíduo, de imprensa, de religião. No início de seu texto, ele enfrenta a difícil questão da vontade geral. Embora reconheça sua existência em termos abstratos, Constant assevera de imediato o ponto de vista lockiano de que os cidadãos têm direitos independentes de toda a autoridade política e social, e prossegue, mediante uma crítica abrangente, enumerando o perigo das opiniões de Rousseau. Liberdades individuais refletindo direitos individuais são sacrossantas mesmo em presença da vontade popular. Constant volta repetidas vezes aos argumentos contra aqueles que defendem as prerrogativas da sociedade em detrimento das dos indivíduos – Rousseau, Hobbes e Mably – e igualmente aos argumentos favoráveis ao individualismo, onde ele se baseia fortemente nos comentários ingleses de Adam Smith, Jeremy Bentham e outros.

A preferência de Constant ao longo de toda a obra é pelo governo limitado, porém forte. Afirma, sem nenhuma ambigüidade, que todo o governo bem-sucedido tem que assegurar as duas ordens de defesa essenciais do reino, a interna e a externa.

Na primeira metade do *Princípios*, Constant aprecia as liberdades específicas que eram por demais importantes para ele: propriedade privada, liberdade de imprensa, liberdade religiosa, liberdade individual e o devido processo legal. As reflexões sobre os aspectos legais são extensas, tanto em termos abstratos quanto na abordagem de exemplos individuais. Nos Livros IV e V, Constant foca o império da lei: a necessidade do devido processo legal para proteger os direitos individuais; as leis que estabelecem as regras neutras do jogo, de modo que os indivíduos possam perseguir em segurança seus interesses econômicos privados; a importância dos tribunais de júri; o significado do perdão como elemento de controle do próprio sistema; e a necessidade de independência do judiciário. Muito dessa parte do pensamento de Constant faz eco aos *Federalist Papers*.

O debate sobre direitos individuais, governos limitados e natureza sacrossanta da propriedade faz de Constant um apóstolo da modernidade econômica. A discussão sobre propriedade no Livro X é uma obra-prima. Contornando os argumentos abstratos, Constant apela para Smith e Say a fim de mostrar as conexões entre política e economia: como a prosperidade é aprimorada pela privatização e como a riqueza nacional é solapada pela dívida, pela taxação irresponsável e pela ilusão de grandeza de que quase sempre padecem os funcionários públicos que superintendem o excedente criado pela taxação excessiva. No Livro XVIII, Constant não só olha de volta para a Revolução como antecipa eventos de nosso tempo ao fazer reflexões sobre os perigos de uma religião civil ou sobre qualquer forma de intolerância religiosa. Citando o *Système de la Nature*, de Holbach, Constant é capaz de antever os riscos de um secularismo ateísta se transformando em religião cívica.

Tanto Tocqueville como Guizot ficaram intrigados com a reflexão de Constant sobre o conceito de soberania e sobre a apreciação de que a democracia poderia ser fonte de despotismo, talvez a maior ameaça à cultura liberal. Se a espécie de liberalismo de Constant (bem como a de Tocqueville) não prevaleceu no continente da Europa foi porque o pensamento europeu permaneceu atolado em algumas considerações de um bem coletivo. Hegel foi muito influenciado pela concepção de Constant de um monarca que refletisse todo o "estado" (ou seja, comunidade) e pela preocupação em refletir a importância dos interesses específicos na legislatura. Podemos antever John Stuart Mill, entre outras coisas, no comentário de Constant de que há uma parte da existência humana que permanece individual e independente e que, por direito, transcende qualquer competência social. Talvez a contribuição mais duradoura de toda a sua obra, como disse Benedetto Croce, foi a de ter levantado a questão de a cultura liberal poder ou não sobreviver sem uma alma.

Nicholas Capaldi

Princípios de Política

LIVRO I

Das Idéias Herdadas sobre o Escopo da Autoridade Política

Cap. 1.   O propósito desta obra. 39

Cap. 2.   Primeiro princípio de Rousseau sobre a origem da autoridade política. 43

Cap. 3.   Segundo princípio de Rousseau sobre o escopo da autoridade política. 47

Cap. 4.   Argumentos de Rousseau para a autoridade política ilimitada. 58

Cap. 5.   Que o erro de Rousseau advém de seu desejo de distinção entre as prerrogativas da sociedade e as do governo. 60

Cap. 6.   As conseqüências da teoria de Rousseau. 63

Cap. 7.   Sobre Hobbes. 67

Cap. 8.   Reprodução da opinião de Hobbes. 70

Cap. 9.   Sobre a inconsistência com que Rousseau foi censurado. 72

Capítulo um

O propósito desta obra

A pesquisa relacionada com a organização constitucional do governo foi, desde *O Contrato Social* e *O Espírito das Leis*, o foco especulativo favorito dos mais iluminados de nossos escritores na França, mas decididamente perdeu a graça nos dias de hoje. Não examino aqui se tal desfavor é justificado; porém, por certo, ele é bastante compreensível.[1] Nuns poucos

---

[1] Com as pesquisas bibliográficas de André Monglond, *La France révolutionnaire impériale. Annales de bibliographies méthodiques et descriptions des livres illustrés*, Grenoble, B. Arthaud; Paris, Impr. Nat., 1930 (1789)-1963(1812), 9 vol., podemos confirmar o pleito de Constant. A partir do período do Consulado e, sobretudo, do Império, os escritos constitucionais, de fato, tornaram-se mais raros. O desfavor sinalizado, entretanto, é muito mais uma questão de censura do que de qualquer causa natural. Vide *La censure sous le Premier Empire*, de Henri Welschinger, Paris, Perrin, 1887. Encontramos na obra de Sismondi, *Recherches sur les constitutions des peuples libres*, editada e com uma introdução de Marco Minerbi, Genebra, Droz, 1965, p. 82, uma reflexão semelhante à de Constant, porém muito anterior. "Os franceses, cercados de revoluções que lhes ensinaram muito bem a desconfiar das teorias políticas, cansaram de um ramo importante da pesquisa para a qual suas novas obrigações realmente os convocam. Talvez me esforce em vão para persuadi-los de que o assunto não foi exaurido pelos escritos que tanto os esgotaram, de que raramente fizemos qualquer progresso com os *maîtres* que escreveram antes da Revolução, e de que um bom punhado de questões importantes ainda demanda debate, muitas descobertas precisam de verificação, e muitas idéias novas necessitam de exposição para o

anos, tentamos cerca de cinco ou seis constituições[2] e nos vimos no pior dos mundos. Não há argumento que prevaleça contra essa experiência.

Ademais, se a despeito da atual aversão universal a todas as discussões desse tipo, alguém desejar se entregar à reflexão sobre a natureza dos governos e suas formas, limites e prerrogativas, é provável que cometa o erro oposto ao [20] corrente, mas não menos grosseiro e mortal. Quando certas idéias estão associadas a determinadas palavras, pode-se tentar repetidas vezes, em vão, mostrar que a associação é falsa. A reprodução das palavras irá induzir, por eras, essas mesmas idéias.[3] Foi em nome da liberdade que chegamos às prisões, aos cadafalsos e às múltiplas e intermináveis perseguições. Pode-se entender perfeitamente que essa palavra, que sinaliza um milhar de medidas odiosas e tirânicas, só consegue ser hoje pronunciada com um sentimento de desconfiança e malevolência.

Os extremos não apenas se tocam como também seguem uns aos outros. Um exagero sempre produz outro contrário. Isso se aplica especialmente a uma nação na qual o objetivo de todos é a pura exibição e, como disse Voltaire, onde todos estão mais interessados

---

público. Eles encontrarão diversas dessas novas idéias no livro que estou lhes apresentando, e, se não as aceitarem, pelo menos acharão estimulante o ato de rejeitá-las. Talvez até encontrem no curso de suas críticas as lições que não querem aprender comigo."

[2] Como este texto data de 1806, estamos citando, na realidade, as constituições de 1791, 1793, ano III, ano VIII, ano X e ano XII.

[3] Constant já havia enunciado essa concepção do poder das palavras sobre os homens e as idéias no *De la force du gouvernement*, pp. 84-85. Ver *Les "Principes de politique" de Benjamin Constant*, de Etienne Hofmann, Droz, 1980, Tomo I, Première Partie, Cap. 2, pp. 119-120. (Daqui por diante esse trabalho será referido como tese de Hofmann.)

em bater forte do que em acertar precisamente.⁴ A ambição dos escritores de cada época é, durante todas elas, parecer mais convencido que ninguém sobre a opinião reinante. Eles ficam observando a direção para onde vai a maioria e depois correm o mais rápido que podem para ultrapassá-la. Pensam assim em conquistar a glória pela inspiração que, na verdade, tiram de outros. Esperam ser vistos como os inventores daquilo que imitam, e porque se postam arquejantes à frente da maioria que acabaram de sobrepujar, querem ser considerados os líderes do grupo, se bem que este último nem mesmo suspeite de que eles existem.⁵

[21] Um homem de horrível lembrança e cujo nome não deve enlamear nenhum escrito, uma vez que a morte já cobrou seu pre-

---

⁴ Hofmann não conseguiu rastrear essa citação de Voltaire. Nem as tabelas analíticas dos assuntos, que acompanham o *Oeuvres complètes* (a preparada por Chantreau, Paris, 1801 e a de Miger, Paris, 1840), embora detalhadas, nem a compilação de Adrien Lefort e Paul Buquet, *Les mots de Voltaire*, Paris, Librairie illustrée (1887), a incluem. Hofmann diz que essa tirada chistosa só pode ter sido repassada por tradição oral. A citação aparece de novo no *De la religion considérée dans sa source, ses formes et ses développements*, Paris, Bossange, 1824, I, 6, p. 112.
⁵ Alfred de Musset iria dizer em 1832 em sua dedicatória a A. Tattet do *La coupe et les lèvres* (a xícara e os lábios):

> C'est un triste métier que de suivre la foule,
> Et de vouloir crier plus fort que les meneurs,
> Pendant qu'on se raccroche au manteau des traineurs.

> (É um triste mister seguir a multidão,
> E querer gritar mais alto que os líderes,
> Quando se está pendurado nos casacos dos extraviados.)

Alfred de Musset, *Poésies complètes*. Texto editado e com anotações por Maurice Allem, Paris, Gallimard, 1957, p. 135 (Bibliothèque de la Pléiade).

ço pessoal, disse, ao examinar a Constituição inglesa: "Vejo aqui um rei e me encolho horrorizado. A realeza é contra a natureza".[6] Um certo escritor anônimo, em ensaio recentemente publicado, tachou igualmente todo governo republicano como não-natural.[7] É realmente verdade que, em certas eras, é preciso completar todo o círculo de tolices antes de se retornar à razão.

Contudo, se depois das sublevações que experimentamos, está provado que as pesquisas sobre as constituições propriamente ditas para algumas pessoas são, necessariamente, matéria de tirar o sono, enquanto para as demais são alvos de indiferença, existem, no entanto, princípios de política que independem de todas as constituições e que parece valer a pena desenvolver. Tais princípios, aplicáveis a todas as formas de governo, sem constituir ameaça à base de qualquer ordem social e compatíveis tanto com a monarquia quanto com o republicanismo, qualquer que seja a versão que assumam, podem ser discutidos franca e livremente. Eles estão particularmente abertos à discussão num Império cujo líder acabou de proclamar da forma mais desabrida a liberdade de

---

[6] Esse "homem de horrível lembrança" é Georges Couthon, o qual, no seu *Discours prononcé à la séance des Jacobins du Ier pluviôse an II de la République* (discurso pronunciado na sessão dos jacobinos de 20 de janeiro de 1794), Paris, Impr. des 86 départements, s. d., declara de fato: "Vejo nessa Constituição um rei. Um rei! Encolho-me horrorizado. Um rei! É um *monstro* que a natureza repudia, um *senhor* que ela não reconhece, um *tirano* que detesta" (pp. 3-4; BN, Lb40 777).

[7] [Louis-Matthieu Molé], *Essais de morale et de politique*, Paris, H. Nicolle, 1806, VIII-254 p. Esse trabalho já havia aparecido em dezembro de 1805; Constant fala sobre ele duas vezes em sua correspondência com Hochet. Ver a tese de Hofmann, Première Partie, Cap. 3, p. 233 e n. 145. Toda a segunda parte da coleção de ensaios de Molé procura mostrar que o governo monárquico é natural.

imprensa, e declarou a liberdade de pensamento como a primeira conquista de nosso século.

Entre esses princípios, um a mim parece de grande importância. Ele foi negligenciado por escritores de todos os matizes. Montesquieu não se preocupou com ele. Rousseau, no *Contrato Social*, baseou sua teoria eloqüente e absurda na subversão de tal princípio. E todos os males da Revolução Francesa provêm desta subversão. Todos os crimes com os quais nossos demagogos amedrontaram o mundo foram por ela sancionados. Este livro é sobre o restabelecimento deste princípio, seu desenvolvimento e suas conseqüências, bem como [22] sua aplicação a todas as formas de governo, quer monárquicas quer republicanas.

Capítulo dois
Primeiro princípio de Rousseau sobre a origem da autoridade política

Rousseau começa estabelecendo que toda autoridade que governa uma nação tem que vir da vontade geral.[8] Este não é um princípio que eu pretenda desafiar. Nos nossos dias, as pessoas tentaram ofuscá-lo; os malefícios causados e os crimes cometidos tendo-se como pretexto que isso era necessário para a execução da vontade geral aparentemente conferem apoio aos que gostariam de localizar

---

[8] *Du contrat social*, Livro II, Cap. I: "A primeira e mais importante conseqüência dos princípios previamente estabelecidos é que apenas a vontade geral pode dirigir o poder do Estado segundo o propósito para o qual ele foi estabelecido, que é o bem comum". Jean-Jacques Rousseau, *Oeuvres complètes*, publicado sob a direção de Bernard Gagnebin e Marcel Reymond, Paris, Gallimard, 1964, t. III, p. 368 (Bibliothèque de la Pléiade).

a autoridade do governo em outra fonte.[9] Não obstante, todos esse argumentos são impotentes diante da definição honesta das palavras que empregamos. Sem revivermos a doutrina do direito divino, temos que concordar que a lei precisa ser a expressão da vontade de todos ou pelo menos de algumas pessoas. Agora, se for este último caso, qual deverá ser a fonte desse privilégio exclusivo concedido a tal pequeno grupo? Se for a força, essa força pertence a quem pode arrebatá-la. Ela não constitui lei, ou, se você a reconhece como legítima, isto será verdade seja quem for que a arrebate; e todos quererão, por sua vez, ganhá-la. Caso se julgue que o poder desse pequeno grupo é sancionado por todos os demais, então tal poder se torna vontade geral.

Esse princípio vale para todas as instituições. Teocracia, realeza e aristocracia, quando elas comandam mentes, são a vontade geral. Quando não comandam mentes, não podem nada a não ser força. Em suma, o mundo só conhece dois tipos de poder. [23] Existe a força, o tipo ilegítimo; e há o tipo legítimo, a vontade geral.

As objeções que podemos levantar contra essa vontade geral recaem ou sobre a dificuldade de reconhecê-la ou expressá-la ou sobre o grau de poder conferido à autoridade que dela emana. Poder-se-ia pleitear, quase sempre de forma justificada, que aquilo que as pessoas chamam de vontade geral não é nada disso, e que as coisas sujeitas a ela não deveriam sê-lo. Contudo, nesse caso, não é mais a legitimidade que está sendo atacada, mas a correção de seus poderes ou a fidelidade de seus intérpretes.

---

[9] Constant talvez esteja pensando em Joseph de Maistre, cujo *Considérations sur la France*, escrito em 1796, foi uma resposta ao *De la force du gouvernement*; e em Louis Amboise de Bonald, cujo *Théorie de pouvoir politique et religieux* também saiu em 1796. Realcemos, no entanto, que Constant jamais os cita pelo nome, seja no texto formal, seja em suas cartas.

Esse princípio não nega de forma alguma a legitimidade do governo. Em algumas circunstâncias, a sociedade pode querer uma monarquia e, em outras, uma república. Portanto, as duas instituições podem ser igualmente legítimas e naturais. Aqueles que declaram uma ou outra ilegítima ou contra a natureza ou são porta-vozes partidários e não dizem o que pensam, ou então são simplórios ideológicos e não sabem o que dizem.

Há apenas duas formas de governo, se é que existe realmente necessidade de lhes darmos esse título, que são, essencial e eternamente, ilegítimas porque nenhuma sociedade as desejaria: anarquia e despotismo. Além do mais, não tenho certeza se a distinção que com freqüência favorece a última não é ilusória. Despotismo e anarquia são mais parecidos do que se pensa. Em nossa era, pessoas deram o nome de "anarquia",[10] querendo se referir à ausência de governo, a um governo que foi o mais despótico que jamais existiu na Terra: um comitê de uns poucos homens que dotaram seus funcionários de poderes sem peias, com tribunais que não admitiam apelação, com leis baseadas em meras suspeitas, com julgamentos sem o devido processo, com incontáveis

---

[10] É difícil identificar-se a quem Constant se refere. Ferdinand Brunot, *Histoire de la langue française des origines à 1900*, t. IX, *La révolution et l'Empire*, Partie 2e: *Les événements, les institutions et la langue*, Paris, A. Colon, 1937, p. 282, dá o exemplo do *Ami des lois* de 16 Brumário ano V (6 de novembro de 1796), definindo como anarquistas "aqueles que vêem a república como uma pilhagem que gira apenas em torno deles, que demandam instituições perpetuadoras de sua tirania, e que deixem a eles o domínio total da tomada de decisões no governo e da formulação de leis". F. Brunot mostra efetivamente como entre os termidorianos o termo "anarquia" assumiu o significado de "despotismo" ou "tirania" para designar o Terror exatamente como esse regime.

encarceramentos e uma centena de assassinatos judiciais por dia. Todavia, esse foi um caso de abuso dos termos e de confusão das idéias. O governo da Revolução [24] seguramente não representou ausência de governo.

Governo é o emprego da força pública contra indivíduos. Quando é usado para impedir que eles se firam mutuamente, é um bom governo. Quando utilizado para oprimir indivíduos, é um governo medonho, mas de forma alguma anárquico. O Comitê de Segurança Pública foi governo; como também o foi o Tribunal Revolucionário. A lei dos suspeitos contemplou também governo. Foi detestável, mas jamais anárquico. Não foi por falta de governo que o povo francês acabou massacrado por carrascos. O governo por certo não estava ausente. Pelo contrário, um governo atroz e ubíquo sempre esteve presente. Isso não foi em absoluto anarquia, e sim despotismo.

O despotismo se assemelha à anarquia porque destrói as salvaguardas públicas e esmaga o devido processo. Difere da anarquia apenas pelo fato de pleitear para si próprio esse mesmo devido processo que destruiu e de escravizar suas vítimas para sacrificá-las.

Não é verdade que o despotismo nos protege contra a anarquia. Achamos que ele o faz só porque, por muito tempo, nossa Europa não testemunhou um despotismo autêntico. Mas voltemos nossa atenção para o Império Romano depois de Constantino. Constataremos que as legiões estavam interminavelmente sublevadas, com os generais se autoproclamando imperadores e dezenove pretendentes à coroa levantando simultaneamente o estandarte da rebelião. Sem termos que recuar até a história antiga, apreciemos a espécie de espetáculo apresentado pelos territórios governados pelo sultão.[11]

A anarquia e o despotismo trazem o estado selvagem de volta ao estado social. [25] Contudo, enquanto a anarquia coloca lá todos os homens, o despotismo lá se põe de moto próprio e espanca seus escravos, manietados que estão pelas correntes por ele trespassadas.

Seja o que for que permaneça sem exame nessa comparação, uma coisa é certa: tal comparação não serve para inclinar a balança em favor de nenhum dos dois. Por conseguinte, a humanidade não pode querer seja a anarquia seja o despotismo. Qualquer outra forma de governo pode ser útil, qualquer outra pode ser boa, qualquer outra pode ser o que a sociedade deseja e, em conseqüência, pode ser legítima.

Capítulo três
Segundo princípio de Rousseau sobre o escopo da autoridade política

Se o primeiro princípio de Rousseau é uma verdade incontestável, o mesmo não pode ser dito do segundo axioma que ele estabelece e desenvolve com a prestigiosa força de sua eloqüência. "As cláusulas do contrato social", diz ele, "se fundem numa só, a saber, a rendição total de cada membro, juntamente com seus direitos, a toda a comunidade".[12] A implicação é que a vontade geral tem que exercer autoridade ilimitada sobre a existência individual.

---

[11] Uma referência ao sultão Selim III que governou o Império Otomano de 1798 a 1807. Seu reinado foi marcado pelas guerras desastrosas contra as potências européias e pelas revoltas internas nas províncias sob sua jurisdição.

[12] *Du contrat social*, Livro I, Cap. 6, ed. cit., p. 360. As citações de Constant raramente são um modelo de rigor e precisão, mas a edição de Hofmann não restaura

Os autores políticos, antes e depois de Rousseau, expressaram em sua maioria a mesma opinião.[13] Nenhum a rejeitou formalmente.[14]

"Em todos os governos, deve existir uma autoridade absoluta", diz o autor de *Política Natural*. "Onde quer que essa autoridade resida, [26] deve empregar à sua discrição todos os poderes da sociedade" e executar todas as orientações políticas de modo a forçá-las para que se alinhem com a opinião geral. Por mais que a soberania seja distribuída, o *quantum* total é ilimitado.[15]

---

o texto original, a menos que o próprio significado de uma passagem tenha sido falseado por Constant ou ele deixe de indicar uma omissão importante.

[13] Nos parágrafos que se seguem, Constant dá exemplos apenas de autores contemporâneos de Rousseau ou posteriores a ele: d'Holbach, Mably, Ferrand e Molé. Quando afirma que esses escritores tinham a mesma opinião de Rousseau, ele não se refere à teoria da rendição dos direitos individuais que acaba de citar, mas à da ilimitada autoridade da vontade geral sobre o indivíduo.

[14] Veja a Nota A de Constant ao fim do Livro I.

[15] *La politique naturelle ou discours sur les vrais principes du gouvernement*, de Paul Henri Dietrich, barão d'Holbach, Londres, 1773, t. I, p.72. Constant resume radicalmente, e a última frase é mais um sumário que uma citação apropriada. No texto, Constant inicia um parágrafo que Holbach intitulou *Da Autoridade Absoluta* (no francês original, *De l'autorité absolue*): "Em todo governo tem que haver uma autoridade absoluta. Onde quer que essa autoridade resida, ela deve empregar à sua discrição todos os poderes da sociedade. Com tal finalidade, ela não deve apenas formular leis, mas também possuir poder suficientemente extenso para torná-las efetivas ou para sobrepujar as resistências que as paixões dos indivíduos colocam no caminho delas. Esses objetivos não serão alcançados se as autoridades públicas não possuírem suficiente poder para fazer com que aqueles que estão dentro da jurisdição do estado contribuam para seu florescimento, sua preservação e sua segurança. Elas também têm que decidir que direções políticas são mais adequadas para a concretização dos objetivos. Em suma, o poder central é constituído para executar todas as orientações particulares e para ser suficientemente forte de modo a forçá-las para que se alinhem com a opinião geral. Se esse poder tiver limites, não haverá vitalidade ou vigor no governo. Os vícios dos cidadãos individuais

Mably diz que é um axioma aceitável em todas as regiões do globo que o poder legislativo, por ele declarado e entendido como vontade geral, não pode ser limitado por coisa alguma.[16]

Os defensores do despotismo chegaram a esse respeito próximos da teoria de Rousseau. "Para uma sociedade subsistir", diz M. Ferrand (*O Espírito da História*, I, 134), "é preciso que exista em algum lugar um poder maior que qualquer obstáculo,[17] que direcione as vontades dos indivíduos e suprima as paixões facciosas".[18]

Alguns escritores,[19] dos quais Montesquieu é um deles, [27] aparentemente fizeram algumas restrições a essa doutrina, porém elas sempre foram muito vagas para definir limites fixos à autoridade política. Dizer que a justiça existiu antes das leis (*O Espírito das Leis*, Livro I)[20] é, na verdade, sugerir que as leis, e por conseguinte

---

corromperão sem parar, como sem sentido e perigosa, qualquer associação que não tenha outro propósito que a prosperidade geral de todos. Essa verdade tem sido sentida pelas sociedades que são mais ciosas de suas liberdades. Cercadas pelas facções mais cruéis, elas em geral se viram obrigadas a se submeter, pelo menos por um período limitado, a uma autoridade irrestrita. Esse foi o caso da ditadura romana."

[16] Hofmann procurou em vão por essa citação de Mably em dois de seus trabalhos referidos alhures por Constant: *De la législation ou principes des lois* e *Entretiens de Phocion sur les rapports de la morale avec la politique*.

[17] Veja a Nota B de Constant no final do Livro I.

[18] *L'esprit de l'histoire ou lettres politiques et morales d'un père à son fils, sur la manière d'étudier l'histoire en général et particulièrement l'histoire de France*, de Antoine Ferrand, Paris, Vve Nyon, 1802, pp. 134-135.

[19] Poder-se-ia esperar que Constant citasse Locke antes de Montesquieu. Talvez haja a suposição de que ele faça parte do grupo. O silêncio de Constant a respeito do escritor inglês é, no mínimo, estranho. Sobre essa questão, veja a tese de Hofmann, Second Partie, Cap. 2, pp. 329-332.

[20] *De l'esprit des lois*, Livro I, Cap. I: "Antes que existissem as leis, relações que resvalavam na justiça eram possíveis. Não dizer alguma coisa pode ser justo

a vontade geral, da qual as leis são apenas uma expressão, têm que se subordinar à justiça. Porém, que conjunto de desenvolvimentos essa verdade por seu turno demanda se tiver que ser aplicada! Na ausência de tais desenvolvimentos, o que se segue dessa afirmativa de Montesquieu? Que os detentores do poder se afastaram do princípio de que a justiça precede as leis, para sujeitar os indivíduos a leis retrospectivas ou privá-los dos benefícios das existentes, escondendo assim as mais revoltantes iniqüidades por trás de fraudulento respeito pela justiça. Quão crucial é, em questões desse tipo, ser cauteloso com os axiomas indefinidos!

M. de Montesquieu, além do mais, em sua definição de liberdade, interpreta erroneamente todos os limites da autoridade política. Liberdade, diz ele, é o direito de fazer qualquer coisa que a lei permite.[21] De fato, não existe liberdade alguma quando os cidadãos não podem fazer aquilo que a lei não proíbe. Mas tantas coisas podem ser tornadas ilegais que ainda não existiria liberdade.

M. de Montesquieu, como a maioria dos escritores políticos, a mim parece confundir duas coisas: liberdade e segurança constitucional. A liberdade consiste em direitos individuais; os direitos sociais, por outro lado, proporcionam a segurança constitucional.[22]

---

ou injusto a menos que seja requerido ou proibido pelas leis positivas, é como se dizer que antes da possibilidade de se traçar círculos seus raios não eram iguais. Temos portanto que admitir relações de justiça antes das leis positivas que as restabeleceram". Montesquieu, *Oeuvres complètes*, apresentação e notas de Daniel Oster, Paris, E. du Seuil, 1964, p. 530 (L'Intégrale).

[21] *De l'esprit des lois*, Livro XI, Cap. 3, ed. cit., p. 586.

[22] Constant retorna a essa distinção quando opõe "liberdade civil" a "liberdade política" no Livro XVI, Cap. 7 e no Livro XVII, Cap. 3 deste tratado.

[28] O axioma da soberania do povo tem sido visto como um princípio de liberdade. Na verdade, ele é um princípio de garantia constitucional. Objetiva evitar que um indivíduo qualquer assuma a autoridade que pertence apenas à sociedade política como um todo. Não obstante, ela não determina coisa alguma a respeito da natureza de tal autoridade. Não adiciona, portanto, nada à soma das liberdades individuais, e, se não nos valermos de outros princípios para determinar a extensão de tal soberania, a liberdade poderá ser perdida, a despeito do princípio da soberania do povo, ou mesmo por causa dele.

A máxima de M. de Montesquieu, de que os indivíduos têm o direito de fazer tudo o que a lei permite, é também um princípio de garantia. Significa que ninguém tem o direito de impedir alguém de fazer aquilo que a lei não proíbe. Todavia, ela não explica se a lei é ou não justificada ao proibir. Ora, a mim parece que é exatamente aí que a liberdade reside. Ela consiste tão-somente naquilo que os indivíduos têm o direito de fazer e a sociedade não tem o direito de impedir.

Desde o tempo de M. de Montesquieu, alguns homens bem conhecidos têm protestado contra a máxima de Rousseau. Beccaria, no seu tratado *Dos Delitos e das Penas*,[23] e Condorcet, no *Comentários sobre*

---

[23] O pequeno livro de Cesare Beccaria, *Dei delitti e delle pene* (*Dos Delitos e das Penas*), publicado em 1764, que rapidamente se transformou em grande sucesso, não foi em sentido algum uma refutação a Rousseau. Este último, pelo contrário, exerceu "influência profunda" sobre Beccaria, como mostra Franco Venturi na introdução à tradução para o francês da obra – *Des délits et des peines*, tradução de Maurice Chevallier, Genebra, Droz, 1965, p. xiv. Mesmo assim, falando sobre o pacto na origem da sociedade humana, Beccaria sustenta, contrariamente a Rousseau: "A necessidade obrigou os

Educação Pública,²⁴ raciocinaram com princípios opostos. Franklin produziu um panfleto para mostrar que devemos ter a menor quantidade possível de governo.²⁵ Paine definiu [29] autoridade do governo como mal necessário.²⁶ Sieyès, finalmente, numa opinião esposada no Parlamento, declarou que a autoridade política não

---

homens a ceder parte de suas liberdades. Agora, está claro que cada pessoa deseja ceder à sociedade *apenas a menor porção possível* condizente com o compromisso que todos têm com a defesa coletiva". Ed. cit., p. 10, grifo de Hofmann. Isso está em oposição à cessão de todos os direitos individuais como visualizado pelo *Contrato Social*, e a opinião de Constant, embora insuficientemente nuançada, é confirmada.

²⁴ O *Mémoirs sur l'instruction publique*, do marquês de Condorcet, apareceu no *Bibliothèque de l'homme public*, 2e année, t. I, Paris, Buisson, 1791. As referências de Constant (pp. 53, 316, 317 e 372 desse tratado) são a essa edição e não ao t. IX do *Oeuvres complètes*, editado por Garat e Cabanis, Brunswick, Vieweg; Paris, Heinrichs, 1804.

²⁵ Constant provavelmente se refere a dois artigos que saíram no *Pennsylvania Gazette*, de 1º e 8 de abril de 1736, sob o título *Do Governo* e, por muito tempo, atribuídos a Benjamin Franklin. Esses textos estão reproduzidos em *The Complete Works of Benjamin Franklin*, compilado e editado por John Bigelow, Nova York, G.P. Putnam's Sons, 1887, vol. I, pp. 425-431. Na realidade, esses artigos são de John Webbe, como este último admite no *Pennsylvania Gazette* de 28 de julho de 1737. Veja a esse respeito *The Papers of Benjamin Franklin*, New Haven, Yale University Press, 1960, vol. 2, pp. 145-146. Quem quer que seja o autor dos artigos, o fato é que eles condenam o governo excessivo. Assim, logo no início: "O governo é convenientemente comparado à arquitetura; se a superestrutura for muito pesada para a fundação, o edifício cambaleia, embora apoiado externamente por obras de arte".

²⁶ *Common Sense*, de Thomas Paine, primeira edição, Filadélfia, R. Bell, 1776. No início do primeiro capítulo, intitulado *On the origin and design of government in general*, Paine afirma de fato que "A sociedade em qualquer estado é uma bênção, mas o governo, mesmo no melhor estado, é apenas um mal necessário; no pior, é um mal intolerável". *The Writings of Thomas Paine*, editado por Moncure Daniel Conway, Nova York, G.P. Putnam's Sons, 1894, vol. I, p. 69 (reprodução fotomec. Nova York, AMS Press, 1967).

era ilimitada.²⁷ Não parece, entretanto, que os argumentos desses escritores tenham causado muita impressão. As pessoas ainda falam interminavelmente sobre um poder sem limites que reside no povo ou em seus líderes, como se fosse coisa fora de dúvida; e o autor de certos ensaios sobre moralidade e política recentemente reproduziu, em apoio ao poder absoluto, todos os argumentos de Rousseau sobre soberania.²⁸

A Assembléia Constituinte, no começo, pareceu reconhecer direitos individuais independentes da sociedade. Esta foi a origem da Declaração dos Direitos. Todavia, a Assembléia logo se desviou desse princípio. Deu o exemplo perseguindo a existência dos indivíduos em seus mais secretos recônditos. Foi imitada e ultrapassada pelo governo que a sucedeu.

Os homens de partido, por mais puras que sejam suas intenções, são propensos a detestar limitação à autoridade política. Eles se vêem como seus herdeiros presuntivos e tendem a cuidar de sua propriedade futura, mesmo quando ela está nas mãos de seus inimigos. Não confiam nessa ou naquela forma de governo, ou nessa ou naquela classe de políticos governantes, mas é só deixar-se que organizem o governo ao seu modo, [30] permitir-se que o deleguem a representantes que desejam, e eles não pensarão duas vezes se podem ou não estendê-lo o bastante.

---

[27] Veja a Nota C de Constant no fim do Livro I.
[28] No Cap. 2 da Segunda Parte de seu *Essais* (*op. cit.*, p. 134), Molé escreve, por exemplo: "Era necessário dar significado a esse ser moral [sociedade] cuja existência havia sido reorganizada. Era urgente dar a ele olhos que tudo vissem e uma espada para se fazer obedecido". Se Constant estava certo ou não em identificar traços da influência de Rousseau sobre a obra de Molé, ver a tese de Hofmann, Second Partie, Cap. 2, Seção 2.

Assim, podemos considerar a teoria de Rousseau de que o poder político é ilimitado como a única adotada até agora. Mas, a mim, ela parece uma teoria falsa e perigosa. Acho que ela deve ser responsabilizada pelas dificuldades que o estabelecimento da liberdade encontra entre diversas nações, pela maioria dos abusos que se infiltram em todos os tipos de governo e, de fato, pela maioria dos crimes que a luta política e a sublevação política arrastam em seus caminhos. Foi precisamente essa teoria que inspirou nossa Revolução e os horrores pelos quais a liberdade para todos foi o pretexto e a vítima. Não quero dizer que as incontáveis iniquidades que testemunhamos e sofremos não foram normalmente causadas, no sentido imediato, pelos interesses facciosos dos homens que assumiram o poder. Mas esses homens só conseguiram ficar com a maquinaria da coação pública nas mãos velando os interesses que a controlavam, demandando princípios e opiniões aparentemente desinteressados que lhes serviram como estandartes. Assim sendo, todos os seus princípios e opiniões repousaram na teoria que este capítulo acabou de apresentar, se basearam, pois, na suposição de que a sociedade pode exercer sobre seus membros uma autoridade ilimitada, e de que tudo que a vontade geral demanda se torna legítimo em função de tal exercício.

Por conseguinte, vale a pena refutar tal teoria. Em geral, é útil corrigir opiniões, por mais metafísicas e abstratas que elas nos pareçam, porque direitos outorgados procuram suas armas nas opiniões.

Interesses e pontos de vista diferem, antes de tudo, porque os primeiros são disfarçados e os outros, exibidos, já que interesses dividem e opiniões agregam. Em segundo lugar, os interesses variam de indivíduo para indivíduo segundo suas situações, gostos e circunstâncias, enquanto as opiniões são as mesmas, ou parecem ser, entre todas as pessoas que agem juntas. Finalmente, cada indivíduo pode dirigir apenas a si mesmo no que concerne a seus interesses. Quando quer que outras pessoas o apóiem, ele tem que oferecer a elas opiniões que as iludem sobre seus pontos de vista reais. Se for possível desvendar a falsidade da opinião que o indivíduo tenta passar, ele ficará privado de seu apoio principal. Estarão aniquilados seus meios de influenciar os que o cercam, [31] o estandarte restará destruído, e o exército desaparece.

Sei que, hoje em dia, desistimos de refutar idéias que queremos combater, professando uma aversão generalizada por todas as teorias de qualquer sorte. As pessoas afirmam que toda a metafísica não merece nossa atenção. Mas julgo que a posição antimetafísica sempre pareceu ignóbil para as pessoas que pensam. Sua adoção é duplamente perigosa. Ela é tão impetuosa contra a verdade quanto contra o erro. Tende a debilitar a razão, a levar nossas faculdades intelectuais ao ridículo e a desacreditar o que há de mais nobre dentro de nós. Em segundo lugar, ela nem goza da vantagem que se supõe possuir. Afastar as idéias julgadas perigosas, zombando delas ou as suprimindo violentamente, significa evitar suas conseqüências presentes apenas por breve período e dobrar sua influência vindoura. Não devemos ser iludidos pelo silêncio nem tomá-lo como consentimento. Isto porque, enquanto a razão não estiver convencida, o erro fica pronto para reaparecer na primeira manifestação que o provoque. E ele então tira partido da própria opressão a que foi submetido. Nossos esforços serão em vão. Só o pensamento pode combater o pensamento. Apenas o raciocínio é capaz de corrigir os erros do raciocínio. Quando a força repele a razão, ela não falha só contra a verdade, falha também contra o erro. Para desarmar o erro é necessário refutá-lo. Tudo o mais é rematado charlatanismo, renovado século após século, para benefício de poucos e infortúnio e vergonha do restante.

De fato, se o desprezo pela vida intelectual tivesse sido capaz de proteger os homens dos desvios perigosos, eles de há muito já teriam colhido os frutos da tão decantada proteção. Não há nada de novo no desprezo pela mente. Não é novidade o apelo à força contra o pensamento, tampouco o privilégio para pequeno grupo de pessoas em detrimento de todos, tratando-se a atividade mental desses últimos como supérflua e considerando-se suas reflexões inúteis e perniciosas. Dos tempos dos godos aos dias presentes, essa atitude mental vem se reproduzindo; as pessoas vêm denunciando a metafísica e a teorização. Apesar disso, as teorias não deixaram de reaparecer. Antes de nós, as pessoas diziam que a igualdade era apenas uma quimera, uma vã abstração, [32] uma teoria sem sentido. Os que desejavam definir adequadamente a igualdade, de modo a separá-la dos exageros que a desfiguravam, eram tratados como sonhadores ou causadores de problemas, e uma igualdade maldefinida jamais deixou de retornar ao ataque. A Jacquerie,* os Levelers,** e os revolucionários de nosso tempo abusaram dessa teoria, precisamente porque ela havia sido proibida em vez de aperfeiçoada: prova incontestável da inadequação das medidas tomadas por oponentes das idéias abstratas, primeiro para desviar seus ataques e, em segundo lugar,

---

* Revolta camponesa ocorrida no Norte da França entre 28 de maio e 24 de junho de 1358, durante a Guerra dos Cem Anos. (N. T.)
** Seita puritana inglesa, ao tempo da guerra civil na Inglaterra (1647), que propugnava a igualdade. (N. T.)

assim disseram eles, para manter essas idéias longe dos espécimes cegos e estúpidos que eles, com tanta condescendência, governavam. O efeito de tais medidas jamais deixa de ser temporário. Quando teorias falsas iludem pessoas, essas se mostram dispostas a acatar lugares-comuns contra a teoria em geral, algumas devido à exaustão, outras por interesses inconfessos, mas a maioria por imitação. No entanto, quando essas pessoas se recuperam da fadiga ou se libertam de seus receios, lembram-se de que a teoria, em si, não é má coisa, de que tudo tem seu lado teórico, de que a teoria nada mais é do que a prática sistematizada em regras segundo a experiência, e de que a prática é apenas a teoria aplicada. Sentem que a natureza não lhes dá razão por a terem considerado muda e estéril. Envergonham-se por terem abdicado do próprio âmago de suas dignidades como seres humanos. Adotam novamente teorias. Se elas não forem corrigidas, ou se se tornarem meros objetos de desdém, são abraçadas com renovado vigor malgrado os vícios intactos que levaram as pessoas a antes rejeitá-las. Sustentar que as teorias trazem grandes perigos e que, por isso, todas elas devem ser rejeitadas é o mesmo que tirar dos homens o remédio mais seguro contra tais perigos. É o mesmo que dizer que, como o erro produz conseqüências medonhas, devemos recusar até a procura da verdade.

Dessa forma, tentei combater os argumentos falaciosos com os que, para mim, parecem corretos. Tentei contrapor a falsa metafísica com a metafísica que julgo verdadeira. Se fui bem sucedido, sentir-me-ei muito satisfeito por ter sido mais útil do que os que demandam silêncio. O legado desses últimos para o futuro é um conjunto de questões sem solução. Com sua estreiteza de espírito e cautela suspeitosa, eles fazem crescer os efeitos daninhos das idéias erradas pelo próprio fato de não permitirem que tais idéias sejam examinadas. [33]

Capítulo quatro
Argumentos de Rousseau para a autoridade política ilimitada

Rousseau define o contrato social como envolvendo *a rendição incondicional de cada indivíduo, juntamente com seus direitos, à sociedade como um todo* (grifo de Constant).[29] Para nos tranqüilizar quanto às conseqüências desse controle total de cada aspecto de nossas vidas para o benefício de uma entidade abstrata, ele diz que o soberano, ou seja, o corpo social como um todo, não pode causar dano seja à coletividade de todos os seus membros, seja a qualquer de seus integrantes individualmente; que cada pessoa faz uma rendição total, de modo que a condição é a mesma para todos os membros, e ninguém tem a intenção de torná-la onerosa para os outros; que cada pessoa, entregando-se a todos os demais, não se entrega a ninguém; que cada um adquire sobre todos os outros membros os mesmo direitos que a eles cede, e ganha o equivalente ao que perde, juntamente com mais força para proteger o que lhe pertence.[30] Mas se esquece de que todas as propriedades

---
[29] Constant faz essa citação de memória. O texto exato é: "a rendição total de cada membro, juntamente com seus direitos, a toda comunidade". *Du contrat social*, Livro I, Cap. 6, ed cit., p. 360.

[30] Eis a passagem completa à qual o autor se refere: "Porque, antes de tudo, se cada pessoa se entrega por completo, a condição é a mesma para todos, e, sendo assim, ninguém tem interesse em torná-la penosa para os outros. Além do mais, sendo a alienação feita sem reservas, a associação é tão perfeita quanto

preservadoras da vida que ele confere ao ser abstrato que chama de soberania nascem no fato de que esse ser é constituído por todos os indivíduos separados, sem exceção. Ora, tão logo o corpo soberano tem que empregar a força que possui, ou seja, tão logo se torna necessário estabelecer autoridade política, uma vez que o corpo soberano não pode exercê-la por si só, ele delega, e todas as suas propriedades desaparecem. A ação executada em nome de todos, ficando necessariamente, por bem ou por mal, nas mãos de um indivíduo ou de uns poucos, resulta que, quando nos entregamos a todos os demais, por certo não estamos nos entregando a ninguém. Ao contrário, estamos nos rendendo àqueles que agem em nome [34] de todos. A conseqüência é que, quando nos entregamos completamente, não participamos de condição universalmente igual, de vez que algumas pessoas lucram exclusivamente com o sacrifício do restante. Não é verdade que ninguém tem interesse em tornar as coisas onerosas para outras pessoas, pois alguns membros não partilham a situação comum. Não é verdade que todos os membros adquirem os mesmos direitos que cedem. Eles não reconquistam o equivalente do que perdem, e o resultado daquilo que sacrificam é, ou pode ser, o estabelecimento de um poder que deles tira aquilo que possuem.

---

poderia ser e nenhum membros tem mais coisa alguma a demandar: pois, se certos indivíduos retiverem alguns direitos, como não existirá autoridade comum superior que possa julgar entre eles e o povo, sendo cada pessoa em algum aspecto seu próprio juiz, ela logo demandaria que assim o fosse em todas as coisas, o estado de natureza continuaria e a sociedade necessariamente se tornaria tirânica e fútil. Assim, se cada pessoa se entrega a todos os demais, na verdade não se entrega a ninguém, e, como não existe outro membro companheiro em relação ao qual se ganham os mesmos direitos que a ele se cede, acaba-se adquirindo o equivalente a tudo que se perdeu, com a força adicional para preservar-se aquilo que se possui". *Ibid.*, pp. 360-361.

Como é possível que tais considerações óbvias não tenham convencido Rousseau do erro e dos perigos de sua teoria? A resposta é porque ele se deixou iludir por uma distinção demasiadamente sutil. Um risco duplo tem que ser temido quando são examinadas questões importantes. Os homens erram, algumas vezes, porque interpretam equivocadamente a distinção entre duas idéias e, noutras vezes, porque baseiam numa idéia simples distinções que a ela não se aplicam.

Capítulo cinco
Que o erro de Rousseau advém de seu desejo de distinção entre as prerrogativas da sociedade e as do governo

Rousseau distingue as prerrogativas da sociedade das do governo.[31] Essa distinção só é admissível quando a palavra "governo" é entendida num sentido muito restrito. Rousseau, no entanto, a tomou na acepção mais ampla, como se fosse a reunião não só de todos os poderes constituídos como também de todas as formas constitucionais de os indivíduos contribuírem entre eles na expressão dos desejos individuais para a formação da vontade geral.[32] Segundo tais cláusulas, qualquer cidadão [35] que, na In-

---

[31] A crítica pode ser endereçada também a Thomas Paine, que, no seu *Common Sense*, diz: "Alguns escritores confundiram tanto sociedade com governo, que não deixam distinção entre eles". Ed cit., p. 69.

[32] É difícil identificar-se a passagem a que Constant se refere, de vez que Rousseau, no *Du contrat social*, Livro III, Cap. I (*ed. cit.*, p. 396), define governo como "um corpo intermediário estabelecido entre os súditos e o soberano para suas relações mútuas, encarregado da execução das leis, com a manutenção da liberdade, tanto civil como política [...] eu, por conseguinte, chamo o exercício

glaterra, elege seus representantes, ou qualquer francês que, na República, votou numa assembléia primária, deve ser encarado como envolvido no governo. Uma vez considerada a palavra "governo" com esse significado, qualquer distinção entre suas prerrogativas e as da sociedade é ilusória e pode se tornar, na prática, perigo incalculável. A sociedade não pode por si só exercer as prerrogativas a ela conferidas por seus integrantes; em conseqüência, as delega, estabelecendo o que chamamos de governo. A partir daí, qualquer distinção entre as prerrogativas da sociedade e as do governo é uma abstração, uma quimera. Pois, de um lado, se a sociedade tem autoridade legítima maior do que a que delegou, a parte que não delegou seria, pelo fato de não ser exercitável, efetivamente inválida. Um direito que não se pode exercer, tampouco delegar, é um direito que não existe. De outro lado, o reconhecimento de tais direitos inevitavelmente implicaria a desvantagem de que aqueles para quem a parte delegada foi investida se esforçariam de maneira inexorável para ter o resto também delegado a eles. Um exemplo esclarecerá minha argumentação. Suponho que reconhecemos – como tem sido feito muitas vezes – que a sociedade tem o direito de expelir a parte minoritária dela mesma que lhe causou grande dano. Ninguém atribui essa terrível prerrogativa ao governo, mas quando este último quer assumi-la, o que faz? Identifica a desafortunada minoria, de imediato proscrita e temida, com todas as dificuldades e perigos da vida. Depois, apela para a nação. Não é como prerrogativa sua que ele procura perseguir, por mera suspeita, indivíduos

---

legítimo do poder executivo de *Governo* ou administração suprema, e o homem ou corpo encarregado da administração, de príncipe ou magistrado". Veja a tese de Hofmann, Second Partie, Cap. 2, pp. 322-323 e n. 53.

completamente inocentes. Mas ele a sustenta como prerrogativa imprescritível de toda a sociedade, da maioria todo-poderosa, da nação soberana cujo bem-estar é a lei suprema. O governo não pode fazer nada, diz ele, mas a nação pode tudo. E logo a nação fala. Com isso quero dizer que uns poucos homens, sejam tipos vulgares sejam loucos, ou mercenários, ou homens consumidos pelo remorso, ou apavorados, se colocam como seus instrumentos, ao mesmo tempo que a calam, e proclamam sua onipotência, ao mesmo tempo que a ameaçam. Dessa maneira, com manobra rápida e fácil, o governo obtém poder real e terrível previamente considerado direito abstrato de toda a sociedade.

Existe realmente uma prerrogativa – quando falamos de forma abstrata – que a sociedade possui e não delega ao governo, a saber, o direito de mudar a organização do próprio governo. Se esse direito fosse delegado, ficaria estabelecido um círculo vicioso, de vez que o governo poderia utilizá-lo [36] para se transformar em tirania. Mas essa é a exceção que confirma a regra. Se a sociedade não delega essa prerrogativa, também não a exerce. Da mesma forma que seria absurdo delegá-la, é impossível exercê-la e perigoso proclamá-la.

O povo, observa Rousseau, é soberano num aspecto e submisso noutro.[33] Na prática, todavia, os dois casos são confusos. É fácil para os homens poderosos oprimirem as pessoas como seus súditos, forçá-las a manifestarem, em seu papel soberano, a vontade que esses

---

[33] "... cada indivíduo, em contrato, por assim dizer, consigo mesmo, se vê envolvido numa relação dupla; ou seja, como um membro do soberano em relação aos indivíduos privados, e como um membro da sociedade em relação ao soberano." *Du contrat social*, Livro I, Cap. 7, ed. cit., p. 362.

homens poderosos ditam. Para conseguir isso, só é necessário que os membros individuais da sociedade sejam aterrorizados e, então, que seja encenada uma homenagem hipócrita à sociedade em massa.

Assim, pode-se reconhecer como da sociedade apenas aqueles direitos que o governo pode exercer sem se tornar perigoso. Sendo a soberania uma coisa abstrata, e a coisa real o exercício de tal soberania, isto é, o governo, sendo necessariamente delegada a seres de natureza bem diferente da do soberano, uma vez que eles não são coisas abstratas, precisamos tomar medidas acauteladoras contra o poder soberano por causa da natureza dos que o exercem, da mesma maneira que as tomaríamos no caso de uma arma excessivamente poderosa que pudesse cair em mãos não-confiáveis.

Capítulo seis
As conseqüências da teoria de Rousseau

Quando se assume, com base em princípios, a opinião de que as prerrogativas da sociedade acabam, no final, sempre se tornando as do governo, entende-se imediatamente quão necessária é a limitação do poder político. Se não o for, a existência individual é, por um lado, sujeitada sem qualificação à vontade geral enquanto, por outro lado, a vontade geral fica, sem apelação, representada pela vontade dos governantes. Esses representantes da vontade geral terão poderes [37] ainda mais formidáveis na medida em que podem se autodenominar meros instrumentos dóceis dessa alegada vontade e possuir os meios necessários de coação e de sedução para garantir que ela se manifeste da maneira que lhes seja conveniente. O que nenhum tirano ousaria fazer em seu próprio nome esses últimos legitimam pela extensão ilimitada da autoridade política sem peias. Eles buscam o aumento dos poderes de que necessitam no proprietário da autoridade política, ou seja, no povo, cuja onipotência está lá apenas para justificar tal usurpação. As leis mais injustas e as instituições mais opressoras são compulsórias como expressões da vontade geral. Posto que os indivíduos, diz Rousseau, depois de se alienarem totalmente pelo benefício da coletividade, não podem ter outra vontade que não a geral. Obedecendo a isso, eles obedecem a si mesmos, e se tornam mais livres quanto mais implicitamente obedecem.[34]

Essas são as conseqüências de tal sistema teórico, como vistas, aliás, em todas as eras da história. Seu escopo mais aterrador, entretanto, foi o que se desenvolveu durante nossa Revolução, quando princípios reverenciados foram muito machucados, talvez de maneira incurável. Quanto mais popular o governo que se pretendeu dar à França, piores foram os ferimentos. Quando não se reconhece limite para a autoridade política, os líderes do povo, num governo popular, não são defensores da liberdade, mas aspirantes a tiranos que não tencionam quebrar e sim assumir poder sem fronteiras com o qual pressionam os cidadãos. Se possui uma constituição representativa, uma nação só é livre quando seus delegados ficam sujeitos a controles. Seria fácil mostrar, por incontáveis exemplos, que os sofismas mais grosseiros dos

---

[34] Parece que Constant condensou duas passagens: primeira: "A vontade constante de todos os membros do Estado é a vontade geral; é através dela que eles são cidadãos e livres". *Du contrat social*, Livro IV, Cap. 2, ed. cit., p. 440, e segunda: "Enquanto os cidadãos ficarem sujeitos apenas a tais convenções, eles não obedecerão a nada a não ser à sua própria vontade", *ibid.*, Livro II, Cap. 4, ed. cit., p. 375.

apóstolos mais ardorosos do Terror, e nas circunstâncias mais revoltantes, foram apenas conseqüências perfeitamente consistentes [38] dos princípios de Rousseau.[35] A nação onipotente é tão perigosa quanto um tirano, na realidade mais perigosa. A tirania não acontece por causa do número reduzido de governantes. Nem um número avantajado de mandantes é garantia de liberdade. Somente o grau de poder político, independentemente das mãos em que esteja concentrado, torna uma constituição livre ou um governo opressor; e quando a tirania subsiste, ela é mais terrível se o grupo tirânico for grande.

É inegável que a superextensão do poder político nem sempre obrigatoriamente provoca conseqüências horrendas. A natureza das coisas e a capacidade das pessoas por vezes abrandam os excessos; apesar disso, um tal sistema político tem sempre sérias desvantagens inerentes. Essa doutrina cria e então joga despreocupadamente sobre nossos arranjos humanos um grau de poder que é grande demais para ser administrável, e maléfico, seja em que mãos fique colocado. Outorgado a uma pessoa, a diversas, ou a todas, em quaisquer circunstâncias, ele é daninho. O normal é jogar-se a culpa nos detentores do poder e, dependendo do caso, até condenar a monarquia, a aristocracia, a democracia, as constituições mistas e os governos representativos. Mas será ação errada. A condenação tem que ser à extensão do poder e não àqueles que foram com ele investidos. É contra a arma e não contra a pessoa que a manuseia que precisamos lutar. Existem coisas pesadas demais para as mãos humanas.

---

[35] Veja a Nota D de Constant no fim do Livro I.

[39] Observe os infrutíferos esforços de diferentes pessoas para remediar os males do poder ilimitado que elas acham que a sociedade delegou. Na verdade, essas pessoas não sabem a quem confiá-lo. Os cartagineses criaram em sucessão os sufetes como magistrados supremos na aristocracia do Senado, o Tribunal dos Cem para substituir os sufetes e o Tribunal dos Cinco para controlar o dos Cem. Condillac diz que eles quiseram colocar freio numa autoridade e, então, estabeleceram uma contraforça que também precisou ser restringida, sempre deixando, assim, os abusos por conta dos remédios criados.[36]

O engano de Rousseau e dos escritores que são os maiores defensores da liberdade, quando confiam à sociedade um poder sem restrições, vem das maneiras pelas quais suas idéias sobre política foram formadas. Eles tinham visto na história um pequeno número de homens, ou mesmo apenas um, de posse de poder imenso, que causou muitos malefícios. Mas sua fúria foi dirigida contra os manejadores do poder e não contra o poder em si. Ao invés de destruí-lo, sonharam apenas em realocá-lo. Foi uma praga; mas eles a tomaram como algo a ser conquistado e dotaram toda a sociedade com tal poder. Inevitavelmente, ele se transferiu de lá para a maioria, e da maioria para umas poucas mãos. Acabou causando tantos males quanto antes, e a hostilidade a todas as instituições políticas se acumulou sob a forma de exemplos, objeções, argumentos e provas.

---

[36] *Histoire ancienne*, de Etienne Bonnot de Condillac, Livro VII, Cap. 7. Na edição publicada com o título: *Cours d'étude pour l'instruction du prince de Parme*, Genebra, Du Villard et Nouffer, 1780, t. V. pp. 473-474, encontramos: "Eles quiseram colocar um freio numa autoridade e, ao fazê-lo, estabeleceram outra que precisou ser contida. Deixaram assim que continuassem os abusos que pensavam ter remediado".

Capítulo sete
Sobre Hobbes

O homem que reduziu de maneira inteligente o despotismo a um sistema teórico, Hobbes, se apressou em defender o poder político ilimitado para, assim, se declarar a favor da legitimidade do governo absoluto por uma única pessoa. O soberano, diz ele (e com tal palavra entende a vontade geral), é irreprimível em suas ações; todos os indivíduos [40] têm que obedecer a ele e não podem demandar prestação de contas de suas medidas. O poder supremo é absoluto, uma verdade que tem sido sempre reconhecida, mesmo pelos que instigaram rebeliões ou guerras civis; sua motivação não foi a aniquilação do poder absoluto e sim a transferência de seu exercício para outra localização. A democracia é o poder absoluto colocado nas mãos de poucos; e a monarquia é o poder absoluto concentrado numa só pessoa. O povo foi capaz de abrir mão desse poder absoluto em favor de um monarca, que, dessa forma, se transformou em seu detentor legítimo.[37]

Podemos ver claramente que o caráter absoluto com que Hobbes dota a autoridade política é a base de todo o seu sistema. A palavra "absoluto" altera a própria natureza da questão e nos envolve em nova cadeia de conseqüências. Este é o ponto em que o escritor abandona a estrada da verdade de modo a caminhar a passos largos, por meio de sofismas, para a conclusão que estabeleceu para si mesmo desde o princípio. Ele mostra que a insuficiência das convenções dos homens para assegurar obediência exige a existência

---

[37] Constant não está citando Hobbes e sim sintetizando seu pensamento como ele pode ser encontrado no *Leviatã*, Cap. XVII e seguintes.

de uma força coercitiva para que isso aconteça, e que, pelo fato de a sociedade precisar se defender contra a agressão estrangeira, é necessária uma força comum para que tal sociedade se arme para a defesa comum; que a presença de demandas conflitantes entre os homens significa a obrigatoriedade de leis para garantir seus direitos. Conclui do primeiro ponto que o soberano tem o poder absoluto para punir, do segundo, que tem o poder absoluto para travar a guerra, e do terceiro, que ele é absoluto no poder legislativo. Nada poderia ser mais falso do que essas conclusões. O soberano, de fato, tem o direito de punir, mas apenas as ações culpáveis. Tem o direito de travar a guerra, porém somente quando a sociedade é atacada. E ele tem o direito [41] de formular leis, mas só quando necessárias e se forem justas. Não há, por conseguinte, nada de "absoluto", nada de arbitrário, nessas prerrogativas. A democracia é o poder nas mãos de todos, mas poder apenas na medida do necessário para a segurança da sociedade. A aristocracia é essa mesma autoridade outorgada a uns poucos; e a monarquia é a mesma coisa concentrada numa pessoa. O povo pode se privar dessa autoridade em favor de um só homem ou de um pequeno número deles, mas o poder desses últimos permanece limitado, da mesma forma que o do povo que os investiu com tal poder. Com a exclusão de uma única palavra, aquela que Hobbes inseriu gratuitamente na construção de uma frase, todo o seu aterrador sistema entra em colapso. Ao contrário, com a palavra "absoluto", nem a liberdade, tampouco, como veremos adiante, a paz ou a felicidade são possíveis sob quaisquer arranjos institucionais. O governo popular é tão-somente uma tirania convulsiva; o governo monárquico é apenas um despotismo mais sombrio e taciturno.

Quando vemos um autor afamado chegar, por meio de argumentos ilusórios, a resultados manifestamente absurdos, torna-se instrutivo em si mesmo e ajuda muito a refutação do erro se, por meio da pesquisa, retraçamos a linha de pensamento desse escritor, por assim dizer, para tentar localizar o ponto em que ele começa a se afastar da verdade. Quase todos os escritores partem de algum princípio verdadeiro. Uma vez firmado tal princípio, contudo, basta apenas uma distinção inválida, um termo maldefinido ou uma palavra supérflua para viciar toda a teoria. Com Helvétius, por exemplo, é questão de um termo maldefinido. Seu ponto de partida é incontestável: todas as nossas idéias nos alcançam através dos sentidos. Disso ele conclui que a sensação é tudo. Pensar é sentir, diz ele, e, por via de conseqüência, sentir é pensar.[38] É aí que ele erra. O engano provém de um termo maldefinido, no caso, "sentir" ou "sensação". Pensar é sentir, mas sentir não é pensar. Em Rousseau, como vimos, o erro advém de uma distinção inválida. Ele parte de uma verdade, ou seja, que a vontade geral tem que fazer as leis, mas distingue as prerrogativas da sociedade daquelas do governo. Acredita que a sociedade tem que estar de posse de poder político ilimitado e, a partir daí, fica à deriva. Está claro que, com Hobbes, a causa do problema é uma palavra supérflua. Ele também tem um ponto de partida correto, isto é, a necessidade de uma força coercitiva para [42] governar sociedades humanas. Mas escorrega na frase com o emprego de uma palavra insultuosa – "absoluto" –, e toda a sua argumentação se transforma num tecido de erros.

---

[38] *De l'esprit*, de Claude-Adrien Helvétius, Paris, Durand, 1758, Premier Discours, Cap. I, pp. 18-31. Helvétius é mais preciso em sua definição: "Julgar [não pensar] é sentir".

Capítulo oito
Reprodução da opinião de Hobbes

Um escritor contemporâneo, autor de *Ensaios sobre Moralidade e Política*, reviveu o sistema de Hobbes, mas só que com bem menos profundidade e inspiração e lógica muito mais fracas. Como Hobbes, ele parte do princípio da soberania ilimitada. Ele supôs absoluta a autoridade política e transferida da sociedade para um homem que define como espécie personificada, a coletividade individualizada. Da mesma forma que Rousseau disse que o corpo social não pode ferir quer a coletividade de membros quer qualquer membro individual,[39] esse escritor diz que o depositário do poder, o homem tornado sociedade em si, não pode prejudicar a sociedade, porque todo o dano que a ela causasse ele mesmo iria experimentar, tanto quanto a própria sociedade.[40] Da mesma forma que Rousseau diz que o

---

[39] "Tão logo a multidão é assim reunida num único corpo, qualquer ofensa a um membro é ofensa ao conjunto. Ainda menos poderia alguém causar dano ao todo sem que a afiliação sentisse os efeitos. Portanto, dever e interesse semelhantes compelem os dois lados contratantes a se apoiarem mutuamente, e os mesmos homens devem procurar reunir sob essa relação dupla todos os benefícios dos quais ela depende. Ora, o poder soberano, sendo composto apenas pelos indivíduos que o constituem, não tem, nem pode ter, nenhum interesse contrário aos deles. Segue-se que o poder soberano não precisa dar garantias aos seus súditos porque é impossível que o corpo queira causar danos a todas as suas partes, e mais tarde veremos que esse corpo não pode prejudicar nenhum dos indivíduos integrantes." *Du contrat social*, Livro I, Cap. 7, ed. cit., p. 363.

[40] No Cap. 3 do seu *Essais* (*op. cit.*, p. 140), Molé declara com efeito: "O governo não pode ser arbitrário; os homens temiam depender das fantasias e caprichos de quem o exerce. De modo que ao homem não foi dito para fazer o que ele achava correto para o bem-estar da sociedade. Em vez disso, já que estava investido com a força da própria sociedade, ele recebeu o mandato de conservar as condições que constituíam sua existência. Ele puniu injúrias, seguiu

indivíduo não pode resistir à sociedade porque cedeu todos os seus direitos a ela, sem reservas,[41] esse homem pleiteia que a autoridade do [43] depositário do poder é absoluta, porque nenhum membro da coletividade pode lutar contra a coletividade como um todo. Ele também alega que não pode haver responsabilidade da parte do depositário do poder, uma vez que nenhum indivíduo pode entrar em disputa com o corpo do qual faz parte, e que este último só pode responder fazendo com que tal homem retorne à ordem da qual nunca deveria ter saído. E então acrescenta, para que não temamos de forma alguma a tirania: ora, essa é a razão pela qual a autoridade (do depositário do poder) não é arbitrária. "Isso não era mais um homem. Isso era o povo."[42] Que magnífica garantia proporciona essa mudança de raciocínio!

---

reparando as infrações civis, e em todas essas maneiras consagrou este primeiro fato moral de que não deveríamos fazer coisa alguma contra os outros que não gostaríamos que fizessem conosco".

[41] "Portanto, para que o contrato social não seja um formulário sem valor, ele inclui tacitamente a única empreitada que pode conceder força a outras pessoas, a saber, quem se recusar a obedecer à vontade geral será compelido a fazê-lo por toda a sociedade. Isso significa tão-somente que ele será forçado a ser livre." *Du contrat social*, Livro I, Cap. 7, ed. cit., p. 364. Cf. também com Livro II, Cap. 4, pp. 372-375.

[42] Constant sintetiza aqui as passagens mais longas do original, cujo texto correspondente é o seguinte: "A autoridade, portanto, tem que ser absoluta. Um indivíduo em perigo foge sem consulta ou permissão. Muitas vezes, ele deve sua segurança apenas ao sigilo e à diligência. A autoridade, ademais, não poderia ser contrabalançada sem que alguém resistisse a ela, e tal resistência seria absurda. Jamais poderia ser legítima. Como poderiam algumas partes da associação se insurgir contra ela? Não poderia haver responsabilidade da parte do depositário do poder. Sob que direito poderia um membro entrar em disputa com o corpo do qual faz parte? Este último não poderia responder a ele, salvo fazendo com que retornasse à ordem da qual jamais deveria ter saído" (*op. cit.*, pp. 139-140). E mais tarde, Molé diz de novo: "Mas entende sua posição

Capítulo nove
Sobre a inconsistência com que Rousseau foi censurado

Como não achava que o poder político tinha que ser limitado, Rousseau foi arrastado para um dilema do qual só escapou desfazendo com uma das mãos o que havia feito com a outra. Ele declarou que a soberania não podia ser cedida,[43] nem delegada, tampouco representada, o que foi o mesmo que afirmar, não com todas as letras, que ela não podia ser exercida. Isso destruiu, de fato, o princípio que acabara de proclamar. Os que procuravam explicar sua [44] teoria o acusaram de inconsistência.[44] Pelo contrário, seu raciocínio foi muito consistente. Espantado com o espetáculo do imenso poder político que acabara de criar, ele não tinha idéia sobre as mãos em que iria colocar tão monstruoso poder e não pensou no perigo inseparável da soberania como por ele concebida, salvo um expediente que tornou impossível o exercício de tal soberania. Só os que adotaram seu princípio, separando-o daquilo que o tornava menos desastroso, é que foram maus racionais e políticos culpados. É o princípio que precisa ser rejeitado, já que,

---

e porque seu poder não é arbitrário. Esse não era mais um homem, mas um povo" (*op. cit.*, p. 141).

[43] *Du contrat social*, Livro II, Cap. I, *ed. cit.*, pp. 368-369.

[44] É difícil saber-se a quem Constant se refere, pois os críticos de Rousseau são numerosos (veja, por exemplo: "Les réfutations du *Contrat Social* au XVIIIe siècle, de Robert Dérathé, em *Annales de la Société Jean-Jacques Rousseau*, t. XXXII, 1950-1952, pp. 7-54). Encontramos, entretanto, no *Recherches philosophiques sur les Grecs*, de Cornelius de Pauw, Berlim, G.-J. Decker, 1788, t. ii, p. 167, esta reflexão: "Rousseau, o mais inconsistente escritor que jamais surgiu". A verdade é que Constant leu essa obra e mesmo tomou emprestadas algumas de suas passagens. Poderia, por conseguinte, ter anotado suas críticas.

enquanto não produz despotismo, ele é apenas teoria inaplicável, pois conduz ao despotismo tão logo as pessoas tentam pô-lo em prática.

Por isso, não é de inconsistência que Rousseau deve ser acusado. A crítica que merece é a de que partiu de uma hipótese inválida e se perdeu em sutilezas supérfluas.

Não me alinho com todos os seus detratores. Uma canalha de mentes inferiores, que só vê o sucesso pelo prisma da colocação em dúvida de qualquer verdade formidável, tenta, ansiosamente e plena de excitação, desmerecer sua grandeza. Eis uma razão a mais para que a ele prestemos nossa homenagem.. Rousseau foi o primeiro escritor a popularizar o sentido de nossos direitos. Foi a voz que agitou corações generosos e espíritos independentes. Mas aquilo que sentia com profundidade ele não soube definir precisamente. Diversos capítulos do *Contrato Social* são dignos dos escritores escolásticos do século XVI. O que se quer dizer com direitos com os quais mais nos deleitamos quando os cedemos completamente? O que significa uma liberdade em virtude da qual se é mais livre na medida em que, sem questionar, se faz aquilo que vai de encontro ao que se quer?[45] Esses são os sofismas [45] mortalmente teológicos tais como o de dar armas a todas as tiranias, à tirania de um

---

[45] Sem dúvida, Constant se refere aos paradoxos de Rousseau já citados por Hofmann: o primeiro: "Quem se recusar a obedecer à vontade geral será obrigado a fazê-lo por todo o corpo social; isso significa tão-somente que ele será forçado a ser livre", *Du contrat social*, Livro I, Cap. 7, ed. cit., p. 364; o segundo: "Assim, quando uma opinião oposta à minha leva vantagem, isso prova apenas que eu estava errado, e o que eu pensava que era a vontade geral não era. Se vence minha opinião individual, é porque eu fiz alguma coisa que não queria. Isso acontece quando não sou livre", *ibid.*, Livro IV, Cap. 2, ed. cit., p. 441.

homem, à de umas poucas pessoas, à espécie legalmente constituída e à espécie dominada pela fúria popular! Os erros de Jean-Jacques seduziram muitos amigos da liberdade, porque foram estabelecidos para se oporem a outros erros mais degradantes. Mesmo assim, nunca nos cansaremos de refutá-los, porque eles colocam obstáculos insuperáveis no caminho de qualquer constituição livre e moderada, e porque fornecem um pretexto banal para todos os tipos de injúrias políticas.

Notas de Constant

A. [Referente à p. 48]

Condorcet é uma exceção. Ele estabeleceu com precisão os limites do poder político. Vide seu *Notas sobre a Educação Pública*. Nem é em geral verdade que a idéia seja nova. Ela ocorre em Franklin, Payne, Beccaria e outros. Ninguém, no entanto, intuiu todas as conseqüências que dela resultariam.

B. [Referente à p. 49]

Mesmo aqueles contrários à moralidade, como, por exemplo, um poder que pode condenar inocentes? É isso que M. Ferrand quer dizer?

C. [Referente à p. 53]

"Poderes ilimitados são um monstro político e um grande erro cometido pela nação francesa. Ela não incorrerá, no futuro, no mesmo erro. Estará sendo difundida para o povo essa grande verdade, de todo mal-entendida neste país. A saber, que a nação não tem por si só todos esses poderes, essas prerrogativas ilimitadas que os aduladores a ela atribuíram. Quando se forma uma associação política, ela não comunaliza todos os direitos que o indivíduo tem na sociedade, todo o poder da massa inteira de indivíduos. Na vida política, comunaliza-se, em nome do poder público, o mínimo possível e apenas o que é necessário para a manutenção dos direitos e deveres de cada pessoa. O poder nessa escala é bem menor que as idéias exageradas com as quais as pessoas alegremente [46] investiram aquilo que chamam de soberania. Note-se que estou falando de soberania do povo, porque, se existe essa coisa chamada de soberania, é aí que ela está. Essa palavra é muito inflada pelo entendimento popular, só porque a mente francesa, ainda plena de superstições da realeza, sentiu-se inclinada a dotá-la de toda uma bagagem histórica da pompa solene e dos poderes absolutos que deram *glamour* à soberania ilegal. Vimos mesmo o sentimento público, em sua vasta magnanimidade, enraivecido por não lhe ter concedido mais coisas. As pessoas pareciam estar dizendo para si mesmas, com uma espécie de orgulho patriótico, que, se a soberania dos grandes reis é tão poderosa, tão terrível, a soberania de uma grande nação deveria ser ainda mais marcante. O que eu digo é que, à medida que nos ilustrarmos e que nos distanciarmos dos dias em que pensávamos saber o que era o quê, e nos quais estávamos exercendo idéias vazias, o poder da soberania será levado para dentro de seus limites apropriados. Mais uma vez que seja dito: o poder do povo não é ilimitado." Siéyès, *Opinion dans le Moniteur*.[46]

---

[46] *Moniteur universel*, 7-8 Termidor, ano III (25-26 de julho de 1795), pp. 1236-1239, reproduzindo o discurso que Sieyès pronunciou em 2 Termidor, ano III (20 de julho de 1795) na Convenção. O texto é republicado em *Les discours de Sieyès dans les débats constitutionnels de l'an III (2 et 18 thermidor)*, de Paul Bastid. Essa é uma edição crítica com uma introdução e notas. Paris, Hachette, 1939, pp. 13-30. A passagem citada por Constant está nas pp. 17-18.

D. [Referente à p. 65]

Quando as pessoas quiseram condenar o Rei à morte, disseram que a vontade do povo fazia a lei, que a insurreição, demonstrando a vontade do povo, era a lei viva, e que Luís XVI era condenado por essa lei.

LIVRO II

Dos Princípios para Substituir Idéias Herdadas sobre a Extensão da Autoridade Política

Cap. 1. Da limitação da autoridade política. 81
Cap. 2. Dos direitos da maioria. 82
Cap. 3. Da insignificância da maneira com que o governo é a autoridade quando a política não é limitada. 88
Cap. 4. Objeção à possibilidade de limitação da autoridade política. 90
Cap. 5. Dos limites da autoridade política restringidos a um mínimo. 92
Cap. 6. Dos direitos individuais quando a autoridade política é assim restringida. 93
Cap. 7. Da substituição da idéia de direitos individuais pelo princípio da utilidade. 94

O título que Constant deu ao Cap. 3 do texto a seguir é ligeiramente diferente do que aparece nesta página.

uma parte da existência humana que, necessariamente, permanece individual e independente e que, por direito, transcende a jurisdição política. A soberania só existe numa forma limitada e relativa. A jurisdição dessa soberania pára onde começa a existência individual e independente. Se a sociedade ultrapassa essa fronteira, torna-se tão culpada de tirania quanto o déspota que só se mantém no poder à custa da espada assassina. A legitimidade do governo [50] depende tanto de seu propósito quanto de sua fonte. Quando o governo estende a autoridade além de sua competência, torna-se ilegítimo. A sociedade política não pode exceder sua jurisdição sem se transformar em usurpadora, nem a maioria pode fazê-lo sob pena de se tornar facciosa. A aquiescência da maioria não é suficiente em todas as circunstâncias para fazer com que as ações sejam legais. Existem atos aos quais não há como conferir tal característica. Quando um governo de qualquer espécie lança sua mão ameaçadora sobre aquela parte da vida individual que está além de sua competência, é irrelevante a autoridade na qual ele alega se basear, ou sua auto-identificação como indivíduo ou nação. Mesmo que fosse a nação inteira, exceto o indivíduo ameaçado, não haveria legitimidade. Se alguém julga essas máximas perigosas, deixe-se que esse alguém pense naquela outra, a proposição contrária que permitiu, de igual maneira, os horrores de Robespierre e as opressões de Calígula.

Capítulo dois
Dos direitos da maioria

É inegável que os indivíduos devem se submeter à maioria. Mas não que as decisões da maioria tenham que ser vistas como infalíveis. Qualquer decisão coletiva, ou seja, qualquer decisão tomada por um grupo de homens, fica exposta a dois tipos de deficiências. Quando ela é ditada por sentimentos passionais, é claro que pode conduzir a erros. Entretanto, mesmo quando as decisões da maioria são tomadas com o espírito tranqüilo, ficam sujeitas a outros tipos de perigos, uma vez que são compostas por meio de negociações de opiniões divergentes. Ora, se uma das opiniões era a correta, fica evidente que a transação só foi conseguida a expensas da verdade. É possível que a decisão venha a corrigir alguns pontos de vista errados, mas também pode vir a distorcer a opinião correta ou torná-la menos precisa.

Tem sido demonstrado por cálculos matemáticos que, quando uma assembléia se reúne para escolher entre certo número de candidatos, normalmente o vitorioso não é alvo da concordância mais [51] completa, e sim da menor rejeição.[1] O mesmo que ocorre com esses candidatos numa assembléia é o que acontece com as opiniões da maioria. Não obstante, trata-se de um mal inevitável. Se, em conseqüência dos possíveis erros da maioria, concluíssemos que deveríamos subordinar nossas vontades à da minoria, nos veríamos a braços com instituições violentas e mendazes.

A prerrogativa da maioria é a do mais forte. É injusta. Todavia, seria ainda mais injusto se a vontade do mais fraco prevalecesse. Caso a sociedade precise tomar uma decisão, o mais forte ou o mais fraco, a maioria ou o segmento em menor número, tem que

---

[1] Referência provável ao *Essai sur l'application de l'analyse à la probabilité des decisions rendues à la pluralité des voix*, do marquês de Condorcet (Paris, Impr. royale, 1785), o qual, nas pp. lix-lxx, trata exatamente da escolha entre diversos candidatos levados à apreciação de uma assembléia.

triunfar. Se o direito da maioria, isto é, do mais forte, não for reconhecido, o da minoria o será. Isso significa dizer que a injustiça pesará sobre maior número de pessoas. O *liberum veto* (o veto livre) da Polônia,[2] que tencionava fazer com que todas as leis apenas fossem válidas *nemine contradicente* (sem oposição de ninguém), não tornou livres todos os cidadãos e sim sujeitou todos a uma só pessoa. É para conservar a liberdade do maior número de pessoas que os formuladores de leis se vêem obrigados a solapar a liberdade de todos. Temos que nos render às desvantagens inerentes à natureza das coisas, que a própria natureza das coisas se encarrega de consertar. Existe uma espécie de força restauradora na natureza. Tudo o que é natural leva consigo o remédio. O que é artificial, ao contrário, tem desvantagens pelo menos tão grandes, e a natureza não nos proporciona o medicamento para saná-las. O que ela faz para se contrapor aos erros da maioria é circunscrever seus direitos a limites adequados. Caso se assevere que seu poder é ilimitado, estarão sendo abandonadas todas as defesas contra as conseqüências de seus erros.

A maioria pode apenas fazer leis para as questões sobre as quais a lei tem que se pronunciar. Naqueles casos em que a lei não precisa fazê-lo, o desejo da maioria não é mais lídimo que o da menor das minorias.

Peço perdão por, talvez, me estender demais sobre o assunto — já que, para mim, ele é muito importante — e por recorrer a um

---

[2] O exemplo da Polônia vem, como indicado numa nota de Sismondi em seu *Recherches sur les constitutions des peuples libres* (ed. cit., p. 89), de *La voix libre du citoyen, ou observations sur le gouvernement de Pologne*, de Leszek Leczinski, s. l., 1749. Constant esteve com o manuscrito de Sismondi de outubro de 1800 até o início de 1801.

exemplo para tornar essas verdades [52] mais tangíveis. Suponhamos que alguns homens se reúnam para uma empreitada comercial. Cada um deles empenha parte de sua riqueza, a qual passa a fazer parte do bem comum. Aquilo que restar a cada um dos sócios é sua riqueza privada. Como uma maioria, os membros podem direcionar o uso dos fundos comuns. Todavia, caso essa maioria reivindicasse o direito de estender sua jurisdição ao restante dos bens dos outros membros, nenhum tribunal endossaria tal pleito.

O mesmo acontece com a autoridade política. Se nossa comparação é inexata, isso ocorre num só ponto, ponto esse em que tal inexatidão trabalha a favor de nossos argumentos. No caso da hipotética associação privada, existe um condicionante externo que evita a opressão da maioria sobre a minoria. Um pequeno número de homens não pode se apossar do nome da maioria para tiranizar a associação. Afinal de contas, essa associação deve ter celebrado arranjos contratuais, pelos quais responde em conjunto, com um órgão externo. No entanto, na política essas condições não existem. A comunidade política não presta contas a nenhum partido externo. Há apenas duas facções: a maioria e a minoria. A maioria é juiz quando age dentro de sua competência, e se transforma em facção quando excede seu papel. Não existe força externa que impeça a maioria de sacrificar a minoria, ou que evite que um punhado de homens, que se autoproclama de maioria, controle todos. Por conseguinte, é vital que se compense a inexistência dessa força externa com princípios fixos dos quais a maioria jamais se desvie.

Autoridade política é como crédito governamental. Como os governos são sempre mais poderosos que seus credores, tal fato os impele ao exercício do mais rigoroso escrúpulo. Pois se os governos se desviarem dos princípios uma só vez, sem que sobre eles ajam forças coercitivas, a confiança será perdida e não mais assegurada. Da mesma forma, como a maioria tem sempre o poder de violar os direitos individuais ou da minoria, caso ela não se abstenha de fazê-lo mediante o máximo escrúpulo, toda a segurança desaparece, já que some a garantia da não-repetição de tais ofensas ou de excessos crescentes.

Uma fonte freqüente de erro sobre o propósito adequado da autoridade política é a constante confusão que se faz entre interesse comum e interesse de todos. O interesse comum tem a ver apenas com a sociedade como um todo. O interesse de todos é simplesmente a soma dos interesses individuais. Além dos interesses particulares, que se referem tão-somente a um indivíduo ou a uma fração da sociedade e, portanto, estão fora de toda a jurisdição política, existem mais coisas que interessam a todos os membros da sociedade e que, [53] apesar disso, não têm que se sujeitar à força da vontade geral. Tais coisas interessam a cada pessoa como indivíduo e não como membro de uma coletividade. A religião, por exemplo, é um desses casos. A autoridade política precisa sempre intervir em prol do interesse comum, mas só deve agir sobre o interesse de todos quando o comum estiver em jogo. A comparação usada há pouco ajudará a explicar o que tenho em mente. Aquela parte empenhada das riquezas individuais na associação constitui a riqueza comum. Pode-se chamar a soma daquilo que cada sócio retém privadamente de riqueza de todos, mas se os membros não as empenharam na associação trata-se precisamente da riqueza de todos e não da riqueza comum. É coisa bem diferente. É a soma de todas as fortunas individuais, independentes umas das outras.

Não são todas do mesmo tipo, nem se combinam para formar um todo. A regulamentação pode, legitimamente, fazer uso dos fundos comuns, porém não da riqueza privada de todos. É engano concluir-se do fato de uma questão interessar a todos os membros de uma sociedade que ela tem que ser uma questão de interesse comum. Pode ser que só interesse às pessoas como indivíduos. A religião, mais uma vez, é exemplo do caso. Antes de concedermos o direito de o governo intervir em tal questão, precisamos ver se ela contempla qualquer ponto do interesse comum, isto é, se os interesses individuais são de tal natureza que colidem e causam ofensas mútuas. Só então o envolvimento político será convocado, e, ainda assim, apenas para evitar fricções. Contudo, caso tais interesses convivam lado a lado sem incomodar uns aos outros, não estão sob jurisdição política. Não estão *de jure* e mostraremos que não deverão estar *de facto*, uma vez que a jurisdição meramente os ameaçaria sem sentido algum. Eles devem reter sua independência e sua total individualidade.

A maioria dos escritores políticos, sobretudo aqueles que escrevem em concordância com os princípios mais populares, incorre em erro bizarro quando falam sobre direitos da maioria. Representam a maioria como se fosse uma pessoa real cuja existência é prolongada e é sempre constituída pelas mesmas partes. Todavia, na realidade, acontece quase sempre que uma seção da população, que ontem era maioria, constitui a minoria de hoje. Defender os direitos da minoria é, portanto, defender os direitos de todos. Por seu turno, todos os indivíduos se consideram minoritários. Toda a sociedade é dividida numa série de minorias que são oprimidas em sucessão. Cada uma delas, isolada para se tornar vítima, se transforma de novo, por uma metamorfose estranha, em parte daquilo que é chamado de todo enaltecido, o que serve como pretexto para o sacrifício de alguma outra [54] minoria. Assegurar poder ilimitado à maioria é ofertar ao povo no atacado a carnificina do povo no varejo. A injustiça e o infortúnio envolverão toda a sociedade, tornando-se cada vez mais opressores dos indivíduos isolados, em nome de todos. No final desse horrendo rodízio, todas as pessoas acabam descobrindo que perderam mais, irrevogavelmente, como indivíduos do que, transitoriamente, ganharam como membros da sociedade.

Capítulo três
Da organização do governo quando a autoridade política não é limitada

Quando a autoridade política não é limitada, a organização do governo se torna uma questão bastante secundária. A supervisão mútua das diversas seções do governo é útil apenas para evitar que uma delas se engrandeça a expensas das outras. Porém, se a soma total de seus poderes é ilimitada e se permite que essas seções, quando congregadas, invadam tudo, quem será capaz de impedir que elas formem coalizões para se engajar à vontade na opressão?

Para mim, o importante não é que meus direitos individuais possam ser violados por qualquer desses grupos de poder sem a aprovação de outro deles, mas que tal violação seja proibida para todas as seções do governo. Não é suficiente que os agentes executivos tenham que invocar a autorização da legislação. O crucial é que tal legislatório não autorize suas ações, exceto numa jurisdição específica. Não é tão importante assim que o poder executivo não tenha o direito de agir sem o assentimento de uma lei, caso não sejam estabelecidos limites para tal consentimento, caso ninguém declare que existem coisas sobre as quais a legislatura não tem o direito de formular leis ou, em outras palavras, que existem áreas da existência individual em relação às quais a sociedade não pode exercer nenhuma vontade.

Se a autoridade política não é limitada, a divisão dos poderes,[3] usualmente garantidora da liberdade, se transforma em perigo e em flagelo. A divisão dos poderes é importante, posto que congrega, tanto quanto possível, os interesses de governantes e governados. Os homens investidos do poder executivo conhecem mil maneiras de driblar a letra da lei. Em conseqüência, é temerário deixar-se que eles formulem as leis [55], pois estas serão piores se escritas por aqueles que jamais temam ser por elas enquadrados. Caso se separem os formuladores dos executores da lei, consegue-se esse objetivo, uma vez que os que preparam as leis – em princípio, também governantes – são governados na aplicação delas; ao passo que aqueles que executam as leis – enquanto governantes na aplicação – estão ainda, em princípio, entre os governados. Se, no entanto, ao se dividirem os poderes, não se estabelecem limites para a competência da lei, pode ocorrer que um conjunto de homens formule leis sem se preocupar com os malefícios que elas podem causar, enquanto outro conjunto as executa na crença de que nenhum dano pode delas advir, porque não tiveram nenhuma interferência em sua feitura. A justiça e a humanidade podem estar presentes nos dois conjuntos de homens, mas podem não falar uma com a

---

[3] Constant retornará a essa questão da separação dos poderes e dos interesses dos governantes e dos governados no Livro XVII, Cap. 3.

outra. Nessas circunstâncias, seria então mil vezes melhor que a autoridade que implementasse as leis fosse também encarregada de sua formulação. Pelo menos essas autoridades se conscientizariam das dificuldades e dos sacrifícios para fazer com que vigorassem.

Capítulo quatro
Objeção à possibilidade de limitação da autoridade política

Existe uma objeção óbvia à limitação da autoridade política. Será possível limitá-la? Existirá força suficientemente poderosa para evitar que ela cruze as barreiras que prescrevermos? Podemos colocar suas diferentes partes em oposição e em equilíbrio. Mas como garantir que a soma total não é ilimitada? Como pode o poder ser restringido a não ser pelo próprio poder?

Na conceituação abstrata, a limitação da autoridade política provavelmente será uma busca estéril se não a apoiarmos com as garantias de que precisa na organização do governo. A investigação dessas garantias foge ao escopo deste livro. Permitam-me simplesmente sugerir que parece possível descobrir instituições políticas cujas fundações sejam tais que combinem os interesses dos vários detentores do poder de forma que sua vantagem mais óbvia, assim como seu mandato mais longo e mais seguro, seria permanecerem dentro das respectivas esferas e por elas serem mutuamente [56] contidas. Ainda assim, a primeira questão continua sendo a da limitação da autoridade geral. Isso porque, antes de organizarmos qualquer coisa, é preciso que se determinem sua natureza e sua extensão.

Sem querer exagerar, como os filósofos freqüentemente fazem, a influência da verdade sobre os homens, direi a seguir que se pode afirmar que, quando certos princípios são total e claramente demonstrados, eles funcionam em algum sentido como garantias deles mesmos. Os interesses mais vigorosos têm uma espécie de função de decência que os impede de recorrer a erros que já foram muito obviamente refutados. No exato momento em que a luta na Revolução Francesa estava de novo fermentando todos os preconceitos ainda existentes, alguns erros do mesmo tipo não ousaram reaparecer pela simples razão de que estava provada sua não-correção. Os advogados do privilégio feudal nem sonharam em reviver a escravidão que Platão, em sua República ideal, e Aristóteles, em seu Política, julgaram indispensável.[4]

Forma-se, então, em torno de todas as verdades que as pessoas conseguem cercar com prova irrefutável, um consenso universal que cedo prevalece. Se for amplamente aceito que a autoridade política não é ilimitada, que tal poder sem peias não existe em lugar algum da Terra, ninguém jamais ousará pleitear tal poder. A própria experiência já demonstra isso. Apesar de a autoridade política não estar ainda restringida na teoria, ela se apresenta hoje em dia mais contida do que antes. Por exemplo, as pessoas não mais atribuem o poder de vida e morte sem julgamento até mesmo à sociedade como um todo. Tampouco nenhum governo pleiteia tal direito. Se os tiranos das repúblicas antigas a nós parecem bem menos refreados que os governos da história moderna, isso tem que ser parcialmente atri-

---

[4] Essa última frase é muito parecida com uma passagem de Madame de Staël, *Des circonstances actuelles qui peuvent terminer la révolution et des principes qui doivent fonder la république en France*, edição com crítica de Lucia Omacini, Paris-Genebra, 1979, p. 26: "Na luta da Revolução Francesa, os aristocratas mais inveterados não sonharam em propor o restabelecimento da escravidão, embora Platão, em sua República ideal, não imaginasse que pudéssemos viver sem ela".

buído a tal fato. Os desmandos mais monstruosos do despotismo com base em um só homem se deveram com freqüência à doutrina do poder ilimitado de todos eles. Portanto, o poder político pode ser circunscrito. E isso será assegurado, antes de mais nada, pela mesma força política que sustenta todas as verdades reconhecidas, [57] ou seja, pela opinião pública. Depois, podemos nos ocupar em garanti-lo de uma forma mais fixa, via a organização específica dos poderes políticos. Nada obstante, obter e consolidar a primeira garantia será sempre um grande bem.

Capítulo cinco
Dos limites da autoridade política restringidos a um mínimo

Duas coisas são indispensáveis para que uma sociedade exista e desfrute de felicidade. Em primeiro lugar, ela precisa ser protegida contra a desordem interna e, em segundo, resguardada contra a invasão estrangeira. A autoridade política deve, portanto, receber mandato específico para reprimir a desordem e para repelir tal invasão. Com essa finalidade, ela tem que ser investida com o direito de impor leis penais contra o crime, com o direito de organizar força armada contra os inimigos externos e, finalmente, com o direito de demandar dos indivíduos o sacrifício de uma parcela de suas riquezas individuais para que sejam bancadas as despesas com os dois propósitos. A jurisdição vital da autoridade política, por via de conseqüência, contempla duas vertentes: a punição das transgressões e a resistência à agressão.

Mas é necessário fazer-se a distinção entre duas variedades de transgressões, aquelas que são intrinsecamente perniciosas e as que só ofendem como violações a empreitadas contratadas. A jurisdição da sociedade sobre o primeiro tipo é absoluta. Com respeito à segunda espécie, é apenas relativa: depende da natureza da empreitada e de reivindicação da parte insultada. Mesmo quando a vítima de uma tentativa de assassinato ou de um roubo gostaria de perdoar a pessoa culpada, a sociedade ainda deveria puni-la, visto que a transgressão cometida é danosa por si mesma. Entretanto, quando a quebra de um acordo recebe o consenso de todos os contratantes ou das partes envolvidas, a sociedade não tem o direito de forçar obediência duradoura, da mesma forma que não lhe cabe dissolver o acordo com base naquilo alegado por apenas uma das partes.

É evidente que a jurisdição da sociedade não pode ficar aquém desses limites, mas tem que permanecer dentro deles. Dificilmente poderíamos imaginar uma nação em que os crimes individuais [58] permanecessem impunes e que não tivesse organizado meios para resistir aos ataques que nações estrangeiras pudessem lançar contra ela. Mas é possível imaginar-se uma em que o governo não tenha outra missão que não seja a supervisão dessas duas missões. A vida individual e a segurança nacional ficariam perfeitamente asseguradas. O mínimo necessário estaria satisfeito.

Capítulo seis
Dos direitos individuais quando a autoridade política é assim restringida

Os direitos individuais são constituídos por tudo aquilo que independe da autoridade política. No caso hipotético que acabamos de apresentar no capítulo anterior, os direitos individuais consistiriam na opção de se fazer qualquer coisa que não ferisse os outros, ou na liberdade de ação, ou no direito de não se ser obrigado a professar nenhuma crença sobre a qual não se esteja convencido, mesmo que seja a opinião da maioria, ou na liberdade religiosa, ou no direito de tornar público o pensamento esposado usando-se todos os meios publicitários disponíveis, desde que tal publicidade não ofenda nenhum indivíduo ou provoque nenhum ato errado, ou, finalmente, na certeza de não ser arbitrariamente tratado como se houvesse ultrapassado os limites dos direitos individuais, isto é, de não ser preso, detido ou julgado a não ser de acordo com a lei vigente e com o devido processo.

Os direitos da sociedade não podem ser significativamente diferenciados dos do governo porque é impossível mostrar-se um caminho pelo qual a sociedade pode exercer seus direitos sem que o governo se envolva. Todavia, os direitos dos indivíduos podem ser convenientemente diferenciados dos do governo e da sociedade, pois é possível, como vemos, indicarem-se as coisas que o governo e a sociedade têm que se abster de fazer e deixar os indivíduos perfeitamente livres.

Capítulo Sete
Da substituição da idéia de direitos individuais pelo princípio da utilidade

Um escritor muito respeitado pela profundidade, precisão e originalidade de seu pensamento, Jeremy Bentham, protestou recentemente[5] [59] contra a idéia de direitos e sobretudo contra os

---

[5] *Traités de législation civile et pénale, précédés de principes généraux de législation*, de Jeremy Bentham, publicado em francês por Etienne Dumont, Paris, Bossange,

direitos naturais, inalienáveis e imprescritíveis. Ele argumenta que essa idéia só serve para nos confundir e que, em seu lugar, deveria ser colocada a noção da utilidade, que ele considera mais simples e mais inteligível. Como o caminho preferido por ele levou a conclusões parecidas com as minhas, é melhor que eu não conteste sua terminologia. Contudo, tenho que discordar dela porque o princípio da utilidade, da forma com que Bentham o apresenta, a mim parece ter as deficiências comuns a todos os discursos vagos e, além do mais, possuir seus próprios perigos especiais.

Sem dúvida, ao se definir apropriadamente a palavra "utilidade", pode-se dar um jeito de basear nessa noção exatamente as mesmas regras daquelas que fluem da idéia de direito natural e justiça. Um exame cuidadoso daquelas questões que parecem colocar tudo que é útil em oposição ao que é justo conduz sempre à descoberta de que aquilo que não é justo jamais é útil. Apesar disso, é no entanto verdade que a palavra "utilidade", na sua acepção comum, sintetiza uma noção diferente daquela transmitida por justiça ou direito. Ora, quando o uso e o bom senso emprestam um significado fixo a um vocábulo, é arriscado modificar-se tal significado. A tentativa de se explicar a nova versão é vã. A palavra permanece como era e a explanação tentada é esquecida.

"Não se pode", diz Bentham,[6] "argumentar com fanáticos armados com um direito natural que cada um vê como lhe convém

---

Masson et Besson, ano X, 1802, 3 vol. As críticas que Constant faz a Bentham provavelmente foram rascunhadas no verão de 1802, daí o emprego do advérbio "recentemente", e este capítulo deveria fazer parte de um grande tratado político escrito àquele tempo.

[6] Veja a nota A de Constant no fim do Livro II.

e aplica de acordo com seus interesses". Porém, como ele mesmo admite, o princípio da utilidade é bastante suscetível a múltiplas interpretações e a aplicações contraditórias. A utilidade, diz ele,[7] tem sido muitas vezes mal empregada. Tomada em seu sentido estreito, ela associou seu nome a crimes. "Mas não devemos culpar o princípio por faltas que não se coadunam com ele e que apenas ele pode consertar." Por que tal apologia serviria para a utilidade e não para o direito natural?

O princípio da utilidade tem esse perigo adicional que o direito natural não apresenta, isto é, ele desperta no coração humano a esperança da vantagem e não o sentimento de dever. Ora, a avaliação de uma vantagem é arbitrária: é a imaginação que a estabelece. Mas nem seus erros nem seus caprichos podem mudar a idéia de dever.

[60] As ações não podem ser mais ou menos justas; porém podem ser mais ou menos úteis. Ao ferir meus colegas homens, violo seus direitos. Isso é uma verdade incontestável. Mas se julgo tal violação apenas pela utilidade, posso avaliar errado e encontrar utilidade na violação. O princípio da utilidade é, dessa forma, bem mais vago que o dos direitos naturais.

Longe de adotar a terminologia de Bentham, eu gostaria de separar, ao máximo possível, a idéia de direito da noção de utilidade. Isso pode parecer apenas uma diferença de terminologia, porém é mais importante do que se poderia imaginar.

O direito é um princípio; a utilidade, só um resultado. O direito é uma causa; a utilidade, apenas um efeito.

---
[7] Veja a nota B de Constant no fim do Livro II.

Querer advogar o assunto da utilidade corresponde a sujeitar as leis eternas da aritmética aos nossos interesses diários.

É por certo útil para as transações dos homens entre si que os números envolvam relações constantes. Se pleitearmos, no entanto, que essas relações existem apenas porque é útil que assim seja, muitas serão as oportunidades de provar que seria infinitamente mais útil se essas relações fossem manipuláveis. Esqueceríamos que sua utilidade permanente provém exatamente dessa característica de invariabilidade, e que, ao deixarem de ser inalteráveis, elas não mais seriam úteis. Assim, a utilidade, ao ser tão favoravelmente tratada por motivos superficiais e transformada em causa, ao invés de ser convenientemente deixada como um efeito, logo desapareceria completamente.

Moralidade e direito são também assim. Destrói-se a utilidade ao se colocá-la simplesmente na linha de frente. Só quando a regra já está demonstrada é que se deve trazer à tona sua utilidade.

Pergunto ao próprio autor que refuto: serão as expressões que ele deseja proibir que empreguemos idéias mais bem embasadas e mais precisas do que aquelas com que pleiteia substituí-las? Diga a um homem: você tem o direito de não ser morto ou arbitrariamente despojado. E lhe estaria sendo dado um outro sentimento de segurança e proteção do que o proporcionado se lhe fosse dito: não é útil para você ser morto ou arbitrariamente despojado. Pode ser mostrado, como já reconheci, que isso nunca é útil. Porém, ao falar de direito, está se apresentando uma idéia independente de qualquer avaliação. Ao falar de utilidade, parece que se faz o convite para que toda a questão seja colocada em dúvida ao se sujeitá-la a uma nova verificação.

O que poderia ser mais absurdo, brada o engenhoso e erudito colaborador de Bentham,[8] [61] do que os inalienáveis direitos, que sempre foram alienados, ou os direitos imprescritíveis, que foram tomados ou abandonados? No entanto, dizer que tais direitos são inalienáveis ou imprescritíveis é apenas dizer que eles não deveriam ser alienados, tomados ou abandonados. Está se falando do que deveria ser o caso, e não do que é o caso.

Ao reduzir tudo ao princípio da utilidade, Bentham condenou-se a uma avaliação artificial do resultado de todas as ações humanas, uma avaliação que vai de encontro às mais simples e mais costumeiras idéias. Quando ele fala de fraude, roubo etc., tem que admitir que, se há perda de um lado, há ganho do outro. Por conseguinte, seu princípio, para rejeitar a acusação de ações idênticas, tem que ser o da não-equivalência entre o benefício do ganho e o malefício da perda.[9] Todavia, separados o benefício e o malefício, o homem que comete o roubo achará que seu ganho importa mais para ele que a perda do outro. Sendo então descartada qualquer idéia de justiça, ele, dali por diante, só avaliará seu ganho. Dirá: para mim, meu ganho é mais que equivalente à perda de outra pessoa. Nada mais lhe servirá de empecilho a não ser o temor da descoberta. Essa teoria varre com toda a motivação moral.

O fato de repudiar o primeiro princípio de Bentham não impede de maneira alguma que eu reconheça os méritos do escritor. Sua obra está repleta de idéias originais e de profundas perspectivas.

---

[8] Veja a nota C de Constant no fim do Livro II.
[9] *Traités de législation* ..., de Jeremy Bentham, ed. cit., t. I, pp. 94-95. "Quanto ao motivo da cobiça, ao comparar o prazer da aquisição pela usurpação com a dor da perda, um não seria equivalente à outra."

Todas as conseqüências que ele infere de seu princípio são verdades preciosas por si mesmas. Não que o princípio seja falso; a terminologia é que está errada. Quando ele consegue se desvencilhar dela, constrói uma admirável estrutura das noções mais sólidas sobre economia política, sobre a cautela que os governos devem observar ao intervir nas vidas das pessoas, sobre população, religião, comércio, leis penais, sobre a propriedade das punições para os crimes. Não obstante, acontece que ele, como muitos escritores de nomeada, incorreu em erro ao reformular com novas palavras uma descoberta e ao sacrificar tudo o mais em nome de tal reformulação.

Notas de Constant

A. [Referente à p. 95]
Principes de législation, Cap. 13.[10]

B. [Referente à p. 96]
Ibid., Cap. 5.[11]

C. [Referente à p. 98]
M. Dumont de Genebra.[12]

---

[10] Ed. cit., t. I, p. 136. A frase completa é a seguinte: "Não é mais possível argumentar com fanáticos armados com *direito natural*, que cada um entende como quer, aplica como lhe convém, e com o qual não tem que conceder coisa alguma ou tomar algo de volta, que é ao mesmo tempo inflexível e ininteligível, venerado aos seus olhos como dogma e do qual não pode se afastar sob pena de estar cometendo um crime".

[11] Ed. cit., t. I, p. 27. "Pode-se causar prejuízo quando se julga que o *princípio da utilidade* está sendo seguido. Uma mente fraca e limitada comete erros ao não levar em consideração mais do que um pequeno número de 'bens' e 'males'. Um homem passional age erradamente quando confere importância demasiada a um bem que o cega para todas as suas desvantagens. O que caracteriza um homem mau é o fato de ele perder-se em prazeres que são prejudiciais a outros. E, em si mesmo, isso pressupõe ausência de outros tipos de prazeres. Mas não se deve acusar o *Princípio* de erros que não se coadunam com ele e que só ele pode retificar."

[12] Hofmann não consegue encontrar essa citação no *Discours préliminaire* de Dumont sobre o *Traités de législation* de Bentham (ed. cit., t. I, pp. v-xxxvi). Será que Constant não transcreveu, mais uma vez, uma observação que Dumont pode ter feito oralmente nas conversas que manteve com Mme. de Staël e seus amigos? Dumont esteve em Coppet em 1802, e Constant poderia ter anotado uma de suas reflexões. Sobre esse assunto, vide "'Esquecidas as formas etéreas das coisas:' Madame de Staël, *l'utilitarisme et l'impulsion libérale*", *Cahier Staëliens*, Nº 11, dezembro de 1970, pp. 5-26.

LIVRO III

Dos Argumentos e Hipóteses em Favor da Extensão da Autoridade Política

Cap. 1. Da extensão da autoridade política além do mínimo necessário por razões de utilidade. 105

Cap. 2. Das hipóteses sem as quais a extensão da autoridade política é ilegítima. 109

Cap. 3. São os governantes necessariamente menos propensos ao erro que os governados? 110

Cap. 4. São os erros governamentais menos perigosos que os dos indivíduos? 118

Cap. 5. Da natureza dos meios que a autoridade política pode empregar por razões de utilidade. 120

Capítulo um

Da extensão da autoridade política além do mínimo necessário por razões de utilidade

Em nação alguma os cidadãos desfrutaram completamente dos direitos individuais. Nenhum governo se confinou aos limites estritamente necessários ao exercício da autoridade política. Todos foram bem além disso, e filósofos em todas as eras e escritores de todos os credos endossaram a extensão com o peso total de suas aprovações.

Entre esses, não computo apenas as mentes comuns ou de segunda categoria, mas incluo também autores famosos dos últimos dois séculos: Fénelon[1], Rousseau, Mably[2] e até, em alguns aspectos, Montesquieu.

M. Necker não está imune aos erros que imputo aos que favorecem um aumento na autoridade política. Ele chama o poder soberano de tutor da felicidade pública[3] e, quando enfoca as

---

[1] *Essai sur le gouvernement civile*, de Fénelon. No Cap. 5, *De la nécessité d'une authorité souveraine*, Fénelon declara: "Portanto, todo governo tem que ser, necessariamente, absoluto". (p. 29 da 3ª edição, Londres, 1722); todavia, o autor deixa igualmente claro que não quer dizer com isso um poder arbitrário.

[2] Constant critica Mably mais amplamente no Livro XVI, Cap. 8, pp. 604-606.

[3] Hofmann não encontra a passagem em que Necker usa essa expressão, mas o espírito dela figura no livro *Sur la législation et le commerce des grains*, de Necker, Paris, Pissot, 1776, Partie I, Cap. 2-6. Noutro local, no *De l'administration des*

proibições comerciais, constantemente supõe que os indivíduos se deixam dominar por considerações de curto prazo e que o poder soberano entende melhor que os próprios indivíduos seus interesses de longo prazo.[4] O que [66], no caso de M. Necker, torna seu erro mais desculpável e tocante é que ele está sempre apaixonadamente preocupado em melhorar as coisas, e só vê no governo um meio mais amplo para a benevolência e as boas ações.

O homem, dizem esses escritores, é um produto da lei. No começo, os homens fizeram as instituições e, subseqüentemente, as instituições fizeram os homens. O governo deve se apoderar de nós desde os primeiros momentos e cercar-nos de virtudes, tanto pelo exemplo quanto pelos preceitos. Ele tem que orientar, aperfeiçoar e iluminar essa classe vasta e ignorante de pessoas que, carecendo de tempo para reflexão, é forçada a receber as próprias verdades daquilo que é alegado por outros e sob a forma de preconceitos. Em todos os momentos em que a lei nos abandona são criadas ocasiões para que as paixões nos tentem, nos seduzam e nos controlem. A lei deve provocar em nós o amor pelo trabalho, gravar no espírito da juventude o respeito pela moralidade, entusiasmar a imaginação com instituições sutilmente combinadas, revolver profundamente nossos corações para deles desenraizar os pensamentos culposos, em vez de se limitar a reprimir as ações perniciosas. A lei é para evitar crimes, e não para puni-los. Ela deve regular nossos menores

---

finances de la France, s. l., 1784, t. III, p. 162, ele define governo como "intérprete e curador da harmonia social". Cf. *Les Idées de Necker*, de Henri Grange, Paris, Klincksieck, 1974, p. 163.

[4] Veja, por exemplo, *Sur la législation* ..., *op. cit.*, p. 136: "Todas [as idéias] que podem concorrer para o bem comum são prerrogativas do soberano. E ponderar sobre elas é parte importante das augustas funções a ele outorgadas".

movimentos, presidir o alastramento da ilustração, o desenvolvimento industrial e o aperfeiçoamento das artes. Tem que liderar, como se levasse pela mão, a multidão incivilizada que deve instruir ou a corrupta que precisa corrigir.

Em apoio a tal doutrina, tais protagonistas ilustres citam as mais memoráveis campanhas das nações da antiguidade nas quais todos os empregos buscados pelos homens, todas as ações de suas vidas, foram cobertos pela lei, suas palavras mais triviais foram ditadas, e até seus prazeres, legalmente regulados.[5]

Imbuídos de tais princípios, os líderes da Revolução Francesa julgaram-se semelhantes a muitos Licurgos, Sólons, Numas ou Carlos Magnos. Nessa mesma ocasião, a despeito dos tristes resultados de seus esforços, fica-se ainda inclinado a culpar mais o modo desajeitado dos empreendedores do que a natureza da empreitada.

Uma observação geral faz-se necessária antes que examinemos em detalhes a teoria que procura legitimar a extensão da autoridade política.

Essa extensão não é absolutamente necessária, como pensamos ter demonstrado. Ela só é impulsionada pela esperança de ser útil. Entretanto, uma vez admitida [67] a argumentação pela utilidade, somos levados de volta, apesar de nossos esforços, às desvantagens que fluem da colossal e cega força que a nós pareceu tão terrível quando a chamamos de soberania ilimitada. A utilidade não se presta à demonstração precisa. É uma questão de opinião individual e, conseqüentemente, de interminável discussão. Podem-se encon-

---

[5] O tema da imitação dos antigos, na medida em que se relaciona com a extensão da lei, será mais desenvolvido no Livro XVI, Cap. 8: *Imitadores modernos das repúblicas antigas*.

trar razões utilitárias para todas as ordens e proibições. Proibir que os cidadãos saiam de casa seria uma providência para se evitarem os crimes cometidos nas estradas. Obrigá-los a se apresentarem todas as manhãs em suas respectivas prefeituras impediria que vagabundos, ladrões e homens perigosos ficassem escondidos nas grandes cidades à espreita de oportunidades criminosas. Foi esse tipo de pensamento que transformou a França de nossos dias em imensa prisão. Nada na natureza é imaterial no sentido rigoroso do termo. Tudo tem sua causa e seus efeitos. Tudo apresenta resultados, reais ou possíveis; tudo pode ser útil ou perigoso. Num sistema em que a autoridade política é o único juiz de todas essas possibilidades, fica patente que tal autoridade não tem absolutamente limite algum, nem poderia ter. No entanto, se ela precisa ser limitada, tudo em sua jurisdição também tem que o ser. O que não pode ser limitado não pertence a tal jurisdição. Ora, já mostramos que a jurisdição tem que ser circunscrita. Por conseguinte, antes de entendermos qualquer sistema em termos de suas várias prerrogativas, é mister que possamos traçar uma linha para marcar onde o exercício dessa prerrogativa deve parar. Se não houver maneira de traçar essa linha, a própria prerrogativa não deverá existir. É sinal de que a autoridade foi levada além de sua competência. Isso porque é da essência dessa competência que ela tenha limites. Se ela for estabelecida sem esses limites, cair-se-á de novo no abismo sem fim do mando arbitrário. Se ela for estabelecida sem esses limites, mesmo para um único propósito, não haverá mais nenhuma segurança para a ordem social. Posto que, se a segurança de uma só parte da ordem social estiver ausente, a do resto desaparece. Se não for destruída *de facto*, o será *de jure*. Vejam, o fato é apenas um acidente. Só a lei proporciona uma garantia.[68]

Capítulo dois
Das hipóteses sem as quais a extensão da autoridade política é ilegítima

A imaginação pode conceber uma atividade singularmente útil para a autoridade indefinidamente estendida, sempre na suposição de que ela será exercida pelo lado da razão e no interesse de todos e da justiça, de que os meios por ela selecionados serão sempre honrados e tendentes a dar certo, de que ela conseguirá administrar as faculdades humanas sem degradá-las, e de que, em suma, agirá da forma com que os inclinados pela religião entendem a providência, ou seja, como uma coisa que vincula a força de comando à convicção mais profundamente sincera. Contudo, a adoção dessas brilhantes suposições representa a aceitação de três hipóteses. Primeira, que o governo deve ser imaginado, senão como infalível, pelo menos como mais iluminado que os governados. Isso porque, para intervir nas relações interpessoais com mais sabedoria do que as próprias pessoas possam demonstrar, para orientar o desenvolvimento das suas faculdades e o uso de seus recursos de maneira melhor que seu julgamento permitiria, deve-se possuir a garantia do dom de distinguir melhor do que essas pessoas o que é vantajoso do que é pernicioso. Sem isso, que ganho existiria em se produzir felicidade, ordem social ou moralidade pela ampliação dos poderes do governo? Estaria sendo criada uma força cega cujos comandos seriam abandonados à sorte. Deixaríamos à conta dessa última o bem e o mal, o erro e a verdade, e a chance decidiria qual deles triunfaria. Qualquer extensão da autoridade outorgada aos governantes, sempre a expensas da liberdade dos governados, requer, ainda mais, antes que concordemos com tal sacrifício, que pareça provável que os primeiros farão melhor uso de seu poder ampliado do que os outros de sua liberdade. Como segunda hipótese, será preciso supor que, se apesar de seu preparo superior, o governo incorrer em erro, tal erro será menos desastroso que os dos indivíduos. Finalmente, será preciso assegurar para nós mesmos que os meios nas mãos dos governos não produzirão malefício maior do que o benefício que, supostamente, deveriam produzir.

Iremos apreciar em sucessão cada uma dessas três hipóteses. [69]

Capítulo três
São os governantes necessariamente menos propensos ao erro que os governados?

É fácil afirmar-se que a luz tem que vir dos lugares elevados e que um governo iluminado deve liderar as massas. Ao se escreverem tais palavras, concebe-se o governo como um ser abstrato e constituído por aquilo que existe de mais distinto, mais erudito e mais sábio numa nação. Mas essa idéia de governo, que as pessoas arquitetam para si mesmas, contempla um senso confuso de período histórico e um *petitio principii*. São confundidas eras históricas em que essas pessoas não distinguem nações bárbaras das civilizadas. É bem verdade que quando algum clã, possuidor apenas das mais cruas das noções indispensáveis à sobrevivência física, fica, via conquista ou qualquer outro meio, sob um governo que o familiariza com os primeiros elementos da civilização, então os membros desse governo são mais educados que aqueles que governam. Assim, podemos julgar Cecrops, se é que existiu, mais iluminado que os atenienses,

Numa mais que os romanos, Maomé mais que os árabes. Porém, aplicar tal raciocínio a uma sociedade civilizada a mim parece um grande erro. Nesse tipo de sociedade, não há dúvida de que muitos só se instruem com grande dificuldade, trabalhando com a natureza das coisas em ocupações manuais; e os governantes são, incontestavelmente, superiores a eles. Todavia, existe também uma classe educada da qual os governantes fazem parte, e apenas uma pequena parte. A comparação não deve ser feita entre a classe não-preparada e o grupo governante, mas entre os que governam e a classe educada. Esta última tem que instruir e dirigir o restante da nação. Mas é necessário que façamos a distinção entre a influência dessa classe instruída e a da sua fração que governa. Quando a questão é assim colocada, envolve o *petitio principii* de atribuir ao governo a superioridade da instrução. Passa por cima de uma dificuldade crucial, sem examinar aquilo que ocorre na formação de governos. Os governos podem ser constituídos de três maneiras: por hereditariedade, por eleição ou pela força. Não falaremos nada sobre esse último tipo. Na prática, não é provável que ele seja atacado porque tem a vantagem de poder impor o silêncio. Tampouco tentaremos enfiar a idéia de tal governo na cabeça de alguém para, em princípio, justificá-la.

[70] Quando a monarquia hereditária se fundamentava no direito divino, o próprio mistério que sancionava essa instituição teocrática tinha a capacidade de investir o monarca de um preparo superior, como se fosse alguma dádiva do céu. É essa exatamente a atitude que encontramos nas memórias escritas por Luís XIV.[6] Hoje em dia, no entanto, quando os governos têm bases puramen-

---

[6] *Mémoires de Louis XIV écrits par lui-même, composés pour le Grand Dauphin, son fils et adressés a ce Prince...*, editadas e publicadas por J. L. M. de Gain-Montagnac,

te humanas, tal justificativa religiosa não é admissível. A hereditariedade só nos apresenta uma sucessão de governos que chegam ao poder, e nossa experiência com aquilo que resulta dos dois elementos da chance e da adulação é quase abundante em demasia. As eleições conferem aos governos a sanção da opinião popular. Todavia, será essa sanção garantia de um preparo exclusivo para os investidos com o poder? Quando alguém se permite duvidar da excelência do grupo governante, a escolha do povo parece a esse grupo resposta irrefutável para tais dúvidas insultuosas. Nessa parte de seu esquema intelectual, o povo é, portanto, infalível. Porém se essas mesmas pessoas do povo demandarem o direito de

---

Paris, Garnery et H. Nicolle, 1806, 2 vol. Constant volta mais tarde a essas memórias (especialmente nas pp. 642-643.). Elas apareceram em fevereiro de 1806 (como é mostrado por uma ordem de Napoleão a Cambacérès de 24 de fevereiro de 1806, *Correspondance de Napoléon Ier ...*, Paris, 1862, t. XII, p. 117). Em 27 de março, Constant escreve a Claude Hochet: "Nesta manhã, comecei a ler as *Mémoires* de Luís XIV. Acho muito difícil acreditar que tudo é de sua autoria. Existem frases típicas de homens letrados. Embora eu ainda esteja na trigésima página, já percebi várias delas, entre as quais uma sobre os pontos mais refinados do amor à glória onde existe um *se eu fosse tão ousado a ponto de dizer* e um estilo afetado mais próprios de escritor que de rei. Não coloco em dúvida a autenticidade do *Mémoires*, apenas sua organização e sua edição moderna. A teoria do despotismo, nelas muito bem exposta, repousa como sempre num *petitio principii* que esses cavalheiros empregam à exaustão. Eles pressupõem que a única alternativa é entre o despotismo de um só homem e o de diversos deles, e concluem que o primeiro é melhor. Sem dúvida, poderíamos muito bem passar sem um ou outro". *Lettres à un ami. Cent onze lettres inédites à Claude Hochet*, de Benjamin Constant e Madame de Staël, publicadas e com uma introdução e notas por Jean Mistler, Neuchâtel, La Baconnière (1949), pp. 116-117. O *Journal intime* de Constant registra a leitura do *Mémoires* de Luís XIV em 28 de março de 1806 (e não em 27 de março, como sugere a carta a Hochet). Ao contrário do que pensou Alfred Roulin (*Oeuvres*, de Benjamin Constant, Paris, Gallimard, 1957, p. 1531, n. 2 da p. 568), Benjamin leu de fato o texto dessas *Mémoires*, e não apenas os extratos que apareceram no *Mercure de France*.

velar por seus próprios interesses e opiniões, tais escritores dirão que esse controle pertence ao governo. Essa segunda parte do esquema declara a incapacidade do povo de seguir caminhando pelos próprios pés sem cometer erro atrás de erro. Assim, por um tipo ou outro de prodígio [71], esse populacho ignóbil, ridículo, degradado e estúpido, que não sabe se comportar e necessita de infindável orientação, subitamente se torna iluminado por um único e irreproduzível momento no qual pode nomear ou aceitar seus líderes, retornando de imediato ao estado de cegueira e ignorância. Esse mesmo povo, como primeiro Maquiavel e depois Montesquieu mostram, quase sempre faz boas escolhas para detentores de cargos específicos. No entanto, os próprios argumentos desses escritores demonstram que, para nos certificarmos de que a seleção feita pelo povo é boa, os deveres que ele outorga têm que ser definitivamente circunscritos a limites precisos. "O povo", diz Montesquieu,[7] "é admirável quando precisa escolher aqueles a quem conferirá uma parte de sua autoridade. Ele sabe muito bem quais os homens que participaram de guerras e tiveram esse ou aquele sucesso. Tem capacidade, por conseguinte, para eleger um general. Sabe quais juízes são assíduos e de cujos tribunais as pessoas saem satisfeitas com suas atuações e pelo fato de não se corromperem. Em conseqüência, tem condições para eleger um magistrado sênior. Quando se impressiona com a riqueza e opulência de determinado cidadão, entende que deve fazê-lo conselheiro da cidade. Ele só tem que se decidir por razões que não pode ignorar e com respeito a fatos auto-evidentes". Será visto que todos os exemplos nos quais M. de

---

[7] Veja a nota A de Constant no fim do Livro III.

Montesquieu se baseia só se aplicam a funções de autoridade política mantida num rigoroso mínimo. O mesmo acontece com o que diz Maquiavel.[8] Os homens, observa ele, embora propensos a fazer, no geral, as coisas erradas, não erram no particular. Todavia, pedir ao povo que eleja o governo, se os membros desse governo fazem tudo além de punir crimes e repelir invasões, ou seja, se esses governantes se arrogam o direito de jurisdição sobre a opinião pública, sobre a ilustração, sobre as ações sem importância, sobre a propriedade, sobre a indústria, resumindo, sobre tudo, então não está se pedindo a esse povo que se pronuncie no particular, e sim no geral. A escolha do povo, quando ele é livre e os tempos não são tumultuados, reflete favoravelmente o talento particular do homem ao qual ele confia uma determinada tarefa. O povo estima um juiz em função de suas sentenças, um general por suas vitórias. Contudo, quando se trata de poder indefinido, que se projeta sobre coisas que são vagas, ou quando é arbitrário ou sem limites claros, a seleção feita pelo povo não prova coisa alguma. Numa situação assim, as pessoas não conhecem fatos anteriores ou auto-evidentes que possam servir de base para suas decisões. A escolha do povo normalmente encaminha [72] homens da classe educada para as funções políticas. Mas não há a garantia de que eles serão intelectualmente superiores ao restante de sua classe. Suas opiniões estarão no nível das idéias de maior circulação. Por esse motivo, esses homens serão excelentes para a manutenção da sociedade, para a proteção pela negativa. Mas não terão valor para a liderança. Posto que, para os propósitos da manutenção e da conservação, o

---

[8] Veja a nota B de Constant no fim do Livro III.

nível geral é suficiente. A liderança requer algo mais elevado. Caso se suponha, diz Condorcet no primeiro de seus *Cinco Comentários Sobre a Educação Pública* (página 55), que o governo é mais ilustrado que a massa, deve-se também supor que ele é menos preparado do que muitos indivíduos.[9] Adicionamos que as qualidades que emprestam autoridade a um governo fundamentado na escolha popular são sempre mais ou menos mutuamente excludentes daquelas outras qualidades particularmente relevantes para o alastramento da ilustração. Para se conseguir a confiança de grandes massas de pessoas são necessárias idéias tenazes, unilateralidade de opinião, uma maneira positiva de se ver as coisas e de agir, mais força que fineza e mais rapidez na apreensão do quadro geral do que sutileza para discernir detalhes. Essas coisas são ótimas para os objetivos da repressão e da vigilância de tudo nas funções do governo que é organizado, estabelecido ou preciso. Porém, levadas para o campo

---

[9] Constant está aqui mais interpretando do que citando o pensamento de Condorcet. Eis o texto a que ele se refere e que está em *Bibliothèque de l'homme public*, 2e année, t. I. Paris, Boisson, 1791, p. 55: "Há ainda mais razão para que o governo não coloque suas opiniões como base de instrução, porque ele não pode ser considerado possuidor do nível das melhores cabeças do século em que opera. Os detentores do poder sempre estarão a uma distância maior ou menor do ponto em que chegaram essas mentes destinadas a elevar o corpo da ilustração. Mesmo quando alguns homens geniais podem ser encontrados entre os que exercem o poder, eles jamais chegarão, em todas as ocasiões, à preponderância que lhes permitiria aplicar na prática os resultados de suas meditações. Essa confiança num pensamento profundo cuja direção não se pode discernir, essa submissão consentida ao talento, essa homenagem à fama, tudo custa muito caro em termos de auto-estima futura, pelo menos para os sentimentos fortes e duradouros, ao invés de uma espécie de obediência forçada devida à pressão das circunstâncias e reservada para os tempos de perigo e de contenda".

da inteligência, da opinião, da ilustração ou da moralidade, elas demonstram no seu entorno algo de primitivo, de inflexível e de vulgar que vai de encontro ao propósito do aprimoramento e aperfeiçoamento daquilo que se tem em mente. Há um outro tipo de pensamento que não podemos perder de vista. Existe um certo quê no poder que mais ou menos perverte o juízo de valor. A força é muito mais sujeita ao erro que [73] a fraqueza. A primeira encontra recursos em si mesma. A fraqueza exige que se pense. Equiparando-se tudo, é sempre provável que os governantes tenham perspectivas menos justas, menos confiáveis e menos imparciais do que as dos governados. Faça-se a hipótese de que existam dois homens igualmente preparados, um no poder e o outro simples cidadão. Não será que o primeiro, interminavelmente convocado a agir, mais ou menos comprometido com suas ações, numa posição mais exposta, terá menos tempo para refletir, mais razão para persistir, portanto mais chances de erro do que o segundo, o qual pode ponderar ao seu bel-prazer, não está vinculado a linha alguma, não tem razão para defender uma idéia errada, não comprometeu nem seu poder nem segurança, tampouco o amor-próprio, e que, finalmente, se não abraça apaixonadamente aquela idéia errada, não tem como fazer com que ela prevaleça? As possibilidades de erros dos ministros do governo não são razões para que se questione a necessidade de cargos governamentais em matérias de segurança interna ou externa. Esses postos decididamente são necessários, e uma autoridade deve ser estabelecida a qualquer preço para desempenhá-los e correr o risco de cometer enganos. Afinal de contas, eles não são muito perigosos. Não há nada mais simples do que as questões sobre as quais essas funções governamentais devem se pronunciar. Para preservar o Estado contra invasões inimigas, a lei deve decretar que agentes responsáveis mantenham os movimentos dos estrangeiros sob observação, e que um corpo de homens fique pronto para agir mediante determinado sinal. Para assegurar a boa ordem interna, a lei deve especificar que determinados crimes serão seguidos por punições específicas. Para arcar com os custos desses dois objetivos, a lei deve decretar que cada cidadão supra os fundos públicos com certa proporção de sua riqueza. Esses cargos demandam por parte do governo tão-somente o preparo comum e a instrução corriqueira que ocorrem na criação da maioria das classes educadas. O mesmo não se dá com as infindáveis e ilimitadas funções que o governo tem que assumir quando ultrapassa seus limites. De imediato se vê que o preenchimento de tais novos cargos não é tão necessário, que eles são de execução mais difícil e que são mais perigosos quando desempenhados erroneamente. Eles não possuem a mesma sanção [74] que as funções necessárias. Sua única reivindicação é a utilidade. Ora, essa utilidade reside apenas nas alegadas qualidades superiores dos governantes em relação aos governados. Como a única coisa que mostramos é que tal superioridade é duvidosa, para mim isso constitui objeção irrefutável a esses cargos. Por trás da maioria das idéias erradas tem estado a terminologia. Os verbos impessoais vêm iludindo os escritores políticos. Eles julgaram fazer algum sentido quando disseram que as opiniões dos homens deveriam ser direcionadas. Os homens não podiam ficar à mercê de suas mentes erráticas. Fazia-se necessário um impacto sobre o pensamento. Existiam opiniões das quais certos homens poderiam se aproveitar em detrimento de outros. Mas essas expressões — *de-*

veriam ser, fazia-se necessário, não podiam — também não se referem aos homens? A impressão é a de que eles estavam se referindo a outra espécie. Todas essas frases que nos enganam parecem dizer: têm-se que controlar os pontos de vista dos homens. Não se devem deixar outros homens à mercê de seus pensamentos erráticos. Podem-se explorar convenientemente opiniões para enganar homens. Os verbos impessoais parecem ter persuadido nossos filósofos de que existe algo além de homens nos grupos governantes.

Podemos responder a todos os que querem sujeitar a inteligência de muitos à de poucos com aquilo que um romano famoso disse ao filho quando este último propôs a captura de uma cidade com o sacrifício de trezentos soldados. Será que você gostaria de ser um desses trezentos? E deve-se acrescentar também que não há certeza de que a cidade será capturada.[10]

Capítulo quatro
São os erros governamentais menos perigosos que os dos indivíduos?

Sendo os governos tão propensos ao erro quanto os indivíduos, temos que verificar se os enganos dos primeiros são menos perigosos que os dos outros. Posto que não podemos nos conformar com a idéia de que, se os erros são inevitáveis, é melhor que o governo os cometa e que o povo obedeça. Isso seria o mesmo que, em certo sentido, conceder ao governo poderes totais para fazer, por nós, o errado. Mas os erros do governo são transtornos sérios de três

---

[10] Hofmann não conseguiu encontrar referência para essa tirada.

formas. Em primeiro lugar, eles [75] criam o malefício positivo justamente por sua inexatidão em princípio. Em segundo, contudo, tendo os homens que se conformar com eles, acabam também a eles ajustando seus interesses e seus comportamentos. Então, quando o erro é reconhecido, é quase tão perigoso acabar com ele quanto deixar que persista. O governo, por vezes impressionado com o perigo de dar continuidade a arranjos defeituosos e, noutras, com o risco de repudiá-los, segue um curso incerto e hesitante e acaba se transformando em duplamente injurioso. Finalmente, quando a política errada entra em colapso, resultam novas dificuldades em função da desordem nas expectativas das pessoas e do desprezo por suas práticas. É inegável que os indivíduos podem também cometer erros; todavia, diversas diferenças básicas os tornam bem menos fatais que os dos governantes. Se os indivíduos ficam à deriva, lá está a lei para controlá-los. Entretanto, quando os governos erram, seus enganos se fortalecem com todo o peso da lei. Sendo assim, os desmandos do governo são generalizados e condenam os indivíduos à obediência. Os erros dos interesses individuais são singulares. O engano de uma pessoa não tem nenhuma influência sobre a conduta de outra. Quando o governo se mantém neutro, qualquer erro é prejudicial para aquele que o comete. A natureza proporcionou a cada homem dois guias: seu interesse e sua experiência. Se ele prejudica seu interesse, logo aprenderá com a perda pessoal e não terá razão para persistir no erro. Não precisa consultar ninguém para se salvar. Sem que ninguém perceba, ou sem ser forçado por quem quer que seja, ele pode recuar, avançar ou mudar de direção, em suma, é livre para se corrigir. A situação do governo é exatamente a oposta. Bem distante das conseqüências de suas medidas e sem experimentar de forma tão imediata os seus efeitos, o governo descobre o erro bem mais tarde. E quando o faz, vê-se em presença de observadores hostis. Acertadamente, teme o descrédito provocado pelo processo de retificação. Entre o momento em que o governo se desvia do caminho da verdade e aquele em que percebe o desvio, decorre bom período de tempo; mas passa mais tempo ainda entre esse último momento e aquele em que ele começa a retroceder, e essa ação de retrocesso é também perigosa. Portanto, sempre que não for necessário, isto é, quando não for questão de punição de crimes ou de resistência à invasão estrangeira, é melhor correr o risco natural dos erros individuais do que [76] o risco igualmente provável dos governos. O direito que mais preservo com unhas e dentes, disse um filósofo ou outro, é o de errar. Isso é verdade. Se os homens deixarem que os governos acabem com esse direito, perderão a liberdade individual, e esse sacrifício não os protegerá contra os erros, uma vez que o governo meramente substituirá os enganos dos indivíduos pelos seus próprios.[11]

Capítulo cinco
Da natureza dos meios que a autoridade política pode empregar por razões de utilidade

E chegamos à terceira questão. Será que os meios que os governos possuem, quando empregados com o vago pretexto de que são úteis, produzem malefício maior que o bem que tencionam conseguir?

---

[11] [Hofmann sugere que o filósofo em tela não é outro que o próprio Constant, recorrendo a uma figura de retórica. Nota do tradutor americano.]

Todas as faculdades humanas podem ser maltratadas. Mas quando fixamos o olhar nos abusos contra essas faculdades e nos convencemos muito facilmente de que é bom que elas sejam restringidas, ou quando achamos que o governo pode constranger o homem a fazer o melhor uso possível dessas faculdades, estamos observando a questão de uma perspectiva por demais incompleta. Jamais se deve perder de vista aquilo que as restrições a essas faculdades provocam.

A teoria de governo contempla dois termos comparativos: a utilidade dos fins e a natureza dos meios. É um erro raciocinar apenas com os primeiros, pois assim se deixa de fora o cômputo da pressão que os meios exercem, os obstáculos que encontram e, em conseqüência, o perigo e o infortúnio [77] dos embates. Caso se raciocine assim, torna-se possível fazer um *show* aparatoso das vantagens que se pretende obter. Enquanto durar a descrição dessas vantagens, considerar-se-ão o propósito maravilhoso e os arranjos perfeitos. Não existe despotismo no mundo, por mais ineptos que sejam seus planos e mais opressores seus meios, que não saiba como alegar algum propósito abstrato do tipo plausível e desejável. No entanto, caso tal propósito não seja alcançável, ou só possa ser concretizado por meios cujos malefícios resultantes excedem os benefícios aspirados, uma grande dose de eloqüência terá sido desperdiçada em vão, e teremos que nos sujeitar gratuitamente a uma enorme quantidade de aborrecimentos.

Tais considerações nos guiarão neste trabalho. Nosso esforço se voltará principalmente para a identificação dos resultados dos meios que a autoridade política pode empregar, no exercício do poder assumido, quando o pretexto para seus atos for a utilidade. Concluiremos pelo exame da extensão com que os exemplos deixados pelas nações da antiguidade são aplicáveis aos povos modernos, às práticas e aos costumes — em resumo, à natureza moral — das sociedades contemporâneas.

Os governos podem utilizar duas espécies de meios — leis proibitivas ou coercitivas e atos que chamamos de medidas para assegurar a ordem pública em circunstâncias comuns, ou nos *coups d'état*, ou seja, nas situações extraordinárias. Diversos autores admitem um terceiro tipo de meios. Falam constantemente de ação sobre a opinião pública de uma forma branda, astuta ou indireta. Criar opinião pública, despertar opinião pública, ilustrar opinião pública — são expressões que descobrimos atribuídas aos poderes do governo em cada página de todos os panfletos e livros, em todos os projetos políticos, e, durante a Revolução Francesa, as encontramos em todos os atos do governo. A mim parece que sempre há um lado incômodo nessa tese. Sempre observei que todas as medidas do governo que buscam influenciar dessa forma resultam em punição para os que procuram escapar delas. Afora as proclamações, que em conseqüência são vistas como meras formalidades, o governo, quando começa com conselhos, termina com ameaças. De fato, como Mirabeau assinala com muita propriedade, tudo que depende do pensamento, ou da opinião, é individual.[12] Não é nunca [78] como governo que o governo persuade. Nessa capacidade, um governo só pode comandar e punir. Por isso, não incluo entre

---

[12] Hofmann não foi capaz de individualizar essa referência, que pode estar vinculada tanto a Honoré-Gabriel Riqueti, conde de Mirabeau, deputado dos Estados Gerais e membro da Assembléia Constituinte de 1789, quanto a seu pai, Victor, marquês de Mirabeau, o fisiocrata conhecido por seu livro de título *L'ami des hommes*, que Constant também cita.

os meios reais da autoridade esses esforços insinceros que, para os governos, são apenas dissimulações, e que cedo serão abandonados como inúteis ou inconvenientes. Retornarei a esse assunto num capítulo especial no final deste livro.[13] Limitar-me-ei aqui aos meios que estão realmente à disposição dos governos.

As repúblicas, quando em paz, produzem em profusão leis proibitivas e coercitivas. Em tempos tumultuados, elas ficam igualmente sujeitas a *coups d'état*. Nessa forma de governo, corre-se o risco de homens assumirem o poder sem possuir o hábito de governar ou saber como contornar dificuldades. Em cada ocasião que se deparam com uma, pensam que a violência é necessária. Revogam as leis, subvertem os processos devidos e choramingam estupidamente que salvaram a pátria amada. Todavia, o país tornado, a cada dia, seguro dessa forma cedo será um país perdido.

As monarquias, a menos que atabalhoadamente organizadas, em geral se restringem a medidas para garantir a ordem pública, embora recorram amplamente a elas.

Pode-se dizer que a multiplicidade de leis é uma doença dos Estados que se dizem livres, porque neles as pessoas demandam que o governo faça tudo por meio de leis. Já testemunhamos nossos demagogos, depois de pisotearem todas as idéias de justiça e todas as leis naturais e civis, sentarem-se calmamente para formular o que chamaram de leis.

Pode-se também dizer que a ausência de leis, juntamente com as medidas para a ordem pública e os atos arbitrários, são as enfer-

---

[13] Vide, por exemplo, o Livro XII, Cap. 7, *Des encouragements*. A observação de Constant mostra que, naquele estágio da preparação do livro, ele ainda não havia decidido sobre o plano final para sua obra.

midades dos governos que não pretextam ser livres, porque nesses governos a autoridade faz tudo usando os homens.

Daí por que, de modo geral, existe menos liberdade pessoal nas repúblicas, porém menos segurança pessoal nas monarquias. Refiro-me a esses dois tipos de Estados quando eles são adequadamente conduzidos. Nas repúblicas dominadas por facções ou nas monarquias impropriamente constituídas e estabelecidas, as duas desvantagens caminham juntas.

Em primeiro lugar, iremos examinar os efeitos da [79] multiplicidade de leis sobre a felicidade e a vida moral dos indivíduos. Talvez se constate que essa estouvada proliferação, a qual, em certas eras, desdenhou de tudo o que é mais nobre no mundo, como a liberdade, fez com que os homens buscassem refúgio na mais abjeta e mais desprezível das coisas, a saber, a escravidão. Depois, enfocaremos também os efeitos que as medidas arbitrárias provocam na moralidade e na felicidade dos cidadãos.

O leitor ficará em condições de comparar os meios que a autoridade política emprega quando excede seus indispensáveis limites, com o objetivo que deve ter em mente, para ver se o governo concretiza tal propósito, e julgar finalmente se esse objetivo, supondo-se que seja atingido, é uma compensação suficiente para os efeitos sobre a vida moral causados pelos meios para a sua consecução.

Notas de Constant

A. [Referente à p. 113]
Esprit des lois, II, 2.[14]

B. [Referente à p. 114]
Discours sur Tite-Live, I, 47.[15]

---

[14] Ed. cit., p. 533. A última frase citada por Constant foi deslocada. No original, ela vem imediatamente depois da primeira: "O povo ... uma parte de sua autoridade". Além do mais, ele substituiu a palavra "coisas" da última frase por "razões" (em francês, "motifs").

[15] *Discours sur la première décade de Tite-Live*, de Maquiavel. Constant, na realidade, cita o título real do Cap. 47: *Que les hommes, quoique sujets à se tromper dans les affaires générales, ne se trompent pas dans les particulières*, Oeuvres complètes, Maquiavel, texto apresentado e anotado por Edmond Barincou, Paris, Gallimard, 1952, p. 480 (Bibliothèque de la Pléiade).

LIVRO IV

Da Proliferação de Leis

Cap. 1. Causas naturais da proliferação de leis. 129
Cap. 2. A idéia que usualmente se desenvolve sobre os efeitos que a proliferação de leis causa, e a falsidade da idéia. 130
Cap. 3. Que não existe o benefício principal que os defensores do governo democrático esperam com a proliferação de leis. 132
Cap. 4. Da corrupção que a proliferação de leis provoca entre os agentes do governo. 134
Cap. 5. Outra desvantagem da proliferação de leis. 136

Capítulo um

Causas naturais da proliferação de leis

A proliferação de leis satisfaz quem as formula em função de duas inclinações humanas naturais: a compulsão que eles têm de agir e o prazer que auferem por se sentir em necessários. Toda vez que se encarrega um homem de realizar uma tarefa especial, ele normalmente faz mais do que menos. Aqueles que recebem a missão de prender vagabundos nas estradas principais ficam tentados a entrar em polêmicas com todos os viajantes. Os espiões que não descobrem coisa alguma inventam. Já foi constatado que basta a criação de um ministério com a responsabilidade de vigilância sobre conspiradores para que se passe a falar com constância no país sobre conspiração e se tenha sempre audiência. Aqueles que estão no governo querem estar sempre governando; e quando, por causa da divisão de poderes, um grupo deles recebe o encargo de fazer leis, não é capaz de imaginar que, possivelmente, o fará em demasia.

Os formuladores de leis dividem a existência humana em partes, por direito de conquista, da mesma forma que os generais de Alexandre dividiam o mundo.

Capítulo dois
A idéia que usualmente se desenvolve sobre os efeitos que a proliferação de leis causa, e a falsidade da idéia

As pessoas geralmente julgam que quando um governo se permite multiplicar à vontade leis proibitivas e coercitivas, desde que a intenção do legislador esteja claramente expressa, desde que as leis não sejam de forma alguma retroativas, desde que os cidadãos sejam alertados com antecedência sobre a regra de comportamento que devem seguir [84], a proliferação de leis não provoca outra inconveniência que não a de constranger um pouco as liberdades individuais. Isso não é verdade. A proliferação de leis, mesmo nas circunstâncias mais ordinárias, falsifica a moralidade individual. As ações que estão dentro da competência do governo, segundo seu propósito primordial, são de dois tipos: aquelas intrinsecamente dolosas que o governo tem que punir; e os acertos contratados entre indivíduos que o governo deve sustentar. Se este último se mantiver dentro desses limites, não estabelecerá nenhuma contradição, nenhuma distinção, entre moralidade legislativa e moralidade natural. Porém, quando proíbe ações que não são criminosas ou demanda o cumprimento daquelas que não se tornaram obrigatórias em função de contrato anterior e que, em conseqüência, só dependem da vontade de tal governo, dois tipos de crimes e dois tipos de deveres são carreados para a sociedade: os que o são inerentemente e os que o governo diz que são. Quer os indivíduos deixem seus julgamentos subservientes ao governo, quer os mantenham com sua independência original, os efeitos produzidos são igualmente desastrosos. No primeiro caso hipotético, o comportamento moral torna-se vacilante e caprichoso. Os atos deixam de ser bons ou maus por si mesmos, mas dependem da aprovação ou proibição da lei, mais ou menos como a teologia estava acostumada a representá-los como bons porque eles eram a vontade de Deus, em vez de agradarem a Deus por serem bons. A regra do justo e do injusto não mais reside na consciência dos homens e sim no desejo dos legisladores. Moralidade e sentimento íntimo passam por imensa degradação através dessa dependência a algo externo, tornam-se meros acessórios – artificiais, instáveis e tendentes ao erro e à perversão. No caso contrário em que o homem – por suposição – se opõe à lei, resultam, em primeiro lugar, muitos problemas individuais para ele próprio e para aqueles cujo destino depende do seu. Porém, em segundo lugar, a pergunta que se impõe é: será que ele se incomodará por muito tempo em questionar a competência da lei em matérias que não considera por ela abrangidas? Caso viole proibições e ordens, que a ele parecem arbitrárias, corre os mesmos riscos da infração de regras da moralidade eterna. Não traria essa injusta igualdade de conseqüências uma confusão para todas as suas idéias? Será que suas dúvidas, sem distinção, não abrangeriam todas as ações que a lei proíbe ou requer, e, no ardor de sua perigosa rixa com as instituições que o ameaçam, não teríamos que temer que logo ele não mais saberia distinguir entre o bem e o mal, tampouco entre a lei e o estado de natureza?[1]

[85] A maioria dos homens se mantém afastada do crime pelo sentimento de jamais ter cruzado a linha da transgressão. Quanto

---

[1] Veja a nota A de Constant no fim do Livro IV.

mais restritivamente tal linha for traçada, maior o risco de os homens a ultrapassarem, por menor que seja a infração. Ao sobrepujarem seus primeiros escrúpulos, eles perdem a salvaguarda mais confiável. Para desbordar restrições, que a eles parecem sem sentido, utilizam-se de meios que poderiam usar contra as mais santificadas das leis. Assim, adquirem o hábito da desobediência, e mesmo quando desejam algo que ainda é considerado sem culpa, eles se perdem em função dos meios que são forçados a empregar para consegui-lo. Obrigar os homens a abrir mão de coisas que não são moralmente reprováveis ou impor-lhes deveres que a moralidade não demanda deles significa não só fazer com que sofram, mas também depravá-los.

Capítulo três
Que não existe o benefício principal que os defensores do governo democrático esperam com a proliferação de leis

Já dissemos que a proliferação de leis é a doença dos estados que se proclamam livres. Os defensores do governo democrático têm recorrido a um argumento falacioso para justificá-la. Dizem eles: é melhor obedecer às leis do que aos homens. A lei deve comandar para que os homens não o façam. Não há dúvida de que isso é verdade quando se trata de uma questão de obedecer e quando o comando é requisitado. Em incontáveis assuntos, no entanto, tanto a lei quanto os homens devem se manter quietos porque não é devida obediência a nenhum dos dois.

Ademais, é um engano esperar que a proliferação de leis nos salve da tirania dos homens. Ao se multiplicarem as leis estarão sendo criados, necessariamente, mais agentes do governo; em conseqüência, concedido poder a um maior número de homens para que o exerçam sobre seus concidadãos, e, dessa forma, estará dobrada a probabilidade de seu abuso arbitrário. Isso porque, por precisas que sejam tais leis, existe sempre a possibilidade de arbitrariedade, quanto mais não seja, na precisão mais ou menos rigorosa com que são colocadas em vigor.

[86] Além disso, toda lei escrita é suscetível ao subterfúgio. Debalde o legislador tenta evitar isso com precauções ameaçadoras e formalidades detalhadas. Suas expectativas acabam sempre em desapontamento. Do repto que cada cidadão faz às leis, surge uma diversificação infinita de ações. Começa uma batalha fatal entre o legislador e o cidadão. As vontades individuais se irritam ao encontrarem por todos os lados uma vontade geral que reivindica o direito de reprimi-las. A lei se subdivide, se torna mais complexa, se multiplica: tudo em vão. As ações das pessoas conseguem sempre escapulir dela. Da mesma maneira que o legislador deseja defender seu trabalho, o cidadão quer preservar sua liberdade. Uma lei desobedecida implica uma mais rigorosa. Por sua vez, caso isso não resolva, é formulada outra ainda mais severa. E essa progressão ameaça ser interminável. Finalmente, cansado de tanto esforço fútil, o legislador não faz mais leis precisas porque a experiência o convenceu de que elas são muito facilmente desbordadas, por mais exatas que sejam. Começa a fazer leis vagas e, por via de conseqüência, a tirania dos homens é, na análise final, resultado da proliferação de leis. Foi dessa forma em nosso país que aqueles que alegavam ser republicanos começaram com centenas de decretos – pueris, bárbaros e jamais postos em execução – contra o clero.

Acabaram dando a cinco homens o direito de deportar padres sem julgamento.[2]

Capítulo quatro
Da corrupção que a proliferação de leis provoca entre os agentes do governo

Outra imperfeição da proliferação de leis é que ela, inevitavelmente, corrompe os agentes encarregados de assegurar [87] que não sejam violadas ou burladas. A lei não precisa pagar informantes para garantir que os crimes sejam investigados e punidos. Os próprios indivíduos por eles atingidos se encarregam, naturalmente, de exigir reparações. Mas quando as leis proliferam, é sinal de que o governo não está mais se mantendo em sua esfera natural; e então suas atividades se deparam com novos obstáculos. Quando, sob o pretexto da utilidade, as leis são direcionadas a coisas que, por sua própria natureza, não são criminosas, ninguém tem nenhum interesse em denunciar transgressões que não lhe causam dano algum. O

---

[2] Esta é uma referência, sobretudo, à lei de 20 Frutidor, ano III (6 de setembro de 1795), mas também à de 3 Brumário, ano IV (25 de outubro de 1795), que estabeleceram medidas contra padres insubmissos, e à de 7 Vendemiário, ano IV (29 de setembro de 1795), que estipulou que os sacerdotes tinham que reconhecer a soberania do povo; por fim, é também referência à lei de 19 Frutidor, ano V (5 de setembro de 1797), que, efetivamente, autorizou o Diretório a deportar padres que não se enquadrassem. A questão é sintetizada no livro *La république burgeoise de Thermidor à Brumaire, 1794-1799*, de Denis Woronoff, Paris, Ed. du Seuil, 1972, pp. 139-146 (Nouvelle histoire de la France contemporaine, 3). Para mais detalhes, consulte o *L'Eglise de Paris du 9 Thermidor au Concordat*, de Jean Boussoulade, Paris, Procure générale du Clergé, 1950.

governo precisa, então, criar um grupo que tenha tal interesse, e só a corrupção pode fazê-lo. Dessa forma, ao agir fora de sua esfera, o governo corrompe, não apenas de uma maneira geral, como vimos anteriormente, aqueles sobre os quais atua; ele também corrompe em particular aqueles através dos quais opera. Rufiões, espiões e informantes de aluguel são também homens. Quando o governo os compra, levando-os aos extremos da deturpação e da infâmia, joga uma porção do corpo de cidadãos na vileza e no crime, e desfecha um golpe na moralidade do restante, porque oferece a todos o exemplo do crime recompensado.

Os que estão no poder pensam erradamente que só eles lucrarão com a corrupção de seus agentes. Aqueles que se vendem ao governo traindo outros se vendem da mesma forma a outros para trair o governo. Tal depravação permeia todas as classes de pessoas.

Leis proibitivas e coercitivas são sempre instrumentos de espécie perigosa, e o perigo cresce à medida que a complexidade aumenta. Mesmo as leis formuladas de fato contra o crime não deixam de ter deficiências, mas são legitimadas por sua necessidade urgente. Diante da possibilidade de a sociedade vir a se desintegrar em virtude dos efeitos da impunidade dos crimes, essas deficiências nos detalhes são insignificantes. Todavia, quando se trata tão-somente de uma questão de utilidade, ou seja, de cálculo impreciso e inconstante, o que poderia ser mais absurdo do que sacrificar a esse cálculo vantagens conhecidas: calma, felicidade e o bom moral dos governados?

Tais observações se conservam igualmente pertinentes para todas as formas de governo. Entretanto, aplicam-se especialmente aos governos que se arvoram livres. Alguns dos chamados amantes da liberdade vêm há muito tempo acalentando a idéia de controle de todas as ações humanas e de extermínio no coração dos homens de qualquer coisa que se oponha às suas deliberações ou resista às suas teorias. As leis da liberdade, diz Rousseau, são mil vezes [88] mais austeras que o jugo cruel do tirano.[3] Não admira que esses ardentes e inábeis apóstolos tenham, dessa maneira, tornado tão detestada a doutrina que pregam. Para eles, é inútil repisar: a condição mais indispensável para que os homens adotem os princípios da liberdade sempre será, não importa o que se faça, a posse da liberdade.

Capítulo cinco
Outra desvantagem da proliferação de leis

As leis proliferam mesmo que não haja intenção de que isso ocorra e até sem o conhecimento de sucessivas gerações de legisladores. Elas se amontoam em vários ramos, caem no desuso e são esquecidas pelos governados. Contudo, pairam sobre eles, escondidas numa nuvem. "Um dos piores aspectos da tirania de Tibério", diz Montesquieu,[4] "foi seu abuso das antigas leis".

Tibério herdou todas as leis produzidas pela contenda civil em Roma. Ora, a inquietação civil sempre produz legislação violenta e ríspida que traz consigo numerosas e detalhadas regulamentações que destroem toda a liberdade individual. As coisas sobrevivem às tempestades que as criam. O governo que herda essa parafernália perniciosa constata que todas as injustiças são autorizadas de antemão pelas leis. Para os propósitos da perseguição em larga escala,

---

[3] Hofmann não localizou essa frase em nenhuma das obras de Rousseau.
[4] Ver a nota B de Constant no fim do Livro IV.

existe um arsenal de leis desconhecidas que legitimam qualquer iniqüidade. Para os objetivos do dia-a-dia, há um repertório de controles, menos odioso, porém mais rotineiramente inquietante.

Nessa situação, tudo favorece o governo e [89] ameaça os cidadãos. O governo, então, decide não pôr em prática as leis imperfeitas ou as bárbaras, decisão que dificilmente pode ser vista como crime. Não obstante, ele acaba, assim, se acostumando a infringir seus deveres e cedo passa a sujeitar todo o corpo de leis à sua adjudicação. Todas as suas ações terminam sendo arbitrárias. E não é tudo. O governo não revoga essas leis opressivas, e a não-colocação em vigor é recebida com gratidão pública. Elas permanecem como numa armadilha, prontas para reaparecer ao primeiro sinal e cair de surpresa sobre os cidadãos.

Acho que seria uma salvaguarda útil em todos os países se houvesse uma revisão periódica obrigatória de todas as leis a intervalos fixados. Entre as nações que concederam poderes legislativos a assembléias legislativas, esses corpos receberiam, naturalmente, tal incumbência. Afinal de contas, seria absurdo se o órgão que vota as leis não tivesse o direito de rescindi-las, ou se seu trabalho continuasse de forma incorreta, apesar do julgamento do próprio órgão, e malgrado seu arrependimento e remorso. Essa organização se assemelharia a nossos anteriores e detestáveis estatutos concernentes àqueles acusados de tentar emigrar. O governo tinha o poder de colocar as pessoas na lista, mas não o de removê-las,[5] um arranjo admirável para tornar irreparável a injustiça.

---

[5] Sobre essa jurisprudência, veja *Etude de l'émigration et de la vente des biens des émigrés (1792-1830)*, de Marc Bouloiseau, Paris, Impr. nat., 1963, Deuxième Partie, *Les étapes de la législation*, Cap. I, pp. 76-91.

Nos países em que todo o poder fica concentrado nas mesmas mãos, ainda seria salutar demandar que os governos periodicamente divulgassem que leis desejariam cumprir. Todos os ramos da lei contêm algumas que os governos utilizam por achá-las convenientes. Mas eles ficariam envergonhados se tivessem que assumir a responsabilidade pública por uma nova aprovação.

Notas de Constant

A. [Referente à p. 131]
Esprit des lois, XXIV, 14, "As leis que fazem o que é desimportante parecer necessário têm como desvantagem o fato de fazerem o que é necessário parecer desimportante."

B. [Referente à p. 136]
Esprit des lois, VII, 13.

LIVRO V

Das Medidas Arbitrárias

Cap. 1. Das medidas arbitrárias e do porquê de as pessoas terem sempre protestado menos contra elas do que contra os ataques à propriedade. 143

Cap. 2. Das razões para as medidas arbitrárias e a prerrogativa da prevenção de crimes. 145

Cap. 3. Argumento falacioso em favor do governo arbitrário. 150

Cap. 4. Do efeito das medidas arbitrárias em termos de vida moral, indústria e duração dos governos. 151

Cap. 5. Da influência do mando arbitrário sobre os próprios governantes. 154

CAPÍTULO UM

Das medidas arbitrárias e do porquê de as pessoas terem sempre protestado menos contra elas do que contra os ataques à propriedade

Os governos que não se proclamam livres deixam de sofrer algumas das desvantagens da proliferação de leis porque recorrem a medidas arbitrárias. Uma a uma, essas medidas pressionam apenas os indivíduos isolados, e, embora ameacem todos os cidadãos, a maioria deles assim ameaçada se ilude sobre o perigo que paira despercebido sobre suas cabeças. Daí advém que, sob governos que fazem apenas uso moderado de medidas arbitrárias, a vida a princípio parece mais agradável do que nas repúblicas que atormentam seus cidadãos com a proliferação de leis irritantes. Além disso, são necessários entendimento preciso, uma dose de reflexão e raciocínio perspicaz, como aqueles que se desenvolvem com o hábito da liberdade, para que sejam percebidas, logo de saída e com um único ato arbitrário, todas as conseqüências desse terrível expediente.

Uma das características de nossa nação é que ela nunca emprestou importância suficiente à segurança individual. Deter arbitrariamente um cidadão, mantê-lo indefinidamente na prisão, separá-lo da esposa e filhos, estilhaçar sua vida social, desordenar seus planos econômicos: tudo isso sempre foi por nós visto como conjunto muito simples de medidas, no mínimo desculpáveis.

Quando tais medidas nos atingem ou àqueles que nos são caros, nós nos queixamos, mas do engano e não da injustiça. Na realidade, apenas uns poucos homens, na longa história de nossas opressões, mereceram o crédito facilmente auferível de protestar em nome daqueles que se encontravam em situações diferentes das suas.

Foi realçado que M. de Montesquieu, que defendeu vigorosamente os direitos da propriedade individual até mesmo contra os interesses do próprio Estado, é muito mais frio em seu tratamento da liberdade individual,[1] como se as pessoas fossem menos sagradas que [94] os bens. Existe uma razão direta, no caso de pessoas preocupadas e egoístas, para o fato de os direitos da liberdade individual serem menos protegidos que os da propriedade. O homem cuja liberdade é retirada fica totalmente desarmado pelo próprio fato, enquanto o homem que é privado de sua propriedade retém a liberdade para demandar de volta tal propriedade. Assim, a liberdade jamais é defendida, salvo pelos amigos de uma pessoa oprimida, enquanto a propriedade é defendida pela própria pessoa. Pode-se ver que a intensidade das demandas provavelmente diferirá nos dois casos.

---

[1] Uma referência ao Livro XXVI, Cap. 15 do *De l'esprit des lois*, no qual Montesquieu diz: "É raciocínio falso dizer-se que o bem individual deve dar precedência ao bem público: isto é válido apenas quando a autoridade do estado está em jogo, ou seja, a liberdade do cidadão. Não é o que acontece nos casos em que a questão é a propriedade de bens, porque o bem público demanda que todos, invariavelmente, detenham a posse da propriedade que a lei civil lhes autoriza". *Ed. cit.*, p. 716.

Capítulo dois
Das razões para as medidas arbitrárias e a prerrogativa da prevenção de crimes

Medidas arbitrárias são com freqüência justificadas em termos de sua pressuposta utilidade. Elas objetivam preservar a ordem e evitar o crime. Incontáveis vezes tem sido dito que é melhor prevenir os crimes do que puni-los, e como essa proposição vaga é compatível com diversas interpretações, ninguém ainda se dispôs a colocar em dúvida tal questão.

Se, com a prerrogativa da prevenção do crime, queremos dizer o direito de distribuir uma polícia montada pelas estradas ou dissolver as reuniões antes que elas perturbem a ordem, o governo tem esse direito e ele está apropriadamente incluído em suas atribuições. O direito de impedir os crimes, no entanto, é muitas vezes confundido com a liberdade para tratar asperamente pessoas inocentes pelo temor de elas virem a se transformar em criminosos. Será que determinados indivíduos provavelmente conspirarão? Eles são detidos e mantidos afastados da sociedade não porque são criminosos, mas para evitar que se tornem. Será que um dado grupo é tendente à criminalidade? Ele é isolado de forma humilhante dos outros cidadãos e submetido a formalidades legais e medidas acauteladoras das quais outras pessoas estão isentas.

Lembraremos por muito tempo das diversas inovações que caracterizaram o que chamamos de Reino do Terror: a lei dos suspeitos, o banimento dos nobres e a proscrição [95] dos sacerdotes.[2] Os

---

[2] Sobre essas numerosas leis revolucionárias, veja *Les institutions de la France sous la Révolution et l'Empire*, de Jacques Godechot, Paris, PUF, 1951, Cap. V, *La justice révolutionnaire*, pp. 316-328.

interesses desses grupos, afirmava-se, por irem de encontro à ordem pública, tinham que provocar o temor de que a subvertessem, e seria melhor evitar seus crimes do que puni-los – prova do que dissemos anteriormente, isto é, que a república dominada por uma facção acrescenta à desordem da anarquia todos os tormentos do despotismo. Por outro lado, algum tirano ou outro de pequeno principado italiano se arrogava o direito de deportar pessoas ao seu bel-prazer sob o pretexto de que exercitava a clemência ao evitar que homens propensos ao crime se deixassem levar pela tendência fatal.[3] Outra prova do que já dissemos: os governos de um só homem, inadequadamente constituídos ou ratificados, adicionam aos abusos crescentes e silenciosos as práticas escandalosas e ruidosas de facções.

O pretexto da prevenção do crime tem as maiores e mais incalculáveis conseqüências. A criminalidade potencial é inseparável da liberdade de todos, das vidas de todas as classes, do crescimento de todas as faculdades humanas. Os que detêm a autoridade, alegando interminavelmente o receio de que um crime possa ser cometido, podem tecer uma vasta teia que envolva todos os inocentes. A prisão de suspeitos, o infindável confinamento de pessoas que o devido processo absolveria, mas que, em vez disso, ficam sujeitas à indignidade da detenção prolongada, o exílio arbitrário dos julgados perigosos, embora não exista nada de reprovável em suas atitudes, a escravidão do pensamento e, então, aquele difundido silêncio que é música agradabilíssima para os ouvidos do governo: tal pretexto explica tudo isso. Qualquer evento oferece uma justificativa. Se o crime que o governo pleiteia temer não ocorre, o fato é creditado

---

[3] A informação de Constant, que Hofmann se revelou incapaz de retraçar, provavelmente veio de Sismondi, especialista na história das repúblicas italianas.

à vigilância. Se uma ou duas ações injustificadas provocam oposição, essa resistência, que só a injustiça pode provocar, é citada para desculpar a injustiça. Nada é mais simples do que encobrir a causa com o efeito. Quanto mais a medida governamental ofende a liberdade e a razão, mais ela arrasta em sua onda a desordem e a violência; e então o governo atribui a necessidade da medida à própria desordem e violência. Foi assim que vimos os agentes [96] do Terror entre nós forçando os sacerdotes à resistência quando lhes recusavam qualquer segurança pela submissão e, então, justificando a perseguição ao clero com tal resistência.[4] Da mesma forma, os romanos viram Tibério, quando suas vítimas desapareciam silenciosamente, jactando-se da paz que mantinha no império, e quando as queixas se faziam ouvir, encontrando justificativa para a tirania naquilo que seus aduladores chamavam de tentativa de sedição.

O pretexto de que o crime está sendo evitado pode ser transferido da política doméstica para as questões externas. Isso resulta nos mesmos abusos, da mesma maneira que os mesmos sofismas os justificam. Estariam os que detêm o poder provocando nossos mais pacíficos vizinhos e fiéis aliados? Tudo o que fazem, dizem eles, é punir as intenções hostis e prevenir ataques que estão sendo arquitetados. Como mostrar a inexistência de tais intenções, a impossibilidade desses ataques? Se a infeliz nação que eles caluniam for facilmente intimidada, nosso grupo governante terá se antecipado, uma vez que ela estará se submetendo. Se essa nação tiver tempo para resistir aos agressores hipócritas, é sinal de que deseja a guerra,

---

[4] Sobre os padres insubmissos e sua perseguição, veja *Les institutions ..., op. cit.*, *passim*, usando as referências do índice.

porque estará se defendendo. Para mostrar que essa imagem não é de forma alguma exagerada, basta lembrar a guerra na Suíça.[5]

"O quê?" dirá alguém. "Mesmo que o governo saiba que uma conspiração está sendo tramada nas sombras, ou que ladrões planejam assassinar um cidadão ou saquear sua casa, ele só terá recursos para punir as pessoas culpadas quando o crime tiver acontecido?" Duas coisas muito distintas estão sendo aqui confundidas: crimes realmente ocorridos e pretenso desejo de cometer crimes. O governo tem o dever, e portanto o direito, de acompanhar as tendências que lhe parecem perigosas. Quando tem provas da conspiração que está sendo tramada ou do assassinato cogitado, ele pode investigar as pessoas para as quais as evidências apontam. Contudo, nesse caso, isso não é uma medida arbitrária e sim uma ação legal. É exatamente o exemplo em que essas pessoas devem ser levadas às barras de tribunais independentes. E precisamente a ocasião em que a detenção dos acusados não deve ser prolongada caso as provas não se confirmem. Enquanto o governo tiver apenas [97] suspeitas sobre as intenções das pessoas, deve se guardar passivamente, e o objeto de suas preocupações não deve sentir os efeitos. Seria intolerável para as pessoas ficar constantemente à mercê das suspeitas governamentais.

Para considerarmos admissível a prerrogativa da prevenção, é preciso que, mais uma vez, diferenciemos entre a jurisdição da

---

[5] Em 28 de janeiro de 1789, o general Ménard ocupou o Pays de Vaud, o qual, passados só quatro dias, havia se emancipado do controle de Berna. No início de fevereiro de 1798, os generais Brune e Schauenbourg começaram operações militares contra Berna. Veja *Histoire de la Confédération suisse*, de Johannès Dierauer, Lausanne, Payot, 1929, t. IV, Cap. IV, pp. 465-573. Constant e Mme. de Staël tentaram se opor à política do Diretório e de Napoleão contra os suíços. Veja a tese de Hofmann, Première Partie, Cap. 2, p. 167, n. 215.

autoridade sobre as ações e sua jurisdição sobre indivíduos. Nossa salvaguarda contra o governo arbitrário repousa nessa distinção. O governo, por vezes, tem o direito de dirigir seus poderes contra ações inofensivas ou inocentes quando, a ele, elas parecem conduzir a resultados perigosos. Entretanto, jamais tem o direito de fazer esse mesmo poder pesar sobre indivíduos que não são claramente culpados, mesmo quando suas intenções lhe parecem suspeitas e seus recursos supostamente são tais que precisam ser temidos. Se, por exemplo, um país estivesse infestado de grupos armados não seria injusto que, por um breve período, obstáculos fossem criados para todas as reuniões, obstáculos esses que iriam prejudicar tanto inocentes quanto culpados. Se, como aconteceu em partes da Alemanha, os incêndios provocados começassem a se alastrar, poder-se-ia estabelecer uma punição para a mera posse ou o simples transporte de certos materiais combustíveis. Se a taxa de assassinatos fosse alta, como na Itália, o porte de armas deveria ser proibido para todos os indivíduos, sem distinção. As nuances dos exemplos são infinitas. As mais inocentes das ações em termos de intenções podem, em certos contextos, causar tanto dano quanto as ações mais criminosas. É claro que esse princípio deve ser aplicado com grande cautela, de vez que a proibição de qualquer ato não-criminoso é sempre prejudicial à vida moral e à liberdade dos governados. Entretanto, aos governos não deve ser negada tal latitude. Interdições, tais como as por nós consideradas, têm que ser encaradas como legítimas enquanto permanecerem generalizadas. Mas essas mesmas interdições, uma vez endereçadas exclusivamente contra certos indivíduos ou classes, como aconteceu com tanta freqüência em nossa Revolução, seriam injustas. Constituiriam nada mais que punições adiantadas em relação ao crime. Pois é um erro a não-percepção da distinção entre pessoas igualmente inocentes. A privação injustificada da liberdade de que outros desfrutam é uma punição. Note-se, toda punição que não resulta de crime legalmente provado é em si crime governamental. [98]

Capítulo três
Argumento falacioso em favor do governo arbitrário

As ações do governo, nos é dito, só recaem sobre as almas imprudentes que as provocam. O homem que se resigna ou se mantém silencioso está sempre seguro. Tranqüilizados por esse argumento falacioso e desprezível, não protestamos contra os opressores. Em vez disso, culpamos as vítimas. Ninguém sabe como demonstrar coragem, mesmo de forma prudente. Todos se quedam calados, de cabeça baixa, na ilusória esperança de desarmar os poderes com o silêncio. As pessoas concedem livre acesso ao despotismo na doce ilusão de que serão tratadas com consideração. Com os olhos grudados no chão, cada pessoa caminha em silêncio no caminho estreito que a conduz seguramente para a tumba. Mas quando um governo arbitrário é tolerado, ele pouco a pouco se alastra entre tantos participantes que o menos conhecido dos cidadãos pode acabar vendo seu inimigo em posição de poder. Seja o que for que nossos corações covardemente esperem, é uma felicidade para a moral da humanidade que nossa segurança exija mais do que sair de lado e deixar que os golpes atinjam outrem. Mil laços nos ligam a nossos pares, e nem mesmo o egoísmo mais desvairado é capaz de destruir todos. Você pode até pensar que está seguro na obscuridade deliberada e na vergonhosa apatia. Mas tem um filho que é levado pelos arroubos da juventude, um irmão menos cauteloso que você, que se permite um murmúrio, um antigo inimigo, que você certa vez feriu, e que conseguiu determinada dose de poder, e, em suas fantasias, algum líder militar corrupto que cobiça sua casa em Alba. O que fará então? Tendo condenado veementemente todas as batalhas contra os poderes, lutará você a seu favor? De antemão, estará condenado tanto por sua própria consciência quanto por aquela opinião pública degradada que você ajudou a criar. Cederá sem resistência? Mas será que eles deixarão você ceder? Não recorrerão ao exílio ou à perseguição nesse aborrecido caso, nesse monumento à injustiça? Pessoas inocentes desapareceram. Você as considerou culpadas. Preparou o caminho que, agora, chegou sua vez de percorrer. [99]

Capítulo quatro
Do efeito das medidas arbitrárias em termos de vida moral, indústria e duração dos governos

Se observarmos os efeitos das medidas arbitrárias em termos de vida moral, indústria e mesmo mandatos dos governos, descobriremos que eles são igualmente desastrosos.

Quando um governo ataca impiedosamente os homens dos quais suspeita, não é apenas o indivíduo que ele persegue; ao contrário, é toda a nação que ele menospreza e degrada. As pessoas procuram sempre se livrar de suas mágoas. Quando aquilo que amam é ameaçado, ou elas se afastam do ameaçado ou o defendem. Quando não há segurança, não existe vida moral. Não ocorrem afeições, a menos que saibamos que os objetos de tal afeição estão seguros, que sua inocência é uma salvaguarda em si mesma. Os costumes se vêem subitamente corrompidos nas cidades assoladas pela praga. Os moribundos roubam uns aos outros.[6] O governo arbitrário é para a vida moral aquilo que a praga é para o corpo. Ele reduz o cidadão à escolha entre o esquecimento dos melhores sentimentos e o ódio ao governo. Quando um povo contempla friamente uma sucessão de atos tirânicos, quando, sem uma palavra de protesto, testemunha as prisões apinhadas e a multiplicação de banimentos, quando cada homem se mantém silencioso, isolado e temeroso, e tenta desarmar o governo pela dissimulação ou pelo ainda pior instrumento da aquiescência, será que alguém acredita que, com esses deploráveis exemplos espocando de todos os lados, algumas sentenças banais serão suficientes para revigorar os sentimentos de honestidade e de generosidade? As pessoas falam sobre a necessidade da autoridade paterna. Mas o primeiro dever de um filho é defender seu pai dos maus-tratos; e quando um pai é afastado de seus filhos, e estes últimos são forçados a se manter covardemente em silêncio, qual então o efeito de suas máximas e códigos, de suas declarações e de suas leis? As pessoas prestam homenagem à santidade do casamento; porém, com base em denúncias vagas, em meras suspeitas, [100] por supostas medidas de precaução, segurança e lei e ordem, um homem é separado de sua esposa ou a esposa de seu marido! Será que eles pensam que o amor conjugal nasce e desaparece por turnos, segundo as vontades do governo?

---

[6] O *Recherches philosophiques sur les Grecs*, de Cornelius de Pauw, *op cit.*, t. I, pp. 174-175, fala de uma praga em Atenas sob Péricles, mas não toca nas conseqüências morais da epidemia.

Os laços familiares são muito exaltados. Mas o que sustenta tais vínculos é a liberdade individual, a esperança fundamentada na vida em comum, na vida livre, no abrigo que a justiça garante ao cidadão. Com a persistência dos laços familiares, será que pais, filhos, maridos, esposas, amigos – todos os próximos às pessoas que o despotismo coage – se submeteriam a tal despotismo? Elas falam de crédito, comércio e indústria; mas as pessoas que são presas têm credores cujas riquezas dependem das delas, e parceiros comerciais. Os resultados dessas detenções não são apenas as perdas de curto prazo da falta de liberdade, mas a interrupção dos negócios, talvez ruínas. As falências envolvem todos os que compartem as atividades comerciais dos detidos. E a coisa vai mais adiante: ataca todo tipo de pensamento, e a segurança pessoal fica abalada. Quando um indivíduo sofre sem estar provada, de forma alguma, sua culpa, qualquer um que não seja desprovido de inteligência se sente claramente ameaçado por tal carência de constitucionalidade. As pessoas se calam por temor; porém todas as relações humanas ficam afetadas. O próprio chão treme e as pessoas caminham apavoradas.[7] Tudo em nossa complexa e extensiva vida social se torna estático. As injustiças, tomadas em termos individuais, se tornam também infalíveis fontes de mal-estar público. Foge às nossas forças restringi-las a alguma categoria fixa.

O despotismo concentra esforços sobre o âmago da moralidade para degradá-lo. O breve alívio que traz é precário e sombrio, precursor de terríveis borrascas. Sobre isso não devemos nos iludir. Por mais degradada que uma nação possa ser vista do exterior, sen-

---

[7] Veja a nota A de Constant no fim do Livro V.

timentos generosos ainda encontrarão guarida em alguns corações solitários em que, escandalizados, ferverão em silêncio. Câmaras de debates parlamentares poderão arengar furiosamente, e palácios fazer eco para as queixas contra a raça humana. Os advogados do povo poderão atiçar-nos contra a compaixão em si; os aduladores dos reis, denunciar a coragem para eles. Mas nenhuma época será tão abandonada pela Providência a ponto de entregar toda a raça humana da forma que o despotismo requer. [101] O ódio à opressão, seja em nome de um homem seja em nome de todos, foi sendo passado de era em era, sob todas as formas de despotismo. O futuro não trairá essa mais justa das causas. Sempre existirão homens para os quais a justiça é uma paixão, e a defesa dos fracos, algo que eles têm que promover. A Natureza assim o quer. Ninguém foi capaz de interromper esse processo, nem jamais o será. Esses homens sempre darão largas a seus magnânimos instintos. Muitos sofrerão, muitos talvez perecerão, mas a terra em que suas cinzas se misturarem se agitará e, mais cedo ou mais tarde, será revivificada.

Capítulo cinco
Da influência do mando arbitrário sobre os próprios governantes

Depois de utilizarem medidas arbitrárias, os que estão no governo as consideram tão ágeis, tão simples e tão convenientes, que não mais desejam fazer uso de outro tipo de medidas. Dessa forma, introduzido a princípio como último recurso em raras e extraordinárias circunstâncias, o mando despótico se transforma em solução para todos os problemas e em prática cotidiana. Contudo, esse traiçoeiro modo de governança, que é um tormento para aqueles que experimentam seu exercício, também pesa bastante sobre os que o utilizam. Uma ansiedade corrosiva se instala nos governos a partir do momento que adentram por esse caminho. Essa incerteza é uma espécie de senso de responsabilidade misturado com remorso que muito os aflige. Como eles não mais agem com propriedade, passam a avançar e retroceder movidos pela ânsia, sem jamais saber se estão fazendo o bastante ou em demasia. O império da lei lhes traria paz de espírito.

Notas de Constant

A. [Referente à p. 153]
Os bancos, diz Montesquieu, são incompatíveis com [102] a monarquia pura.[8] Esta é outra forma de dizer que o crédito é incompatível com o despotismo.

---

[8] Constant está, provavelmente, interpretando a seguinte passagem do *De l'esprit des lois*, Livro XX, Cap. 10 (*ed. cit.*, p. 653): "Nos Estados com economias comerciais, foram felizmente estabelecidos bancos cujos mecanismos de crédito criaram novos índices de valor. Mas seria um erro organizá-los em Estados que só têm comércio do fausto. Estabelecê-los em países governados por individualidades é supor dinheiro em uma das mãos e poder na outra; isto é, de um lado, a opção de possuir tudo sem se ter poder e, no outro, o poder e nenhuma opção de possuir coisa alguma. Sob tais governos, apenas o mandante sempre teve, ou sempre poderia ter, o acúmulo de riqueza. Em qualquer lugar que ela existir, e quando se tornar considerável, se transforma, primordialmente, na riqueza do príncipe". Constant volta a tratar de Montesquieu e dos bancos nos Adendos, página 889, linhas 6 a 8 Vide Annexe III em *Les "Principes de politique" de Benjamin Constant*, de Hofmann, Droz, 1981, Tomo II [Daqui por diante referido como *Principes de politique* (edição de Hofmann).]

LIVRO VI

Dos *Coups d'Etat*

Cap. 1. Da admiração pelos *coups d'Etat*. 163

Cap. 2. Dos *coups d'Etat* em países com constituição promulgada. 168

Cap. 3. A condição necessária para barrar violações constitucionais. 174

Capítulo um

Da admiração pelos coups d'Etat

Ao longo dos séculos, pessoas têm manifestado sua admiração por certos exemplos de ilegalidade diligente e de afronta política. Para que se possa apreciar com calma esses exemplos, deve-se considerá-los isoladamente, como se os fatos deles resultantes não fizessem parte de suas conseqüências. Os Gracos,[1] assim vem sendo dito, ameaçavam a República romana. Todas as formas legais estabelecidas se mostravam impotentes. Por duas vezes, o Senado recorreu à terrível lei da necessidade e a República foi salva. "A República foi salva" significa dizer que sua perda deve ser datada a partir desse período. Todos os direitos foram ignorados; toda a constitucionalidade subvertida. O povo, a princípio aterrorizado, logo retomou suas reivindicações, então fortalecidas pela vingança. As pessoas haviam demandado nada mais que privilégios iguais; agora pleiteavam que os assassinos de seus defensores fossem punidos. O feroz Mário acabou liderando tal vingança. Os cúmplices de Catilina estavam no cárcere. Temia-se que outros simpatizantes pudessem libertá-los. Cícero[2] condenou-os à morte sem julgamento; e as pessoas o elogiaram constantemente

---

[1] Veja a nota A de Constant no fim do Livro VI.
[2] Veja a nota B de Constant no fim do Livro VI.

por sua prudência. Para falar a verdade, o fruto de sua prudência e de suas medidas ilegais e ágeis, no mínimo, teve vida curta. César congregou os partidários de Catilina em torno de si, e a liberdade de Roma morreu mesmo antes de Cícero.[3] Porém, se ele tivesse atacado César, Antônio estaria lá; e por trás [106] de Antônio, estariam outros mais. As ambições dos Guises perturbaram demais o reinado de Henrique III. Parecia impossível levá-los ao julgamento dos tribunais. Henrique ordenou o assassinato de um deles. Teria seu reino se tornado mais pacífico? Ele próprio foi assassinado. Vinte anos de guerras civis esfacelaram o reino da França. No período, talvez, dos quarenta anos seguintes, o admirável Henrique IV carregou o peso do crime do último dos Valois. Em crises desse tipo, as almas culpadas que são mortas nunca passam de umas poucas. As outras se mantêm quietas, se escondem e esperam. Tiram proveito da indignação que a violência reprimiu nas mentes das pessoas e da consternação que a injustiça patente espalha entre as almas obedientes à lei. Ao violar a lei, o governo perde seu caráter legal e seu maior bem; e quando é atacado por facções com armas semelhantes às suas, a massa dos cidadãos pode ficar dividida, pois a elas parece só existir a escolha entre duas facções. Os interesses do Estado, os perigos do retardo, o bem-estar público: caso sejam aceitas essas desculpas imponentes, essas palavras enganadoras, todo governo ou partido verá os interesses do Estado na destruição de seus inimigos, os perigos do retardo, numa hora gasta com ponderação, e a segurança pública, numa condenação sem julgamento ou prova.

---

[3] Veja a nota B de Constant no fim do Livro VI.

Quando os supostos líderes de uma conspiração não podem ser julgados devido ao receio de que o povo os solte, então o estado de espírito do povo é tal que a punição dos líderes dessa conspiração não faz sentido. Em tal compleição mental, o povo não carece de líderes. As pessoas comentam de forma casual sobre a eficácia de *coups d'Etat* e sobre aquela presteza que, ao não dar tempo às facções para que encontrem seus rumos, reafirma a autoridade do governo e a constituição dos reinos soberanos; ainda assim, a história não nos fornece um só exemplo em que as constrições ilegais severas produzem efeito salutar duradouro.

Inegável que as sociedades políticas enfrentam momentos de perigo que qualquer grau de prudência humana encontrará dificuldade para evitar. Tais perigos, no entanto, não podem simplesmente ser atalhados pela violência e a injustiça, trazendo-se de volta o caos do estado de selvageria para o estado social. Pelo contrário, isso requer nossa adesão, mais escrupulosa que nunca, às leis estabelecidas e às observâncias tutelares e garantias legais que nos protegem. Duas vantagens resultam dessa corajosa persistência naquilo que é justo e legal. Os governos deixam para seus inimigos toda a ira [107] da impropriedade e a violação das leis mais sagradas. Eles também ganham, com a calma e a segurança das quais dão testemunho, a confiança dessa massa timorata, que permaneceria pelo menos indecisa, caso medidas extraordinárias e arbitrárias por parte das autoridades mostrassem que elas pressentiam perigo premente. Finalmente, deve ser dito, por vezes é decretado pelo destino, ou seja, pela cadeia inexorável de causas e efeitos, que um governo tem que morrer, quando suas instituições formam contraste muito gritante com as tradições, hábitos e perspectivas daqueles que ele governa.

Todavia, existem certas ações que o amor à vida não pode legitimar em indivíduos. O mesmo ocorre com governos, e talvez deixemos de chamar essa simples regra moral de simplória se pararmos para pensar que ela é fortalecida por uma experiência confirmada na história de todas as nações. Quando um governo não tem outros meios que não medidas ilegais para prolongar sua permanência, tais medidas só retardam um pouco sua queda, e a derrubada que elas tencionam prevenir opera com infortúnio e vergonha ainda maiores. Meu conselho aos que detêm o poder será sempre: ajam sobretudo com justiça, posto que, se a existência de seu poder não for compatível com a justiça, então não valerá a pena conservá-lo. Sejam justos, pois se não puderem viver com justiça, por maior o esforço que tentem com injustiça, vocês não durarão muito.

Concordo que isso se aplica apenas a governos, republicanos ou monarquistas, que reivindiquem se fundamentar em princípios razoáveis e tendam a dar um *show* de moderação. Um despotismo como o de Constantinopla pode se beneficiar com a violação de propriedades constitucionais. Sua própria existência as viola permanentemente. Ele precisa ficar desferindo golpes a torto e a direito tanto sobre pessoas inocentes quanto sobre culpadas. Condena-se a viver temendo os cúmplices que recruta, adula e enriquece. Subsiste por *coups d'Etat* até que um *coup d'Etat* causa sua morte pelas mãos de seus próprios seguidores inescrupulosos. Entretanto, qualquer governo [108] moderado, qualquer um que se baseie num sistema de ordem e justiça apropriados, perde o rumo por uma ab-rogação que seja da justiça, por um só desvio da ordem adequada. Como é de sua natureza tornar-se mais brando numa hora ou outra, os inimigos esperam exatamente por essa ocasião para tirar proveito das lembranças que lhe são prejudiciais. A violência pode parecer, por um momento, a salvação. Mas o que ela faz de fato é tornar o fim mais inevitável, posto que, ao ser exercida sobre determinados adversários, estende a todos a aversão nutrida por tais adversários.

Muitos homens vêem as causas dos eventos de certo dia nos atos do dia anterior. Destarte, quando a violência, depois de produzir um estupor momentâneo, é seguida por uma reação que destrói o efeito de tal assombro, esses homens atribuem a reação ao fim das medidas violentas, à insuficiência das prescrições e ao afrouxamento do pulso do governo. A eles parece que mais injustiça ainda prolongaria a vida do governo.[4] Há aqui semelhança com o raciocínio daqueles bandidos que lamentam não ter matado os viajantes que os denunciaram e não entendem que, mais cedo ou mais tarde, os assassinos são também descobertos. No entanto, faz parte da essência dos decretos iníquos sua queda em desuso. Só a justiça é estável. O abrandamento natural é próprio dos governos, mesmo que não percebam. Medidas acauteladoras que se tornaram odiosas são enfraquecidas e negligenciadas. A opinião pública influi, malgrado seu silêncio; o poder se dobra. Mas porque ele se dobra por fraqueza, e não por moderar-se em função de razões justas, não se reconcilia com corações. As conspirações se renovam e os ódios se acumulam. As vítimas inocentes do despotismo ressurgem mais fortes. Os próprios culpados, mas condenados sem julgamento, parecem inocentes. O malefício, contido poucas horas antes, retorna ainda pior, agravado pelos males que fez.

---
[4] Veja a nota D de Constant no fim do Livro VI.

Não, não há desculpa para meios que servem do mesmo modo intenções e propósitos, meios que, invocados por homens bons contra bandoleiros, são de novo encontrados nas palavras de bandoleiros que se arvoram a autoridade de homens bons, com a mesma escusa: necessidade; e com o mesmo pretexto: bem-estar público.

[109] A lei de Valério Publícola, que estabeleceu o assassinato sumário de quem aspirasse ao mando tirânico, sob a condição de que a prova necessária para a acusação fosse, então, submetida, foi um instrumento que serviu, por sua vez, à fúria aristocrática e à fúria popular, e derrubou a República Romana.[5]

Permitir que a sociedade, isto é, que aqueles investidos com o poder político, viole propriedades legais é sacrificar o próprio fim que se tem em vista aos meios que se utiliza. Por que queremos que o governo reprima os que atacariam nossa propriedade, nossa liberdade ou nossas vidas? Para que nossas vidas, liberdade e riqueza fiquem garantidas. Mas se nossa riqueza pode ser destruída, nossa liberdade acossada e nossas vidas ameaçadas pelo despotismo, que bem estamos auferindo da proteção do governo? Para que queremos que governos punam pretensos conspiradores contra a constituição do Estado? Porque temernos que os conspiradores substituam um Estado lícito e moderado por um opressor. Mas se o próprio governo exerce poder opressivo, como é possível que ele seja melhor que as pessoas culpadas que pune? Talvez exista, por um instante, uma

---

[5] Isso provavelmente se refere à lei de Valério Publícola, cônsul em 509 a.C., a quem Lívio cita, *Histoire Romaine*, II. 8. 2: "Entre outras, a lei que permite uma apelação do povo contra um magistrado e roga pragas contra a pessoa e contra os bens de quem quer que aspire ao trono..." *Histoire romaine*, de Lívio, Livro II, texto editado por Jean Bayet e traduzido por Gaston Baillet, Paris, Les Belles Lettres, 1954, p. 13.

superioridade *de facto*, já que as medidas arbitrárias de um governo estabelecido serão menos extensas que as de facões que se apossaram do poder; porém essa vantagem é progressivamente perdida se os governos agem pelo arbítrio. Não apenas se multiplica o número de seus inimigos de acordo com o número de suas vítimas, mas a suspeita também cresce desproporcionalmente em relação ao número de seus inimigos. Um golpe contra a liberdade individual provoca outros. Quando o governo adentra nesse caminho fatal, cedo acaba menos preferível que uma facção.

Quase todos os homens têm a mania de se apresentar melhores do que realmente são. Os escritores são obsessivos por parecerem estadistas. O resultado é que os *coups d'Etat*, longe de serem reprovados, como merecem, por todos os lados, têm sido relatados com respeito e descritos com amabilidade. O autor, confortavelmente sentado diante de sua escrivaninha, deita falação para todas as direções sobre conselhos despóticos. Tenta inserir em seu estilo a esperteza que está recomendando [110] para a política. Imagina-se, por um momento, envolto no manto do poder, pois prega seu abuso, instigando a especulação com a força e a potência poderosas que adornam suas sentenças. Dessa forma, ele concede a si mesmo algo do prazer do governo, repetindo em suas frases todas as grandiloqüentes palavras sobre o bem-estar do povo, a lei superior e o interesse público. Admira sua própria profundidade e se maravilha com sua energia. Pobre tolo! Está falando para homens que não pedem nada melhor do que ouvi-lo e que, certo dia, vão fazê-lo de primeira vítima de sua própria teoria!

Essa vaidade, que perverteu o juízo de valor de muitos escritores, causou mais dificuldade do que se poderia imaginar durante nossas sublevações civis. Todas as mentes medíocres, que a sucessão de atos lançou de inopino na crista dos acontecimentos, imbuídas que estavam de todas essas máximas perfeitamente convenientes à estupidez por cortarem todos os nós que não podiam desatar, só sonhavam com providências para o bem-estar público, grandes medidas e *coups d'Etat*. Consideravam-se gênios estupendos porque a cada passo que davam divergiam dos meios comuns. Proclamavam a vastidão de seus intelectos porque a justiça a eles parecia uma coisa estreita. Há necessidade de dizer para onde tudo isso conduziu?

Capítulo dois
Dos coups d'Etat *em países com constituição escrita*

Os *coups d'Etat* atingem seus estágios mais fatais em países não governados por tradições, lembranças públicas ou hábitos, cujas instituições são regidas por uma carta positiva, uma constituição escrita.

Durante todo o curso de nossa Revolução, seus governos pleitearam ter o direito de violar a constituição para salvá-la. Tendo sido a salvaguarda da constituição confiada a eles, diziam, seu dever era evitar todos os ataques a ela que as pessoas pudessem ousar; e como o pretexto da prevenção permite qualquer coisa que se possa ou se tente fazer, nossos governos, com sua presciência de salvaguarda, sempre descobriram tramas secretas e intenções traiçoeiras nos que discordavam deles e, generosamente, se dispuseram a cometer crimes reais para evitar duvidosos.

[III] Nada serve tanto para falsificar idéias do que comparações. As pessoas afirmaram que se podia colocar a constituição de lado se fosse o caso de defendê-la, da mesma forma que a guarnição de um local sitiado pode fazer uma investida contra os que a cercam. Esse raciocínio parece com o do pastor de ovelhas sobre o advogado Patelin.[6] Não obstante, como esse raciocínio, em determinadas ocasiões, cobriu a França com patíbulos e ruínas, e noutras serviu como ensejo para o despotismo mais opressor, acho necessário contestá-lo com seriedade.

Um governo, que existe por causa de uma constituição, deixa de existir tão logo a constituição que o criou é desrespeitada, e a constituição deixa de existir assim que é violada.

Não há dúvida de que se pode perguntar o que o governo deve fazer quando fica patente que um partido deseja derrubar a constituição. Mas tal objeção, levada até certo ponto, chega a um impasse. É possível fazer-se a hipótese de uma situação factual em que são desafiadas todas as precauções anteriores. Mas não se deve organizar contrapontos para as tentativas empregando-se força física. O que é necessário é a existência de instituições que evitem que os partidos se engajem em tais tentativas e que nelas vejam vantagens, bem como disponham de meios para fazê-lo, instituições garantidoras de que, caso algum maníaco tente, os recursos físicos da avassaladora maioria estejam prontos para resistir à força física que ele empregar. Isso é o que se chama de espírito público. Bem diferente, entretanto, das violações constitucionais às quais emprestamos a expressão *"coups d'Etat,"* sobre as quais os governos pensam despreocupadamente e desencadeiam quando lhes é conveniente, tendo a suposta necessidade como pretexto.

---

[6] Esta é uma referência a uma farsa do século XV de autoria desconhecida, *Le Maistre Pierre Patelin*. [Nota do tradutor americano.]

Seria provavelmente debalde exaltar-se uma constituição que funcionasse bem se todos se dispusessem a observá-la. Não é em vão dizer-se, contudo, que, caso as objeções básicas contemplem a hipótese de que ninguém quer respeitar a constituição e de que todos sentem prazer em violá-la sem razão, então seria fácil mostrar que nenhuma constituição poderia subsistir. A possibilidade física de uma derrubada está sempre presente. Toda a questão resume-se na oposição de barreiras morais a essa possibilidade.

[112] Em qualquer circunstância em que as pessoas adotem ou justifiquem meios que só podem ser julgados depois do evento e que não são acompanhados do devido processo e de salvaguardas legais, essas pessoas estarão introduzindo a tirania no sistema político, pois, uma vez executada a ação, as vítimas não estarão mais lá para protestar, e os únicos recursos que seus amigos terão para não compartir tal destino serão a aquiescência e o silêncio. E mais, silêncio exige coragem.

O que resta depois que uma constituição é violada? Não há mais segurança nem confiança pública. Entre os que governam fica um sentimento de usurpação; entre os governados, um de estar à mercê do poder arbitrário. Todos os protestos de respeito à constituição por parte dos primeiros parecem escárnio; e todos os apelos à constituição da parte dos outros parecem hostilidade. Mesmo supondo-se as mais puras das intenções, todos os esforços serão infrutíferos. O grupo governante sabe que preparou uma espada que só espera por um braço suficientemente forte para utilizá-la contra ele.

Talvez as pessoas possam esquecer que o governo é ilegítimo e baseado na violação das leis. O governo não pode. Ele pensa a respeito, tanto porque vê a autoridade como precária, cuja fonte sabe enodoada, como também no fundo de sua mente está sempre a preocupação com possível *coup d'Etat* igual ao que praticou. Ele se move com dificuldade e à base de choques dia após dia. Por outro lado, não apenas o grupo atacado mas também os que ocupam cargos estatais cujos poderes são os únicos constitucionais sentem que a verdade, a eloqüência e os meios morais são inúteis contra um governo que se tornou puramente despótico. Renunciam, então, a todo o vigor intelectual. Como escravos, encolhem-se e odeiam.

Em todos os lugares em que a constituição tem sido violada pode ser demonstrado que se trata de uma má constituição, pois pode ocorrer uma das seguintes três situações: ou é impossível para os poderes constituídos governar com base nela, ou todos os poderes não têm suficientes interesses outorgados para mantê-la, ou, finalmente, [113] os poderes que se opõem à tirania usurpadora não têm os meios para defendê-la. Mesmo supondo-se, *per impossibile*, que tal constituição é boa, seu poder sobre as mentes dos homens está destruído. Ela perde tudo aquilo que a torna respeitável ou forma sua mística assim que sua legalidade é ofendida. Nada é mais comum do que um Estado ser visto vivendo de forma tolerável sem uma constituição. Mas o espectro de uma constituição vilipendiada fere bem mais a liberdade do que a ausência total de qualquer ato institucional.

Existem, eu sei, meios meritórios de se enfeitarem as violações constitucionais com aparente legitimidade. O povo pode ser encorajado a manifestar seu julgamento por meio de petições conjuntas; pode-se fazer com que ele sancione as alterações propostas.

Recorreu-se a esse expediente desde os primeiros dias de nossa Revolução, embora a Assembléia Constituinte, ao permitir a presença de delegados das massas populares, tenha feito, desde o início, tudo o que era necessário para tornar ridículo o expediente. Mas erramos ao pensar que o ridículo era todo-poderoso na França. Entre nós, o ridículo ataca tudo, mas não destrói nada, uma vez que a vaidade se contenta bastante em ver ridicularizado aquilo que acontece, e cada pessoa, incensada pela superioridade que demonstrou, tolera o que foi ridicularizado. A sanção do povo jamais passa de formalidade vazia. Ao lado dos atos submetidos a essa chamada sanção, está sempre a força do governo existente, provisório ou totalmente constituído, que deseja os atos aceitos ou, na improvável suposição de sua completa neutralidade, a perspectiva, caso haja uma rejeição, de guerras ou dissensões civis. As sanções civis e as petições de massas foram concebidas pelos homens que, não encontrando apoio, seja na moralidade seja na razão, vão buscá-lo na aprovação simulada que obtêm via ignorância ou extraem pelo terror.[7] Os legisladores [114] que fazem as piores leis são aqueles que emprestam a maior importância à lei que está sendo obedecida pelo simples fato de ser lei, e sem exame. Por certo, os homens que adotam as medidas mais incompatíveis com o bem comum, incapazes de encontrar razões para elas no interesse público, tentam tornar boa a deficiência conferindo às medidas a aparência de vontade do povo. Esse artifício acaba com todas as

---

[7] Sobre a questão das petições de massas, Constant disse em seu discurso de 12 pluvioso, ano VIII (1º de fevereiro de 1800), para o Tribunal: "Tem havido muitos abusos delas durante o curso de nossa Revolução. Cada uma de nossas crises foi seguida por um dilúvio de tais petições que jamais provaram coisa alguma, salvo o profundo horror dos fracos e o despotismo dos fortes". *Archives parlementaires. Recueil complet des débats législatifs et politiques des Chambres françaises de 1800 à 1860*, Paris, P. Dupont, t. I, p. 133.

objeções. Por acaso há queixas de que o povo está sendo oprimido? Mas as pessoas não declararam que queriam assim?

As petições de massa deveriam ser banidas de todas as nações possuidoras de alguma idéia sobre liberdade. Elas jamais podem ser consideradas expressões de sentimentos verdadeiros. "O termo 'povo'", diz Bentham, "é uma assinatura falsificada para justificar seus líderes". O medo aparece constantemente, apropriando-se da linguagem da ação, para curvar-se diante do poder, congratular-se consigo mesmo por sua servidão e encorajar os conquistadores ávidos por vingança a sacrificar os vencidos. A grande adulação sempre se segue à grande injustiça. Roma não se prostrou diante de Marco Aurélio, e sim de Tibério e Caracala. Se eu testemunhasse a consulta a uma nação, num país onde a opinião pública estava asfixiada, a liberdade de imprensa aniquilada e a eleição popular destruída, pensaria estar vendo a tirania pedir aos seus inimigos uma lista, de modo a poder reconhecê-los e atacá-los à vontade.

Por quem é reivindicado que as petições de massa são necessárias? Pelos autores de uma medida tomada? Mas eles já agiram. Que escrúpulo atrasado de súbito os acometeu? O que aconteceu se eles já demonstraram coragem e agora, subitamente, se mostram tímidos? Pelo povo? Mas se ele achou errada sua conduta, refaria os passos dados? Não está ele acostumado a dizer que petições críticas são obras de uma facção rebelde? Não produziria ele petições contrárias?

[115] As petições de massa são cerimônias puramente ilusórias. Ora, toda cerimônia ilusória é mais perniciosa que inútil. Existe alguma coisa nessa formalidade que fere e degrada o espírito do povo. Toda a aparência de liberdade é forçada sobre as petições para

fazer com que votem numa direção prescrita com antecedência. Essa futilidade as avilta aos próprios olhos e torna risível a liberdade.

As petições de massa corrompem as pessoas. Criam nelas o costume de se curvarem diante do governo; isso é sempre uma coisa ruim, mesmo quando o governo está certo.

Capítulo três
A condição necessária para barrar violações constitucionais

Embora tivéssemos nos proibido de fazer qualquer consideração sobre as constituições como tais, aquilo que acabamos de estabelecer sobre a necessidade de não as violar, onde existirem, sob qualquer pretexto, nos força a falar sobre uma condição que é indispensável para a prevenção de tais violações.

A felicidade das sociedades e a segurança individual repousam sobre certos princípios positivos e fixos. Tais princípios são verdadeiros em todos os climas e latitudes. Eles não podem variar, quaisquer que sejam a extensão do país, seu grau de civilização, seus costumes, religião e usos. É tão incontestável numa aldeia de cento e vinte cabanas quanto numa nação de quarenta milhões de almas que ninguém pode ser arbitrariamente preso, punido sem ter sido julgado, julgado de outra forma que não segundo a lei e com o devido processo, proibido de manifestar sua opinião, de fazer seu negócio funcionar ou de administrar sua opção de uma maneira inocente e pacífica.

Uma constituição é a garantia de tais princípios. Em conseqüência, tudo que deriva desses princípios é constitucional, e conseqüentemente também nada é constitucional se não derivar. Existem grandes regras básicas que todos os poderes apropriadamente constituídos [116] têm que ser incapacitados de tocar. Tais poderes juntos, entretanto, têm que ser capazes de fazer qualquer coisa que não contrarie essas regras.

Esticar uma constituição para que ela cubra tudo é fazer de tudo um perigo para ela. É criar escolhos em torno dela. Não se pode prever o efeito dos arranjos incompletos a ponto de se abrir mão do espaço de manobra para modificá-los. Uma linha, uma palavra, em uma constituição, pode produzir resultados dos quais não se tem a menor idéia. Se a constituição entra numa miríade de detalhes, será inevitavelmente violada: nas pequenas coisas porque, como os obstáculos que o governo enfrenta no desempenho de suas atribuições recaem sempre sobre os governados, estes mesmos solicitarão sua violação. Mas tal constituição será também desrespeitada nas coisas importantes, já que o governo, a partir da violação das pequenas, buscará liberdade para fazer o mesmo com as questões de importância. Um sofisma bastante falacioso lhe proporcionará a desculpa. Se considerações de utilidade insignificante permitem desvios da carta constitucional, será dito, existirão razões muito mais fortes quando se tratar de questão de salvação do Estado.

O confinamento de uma constituição a limites estritos é mil vezes preferível à veneração supersticiosa com a qual, em alguns países, os povos desejaram cercar as sucessivas constituições que lhes foram outorgadas, como se afeiçoamento e entusiasmo fossem propriedades transferíveis, sempre devidas, por direito de conquista, à constituição em vigor.

Essa veneração das massas, inevitável e manifestamente hipócrita, tem diversas desvantagens, como qualquer coisa à qual faltem precisão e verdade.

As pessoas ou acreditam nela ou não.

Caso acreditem, encaram a constituição como um todo indivisível, e, quando as fricções causadas pelos seus defeitos as ferem, as pessoas rompem completamente os vínculos com ela. Em vez de direcionarem seu descontentamento para pedaços, cuja melhora poderiam esperar, endereçam-no para o conjunto todo, por elas considerado incorrigível.

[117] Por outro lado, caso não acreditem na veneração professada, as pessoas se acostumam a suspeitar de hipocrisia e duplicidade por parte dos detentores do poder. Questionam tudo que o governo diz. Vêem a mentira glorificada; e deve-se temer que elas recorram ao mesmo comportamento que seus líderes exemplificam publicamente.

É possível viver de forma tolerável sob um governo viciado quando não existe constituição porque, então, o governo é algo variável que depende dos homens, que se altera quando eles mudam e que a experiência corrige ou mitiga. Todavia, uma constituição viciada, quando invariável, é muito mais medonha, pois seus defeitos são permanentes, se reproduzem à exaustão e não podem ser, imperceptível ou tacitamente, corrigidos pela experiência. Para se fazer desaparecerem por um momento as desvantagens de um governo imperfeito, basta deslocar ou instruir uns poucos homens. Para batalhar contra os vícios de uma má constituição, tem-se que violar essa constituição, ou seja, causar mal muito maior em suas conseqüências do que o bem que se quer conseguir.

As pessoas sempre imaginam que as modificações feitas na constituição de uma autoridade soberana são acompanhadas por convulsões terríveis e grandes calamidades. Se estudarem a história, verão que essas calamidades, com grande freqüência, só têm lugar porque as nações formam para si mesmas uma idéia exagerada de sua constituição e não reservam para si próprias uma forma de aperfeiçoá-la imperceptivelmente. Já observei antes que o homem tem mostrado singular facilidade para falhar em seus deveres mais reais a partir do momento em que se livra de uma obrigação, mesmo uma imaginária. Essa verdade se aplica às constituições. Quando uma nação não mantém em reserva na sua organização política uma maneira de corrigir os defeitos da constituição, as mais leves modificações [118] se tornam atos tão perigosos e tão perturbadores para a nação quanto a mais completa sublevação. Se, entretanto, encarando sua constituição como uma forma de chegar ao mais alto grau possível de boa sorte e liberdade, a nação estabeleceu dentro de sua própria organização, com todos os devidos períodos de reflexão e precauções, meios para fazer os aperfeiçoamentos adequados em tal constituição, então, como ela não estaria em absoluto sentido, ao usar esses meios, que falhava no cumprimento de um dever ou submetia a sociedade a uma mudança repentina e universal, a alteração desejada ou requerida seria efetuada pacificamente.

Sempre que, para atingir um objetivo, for necessário que a lei e o devido processo sejam violados, deve-se temer que esse esforço em si venha a exceder o propósito. Quando, ao contrário, o curso é realmente estabelecido pela constituição, o movimento se torna ordenado. Os homens, tendo decidido onde desejam chegar, não progridem ao acaso e, escravos do movimento que eles próprios selecionaram, não dão passos maiores que as pernas.

Para a própria estabilidade, a possibilidade de melhoria gradual é mil vezes preferível à inflexibilidade de uma constituição imutável.

Quanto mais segura a perspectiva de aperfeiçoamento, menor o campo de ação dos descontentes. Pode-se defender bem mais vantajosamente uma constituição como um todo demonstrando para as pessoas a propriedade de se adiar uma mudança em vez de se transformar numa espécie de dever místico a continuação de algo que o povo julga ser abuso, e de se fazer oposição à crença desse povo com escrúpulos supersticiosos que proíbem o exame do problema ou tornam sem sentido tal exame. Num determinado nível de civilização, a superstição, que vai de encontro a todas as outras idéias, comportamentos e hábitos, só tem influência fugaz. Nada é duradouro para uma nação tão logo ela começa a raciocinar, a menos que seja explicado pela racionalidade e demonstrado pela experiência.

O axioma dos barões ingleses – "não queremos mudar as leis da Inglaterra" – foi muito mais razoável do que se eles tivessem dito: "não podemos". A recusa em mudar as leis, porque não se quer alterá-las, é explicada quer pela excelência dessas leis quer pelas desvantagens de uma mudança imediata. No entanto, quando tal recusa [119] é motivada pela impotência, ela se torna ininteligível. Qual a causa dessa impotência? Qual é de fato a barreira que está em nosso caminho? Sempre que a razão é excluída da questão, esta fica falsificada e se começa a trabalhar contra nosso próprio objetivo.

Existem princípios constitucionais que derivam dos direitos da raça humana: liberdade individual, liberdade de opinião, das leis e dos tribunais. Nenhuma autoridade pode se julgar competente para mudar aquilo que constitui o objetivo de qualquer associação. Tudo o mais é questão de legislação. O suporte principal e mais longo da liberdade inglesa é que os três poderes combinados possuem autoridade bastante extensiva, inclusive sobre a lei constitucional.

Não conheço nada tão ridículo quanto aquilo que vimos constantemente reproduzido durante nossa Revolução. Uma constituição é esboçada, nós a discutimos, a promulgamos e a colocamos em vigor. Mil lacunas são notadas, mil supérfluos percebidos, surgem mil dúvidas. A constituição é comentada e interpretada como se fosse um antigo manuscrito recém-desenterrado. Ela não é explícita, as pessoas falam, não diz coisa alguma, partes dela são obscuras. Oh!, povo infeliz! Será que vocês realmente pensam que uma nação pode ser governada por enigmas e que aquilo que ontem era objeto de severa crítica pública pode de repente se transformar em alvo de veneração silente e adoração tola?

Organize bem seus vários poderes. Dê a todos a força, moral, capacidade privada de tomar decisões econômicas, esperanças honradas para o interesse na manutenção da organização pública e, se os vários ramos envolvidos quiserem coletivamente se beneficiar da experiência para fazer mudanças nas suas relações recíprocas que de forma alguma pesem sobre os cidadãos, ameacem a segurança pessoal, nem a liberdade de pensamento, tampouco a independência do [120] Judiciário ou os princípios da igualdade, então lhes conceda total liberdade a esse respeito.

"Temos que aprender a aperfeiçoar a constituição", disse o ex-bispo de Autun, no seu relatório sobre educação pública de 10 de setembro de 1791. "Ao jurarmos defendê-la, não abrimos mão do direito de melhorá-la nem da esperança de que isso ocorra."[8]

---

[8] *Rapport sur l'instruction publique fait au nom du Comité de constitution à l'Assemblé nationale les 10, 11 et 19 septembre 1791*, de Charles-Maurice de Talleyrand-Périgord, Paris, Baudoin et Du Pont, 1791, pp. 11-12.

Caso as autoridades combinadas abusem da liberdade a elas outorgada, a constituição é corrupta, pois uma boa constituição lhes teria fornecido um interesse para que não abusassem.[9]

Porém, pode ser dito, as constituições não são produto da vontade dos homens. O tempo é que as faz. Elas vêm à tona gradual e imperceptivelmente. Não são compostas, como se tem pensado, de novos elementos para cuja combinação nenhum cimento seria suficientemente sólido. São constituídas por antigos elementos, mais ou menos modificados. Todas as constituições deliberadamente construídas entraram em colapso. Todas as constituições que já existiram, ou ainda existem, não foram arquitetadas. Por que então buscar princípios para a formulação de constituições?

Sem examinar a idéia que dá suporte a essa objeção, uma que julgamos, de modo geral, bastante autêntica, diríamos que o princípio que estabelecemos não se aplica apenas às constituições por fazer, mas a todas as constituições que já foram feitas. Ele demonstra a necessidade de livrá-las dos detalhes desnecessários que perturbam sua fácil execução. Prova que elas têm que conter dentro de si mesmas os meios pacíficos de aprimoramento. Isso porque, quanto mais inflexíveis forem, menos serão respeitadas.

Quanto às questões remanescentes, nossa forte determinação de não enfocar nesta obra quaisquer matérias relacionadas com as formas de governo nos força a deixar não-preenchidas diversas lacunas e não-respondidas muitas objeções. Há certas instituições que consideramos incompatíveis com [121] a liberdade em determinadas situações. Está claro que as várias autoridades constituídas

---

[9] Veja a nota E de Constant no fim do Livro VI.

num país não podem, legitimamente, estabelecer essas instituições. Contudo, para atribuir tal limite à jurisdição das autoridades, seria necessário analisar as instituições que elas têm que ser proibidas de adotar, e isso foi exatamente o que resolvemos não fazer.

Notas de Constant

A. [Referente à p. 161]
N. B.: "Os Gracos queriam uma revolução", diz M. Ferrand, *Esprit de l'histoire*, Tomo I, p. 262, "que ninguém tem o direito de querer, que num estado constituído legalmente representa sentença de morte. A deles, portanto, contrariava a lei, a comunidade e a ordem pública. Não foi levada a efeito por meios legais porque eles mesmos haviam tornado tais meios impossíveis, já que, por perturbarem a sociedade, haviam se colocado num estado de guerra. Podem-se encontrar escritores que censuraram o Senado pela morte dos Gracos, da mesma forma que censuraram Cícero pela morte dos conspiradores de Catilina, e Henrique III pela morte dos Guises. Nas circunstâncias em que tais eventos tiveram lugar, eles derivaram do direito à segurança, o qual, sendo prerrogativa de cada indivíduo, ainda mais o é de cada sociedade. Um Estado soberano, qualquer um, sem dúvida incorre em falta quando se deixa reduzir a essa necessidade em decorrência de desenvolvimentos que deveria ser capaz de barrar; mas é culpado de erro ainda maior se, em vez de aplicar os princípios da sociedade àquilo que a está subvertendo, não põe em prática a condenação especificada na primeira dessas leis, *salus populi* [a segurança do povo].... Quando só existe uma forma de salvar o Estado, a primeira lei de todas é usá-la".[10]

---
[10] Ed. cit., pp. 261-263.

Pergunto eu: que resposta teria havido para o Comitê de Segurança Pública se esses argumentos fossem aceitos? Note-se que, quando se trata da questão de uma pessoa, em vez de um governo constituído, é outro caso bem diferente. Então M. Ferrand pleiteia que as leis de proscrição chamadas de *salus populi* jamais salvaram as pessoas;[11] que "qualquer pessoa que viva numa sociedade adquiriu três direitos que ninguém pode retirar e que não pode perder a não ser por falta ou desejo próprios; esses direitos são sua liberdade pessoal, seus bens e sua vida"[12] (*Ibid.*, pp. 307, 310, 319). Ora, portanto, [122] dizemos a M. Ferrand, se você condena a pessoa sem o devido processo ou julgamento, como sabe que sua falta é tal que ela merece perder tais benefícios? M. Ferrand continua: "Não é pela força da injustiça que se legitima um estado".[13] Mas não existe injustiça, legalmente, quando é violado o devido processo, e como saber se não existe também injustiça substantiva?

Desprezíveis defensores do despotismo que jamais o vêem salvo como uma arma que vocês querem capturar para si mesmos![14]

---

[11] *Ibid.*, p. 319: "Daí por que as leis da proscrição, do confisco, que são chamadas *Salus populi*, jamais salvaram as pessoas."

[12] *Ibid.*, p. 307, como a primeira referência de Constant indica; eis o texto exato de Ferrand: "Qualquer pessoa que viva numa sociedade e que [122], implícita ou explicitamente, jurou obedecer às leis, adquiriu três direitos que ninguém pode tirar dela, e que não pode perder salvo por sua própria falta ou escolha: o direito à liberdade, o direito à segurança e o direito à propriedade".

[13] *Ibid.*, p. 310. Eis a citação completa; "De fato, não é por injustiças que se pode legitimar um Estado, o qual é tão-somente uma sociedade justamente constituída".

[14] No *De la force du gouvernment*, Constant escreveu da mesma forma: "Enquanto se pensar no governo arbitrário como apenas uma ferramenta a ser arrancada do inimigo para que você a use, o inimigo se esforçará para arrancá-la de você". Cap. 8, p. 104 da edição de 1796.

B. [Referente à p. 161]
Aqui é prestada homenagem ao caráter e às intenções de Cícero.

C. [Referente à p. 162]
"L. Flaccus, interrex, de Sylla legem tulit, ut omnia, quaecumque ille fecerit, essent rata ... – nihilo credo magis, illa justa est ut dictator, quem vellet civium, indicta causa, impune possit occidere." Cícero [Lucius Flaccus, magistrado-chefe do interregno, aprovou uma lei referente a Sila especificando que tudo que ele fizesse era válido ... – Em nada acredito mais fortemente do que na justeza de um ditador ter a capacidade de matar o cidadão que quiser, ficando impune, desde que o caso seja tornado público (*indicta causa*).] E não foram os cúmplices de Catilina mortos *indicta causa*?[15]

[123] D. [Referente à p. 165]
Depois da insurreição na região de Cévennes, ocasionada pela perseguição aos calvinistas, o partido que havia solicitado tal per-

---

[15] A citação em latim foi copiada da obra de Ferrand, *op. cit.* t. I, 2e éd., 1803, p. 418, n. 1. que dá a seguinte referência: "Cic. Hist. pp. 170-171". A primeira parte da citação, até a elipse, vem de *De lege agraria*, III, 5; seguem-se o texto completo e a tradução: "Omnium legum iniquissimam dissimillimamque legis esse arbitror eam quam L. Flaccus interrex de Sulla tulit, ut omnia quaecumque ille fecisset essent rata". – "De todas as leis, julgo a mais iníqua e a menos parecida com lei aquela que o interrex Lucius Flaccus passou a respeito de Sila para legalizar todos os atos do ditador". *Discours*, de Cícero, I, 42, *Sur la loi agraire...*, texto editado e traduzido por André Boulanger, Paris, Les Belles Lettres, 1932, p. 109. A segunda parte da citação vem de *De Legibus*, I, 42, cujo texto exato é: "Nihilo credo magis illa [lex] quam interrex noster tulit, ut dictator quem vellet civium nominatem aut indicta causa impune posse occidere". – Em nada acredita mais fortemente do que na lei que o interrex passou em nosso caso de que um ditador pode

seguição alegou que a revolta da facção dos *camisards* foi causada apenas pelo relaxamento das medidas repressivas. Se a opressão tivesse continuado, argumentou o partido, não teria havido a sublevação. Se a opressão não tivesse começado, contra-argumentaram os que se opunham à violência, não teria existido descontente algum. Rulhière, *Eclaircissements sur la Révocation de l'Edit de Nantes*, II, 278.[16]

E. [Referente à p. 180]
Nota. Qual a garantia para um governo duradouro? É quando as diferentes classes do Estado gostam dele como ele é, e não querem mudá-lo. Aristóteles, *Política*, Livro II, Cap. 7.[17]

---

matar qualquer pessoa que indique, com impunidade, uma vez apresentada a causa. *Traité des lois*, de Cícero, texto editado e traduzido por George de Plinval, Paris, Les Belles Lettres, 1959, p. 24. [A tradução francesa (pp. 122-123 da edição de Hofmann) é muito livre e parece entender *indicta causa* como "sem julgamento" (*sans proces*). Um dos três versados nos clássicos consultados pelo tradutor achou que a expressão *indicta causa* seria mais bem traduzida como "o caso sendo público" ou "o caso tornado público". Nota do tradutor]

[16] *Eclaircissement historiques sur les causes de la Révocation de l'Edit de Nantes et sur l'etat des protestants en France*, de Claude Carloman de Rulhière, s.l., 1788, t. II, pp. 278-279. "No primeiro relato desses movimentos (a insurreição em Cévennes), os dois lados se acusaram mutuamente de tê-los causado. Se a opressão tivesse continuado, disse um deles, não teria havido a sublevação. Se a opressão não tivesse começado, disse o outro, se a política tivesse permanecido a das conversões pela instrução esclarecida e pela amabilidade, não teriam existido descontentes."

[17] Provavelmente, não se trata de uma citação. Além do mais, nada no Livro II, Cap. 7 do *Política* se relaciona com as palavras mencionadas por Constant. Por outro lado, Aristóteles debate bastante essas questões das causas da revolução e das garantias contra alterações nas constituições no Livro V da mesma obra. Veja *La politique*, de Aristóteles, uma nova tradução com uma introdução, notas e índice por J. Tricot, Paris, J. Vrin, 1962, t. II, pp. 337-425.

LIVRO VII

Da Liberdade de Pensamento

Cap. 1.   O assunto dos três livros seguintes. 189
Cap. 2.   Da liberdade de pensamento. 189
Cap. 3.   Da expressão do pensamento. 192
Cap. 4.   Continuação do mesmo assunto. 203
Cap. 5.   Continuação do mesmo assunto. 212
Cap. 6.   Certa explicação necessária. 222
Cap. 7.   Observações finais. 222

Capítulo um

O assunto dos três livros seguintes

Nos três livros seguintes vamos tratar da liberdade de pensamento, da liberdade de imprensa e das salvaguardas legais.

A liberdade política não terá nenhuma valor se os direitos dos indivíduos não forem resguardados de todas as violações. Qualquer país em que tais direitos não forem respeitados estará sujeito ao despotismo, seja qual for a organização nominal do governo.

Até uns poucos anos atrás, essas verdades eram universalmente admitidas. Erros persistentes e uma longa opressão, sob pretextos totalmente contrários e estandartes bastante opostos, lançaram a confusão sobre tais idéias. Questões que se poderia pensar levarem à morte se apreciadas em termos dos escritores do século XVIII parecem jamais ter sido objeto de meditação humana, a julgar pela maioria dos escritores de hoje.

Capítulo dois
Da liberdade de pensamento

"As leis", diz Montesquieu, "têm responsabilidade para punir apenas as ações externadas".[1] A demonstração dessa verdade pode

---
[1] Veja nota A de Constant no fim do Livro VII.

parecer desnecessária. Contudo, o governo, com freqüência, não entende assim.

Por vezes, ele quis dominar o próprio pensamento. As dragonadas de Luís XIV,[2] as leis insanas do implacável parlamento de Charles II, a fúria de nossos revolucionários: todas elas não tiveram outro propósito.

Noutras ocasiões, o governo, renunciando à ridícula ambição, [128] adorna tal renúncia dizendo que se trata de uma concessão voluntária e de uma tolerância que merece louvor. Mérito hilariante, já que concede o que não pode recusar e tolera o que não conhece.

Quanto ao absurdo de qualquer tentativa por parte da sociedade de controlar as opiniões íntimas de seus integrantes — bastam algumas palavras sobre a possibilidade de tal idéia e sobre os meios disponíveis para tanto.

Não há essa possibilidade. A natureza dotou o pensamento humano de um impenetrável escudo. Criou para ele um santuário em que nenhum poder consegue se embrenhar.

Os meios empregados são sempre os mesmos, de tal sorte que, ao recontarmos o que aconteceu há duzentos anos, veremos a semelhança com o que dizemos ter ocorrido há não muito tempo diante de nossos olhos. E esses meios imutáveis sempre trabalham contra seus objetivos.

Podem-se mobilizar contra a opinião pública silenciada todos os recursos de uma indiscrição inquisitiva. Pode-se escrutinar consciências, impor juramentos solenes um atrás do outro,[3] na esperança

---

[2] [Perseguições, especialmente contra os protestantes, executadas por dragões cavalarianos. Nota do tradutor americano.]

[3] Ver a nota B de Constant no fim do Livro VII.

de que aquele cuja consciência não se revoltou com um ato inicial o faça com o segundo ou terceiro. Pode-se atacar a consciência das pessoas com ilimitada severidade enquanto se cerca a obediência com incansável desconfiança. Podem-se perseguir homens honrados e honestos deixando-se apenas fora, relutantemente, os de espírito flexível e complacente. Pode-se, igualmente, dar mostras de incapacidade de respeito à resistência e de crença na submissão.[4] Podem-se armar ciladas para os cidadãos, inventar fórmulas forçadas para declarar toda uma nação insubmissa,[5] deixá-la fora da proteção das leis quando não fez nada, puni-la sem que tenha cometido crime algum, privá-la até mesmo do direito ao silêncio[6] e, finalmente, perseguir os homens até as aflições de sua agonia final ou a hora solene da morte.[7]

E o que acontece? Os homens honestos ficam indignados e os fracos, aviltados. Todos sofrem, e ninguém é aliciado. Juramentos forçados são convites à hipocrisia. Afetam apenas aquilo que é criminoso afetar: a franqueza e a integridade. Demandar assentimento é o mesmo que fazê-lo definhar. Sustentar uma opinião com ameaças é impelir os corajosos a contestá-la. Oferecer vantagens sedutoras para a obediência é condenar a imparcialidade a resistir.

[129] Vinte e oito anos depois de todos os abusos engendrados como salvaguardas pelos Stuarts, eles foram expelidos. Um século após as afrontas promovidas por Luís XVI contra os protestantes, esses mesmos protestantes participaram da derrubada de sua famí-

---

[4] Ver a nota C de Constant no fim do Livro VII.
[5] Ver a nota D de Constant no fim do Livro VII.
[6] Ver a nota E de Constant no fim do Livro VII.
[7] Ver a nota F de Constant no fim do Livro VII.

lia. Nem bem dez anos nos separavam dos governos revolucionários, que se autoproclamavam republicanos, e, por uma confusão fatal mas natural, a própria denominação que eles profanaram só podia ser lembrada com horror.

Capítulo três
Da expressão do pensamento

Os homens possuem duas maneiras de expressar o que pensam: a fala e a escrita.

Houve um tempo em que o discurso pareceu ser merecedor de todos os esforços da vigilância do governo. De fato, se considerarmos que a fala é o instrumento indispensável de todas as tramas, precursora necessária de quase todos os crimes, meio de comunicação de todas as intenções criminosas, temos que concordar ser desejável que seu uso fosse circunscrito, de tal forma que suas desvantagens desaparecessem e ela retivesse sua utilidade.

Por que, então, se renunciou a todos os esforços para que fosse atingido tal objetivo? Foi porque a experiência mostrou que as medidas necessárias para consegui-lo produziam malefícios maiores do que aqueles que procuravam remediar. Espionagem, corrupção, denúncia, calúnia, abuso de confiança, traição, desconfiança entre parentes, dissensões entre amigos, hostilidade entre partidos indiferentes, um comércio de infidelidades domésticas, venalidade, mentira, perjúrio, despotismo: tais foram os elementos da interferência do governo no discurso. Sentiu-se tratar de preço muito alto a ser pago pela vantagem proporcionada pela vigilância. Além do mais, aprendeu-se que era dar demasiada importância àquilo que não devia ter nenhuma. O ato de manter registros da imprudência a transformava em hostilidade. Prender palavras ariscas em vôo era fazer com que fossem seguidas por ações audazes, e era melhor deixar, enquanto se agia fortemente sobre os atos aos quais a fala pudesse levar, que as palavras que não tivessem conseqüências simplesmente se evaporassem. Portanto, exceto em algumas circunstâncias muito raras — algumas épocas obviamente desastrosas ou alguns governos irritáveis que não escondiam [130] em absoluto sua tirania —, a sociedade introduziu uma distinção que torna sua jurisdição sobre a fala mais branda e mais legítima. A declaração de uma opinião pode, num caso especial, resultar num efeito tão infalível que tal opinião precise ser encarada como ação. Então, se a ação é censurável, sua expressão tem que ser punida. Mas o mesmo ocorre com a escrita. Os escritos, como a fala, como os movimentos mais simples, podem fazer parte de uma ação. Eles precisam ser julgados como parte da ação, se esta é criminosa. Porém, caso não demonstrem participar de nenhuma ação, devem, como a fala, gozar de completa liberdade.

Isso responde tanto àqueles homens que, em nossos tempos, selecionaram certas cabeças cultas e prescreveram a necessidade de que fossem cortadas, justificando-se pela declaração de que, afinal de contas, estavam apenas expressando suas opiniões, quanto àqueles outros que desejam tirar partido desse delírio para sujeitar todas as expressões de opinião à alçada do governo.

Caso se garanta por uma só vez a necessidade de reprimir a expressão de opinião, ou o Estado terá que agir judicialmente, ou o governo se arrogará poderes de polícia que o desobrigarão dos meios judiciais. No primeiro caso, as leis serão iludidas. Nada é mais fácil do que dissimular uma opinião com tão diversificados disfarces que uma lei precisamente definida não a atinja. No segundo caso, ao se autorizar o governo a lidar implacavelmente com quaisquer que sejam as opiniões, está se conferindo a ele o direito de interpretar o pensamento, de fazer ilações, em poucas palavras, de justificar no lugar de fatos que deveriam ser a única base para a contra-ação do governo. Isto é o mesmo que estabelecer o despotismo com total liberdade de ação. Qual a opinião que não pode resultar em punição para seu autor? Concede-se assim ao governo espaço de manobra para cometer delitos, desde que ele seja precavido ao se engajar no pensamento delituoso. Não é possível escapar de sua esfera de ação. Os homens aos quais se outorga o direito de julgar opiniões são tão suscetíveis quanto outros ao engano e à corrupção, e o poder arbitrário com que são investidos pode ser utilizado contra as verdades mais necessárias da mesma forma que contra os erros mais fatais.

Quando se considera apenas um dos lados das questões políticas e morais, [131] é fácil traçar-se um quadro terrível do abuso de nossos direitos. Porém, quando se olham tais questões de um ponto de vista geral, a imagem dos malefícios que o poder do governo ocasiona ao limitar esses direitos a mim não parece menos aterradora.

Qual é, na realidade, o resultado de todos os ataques à liberdade da caneta? Eles provocam ira contra o governo por parte de todos aqueles escritores que possuem o espírito de independência inseparável do talento, forçados que ficam ao recurso das alusões indiretas e pérfidas. Esses escritores passam a necessitar da circulação de textos clandestinos e, por conseguinte, mais perigosos. Alimentam a ganância pública por segredos, observações pessoais e princípios incitadores. Dão à calúnia a aparência, sempre interessante, da coragem. Em suma, conferem importância em demasia a trabalhos que estão por ser proscritos.

Na ausência da intervenção do governo, a incitação publicada, a imoralidade e a calúnia dificilmente teriam maior impacto, ao fim de determinado período de completa liberdade, do que a calúnia, a imoralidade ou a sedição faladas ou escritas.

Uma reflexão sempre me ocorreu. Suponhamos uma sociedade antes da invenção da língua que, no lugar desse meio rápido e fácil de comunicação, emprega outros mais difíceis e mais lentos. A descoberta da língua produziria nessa sociedade uma súbita explosão. Importância gigantesca certamente seria atribuída a sons que ainda parecessem novos, e muitas mentes cautelosas e sábias sem dúvida lastimariam a perda da era do silêncio pacífico e total. Tal importância, no entanto, desapareceria gradualmente. A fala se tornaria um meio limitado em seus efeitos. Uma suspeita salutar, nascida da experiência, preservaria os ouvintes do entusiasmo estouvado. Finalmente, tudo retornaria à ordem, com a seguinte diferença: então, a comunicação social e, por via de conseqüência, o aperfeiçoamento de todas as artes e a correção de todas as idéias ganhariam um meio extra.

Seria o mesmo com a imprensa, onde o governo justo e moderado não se dispusesse a lutar contra ela. O governo inglês não se enervou de forma alguma com as famosas cartas de Junius.[8] Ele sabia [132] como resistir à dupla força da eloqüência e do talento. Na Prússia,

---

[8] "As Cartas de Junius" apareceram anonimamente em 21 de janeiro de 1769 no jornal de Woodfall, *Public Advertiser*. Ele as publicou de forma completa em 1772, mas outras edições incompletas já haviam saído. O objetivo de tais cartas era desacreditar as políticas do duque de Grafton e Lord North. O anonimato

durante o reinado mais brilhante, para acrescentar lustre à monarquia, a liberdade de imprensa foi ilimitada. Frederico II, em quarenta e seis anos, jamais dirigiu sua autoridade contra qualquer escritor ou qualquer escrito. Isso não perturbou em absoluto a paz em seu reino, embora abalado por guerras terríveis, ou a do monarca, em conflito com toda a Europa. A liberdade difunde calma pelas almas e razão pelas mentes dos homens que desfrutam desse bem inestimável, livres da ansiedade. O que prova isso é que, quando o sucessor de Frederico II adotou o curso oposto, uma inquietação generalizada se fez sentir. Escritores passaram a se opor ao governo, o qual também se viu abandonado pelos tribunais. Se as nuvens que se formaram em torno desse horizonte, outrora tão pacífico, não redundaram numa tempestade, foi porque as próprias restrições que Frederico Guilherme tentou impor sobre a expressão do pensamento foram influenciadas pela sabedoria do grande Frederico. O novo rei permaneceu sob controle da memória do tio, cuja sombra magnânima parecia ainda guardar a Prússia. Seus éditos foram minutados mais num estilo de desculpa que de ameaça. Ele prestou homenagem à liberdade de pensamento no preâmbulo dos próprios éditos que objetivavam reprimi-la,[9] e medidas que em princípio eram abusos de poder foram abrandadas na execução pela moderação tácita e pela tradição de liberdade.

---

do autor jamais foi completamente desvendado. Os nomes de Gibbon, Burke e Paine foram mencionados, mas vários indícios permitem que acreditemos mais na autoria de Sir Philip Francis. Essas cartas ainda são famosas pelo estilo que a transformaram em obras-primas do formato do panfleto. Ver o verbete "Junius" na *Encyclopaedia Britannica*, vol. 13 (1973).

[9] Constant era, provavelmente, familiarizado com a obra de Louis-Philippe Ségur, *Histoire des principaux événements du règne de F. Guillaume II, roi de Prusse*, Paris, F. Buisson, ano IX (1800), que traz o texto desse Édito de Censura (t. I, pp. 400-405) e faz um comentário (*ibid.*, pp. 62-64). Frederico Guilherme II declara,

De qualquer maneira, o governo possui os mesmos meios para se defender que os inimigos têm para atacá-lo. Ele pode instruir a opinião pública e mesmo seduzi-la, e não há razão para temer-se que ele sempre carecerá de homens astutos e habilidosos que a ele devotarão seu zelo e seu talento. Os defensores do governo não querem nada mais do que ser caracterizados como corajosos, e apresentar [133] os elogios ao governo como difíceis e perigosos. Em apoio a seus pleitos, escolhem o exemplo do governo francês, derrubado, dizem eles, em 1789, por causa da liberdade de imprensa.[10] Na realidade, não foi a liberdade de imprensa que derrubou a monarquia francesa; ela não criou a desordem financeira, principal responsável pela Revolução. Pelo contrário, se

---

de fato, no começo do texto: "Embora estejamos perfeitamente convencidos quanto às grandes e diversificadas vantagens de uma liberdade de imprensa moderada e bem-regulamentada em termos de expansão das ciências e de todo o conhecimento útil [...] a experiência, contudo, nos mostrou as perturbadoras conseqüências da liberdade total a esse respeito".

[10] Sem querer ser categórico nesse ponto, uma vez que não encontrou o texto ao qual a referência é feita, Hofmann pensa, apesar disso, que Constant está se referindo aos editores do *Journal de l'Empire* ou do *Mercure de France*, homens completamente devotados a Napoleão." Veja o estudo de André Cabanis, "Le courant contre-révolutionnaire sous le Consulat et l'Empire" (no *Journal des Débats* e no *Mercure de France*), *Revue des sciences politiques*, Nº 24, 1971, pp. 33-40. Entre esses editores estavam Fiévée e Geoffroy, cujo alvo normalmente era a ideologia do Iluminismo e 1789, e que advogavam a monarquia todo-poderosa. Encontra-se, em particular, num artigo do *Mercure de France* (Nº 257, 21 de junho de 1806, pp. 533-534), assinado por De Bonald, a seguinte reflexão que deve ter impressionado Constant: "A liberdade de pensamento era, portanto, apenas liberdade para agir; e como poder-se-ia demandar do governo liberdade absoluta de ação, sem considerar inúteis todas as dificuldades enfrentadas pela administração para manter a paz e a boa ordem, ou melhor, sem virar a sociedade de cabeça para baixo? (*ibid.*, p. 551). E o mesmo autor identifica um pouco adiante "a diversidade de opinião religiosa e política" como "a principal causa da Revolução Francesa" (*ibid.*, p. 552).

houvesse liberdade de imprensa nos reinados de Luís XIV e Luís XV, as guerras insanas do primeiro e a corrupção do segundo não teriam secado os cofres do Estado. O luzir da publicidade teria refreado as aventuras do primeiro daqueles reis e os vícios do segundo. Eles não teriam deixado o desafortunado Luís XVI com um reino impossível de salvar. Não foi a liberdade de imprensa que inflamou a indignação popular contra as prisões ilegais e as *lettres de cachet*.[11] Foi a indignação popular que, ao contrário, para se opor à opressão governamental, se valeu não da liberdade de imprensa, mas do perigoso recurso à sátira, algo que todas as medidas precautórias da polícia jamais conseguiram arrancar do povo escravizado. Se tivesse havido liberdade de imprensa, de um lado teriam existido menos detenções ilegais e, do outro, as pessoas não teriam sido capazes de exagerá-las. A imaginação não teria sido assaltada por suposições cuja plausibilidade era alimentada pelo mistério que as cercava. Finalmente, não foi a liberdade de imprensa que trouxe à tona todas as infâmias e loucuras de uma revolução, todas as suas enfermidades que admito. Foi a longa privação da liberdade de imprensa que tornou crédulas, ansiosas, ignorantes as pessoas da França e, por via de conseqüência, muitas vezes selvagens. Foi porque, por séculos, não ousamos reivindicar os direitos do povo, que as pessoas não sabiam que significado dar àquelas palavras subitamente pronunciadas em meio à tempestade. Em [134] tudo que as pessoas vêem como excessos da liberdade, reconheço apenas o preparo proporcionado pela servidão.

---

[11] [*Lettres de cachet*. Cartas que levavam o selo real contendo ordens para a prisão de indivíduos ou seu banimento sem julgamento. Nota do tradutor americano]

Os governos não percebem o mal que fazem a si mesmos ao se reservarem o privilégio exclusivo de falar e escrever sobre seus próprios atos. O povo não acredita em nada afirmado pelo governo que não permita réplica, e crê em tudo que é dito contra o governo que não tolera o escrutínio.

É com essas medidas detalhadas e tirânicas contra os escritos, como se fossem falanges hostis, medidas que atribuem influência imaginária aos escritos, que o poder dos governos fica fortalecido. Quando as pessoas vêem códigos completos de leis proibitivas juntamente com hordas de inquisidores, elas devem achar formidáveis os ataques repelidos dessa forma. Uma vez que tanto esforço está sendo despendido para manter longe de nós certos escritos, elas devem dizer para si mesmas, a impressão que eles causariam sobre nós provavelmente seria profunda. É possível que contenham fatos constrangedores.

Os perigos da liberdade de imprensa por certo não são evitados por meios governamentais. O governo não consegue atingir seu objetivo aparente. O que obtém é um freio nos pensamentos de todos os cidadãos tímidos e escrupulosos, a negação de todo o acesso às queixas dos oprimidos, o enraizar profundo dos abusos sem que nenhuma representação seja feita, o cerco de si mesmo pela ignorância e pela escuridão, a santificação do despotismo nos seus agentes inferiores contra os quais as pessoas não ousam publicar coisa alguma, o inculcar de volta, nos pensamentos mais íntimos dos homens, da amargura, da vingança e do ressentimento, a imposição de silêncio à razão, à justiça e à verdade, sem ser capaz de requerer o mesmo silêncio da audácia e do exagero que infestam suas leis.

Essas verdades seriam incontestáveis mesmo no caso de concordarmos com todas as desvantagens atribuídas à liberdade de imprensa. Como ficariam as coisas se uma análise mais profunda nos levasse a negar essas deficiências, e se fosse mostrado que as calamidades com as quais se reprova a liberdade de imprensa têm sido, em sua maior parte, resultado apenas de sua escravização?

Comumente, no próprio momento em que uma facção dominante exerce o despotismo mais escandaloso sobre a imprensa, ela dirige esse instrumento, ou seja, a imprensa, contra seus oponentes, e quando, em função de seus próprios desmandos, tal facção provoca a própria queda, os herdeiros de seu poder [135] questionam a liberdade de imprensa, citando os males causados por escritores mercenários e espiões autorizados. Isso me conduz a uma consideração que a mim parece de bastante peso nessa questão.

Num país ainda vigorosamente disputado por vários grupos, quando um deles consegue restringir a liberdade de imprensa, passa a possuir poder muito mais ilimitado e formidável que os despotismos comuns. Os governos despóticos não permitem a liberdade de imprensa; todos, no entanto, governantes e governados, se mantêm igualmente quietos. A opinião pública permanece silenciosa, mas continua sendo o que é. Nada a deixa à deriva ou faz com que se desvie. Todavia, num país em que a facção reinante toma conta da imprensa, seus escritores argumentam, inventam e caluniam numa determinada direção, da forma que poderia ser feita para todas se houvesse liberdade para escrever. Eles debatem como se fosse uma questão de convencimento. Perdem a calma como se houvesse uma oposição. Insultam pessoas como se houvesse direito de resposta. Suas calúnias absurdas precedem perseguições bárbaras. Suas pilhérias ferozes são prelúdios de condenações ilegais.

O povo, bastante distanciado, toma essa paródia de liberdade como se liberdade fosse. Forma opinião a partir de suas sátiras hipócritas e vis. É persuadido, pelo *show* dos ataques, a pensar que as vítimas estão resistindo, da mesma forma que, de longe, as danças dos selvagens podem fazer com que se acredite que eles lutam contra os infelizes que estão prestes a devorar.

Nas políticas de grande escala dos tempos modernos, a liberdade de imprensa, sendo o único meio de publicidade, é, em virtude de tal fato, seja qual for o tipo de governo, a única salvaguarda para nossos direitos. Collatinus podia expor o corpo de Lucrécia na praça pública de Roma e todos ficavam informados da afronta que havia sido cometida contra ele.[12] O devedor plebeu podia mostrar aos seus indignados concidadãos os ferimentos nele infligidos pelos gananciosos patrícios e pelos credores agiotas. Em nossa era, entretanto, a vastidão dos estados é um obstáculo para esse tipo de protesto. Injustiças limitadas sempre permanecem desconhecidas de quase todos os habitantes de nossos gigantescos países. Se os governos efêmeros, que tiranizaram a França, atraíram para si mesmos a abominação pública, isso se deveu menos ao que fizeram do que ao que confessaram. Eles se jactaram de suas injustiças. Fizeram publicidade delas em seus [136] jornais. Governos mais prudentes teriam agido silenciosamente, e a perspectiva pública, perturbada apenas por rumores vagos, intermitentes e não-confirmados, permaneceria incerta, vacilante e volúvel. Sem dúvida, como já observamos, a explosão de grande repercussão seria apenas a mais terrível, mas tão-somente um malefício substituindo outro.

---

[12] *Histoire romaine*, de Tito Lívio, I, 59, 3, ed cit., t. I, p. 95.

Todas as defesas — civil, política ou judicial — tornam-se ilusórias sem liberdade de imprensa. A independência dos tribunais pode ser violada com escárnio desdenhoso nas constituições mais bem formuladas. Se a publicação ostensiva não for garantida, essa violação não poderá ser controlada, pois ficará coberta por um véu. Os próprios tribunais podem prevaricar nos seus julgamentos e subverter o devido processo. A única salvaguarda para tal processo é, mais uma vez, a publicação ostensiva. A inocência pode ser posta em grilhões. Se a publicação ostensiva não alertar os cidadãos sobre o perigo que paira sobre todas as cabeças, as masmorras, favorecidas pelo silêncio generalizado, reterão indefinidamente suas vítimas. A perseguição pode ser contra opiniões, crenças ou dúvidas, e quando ninguém possui o direito de chamar a atenção pública para si mesmo, a proteção prometida pela lei é apenas uma quimera, um outro perigo. Nos países em que existem assembléias representativas, a representação nacional pode ser escravizada, mutilada e caluniada. Se as gráficas são instrumentos só nas mãos do governo, todo o país ressoará com calúnias, sem que a verdade encontre uma única voz a seu favor. Sintetizando, a liberdade de imprensa, mesmo que não venha acompanhada de conseqüências legais, ainda apresenta vantagens em uma série de casos, como aqueles em que os elementos seniores do governo ignoram os desmandos que estão sendo cometidos e, noutros, em que tais elementos possam achar conveniente dissimular essa ignorância. A liberdade de imprensa resolve essas duas dificuldades: ilustra o governo e evita que ele, deliberadamente, feche seus olhos. Forçado a saber dos fatos que desconhecia e a admitir que agora tem conhecimento, o governo não ousará tanto a legitimação de abusos que achava conveniente permitir, supostamente por ignorá-los.

Todas essas idéias que acabei de apresentar aos leitores aplicam-se somente às relações do governo com a publicidade de opiniões. Os indivíduos ofendidos por tais opiniões, seja nos seus interesses seja na sua honra, sempre guardam o direito de demandar reparações. Todo homem tem o direito [137] de invocar a lei para repelir o dano a ele infligido, quaisquer que sejam as armas que empregue. As campanhas individuais contra a calúnia não têm nenhuma das desvantagens da intervenção governamental. Ninguém tem interesse em alegar que foi atacado nem de recorrer a interpretações exageradas para agravar as acusações feitas contra ele. O julgamento por júri, além do mais, seria uma garantia contra esses abusos de interpretação.

Capítulo quatro
Continuação do mesmo assunto

No capítulo anterior, enfocamos a liberdade de imprensa de uma maneira bastante administrativa. Considerações mais importantes, no entanto, relativas à política e à moralidade, demandam nossa atenção.

Hoje em dia, restringir a liberdade de imprensa significa limitar a liberdade intelectual da raça humana. A imprensa é um instrumento tal que a liberdade não pode mais viver sem ela. A impressão passou a ser o único meio de fazer publicidade das coisas, o único modo de comunicação tanto entre nações quanto entre indivíduos, em virtude da natureza e da extensão de nossas sociedades modernas, e da abolição de todas as maneiras populares e desordenadas de fazê-lo. Por conseguinte, a questão da imprensa tem a ver com o desenvolvimento em geral da mente humana. É dessa perspectiva que ela deve ser encarada.

Em países nos quais o populacho não participa de forma ativa do governo, ou seja, onde não há representação nacional livremente eleita e investida com prerrogativas significativas, a liberdade de imprensa substitui, em certa medida, os direitos políticos. A parcela preparada da nação se interessa pela administração das questões quando pode expressar sua opinião, senão diretamente sobre cada assunto específico, pelo menos sobre os princípios gerais de governo. Todavia, quando não existem no país liberdade de imprensa nem direitos políticos, as pessoas se afastam das questões públicas. É quebrada toda a comunicação entre governantes e governados. Por um momento, o governo e seus adeptos podem ver vantagem nisso. Não há obstáculos para o governo. Nada o estorva. Ele age livremente, mas só porque é o único ser vivente e a nação está morta. A opinião pública é a própria vida dos Estados. Quando tal opinião não é renovada, [138] os Estados definham e caem em dissolução. Existiram instituições no passado em todos os países da Europa que, embora envolvidas com muitos abusos, ainda assim, ao darem a certas classes privilégios para defender e direitos para exercer, fomentaram nelas um nível de atividade que as livrou do desânimo e da apatia. É a essa causa que devemos creditar a energia que certos indivíduos possuíam até o século XVI, uma energia da qual não mais encontramos nenhum vestígio. Essas instituições foram destruídas em todos os lados ou foram modificadas em tal medida que perderam quase completamente sua influência. Porém, aproximadamente ao mesmo tempo que essas instituições entravam em colapso, a descoberta da imprensa proporcionou aos homens um novo meio de debate, um novo motor para a atividade intelectual. Essa descoberta e a liberdade de pensamento dela resultante foram, durante os últimos três séculos, favorecidas por certos governos, toleradas por outros e asfixiadas por ainda outros. Não temos receio de afirmar agora que as nações em que essa atividade intelectual foi encorajada ou permitida conservaram força e vida, e aquelas cujas lideranças impuseram o silêncio a toda a opinião livre perderam gradualmente o caráter e a energia. Os franceses, sob a monarquia, não estavam de todo privados de direitos políticos, até Richelieu. Eu já disse que as instituições defeituosas, apesar disso, dotam as classes poderosas com certos privilégios, privilégios defendidos incansavelmente por tais classes, elas têm a seu favor, entre suas muitas desvantagens, o fato de que não deixam toda a nação à mercê da degradação e do aviltamento. O começo do reinado de Luís XIV foi ainda perturbado pela guerra do Fronde, na verdade uma guerra pueril, mas que foi o resíduo de um espírito de resistência habituado à ação e a continuar agindo quase sem propósito. O despotismo cresceu bastante pelo fim desse reinado. No entanto, a oposição ainda se manteve, buscando refúgio nas rixas religiosas, às vezes calvinistas contra o catolicismo, noutras, entre os próprios católicos. A morte de Luís XIV marcou o período em que o governo relaxou. A liberdade de opinião ganhou terreno dia a dia. Não quero dizer de modo algum que essa liberdade foi usada da forma mais decente e útil. Digo apenas que ela foi exercida e que, nesse sentido, não se pode classificar o francês, desse período até a derrubada da monarquia, entre os povos condenados à completa servidão e letargia moral.

[139] Essa caminhada do espírito humano terminou, tenho que concordar, com uma revolução terrível. Quero, mais do que ninguém, deplorar os males dessa revolução. Acho que já mostrei alhures que ela teve muitas outras causas que não a independência e o arejamento do pensamento. Todavia, sem querer voltar a esse assunto, quero dizer que aqueles que, com amargura, culpam a liberdade de imprensa provavelmente não pensaram nos efeitos que a total destruição de tal liberdade produziria. As pessoas podem ver muito bem em cada exemplo os malefícios que tiveram lugar, e acham que podem identificar as causas imediatas desses males. Não obstante, não notam com a mesma clareza o que teria resultado de uma cadeia diferente de circunstâncias. Se o sucessor de Luís XIV tivesse sido um príncipe suficientemente irritável, despótico e habilidoso para oprimir o povo sem torná-lo rebelde, a França teria caído na mesma apatia das monarquias vizinhas, no passado não menos formidáveis e populosas. Mas o francês sempre manteve um interesse pelas questões públicas porque sempre teve, senão o legal, pelo menos o direito prático ao interesse pelas mesmas. Nos anos recentes, a humilhação temporária da França, durante a Guerra dos Sete Anos e durante os anos que antecederam de pouco o da Revolução, tem sido muito exagerada.[13] Porém seria fácil mostrar que tal declínio, pelo qual os filósofos são estupidamente acusados, resultou de mau governo, de nomeações erradas, na minha opinião, não feitas pelos filósofos e sim pelas amantes e cortesãos. Esse declínio não proveio da falta de energia na nação. A França provou isso quando batalhou contra toda a Europa.

---

[13] Essa referência não foi identificada por Hofmann.

A Espanha, há quatrocentos anos, era mais poderosa e populosa que a França. Esse reino, antes da abolição das Cortes, tinha trinta milhões de habitantes. Hoje, tem nove milhões. Seus navios cruzaram todos os mares e comandaram todas as colônias. Sua armada é, na atualidade, mais fraca que a inglesa, a francesa e a holandesa. Ainda assim, o espanhol é enérgico, corajoso e empreendedor. Então, de onde vem a gritante diferença entre as prosperidades da França e da Espanha? Vem do fato de que, quando a liberdade política desapareceu na Espanha, nada apareceu para oferecer à atividade política e intelectual de seus habitantes uma nova vida. Provavelmente, as pessoas dirão que a decadência da Espanha se deve às falhas de seu governo, à Inquisição que o controla e a milhares de outras causas imediatas. Todas elas, no entanto, [140] têm relação com a mesma raiz. Se o pensamento tivesse sido livre na Espanha, o governo teria sido melhor, posto que iluminado pela inteligência dos vários indivíduos. Quanto à Inquisição, em todos os lugares em que há liberdade de imprensa, ela não pode prosperar, e onde não há, sempre existirá à espreita, de uma forma ou de outra, alguma coisa muito parecida com a Inquisição.

A Alemanha nos fornece uma comparação bastante semelhante e ainda mais notável, em função da desproporção dos dois objetos comparados. Uma das duas monarquias que compartem aquele país foi, antigamente, um colosso de poder. Hoje, ela enfraquece a cada dia que passa. Suas finanças se deterioram e seu poderio militar se esvai. Suas atividades internas são impotentes contra o declínio que a solapa. As relações externas são mal coordenadas e seus fracassos, inexplicáveis. Apesar de tudo isso, seu gabinete tem sido com freqüência apresentado pelos escritores políticos como um modelo de prudência e sigilo contínuos. Naquele reino, entretanto, não existe liberdade política, tampouco independência intelectual. Não só a imprensa de lá está sujeita a severas restrições como também a entrada de qualquer livro estrangeiro é expressamente proibida. A nação, como se estivesse separada do governo por espesso nevoeiro, participa dos procedimentos apenas de forma insignificante. Não está entre os poderes do governo fazer com que as pessoas se apressem ou se acomodem de acordo com as conveniências do primeiro ou de um capricho passageiro. A vida não é algo que se possa, por turnos, tirar e devolver.

É tão verdade que temos que atribuir os infortúnios da monarquia da qual falo a esse defeito em sua vida doméstica, que a região, que sempre forneceu as melhores tropas e os mais diligentes defensores, é um país que, anteriormente livre, reteve seu senso de perda, suas lembranças e uma certa demonstração de liberdade. A hereditariedade do trono não foi reconhecida na Hungria até a Assembléia de 1687, em meio às mais sangrentas execuções. A energia dos húngaros só foi sustentada sob o governo austríaco porque tal governo não está sendo forçado sobre eles por mais de um século e pouco. Note-se que o país húngaro é, ao mesmo tempo, a parte mais descontente da monarquia. Súditos descontentes são mais valiosos ainda para seus senhores do que os que carecem de diligência porque lhes falta interesse.[14]

A Prússia, ao contrário, onde a opinião pública jamais foi completamente asfixiada e onde tal opinião desfrutou da maior liberdade a partir de Frederico II, batalhou com sucesso contra

---

[14] Veja a nota G de Constant no fim do Livro VII.

muitas desvantagens, no mínimo mais fáceis de superar porque eram inerentes [141] à sua situação e às circunstâncias locais. Até aproximadamente o início do último século, época de sua elevação ao *status* de monarquia, a Prússia mostrou os efeitos da sublevação que a Reforma forjou em todo o pensamento germânico. Os Eleitores de Brandemburgo sempre se destacaram entre os chefes da liga formada para apoiar a liberdade de religião, e seus súditos com eles se aliaram, em palavras e atos, nessa grande e nobre empreitada. O reinado guerreiro de Frederico Guilherme não enfraqueceu a postura quando Frederico II o substituiu. Ele deu a maior latitude possível ao pensamento, permitindo o exame de todas as questões políticas e religiosas. Sua aversão pela literatura germânica, da qual conhecia pouco, foi, por si só, muito favorável para a completa liberdade dos escritores germânicos. O melhor serviço que o governo pode prestar ao conhecimento é não se incomodar com ele. *Laisser faire* é o que basta para que o comércio atinja seu nível mais alto de prosperidade; deixar que as pessoas escrevam é o que basta para que a mente humana atinja seu nível mais alto de atividade, convicção e exatidão. A conduta de Frederico nesse particular foi tal que seus súditos se identificavam com ele em todas as suas empreitadas. Embora não existissem liberdade política na Prússia nem quaisquer salvaguardas de peso, um espírito público tomou forma, e foi com esse espírito, tanto quanto com suas tropas, que Frederico repeliu a coalizão européia contra ele. Durante a Guerra dos Sete Anos, ele experimentou freqüentes reveses. Sua capital foi capturada e seus exércitos dispersados; mas existia uma espécie de elasticidade moral que se comunicava dele para seu povo e desse povo para ele. Os prussianos tinham a perder com a morte de seu rei, pois teriam confiscadas sua liberdade de pensamento, de imprensa e aquela indefinida mas real partilha que o exercício dessas duas faculdades lhes proporcionava nos empreendimentos e na administração do rei. Desejaram-lhe os melhores votos; fizeram o máximo para a reação de seu exército; deram-lhe apoio, sob a forma de um ambiente cercado de opiniões e espírito público, que o sustentou e redobrou suas forças. Ao escrever estas linhas, não pretendo esconder o fato de que existe uma classe de homens que verá nelas apenas motivo para menosprezo e escárnio. A qualquer custo, esses homens querem que não exista nada de moral ou intelectual no governo da raça humana; querem provar a futilidade e a impotência das citadas faculdades. Contudo, peço-lhes que contestem os exemplos que [142] citei e nos digam por que, das quatro monarquias remanescentes, as duas anteriormente mais fortes, tendo abafado a atividade e o desenvolvimento intelectuais de seus súditos, gradualmente caíram em crescente fraqueza e letargia, e por que as outras duas, das quais a primeira tolerou, em grande parte a despeito de si mesma, a existência e a força da opinião pública, e a segunda as favoreceu, se elevaram a um alto grau de prosperidade e poder. Repito que a argumentação baseada nas faltas e inconsistências dos governos das duas primeiras monarquias não é admissível. Isso porque eles teriam incorrido em menos faltas se a liberdade os tivesse envolvido com mais ilustração e se, mesmo quando cometessem tais faltas, suas nações conservassem alguma energia justamente pelo exercício da desaprovação, por mais impotente que fosse. Então essas nações, a exemplo da francesa, estariam prontas para reviver ao primeiro sinal.

Não quero basear minha tese no exemplo inglês, embora ele pudesse ser muito mais favorável a ela. Seja qual for a forma com que se julgue a Inglaterra, penso que seria consenso o fato de que ela possui um espírito nacional mais forte e mais ativo que qualquer outro da Europa. Porém, seria possível atribuir-se a energia da Inglaterra à sua constituição política, e eu quero mostrar as vantagens da liberdade de imprensa independentemente de qualquer constituição.

Se eu quisesse multiplicar os exemplos, poderia falar da China. O governo desse país esforçou-se por dominar o pensamento e em transformá-lo, no todo, em uma ferramenta. As ciências na China são cultivadas apenas por ordem do governo, e sob sua gerência e autoridade. Ninguém ousa descobrir um atalho para si mesmo ou se desviar de alguma maneira da opinião prescrita. O resultado foi que a China se viu persistentemente conquistada por estrangeiros, menos numerosos que os chineses. Para embargar o desenvolvimento das mentes das pessoas foi necessário quebrar nelas a energia que lhes serviria para apoiar a si mesmas e ao seu governo.

"Os líderes de povos ignorantes sempre acabaram", diz Bentham, "vítimas de suas políticas estreitas e covardes. Aquelas nações que cresceram em sua infância sob tutores que prolongaram a imbecilidade de seus povos para melhor controlá-los sempre se transformaram em presas fáceis para o primeiro agressor que surgiu".[15] [143]

---

[15] Constant divide em duas partes a citação; depois de *pusillanime* [covarde], Bentham escreveu: "Uma nação mantida em constante inferioridade por instituições que se opõem a qualquer progresso se tornam [*sic*] vítimas do povo que conseguiu uma superioridade relativa". Constant também modificou o texto original no final da citação. Bentham disse: "Aquelas nações... sempre ofereceram uma conquista

Capítulo cinco
Continuação do mesmo assunto

Caso se aplique essa experiência dos últimos três anos de história ao estado presente da intelecção humana, chegar-se-á rapidamente à convicção de que a aniquilação da liberdade de imprensa, ou seja, do progresso intelectual, teria hoje resultados ainda mais fatais que aqueles mencionados. As monarquias cujo definhamento e movimento retrógrado descrevemos, privadas desde sua concepção da liberdade de imprensa, sentiram tal privação apenas de forma atenuada, lenta e imperceptível. Um povo privado da liberdade de imprensa, depois de dela ter desfrutado, experimentaria a dor da perda de maneira mais aguda, seguida de degradação mais rápida. O que mais humilha os homens não é a falta de um direito e sim ter que abrir mão dele. Condillac diz que há duas espécies de barbarismo, o que ocorreu antes dos séculos de erudição e o que os sucedeu.[16] Da mesma forma, pode-se dizer que há duas espécies de servidão, uma que precede a liberdade e outra que a substitui. A primeira é uma situação mais desejável que a segunda. Mas a escolha entre as duas não é deixada aos governos, pois eles não podem aniquilar o passado.

Imagine-se uma nação ilustrada, enriquecida pelos trabalhos de diversas gerações de estudiosos, possuidora de obras-primas de

---

fácil, e, uma vez capturadas [ou escravizadas], conseguiram apenas mudar a cor das correntes". Ed. cit, t. III, p. 21. [Constant trabalhou – com excessiva liberdade – em cima de uma tradução para o francês. Suas referências, neste caso, não podem ser consideradas confiáveis. Nota do tradutor americano]

[16] *Cours d'étude* ..., de Etienne Bonnot de Condillac, *op. cit.*, t. IV, p. 2: "Existem, portanto, dois tipos de barbarismo, um que sucede os anos de erudição e um que os precede; e eles não são parecidos um com o outro".

todos os tipos, que fez imensos progressos científicos e artísticos, e que chegou a tal ponto pelo único caminho que pode conduzir a ele: o gozo, assegurado ou precário, da liberdade de publicação. Se o governo dessa nação impuser constrangimentos tais a essa liberdade que sejam cada dia mais difíceis de contornar, se não permitir o exercício do pensamento, salvo numa direção predeterminada, a nação poderá sobreviver por um determinado período [144] de seu capital anterior, por assim dizer, da inteligência adquirida, dos hábitos de pensar e fazer antes formados; mas nada no mundo do pensamento se renovará. O princípio reprodutivo estaria murcho. Por alguns anos, a vaidade subsistiria pelo amor ao aprendizado. Sofistas, lembrando o glamour e a estima que as obras literárias costumavam conferir, se entregariam a trabalhos aparentemente do mesmo gênero. Seus escritos combateriam quaisquer bons efeitos que outros poderiam ter tido, e, enquanto restasse um vestígio sequer de princípios liberais, haveria naquilo uma literatura do povo, alguma espécie de movimento, um tipo de luta contra essas idéias e princípios. Esse próprio movimento, no entanto, essa luta, seria a herança de uma agora destruída liberdade. À proporção que os últimos indícios, as últimas tradições, fossem dispersados, diminuiriam os elogios para a, e as vantagens da, continuação desses ataques, cada vez mais supérfluos. Quando tudo estivesse dissipado, a batalha teria chegado ao fim, porque os combatentes não mais perceberiam nem a sombra dos inimigos. Conquistadores e conquistados se quedariam igualmente em silêncio. Quem sabe se o governo não acharia valioso impô-lo? Talvez não queira ressuscitar memórias extintas ou agitar idéia abandonadas. Ele cairia de forma dura sobre os acólitos superzelosos como costumava fazer com os inimigos. Proibiria, pelos interesses da humanidade, até os escritos que adotassem sua própria linha, como alguns governos piedosos já proibiram certa vez, pelo bem ou pelo mal, que se falasse de Deus. Dessa forma, uma carreira para o pensamento real estaria definitivamente fechada ao espírito humano. A geração preparada desapareceria gradativamente. A geração seguinte, não vendo vantagem alguma nas ocupações intelectuais, na verdade vendo até perigos, se distanciaria delas para sempre. Seria possível dizer-se ainda, em vão, que o espírito humano poderia se ocupar com literatura mais leve, entrar a serviço das ciências exatas e naturais, ou se devotar às artes. Quando a natureza criou o homem, não consultou governo. Seu projeto era de que todas as nossas faculdades estivessem em ligação íntima e que nenhuma delas ficasse sujeita a limitação sem que as outras sentissem o efeito. O pensamento independente é tão crucial, mesmo para a literatura, ciência e arte mais leves, como o ar o é para a vida física. Seria possível também fazer-se com que os homens trabalhassem sob uma bomba pneumática, dizendo-se que eles não precisavam respirar, mas tinham que mexer braços e pernas, assim como restringir a atividade intelectual a um dado objetivo, evitando que ela se preocupasse com assuntos importantes que a suprissem com energia, porque esses assuntos poderiam fazer com que ela se lembrasse de sua dignidade. Escritores estrangulados dessa maneira partem para os panegíricos; mas se tornam aos poucos incapazes até de elogios, e a literatura acaba [145] se perdendo em meio a anagramas e acrósticos. Os acadêmicos nada mais são que curadores de descobertas antigas, que se deterioram e degradam em mãos algemadas. Secam as fontes de talento entre artistas juntamente com a esperança de glória que só é sustentada pela liberdade. Por uma misteriosa mas incontestável relação entre coisas da qual se pensava ter a capacidade de se isolar,[17] elas não mais representam com dignidade a figura humana quando o espírito humano é degradado.[18]

Tampouco isso seria o fim da história. Em breve, o comércio, as profissões e os ofícios mais vitais sentiriam os efeitos da morte do pensamento. Não se deve achar que o comércio, por si só, é razão suficiente para a atividade. As pessoas muitas vezes exageram a influência dos interesses pessoais; esses próprios interesses precisam da existência da opinião pública para que ajam. O homem cuja opinião se esvai, sufocado, não se excita por muito tempo, até mesmo por seus interesses. Uma espécie de estupor se apodera dele; e, da mesma forma que a paralisia se estende de uma parte do corpo para outra, esse estupor se alastra de uma faculdade para outra.

O interesse separado da reflexão é limitado em suas necessidades e fácil de ter seus prazeres contentados, funcionando apenas para o que é necessário no momento sem preparar coisa alguma para o futuro. Observe-se a Espanha, cujo exemplo foi citado anteriormente. Assim é que os governos que desejam sufocar as opiniões dos homens por acreditarem que assim estarão encorajando interesses descobrem, para seu grande desapontamento, que essa desajeitada política dupla acabou por matar os dois. Sem dúvida, existe um interesse que não é aniquilado no despotismo; mas não é um que

---

[17] [Hofmann teve dificuldade aqui para decifrar o fólio francês, de modo que o inglês também é, por definição, impreciso. Nota do tradutor americano]

[18] Ao escrever estas páginas, Constant sinaliza, sem nomear, os principais jornais franceses, liderados pelo *Mercure de France*, cujos conteúdos eram, cada vez mais, limitados a panegíricos, anagramas e acrósticos.

conduza os homens ao trabalho, e sim os leva a suplicar de forma humilhante e a saquear, a enriquecer com os favores do poder e com os espólios resultantes da fraqueza. Esse interesse não tem nada em comum com a motivação necessária para a classe trabalhadora. Ele transforma os paradeiros dos déspotas em lugares bastante atarefados; mas não serve como incentivo, seja para os esforços da indústria, seja para as especulações do comércio. Já mostramos, com o exemplo de Frederico II, como a independência intelectual influenciou até o sucesso militar. Não se nota, ao primeiro olhar, os laços entre o espírito público da nação e a disciplina ou o valor de um exército que batalha distante de casa e, com freqüência, é constituído por elementos estrangeiros. Os laços, contudo, são constantes e necessários. [146] As pessoas gostam de imaginar os soldados de hoje como se fossem instrumentos dóceis para os quais basta conhecer a maneira apropriada de administrar. Isso é bem verdade em certos aspectos. Todavia, é também necessário que os soldados tenham consciência de que existe determinada opinião pública por trás deles. Isso faz com que se movimentem, mesmos sem perceberem. É como a música cujo som motiva esses mesmos soldados a avançarem sobre o inimigo. Nenhum deles presta atenção consistente à música, mas todos ficam por ela sensibilizados, encorajados e conduzidos. Se ela deixasse de ser ouvida, os soldados afrouxariam imperceptivelmente. Apenas as hordas bárbaras podem progredir com ardor na batalha sem que sejam sustentadas pela opinião pública de uma nação de seus compatriotas, cuja causa defendem e com quem compartem seus sucessos. Mas isso ocorre porque as hordas bárbaras são impelidas pela expectativa da pilhagem e pelo desejo de estabelecer novos assentamentos no país que estão conquistando. Essa expectativa e esse desejo para eles substituem a opinião pública, ou melhor, constituem a opinião verdadeira.

"A conquista dos gauleses", observa Filangieri, "custou a César dez anos de exaustão, vitórias e negociações, e a Clóvis, por assim dizer, apenas um dia".[19] Ainda assim, os gauleses que resistiram a César eram seguramente menos disciplinados do que aqueles que lutaram contra Clóvis, os quais haviam sido instruídos pelas táticas militares romanas. Clóvis, aos quinze ou dezesseis anos de idade, por certo não era melhor general que César. Mas César teve que dominar um povo que participava bastante da administração de suas questões internas, e Clóvis, um que havia sido escravizado por cinco séculos. Já dissemos, no início deste capítulo, que, entre as nações modernas, a liberdade de imprensa ocupa o lugar, em alguns aspectos, da participação direta na administração das questões.

Existem duas circunstâncias, concordo, que podem, por breve momento, substituir a opinião pública na questão do sucesso militar entre as nações civilizadas. A [147] primeira é quando um grande general inspira seus soldados pelo entusiasmo pessoal. A segunda é quando, tendo a opinião pública sido forte por longo

---

[19] *La science de la législation*, de Gaëtano Filangieri, Paris, Cuchet, 1786, t. II, p. 105, n. I. Eis a citação completa da qual Constant também toma emprestadas outras expressões: "A conquista dos gauleses custou a César dez anos de exaustão, vitórias e negociações. Custou a Clóvis, à frente de um punhado de francos, por assim dizer, um dia. Seria Clóvis, com quinze ou dezesseis anos de idade, melhor general que César? Seriam os francos mais valentes que os romanos? Não. César teve que combater um povo que sempre havia sido livre ou feliz. Clóvis encontrou os gauleses oprimidos e escravizados por mais de cinco séculos. Em poucas palavras, foi essa a diferença".

tempo, o exército se apossa do *momentum* que a opinião outrora lhe concedeu. Nesse caso, é a opinião pública que abandona a nação e busca refúgio no exército. É muito fácil entender que esse espírito, que vive apenas da ação e da convergência de interesses, fenece logo nas ocasiões pacíficas e inativas da nação, quando então o governo retira tudo aquilo que o alimenta, e floresce por mais tempo durante os períodos ativos e guerreiros. Entretanto, dessas duas circunstâncias, uma é acidental e a outra efêmera, e ambas são substitutas artificiais para a única causa autêntica e duradoura. Todas as faculdades do homem caminham juntas. A indústria e a força militar são aperfeiçoadas pela descoberta científica. O aprendizado tem aplicações em tudo. Ele impulsiona o progresso na indústria, em todas as artes e ciências, e então, ao analisar o progresso como um todo, amplia seu próprio horizonte. Finalmente, a moralidade é purificada e corrigida por tal aprendizado. Se o governo solapa a livre expressão do pensamento, a moralidade se torna menos firme,[20] o conhecimento factual, menos acurado, as ciências, menos ativas em seus desenvolvimentos, a arte da guerra, menos aprimorada e a indústria, menos enriquecida pelas descobertas.

A existência humana, atacada em suas partes mais nobres, cedo sente o veneno se alastrando para as partes mais distantes. Pode-se pensar que o ataque foi limitado somente a alguma liberdade supérflua, ou que foi negada apenas alguma cerimônia sem valor. Na verdade, a arma envenenada atingiu o âmago da existência do homem.

O processo que estamos aqui descrevendo não é teórico: é histórico. É a história do império grego, herdeiro do de Roma, investido

---

[20] Veja a nota H de Constant no fim do Livro VII.

com muita de sua força e com todas as suas conquistas intelectuais, o império em que o despotismo se enraizou, com todas as vantagens mais favoráveis ao seu poder e à sua perpetuação, e que definhou e caiu somente pelo fato de que todos os impérios despóticos têm que fenecer e cair.

As pessoas com freqüência nos falam, sei disso, de um círculo que o espírito humano descreve e que, dizem elas, traz de volta — por um determinismo [148] inevitável — a ignorância depois da ilustração, o barbarismo depois da civilização.[21] Infelizmente para essa tese, contudo, o despotismo sempre conseguiu se imiscuir entre esses estágios de uma maneira que se torna difícil não o definir como alguma coisa que tem a ver com o ciclo. A causa real de tais alternativas na história das nações é que a inteligência do homem não pode permanecer inerte. Caso não seja detida, ela avança. Caso barrada, recua, porque não pode ficar parada no mesmo ponto. O pensamento é a base de tudo. Caso seja desencorajado a fazer a auto-análise, ele não se exercerá sobre qualquer outro objeto, a não ser de maneira apática. Pode-se dizer que, indignado por se ver afastado de sua esfera própria, ele deseja a vingança pela humilhação que lhe é infligida, sob a forma de um nobre suicídio. Todos os esforços do governo não serão capazes de lhe restituir a vida. Os movimentos falsos e intermitentes que o pensamento recebe parecem apenas as convulsões que um sortilégio — mais assustador que eficaz — estimula em cadáveres sem os reanimar. E se o governo quiser substituir a atividade natural da opinião pública amordaçada

---

[21] Constant indica aqui todos os oponentes da doutrina da perfectibilidade humana, tais como Fontanes, Fiévée, de Feletz.

por suas próprias ações, justamente como ele tenta tapear o inimigo nos lugares sitiados com o pisotear entre as colunas dos cavalos lá presos, estaria empreendendo uma tarefa difícil. Para início de conversa, um alvoroço totalmente artificial é caro de manter; na realidade, só pode ser mantido com coisas extraordinárias. Quando a pessoa é livre, ela se interessa e se diverte com o que está fazendo, dizendo ou escrevendo. Mas quando a maioria da nação fica reduzida ao papel de espectadores forçadamente silenciados, para fazer com que tais embotados espectadores aplaudam, ou simplesmente assistam, os administradores do *show* têm que, constantemente, reanimar sua curiosidade com espetáculos teatrais ou mudanças de cenário. Ora, é provavelmente vantagem para um governo ser adepto da organização de grandes eventos quando o bem público o demanda. Mas é um incômodo incalculável para os governados o fato de o governo ter que, simplesmente, representar grandes eventos quando o bem geral não requer isso. Ademais, tal atividade artificial não atinge seu objetivo [149] por muito tempo. Os governados logo param de prestar atenção ao longo monólogo que jamais lhes é permitido interromper. A nação se cansa da fútil demonstração, cujos riscos e custos são por ela bancados, mas cujos propósitos e administração lhe são estranhos. O interesse nas questões públicas fica concentrado no governo e em suas criaturas. Uma barreira moral se estabelece entre o alvoroço do governo e a longa inação do povo. Debalde, o primeiro tenta comunicar ao segundo suas preocupações, e suas mais deslumbrantes empreitadas e as mais solenes das celebrações se assemelham apenas a muitas cerimônias fúnebres com danças ao redor dos túmulos. Todos os cargos são ocupados por pessoas sem influência ou valor, e o consentimento é privado de toda a espontaneidade. As coisas continuam caminhando, porém à custa de comando e ameaça. Tudo custa mais caro porque os homens insistem no pagamento por terem sido reduzidos ao nível de meras máquinas. O dinheiro tem que assumir as funções da opinião, da imitação e da honra. Tudo é mais trabalhoso, pois nada é voluntário. O governo é obedecido, em vez de apoiado. À menor interrupção, todas as engrenagens param de funcionar. É como um jogo de xadrez. A mão do controle o comanda. Nenhuma peça resiste. Mas, se a mão ficar parada por alguns instantes, todas as peças permanecerão imóveis. No fim, o movimento enfraquece no próprio governo. A letargia de uma nação, onde não há opinião pública, se transfere ao seu governo, não importa o que este faça. Tendo sido incapaz de despertar a nação, o governo acaba também adormecendo com ela. Assim, tudo fica silencioso, apaziguado, degenerado e degradado numa nação que não mais tem o direito de tornar públicos seus pensamentos, e, mais cedo ou mais tarde, esse reino se assemelha ao espetáculo daquelas planícies do Egito onde vemos uma imensa pirâmide pesando sobre a areia árida, reinando sobre as silenciosas vastidões. Foi uma bela imaginação da natureza colocar a recompensa do homem fora dele, acender em seu coração essa indefinível chama da glória que, nutrindo-se de nobres expectativas, fonte de todas as grandes ações, [150] nossa proteção contra todos os vícios, os vínculos entre todas as gerações e entre o homem e o universo, repele os prazeres vulgares e desdenha dos desejos sórdidos. Má sorte de quem extingue essa chama sagrada. Quem o faz desempenha o papel no mundo do princípio do mal, sua mão de ferro força nossa cabeça para a terra, quando o céu nos fez para caminhar de cabeça erguida e para contemplar as estrelas.

Capítulo seis
Certa explicação necessária

Ao dizer que a liberdade de imprensa, em certa medida, substitui os direitos políticos, eu não quis afirmar que os substitui perfeitamente. Da mesma forma que, onde tais direitos não existem, essa liberdade não passa de precária, não produz todo o bem que poderia fazer, e o bem que faz se mistura com muitos malefícios. Foi isso que aconteceu na França no final do século XVIII. Mas neste, como em todos os casos semelhantes, não devemos culpar a liberdade e sim a ausência da garantia judicial. Não é necessário remover a primeira, mas assegurar a outra. A liberdade de imprensa só pode ser apropriadamente restringida onde houver liberdade política. Nas demais situações, os homens ilustrados devem se opor a todos os limites, porque o despotismo não pode colocar, adequadamente, limites em coisa alguma.

Capítulo sete
Observações finais

Impedir que as pessoas declarem seus pensamentos é cortar a carreira mais grandiosa do talento. Mas a natureza não cessará de produzir homens de talento, e o lado ativo deles, de fato, terá que ser exercitado. O que acontecerá? Eles se dividirão em duas classes. Alguns, fiéis ao propósito para o qual nasceram, atacarão seu governo. Outros mergulharão de cabeça no egoísmo e devotarão suas aptidões superiores ao acúmulo de todos os meios de prazer, a única compensação a eles deixada. Dessa forma, [151] o governo, em suas maravilhosas atividades, terá os homens de talentos divididos em duas partes: uma sediciosa e a outra ignóbil. Provavelmente os punirá, mas por seus próprios crimes. Se suas ambições legítimas encontrarem campo livre para suas esperanças e esforços honrados, os primeiros serão ainda pacíficos e os segundos, ainda virtuosos. Eles não buscarão caminhos reprováveis até que sejam forçados a sair dos naturais, dos cursos que têm o direito de percorrer. Digo que têm o direito de fazer porque a celebridade, o renome e a glória são o patrimônio da raça humana. Não faz sentido que uns poucos homens roubem seus iguais. Não é permitido a eles fazer a vida definhar privando-a daquilo que lhe dá fulgor.

Notas de Constant

A. [Referente à p. 189]
Esprit des lois, XII, 11.

B. [Referente à p. 190]
Sob Charles II, o banimento perpétuo foi decretado para todos os ministros que não prestassem o juramento de supremacia. Burnet, *Mémoires de son temps*, I, 209.[22]

C. [Referente à p. 191]
Em 1688, três anos depois de os protestantes terem sido forçados a abjurar sua fé, pela perseguição que levou dez mil homens à morte na roda ou na fogueira, todos os recém-convertidos foram desarmados e foi anunciada sua demissão dos cargos municipais. *Eclaircissements sur la Révocation de l'Edit de Nantes*, I, 379.[23]

---

[22] *Mémoires pout servir à l'histoire de la Grande-Bretagne sous les règnes de Charles II et de Jacques II...*, de Gilbert Burnet, traduzido do inglês de Gilbert Burnet, Londres, Th. Ward, 1725, 3 vol.

[23] Claude Carloman de Rulhière, *op. cit.*, t. I, pp. 378-379: "Pensou-se ser necessário excluir mesmo dos cargos municipais inferiores, após sua abjuração, aqueles que, no mesmo século, entregaram Sully ao Reino". Não há dúvida nesta passagem de tortura na cremalheira!

D. [Referente à p. 191]
O Parlamento de Charles II declarou que o rei poderia demandar da nação escocesa como um todo uma declaração de boas intenções quanto à sua futura submissão, e agir contra ela, como insubmissa, se a declaração fosse inadequada. Hume, XI, 286, 287.[24]

[152] E. [Referente à p. 191]
Sob Charles II, aos suspeitos da Escócia eram feitas três perguntas. O silêncio ou a hesitação eram punidos com a morte. Sob tal pretexto algumas mulheres foram enforcadas e outras afogadas. Entre estas últimas estavam uma moça de dezoito anos e uma menina de treze. Hume, XII, 15, 17, 18.[25]

F. [Referente à p. 191]
A Revogação do Edito de Nantes foi seguida por uma lei estabelecendo que as pessoas que estivessem doentes e recusassem os sacramentos seriam, depois da morte, arrastadas pela lama e teriam seus bens confiscados. Sacerdotes enraivecidos foram vistos com freqüência, viático na mão, escoltados por um juiz e seus meirinhos e assistentes, entrando em casas de moribundos e induzindo pessoas idosas, às portas da morte, ao sa-

---

[24] *The History of England from the Invasion of Julius Caesar to the Revolution in 1688*, de David Hume, Basil, J.-J. Tourneisen, 1789, t. XI, pp. 272-289, num artigo intitulado *[The] State of Affairs in Scotland* e descrevendo os efeitos do despotismo de Charles II sobre os escoceses. As páginas citadas por Constant não correspondem precisamente ao texto desta nota.

[25] *Ibid.*, t. XII, p. 17: "E quando as pobres e iludidas criaturas se recusavam a responder, a pena capital era sentenciada contra elas. Até mulheres foram levadas à forca pelo pretenso crime". E na p. 18: "Todas elas se recusaram e foram condenadas à morte por afogamento. Uma delas era uma velha mulher; as outras duas eram jovens; uma com dezoito anos de idade e a outra com treze".

crilégio. Eles expunham tais pessoas à multidão atraída pela curiosidade do espetáculo, que se divertia à larga com a visão da humilhação dos hereges. Quando a infeliz pessoa morria, o populacho fanático se comprazia em insultar o cadáver e em executar a lei com todo o seu horror. *Eclaircissements*, Vol. I, 351-355, II, 177.[26]

G. [Referente à p. 208]
Seria curioso calcular-se o que a Casa da Áustria perdeu em conseqüência da administração de seus povos vassalos, da Paz de Cateau-Cambrésis à de Pressburg (Bratislava). Com Vervins, começaram as restituições. A Westphalia custou-lhe a Holanda e a Alsácia. O Tratados dos Pirineus representou outros sacrifícios. Antes de o mesmo século

---

[26] As referências de Constant a Rulhière são exatas. É interessante, no entanto, comparar sua nota com os textos originais para se apreciar a arte com que ele mesclou sua própria prosa com a linguagem do autor que citava. Assim, no t. I, p. 351: "Essa foi a ocasião da lei terrível: aqueles que, quando doentes, recusarem os sacramentos serão, depois de suas mortes, arrastados pela lama e terão seus bens confiscados. Caso se recuperem, receberão penas para se redimirem, os homens condenados para sempre às galés, as mulheres à prisão, ambos tendo seus bens confiscados". T. I, p. 355: "Mas, na maioria de nossas cidades, tivemos muitas vezes o horrendo espetáculo de cadáveres arrastados pela lama e também, com freqüência, vimos enraivecidos sacerdotes, viático na mão, escoltados por um juiz e seus meirinhos e assistentes, indo às casas de moribundos e, logo depois, o populacho fanático divertindo-se com a execução da lei em todo o seu horror". T. II, pp. 177-178: "... Eu diria que podia ser visto, ao lado do leito dos doentes, um padre cercado por meirinhos e seus assistentes, dispensando com a mais solene pompa os sacramentos sagrados, o mais terrível dos mistérios, instando um homem moribundo a cometer o sacrilégio e zombando dele para a multidão, atraída pela curiosidade, alguns tremendo com a profanação, outros se divertindo muito com a visão do herege humilhado, reduzido a uma escandalosa hipocrisia para manter seu capital inteiro para sua família e alguns adornos sem valor para sua sepultura".

terminar, ela abriu mão de Franche-Comté e, no século seguinte, em menos de cinqüenta anos, perdeu a Espanha, o Novo Mundo, Parma, Sicília, Nápoles e Silésia. Adicione-se em seguida o que ela perdeu desde então até hoje.[27]

---

[27] Constant, nessa apreciação comprimida sobre política internacional do século XVI até 1805, naturalmente entende como Casa da Áustria a dinastia dos Habsburgos, cujas possessões, de Carlos V à Guerra da Sucessão Espanhola, estendiam-se, entre outras, até a Espanha. Uma série de tratados aos quais Constant faz referência foi assinada entre França e Espanha, sendo a última entendida como domínio austríaco. Assim, depois do Tratado de Cateau-Cambrésis (1559), a França toma do Sacro Império Romano os três bispados, Mets, Toul e Verdun. Pelo Tratado de Vervins (1598), a Espanha perde Vermand, Picardy, Calais etc. Em 1648, seguindo-se ao Tratado de Westphalia, a Espanha perde a soberania sobre as Províncias Unidas, e a França ganha a Alsácia da Espanha. Onze anos mais tarde, em função do Tratado dos Pirineus (1659), a França ocupa dez cidades imperiais na Alsácia. Pelo Tratado de Nÿmegen em 1678, a França obtém Franche-Comté. Em 1714, pelo Tratado de Rastatt, que pôs um fim nas guerras pela sucessão espanhola, o reino da Espanha passa a não mais pertencer aos Habsburgos, e, como Constant calcula, nos quarenta e nove anos que levam ao Tratado de Hubertsburg (1763), a Áustria perde, em sucessão, Nápoles e Sicília (1738), Parma (1748) e Silésia (1763). Por fim, a Áustria abandona também alguns territórios depois dos Tratados de Campoformio (1797), Lunéville (1801) e Bratislava (1805), o último deles constrangendo o Império Austro-Húngaro a abandonar Veneza, Dalmácia, Tirol e Vorarlberg. A perspectiva de Constant é muito francesa. Pode-se objetar que, embora a Áustria tenha perdido muitas possessões em benefício da França, ela obteve substanciais compensações territoriais no Leste, a expensas de Polônia e Turquia (no século XVIII). Além do mais, a argumentação de Constant não é muito convincente. Ele parte do princípio de que o encolhimento dos reinos dos Habsburgos deriva da falta de liberdade estendida ao pensamento ilustrado. Na realidade, o que a Áustria perdeu foi vantajoso para príncipes igualmente despóticos, como Luís XIV.

[154] H. [Referente à p. 218]

A viagem de John Barrow à China pode servir para mostrar a que fica reduzida uma nação, moralmente e em diversos outros aspectos, quando o governo a condena à imobilidade.[28]

---

[28] *Voyage en Chine, formant le complément du Voyage de Lord Macartney*, de John Barrow, traduzido do inglês, com notas de J. Castéra, Paris, F. Buisson, ano XIII (1805), 3 vol. Constant deve ter lido pelo menos os dois relatos no *Mercure de France*, 2 frimário, ano XIV (23 de novembro de 1805), pp. 393-402 e 22 de março de 1806, pp. 537-542.

LIVRO VIII

Da Liberdade Religiosa

Cap. 1. Por que a religião foi atacada com tanta freqüência pelos homens do Iluminismo. 233
Cap. 2. Da intolerância civil. 241
Cap. 3. Da proliferação de seitas. 243
Cap. 4. Da manutenção da religião por governo contra o espírito de inquirição. 246
Cap. 5. Do restabelecimento da religião pelo governo. 248
Cap. 6. Do axioma de que o povo precisa ter uma religião. 249
Cap. 7. Do caso utilitário para a religião. 251
Cap. 8. Outro efeito do axioma de que o povo precisa ter uma religião. 252
Cap. 9. Da tolerância quando o governo se envolve. 254
Cap. 10. Da perseguição a uma crença religiosa. 255

Capítulo um

Por que a religião foi atacada com tanta freqüência pelos homens do Iluminismo

A o se examinar o papel apropriado do governo em relação à religião, não se pretende de forma alguma questionar os benefícios que derivam das idéias religiosas. Quanto mais se ama a liberdade, quando mais se estimam as idéias morais, quanto mais se requerem magnanimidade, coragem e independência, mais necessário se torna que os homens se refugiem na crença a um Deus.

Se a religião tivesse sempre sido perfeitamente livre, jamais seria, na minha opinião, outra coisa que não objeto de respeito e amor. Torna-se difícil conceber-se o extravagante fanatismo de se considerar a religião em si motivo de ódio e animosidade. Esse recurso de um ser infeliz tornar-se justo, de um fraco um bom, só deveria provocar, a mim parece, mesmo entre os que consideram o recurso quimérico, interesse e simpatia. Aquele que encara todas as esperanças religiosas como errôneas deveria ficar mais profundamente sensibilizado que qualquer outro por esse coro universal da humanidade sofredora, por esses pedidos dos aflitos, lançados de todos os cantos da Terra a um céu impassível, enquanto esperam sem ser atendidos, ou tomam como resposta a ilusão mitigante dos sons confusos de tantas preces repetidas e carregadas pelo vento.

As causas de nossas aflições são numerosas. Os governos [158] podem nos banir, e as mentiras nos caluniar. Podemos ser feridos pelos vínculos de uma sociedade totalmente falsa. Uma natureza implacável nos atinge naquilo que mais prezamos. O período melancólico e solene da velhice vem ao nosso encontro, quando as coisas parecem obscurecer e se afastar, e uma espécie de frieza e inação se alastra sobre tudo que está no nosso entorno.

Assaltados por tanta tristeza, procuramos por consolo em todos os lados, e os consolos que nos restam e são duradouros são os religiosos. Quando o mundo nos abandona, criamos uma espécie de aliança que o transcende. Quando os homens nos perseguem, construímos para nós algum refúgio superior a eles. Quando vemos nossas quimeras mais amadas — justiça, liberdade e terra natal — desaparecerem, alimentamos a esperança de que existe, em algum lugar, um ser que se alegrará por termos sido fiéis à justiça, à liberdade e à pátria-mãe, malgrado os tempos em que vivemos. Quando pranteamos alguma coisa que nos é cara, lançamos uma ponte sobre o abismo e, em nossos pensamentos, o cruzamos. Finalmente, quando a vida nos escapa, lançamo-nos em vôo para uma outra. Assim, é da própria essência da religião ser fiel companheira, amiga engenhosa e incansável das almas infelizes.

Mas isso não é tudo. Consoladora dos que enfrentam a desdita, a religião é, ao mesmo tempo, a mais natural de todas as nossas emoções. Todas as nossas sensações físicas, todos os nossos sentimentos morais, a tornam viva em nossos corações, sem que o saibamos. Tudo que a nós parece ilimitado, que em nós produz a idéia de imensidão, a visão do céu, o silêncio da noite, as vastidões dos oceanos, tudo o que nos leva ao lamento ou ao entusiasmo, a conscientização de uma ação virtuosa, um sacrifício generoso, um perigo corajosamente enfrentado, a dificuldade de um outro socorro e alívio, tudo o que desperta no âmago de nossa alma os elementos primordiais de nossa natureza, o desprezo pelos vícios, o ódio à tirania, nutre nosso sentimento religioso.

Esse sentimento se relaciona cerradamente com todas as paixões nobres, delicadas e profundas. Como todas elas, possui algo de misterioso em torno dele. Isso porque o raciocínio comum não pode explicar nenhuma dessas paixões de maneira satisfatória. O amor, essa preferência exclusiva por um objeto que conseguimos passar sem ele por longo tempo e que parece com tantos outros, a avidez pela glória, essa sede por uma fama que tem que sobreviver a nós, a alegria [159] que encontramos na devoção, um prazer que vai de encontro ao instinto habitual de nosso egoísmo, a melancolia, aquela tristeza sem causa, em cujas profundezas existe uma satisfação que não sabemos começar a analisar, mil outras sensações que não conseguimos descrever, que nos enchem de impressões vagas e emoções confusas: tudo isso é inexplicável em termos de justificativa rigorosa. Todas essas sensações têm alguma afinidade com o sentimento religioso; todas elas ajudam o desenvolvimento da moralidade. Fazem com que o homem quebre o casulo estreito de seus interesses, conferem à alma aquela flexibilidade, aquela suscetibilidade e aquela exaltação que em geral ficam asfixiadas pela vida em comunidade e pelo cálculo de suas necessidades.

O amor é a mais mista dessas emoções intensas porque seu propósito é uma satisfação específica, satisfação inacessível para nós e que deságua em egoísmo. O sentimento religioso, pela razão oposta, é a mais pura de todas as emoções. Não se esvai com a juventude.

Por vezes, se fortalece com a velhice, como se o céu concedesse tal sentimento para nos consolar no período de maiores privações de nossas vidas.

Um homem genial disse que a visão de Apolo Belvedere ou a de um quadro de Rafael exaltavam seu espírito.[1] De fato, existe na contemplação da beleza de todos os tipos alguma coisa que faz com que saiamos de dentro de nós mesmos por reconhecermos que aquela perfeição tem valor maior que o nosso e que, através de tal crença, nos incute uma breve ausência de egoísmo, desperta dentro de nós o poder do sacrifício, poder que é a mãe de todas as virtudes. Qualquer que seja a causa da emoção, ela traz consigo alguma coisa que faz com que nosso sangue circule com mais rapidez, excita uma espécie de bem-estar e exalta em nós o sentido de existência e de nossas forças. Ficamos abertos a uma generosidade, uma coragem e uma simpatia que ultrapassam nossa habitual inclinação diária. Até mesmo o corrupto se torna melhor quando assim tocado e enquanto durar a sensibilização.

Não quero dizer de forma alguma que a ausência de sentimento religioso demonstra que o indivíduo carece de moral. Existem homens [160] em que a mente domina todo o resto e só abre espaço para coisas absolutamente claras. Esses homens rotineiramente exercitam meditação profunda e se preservam das tentações corruptoras pelo prazer do estudo e hábito do raciocínio. Em

---

[1] Hofmann não identificou esse homem genial. A passagem é repetida no relato de Constant sobre o *Corinne*, de Madame de Staël, no *Publiciste* de 12 de maio de 1807. Ephraïm Harpaz, na sua edição de Constant, sugere Fauriel ou Charles de Villers. *Recueils d'articles, 1795-1871*, de Benjamin Constant, com introdução, notas e comentários de Ephraïm Harpaz, Genebra, Droz, 1978, p. 88, n. 6 bis.

conseqüência, são capazes de comportamento escrupulosamente moral. Na grande massa popular, no entanto, a ausência de sentimento religioso, que não deriva de tais causas, comumente indica, creio eu, aridez e frivolidade, mentes absorvidas por coisas triviais e ignóbeis, marcante esterilidade de imaginação. Faço uma exceção para o caso dos homens que foram assediados pela perseguição, que provoca revolta contra os que a comandam. Pode então acontecer que homens honrados, indignados com uma religião a eles imposta, rejeitem cegamente tudo o que se relaciona com religião. Tal objeção circunstancial, contudo, não invalida a tese geral.

Eu não formaria opinião desfavorável de um homem preparado se ele me fosse apresentado como estranho ao sentimento religioso, mas a incapacidade de tal sentimento por parte de todo um povo a mim pareceria privação de uma faculdade preciosa e deserdação da natureza.

Caso me acusem de não definir sentimento religioso de uma forma suficientemente precisa, eu perguntaria como se define com exatidão essa parte vaga e profunda de nossas sensações morais que, por sua própria natureza, desafia todos os esforços de linguagem. Como se definiria a impressão das profundas da noite, de uma floresta densa, do vento que silva entre ruínas ou sobre as sepulturas, do mar que se estende além de nossa visão? Como se definiria a emoção causada pelos cantos de Ossian, pela basílica de São Pedro, pela meditação da morte, pela harmonia dos sons ou das formas? Como se definiria o sonho, aquele tremor interno da alma em que todos os poderes dos sentidos e do pensamento se congregam como se estivessem soltos numa confusão misteriosa? Existe uma religião no fundo de todas essas coisas. Tudo o que é lindo, íntimo e profundo é religioso.

A idéia de Deus, centro comum onde, acima da ação do tempo e do alcance da maldade, se juntam todas as noções de justiça, amor, liberdade e piedade que, neste mundo breve, [161] constituem a dignidade da raça humana, o lugar permanente de tudo o que é belo, grande e bom em meio à degradação e iniqüidade de eras, a voz eterna que responde pela virtude em sua própria língua, quando o idioma de tudo o que está em torno é vil e criminoso, a convocação do presente para o futuro, da terra para o céu, o recurso solene de todos os oprimidos e em todas as situações, a última esperança para a fraqueza pisoteada, para a inocência violentada, idéia considerada tanto consoladora quanto nobre, não, o que quer que seja feito, a raça humana não pode viver sem ela.

Por que, então, essa religião, aliada constante, suporte necessário, esse fulgor singular entre as sombras que nos cercam, tem sido exposta, em todas as eras, a ataques freqüentes e impiedosos? E por que a classe que se declara inimiga dela tem sido quase sempre a mais ilustrada, a mais independente e a mais educada? É porque a religião tem sido distorcida. O homem vem sendo perseguido dentro desse último refúgio, desse santuário íntimo de sua existência. Nas mãos do governo, a religião tem sido transformada em instituição ameaçadora. Responsável pela criação da maioria de nossos pesares — e os mais angustiantes —, o governo ainda se dá o direito de controlar o homem, mesmo em seus meios de consolo. A religião dogmática, uma força agressiva e perseguidora, tem desejado submeter à sua canga tanto a imaginação em suas conjecturas quanto o coração em suas necessidades. Vem sendo um vilão mais terrível do que aqueles que ela pretende que esqueçamos.

BENJAMIN CONSTANT

Por conseguinte, em todas essas eras em que os homens têm demandado sua independência moral, ocorre tal resistência à religião, aparentemente dirigida ao mais doce dos sentimentos, e realmente só contra a mais opressiva das tiranias. A intolerância, ao colocar força ao lado da fé, põe coragem ao lado da dúvida. A fúria dos crentes fortificou a futilidade dos céticos, e o homem, dessa forma, conseguiu transformar em seu benefício um mérito que, deixado por conta dele, teria encarado como infortúnio. A perseguição provoca resistência. O governo, ao ameaçar um ponto de vista, qualquer que seja, excita todas as mentes, de qualquer valor, a se declararem favoráveis àquela opinião. É inerente ao homem revoltar-se, em princípio, contra qualquer condicionamento intelectual. Esse espírito [162] é por vezes até capaz de se enfurecer. Pode causar muitos crimes. Mas ele advém daquilo que é mais nobre dentro de nosso ser.

Tenho me sentido muitas vezes assaltado pela tristeza e pelo espanto quando leio o famoso *Sistema da Natureza*.[2] Essa avidez duradoura e desesperada de um velho homem em cerrar as portas para qualquer futuro à sua frente, essa inexplicável sede de destruição, esse ódio cego e quase feroz a uma idéia tão gentil e consoladora, a mim parecem estranho delírio. No entanto, eu o entendi quando me lembrei dos perigos com os quais o governo cercou esse escritor. Em todas as épocas, os ateus têm sido ameaçados por seus pensamentos. Jamais tiveram tempo e liberdade para refletir à vontade sobre suas opiniões. Para eles, a liberdade tem sido sempre uma

---

[2] *Système de la nature ou des lois du monde physique et du monde moral*, de Paul Henri Dietrich, barão d'Holbach, M. Mirabaud, Londres, 1770.

propriedade que as pessoas querem lhes surrupiar. Têm pensado menos em aprofundá-la do que em justificá-la e protegê-la. É melhor deixá-los em paz. Logo estarão lançando um olhar triste sobre o mundo que despojaram de seus deuses. Eles mesmos se espantarão com sua vitória. O ardor do combate, a sede em recuperar o direito à inquirição livre, todas essas razões para exaltação cedo deixarão de sustentá-los. Sua imaginação, tão recentemente preocupada com o sucesso, não tendo mais o que fazer, como se tivesse sido abandonada, voltar-se-á para si mesma. Eles verão o homem sozinho numa terra que deverá engolfá-lo. O mundo está sem vida. Gerações efêmeras surgem por lá para sofrer e morrer, isoladas criaturas do acaso. Determinados homens ambiciosos discutirão e lutarão por elas e acabarão ferindo-as e destruindo-as. Não terão nem o consolo de esperar por um dia em que esses monstros serão julgados, de finalmente testemunhar a reparação e a vingança. Nenhum vínculo existe entre essas gerações, cujo destino aqui é a servidão, nada além disso. Toda a comunicação está rompida com o passado, [163] o presente e o futuro. Nenhuma voz das raças que se foram é ouvida entre os viventes, e a voz destes também um dia escorregará para as profundezas do mesmo silêncio eterno. Tudo isso faz com que simplesmente pensemos que, se o ateísmo não tivesse sido enfrentado com a intolerância, os aspectos da crença que desconcerta as pessoas teriam constrangido a perspectiva de seus discípulos de tal forma que eles se quedariam em apatia e silêncio, num estado de indiferença para com todas as coisas.

Repito. Enquanto o governo deixar a religião perfeitamente independente, ninguém terá interesse em atacá-la. A própria idéia não surgirá. Mas caso o governo se disponha a defendê-la, se quiser, sobretudo, fazer dela um aliado, o pensamento livre não hesitará em atacá-la.

Capítulo dois
Da intolerância civil

Hoje, quando o progresso intelectual se opõe à intolerância religiosa, apropriadamente assim chamada, isto é, àquele tipo cujo propósito é forçar opiniões, diversos governos buscam abrigo na necessidade de uma certa intolerância civil. Rousseau, que afagou todas as idéias de liberdade e proporcionou pretextos para todos os pleitos da tirania, é ainda citado como favorável a tal linha de pensamento.

"Existe", diz ele, "uma profissão de fé puramente civil cujos artigos cabe ao poder do soberano fixar, não precisamente como dogma religioso, mas em termos do sentimento de sociabilidade. Sem ter a capacidade de forçar nenhuma crença nesses dogmas, o soberano pode banir do estado quem neles não acreditar, não por ímpio, mas por ser insociável".[3] Que negócio é esse de o estado decidir que sentimentos se deve adotar? Que vantagem levo se o poder do soberano não me força a acreditar nisso ou naquilo, mas me pune pelo que não acredito? E se ele não me ataca por incredulidade, mas o faz por insociabilidade? O que eu tenho a ver se o governo se esquiva de sutilezas teológicas, mas perde o rumo [164] numa moralidade hipotética, não menos agradável e não menos estranha à justiça natural?

---
[3] Ver a nota A de Constant no fim do Livro VIII.

Não conheço sistema de servidão que tenha santificado mais os erros fatais do que a metafísica eterna do Contrato Social.

A intolerância civil é tão perigosa, mais absurda e, sobretudo, de todo mais injusta que a intolerância religiosa. É tão perigosa porque provoca os mesmos resultados com pretexto diferente. É mais absurda de vez que não motivada por convicção. É mais injusta, já que o mal que causa não é por dever e sim por cálculo.

A intolerância civil assume mil formas e se refugia em pretexto administrativo, um após o outro, enquanto se esconde bem longe da razão. Vimos homens perseguidos por cerca de trinta séculos dizendo ao governo que os liberta da longa proscrição que, caso fosse necessária a existência de diversas religiões aceitas num Estado, era não menos necessário evitar-se que as seitas toleradas produzissem outras por meio de subdivisão.[4] Mas não é cada seita tolerada, por si mesma, uma subdivisão de alguma anterior? Qual a razão para se negar às futuras gerações os mesmos direitos que se reivindica de gerações passadas?

Propôs-se, num país que se orgulha da liberdade de religião, que nenhuma das igrejas reconhecidas fosse capaz de mudar seus dogmas sem permissão do governo. Todavia, se por acaso tais dogmas viessem a ser rejeitados pela maioria da comunidade religiosa, poderia o governo forçar essa maioria a professá-los? Ora, em questões de opinião, os direitos da maioria e da minoria são os mesmos.

Entende-se por intolerância quando é imposta a todos uma e a mesma profissão de fé. Ela pelo menos é consistente. Talvez pense

---

[4] Veja a nota B de Constant no fim do Livro VIII.

que está mantendo os homens no santuário da verdade. Mas quando apenas duas opiniões são permitidas, como uma das duas tem que ser necessariamente falsa, autorizar o governo a forçar os indivíduos a permanecerem vinculados à opinião de sua seita ou a forçar que as seitas jamais mudem sua opinião é o mesmo que autorizar formalmente o governo a emprestar assistência ao erro. [165]

Capítulo três
Da proliferação de seitas[5]

Essa proliferação de seitas, que provoca tanto pânico, é a coisa mais salutar da religião. Ela é garantia para que a religião não perca sua sensibilidade e vire uma mera formalidade, quase um hábito mecânico, que se combina com todos os vícios e, algumas vezes, com todos os crimes.

Quando a religião se degenera dessa maneira, perde toda sua influência sobre a moralidade. Faz de sua residência, por assim dizer, um recesso na mente humana onde permanece isolada pelo restante da existência. Na Itália, testemunhamos missa antes do crime, confissão seguindo-se a ele, penitência para absolvição, e o homem, assim livre de culpa, meditando a respeito de novos assassinatos.

Nada é mais simples. Para barrar a subdivisão das seitas, tem-se que evitar a reflexão sobre religião. É necessário evitar então que se tenha qualquer interesse nela. Ela tem que ser reduzida a símbolos

---

[5] Algumas das vantagens que Constant observa em relação à proliferação de seitas já haviam sido realçadas em *Recherches sur la nature et les causes de la richesse des nations*, de Adam Smith, nova tradução com notas e observações de Germain Garnier, Paris, H. Agasse, 1802, t. IV, pp. 203-212.

repetidos e práticas observadas. Tudo se transforma em espetáculo para fins externos, feito irrefletidamente e, em conseqüência, cedo encenado sem interesse ou cuidado. Em todas as questões morais, a reflexão é a fonte de vida; e a liberdade é a condição primeira e indispensável para toda a reflexão.

Alguns povos mongóis, cuja religião prescreve preces freqüentes, convenceram-se de que o que agradava seus deuses nessas preces era que o ar agitado pelo movimento de seus lábios provava que o homem estava permanentemente preocupado com eles. Em conseqüência, esses povos inventaram pequenas rodas de orações que, movimentando o ar de uma certa maneira, mantinham permanentemente o movimento desejado, e enquanto as rodas giravam, cada pessoa, persuadida de que os deuses estavam satisfeitos, poderia continuar seus afazeres ou desfrutar de seus prazeres sem se preocupar com o problema religioso.[6] A religião, em mais de um país europeu, muitas vezes me faz lembrar das pequenas rodas dos povos mongóis.

---

[6] Hofmann não conseguiu descobrir onde Constant obteve essa informação sobre as rodas de oração, mas sua explicação está seguramente errada. M. Jean Eracle, curador do Museu de Etnografia de Genebra, teve a gentileza de fazer algumas observações a respeito: "O que é conhecido no Ocidente como uma 'roda de oração', que tem diferentes formas e tamanhos, vem do budismo tantrista tanto no credo tibeto-mongólico como no sino-japonês. O nome mais certo desse objeto é 'Roda da Lei'. Quem a faz girar participa do ensinamento de Buda, ou seja, segundo a venerada expressão, 'coloca em movimento a roda da lei'. A roda de oração, portanto, tem significado simbólico e não é uma maneira de orar sem esforço. Ademais, quem a roda geralmente recita ao mesmo tempo invocações sagradas. Assim, geralmente se vêem peregrinos dedilhando contas com uma das mãos e acionando a roda com a outra. A roda funciona pois como condensador de pensamento. Além disso, ela liga o corpo às palavras da invocação e aos pensamentos piedosos da pessoa que está orando". Extrato de uma carta de M. Jean Eracle ao editor.

[166] A proliferação de seitas é vantajosa para a moralidade de uma maneira que parece não ter sido ainda notada. Todas as novas seitas tendem a se caracterizar por uma moralidade mais escrupulosa do que a daquela da qual estão se desligando. Com freqüência, também, a seita que percebe uma dissidência se desenvolvendo, levada por louvável senso de imitação, não deseja ficar atrás dos inovadores. O advento do protestantismo inegavelmente reformou a moralidade do clero católico. Se os governos não se imiscuíssem com a religião, as seitas teriam proliferado indefinidamente. Cada nova congregação procuraria provar a excelência de sua doutrina pela pureza de sua moral. Cada seita abandonada iria querer defender-se com as mesmas armas. Resultaria uma contenda abençoada na qual o sucesso seria julgado por uma moralidade mais austera. A moral seria fortalecida sem esforço como fruto de uma impulsão natural e de uma rivalidade enobrecida. Isso pode ser visto na América e mesmo na Escócia, onde a tolerância está longe de ser completa, mas onde também, apesar disso, o presbiterianismo se dividiu em diversos ramos. Até agora, sem dúvida, o surgimento dessas seitas, bem ao contrário de ser acompanhado por tais efeitos salutares, tem sido em sua maior parte marcado por rixas e desventuras. Isso porque o governo se intrometeu. A natureza, como Ormuzd, pôs todas as coisas em infusão com o princípio do bem. O governo, como Ahriman, veio a colocar do lado delas o princípio do mal.[7]

---

[7] [Para uma discussão compendiosa dessas divindades persas (especialmente as zoroastristas), veja "The Good Religion: Reflections on the History and Fate of Zoroastrism," em *The Measure of Man*, de David J. Levy, Claridge, 1993, pp. 170-190. Nota do tradutor americano].

[167] Ao se opor à proliferação de seitas, o governo erra em não reconhecer seus próprios interesses. Quando as seitas são numerosas num país, elas estabelecem controles recíprocos entre si e livram o governo da tarefa de barganhar com qualquer uma delas para as conter. Quando existe só uma seita dominante, o governo precisa dar passos incontáveis para não ter coisa alguma a temer da parte dela. Quando existem apenas duas ou três, cada uma delas suficientemente forte para ameaçar as outras, é preciso que haja vigilância, repressão contínua. Na realidade, uma política singular! Diz-se que se quer manter a paz! Para tanto, evita-se que as opiniões se diferenciem de forma a dividir esses concidadãos em grupos pequenos e fracos, dificilmente perceptíveis, e, então, ficam face a face três ou quatro órgãos grandes e hostis, graças ao cuidado que se toma para mantê-los grandes e poderosos, e prontos para partir para o ataque ao primeiro sinal.

Capítulo quatro
Da manutenção da religião por governo contra o espírito de inquirição

Sempre que o governo intervém em questões de religião, produz danos.

Causa malefício quando quer escorar a religião contra o espírito de inquirição. Posto que o governo não pode agir sobre a convicção; só o faz sobre a base do interesse. Ao garantir favores apenas para os homens com opiniões aprovadas, o que ganha ele? Aliena aqueles que confessam o que sentem e, portanto, pelo menos são sinceros. Os outros sabem como usar mentiras simples para esconder suas restrições, que atacam os escrupulosos e não têm forças contra os que são ou se tornam corruptos.

De qualquer forma, deixem que eu pergunte às pessoas do governo, [168] de vez que esse é sempre, ao fim e ao cabo, o problema que requer solução: quais são suas formas de favorecer uma opinião? Vocês só entregam as funções importantes do Estado àqueles que a esposam? Se for assim, os excluídos ficarão irritados com o favoritismo. Vocês farão com que pessoas escrevam ou falem pela opinião que protegem? Outras escreverão ou falarão em linha contrária. Restringirão vocês a liberdade de escrita, de discurso, de eloqüência, de raciocínio, até de ironia e de fanfarrice? Isso fará com que vocês se envolvam com novas atividades, não mais uma questão de favorecer ou convencer, mas de abafar e punir. Pensam vocês que suas leis podem captar todas as nuances e ajustar-se proporcionalmente? Suas medidas repressivas serão leves? As pessoas as desafiarão. Elas simplesmente enraivecerão em vez de intimidar as pessoas. Serão severas? Vocês serão vistos como perseguidores. Uma vez que se encontrem nesse declive acentuado e escorregadio, vocês em vão tentarão parar.

Mas que sucesso vocês esperam com suas perseguições? Nenhum rei, penso eu, foi cercado de maior prestígio que Luís XIV. Honra, vaidade, estilo, essas coisas todo-poderosas, assumiram posição de obediência sob seu reinado. Ele emprestou à religião o suporte de seu trono, bem como o de seu exemplo. Era possuidor de modos dignos e do dom do discurso apropriado. Sua vontade, constante em vez de brusca, serena em vez de violenta, e jamais aparentando capricho, parecia honrar o que estivesse sob sua proteção. Acreditava que a salvação de sua alma requeria a manutenção da religião em suas práticas mais rígidas, e persuadiu seus cortesãos de que a salvação da alma do rei era de especial importância. No entanto, a despeito da crescente solicitude, da austeridade de uma corte longamente estabelecida e das lembranças de cinqüenta anos de glórias, mesmo antes de sua morte, as dúvidas começaram a insinuar-se nas mentes das pessoas. Vemos entre os registros do período cartas interceptadas, escritas por aduladores assíduos de Luís XIV, as quais, segundo Mme. de Maintenon, eram ofensivas tanto a Deus quanto ao Rei. O Rei faleceu. A corrente filosófica arrebentou então todos os diques. A atividade intelectual começou a compensar o condicionamento que tinha impacientemente sofrido, e o resultado da longa repressão foi a falta de crença levada ao excesso. [169]

Capítulo cinco
Do restabelecimento da religião pelo governo

O governo não faz mal menor e não é menos impotente quando, no contexto de uma era céptica, quer restabelecer a religião. A religião deve ser restaurada por si mesma de acordo com a necessidade dos homens por ela. Quando se perturbam os homens com considerações estranhas, evita-se que ele sinta toda a força de suas necessidades. Pode-se dizer – e corretamente – que a religião é parte da natureza. Por conseguinte, não encubra a voz dela com a sua.

    A intervenção do governo em defesa da religião, quando a opinião pública é desfavorável, tem essa deficiência particular: a religião é então defendida pelos que não acreditam nela. Os que governam, como os governados, estão sujeitos à marcha das idéias humanas.

Quando o ceticismo permeia a parcela educada de uma nação, acaba penetrando também no governo. Ora, em todas as eras, opinião e vaidade são mais fortes que os interesses. Os que estão no governo reivindicam, debalde, que é vantajoso para eles favorecer a religião. Eles podem desdobrar seus poderes em prol da religião; mas jamais se acham em condições de mostrar uma consideração por ela. Agrada-lhes ter a confiança do povo bem como contar com ele para suas reservas mentais. Ficariam apavorados em parecer convictos com receio de serem tomados por tolos. Se suas primeiras palavras santificam a ordem pela crença, as próximas se destinam a trazer de volta para eles as honras do ceticismo. Maus missionários esses, que querem se colocar acima de sua própria profissão de fé.

Capítulo seis
Do axioma de que o povo precisa ter uma religião

Assim é estabelecido esse axioma de que o povo tem que ter uma religião, um axioma que acalenta a vaidade daqueles que o repetem, pois, ao repeti-lo, eles se afastam dessas pessoas para quem a religião é necessária.

[170] Esse axioma é falso em si mesmo, pois implica que a religião é mais necessária para a parte da sociedade que pertence à classe trabalhadora do que para as classes desocupadas e opulentas. Se a religião é necessária, ela o é igualmente para todos os homens e para todos os níveis de educação. Os crimes dos pobres e dos despreparados têm características mais violentas e terríveis, porém, ao mesmo tempo, são mais fáceis de detectar e moderar. A lei facilmente os enquadra, os reconhece e os reprime porque

esses crimes a transgridem de uma forma direta. A corrupção das classes superiores é mais matizada e diversificada. Consegue esquivar-se da lei positiva, zombando de seu espírito ao iludir sua letra, opondo-se a ela com a riqueza, a influência e o poder. Que raciocínio extravagante! O homem pobre não pode fazer coisa alguma. Está cercado de obstáculos, manietado por todos os tipos de algemas. Não tem protetores nem defensores. Pode cometer um crime isolado, mas todos pegam em armas contra ele tão logo erre. Não encontra em seus juízes, selecionados na classe hostil, nenhuma consideração, tampouco nenhuma chance de impunidade em suas conexões, tão impotentes quanto ele. Sua conduta jamais influencia a parcela geral da sociedade à qual pertence. E quer-se a misteriosa proteção da religião apenas contra ele. O homem rico, ao contrário, é julgado por seus pares e aliados. As punições que a ele infligem em geral ricocheteiam sobre esses iguais. A sociedade é pródiga em apoio. Todas as oportunidades materiais e morais só lhe são concedidas em função de sua riqueza. Ele pode influenciar bastante as situações. Pode derrubar ou corromper. E é esse poderoso e afortunado ser que você quer tirar do jugo que a você parece indispensável que seja empregado com vigor contra os fracos e desassistidos.

Digo tudo isso com base no padrão hipotético de que a religião é valiosa, sobretudo pelo reforço que dá às leis penais. Contudo, essa não é minha opinião: coloco a religião em patamar superior. Não a vejo como suplemento do patíbulo ou da roda. Existe uma moralidade comum, com base no cálculo, no interesse e na segurança, que pode, creio eu, em caso de emergência, passar sem religião. Pode passar sem ela no caso do homem rico porque ele pensa, e no caso do homem pobre, porque a lei o aterroriza e, além disso, sendo todas as suas atividades estabelecidas de antemão, o hábito do trabalho constante produz o mesmo resultado em sua vida que a reflexão. Mas ai daquelas pessoas que têm apenas esse tipo de moralidade! É para a criação de uma moralidade mais elevada [171] que a religião a mim parece desejável. Eu não a invoco para reprimir crimes vulgares, mas para enobrecer todas as virtudes.

Capítulo sete
Do caso utilitário para a religião

Os defensores da religião muitas vezes pensam que estão fazendo maravilhas quando a representam sobretudo como útil. O que diriam se lhes fosse demonstrado que estão prestando o pior serviço à religião?

Da mesma forma que, ao se procurar um propósito positivo em todas as belezas da natureza, um uso imediato e uma aplicação para a vida do dia-a-dia, se faz com que todo o charme desse todo magnífico se esvaia, também quando se confere à religião uma utilidade vulgar se a está tornando dependente de tal utilidade. Ela passa a ter *status* apenas secundário, parece simplesmente um meio, e, em conseqüência, fica degradada.

O verbo "utilizar" [*utiliser*] foi corretamente banido da língua francesa.[8] Não sei se estou errado, mas penso que em tudo que é relacionado com as afeições da alma e com as idéias nobres deve-

---

[8] *Du pouvoir executif dans les grands Etats*, de Jacques Necker, s.l., 1792, t. II, p. 205. Aqui o economista se faz de gramático e critica o uso de certos neologismos.

se rejeitar o conceito, da mesma forma que a palavra foi rejeitada na linguagem.

Além do mais, essa necessidade de utilidade para o que está à mão e, por assim dizer, para o material é, talvez, um vício inerente ao caráter francês. Pode-se aplicar ao caráter moral de nossa nação aquilo que se diz sobre a preguiça física dos turcos. Conta-se que o secretário de um embaixador francês em Constantinopla fazia uma caminhada pelo jardim da embaixada ao anoitecer. Os vizinhos turcos do embaixador suplicaram-lhe que perdoasse seu secretário e não mais lhe impusesse punição tão severa. Eles [172] não podiam conceber que se caminhasse a troco de nada. Também, de todas as nações, somos aquela em que os escritores têm quase sempre encarado a religião da maneira mais imperfeita e estreita.[9]

Capítulo oito
Outro efeito do axioma de que o povo precisa ter uma religião

O axioma de que o povo precisa ter religião é, mais ainda, de todas, a coisa mais calculada para destruir a religião. As pessoas ficam alertadas, por um instinto bastante seguro, daquilo que se passa sobre suas cabeças. A causa de tal instinto é a mesma que concede às crianças, aos servos e a todas as classes dependentes seu discernimento. Seu interesse os ilumina quanto aos pensamentos secretos daqueles encarregados dos seus destinos. É contar demais com a boa

---
[9] Veja a nota C de Constant no fim do Livro VIII.

vontade das pessoas esperar-se que elas acreditem por muito tempo naquilo que seus líderes se recusam a acreditar. Sei que governantes ateus com súditos supersticiosos são vistos por escritores de hoje como modelo ideal. Entretanto, essa doce quimera não pode ser concretizada. O único resultado de seus esforços é que as pessoas, ao vê-los como descrentes, se afastam de sua religião sem saber por quê. O que esses homens ganham por proibir a discussão é impedir que as pessoas se ilustrem, mas não que deixem de ser ímpias. Isso elas se tornam por imitação. Tratam a religião como coisa tola, como trapaça, e cada pessoa a repassa para seus inferiores sociais, os quais, por seu turno, se apressam em inferiorizá-la ainda mais. Assim ela declina, mais degradada, a cada dia que passa. Ela foi menos ameaçada e, sobretudo, menos humilhada, quando atacada por todos os lados; pôde buscar refúgio nas profundezas das almas sensíveis. A vaidade não teme ser vista como tola nem se avaltar por respeitar a religião.

[173] E não é tudo. Quando um governo empresta dessa forma sua imponente assistência a uma religião decaída, o reconhecimento que demanda completa o aviltamento. A religião deixa de ser aquele poder divino que desce do céu para maravilhar e reformar o mundo. Passa a ser um escravo tímido e dependente humilde que se prostra ante o governo, observa seus gestos, pede suas ordens, bajula a coisa que a despreza e ensina às pessoas as verdades eternas que convêm ao governo. Os sacerdotes, tremendo aos pés de seus altares servis, gaguejam palavras censuradas. Não ousam fazer com que as antigas verdades soem nos dialetos da coragem e da consciência. E em vez de falarem, como Bossuet, aos grandes deste mundo, em nome de um Deus que julga reis, encolhidos pelo

terror e sob o olhar de um senhor desdenhoso, tentam encontrar uma maneira de falar sobre seu Deus.

Capítulo nove
Da tolerância quando o governo se envolve

Quem acreditaria? O governo age adversamente mesmo quando quer submeter o princípio da tolerância à sua jurisdição. Ele impõe à tolerância formas fixas e positivas que são contrárias à sua natureza. A tolerância nada mais é que a liberdade para todas as religiões, presentes e futuras. O imperador José II quis estabelecer a tolerância. Liberal em seus pontos de vista, começou ordenando um grande levantamento de todas as opiniões religiosas professadas por seus súditos. Algumas foram registradas para o usufruto do benefício de sua proteção. O que aconteceu? Uma religião que havia sido esquecida apresentou-se de súbito, e José II, aquele príncipe tolerante, disse que ela chegara tarde demais. Os deístas da Boêmia foram perseguidos por causa de seu atraso, e o monarca filósofo viu-se engajado ao mesmo tempo em uma contenda com Brabante, que demandava o domínio exclusivo do catolicismo, e com os desafortunados deístas que só pleiteavam liberdade de opinião. Essa tolerância limitada [174] contempla um erro singular. Apenas a imaginação pode satisfazer as necessidades da imaginação. Quando, numa determinada política, há o objetivo de tolerar vinte religiões, não se está fazendo coisa alguma pela vigésima primeira. O governo que pensa dar uma latitude adequada aos governados ao permitir que escolham entre um número fixado de crenças religiosas, é como o francês que, ao chegar a uma vila da Alemanha cujos habitantes queriam aprender italiano, ensinou-os o basco e a língua vulgar dos bretões.

Capítulo dez
Da perseguição a uma crença religiosa

Finalmente, o governo age de forma maléfica quando proscreve uma religião porque a considera perigosa, e o dano não será de forma alguma menor quando o julgamento do governo estiver correto. Na ocasião em que pune os atos reprováveis que a religião possa ter cometido, não como atos religiosos, mas como atos censuráveis, o governo será facilmente bem-sucedido em reprimi-los. Se os atacar como religiosos, acabará transformando-os em deveres para os fanáticos, e se quiser retraçar o pensamento que lhes serve de fonte, ver-se-á envolvido num labirinto de perseguições, tormentos e iniqüidades infindáveis. A única maneira de enfraquecer uma opinião é pelo estabelecimento do debate livre. Agora, quem fala de inquirição livre fala de distância do governo de qualquer tipo, de ausência de qualquer intervenção coletiva. Tal indagação é essencialmente individual.

Para a perseguição, que naturalmente revolta sensibilidades e as liga à crença perseguida para evitar o sucesso da destruição de tal crença, mentes têm que ser aviltadas, e não apenas a religião que se quer destruir tem que ser submetida a ataques, como também todos os sentimentos virtuosos e morais. Para persuadir um homem a desprezar ou abandonar uma de suas criaturas companheiras, cujo infortúnio se deve a uma opinião, é o mesmo que dizer, não de forma muito justa, para fazer com que ele renuncie hoje à doutrina que professava ontem, porque ela está subitamente ameaçada, tem-se que abafar toda a justiça e todo o [175] orgulho que existem nele. Restringir as medidas rigorosas contra uma religião a seus ministros, como foi feito entre nós, é traçar um limite ilusório. Tais medidas cedo atacam todos os que se apiedam das desditas dos oprimidos. "Não deixem ninguém me dizer", afirmou M. de Clermont-Tonnerre em 1791, e os eventos justificaram duplamente sua predição, "não deixem ninguém me dizer que, com a perseguição até o amargo fim aos sacerdotes ditos refratários, extingüiremos toda a oposição. Almejo exatamente o oposto em virtude de minha consideração pela nação francesa. Porque qualquer nação que permite o uso da força nas questões de consciência é tão vil, tão corrupta, que nada se pode esperar dela, seja pelo caminho da razão seja da liberdade".[10]

A superstição só é mortal quando protegida ou ameaçada. Não a provoque com injustiças; simplesmente tire dela quaisquer meios de fazer o mal com suas ações. Primeiro, ela será uma obsessão inocente, mas logo se extinguirá pela falta da capacidade de atrativo da parte dos seus sofrimentos, ou de comando em virtude de suas alianças com governos. Recusar clemência e apoio a homens perseguidos, que estão nessa situação por aquilo que nos parece errado, é deixar-se levar por sentimentos de inescusáveis presunção e fanatismo. Esses homens estão defendendo seus direitos. Errado ou certo, o pensamento de um homem é sua propriedade mais sagrada. Errado ou certo, os tiranos são igualmente culpados quando

---

[10] *Réflexions sur le fanatisme*, em *Recueil des opinions de Stanislas-Marie de Clermont-Tonnerre*, de Stanislas-Marie de Clermont-Tonnerre, Paris, Migneret, 1791, t. IV, pp. 98-99.

o atacam. Aquele que proscreve a especulação supersticiosa em nome da filosofia e aquele que proscreve o pensamento independente em nome de Deus merecem, da mesma forma, a execração dos homens de boa vontade. [176] Permitam-me que finalize com outra citação de M. de Clermont-Tonnerre. Ele não poderá ser acusado de princípios exagerados. Embora fosse um amigo da liberdade, ou talvez porque o fosse, viu-se quase sempre repelido pelos dois partidos da Assembléia Constituinte. Morreu vítima de sua moderação. Sua opinião, acho eu, ainda pesará bastante. "Religião e estado", ele disse, "são duas coisas bastante distintas e separadas, cuja junção só pode distorcer tanto uma quanto a outra.[11] O homem tem uma relação com seu criador. Ele mesmo constrói, ou lhe são fornecidas, várias idéias sobre essa relação. Tal sistema de idéias é chamado religião. A religião de cada pessoa é, portanto, a opinião de sua relação com Deus. Como a opinião de cada homem é livre, ele pode se interessar ou não por essa religião.[12] A opinião da minoria não pode se subordinar à da maioria. Nenhuma opinião pode, por conseguinte, ser dirigida por consenso social. O que é verdade para a religião também o é para os cultos. Culto é aquilo que cada pessoa professa em conjunto com aqueles de mesma opinião religiosa. As formas de culto são os rituais acordados entre os que professam a mesma religião. Os atos do culto são deveres rigorosos dos homens que seguem a opinião religiosa

---

[11] *Opinion sur la proprieté des biens du clergé, novembre 1789*, em *Recueil des opinions...*, de Stanislas-Marie de Clermont-Tonnerre, *op. cit.*, t. II, p. 71.

[12] *Ibid.*, pp. 74-75. Constant não cita a seguinte passagem: "Ele pode ficar com ela ou abandoná-la. Se as opiniões são livres, ninguém pode amarrar as opiniões de outros. Não pode amarrar nem a própria, pois se ela é livre, o homem se reserva o direito de abandoná-la se a julgar errada".

que os prescreve. Assim, o culto e seus atos compartem a natureza e a liberdade da opinião da qual eles são necessária conseqüência. Desta forma, o que é verdade para a opinião também o é para o culto e seus atos.[13] A religião tem relação com todas as épocas, todos os lugares, todos os governos. Seu santuário é a consciência dos homens, e a consciência é a única faculdade que os homens jamais devem sacrificar às convenções sociais.[14] A religião não deve se prestar a nenhuma associação, a nenhuma relação de supremacia ou submissão com governo [177] político...[15] O corpo político não deve exercer domínio sobre qualquer religião. Não pode rejeitar nenhuma delas a menos que o culto em questão seja uma ameaça à ordem social."[16]

---

[13] *Opinion sur la proprieté* ..., de Stanislas-Marie de Clermont-Tonnerre, *op. cit.*, pp. 75-76.
[14] *Ibid.*, p. 73.
[15] *Ibid.*, pp. 73-74. O texto real tem: "Se a religião obsta qualquer associação, qualquer relação de supremacia ou sujeição com governo político, o pacto social, de sua parte, não admite cláusula religiosa".
[16] *Ibid.*, p. 72. O texto original é: "Sustento que o corpo social é, por sua natureza, um estranho para a religião, de tal forma que ele não pode professar religião alguma, e não pode rejeitar qualquer delas a menos que tal religião seja uma ameaça para a ordem pública..."

Notas de Constant

A. [Referente à p. 241]
Contrato Social, de Rousseau, Livro IV, Cap. 8.[17] Ele acrescenta: "Apenas se alguém, depois de ter admitido publicamente esses mesmos dogmas, se comporta como se não acreditasse nele, que seja punido com a morte. Ele cometeu o pior dos crimes: mentiu perante a lei".[18] Mas aquele que tem a desventura de não acreditar nesses dogmas não pode admitir suas dúvidas sem se expor ao banimento. E se suas afeições o refreiam, se tem uma família, uma esposa, filhos, amigos, e hesita em se expor ao exílio, não será você, você sozinho, que o estará forçando ao pior dos crimes, o de mentir perante a lei? Eu diria, além do mais, que em tais circunstâncias essa mentira está longe de constituir crime. Quando as chamadas leis demandam a verdade de nós só para nos punir, não temos a obrigação da verdade para com ela.[19]

---

[17] A referência está correta.
[18] *Ibid.*
[19] Isso obviamente lembra a controvérsia que Constant levantou contra Kant no *Des réactions politiques*. Veja a tese de Hofmann, Première Partie, Cap. 2, p. 143.

B. [Referente à p. 242]
Declaração dos judeus ao governo francês em 1808.[20]

C. [Referente à p. 252]
A justiça demanda que eu excetue Bossuet, Fénelon, M. Necker[21] e M. de Chateaubriand. Mesmo assim, este último achou necessário, para favorecer a Cristandade, pintá-la como particularmente útil à poesia.[22] Essa ânsia de ver a religião como útil levou muitos de seus defensores entre nós a infindáveis argumentos pueris. A quaresma foi justificada como boa para a marinha. Que ponto de vista mais ignóbil! Além do mais, como poderia essa justificativa ser aplicada a países interiores que não podem possuir uma marinha?

---

[20] A data está errada. Constant se refere ao *Réponse d'Abraham Furtado, Président de l'Assemblée des Juifs, au discours des commissaires de S.M.I. et R. le 18 septembre 1806*, publicado no *Moniteur* de 22 de setembro de 1806, pp. 1171-1172, e também publicado como panfleto (BN, 4° Ld 184 225).
[21] Por exemplo, no *De l'importance des opinions religieuses*, Londres, 1788, e no *Cours de morale religieuse*, Genebra, 1800.
[22] *Génie du christianisme*, de François-René de Chateaubriand, Deuxième Partie: *Poétique du christianisme*. A primeira edição dessa obra apareceu em 1802.

LIVRO IX

Das Salvaguardas Legais

Cap. 1. Da independência dos tribunais. 263
Cap. 2. Da abreviação dos devidos processos. 267
Cap. 3. Das penas. 273
Cap. 4. Da prerrogativa para o exercício da clemência. 279

Capítulo I

Da independência dos tribunais

L istamos entre os direitos individuais a certeza de que ninguém será tratado arbitrariamente, como se tivesse ultrapassado os limites desses direitos, ou seja, a garantia de que ninguém será preso, nem detido, nem julgado, salvo de acordo com a lei e mediante o devido processo. Em conseqüência, nos sentimos forçados a falar aqui do poder judiciário. Longe de julgarmos que tal discussão foge ao escopo deste livro, acreditamos, ao contrário, que as condições indispensáveis para que se faça do poder judiciário a salvaguarda para os cidadãos são as mesmas sob quaisquer formas de governo.

A primeira condição é que o poder judiciário tem que ser independente. Tal assertiva não necessita ser provada. Um povo cujo governo pode influenciar os julgamentos e dirigir ou forçar a opinião de juízes; empregar contra aqueles que deseja destruir um arremedo de justiça; esconder-se por trás do véu da lei para atacar as vítimas com suas próprias espadas: um país assim está numa situação mais infeliz, mais contrária aos propósitos e princípios de Estado social do que as hordas selvagens das margens do Ohio ou os árabes do deserto. Só há uma maneira de tornar o judiciário independente: seus membros têm que ser indemissíveis. A eleição periódica pelo povo, as nomeações durante certo tempo pelo poder executivo e a possibilidade de destituição sem o devido processo solapam de igual forma a independência do judiciário.

As pessoas protestaram veementemente contra a venda de cargos. Foi um abuso; mas tal abuso tinha uma vantagem cuja ausência na dispensação legal vigorante durante a Revolução foi por nós muitas vezes lamentada: a independência e a inamovibilidade dos juízes.

[182] Durante dezesseis anos, nada foi livre, nem os tribunais, nem os juízes, tampouco os julgamentos. Os vários grupos, em turnos, se apossaram dos instrumentos e dos processos legais. A coragem dos guerreiros mais intrépidos dificilmente seria suficiente para que nossos magistrados pronunciassem sentenças de acordo com suas consciências, e tal é o peso aterrador do assédio civil que é mais fácil a exibição de coragem para enfrentar a morte na batalha do que professar a opinião livre em meio a facciosos ameaçadores. Um juiz que pode ser transferido ou destituído é muito mais perigoso que um que comprou sua função. A compra de um cargo é muito menos corruptora que o perene receio de o perder.

É um erro temer-se o espírito de corpo no judiciário. O receio deve existir apenas quando não existe o sistema do júri e quando as leis que proliferaram, exatamente o motivo pelo qual algumas delas necessariamente caem em desuso, suprem os juízes com os meios para circunscrever e proscrever os cidadãos.

Em todos os outros casos, o espírito de corpo é uma das melhores salvaguardas contra o risco de os juízes se deixarem dominar pelos outros poderes do Estado.

Os antigos *Parlements* da França nos legaram, concordo, algumas lembranças infelizes. Todavia, o problema estava menos em sua organização do que numa série de causas que não existem mais. Eles merecem bem menos aversão pública pela prevaricação em suas funções do que como órgãos que trabalharam com leis execráveis.

As sentenças eternamente infames impostas às famílias Calas, Sirven e La Barre foram produto do espírito de intolerância com o qual nossas leis e toda a organização política estavam impregnadas. Se não houvesse em absoluto nenhuma religião dominante, os juízes cruéis não teriam sacrificado Calas nem banido Sirven; e o desafortunado La Barre não teria perecido [183] na roda, aos dezessete anos de idade, por insultar os símbolos da religião privilegiada.[1]

Os *Parlements* [altas cortes judiciais] perseguiram corajosos escritores porque leis opressivas haviam aumentado de forma espantosa o número de sentenças de morte contra o exercício de nossos direitos mais legítimos. Até o fim do século XVIII, existiam éditos (promulgados em 1767) que condenavam à morte *autores de escritos*

---

[1] Uma referência a causas célebres de intolerância religiosa contra as quais Voltaire protestou com veemência notavelmente ao publicar seu *Tratado sobre Tolerância* e ao interceder em cada ocasião junto aos *Parlements* para que as vítimas e seus familiares fossem reabilitados. Jean Calas foi quebrado vivo na roda em 1762. Jean-François Lefebvre, cavalheiro de La Barre, foi decapitado (e não executado na roda) em 1766 com dezenove (e não dezessete) anos de idade. Ele foi o único dos três cuja reabilitação Voltaire não foi capaz de obter. Pierre-Paul Sirven conseguiu escapar da morte fugindo para a Suíça. Calas e Sirven foram acusados de assassinato, o primeiro de seu filho, e o segundo de sua filha, e La Barre, de ter cometido atos sacrílegos em relação à religião e seus símbolos.

[2] Constant está se referindo à "Declaração de 16 de abril de 1757 (e não 1767), que punia com a morte todos os condenados por terem composto, preparado, vendido ou contrabandeado escritos tendentes a atacar a religião, incitar emoções, hostilizar a autoridade real, agitar a ordem e a paz públicas". Citado do *Dictionnaire des institutions de la France aux XVIIe et XVIIIe siècles*, de Marcel Marion, Paris, A. Picard, 1923, s.v. Censure.

concebidos para incitar as mentes das pessoas[2] [grifo de Constant]. Se não tivessem existido leis vagas que violavam a liberdade de imprensa, nossos *Parlements* não teriam sido capazes de perseguir homens sobre os quais não pesavam acusações.

Malgrado todos os seus vícios, os *Parlements*, pelo simples fato de sua inamovibilidade, foram com constância levados a lutar contra o governo em função do aumento da taxação e contra as prisões ilegais e as *lettres de cachet*.

Pressuponho, além do mais, a existência de procedimentos rigorosos contra juízes que exorbitem de seus direitos ou se desviem das leis. Sustento também que não haja julgamento sem apelação porque tem que ser sempre assegurado o recurso contra a injustiça e o erro.

Uma vez sabiamente tomadas essas precauções, contudo, é preciso que a independência judiciária seja completa. O poder executivo não deve exercer influência sobre ela, mesmo indiretamente. Ele não deve, nos seus atos ou nas proclamações públicas, permitir-se [184] um murmúrio contra a própria base da sociedade política, a salvaguarda dos cidadãos, que é a liberdade dos tribunais. Nada é mais calculado para corromper a opinião pública do que os perpétuos recitais, repetidos entre nós, por todos os lados e por todos os tempos, contra homens que merecem respeito, se tiverem julgado segundo suas consciências, e merecem punição, se tiverem prevaricado em suas sentenças.

Além do mais, sempre supus a presença continuada da instituição do sistema do júri. Não conheço salvaguarda judicial sem ele. Calamitosa é a nação que se deixa iludir por objeções manhosas. Os jurados, dizem as pessoas, gostam de absolver os culpados. Mas eles têm interesse, como cidadãos e proprietários, em punir criminosos. Temem se transformar em vítimas de suas severidades. O erro então está no governo, na falta de ordem, nos agentes encarregados de perseguir os inimigos da segurança pública. Caso se julgue que o despotismo é um instrumento conveniente para barrar o crescimento dos crimes hediondos, está se conferindo ao governo um interesse para o aumento de tais crimes. Ele afrouxará a vigilância para forçar o recebimento de poderes ilimitados.

Capítulo dois
Da abreviação dos devidos processos

Isso me conduz a examinar uma linha de raciocínio usada como pretexto para que seja bastante solapado o processo devido, argumento ainda mais perigoso porque, aos olhos dos homens superficiais, encobre essa corrosão com uma aparência de ordem adequada e de legitimidade.

Quando a criminalidade se multiplica ou perigos ameaçam o Estado, as pessoas nos dizem que devemos abreviar o processo, cuja lentidão provocada pelos detalhes compromete a segurança pública. Procedimentos são abolidos e julgamentos acelerados, tribunais especiais são estabelecidos e salvaguardas judiciais, total ou parcialmente podadas.[3]

---

[3] Constant indica em suas notas a seguinte referência: "Montesquieu, VI. 2." O segundo capítulo do Livro VI do *De l'esprit des lois* é de fato intitulado *De la simplicité des lois criminelles dans divers gouvernements* (Da simplicidade das leis penais em diversos governos). Entre outras coisas, Montesquieu diz aqui: "Ouve-se constantemente que a justiça deveria ser administrada em qualquer lugar como acontece na Turquia. Teria sido, portanto, a mais ignorante de todas as nações a que percebeu claramente entre as coisas que interessam no mundo

[185] Esse modo de proceder sempre me impressionou por se basear num *petitio principii*. Trata-se de condenar de antemão os homens quando até então eles são apenas indiciados. O devido processo é uma salvaguarda. Sua abreviação é a diminuição ou perda de tal salvaguarda. É, por conseguinte, uma penalidade. Submeter uma pessoa a tal penalidade significa puni-la antes do julgamento. E se se a pune, segue-se que o crime foi provado com antecedência. Se o crime foi provado, para que serve o tribunal, ou qualquer outro tipo de corte para decidir sobre seu destino? Se o crime não foi provado, com que direito se coloca esse acusado numa classe proscrita especial e se tira dele, por mera suspeita, o benefício comum a todos os membros da sociedade civil? E tal absurdo não é o único. O devido processo ou é necessário ou inútil com respeito à condenação, sendo essa condenação, como a vejo, o único propósito do procedimento penal. Se o devido processo é inútil, para que mantê-lo nos julgamentos comuns? Se é necessário, por que o talhamos nos mais importantes? E então, quando se trata de transgressão leve, quando nem a vida do acusado nem sua honra estão em perigo, o caso é investigado com a maior das solenidades! O processo deve ser observado em sua inteireza. As salvaguardas são estabelecidas para a garantia dos fatos e para evitar que pessoas inocentes sejam punidas! Mas quando a questão é de algum crime horrendo e, conseqüentemente, envolve desgraça total e morte, todas as salvaguardas tutelares são suprimidas com uma só penada, o código penal é fechado e as formalidades são

---

aquilo que a maioria dos homens deveria saber? [...] ver-se-á que as penalidades, as custas, os retardos, os próprios perigos da justiça são o preço que cada cidadão paga por sua liberdade". Ed. cit., p. 557.

reduzidas! É como se se pensasse que quanto mais séria a acusação, mais supérfluo seu exame.

Poder-se-ia argumentar que apenas dos bandoleiros, assassinos e conspiradores seria tirado o benefício do devido processo. Mas antes que os identifiquemos como tal, os fatos precisam ser determinados. Ora, o que [186] é o devido processo senão o melhor meio para a determinação dos fatos? Se existir processo melhor e mais rápido, que seja usado, mas para todos os casos. Qual a razão para a existência de uma classe deles em relação à qual os retardos desnecessários seriam observados e, do outro lado, uma outra classe enfrentaria os perigos da pressa? O dilema é claro: se a pressa não é perigosa, os retardos são supérfluos; se os retardos não são supérfluos, a pressa é perigosa. Alguns diriam que podemos distinguir por meio de sinais externos e infalíveis, antes do julgamento ou da inquirição, os inocentes dos culpados, os que deveriam desfrutar da prerrogativa do devido processo dos que seriam privados dele, não é mesmo? Porém, nesse caso, a autoridade judiciária, de qualquer tipo que fosse, não teria significado algum. É exatamente porque não existem tais sinais que o devido processo é necessário;[4] é só porque o devido processo pareceu o único meio de distinguir os inocentes dos culpados que todos os povos livres e humanos demandaram sua institucionalização. Por mais imperfeito que tal processo seja, ele tem uma faculdade protetora que não pode ser

---

[4] Constant fizera pronunciamento ante o Parlamento sobre esse assunto havia alguns anos. A lei à qual se opunha no Parlamento queria abreviar o devido processo para ficar em melhores condições de combater efetivamente o banditismo que grassava depois do Consulado e que tornava as estradas inseguras. Isso explica a referência aos bandoleiros e assassinos. Veja seu discurso ao *Tribunat* de 5 pluvioso, ano IX (25 de janeiro de 1801).

retirada sob pena de destruí-lo. Essa faculdade é a inimiga natural e inflexível da tirania, seja ela popular ou não. Enquanto subsistir o devido processo, os tribunais oferecerão uma resistência no caminho do despotismo, mais ou menos generosa, mas que sempre servirá para contê-lo. Sob Charles I, os tribunais ingleses absolveram diversos amantes da liberdade apesar das pressões exercidas pela Corte. Sob Cromwell, embora dominados pelo *Protector*, os tribunais com freqüência libertaram cidadãos acusados de serem adeptos da realeza. Sob James II, Jefferies foi obrigado a atropelar o devido processo e a violar a independência até dos juízes que ele mesmo nomeara, para ter a garantia de conseguir as numerosas execuções das vítimas de sua fúria.[5] Na Prússia, vimos os tribunais defendendo a tradição da liberdade intelectual e religiosa contra as suspeitas do sucessor de Frederico II.[6] Existe no devido processo algo de grandioso e não-ambíguo que força os juízes a agirem de maneira honrosa [187] e a seguirem um curso justo e ordenado. A horrenda lei segundo a qual Robespierre declarou redundantes as provas e aboliu os advogados de defesa é uma homenagem ao devido processo.[7] Ela mostra que esse processo, embora modificado, mutilado e pervertido de todas as formas pelo espírito de facção, ainda pôs um freio naqueles homens cuidadosamente selecionados de toda a França como os mais destituídos de escrúpulos da consciência e de qualquer respeito pela opinião pública.

---

[5] Hofmann não foi capaz de identificar as referências de Constant nem de encontrar as fontes que usou.

[6] Hofmann não desvendou os fatos aos quais Constant aqui se refere.

[7] Trata-se da lei de 22 prairial, ano II (10 de junho de 1794). Sobre esse assunto, vide *Les institutions...*, de Jacques Godechot, *op. cit.*, p. 323.

Estas últimas observações se aplicam com força redobrada àquelas jurisdições cujos próprios nomes se tornaram odiosos e terríveis, àqueles Conselhos ou Comissões Militares que – uma coisa estranha – durante todo o curso de uma revolução empreendida pela liberdade fizeram todos os cidadãos tremerem.[8] Mas as tempestades dessa revolução viraram todas as idéias de pernas para o ar. Uma guerra longa e amarga havia levado a perspectiva militar com profundidade para dentro tanto de nossas instituições políticas quando de nossos santuários jurídicos. Nossos líderes ficaram bastante inclinados a acreditar que, para a liberdade como para a vitória, nada era mais apropriado que a obediência passiva e as decisões tomadas rapidamente. Eles encaravam as opiniões como a quantidade de corpos de exército a mobilizar ou a combater, as assembléias representativas como agências do governo e sua oposição como atos de indisciplina, os tribunais como campos de lutas e os juízes como combatentes, os acusados como inimigos e os julgamentos como batalhas.

Daí a substituição das salvaguardas pacíficas e tutelares da justiça pela força militar. Nossos descendentes, caso possuam qualquer senso de liberdade, não acreditarão que houve um tempo em que homens formados sob barracas e ignorantes da vida civil interrogaram pessoas acusadas, às quais eram incapazes de entender, e condenaram [188], sem ter o direito de julgar, cidadãos privados

---

[8] Essas comissões militares, estabelecidas pelo decreto de 9 de outubro de 1792 para julgar emigrados descobertos com armas, eram constituídas por apenas três ou cinco militares e um promotor público. Só pronunciavam um tipo de sentença: a de morte, sumária e imediatamente executada. Tais comissões foram instrumentos mais terríveis ainda que os tribunais revolucionários. Ver Godechot, *op. cit.*, pp. 324-325.

da prerrogativa da apelação. Nossos descendentes não compreenderão, se não forem as mais desprezíveis das pessoas, que legisladores, escritores e acusados de crimes políticos tivessem que comparecer diante de tribunais militares. Assim – num escárnio feroz –, opinião e julgamento tiveram como juízes a coragem pouco esclarecida e a obediência sem pestanejar. Não entenderão que guerreiros, retornando das vitórias cobertos de imaculáveis lauréis, recebessem a obrigação de uma missão horrível que os transformava em mirmídones[9] para perseguir, aprisionar e fuzilar concidadãos, pessoas que talvez fossem culpadas, mas cujos nomes, como seus crimes, ainda eram desconhecidos deles. Não, jamais foi assim, exclamarão nossos descendentes, não foi essa a recompensa do valor, a cerimônia triunfal. Não, não foi assim que os libertadores da França fizeram sua reaparição na pátria-mãe e saudaram o solo nativo.

O pretexto para tal subversão da justiça é que a natureza do tribunal é determinada pela natureza do crime. Dessa forma, a conscrição forçada, a espionagem, a provocação da indisciplina, o abrigo ou a ajuda à deserção e, por extensão natural, as conspirações que se presume com qualquer maquinação ou suporte no exército, são freqüentemente considerados dentro da jurisdição militar. Todavia, como já dissemos, tal pretexto é absurdo porque, uma vez mais, ele adultera a acusação como crime, trata o acusado como condenado, pressupõe condenação antes da audiência e impõe punição antes da sentença.

---

[9] [Mercenários. Nota do tradutor americano]

Capítulo três
Das penas

O culpado não perde todos os seus direitos. A sociedade não é investida de autoridade ilimitada, mesmo em relação a eles. Sua obrigação para com eles envolve a inflição de penas, e proporcionalmente às suas transgressões. A eles não devem ser impostos sofrimentos outros que não [189] aqueles previstos em leis anteriores. E há ainda outra obrigação, a saber, a instituição contra os culpados apenas daquelas correções que não incitem ou corrompam os inocentes que as testemunhem.

Esse último dever descarta qualquer experiência com a tortura. Pelo fim do século passado, as pessoas pareceram entender essa verdade. A habilidade humana não mais buscou como estender ao máximo possível, na presença de milhares de testemunhas, a agonia convulsiva de uma de suas criaturas conviventes. Não mais se saboreou a crueldade premeditada. Foi descoberto que essa barbaridade, inútil em relação à vítima, pervertia os que assistiam ao tormento, e constatou-se também que a punição assim de um só criminoso degradava a nação como um todo.

Há poucos anos foi, de repente, proposta por homens que não detinham autoridade a reversão a esses pavorosos costumes. Todas as parcelas sensatas da sociedade estremeceram de horror. O governo reagiu com veemência contra esse afago feroz, e se ninguém se dignou a retrucar esses homens foi porque o desprezo que eles inspiraram foi repelido apenas com o silêncio.

A pena de morte, mesmo reduzida à simples privação da vida, foi alvo de objeções da parte de diversos escritores dignos de estima.[10] Suas justificativas não me convenceram de forma alguma de que tal punção jamais é justa, e também não preciso da argumentação deles para achar que ela só deve ser aplicada a número bem pequeno de crimes.

A pena de morte tem a grande vantagem de que poucos homens se prestam a funções odiosas e degradantes. É melhor que esses agentes movidos por necessidade desagradável e repelidos com horror pela sociedade se devotem à tarefa abominável de executar [190] alguns criminosos do que uma parcela da sociedade ficar condenada a lidar com os transgressores e se transformar em instrumento perpétuo de sua desventura prolongada. Infligir sofrimento a sangue-frio a um concidadão é sempre uma ação corruptora, por mais correta que seja a punição imposta pelas leis.

Essas considerações me levam a rejeitar as penas de morte. Elas corrompem tanto os carcereiros quanto os prisioneiros. Fazem os primeiros se acostumarem com a selvageria caprichosa. São inseparáveis de grande dose de arbitrariedade. Podem encobrir uma série de crueldades.

A condenação a trabalhos forçados, tão decantada por nossos políticos modernos, sempre me pareceu acarretar malefícios de todos os tipos.

Em primeiro lugar, para mim não está de modo algum provado que a sociedade não tem outro direito sobre os que perturbam a ordem pública senão o de retirar deles qualquer possibilidade de causar dano.

---

[10] Nos anais da Assembléia Constituinte, entre 30 de maio e 1º de junho de 1791, os deputados decidiram manter a pena de morte. Seus pronunciamentos fizeram referências a Montesquieu, Beccaria e outros filósofos. Entre os oradores, Robespierre foi contra a pena de morte, Brillat-Savarin, a favor.

A morte é parte desse direito, mas o trabalho não o é em absoluto. Um homem pode merecer a perda do uso ou da posse de suas faculdades, mas só as pode alienar voluntariamente. Caso ele seja forçado a aliená-las, recai-se por completo no sistema de escravidão.

Além do mais, impor o trabalho como punição é uma forma de exemplo perigoso. Nas sociedades modernas, a grande maioria da raça humana é obrigada a realizar trabalho excessivo. O que poderia ser mais imprudente, incivil e insultante do que a ela apresentar o trabalho como a punição por crime?

Se o trabalho forçado é, de fato, uma punição, se é diferente daquele a que ficam sujeitas as inocentes classes trabalhadoras da sociedade, se, resumindo, ultrapassa os esforços humanos comuns, então ele se torna uma pena de morte mais extensa e dolorosa que qualquer outra. Entre o prisioneiro austríaco que, seminu e com metade do corpo dentro d'água, arrasta navios pelo Danúbio e o desgraçado que morre no cadafalso, só vejo uma diferença de tempo que favorece este último. José II e Catarina II[11] sempre falaram, em nome da humanidade, da abolição da pena de morte, enquanto infligiam punições não menos fatais e muito mais longas e cruéis.

[191] Se, ao contrário, a condenação a trabalhos forçados não é uma forma refinada de morte, é causa de depravação revoltante e contagiosa. Em alguns países germânicos, pessoas condenadas a tal pena, tratadas com gentileza, acabam se acostumando com a sentença, extraem satisfação da ignomínia e, não trabalhando na

---

[11] [Também conhecida como Catarina, a Grande, no mundo anglófono. Nota do tradutor americano].

servidão mais que o fariam em liberdade, oferecem ao observador uma imagem de alegria na degradação, de felicidade na humilhação, de segurança na vergonha. Isso deve produzir na mente do homem pobre, cuja inocência só presta para lhe impor uma existência não menos laboriosa e mais precária, noções que, por meio da comparação, o tornam desesperado ou o colocam à deriva.

Em suma, o som dos grilhões, as roupas dos escravos nas galés, todos esses símbolos do crime e da punição, expostos constante e publicamente ao nosso olhar, são, para os homens que carregam dentro de si qualquer sentimento de dignidade humana, uma punição mais demorada e mais dolorosa que para os culpados. A sociedade não tem o direito de nos cercar com a comemoração eterna da perversidade e da infâmia.

O estabelecimento de colônias para onde são transportados os criminosos é, talvez, de todas as medidas rigorosas, a que se aproxima mais tanto da justiça como também dos interesses da sociedade e daqueles indivíduos que esta última se vê obrigada a manter afastados.

A maioria de nossas faltas é ocasionada por uma espécie de embate entre nós e as instituições sociais. Com freqüência, chegamos à mocidade quase sem perceber e também quase sempre antes de entender essas complicadas instituições. Elas nos cercam com barreiras que, por vezes, atravessamos sem nos dar conta. Então, se estabelece entre nós e o nosso entorno uma oposição que se torna maior por causa da própria impressão que produz. Tal oposição se faz sentir entre quase todas as classes sociais. Nas classes mais altas, do misantropo que se auto-isola ao homem de ambição e ao conquistador, nas classes mais baixas, do homem que se estraga com a bebida ao que comete indignidades: todos são homens em oposição às instituições sociais, oposição que se manifesta com maior virulência entre os homens menos instruídos. Ela enfraquece proporcionalmente com a idade, à medida que a força da paixão desvanece, [192] quando se considera a vida apenas pelo que ela vale e quando a necessidade de independência se torna menos imperiosa que a necessidade de paz de espírito. Porém, quando, antes de atingido esse período de resignação, se comete algum erro irreparável, a memória desse erro, o arrependimento e o remorso, o sentimento de que se foi julgado com muita severidade e de que tal julgamento é, apesar disso, final — todas essas impressões mantêm aqueles que as experimentam em estado de irritação ansiosa, e são fonte de novos e irreparáveis erros.

Se os homens que se encontrassem nessa situação fatal, sob pressão das instituições violadas e menosprezados pelas relações sociais que deitaram a perder para sempre, se vissem, de súbito, livres dela, se nada da vida pregressa que não a lembrança do que haviam sofrido e a experiência que adquiriram permanecesse com eles, quantos não seguiriam um rumo oposto? Quão prontamente, com o retorno abrupto, quase milagroso, à segurança, à harmonia e à posse da ordem e da moralidade, eles prefeririam esses prazeres às tentações fugazes que os levaram para o mau caminho! A experiência tem provado o que digo. Homens deportados para Botany Bay por ações criminosas recomeçaram sua vida social e, por não se julgarem mais em guerra com a sociedade, se tornaram membros pacíficos e estimados dela.[12]

---

[12] Com o nome de Botany Bay, Constant se refere à colônia penal de Sydney, na Austrália.

No entanto, caso seja justo e útil separar os transgressores dos ambientes que só podem lhes causar mal ou corrompê-los, considero o estabelecimento de colônias penais dessa natureza absurdo e bárbaro, quando perseguimos com ódio implacável homens que para nós não mais existem, num outro hemisfério, prolongando seus sofrimentos e vergonha, mantendo-os ainda num ambiente de má vontade e opróbrio, como se tivéssemos o direito metropolitano de cercá-los no seu refúgio isolado e distante com coisas que lhes causarão sofrimento, degradação e corrupção.

Será necessário acrescentar que nada que o leitor acabou de ler se aplica à deportação para as colônias, salvo como punição? Qualquer deportação arbitrária significa a subversão de todos os princípios e a violação de todos os direitos.

[193] A questão da extradição é bastante semelhante à da punição. Seria um problema de fácil solução caso não existissem governos injustos. Só as ações censuráveis seriam proibidas. Punições seriam sentenciadas apenas em relação a transgressões reais. Nada seria então mais natural do que uma coalizão entre todos os homens contra aquilo que os ameaçasse. Todavia, enquanto existirem ofensas artificiais, sobretudo enquanto opiniões forem encaradas como crimes, a extradição será a arma dos tiranos juntamente com a proscrição de quem ouse resistir a eles. São tais as deficiências das instituições viciadas que, então, nos forçam a dar guarida ao crime, a fim de retirar delas o poder para perseguir a virtude. É uma infelicidade que tenhamos que oferecer aos culpados a chance da impunidade, mas isso não é tão ruim quanto entregar o homem bom à sanha do opressor.

Capítulo quatro
Da prerrogativa para o exercício da clemência

Qualquer legislação que não admita o direito ao exercício da clemência ou ao da comutação de sentenças priva o acusado, e até o culpado, de um direito legítimo que tem.

Uma deficiência inseparável das leis gerais é que tais leis não podem ser aplicadas com igual justiça a diversas ações de tipos diferentes.

Quanto mais geral a lei, mais ela se afasta das ações específicas sobre as quais, apesar disso, é chamada a se pronunciar. Uma lei só pode ser perfeitamente justa para uma dada circunstância. Tão logo aplicada a duas circunstâncias ligeiramente diferentes, ela se torna mais ou menos injusta para uma das duas.

Os fatos são infinitamente matizados. As leis não podem acompanhá-los em suas alterações. O direito de exercer a clemência ou de abrandar [194] uma pena é necessário para compensar a inflexibilidade da lei. Tal direito nada mais é que a faculdade de levar em consideração as circunstâncias da ação para se decidir se a lei é aplicável a ela.

A prerrogativa da clemência vem sendo refutada por um dos dilemas decisivos que parece simplificar as questões distorcendo-as. Se a lei é justa, diz-se, nada deve ter o poder para impedir sua execução. Se ela é injusta, deve ser modificada.[13] Apenas uma condição seria

---
[13] Constant sumariza aqui a crítica particularmente feita por William Godwin. Ele havia traduzido algumas das obras de Godwin. Veja *De la justice politique*, de Benjamin Constant (tradução não-publicada de um trabalho de William Godwin), editada por Burton R. Polin, Quebec, les Presses de l'Université

necessária para que tal raciocínio não parecesse absurdo, a saber, se houvesse uma lei para cada fato.

A questão da intenção substitui em parte a prerrogativa da clemência; mas só a compensa imperfeitamente. Ademais, quando se convoca um júri para que se pronuncie sobre quaisquer coisas que não sejam os fatos, está se desvirtuando sua função. Quando se pede dos juízes que façam quaisquer coisas exceto a leitura do texto escrito da lei, suas funções estão sendo distorcidas.

A *Court de Cassation*[14] em nosso país exerce, indiretamente, a prerrogativa da clemência. Quando uma lei tem a possibilidade de ser literalmente, porém de forma muito severa, aplicada a um culpado, essa Corte investiga o procedimento em busca de um erro formal que possa subverter o julgamento. Mas o bem que nasce de um mal pode ser maléfico em outros aspectos. Além do mais, se os procedimentos são perfeitamente [195] regulares, a Corte se vê forçada a deixar que o homem seja condenado a uma punição que ele moralmente não merece, uma com a intenção de apenas mitigar. Na realidade, esse caso é raro em função das complicações das formalidades prescritas; mas aí está também outra deficiência.

Laval, 1972 (Droit, science politique 5), Livro VI, Cap. 7, pp. 307-309. Também se pode encontrar a mesma crítica da prerrogativa da clemência em *Principes du code pénal*, de Jeremy Bentham, Troisième Partie, Cap. 9, *op. cit.*, t. II, pp. 432-434.

[14] A *Court de Cassation*, segundo os termos das leis de 27 de novembro e 2 de dezembro de 1790, tinha as atribuições de: "anular todos os procedimentos nos quais o devido processo havia sido violado e de invalidar qualquer julgamento que infrinja expressamente o texto da lei". Cf. *La justice en France pendant la Révolution (1789-1792)*, de Edmond Seligman, Paris, Plon-Nourrit, pp. 321 e seguintes.

Uma dificuldade singular ocorre em relação à prerrogativa da clemência. Caso se outorgue esse direito aos detentores do poder executivo, eles considerarão tal atribuição acidental e secundária, e a cumprirão com negligência. Não terão tempo para se devotar ao exame de todas as circunstâncias que deveriam motivar sua decisão. Se as punições não forem, então, aplicadas segundo uma regra precisa qualquer, desaparece a principal vantagem das leis positivas. Todos os culpados viverão com a esperança de serem favorecidos pela sorte ou pelo capricho. O sistema se transformaria em loteria da morte, na qual mil incidentes imprevisíveis confundiriam arbitrariamente todas as chances de salvação ou destruição.

Pode-se evitar tal dificuldade designando tal lei para uma autoridade específica. Os homens aos quais ela fosse delegada a praticariam com a atenção e a gravidade que requer.

Mas surgiria outra dificuldade. Uma autoridade específica ou qualquer outra seção do poder judiciário, investidas com a prerrogativa da clemência, fariam naturalmente regras para si próprias de modo a exercer tal prerrogativa. A prática de tal prerrogativa se transformaria, assim, em função dessa consideração, num julgamento. Não mais encontraríamos nela a espécie de imprecisão e de latitude moral que constituem, essencialmente, sua justiça e sua utilidade.

Não faz parte de nossas pesquisas decidir com qual dessas deficiências deveremos nos resignar. É uma questão que talvez tenha que ser resolvida diferentemente segundo as circunstâncias de cada país. O certo é que nenhuma dessas dificuldades é suficientemente grande para prevalecer sobre a necessidade de se conferir a uma autoridade ou outra a prerrogativa da clemência.

LIVRO X

Da Ação do Governo em Relação à Propriedade

Cap. 1.   O propósito deste livro. 285
Cap. 2.   Da divisão natural dos habitantes do mesmo território em duas classes. 286
Cap. 3.   Da propriedade. 288
Cap. 4.   Do *status* que a propriedade deve ocupar nas instituições políticas. 291
Cap. 5.   Dos exemplos recolhidos do passado. 296
Cap. 6.   Do espírito proprietário. 299
Cap. 7.   Que só a propriedade territorial reúne todas as vantagens da propriedade. 300
Cap. 8.   Da propriedade em fundos públicos. 309
Cap. 9.   Da quantidade de propriedade fundiária que a sociedade tem o direito de demandar para o exercício dos direitos políticos. 313
Cap. 10. Que os proprietários não têm interesse no poder abusivo *vis-à-vis* os não-proprietários. 314
Cap. 11. Dos privilégios hereditários comparados com a propriedade. 318

Cap. 12.   Comentário necessário. 321
Cap. 13.   Da melhor maneira de conferir aos proprietários grande influência política. 326
Cap. 14.   Da ação do governo sobre a propriedade. 330
Cap. 15.   Das leis que favorecem o acúmulo de propriedade nas mesmas mãos. 331
Cap. 16.   Das leis que garantem um alastramento mais amplo da propriedade. 336

Capítulo um

O propósito deste livro

Descartamos deste trabalho qualquer pesquisa relacionada com a constituição dos Estados, bem como a organização de seus poderes políticos. Apesar disso, não podemos deixar de tratar do lugar que a propriedade deve ocupar entre as preocupações do governo, de vez que precisamos determinar quais devem ser as relações entre governo e propriedade. Portanto, somos obrigados a apresentar algumas idéias que derivam dos princípios basilares da associação humana. Como essas idéias, contudo, se relacionam igualmente com todas as formas de instituições, elas não nos atrairão para as discussões que queremos evitar.

As pessoas talvez se espantem com o fato de refutarmos com algum detalhe opiniões que hoje parecem em geral abandonadas. Todavia, nosso propósito não é simplesmente escrever sobre opiniões que possam gozar de favorecimento atual e sim atacar os pontos de vista falsos à medida que os encontramos em nosso caminho.

Além do mais, sabemos quão rapidamente os homens vão de uma opinião a outra, em especial na França. Tal erro de não se buscar [200] refutar uma opinião na ocasião oportuna, por se julgar que ela não tem defensores, pode vir à tona na primeira emergência, com fundamento em argumentos que se julgara repelidos para sempre.

Acrescente-se que existe entre nós um número bastante considerável de escritores sempre a serviço do sistema dominante. Já os vimos caminhar da mais ilimitada demagogia ao exagero oposto. Nada seria menos surpreendente de sua parte do que uma nova apostasia. Esses são os verdadeiros *lansquenets*,[1] mas sem a coragem. As contradições não lhes custam nada. Os absurdos não os detêm porque para eles as opiniões são meros cálculos. Buscam por todos os cantos um poder cujos desejos possam reduzir a princípios. Sua diligência é mais ativa e incansável, pois prescinde de convicção.

CAPÍTULO DOIS
Da divisão natural dos habitantes do mesmo território em duas classes

Nação alguma considerou todos os indivíduos habitantes de seu território, seja qual for o aspecto enfocado, como membros da associação política. Não é uma questão de distinções arbitrárias como as feitas entre os antigos, que separavam os homens livres dos escravos, ou como as dos tempos modernos, entre nobres e plebeus. A democracia mais completa ainda estabelece duas categorias: a uma delas são relegados os estrangeiros e aqueles com idade abaixo da decretada para o exercício dos direitos de cidadania; a outra categoria consiste naqueles que atingiram essa idade e os nascidos no país. Só os últimos são membros da associação política. Existe, portanto, um

---

[1] [Os lansquenets foram infantes mercenários germânicos dos séculos XV e XVI. Constant diz, explicitamente, que os escritores em questão são covardes e, implicitamente, que são mercenários e de origem humilde. Nota do tradutor americano]

princípio decorrente que estabelece que, entre as pessoas congregadas num dado território, algumas são cidadãos, outras não.

Obviamente, esse princípio especifica que, para se ser membro da associação política, são necessários um certo grau de visão instruída e interesses comuns aos outros membros. Os indivíduos abaixo da idade legal carecem desse grau de visão instruída. Os estrangeiros são incapazes de serem guiados por tais interesses comuns. A prova disso é que os primeiros, ao atingirem a idade [201] requerida por lei, tornam-se membros da associação política, enquanto os outros o conseguem por meio da residência, da propriedade ou de suas relações sociais. Entendemos que essas coisas proporcionam ilustração aos primeiros e o interesse necessário aos estrangeiros.

Esse princípio, no entanto, precisa ser aprofundado. Nas nossas sociedades atuais, o nascimento no território do país e a idade da maioridade não são suficientes para conferir aos homens as qualidades adequadas ao exercício dos direitos de cidadania. Aqueles que a pobreza mantém em infindável dependência e condena desde a tenra idade aos trabalhos braçais não são mais informados que as crianças em relação às questões públicas nem têm maior parcela que os estrangeiros na prosperidade nacional, com cujos elementos não são familiarizados e cujos benefícios compartem apenas indiretamente.

Não quero mal algum à classe trabalhadora; ela não é menos patriótica que as outras. Está quase sempre disposta aos sacrifícios mais heróicos, e sua devoção é ainda mais louvável porque nem é recompensada financeiramente tampouco com a honraria. Todavia, como vejo a questão, o patriotismo que dá a coragem para que a pessoa morra pelo país é uma coisa, enquanto aquilo que faz com que ela entenda seus interesses é outra. Por conseguinte, é demandada uma condição que transcende o nascimento no país e a idade prescrita, a saber, o tempo livre para o desenvolvimento de uma visão instruída e de um juízo sólido de valor. Só a propriedade proporciona esse tempo livre. Só ela pode tornar os homens capacitados para o exercício dos direitos políticos. Apenas os proprietários podem ser cidadãos. Contrapor tal argumentação com a igualdade natural é raciocinar com uma hipótese inaplicável ao estado presente das sociedades. Se dessa idéia de que os homens devem ter direitos iguais nós a ampliamos para reivindicar que os proprietários não devem possuir tais direitos mais amplos que os não-proprietários, teremos que concluir ou que todos têm que ser proprietários ou que ninguém o seja. Isso porque o direito de propriedade estabelece seguramente entre os que a possuem e os que dela carecem uma desigualdade bem maior que todos os direitos políticos. Ora, caso concordemos com tão decisiva desigualdade, devemos também aceitar todos os arranjos adicionais indispensáveis à consolidação desse primeiro. Apenas o princípio pode suscitar dúvida. Uma vez admitido, suas conseqüências decorrem naturalmente. É a propriedade necessária ao bem-estar e ao aprimoramento da condição social? Se tal pergunta é respondida afirmativamente, as pessoas não podem se surpreender em nos ver admitindo seus resultados óbvios. [202]

Capítulo três
Da propriedade

Muitos dos que defenderam a propriedade por intermédio de razão abstrata para mim incorreram em grave erro. Eles representaram a propriedade como algo misterioso, anterior à sociedade e independente dela.² A propriedade ganha com a rejeição de tais hipóteses. O mistério é pernicioso para tudo que não deriva da superstição. A propriedade não é anterior à sociedade. Sem a associação política, que lhe dá garantia, ela teria apenas o direito do primeiro possuidor, o direito da força, ou seja, um direito que não é direito. Ela não é em absoluto independente da sociedade, já que uma determinada espécie de condição social – e condição bastante ignóbil – poderia ser concebida sem ela, enquanto a propriedade sem sociedade é inimaginável. A propriedade existe em virtude da sociedade. Esta última descobriu que a melhor maneira de os seus membros desfrutarem dos bens comuns a todos, ou disputados por todos, antes de sua instituição, era conceder parte deles a cada pessoa ou manter com cada pessoa a parte dos bens que porventura tivesse, garantido-lhe o desfrute deles, e mais as alterações pelas quais esse desfrute pudesse passar, seja pelo acaso seja pela desigualdade nos graus dos esforços. A propriedade é apenas uma convenção social. Nossa admissão dela como tal, no entanto, não significa que a encaremos como menos sagrada, menos inviolável e menos necessária do que os escritores que utilizam abordagem filosófica diferente. Alguns filósofos consideraram seu

---

² Veja sobre esse assunto o artigo antigo, mas ainda útil, de Pierre Larousse no *Grand dictionnaire universel du XIXe siècle*, s.v. Propriété, Seção II: *Légitimité du droit de proprieté*. Esse artigo tem o mérito de fazer aflorar a originalidade de Constant e de colocá-lo entre os que, como ele, vêem a propriedade como instituição social (Pascal, Domat, Bossuet, Montesquieu, Mirabeau, Tronchet, Robespierre) e, especificamente, contra os que representam a propriedade como "anterior à sociedade," tais como Mercier de la Rivière, Destutt de Tracy e Cousin. O nome de Locke poderia ser incluído nessa última lista.

estabelecimento um malefício e sua abolição possível.³ Contudo, eles recorreram a uma série de suposições bastante irrealizáveis, e das quais as menos quiméricas estão relegadas a um futuro que não nos é permitido nem predizer, para fundamentar suas [203] teorias. Não apenas sua suposição fundamental é uma melhoria na ilustração, que talvez um dia o homem venha a atingir, como também imaginaram como provada uma diminuição no trabalho hoje necessário para a subsistência da raça humana num tal grau que ultrapassa qualquer conjectura jamais suspeitada. Inegável que cada uma de nossas descobertas no campo das ciências mecânicas, que substitui a força humana por instrumentos e máquinas, é uma vitória para o pensamento; e pela lei da natureza, essas vitórias, ao se tornarem mais fáceis à proporção que se multipliquem, ocorrerão em taxas cada vez mais crescentes. Mas o que estamos tratando neste capítulo, e mesmo o que podemos presumir, está bem longe da total dispensa do trabalho braçal. Mesmo assim, essa isenção completa seria indispensável para a abolição da propriedade, da mesma forma que é irrealizável o desejo, como propõem certos autores, de divisão igual desse trabalho por todos os membros da sociedade. Tal divisão, além disso, mesmo que não fosse um sonho absurdo, trabalharia contra sua própria finalidade, retiraria do pensamento o tempo livre para torná-lo forte e profundo, da engenhosidade tiraria a perseverança que a leva à perfeição, e de todas as classes aboliria as vantagens do hábito, continuidade, unidade de

---

³ Constant está pensando sobretudo em Godwin, em cujo último livro, *Enquiry Concerning Political Justice*, são analisados defeitos no sistema de propriedade. Pode-se também listar entre os filósofos hostis à propriedade no século XVIII Morelly e seu *Code de la nature*, Linguet e, em alguns aspectos, Mably.

propósito e centralização das forças produtivas. Sem a propriedade, a raça humana ficaria estagnada no estado mais brutal e selvagem de sua existência. Cada pessoa, responsável por prover todas as suas necessidades, dividiria suas energias para satisfazê-las, curvada pelo peso desses afazeres múltiplos, e jamais progrediria um centímetro. A abolição da propriedade acabaria com a divisão do trabalho, base do aperfeiçoamento de todas as artes e ciências. O talento progressivo, esperança favorita dos escritores aos quais me oponho, feneceria por falta de tempo e independência. A igualdade estúpida e forçada que eles nos recomendam seria obstáculo intransponível para o gradual estabelecimento da verdadeira igualdade, aquela da felicidade e da erudição. [204]

Capítulo quatro
Do status que a propriedade deve ocupar nas instituições políticas

Resolvida assim a questão, sendo a propriedade necessária, então, para o aperfeiçoamento e a prosperidade da condição social, segue-se que ela deve ser cercada de todas as salvaguardas; e o poder é a única salvaguarda suficiente. A propriedade não pode se transformar em eterna causa de rixas e crimes. É melhor destruí-la, como querem certos pensadores extravagantes, a tolerá-la como um abuso, mediante o desfavor. Esses pensadores pelo menos apresentam um sistema teórico que eles crêem compatível com o Estado social, tal como o concebem. O que devemos dizer, entretanto, dos inimigos disfarçados da propriedade que, ao a admitirem sem lhe conceder influência, parecem fazê-lo apenas para entregá-la, indefesa, à sanha da hostilidade veemente que provoca? O que devemos pensar de

Mably, que a pinta como vilã e então nos insta a respeitá-la?[4] Isso significa legar à sociedade as sementes indestrutíveis da discórdia. Ou a propriedade vigora ou deve ser aniquilada. Caso se coloque o poder de um lado e a propriedade do outro, esta última logo entrará em desacordo com a legislação. A reflexão ponderada e o governo se separarão; a opinião entrará em guerra com esse governo.

Poder-se-ia dizer que o estado atual da sociedade, misturando e combinando proprietários e não-proprietários de mil maneiras, concede a alguns dos últimos os mesmos interesses e meios dos primeiros, já que o homem que trabalha, não menos que o homem que possui, precisa de paz e segurança; que os proprietários são, de fato e de direito, somente distribuidores da riqueza comum entre todos os indivíduos; e que é vantajoso para todos que a ordem e a paz favoreçam o desenvolvimento de todas as capacidades e de todos os recursos individuais.

O defeito dessa argumentação é que ela é abrangente demais. Se fosse conclusiva, não haveria razão para se negar direitos políticos aos estrangeiros. As relações comerciais na Europa são tais que é do interesse da grande maioria dos europeus que a paz [205] e a satisfação prevaleçam em todos os países. A ruína de um país, seja qual for, é tão fatal para os estrangeiros, cujas especulações financeiras vinculam suas fortunas a esse país, quanto o seria para seus próprios habitantes, com exceção de sua classe de proprietários. Os

---

[4] *De la législation ou principes des lois*, de Honoré-Gabriel Bonnot de Mably, Livro I, Cap. 3, *De l'établissement de la propriété*, onde Mably prega um certo igualitarismo, e Cap. 4, *Des obstacles insurmontables qui s'opposent au rétablissement de l'égalité détruite*, onde ele desiste de impor a igualdade social. As referências são às *Oeuvres complètes de l'Abbé de Mably*, Lyon, J.-B. Delamollière, 1792, t. IX.

fatos provam isso. Durante as guerras mais selvagens, os negociantes de um país fazem intermináveis apelos e despendem alguns esforços para que o país hostil não seja destruído. Apesar disso, uma consideração tão vaga não parece suficiente, na minha opinião, para justificar a concessão de direitos políticos aos estrangeiros.

Sem dúvida, caso se suponha que os não-proprietários sempre examinarão calmamente todos os lados das questões, eles considerarão do seu interesse respeitar a propriedade e se tornar proprietários; porém se admitirmos a hipótese mais provável de que eles serão levados por seus interesses mais próximos e imediatos, estes últimos prevalecerão, senão para destruir a propriedade, pelo menos para diminuir sua influência.

Além do mais, acolhendo-se a hipótese mais favorável, ou seja, que a principal preocupação dos não-proprietários é de se tornarem proprietários, caso a organização da sociedade coloque algum obstáculo no caminho de seu sucesso, ou eles meramente imaginem que ela o faça, sua inclinação natural será por modificar essa organização. Ora, a organização da propriedade é alguma coisa que não se pode mudar sem prejudicar sua natureza e desarrumar a sociedade como um todo. Veremos mais tarde quantos efeitos incômodos pode suscitar a idéia de uma disseminação forçada da propriedade. Em suma, tal argumento é válido apenas para um grupo muito pequeno de não-proprietários. A grande maioria sempre será desprovida de tempo livre, condição indispensável para a ilustração. Salvaguardas civis, liberdade individual, opinião livre, em uma só expressão, proteção social, são devidas aos não-proprietários porque qualquer associação política tem obrigação de as prover, mesmo aos estrangeiros que recebe em seu seio; mas direitos políticos não são uma proteção;

eles conferem poder. A associação política só deve concedê-los a seus membros. Facultá-los aos não-proprietários não é supri-los com um escudo, e sim com uma arma ofensiva.

O propósito necessário dos sem-propriedade é conseguir propriedade. Todos os recursos que se concedem a eles serão usados com tal finalidade. Caso se adicione à liberdade para seus talentos e esforços, que lhes [206] é devida, direitos políticos, que não lhes são devidos, tais direitos, nas mãos da maioria deles, infalivelmente serão empregados para usurpar a liberdade. Eles marcharão sobre ela pela rota irregular e impudica, em vez do caminho natural, o do trabalho. E aí estará uma fonte de corrupção para eles, e de desordem para o Estado. Já se observou com muita lucidez que quando os sem-propriedade têm direitos políticos, uma de três coisas acontece. Ou sua motivação deriva deles mesmos e então eles destroem a sociedade; ou são motivados pelo homem ou homens no poder e se transformam em instrumentos da tirania, o que ocorre nos tempos de não-exceção; ou se motivam através dos que aspiram ao poder, e se tornam ferramentas de facções. É isso que ocorre durante as grandes crises políticas.

Existem sempre duas classes num país: os que querem conservar e os que desejam realizar ganhos.[5] Os primeiros só precisam de segurança; os segundos, antes da segurança, necessitam de força. Liberdade e justiça são os únicos meios para o bem-estar dos primeiros: por intermédio da justiça eles conservam o que possuem e, com a liberdade, desfrutam desses bens. No entanto, para os segundos,

---

[5] A mesma idéia é vista no *Des circonstances actuelles*, de Mme. de Staël, ed. cit., p. 173: "Ora, existem dois interesses naturais, por assim dizer, que dividem o mundo: a necessidade de adquirir e a de conservar".

a injustiça e a tirania podem ser, com freqüência, caminhos para o sucesso: suas usurpações ocorrem por meio da injustiça e são defendidas pela tirania. Maquiavel estabelece que é melhor entregar a defesa da liberdade aos que desejam realizar ganhos do que aos que querem conservar.[6] Mas ele não está falando de propriedade e sim de poder e, mais ainda, de poder opressor, como o dos patrícios romanos e dos nobres venezianos. Isso nada mais é do que dizer que a defesa da liberdade deve ser responsabilidade dos que sofrem com a tirania e não dos que desfrutam de tal liberdade.

[207] Nos países com organização representativa ou republicana, é sobretudo importante que todas as suas assembléias sejam constituídas de proprietários, quaisquer que sejam os arranjos organizacionais adicionais em outros aspectos. Um indivíduo pode cativar multidões com seus talentos notáveis. O corpo governante, no entanto, para ganhar a confiança pública, precisa de interesses materiais manifestamente apropriados às suas obrigações. Uma nação presumirá sempre que um povo unido é aquele guiado por interesse comum. Em qualquer ocasião será suposto que a ordem, a justiça e a conservação serão preocupações prevalecentes entre proprietários. Estes últimos são assim úteis não apenas em termos de suas qualidades inerentes como também por aquelas a eles atribuídas, assim como pelos interesses que pretensamente têm e pelos preconceitos salutares que inspiram. Coloque-se a classe sem-propriedade no timão do Estado, por mais bem-intencionada que seja, e a ansiedade provocada pela propriedade permeará todas as suas medidas. As leis mais sábias suscitarão suspeitas e, por conse-

---

[6] *Discours sur la première décade de Tite-Live*, de Maquiavel, Cap. 5, *Oeuvres complètes*, ed. cit., pp. 392-394.

guinte, serão desobedecidas. A espécie oposta de organização, em contraste, se conciliará com o assentimento popular, mesmo numa organização imperfeita em alguns aspectos.

Durante a Revolução Francesa, os proprietários competiram com os não-proprietários na formulação de leis absurdas e espoliadoras. Isso porque os primeiros temiam os outros que então detinham poder; queriam ser perdoados por serem proprietários. O medo de perder o que se tem provoca tanta covardia ou ira quanto a esperança de se adquirir o que não se tem. Essas falhas e crimes da parte dos que detinham a propriedade, todavia, foram conseqüência da influência da classe sem propriedades.

Capítulo cinco
Dos exemplos recolhidos do passado

Devemos separar deste assunto todos os exemplos recolhidos do passado. Outro livro desta obra será devotado ao desenvolvimento das numerosas diferenças que nos distinguem dos antigos.[7] Diremos aqui apenas que nos pequenos Estados da antiguidade a propriedade estava longe de ser a mesma coisa que é entre nós. [208] A repartição de territórios conquistados transformava, ou podia transformar, todos os indivíduos em proprietários. Nos tempos atuais, as conquistas engrandecem os Estados, mas não proporcionam novas terras para a maioria dos cidadãos. Todos os trabalhos manuais, que retiram o tempo livre daqueles envolvidos com eles, eram feitos por escravos. A escravidão foi abolida. O rico apaziguava o pobre

---
[7] Livro XVI, *Da Autoridade Política no Mundo Antigo*.

alimentando-o à larga. Nosso sistema financeiro não mais permite doações em dinheiro ou em milho. Na praça pública cabia toda a nação, que era governada pela eloqüência, um poder que não mais existe em nossas gigantescas sociedades. Os debates davam a toda a nação idéias gerais sobre política, mesmo quando mal orientada em tal ou qual ocasião. Assim, libertos do trabalho manual pelos escravos, freqüentemente alimentados gratuitamente pelos ricos, ou pelo Estado, o que dava no mesmo, e instruídos a respeito de governo por oradores, os não-proprietários tinham a possibilidade de devotar quase todo o seu tempo às questões públicas. Eles criaram o hábito de assim se ocuparem, e tal hábito os deixou menos qualificados para a propriedade.

Hoje em dia, as questões privadas, os afazeres impostos a cada pessoa para sua subsistência, tomam a maior parte do tempo dos homens, senão todo ele. As questões públicas são apenas acessórias. A impressão de documentos substituiu os debates populares. As classes mais baixas, contudo, têm menos tempo para ler. O que lêem, sem selecionar, tomam por verdade, sem análise. Nenhuma opinião é debatida em sua presença. A deles, portanto, se forma pelo acaso.

Os não-proprietários, conseqüentemente, podiam exercer direitos políticos nas repúblicas da antiguidade com menos inconvenientes do que o fariam nos Estados modernos; e ainda assim, se examinarmos de perto o problema, ficaremos convencidos de que sua influência foi fatal para essas mesmas repúblicas. Atenas sofreu muito por não ter um governo com base na propriedade; seus formuladores de leis tiveram sempre que batalhar com a ascendência dos sem-propriedade. A maioria de seus escritores, de seus filósofos, e mesmo de seus poetas, tinha marcante preferência [209] pela oligarquia.[8] Posto que eles buscavam no poder de uns poucos a segurança que deveria residir só na propriedade. As instituições lacedemônias [espartanas] não se fundamentavam na propriedade; mas essas instituições bizarras a distorceram quando aniquilaram a liberdade pessoal e impuseram o silêncio a todos os seus pendores. Tais instituições se basearam na mais horrível servidão. Os hilotas e os messênios foram os verdadeiros sem-propriedade da Lacônia, e, para eles, a perda dos direitos políticos foi incluída naquela dos direitos naturais.[9] Os oponentes da propriedade realçam a pobreza de alguns dos cidadãos ilustres de Roma. Tais cidadãos, no entanto, a despeito de sua pobreza, possuíam bens. Cincinato era dono da terra que arava. Se os sem-propriedade em Roma gozaram daquilo que pareceu direitos políticos, eles pagaram pela honraria estéril, pois morreram na pobreza, jogados nas prisões e com seus credores patrícios legalmente autorizados a detratá-los.

Essa será sempre a sorte de tal classe enquanto tiver direitos que não pode exercer sem colocar em risco o bem público. Alarmados, os proprietários apelarão para os meios mais violentos de modo a neutralizar a arma ameaçadora então nas mãos de seus inimigos, a eles outorgada por constituição imprudente. De todas as paixões políticas, o medo é o mais agressivo. Os proprietários serão sempre opressores para evitar que sejam oprimidos. A propriedade nunca deixará de ter poder. Se a ela for recusada a influência legal, cedo ela se apossará daquela arbitrária e corruptora.

---

[8] Veja a nota A de Constant no fim do Livro X.

[9] [Os hilotas foram prisioneiros de guerra de Esparta, subseqüentemente escravizados. A cidade de Messênia, como Esparta situada na Lacônia, foi conquistada pelos espartanos e seus habitantes escravizados. Nota do tradutor americano]

Capítulo seis
Do espírito proprietário

Uma observação é crucial para prevenir confusão de idéias. Conferir poder à propriedade não é o mesmo que colocar a propriedade no poder. A riqueza tem influência e requer consideração desde que não adquirida subitamente. Mais de uma vez, durante a Revolução, nossos governantes, ao ouvirem com constância a propriedade ser nostalgicamente elogiada, tentaram se transformar em proprietários a fim de se tornarem dignos de serem governantes. Porém, mesmo quando conferiram a si próprios, de um dia para o outro, consideráveis propriedades, [210] decretando seus desejos como leis, o povo teve o direito de pensar que aquilo que fora conferido pela lei poderia ser por ela também retirado; e assim a propriedade, em vez de proteger a instituição, precisou ser continuadamente por ela protegida. Os novos proprietários, encarapitados em seus espólios, no fundo permanecem conquistadores. Não se adquire o espírito proprietário tão logo se consegue propriedade. Durante a guerra dos camponeses da Suábia contra seus senhores,[10] esses camponeses por vezes envergaram as armaduras de seus mestres derrotados. Qual o resultado? Podiam ser percebidas sob a armadura de cavalheiro não menos insolência e mais vulgaridade.

Se a classe abastada inspira mais confiança é porque o ponto de partida de seus membros é mais vantajoso, seu horizonte mais amplo, sua inteligência mais desenvolvida pelo preparo para a

---

[10] Uma referência à grande guerra dos camponeses que, em 1524 e 1525, grassou não só na Suábia mas em todos os cantos daquilo que hoje é conhecido como sul da Alemanha, inclusive a Alsácia.

ilustração, sua educação mais cultivada. Todavia, aos homens que enriqueceram de repente em meados da existência não é emprestada nenhuma dessas vantagens. Sua riqueza súbita não trabalha retroativamente.

O mesmo se dá com os vultosos salários relacionados com determinadas funções. Eles não substituem de modo algum a propriedade. Quando são desproporcionais à riqueza prévia dos que os recebem, não servem para consolidar uma nova classe rica. Provocam nos indivíduos novas necessidades e novos hábitos que os corrompem. Longe de torná-los independentes e seguros, fazem com que fiquem dependentes e inquietos. Na riqueza, como em outras coisas, nada substitui a experiência.

Capítulo sete
Que só a propriedade territorial reúne todas as vantagens da propriedade

Diversos escritores que admitem a necessidade de se conferirem direitos políticos exclusivamente a proprietários não consideram [211] a de terras a verdadeira propriedade. Como se sabe, os economistas, inclusive M. Turgot, têm um ponto de vista teórico exatamente contrário. Segundo eles, o principal elemento constituinte de uma sociedade é o território sob sua jurisdição. A única distinção positiva e legal entre os homens emana da propriedade ou não-propriedade do território nacional. Os não-proprietários de terras, incapacitados de viver num país a não ser com o consentimento de outros, que lhes garantem, em troca de capital ou de trabalho, um refúgio que a eles pode ser negado, não são membros de uma associação política na qual sua residência não vem por direito. Esse raciocínio, por mais rigoroso que possa parecer, a mim se mostra uma fundação muito tênue para uma instituição prática. Não me apetece raciocinar sobre hipótese que rejeita a realidade, e nada me parece menos capaz de conciliar aqueles que não possuem terras com o sacrifício necessário dos direitos políticos do que representá-los como vagabundos sem teto, que podem ser expelidos pelos caprichos de um homem sem que este tenha outra precedência sobre eles a não ser o fato de ter se apossado primeiro das terras. Além do mais, acho inútil recorrer a suposições tão forçadas. Argumentos de outro tipo, mais aplicáveis e menos abstratos, nos levarão ao mesmo objetivo.

Dois tipos de propriedade diferentes da territorial foram identificados. O primeiro é a propriedade de negócios. O outro tem sido chamado de propriedade intelectual ou moral.

Falemos primeiramente da propriedade de negócios.

Esse tipo carece das vantagens da propriedade de terras, vantagens que são precisamente aquelas das quais deriva o necessário espírito de salvaguarda para a associação política.

A propriedade de território tem influência sobre o caráter e a sina do homem pela própria natureza das preocupações que promove. O agricultor se vê a braços com ocupações constantes e ininterruptas. Dessa forma, ele rapidamente contrai o hábito. O acaso, que é grande fonte de imoralidade porque derruba todos os tipos de cálculos e, portanto, os da moralidade, não é absolutamente parte da vida de quem cultiva a terra. Qualquer interrupção o prejudica, qualquer imprudência significa perda certa. Seus sucessos vêm lentamente; ele só pode consegui-los pelo trabalho; não pode acelerá-los nem fazê-los crescer mediante ousadia despreocupada. O agricultor depende da natureza e é independente dos homens. Todas essas coisas fazem com que tenha temperamento calmo, dão-lhe um senso de segurança e um sentimento de ordem que o [212] vinculam à vocação que lhe proporciona tanto o meio de vida como sua paz de espírito.

A propriedade de negócios influencia o homem apenas pelo ganho positivo que lhe proporciona ou promete. Ela coloca em sua vida menos ordem, mais artificialidade e menos fixidez do que a propriedade fundiária. As operações do homem de negócios em geral são constituídas por transações fortuitas. Seus sucessos são mais rápidos, mas o acaso neles desempenha maior papel. A propriedade de negócios não possui aquele elemento necessário de vagarosa e segura progressão que cria no homem o hábito e, logo, a necessidade de uniformidade. Ela não torna esse homem independente dos outros; ao contrário, ele fica dependente. A vaidade, semente fértil da agitação política, quase sempre é nele ferida. Quase nunca isso acontece na agricultura.[11] O agricultor calcula em paz a ordem das estações, a natureza do solo, a característica do clima. Os elementos das conjecturas dos negociantes são caprichos, paixões, orgulho e fausto de seus companheiros. Uma fazenda é a terra natal em miniatura. A pessoa nasce lá, cresce, convive com as árvores que a cercam. A propriedade de negócios não conta com essas fontes de doces sensações. Os objetos da especulação se empilham uns sobre os outros; mas tudo dentro deles é estático. Nada dá a impressão de desenvolvimento natural. Nada incita a

---

[11] Veja a nota B de Constant no fim do Livro X.

imaginação e a memória, nada toca a parte moral do homem. As pessoas falam dos campos de seus ancestrais, das choupanas de seus pais; mas nunca se referem ao balcão ou à loja dos pais. As melhorias na propriedade fundiária não podem ser separadas do solo que as recebe e do qual se tornam partes. A propriedade de negócios não é suscetível a melhoria e sim a crescimento, e tal crescimento pode circular livremente. O proprietário de terra raramente ganha, salvo de forma indireta, com a perda de seus competidores; jamais pode contribuir para as perdas deles. Quem cultiva a terra não pode, por suas especulações, ameaçar a safra do vizinho. O negociante ganha diretamente com aquilo que a competição perde. Normalmente está entre seus poderes a contribuição para tal perda, e em muitas circunstâncias isso é o correto a fazer, sua vantagem mais segura. Em termos de faculdades intelectuais, o agricultor é muito superior ao artesão. A agricultura demanda uma seqüência de observações, de experiências, que dão forma e desenvolvem seu juízo de valor.[12] Desses camponeses [213] deriva aquele senso justo e acurado que nos surpreende. As funções industriais são, em sua maior parte, limitadas pela divisão de trabalho a operações mecânicas. A propriedade fundiária vincula o homem ao país em que vive, coloca obstáculos à movimentação de pessoas, cria o patriotismo através de interesses. Os negócios fazem com que todos os países se pareçam, facilitam a movimentação de pessoas, separam interesses do patriotismo.[13] Em termos políticos, essa vantagem da propriedade territorial — essa desvantagem da propriedade de negócios — cresce à medida que a propriedade diminui. Um artesão não perde quase nada quando é

---

[12] Veja a nota C de Constant no fim do Livro X.
[13] Veja a nota D de Constant no fim do Livro X.

deslocado. Um minifundiário vai à ruína caso tenha que se mudar. Ora, é sobretudo pela classe dos pequenos proprietários que devem ser julgados os efeitos dos diferentes tipos de propriedades, já que são mais numerosos.

Independentemente dessa proeminência moral da propriedade de terras, ela é favorável à ordem pública pela própria situação em que coloca aqueles que a possuem. Os operários se concentram nas cidades e ficam à mercê de facções. Os que cultivam a terra, disseminados pelos distritos do país, são quase impossíveis de reunir e, por conseguinte, de levar à rebelião. Os proprietários de negócios, é o que se diz, têm que ser muito mais ligados à ordem, à estabilidade e à paz pública que os proprietários de terras porque perdem muito mais durante os levantes. Queime-se a safra de um agricultor e ele fica ainda com o campo; perde apenas um ano de receita. Saqueie-se a loja de um negociante e seus ativos ficam destruídos. Mas a perda não é causada apenas pelo dano imediato que o proprietário experimenta. Temos que considerar a degradação que acontece com a propriedade. Ora, uma loja saqueada pode ser recomposta em vinte e quatro horas com a espécie de riqueza que foi roubada. Mas uma fazenda reduzida a cinzas e um solo empobrecido por falta de cultivo só podem ser restabelecidos depois de longa seqüência de trabalhos e cuidados. Isso se torna uma questão mais marcante ainda quando se trata de proprietários pobres. Os sediciosos podem, num único dia, recompensar todos os operários de uma cidade, nem que isso seja feito pela permissão para que espoliem os ricos. Mas só a natureza pode indenizar, com sua costumeira lentidão, as perdas dos agricultores de um distrito. Essas verdades foram percebidas por Aristóteles. Ele conseguiu enumerar de maneira bastante vigorosa as características distintas das classes agrícola e mercantil, decidindo-se sem hesitação em favor da primeira.[14] Bem verdade que a propriedade de negócios tem suas vantagens. [214] A indústria e o comércio criaram um novo meio para a defesa da liberdade, isto é, o crédito. A propriedade de terras garante a estabilidade das instituições; a de negócios garante adequadamente a independência dos indivíduos. Portanto, recusar direitos políticos a esses capitalistas e negociantes, cujas atividades e opulências dobram a prosperidade dos países em que vivem, caso tal recusa fosse absoluta, ao meu ver seria uma injustiça e, além disso, uma imprudência. Seria fazer aquilo que já mostramos anteriormente ser perigoso. Seria colocar a riqueza em oposição ao poder.

Entretanto, caso a questão seja ponderada, ver-se-á facilmente que a exclusão não atingirá de forma alguma aqueles negociantes que não valeria a pena excluir. O que seria mais fácil para eles do que adquirir uma propriedade num país que os tornasse cidadãos? Se se recusassem a fazê-lo, eu colocaria em dúvida sua ligação com o país, ou melhor, com o governo. Posto que é sempre culpa dos governos quando os homens não amam suas terras natais. Tais proprietários de negócios, já que incapacitados de comprar propriedades em terras, serão homens a quem uma necessidade, jamais evitada pelas instituições, compelirá ao trabalho mecânico. Serão homens carentes de todos os meios para se educar que, provavelmente e com as mais puras das intenções, farão o Estado arcar com o custo de seus inevitáveis erros. Esses homens precisam ser protegidos, respeitados e garantidos contra quaisquer assédios da parte dos

---

[14] *La politique*, de Aristóteles, VI, 4, uma nova tradução com introdução, notas e índice por J. Tricot, Paris, J. Vrin, 1962, t. II. pp. 441-442.

ricos. Devemos varrer os obstáculos que impedirem seus trabalhos e tornar suaves ao máximo suas vidas laboriosas. Em conseqüência, eles não devem ser movimentados para uma nova situação para a qual não estejam equipados por suas vocações, em que suas participações seriam infrutíferas, para onde seus sentimentos fortes fossem ameaçadores, ou em que suas meras presenças se tornassem terrivelmente perturbadoras para outros grupos sociais, causas de suspeição e, em conseqüência, de medidas defensivas hostis e de flagrantes injustiças.

A propriedade que denominamos intelectual vem sendo defendida [215] de forma bastante engenhosa. Um profissional ilustre, tem sido dito, um especialista em direito por exemplo, não é menos vinculado ao país em que vive do que o proprietário de terras. É mais fácil para este último alienar seu patrimônio do que para o primeiro transferir sua reputação, pois o patrimônio deste está na confiança que inspira. E ele é formado por anos de trabalho, pela inteligência, habilidade, serviços que presta, pelo hábito que as pessoas criam de consultá-lo nas circunstâncias difíceis e pelo conhecimento local que sua longa experiência dissemina. A expatriação o privaria de todas essas vantagens. Ficaria arruinado pelo simples fato de se apresentar em terra estrangeira como ilustre desconhecido.

Contudo, essa propriedade chamada intelectual reside apenas na opinião pública. Se a todos fosse permitido se auto-atribuírem tal propriedade, é claro que todos a reivindicariam. Isso porque os direitos políticos se tornariam não só uma vantagem social, mas também prova de talento, e recusá-los a si mesmo seria um raro ato de desinteresse e modéstia. Mas se é a opinião dos outros que confere essa propriedade intelectual, tal opinião só se manifesta com o sucesso ou a riqueza, que são os resultados necessários. Assim, existirão homens de destaque nas profissões liberais, como capitalistas opulentos. Nada será mais fácil para eles do que adquirir a propriedade requerida de terras.

Existem, todavia, considerações de maior significação a serem pesadas. As profissões liberais, mais do que quaisquer outras ocupações, precisam se aliar à propriedade fundiária para que suas influências não sejam fatais na discussão política. Tais profissões, tão exaltadas em tantos aspectos, nem sempre listam em suas boas qualidades a colocação em idéias da exatidão prática necessária a se pronunciar sobre os interesses positivos dos homens. Vimos durante nossa Revolução escritores, matemáticos e químicos esposando as mais exageradas opiniões, não porque fossem despreparados ou não gozassem de estima em outros aspectos, mas por terem vivido apartados dos homens. Alguns deles estavam acostumados a dar largas às suas imaginações, outros a levar em consideração apenas as provas rigorosas, e um terceiro grupo [216] a ver a natureza, na sua reprodução de seres humanos, trilhando o caminho da destruição. Eles chegaram por rotas diferentes ao mesmo resultado, a saber, desprezando considerações extraídas de fatos, zombando do mundo sensível real e raciocinando como visionários sobre a condição social, como geômetras sobre nossas paixões e como médicos sobre nossos padecimentos humanos.

Se esses erros foram da parcela superior dos homens, quais seriam os dos candidatos inferiores e os dos requerentes imperfeitos? Quão necessário é frear o amor-próprio ferido, a vaidade magoada, todas as causas de amargor, agitação e insatisfação, numa sociedade em que as pessoas se vêem deslocadas e cheias de ódio contra os homens que julgam injustos em suas avaliações! Todos os trabalhos individuais são, sem dúvida, honrados. Todos devem ser respeitados. Nosso atributo principal, a faculdade que nos distingue, é o pensamento. Quem dele faz uso tem direito à nossa estima, mesmo independentemente do sucesso. Aquele que o insulta ou o repele abdica da classificação de humano e se coloca fora da raça humana. Cada ciência, no entanto, incute na mente de quem a cultiva um vezo exclusivo, que se torna perigoso em questões políticas, a menos que contrabalançado. Ora, o contrapeso só pode ser encontrado na propriedade de terras. Só ela estabelece laços uniformes entre os homens; coloca-os em guarda contra o sacrifício imprudente da felicidade e da paz de outros, envolvendo nesse sacrifício seu próprio bem-estar, obrigando-os a contar consigo mesmos. Essa propriedade faz com que eles desçam do pedestal das teorias quiméricas e grandiosas e dos exageros inaplicáveis, estabelecendo entre eles e os outros membros da sociedade numerosas relações complicadas e interesses comuns.

Não se pense, no entanto, que essa salvaguarda só serve para manter a ordem. Ela não é menos útil para manter a liberdade. Por estranha combinação, as ciências que, durante os levantes políticos, por vezes propendem os homens para idéias impossíveis de liberdade, os deixam, em outras ocasiões, indiferentes e servis em relação ao despotismo. Os próprios acadêmicos raramente se preocupam com o poder, mesmo com o poder injusto. É só ao poder reflexo que esse despotismo odeia. Ele aprecia bastante as ciências como ferramentas para os governantes, e as belas-artes como distrações para os governados. Dessa forma, o caminho palmilhado pelos homens cujos estudos não têm conexão com os interesses ativos da vida humana os protege dos incômodos de um governo que nunca os vê como rivais. Com freqüência, eles demonstram pouca raiva quanto aos abusos de poder que só incidem sobre outros grupos. [217]

Capítulo oito
Da propriedade em fundos públicos

A presente situação dos grandes estados da Europa criou, em nossos dias, um novo tipo de propriedade, a dos fundos públicos. Essa propriedade não vincula de maneira alguma seu possuidor à terra, como a propriedade fundiária. Não demanda trabalho assíduo nem especulações difíceis, como a propriedade de negócios. Não pressupõe talentos ilustres, como a propriedade que denominamos de intelectual.

O credor do estado se interessa pela riqueza de seu país, da mesma forma que qualquer credor se preocupa com a boa situação de seu devedor. Desde que este último o pague, ele fica satisfeito, e as tratativas para garantir seu pagamento sempre a ele parecem bastante justas, por mais custosas que sejam. O direito que ele tem, a qualquer momento, de vender seus títulos o torna indiferente quanto à chance provável, mas distante, de ruína nacional. Não existe um trato de terra, nem uma manufatura, tampouco uma fonte de produção cujo empobrecimento ele não contemple com despreocupação desde que existam outros recursos que custeiem o pagamento de sua receita e sustentem o valor de mercado de seu capital na mente pública.[15]

---

[15] Veja a nota E de Constant no fim do Livro X.

Alguns escritores têm asseverado que a dívida pública é uma causa de prosperidade. Entre os sofismas com os quais defendem essa opinião extravagante, eles chegaram a uma consideração bem sintonizada para seduzir governos, ou seja, que os credores do Estado são os suportes naturais do governo. Associados à sorte dos Estados, eles têm que defendê-lo com todas as forças, como única garantia para o capital que lhes é devido. O que a mim parece verdade é que, em todas as circunstâncias, uma força duradoura, igualmente favorável às piores e às melhores das instituições, tem, no mínimo, tantas deficiências quanto vantagens. Acrescente-se, entretanto, que um grupo de homens que depende [218] do governo somente pelo desejo de ver seus ativos seguros está sempre pronto a romper os vínculos tão logo a ansiedade afete suas expectativas. Vejam só, será uma boa coisa para um reino a existência de um grupo de indivíduos que considerem o governo meramente em termos pecuniários, dando-lhe suporte apesar dos abusos desde que os pague, e declarando-lhe inimizade figadal no instante em que o pagamento for interrompido?

Inegável que a má-fé da administração e a negligência no cumprimento de suas obrigações sinalizam afastamento da justiça que deve se estender a muitas outras coisas, Os governos livres sempre se destacaram por sua escrupulosa confiabilidade.[16] A Inglaterra jamais causou aos credores de sua vultosa dívida a menor preocupação ou o menor atraso. A América, desde que consolidou sua independência, vem observando meticulosamente os mesmos princípios de confiabilidade. A Holanda vem merecendo os mes-

---

[16] Veja a nota F de Constant no fim do Livro X.

mos elogios durante toda a sua existência. Mas não é assim nos países sujeitos a governos despóticos. O fato é que só os governos livres não podem em circunstância alguma separar seus interesses de seus deveres. Nesse aspecto, os credores da dívida nacional têm que desejar, como todos os outros cidadãos, que a liberdade seja estabelecida e mantida.

Confesso que preferiria ver esses credores incentivados por motivos mais nobres. Pode acontecer que um governo despótico, consciente do perigo de aborrecê-los, venha a envidar todos os esforços para agradá-los e, por um período mais ou menos longo, o consiga pela taxação excessiva. Nesse caso, os detentores dos títulos da dívida pública, apartados do restante da nação, permaneceriam fiéis a um governo que só a eles trataria com justiça. A propriedade em fundos públicos é essencialmente de natureza solitária e egoísta, natureza que pode se tornar agressiva porque existe apenas a expensas de outras. Por um efeito marcante da organização complexa das sociedades modernas, enquanto o interesse de qualquer nação é a diminuição da taxação ao menor nível possível, a criação da dívida nacional faz com que uma parte de cada nação tenha interesse em que ela aumente.[17]

Ademais, poderíamos reunir muitos outros argumentos [219] contra uma teoria que na realidade, como muitas outras, é apenas uma desculpa disfarçada de pretexto. Entretanto, ao julgar moral e politicamente desafortunada a existência de uma dívida pública, ao mesmo tempo não a vejo, na situação atual da sociedade, como inevitável malefício para os grandes Estados. Aqueles que

---

[17] Veja a nota G de Constant no fim do Livro X.

habitualmente fazem subvenções para a despesa nacional, afora a taxação, são quase sempre forçados à antecipação, e tal antecipação constitui débito. Além do mais, ao primeiro acontecimento imprevisto, eles são compelidos a contrair empréstimos. Para as nações que adotaram o sistema de empréstimos no lugar do de taxação, estabelecendo impostos apenas para o serviço de seus empréstimos (hoje, virtualmente, o sistema inglês), uma dívida pública é inseparável de suas existências. Portanto, recomendar aos Estados modernos que abram mão dos recursos que o crédito oferece seria exercício inútil. Mas é exatamente porque a dívida pública cria um novo tipo de propriedade, cujos efeitos são bem diferentes dos dos outros tipos, em especial dos da propriedade fundiária, é que a esta última deve ser emprestada a máxima importância para que sejam contrabalançadas as conseqüências adversas desse novo tipo.

Foi isso o que a constituição inglesa fez sem muito esforço. Os proprietários de uma dívida de quinze bilhões têm menos influência política que os donos de tratos de terra cuja soma total das receitas não daria para pagar os juros de tal dívida.[18] Isso explica por que ela não corrompeu o espírito público inglês. A representação nacional, baseada em grande parte na propriedade fundiária, manteve a integridade de tal espírito – um resultado admirável da liberdade bem-administrada! As aparências criadas pelas pessoas que vivem de rendas na França conspiraram para a derrubada da monarquia francesa porque, sob tal monarquia, não havia outro centro de opinião pública legal e duradouro. Os credores do Estado na Inglaterra se identificam com o sentimento nacional, pois a

---

[18] Veja a nota H de Constant no fim do Livro X.

organização política, tomando por sua base a propriedade fundiária, por seus meios os direitos das pessoas[19] e por seus limites os direitos individuais mais importantes,[20] foi capaz de tornar salutares [220] as próprias características de um exemplo cujas tendências naturais pareciam por demais perigosas.

Capítulo nove
Da quantidade de propriedade fundiária que a sociedade tem o direito de demandar para o exercício dos direitos políticos

A despeito do meu desejo de evitar os detalhes, devo acrescentar umas poucas palavras sobre a quantidade de propriedade que deve ser necessária.

A propriedade pode ser tão confinada que aquele que a possui é um proprietário só na aparência. De acordo com o escritor que mencionei anteriormente,[21] aquele cuja renda da terra não é suficiente para garantir sua subsistência por um ano sem que tenha que trabalhar para outra pessoa não é totalmente um proprietário. Em termos de proporção de propriedade da qual carece, ele pode ser incluído na classe dos assalariados. Os proprietários são senhores da vida dele porque podem lhe recusar trabalho. Por conseguinte, só aquele que tem a receita necessária para existir independentemente da vontade de outrem pode exercer direitos políticos. Uma situação inferior de propriedade é ilusória, uma superior, injusta. Em função de uma necessidade mínima, a independência é totalmente

---

[19] Veja a nota I de Constant no fim do Livro X.
[20] Veja a nota J de Constant no fim do Livro X.
[21] Hofmann não foi capaz de identificar nem o autor nem a definição.

relativa, uma questão de caráter e imparcialidade. As vantagens da propriedade fundiária resultam mais de sua natureza do que de sua magnitude.

Os economistas tiveram a idéia de vincular a terra aos direitos políticos de tal forma que os proprietários dela tivessem mais ou menos votos de acordo com a extensão de suas posses. Essa idéia distorceria a propriedade. Cedo a transformaria em oligarquia, que se iria estreitando a cada dia porque a tendência dos latifúndios é de engolir os minifúndios. Uma vez fixada a extensão mínima de terra para a conquista da cidadania, os grandes proprietários não podem ter nenhuma superioridade legal sobre os outros. A divisão de poderes aplica-se de uma maneira ao governo de proprietários de terra que é igual a todas as formas de governo; e exatamente como em todas as constituições livres se tenta dotar os poderes subordinados [221] com a capacidade de resistir aos assédios do superior, e com o interesse para que isso seja feito, também aos pequenos proprietários deve ser conferido o interesse em se opor à aristocracia dos grandes, assim como a capacidade para fazê-lo. Isso acontece naturalmente se todos os proprietários, desfrutando de verdadeira independência, têm direitos iguais.

Capítulo dez
Que os proprietários não têm interesse no poder abusivo vis-à-vis *os não-proprietários*

Será que existe o receio de que os proprietários, como únicos detentores dos poderes políticos, os façam recair muito pesadamente sobre as classes desprovidas? A natureza da propriedade é suficiente para que se descarte esse temor. Desde o nascimento do comércio,[22] os proprietários não mais constituíram uma classe distinta, separada dos demais homens por prerrogativas duradouras. A afiliação a tal classe se renova constantemente. Algumas pessoas a deixam, enquanto outras se tornam membros. Se a propriedade fosse imóvel e sempre permanecesse nas mesmas mãos, seria a mais inadequada das instituições. Dividiria a raça humana em duas partes: uma delas seria tudo, a outra, nada. Todavia, não é esta a essência da propriedade. Desafiando aquele que a possui, ela tende a ficar sempre trocando de mãos. A eventualidade que deve ser evitada a todo custo, como a seguir elaborarei, é qualquer coisa que possa interromper essa troca salutar.

Se a lei favorece o acúmulo de propriedade, tornando-a inalienável em algumas famílias ou classes, o governo de proprietários se torna tirânico. É a circulação da propriedade que garante a justiça da instituição. Essa circulação está na natureza das coisas. Basta não a estorvar.

Além disso, no presente estado da civilização, o interesse dos proprietários não se separa do das classes industrial e assalariada. Um grande número de proprietários pertence ou a uma ou a outra dessas classes. O que as prejudica também se volta contra eles.

Por causa dessas duas razões, os proprietários sempre evitam leis opressivas. Se essas leis forem direcionadas apenas contra os não-proprietários, elas ameaçarão duplamente [222] seus próprios autores.

---

[22] Veja a nota K de Constant no fim do Livro X.

Entre certos povos antigos, em Roma, por exemplo, os governos de proprietários envolviam abusos de poder, e isso se dava devido a circunstâncias que ainda não foram realçadas. Entre os antigos, os pobres estavam sempre em débito com os ricos, porque estes últimos só utilizavam escravos para o trabalho. Nos tempos modernos, normalmente são os ricos que devem aos pobres. No primeiro caso, os ricos demandavam dos pobres aquilo de que eles careciam totalmente, ou seja, dinheiro. Como essa demanda, que necessitava da violência para se efetivar e, a despeito da violência, permanecia insatisfeita, acabava se transformando em fonte de ódio e de continuada oposição entre as duas classes. Nas sociedades modernas, os ricos demandam dos pobres aquilo que eles podem suprir à vontade, ou seja, seu trabalho, e disso resultam acordos muito melhores.

Mesmo se alguém me provasse que ainda hoje existem abusos dos governos com base na propriedade, eu não abandonaria meu ponto de vista. Dispor-me-ia a demonstrar que esses abusos, vestígios de séculos menos iluminados, prejudicam mais a cada dia que passa os próprios proprietários. Incluo exemplo numa nota.[23] Minha esperança seria que a retificação de tais abusos se desse simplesmente pelo progresso mediante a educação e a experiência, e eu veria menos problemas em se tolerar temporariamente essas deficiências do que em se dar direitos políticos aos não-proprietários, isto é, poder. Desde que haja a convicção de que a propriedade é indispensável à prosperidade do Estado social, deve-se, como já mencionei,[24] garanti-la aconteça o que acontecer, e o único meio para tal garantia é o poder dos proprietários. [223] É preciso que

---

[23] Veja a nota L de Constant no fim do Livro X.
[24] Nos Cap. 3 e 4 deste mesmo Livro X.

se tenha apego às instituições criadas, e qualquer instituição que suporte a propriedade está num curso suicida quando concede poder aos não-proprietários.

Seria um erro se mercadores e fabricantes temessem um governo com base na propriedade fundiária. Não foram os donos de terras que aprovaram leis desastrosas para o comércio e a indústria. Tais leis tiveram como causas seja a ignorância universal dos princípios primordiais da economia política, uma ignorância que já foi comum a todas as classes, seja a violência feroz dos sem-propriedade, sejam os cálculos particulares e interesses passageiros dos negociantes. Estes últimos, sobretudo, têm sido mortais. Monopólios, proibições e privilégios, suprindo-se com meios desproporcionais determinada indústria e destruindo-se a competição, são letais para a produção em geral. Esses instrumentos são mercantis. O comércio é filho da liberdade, mesmo assim o comerciante pode enriquecer por meio das restrições com que cerca a concorrência. Acostumado com a especulação sobre tudo, ele acaba especulando sobre as próprias leis. Livre de controle, ele fará leis que favoreçam seu negócio, em vez de se satisfazer com a garantia de que esse seu negócio goza da salvaguarda da lei.

O sábio comentarista de Adam Smith disse: "Na medida em que a influência dos fabricantes, mercadores e capitalistas sobre a legislação se expressa por horizontes estreitos, regras complicadas e constrangimentos opressores, as cláusulas da propriedade devem ser reconhecidas pelas intenções justas, arranjos simples e fluxo livre e fácil de todos os tipos de circulação".[25]

---

[25] Veja a nota M de Constant no fim do Livro X.

Exatamente no interesse do comércio, é portanto proveitoso que o poder legislativo seja entregue aos proprietários de terras, cujas atividades são menos agitadas e cujas conjecturas, menos voláteis.

Em tudo isso, nossa hipótese pressupõe uma sociedade sem castas privilegiadas. Castas desse tipo, sendo meios para a conservação e, além disso, para a aquisição de propriedade, a corrompem. Se os proprietários possuírem poderes impróprios, passarão a ser inimigos da liberdade e da justiça, não como proprietários, mas como pessoas privilegiadas. Se não forem privilegiados, serão seus mais fiéis adeptos. [224]

Capítulo onze
Dos privilégios hereditários comparados com a propriedade

Os privilégios hereditários têm sido comparados à propriedade; os inimigos desta última encamparam com entusiasmo essa comparação: como os privilégios se transformaram em coisa detestável, eles quiseram que tal desfavor recaísse sobre a propriedade. Os amigos da propriedade adotaram a comparação pelo motivo contrário: sendo a propriedade indispensável, quiseram justificar os privilégios também como comprovadamente necessários. Tal comparação só seria correta se a propriedade não trocasse de mãos; apenas assim ela se assemelharia ao privilégio. Contudo, também seria a usurpação mais opressora, como antes dissemos. Se a propriedade vem sendo interesse constante da maioria ao longo de gerações, isso ocorre porque ela pode ser aspirada por todos e sua aquisição garantida através do trabalho. No entanto, os privilégios hereditários são tão-somente, e jamais serão outra coisa, interesse de poucos;

excluem todos que não pertencem à classe favorecida. São válidos não apenas para o presente, mas também para o futuro, privando gerações ainda não nascidas. A propriedade estimula a emulação; os privilégios a repelem e a desencorajam. A propriedade valoriza todas as relações sociais, todas as condições sociais; os privilégios se mantêm distantes. A propriedade se comunica e, assim, se aprimora; os privilégios se cercam de defesas e, na comunicação, perdem suas vantagens. Quanto mais proprietários existirem num país, mais respeitada será a propriedade e mais pessoas se tornarão afluentes; quanto mais pessoas forem privilegiadas, mais depreciados serão os privilégios e mais pessoas se inclinarão por tudo que oprime, pois sobre elas é que recaem as imunidades dos privilegiados. É difícil, mesmo quando ampliamos ao máximo possível nossa esfera de conjecturas, imaginar uma condição social sem a propriedade. A América nos dá o exemplo de um governo judicioso e pacífico sem instituições privilegiadas.[26] Os privilégios e a sociedade estão sempre em guerra; esta última quer uma regra; os outros, exceções. Se a propriedade, por vezes, apresenta deficiências, elas se devem aos privilégios, os quais, como resultado de suas diversas combinações, tornam a aquisição de propriedade muitas vezes impossível e sempre difícil para a classe não-privilegiada. Heranças inalienáveis, primogenitura e todas as regulamentações que imobilizam a propriedade e a complicam estão na natureza dos privilégios, na verdade são suas emanações.

[225] Em nossa era, um número considerável de homens, depois de abolirem os privilégios hereditários, partiu para minar a proprie-

---

[26] [Ela tinha uma gigantesca dessas instituições: a escravidão. Nota do tradutor americano]

dade. Não devemos concluir que as duas coisas estão intimamente ligadas. Em todas as questões existe um ponto em que o louco e o são se separam. Este último pára depois da derrubada dos preconceitos que era importante destruir; o primeiro deseja estender a destruição a coisas que vale a pena manter.[27]

Quando se sugere que a propriedade é uma convenção do mesmo tipo dos privilégios hereditários, precisamos de novo separar as duas idéias, nos países em que esses privilégios foram desacreditados. Nada causa maior dano às coisas úteis que o fato de elas se basearem em coisas impróprias. As duas entram juntas em colapso. A relação entre privilégios e propriedade é parecida com a que existe entre superstição e moralidade. A superstição pode dar à moralidade um suporte impudico. Não obstante, se a superstição perde força, a própria moralidade fica solapada.

Privilégios e proscrições são erros sociais da mesma espécie. Os dois afastam os cidadãos da lei quer por punições arbitrárias quer por favores arbitrários.

Montesquieu é freqüentemente citado como favorável aos privilégios. Mas ele examina em vez de julgar as leis. Explica as razões para elas, prescrevendo causas sem justificar instituições. Além do mais, ele escreveu sob um governo brando na prática, apesar de arbitrário por natureza. Ora, sob um governo assim, os privilégios podem ser úteis.[28] Onde os direitos desapareceram, os privilégios

---

[27] Uma argumentação similar é encontrada em Mme. de Staël (ed. cit., p. 46): "Existe um ponto em todo o debate em que o tolo e o sábio se separam. É quando a ação destrutiva termina e se trata de formar um vínculo que reúna o vazio que alguns preconceitos ou outros desuniram". Constant retornará a esse tema nos Cap. 4 e 5 do Livro XVIII, com relação às revoluções.

[28] Veja a nota N de Constant no fim do Livro X.

podem ser uma defesa. Malgrado todas as suas deficiências, eles são melhores do que a ausência de qualquer poder intermediário. Para funcionar sem privilégios, a constituição tem que ser excelente. No despotismo, a igualdade se torna um flagelo. [226]

Capítulo doze
Comentário necessário

O que aconteceu com as castas privilegiadas na França obriga-me a entrar aqui em algumas explanações de minha opinião sobre a questão. Eu não gostaria de ser confundido com os homens que buscaram na abolição das impropriedades apenas um meio para vingar seu ódio e sua vaidade por longo tempo ferida.

A destruição dos privilégios hereditários na França foi conseqüência inevitável do progresso da civilização. A partir do momento em que deixou de ser feudal, a nobreza tornou-se um ornamento brilhante mas sem finalidade definida, agradável para os que dela desfrutavam, humilhante para os que não a possuíam, porém sem meios verdadeiros e, acima de tudo, sem poder. Suas vantagens consistiam mais em exclusões para as classes inferiores que em prerrogativas para as preferenciais. Os nobres obtinham favores inadequados, mas não estavam investidos de nenhum poder legal. Não constituíam um corpo intermediário que mantivesse o povo em ordem e o governo sob controle. Formavam uma corporação quase imaginária que, para tudo que não fosse lembranças ou preconceito, dependia do governo. A hereditariedade na Inglaterra não confere aos seus membros um poder contestado, arbitrário e humilhante, mas uma autoridade específica e funções constitucionais. Suas prerrogativas, legais por natureza e criadas com objetivo específico, são menos danosas para os que delas não desfrutam e dão maior poder para aqueles que delas gozam. Portanto, tal hereditariedade fica menos exposta ao ataque, ao mesmo tempo que é mais facilmente defendida. Entretanto, a nobreza na França convidava ao ataque em qualquer eventualidade vã e insignificante e não estava armada de interesses para se defender. Não tinha base nem posição fixa na comunidade. Nada existia para garantir sua sobrevivência. Muito ao contrário: tudo conspirava para sua ruína, até mesmo a educação e a superioridade intelectual de seus próprios integrantes. Daí por que foi destruída quase sem comoção. Desapareceu como uma sombra, sendo apenas memento indefinido de um sistema semidestruído. Por conseguinte, sua destruição não pode ser objeto de censura justificada. Todavia, tudo aquilo [227] que nossos líderes da Revolução adicionaram a tal situação tem sido injusto e insano.

Uma causa que não foi suficientemente destacada, se não me engano, foi a mescla de princípios sábios com meios odiosos e irracionais. Podemos listar a origem dos privilégios hereditários nas diferenças entre nós e os antigos.

Entre os povos da antiguidade, civilizados pelos colonizadores, mas não por eles conquistados, as desigualdades nos postos tinham origem apenas na superioridade, fosse física ou moral. Os leitores devem estar conscientes de que não me refiro aos escravos, que nada representavam no sistema social dos antigos. Entre estes, os privilegiados constituíam uma classe de compatriotas que havia chegado à opulência ou à estima porque seus ancestrais haviam conquistado o reconhecimento de suas nascentes sociedades pelo ensino dos sistemas fundamentais de governo, ou das cerimônias da religião, ou das descobertas requeridas pelas necessidades da vida e dos elementos da civilização. Entre os modernos, em contraste, as desigualdades de posições tiveram base na conquista. Os povos civilizados do império romano foram repartidos como gado barato entre os ferozes agressores. As instituições européias, por séculos, receberam o carimbo da força militar. Derrotados pela espada, os conquistados também foram por ela mantidos na servidão. Seus senhores nem se deram ao trabalho de disfarçar a origem de seus poderes por meio de fábulas engenhosas ou de torná-la respeitável por pleitos bem ou mal fundamentados em sabedoria superior. As duas raças se reproduziram, por longo tempo, sem outra relação que não a servidão de um lado e a opressão do outro. Tudo o que aconteceu entre os séculos IV e V serviu para lembrar à Europa civilizada, porém devastada, o açoite que recebeu do norte. A superioridade dos povos antigos deriva dessa causa. Eles se livraram de toda a dominação em terra jamais pisoteada pelo pé arrogante do conquistador. Os modernos, raça humilhada e espoliada, desencaminharam-se após uma simples conquista.

Dessa diferença entre nós e os antigos resultou extraordinária distinção nos sistemas intelectuais dos amigos da liberdade nas duas eras. Malgrado as deficiências do privilégio hereditário, mesmo entre os antigos, quase todos os pensadores da antiguidade [228] desejaram o poder concentrado nas mãos das classes superiores. Aristóteles fez dessa condição parte essencial da democracia bem-constituída.[29] Pelo contrário, desde a Renascença da ilustração, os

---

[29] Acima de tudo, Aristóteles atribui grande importância à classe média. Sobre esse assunto, veja *Politique d'Aristote*, Paris, A. Colin, 1966, pp. 94-97, *Le citoyen et l'homme de bien*, de Raymond Weil, e pp. 159-173.

defensores da liberdade política jamais julgaram possível seu estabelecimento sem a destruição das castas predominantes. Aqueles que Aristóteles vê como nossos guias, Maquiavel considera vítimas que têm que ser sacrificadas.[30] Desde o século XV até os nossos dias, aqueles que assumiram posição nessa questão escreveram em favor da igualdade, e agiram ou falaram em prol dos descendentes dos oprimidos e contra os descendentes dos opressores. Ao proscreverem não só os privilégios hereditários como também os que os detinham, foram, sem o saber, dominados pelos preconceitos hereditários. Na fundação da República da França, o objetivo foi mais, como na das repúblicas italianas, de repulsa aos conquistadores do que de concessão de direitos iguais aos cidadãos. Ao se examinarem as leis contra os nobres da Itália, em especial em Florença, parece até que se lêem as leis da Convenção.[31] Tais nobres do século XVIII foram descritos como barões do século XV. Homens transbordando de ódio misturaram habilmente todos os séculos para reacender e manter acesa a chama da aversão. Da mesma forma que retornamos certa vez aos godos e francos quando quisemos ser conquistadores, eles agora revisitaram os mesmos francos e godos à procura de pretextos para a opressão oposta. A vaidade pueril pesquisou em determinada ocasião arquivos e crônicas à cata de títulos nobiliárquicos; uma vaidade mais grosseira e mais vingativa os esquadrinha agora em busca de motivos para acusações. Basta, porém, um pouco de reflexão para que nos convençamos de que privilégios de um tipo naturalmente impróprio podem ser meios

---

[30] Veja a nota O de Constant no fim do Livro X.
[31] Uma referência à Convenção Nacional, 1792-1795. Veja a nota P de Constant no fim do Livro X.

que proporcionem lazer, aprimoramento e ilustração para os que deles desfrutam. Uma grande riqueza independente pode servir de garantia contra diversas espécies de aviltamento e maldade. O fato de ser respeitado pode salvar alguém daquela vaidade sensível e impaciente que vê insulto e imagina desdém por todos os lados, dos sentimentos violentos e implacáveis que se vingam dos padecimentos que experimentam com o mal que praticam. Os adeptos dos modos amáveis [229] e acostumados com matizes muito refinados dão à aparência uma suscetibilidade delicada e à mente uma flexibilidade expedita.

É preciso que se tirem vantagens dessas preciosas qualidades. O espírito cavalheiresco precisa ser cercado de barreiras que não possa violar sem que seja excluído das carreiras abertas a todos. Assim seria formada a classe de homens que os antigos formuladores de leis consideravam destinados por natureza para o governo. Ela seria constituída pela parcelas ilustradas tanto dos comuns quanto dos nobres.

Coitados dos homens que impediram tal amálgama, tão fácil quanto necessário. Eles não quiseram levar em conta os séculos, nem distinguir entre nuances, tranqüilizar apreensões, perdoar vaidades fugidias, tampouco deixar que queixas inúteis cessassem e ameaças tolas se evaporassem. Registraram os feitos de vaidades feridas. Ao tratarem todos os nobres como inimigos da liberdade, fizeram inúmeros inimigos dessa mesma liberdade. A nobreza foi restaurada e, com nova distinção e privilégios fortalecidos, lutou melhor contra as chamadas instituições livres em cujo nome vinha sendo reprimida. Ela encontrou em sua proscrição razões legítimas para a resistência e meios infalíveis a fim de atrair interesse para sua causa. Acompanhar a abolição de impropriedades com injustiças não significa colocar obstáculos para seu retorno, mas oferecer a elas a esperança de volta juntamente com justiça.

Capítulo treze
Da melhor maneira de conferir aos proprietários grande influência política

A maneira mais fácil e mais segura de conferir grande influência política aos proprietários já foi indicada por Aristóteles: "Combinar suas leis e instituições de tal forma", diz ele, "que os altos cargos não possam ser objeto de interesse calculado. Sem isso, as massas que, deve ser dito, são pouco afetadas pela exclusão das honrarias, [230] porque gostam de tomar conta de suas próprias vidas, invejariam as honras e o lucro. Todas as salvaguardas são boas se a governança não é tentação para a ganância. O pobre preferirá os cargos lucrativos aos difíceis e não-remunerados. O rico preencherá os cargos do governo porque não precisa de remuneração."[32]

Esses princípios provavelmente não se aplicam a todas as funções do moderno aparato estatal, porque existem algumas que exigem riqueza além de qualquer talento individual. No entanto, nada impede que se apliquem às posições legislativas que aumentam apenas ligeiramente os gastos corriqueiros daqueles nelas investidos.

Foi assim em Cartago. Todos os governantes indicados pelo povo se desincumbiam de suas obrigações sem remuneração. Outras funções eram assalariadas. O mesmo se dá na Inglaterra. Acho

---

[32] *La politique*, Aristóteles, V, 8, ed. cit., t. II, p. 382.

que piso em terreno firme quando dou como exemplo este lar da liberdade. No nosso país é comum ouvirem-se denúncias contra a Câmara dos Comuns. Basta que se compare o que tal corrupção, mesmo em circunstâncias difíceis, fez pela coroa com o que outras assembléias alhures, regiamente pagas, fizeram em favor de um milhar de tiranos sucessivos.

Numa constituição livre, onde os não-proprietários não têm direitos políticos, é um insulto contraditório manterem-se as pessoas do povo afastadas da representação, como se apenas os ricos pudessem representá-las, e então obrigá-las a remunerar seus representantes, como se estes fossem pobres.

Não gosto de requisitos fortes para a propriedade. Já dei minhas razões noutra parte deste livro.[33] A independência é totalmente relativa. Desde que um homem possua o mínimo necessário, só precisa elevar sua alma para passar sem supérfluos. Contudo, é desejável que os cargos legislativos sejam em geral ocupados por pessoas afluentes. [231] Ora, uma vez estabelecido que esses cargos não são remunerados, estamos colocando o poder nas mãos da classe com tempo ocioso, sem se recusar uma oportunidade justa para todas as exceções lídimas.

Quando salários consideráveis são pagos aos cargos legislativos, tais pagamentos se transformam no objetivo principal. A mediocridade, a inépcia e a torpeza percebem nessas augustas funções apenas uma miserável especulação do acaso, cujo sucesso é a elas garantido pelo silêncio e pelo servilismo. A corrupção que resulta de projetos ambiciosos é bem menos letal que aquela derivada de cálculos ignó-

---

[33] No Cap. 9 deste mesmo Livro X.

beis. A ambição é compatível com inúmeras qualidades generosas: probidade, coragem, imparcialidade e independência. A avareza não se coaduna com nenhuma delas. Como não podemos manter as pessoas ambiciosas apartadas dos cargos públicos, mantenhamos longe deles pelo menos as gananciosas. Dessa forma, diminuiremos consideravelmente o número de competidores, e aqueles por nós dispensados serão precisamente os de menor valor.

O pagamento aos representantes do povo não significa dar-lhes um interesse em bem cumprir suas obrigações, e sim em exercê-las por um tempo longo.

Duas condições são necessárias para que os deveres representativos não sejam remunerados. A primeira é que eles sejam importantes. Ninguém gostaria de assumir funções não-remuneradas que fossem pueris por sua insignificância ou que seriam vergonhosas se deixassem de ser pueris. Porém, deve-se acrescentar, sob tal constituição, seria melhor que não existissem posições legislativas em absoluto.

A segunda condição é que a reeleição seja indefinidamente possível.[34] A impossibilidade de reeleição num governo representativo é, sob todos os aspectos, um grande erro. [232] Só a chance da reeleição ininterrupta oferece ao mérito uma recompensa adequada e incute na mente das pessoas uma lista de nomes respeitados e admiráveis. Bem longe de qualquer povo livre devem estar tanto os vergonhosos preconceitos que demandam distinção de nascimento para o acesso aos cargos e seu exercício exclusivo quanto aquelas leis proibitivas que impedem que o povo reeleja aqueles em quem

---

[34] Pode-se comparar os argumentos de Constant sobre as vantagens da reeleição com os de Mme. de Staël em *Des circonstances actuelles*, ed. cit., pp. 187-

continua confiando. A influência dos indivíduos não é destruída por instituições invejosas. Em todas as eras, tal tipo de influência, desde que livremente existente, é sempre indispensável. A influência do indivíduo diminui proporcionalmente à difusão da erudição. Quanto a esse assunto, não nos imiscuamos com leis invejosas. Os indivíduos perdem naturalmente sua supremacia quando um número maior de pessoas atinge o mesmo nível de preparo em que estão. Mas não descartemos o talento por meio de exclusões arbitrárias. Nas assembléias sempre existem homens fracos, que não podem ser reeleitos, e homens que querem ou conseguir a boa vontade do governo, para obter alguma compensação, ou fazer o menor número possível de inimigos, para gozar de uma aposentadoria tranqüila. Caso sejam colocados obstáculos no caminho da reeleição indefinida, estaremos privando o talento e a coragem daquilo que lhes é devido e preparando um abrigo confortável e seguro para a covardia e a inépcia; estaremos nivelando o homem que enfrentou qualquer perigo e aquele que curvou sua cabeça degradada diante da tirania. A reeleição favorece os projetos meritórios. Só tais projetos resultam em sucessos duradouros, mas necessitam de tempo para sua consecução. Homens corretos, corajosos e versados nas questões públicas não são tão numerosos assim para que possamos abrir mão dos que já granjearam a estima pública. Aparecerão também novos talentos. O povo tende a fazer boas escolhas. O importante é não impor a ele condicionantes nesse particular; não o forçar a escolher a cada eleição representantes totalmente novos, representantes que ainda têm que se firmar em termos de amor-próprio e que buscam avidamente a fama. Nada é mais caro para as nações do que a criação de reputações. Olhem para a América. Os votos do povo jamais deixaram de dar suporte aos fundadores da liberdade. Olhem para a Inglaterra. Lá, nomes famosos se transformaram numa espécie de propriedade popular numa série ininterrupta de reeleições. [233] Felizes as nações que podem oferecer exemplos assim e que sabem como confiar de maneira duradoura!

Capítulo quatorze
Da ação do governo sobre a propriedade

O leitor já deve ter percebido que, entre as considerações que colocamos para sustentar o lugar elevado que a propriedade deve ocupar em nossa vida política, nenhuma derivou da natureza metafísica da própria propriedade. Nós a tratamos apenas como uma convenção social.

Já vimos, entretanto, que esse ponto de vista não nos impede de considerar a propriedade como algo que deve ser cercado de toda a proteção pela sociedade. Nosso axioma sempre foi de que seria melhor não estabelecer a propriedade do que fazê-la objeto de rixas e amargor, e de que tal perigo só pode ser evitado concedendo-se inviolabilidade de um lado e poder do outro.

Considerações semelhantes nos guiarão em nossos esforços para a determinação dos limites da jurisdição política sobre a propriedade.

A propriedade, na medida em que é uma convenção social, cai dentro do escopo da jurisdição política. A sociedade tem direitos sobre a propriedade que definitivamente não tem sobre a liberdade, as vidas e as opiniões de seus membros.

Todavia, a liberdade tem vínculos íntimos com outros aspectos da existência humana, alguns dos quais não se sujeitam de forma alguma à jurisdição coletiva, enquanto os restantes só o são de uma maneira limitada. Por conseguinte, a sociedade tem que restringir sua jurisdição sobre a propriedade porque não pode ser exercida em toda a sua extensão sem ameaçar coisas que não estão sujeitas a ela. A autoridade política jamais pode, como parte de sua ação sobre a propriedade, ofender direitos invioláveis. A sociedade também tem que circunscrever sua jurisdição sobre a propriedade de modo a não dar aos indivíduos um interesse em burlar a lei. Tal interesse é moralmente adverso, em primeiro lugar porque [234] contempla o hábito da hipocrisia e da fraude, e em segundo lugar porque requer o encorajamento da denúncia. Já lidamos antes com isso.[35] Não obstante, como ela se aplica a quase todas as coisas sobre as quais o governo deseja agir, volta e meia aparece, necessariamente, em nossa teorização.

Capítulo quinze
Das leis que favorecem o acúmulo de propriedade nas mesmas mãos

As leis da propriedade podem ser de dois tipos. Elas podem ter a intenção de favorecer seu acúmulo e perpetuação nas mesmas mãos, nas mesmas famílias ou classes individuais. Essa é a origem das terras declaradas inalienáveis, da isenção de impostos para certas classes, dos laços hereditários, da primogenitura — em suma, de todos os costumes nobres ou feudais.

Esse sistema legal, considerando-se a extensão e a severidade totais que teve no passado em toda a Europa, retira da propriedade

---

[35] No Livro IV, Cap. 2. A idéia que usualmente se desenvolve sobre os efeitos que a proliferação de leis causa, e a falsidade da idéia.

sua característica autêntica e sua maior vantagem. Faz dela um privilégio. Deserda a classe que se vê sem propriedade. Transforma a chance passageira, que poderia ser corrigida no próximo momento, em injustiça permanente. Se o país é industrial e comercial, esse sistema de propriedade o solapa, porque força os indivíduos do comércio e da indústria a buscar refúgio ou propriedade num país mais hospitaleiro; caso o país seja predominantemente agrícola, o sistema provoca o despotismo mais opressor; forma-se uma terrível oligarquia; os camponeses ficam reduzidos à condição de servos. Mesmo os proprietários de terra são corrompidos pelas impropriedades que os beneficiam; desenvolvem uma mentalidade feroz, quase selvagem; para sua perpetuação, precisam banir toda a ilustração, impedir qualquer melhoria nos tratos de terra dos homens pobres, evitar a formação daquela classe intermediária que, reunindo as vantagens da educação e a ausência dos preconceitos que a condição privilegiada acarreta, é entre todos os povos [235] a depositária da idéias justas, do conhecimento útil, da opinião imparcial e das esperanças da humanidade.

Hoje em dia, existem poucos países onde tal sistema persiste em sua inteireza; porém por todos os lados encontramos vestígios dele, não sem suas deficiências. Tais leis, quando são apenas parciais, têm, de fato, uma nova desvantagem: o grupo proibido de adquirir certas propriedades se irrita com a exclusão, quase sempre acompanhada por outras distinções humilhantes, e tira partido daquilo que possui para demandar os direitos que lhe são negados; encoraja o descontentamento e as opiniões exageradas de todos os não-proprietários; e prepara o caminho para problemas, embates e revoluções dos quais todos depois se tornam vítimas.

Nos países em que essas leis opressivas continuam em vigor com rigor sem arrefecimento, tem sido alegado, como sempre acontece em tais casos, que as classes reprimidas por essas leis nelas reconhecem vantagens. Vem sendo dito, por exemplo, que a servidão, conseqüência natural de um sistema como esse, foi oportuna para os camponeses, e exemplos têm sido dados. Nobres que poderiam ser alvo de suspeitas e que, pelo menos, poderiam ser acusados de falta de visão ofereceram liberdade aos seus vassalos. Isso significa dizer que eles propuseram a homens brutalizados pela ignorância, sem energia, capacidade ou idéias, que deixassem suas terras e suas choupanas e caminhassem em liberdade com seus pais enfermos e filhos em tenra idade em busca de uma subsistência que não tinham meios para concretizar. Os vassalos preferiram os grilhões, e disso se concluiu que a escravidão era agradável. No entanto, o que mostra tal experiência? Mostra o que já sabíamos: para se conceder liberdade a homens é preciso que eles não tenham sido degradados até uma condição subumana pela servidão. Se o forem, a liberdade é, sem dúvida, uma dádiva ilusória e mortal, da mesma forma que a luz do dia fere as pupilas dos que passaram muito tempo na escuridão das masmorras. Essa verdade se aplica a todos os tipos de servidão. Os homens que jamais experimentaram as vantagens da liberdade podem se submeter com entusiasmo à canga: [236] que sejam rejeitados seus testemunhos tímidos e enganadores. Eles não têm o direito de fazer pronunciamento sobre causa tão nobre. Quanto à liberdade, que sejam ouvidos os enobrecidos por suas bênçãos. Só estes deverão ser escutados, só estes, consultados.[36]

---

[36] Pelo menos numa vez, Constant concorda com Rousseau, que declarou em seu *Discours sur l'origine et les fondements de l'inégalité parmi les hommes*: "Não é, portanto, pela degradação de povos escravizados que os pronunciamentos na-

Eu acrescentaria que todos os governos estão, nos dias atuais, trabalhando de forma meritória para eliminar os últimos traços dessa legislação bárbara. Alexandre I é um dos príncipes em particular que parece ter levado para o trono o amor pela humanidade e pela justiça, e que põe seu renome a serviço não do retorno de seu povo ao barbarismo e sim do preparo dele para a liberdade, encorajando em seu vasto território a libertação dos servos e a disseminação da propriedade de terras.[37]

A inalienabilidade de bens é algo comum a tudo que é humano. Sua intenção era razoável na era que testemunhou seu nascimento; mas a instituição sobreviveu à sua utilidade. Quando não existia justiça pública e a força era a única garantia contra o roubo, força essa apenas encontrada nas grandes propriedades que proporcionavam contingentes consideráveis de vassalos prontos para defender seus senhores, a inalienabilidade da propriedade era um meio de segurança. Hoje, quando as condições sociais são bastante diferentes, tal inalienabilidade é um malefício para a agricultura e, ainda mais, sem sentido. O latifundiário naturalmente negligencia boa parcela de sua propriedade. Como diz Smith em *A Riqueza das Nações*, Livro III, Cap. 2, para que se fique convencido disso, basta comparar as grandes propriedades que permaneceram continuadamente com a

---

turais do homem em prol ou contra a servidão deverão ser julgados, mas pelos enormes esforços feitos por todos os povos livres para se garantirem contra a opressão ... Acho que os escravos não devem argumentar sobre a liberdade". *Oeuvres complètes*, ed. cit., t. III, pp. 181-182.

[37] Sobre os projetos de reforma de Alexandre I, veja a carta de E.-C.de la Harpe ao imperador, de 16 de outubro de 1801, em *Correspondance de Frédéric-César de la Harpe et Alexandre Ier*, publicado por Jean-Charles Biaudet e Françoise Nicod, t. I, 1785-1802, Neuchâtel, La Baconnière, 1978, pp. 316-330.

mesma família desde os dias da anarquia feudal com os pequenos tratos de terra que as circundam. O que é verdade para os Estados também o é para as propriedades. O tamanho excessivamente pequeno as priva dos meios mais eficientes para o aprimoramento. As dimensões excessivas [237] as tornam propensas à administração descuidada, à pressa e à negligência.³⁸

Aquele que deseja vender carece dos meios ou da motivação para a melhoria. Aquele que deseja comprar prova que possui vontade e meios. Compromissos hereditários e todos os tipos de inalienabilidade forçam os primeiros a manter aquilo que é uma carga e evitam que os segundos adquiram o que lhes seria vantajoso. Para a sociedade, é uma perda dupla, de vez que a melhoria da propriedade concorre para a riqueza nacional.

Temos que observar, para dar um fecho a esta seção, que a ordem de idéias forçou-nos a inverter os fatos. Não foi de modo algum devido às leis que proibiram uma distribuição mais ampla da propriedade que a oligarquia feudal se estabeleceu, e sim pela conquista. Foi então que essa oligarquia, para se perpetuar, recorreu às leis proibitivas. Assim, seria errado temer-se um resultado semelhante do governo com base na propriedade. Tal governo, quando fundamentado nos princípios enumerados anteriormente,³⁹ permanecerão válidos para eles porque os proprietários não têm

---

³⁸ Adam Smith, *op. cit.*, t. II, p. 421: "Existem ainda hoje, em cada um dos Reinos Unidos, essas grandes propriedades que permaneceram, sem interrupção, na mesma família desde os tempos da anarquia feudal. Basta que se compare o presente estado dessas propriedades com as posses dos pequenos proprietários vizinhos para que se constate, sem nenhum outro julgamento, quão pouco as grandes propriedades são favoráveis ao cultivo progressivo".
³⁹ No Cap. 14 deste mesmo Livro X, Da ação do governo sobre a propriedade.

interesse em trocar o desfrute legítimo que lhes é assegurado pela propriedade que sabem como proteger, se assim o quiserem, por obstáculos que só iriam estorvar tal desfrute e ofender seus desejos. O governo com base em propriedade jamais produziu um governo feudal; ao contrário, foi o governo feudal que corrompeu o governo fundamentado na propriedade.

Capítulo dezesseis
Das leis que garantem um alastramento mais amplo da propriedade

As leis podem ter uma tendência oposta: elas podem objetivar o alastramento mais amplo possível da propriedade. Esse é o motivo declarado das leis agrárias, da repartição de terras, do banimento [238] dos testamentos e da série de regulamentações com o fito de evitar que as pessoas consigam burlar tais leis.

Essa atividade do governo, sobretudo a que pesa sobre o direito de deixar testamentos – porque as leis agrárias já estão suficientemente desacreditadas –, parecem a princípio mais legítimas e conformes com princípios igualitários do que a ação contrária. Mas, na realidade, ela é supérflua, pois deseja forçar o que aconteceria naturalmente. A propriedade tende a se dividir. Se o governo a deixa por sua conta, ela se dispersa mais cedo do que é adquirida. A prova disso é a proliferação de leis necessárias em todos os governos aristocráticos para mantê-la nas mesmas famílias. O acúmulo de propriedade é sempre uma conseqüência de instituições.

Segue-se que o modo mais simples e seguro para se encorajar a dispersão da posse de propriedades seria a abolição de todas as leis que se opusessem a ela.

Contudo, uma vez que os governos jamais se contentam com ações negativas, normalmente eles vão além: não apenas têm ab-rogado instituições viciadas, mas combatido com regulamentações positivas os efeitos dos hábitos, das recordações e dos preconceitos que possam ter sobrevivido às instituições.

O resultado tem sido o que naturalmente ocorre quando o governo restringe arbitrariamente a liberdade dos homens. As leis nesse particular têm sido dribladas. Novas leis se tornaram necessárias para barrar tais infrações. Daí então derivaram inúmeros obstáculos para a transferência, cessão ou transmissão de propriedade.

Essas restrições, por contemplarem inconveniências adicionais, fizeram com que as pessoas se acusassem mutuamente de as terem violado. A ganância armou-se com aquilo que tinha a intenção de controlá-la.

Durante nossa Revolução, um conjunto de salvaguardas circunstanciais acabou engessado em princípios pétreos. Os legisladores, imaginando-se possuidores das visões mais profundas e dos horizontes mais largos, sempre fixaram a atenção na possibilidade de uma pequena minoria refratária. Para chegar nela, atingiram todos os franceses. Legisladores cegos que fizeram leis não para seus concidadãos, mas contra seus inimigos! Legisladores insanos, sob cujo mando a lei não mais foi o escudo de todos e sim uma arma ofensiva contra uns poucos!

A liberdade é constantemente atacada pelo raciocínio aplicável apenas à limitação. Assim, em nossos tempos, a livre transmissão de propriedade foi assaltada com argumentos que só eram válidos contra as restrições impostas a tal transmissão [239] pelas leis antigas. O direito de deixar testamentos e a primogenitura foram confundidos, quando esta última é, ao contrário, uma usurpação e destruição do direito de fazer testamentos.

Sobre essa questão, não me deterei para refutar outros sofismas derivados de uma metafísica obscura e abstrata. As pessoas têm argumentado que a morte implica aniquilação, sustentando ser uma aberração deixar-se que um homem disponha de bens que não são mais seus e emprestar-se uma existência fictícia ao seu testamento quando a pessoa não mais existe. Esses argumentos estão fundamentalmente errados. Eles poderiam ser aplicados a todas as transações dos homens; isso porque se suas intenções têm os efeitos interrompidos pela morte, os débitos de longo prazo, os arrendamentos e todas as operações que venceriam em alguma data fixada e bem distante seriam invalidados, por lei, com suas mortes.

O problema dos testamentos, no meu entender, fornece um exemplo marcante do bem que a ausência de intervenção do governo numa questão poderia, por vezes, fazer, sem dor ou esforço, sempre que a solução é obtida de uma forma imperfeita, artificial e prejudicada por duas leis contraditórias.

Os legisladores de diversas sociedades livres, considerando, de um lado, a dispersão da propriedade como favorável para a liberdade e, do outro, o poder paternal como necessário à moralidade, têm, em conseqüência, formulado leis para impedir o acúmulo da propriedade e tentado o estabelecimento de mil instituições em apoio ao poder paternal. Ora, essas leis e instituições têm sido conflitantes e seus propósitos vêm fracassando. A propriedade não tem experimentado a dispersão pretendida pela lei porque os pais, ciosos de seus direitos contestados, têm usado todos os artifícios para promover quer seus próprios interesses individuais quer a tendência, natural no homem, de burlar as regulamentações que o prejudicam. Mas isso não tem evitado nem um pouco o enfraquecimento do poder paternal. Os filhos, protegendo zelosamente os direitos iguais que a lei lhes confere, têm encarado as tentativas dos pais de despojá-los de parte de tal desfrute como artifícios perniciosos.

Se os legisladores tivessem se abstido de tal intervenção na matéria, o poder paternal teria encontrado uma base sólida no direito de deixar testamento. A imparcialidade paterna, que é, a despeito do que se fale dela, predominantemente a regra, teria proporcionado ao alastramento da propriedade uma garantia bem mais segura que todas as medidas preventivas da lei positiva. Todavia, os governos [240], quando julgam seu dever ter um objetivo em vista para todas as coisas, e acham que tal atitude fortalece suas reputações, fazem leis parciais em contradição, que se cancelam mutuamente e só causam dificuldades.

As restrições impostas à livre disposição das propriedades depois da morte de seus donos encerram uma deficiência sobre a qual já chamamos a atenção em tantas outras leis, ou seja, aquela de incitar à fraude, de apenas existirem para serem burladas, de encorajarem a inquisição, a suspeita e a denúncia. Apresentam o problema adicional de levarem as tendências condenáveis para o seio familiar. Não são apenas os cidadãos, mas os parentes que entram em guerra uns com os outros. Não só as relações sociais são envenenadas como também as naturais. Os pais ganham não apenas a pecha de injustos assim como a de má-fé. Os filhos, cuja ingratidão fica autorizada, acham-se igualmente com o direito a uma espécie de inspeção nas ações dos pais. O santuário doméstico, que deveria ser um refúgio de calma e de afetos pacíficos, transforma-se em local vergonhoso de rixas internas entre uma independência filial legalmente apoiada e o ressentimento dos pais, que punem tal vigilância ao se esforçarem para burlar a lei.

A jurisdição legítima do governo sobre a transmissão de propriedade é extremamente limitada. Ela deveria garantir tal transmissão e deixá-la por conta própria, estabelecendo apenas alguns procedimentos para a determinação dos desejos reais do proprietário, sem impor restrições ou impedimentos a tais desejos.

Que sejam toleradas injustiças parciais, inevitáveis entre os homens, porém menos freqüentes do que se quer acreditar, a fim de que se consigam pretextos para uma interferência perpétua. Se o legislador quiser remediá-las, ver-se-á envolvido em intermináveis linhas de ação e incomodado sem nenhum sentido; e não conseguindo terminar com as injustiças individuais, ele próprio acabará se transformando numa criatura injusta.

Sempre que ocorre um abuso, o restante das instituições sociais o encoraja. Incapazes de destruí-lo, essas instituições abrem caminho para ele e se colocam, por assim dizer, ao seu redor. Inicialmente, o direito de deixar testamentos sentiu os efeitos dos privilégios hereditários, mas só porque foi a eles sacrificado.

Quando as instituições causam danos, e isso persiste mesmo depois de elas serem aniquiladas, é melhor se tolerarem as deficiências causadas pelos vestígios das finadas instituições do que a pressa por remediá-las com instituições adicionais que podem ter também problemas imprevisíveis.

As mesmas considerações que inspiraram a imposição de restrições sobre [241] a livre transmissão de propriedade têm levado os governos à taxação progressiva, aos empréstimos compulsórios e aos impostos incidentes apenas sobre a riqueza. Não obstante, tais medidas têm sido tão repelidas pela experiência, que é quase supérfluo demonstrarem-se sua futilidade e seu perigo. Elas estão na contramão das tendências presentes da sociedade. Condenam a riqueza a mentir, quando a colocam em conflito com nossas instituições. Ora, o que poderia ser mais pernicioso e absurdo do que a incitação de guerra entre o poder governamental e a riqueza, que é o poder de possível disposição instantânea, que mais serve a todos os interesses e que, por conseguinte, é muito mais real e genuinamente obedecido? O governo é uma ameaça; a riqueza, uma recompensa. Para nos livrarmos do governo, basta enganá-lo, mas para obter as bênçãos da riqueza, temos que servi-la. Esta última tem que prevalecer.

Ademais, é um erro imaginar-se que o pobre lucra com o que é tirado do rico. Aquele que não tem vontade sempre dependerá, não importa o que façamos, do que a possui. Caso se incomode o homem rico, ele se concentrará mais em seus prazeres, suas especulações e suas fantasias; retirará seu capital ao máximo possível da circulação, e o pobre sentirá os efeitos de tal atitude.

Notas de Constant

A. [Referente à p. 298] Veja sobretudo as comédias de Xenofonte e Aristófanes.

B. [Referente à p. 302] Catão, o Velho, sobre agricultura: "Pius questus stabilissimus, minimeque invidious, minimeque male cogitantes qui in eo studio occupanti sunt."[40]

[242] C. [Referente à p. 303] Veja Smith, *A Riqueza das Nações*, Livro I, Cap. 10.[41]

---

[40] Essa citação de Catão, o Velho, foi claramente tomada emprestada da *op. cit.* de Adam Smith, t. III, p. 73, e não do original, que diz: "Ut ex agricolis et viri fortissimi et milites strenuissimi gignuntur, maximeque pius questus stabilissimusque consequitur minimeque invidious, minimeque male coginantes sunt qui in eo studio occupati sunt" – "Mas é o campesinato que produz os homens mais fortes e os soldados mais corajosos. É a ele que são devidos os ganhos resultantes mais justos, assim como os mais confiáveis e menos sujeitos à inveja. Aqueles absorvidos com tais preocupações são os que têm as mentes menos voltadas para o mal". Catão, *De l'agriculture*, editado, confirmado e traduzido por Raoul Goujard, Paris, Les Belles Lettres, 1975, p. 9 [Constant tira aqui de Adam Smith, inadvertidamente, uma suposta citação de Catão, o Velho. Hofmann corrige a citação em latim erradamente reproduzida por Smith. Nota do tradutor americano]
[41] Constant cita de *A Riqueza das Nações*, Livro I, Cap. 10 (tradução francesa do inglês, *op. cit.*, t. I, p. 262). Smith esposa a opinião de que, afora as belas-artes

D. [Referente à p. 303] Montesquieu observa, em *Esprit des lois*, XX, 2, que "se o comércio une as nações, ele não une, de forma semelhante, os indivíduos"; daí ocorre que as nações, sendo unidas, ficam misturadas, o que significa dizer que não há mais patriotismo, e que os indivíduos, não estando unidos, nada mais existe que mercadores, o que significa dizer que não há mais concidadãos.

E. [Referente à p. 309]
Smith, Livro V, Cap. 3.[42]

F. [Referente à p. 310]
Falo aqui apenas dos estados modernos. A República romana afastou-se mais de uma vez das regras da justiça com respeito a seus credores.[43]

---

e as profissões de alto nível, nenhuma atividade demanda tal gama de conhecimentos e experiência que a agricultura.

[42] Adam Smith, *op. cit.*, t. IV, pp. 509-510. Talvez seja útil relatar aqui a argumentação do autor inglês: "Um credor do estado tem, inquestionavelmente, um interesse geral na prosperidade da agricultura, da manufatura e do comércio de um país e, por conseguinte, na boa manutenção das diversas terras e na administração vantajosa do capital. Se uma dessas coisas estiver faltando ou fracassar de um modo geral, o produto dos vários impostos não será mais suficiente para pagar a ele a anuidade ou o retorno que lhe são devidos. Mas um credor do estado, considerado simplesmente como tal, não tem interesse pela boa forma desse ou daquele trato de terra ou na boa gerência dessa ou daquela parcela de capital. Como credor do estado, ele não fica familiarizado com qualquer extensão de terra ou com qualquer capital; não tem nenhum deles sob inspeção nem se ocupa com isso. Não existe qualquer desses ativos em particular que possa ser totalmente varrido sem que ele, na maioria das vezes, nem suspeite que isso aconteceu ou, pelo menos, sem que isso venha a afetá-lo diretamente".

[43] Constant deixou em aberto a questão de onde encontrar o local preciso no *Espírito das Leis* em que Montesquieu explica como os romanos fraudaram os financistas desvalorizando a moeda durante a Segunda Guerra Púnica. [Livro XXII, Cap. 11. Nota do tradutor americano]

Os antigos, no entanto, não tinham as mesmas idéias que nós quanto a receitas e créditos públicos.

G. [Referente à p. 311]
Administration des finances, Tomo II, pp. 378-379.[44]

[243] H. [Referente à p. 312]
Veja *A Brief examination into the increase of the revenue, commerce and navigation of Great Britain by M. Beeke*.[45]

I. [Referente à p. 313]
Eleição popular.

J. [Referente à p. 313]
Liberdade de imprensa, *habeas-corpus*, júris, liberdade de consciência.

K. [Referente à p. 315]
Smith, *A Riqueza das Nações*, III, 4.[46]

---

[44] *De l'administration des finances de la France*, de Jacques Necker, s.l., 1784, t. II. pp. 378-379: "O crescimento da dívida pública distorceu de igual maneira a aparência social ao multiplicar, em alguns países, o número de pessoas com um interesse contrário ao interesse geral. Os que vivem de renda desejam, acima de qualquer coisa, a saúde do tesouro real; e como a ampliação da taxação é a fonte mais fértil para tanto, os contribuintes (sobretudo o povo, a maior parcela deles, e sem dinheiro para emprestar) encontram hoje dentro do próprio seio do Estado uma facção adversária cujo crédito e influência crescem de dia para dia".
[45] Constant erra aqui. O livro a que se refere, *A brief examination into the increase of the revenue, commerce and navigation of Great Britain, from 1792-1799*, Dublin, Graisberry e Campbell, 1799, não é de Beeke e sim de George Rose.
[46] Adam Smith, *op. cit.*, t. II, pp. 439-489; o Cap 4 do Livro III é chamado *Como o comércio das cidades contribuiu para o empobrecimento do país*.

L. [Referente à p. 316]
As leis da Inglaterra proíbem que qualquer indivíduo sem propriedade se mude de uma freguesia para outra sem o consentimento da última, pelo receio de que tal indivíduo, sem meios de subsistência própria, venha a ser uma carga para seus novos concidadãos. Essas leis parecem ser vantajosas para os proprietários e contra os não-proprietários que buscam refúgio. Todavia, elas são um claro ataque contra a liberdade individual. Aquele que não pode ganhar seu sustento com o tipo de trabalho para o qual está apto, na freguesia em que vive, é proibido de fazê-lo onde seu labor poderia facilmente alimentá-lo. Qual o resultado de tal injustiça? [244] Na maioria das vezes tem-se uma freguesia com excesso de oferta de mão-de-obra enquanto outra carece dela. Então, as diárias dessa última sobem excessivamente. O proprietário que despediu o trabalhador diligente, com medo de que seu sustento viesse a recair, um dia, sobre ele, paga então um preço alto por suas conjecturas iníquas. É assim que todos esses abusos se voltam contra aqueles que pareciam favorecer.

M. [Referente à p. 317]
Garnier. Notas ao traduzir Smith.[47]

N. [Referente à p. 320.]
Eis a verdadeira a perspectiva a partir da qual Montesquieu considerou os privilégios.
"Como o despotismo", diz ele, "causa terríveis malefícios à ordem natural, o próprio mal que o limita é um bem". *Esprit des lois*, Livro II,

---

[47] *Notes du traducteur*, de Germain Garnier, em *op. cit.* de Adam Smith, t. V, p. 309. Nota XXXII, denominada *Des pouvoirs législatifs et judiciaires, et leur rapport avec la propriété*.

Cap. 4.

O. [Referente à p. 324]

Para Tito Lívio, vide *Décades*.⁴⁸ Veja também Condillac, ou melhor Mably escrevendo sob seu nome, em *Cours d'étude*,⁴⁹ e *Essai sur les privilèges*, de Sieyès.⁵⁰

P. [Referente à p. 324]

Veja *gli ordinamenti della justizia*, leis que sujeitaram os nobres de Florença a condições especiais, que os privaram da cidadania e autorizaram sua condenação mesmo sem outra prova que não o rumor público. Essas leis foram executadas pelo povo por volta de 1294, mediante incitação de Gianno della Bella (nobre) que se postou à sua frente.⁵¹

---

⁴⁸ Em particular o Cap. 5 de *Discours sur la première décade de Tite-Live*, em *Oeuvres complètes* de Maquiavel, ed cit., pp. 392-394. Esse capítulo é mais precisamente intitulado *A quem delegar confiantemente o cuidado com a liberdade, aos grandes ou ao povo, e qual dos dois causa dificuldades com mais freqüência, o que quer adquirir ou o que quer conservar*.

⁴⁹ *Histoire Moderne*, de Etienne Bonnot de Condillac, Livro X, Cap. 4 *Considérations sur l'Europe au moment du seizième siècle et par occasion sur les effets du commerce*, em *Cours d'étude ...*, op. cit., t. IX, pp. 456-471.

⁵⁰ *Essai sur les privilèges*, de Emmanuel Sieyès, s.l.n.d., [1788], 48 p.

⁵¹ Constant foi em grande parte inspirado para essa nota pelo *Recherches sur les constitutions des peuples libres*, de Jean-Charles-Léonard Sismondi, ed. cit., pp. 114-115. n. 9.

LIVRO XI

Dos Impostos

Cap. 1.   O propósito deste livro. 351
Cap. 2.   O primeiro direito dos governados em relação à taxação. 351
Cap. 3.   O segundo direito dos governados em relação à taxação. 354
Cap. 4.   Dos vários tipos de impostos. 355
Cap. 5.   Como a taxação vai de encontro aos direitos individuais. 363
Cap. 6.   Que os impostos incidentes sobre capital são contrários aos direitos individuais. 367
Cap. 7.   Que o interesse do Estado em matérias de taxação é consistente com os direitos individuais. 369
Cap. 8.   Um axioma incontestável. 375
Cap. 9.   A desvantagem da taxação excessiva. 377
Cap. 10. Mais uma desvantagem da taxação excessiva. 378

Capítulo um

O Propósito deste Livro

A natureza deste trabalho não nos permite aprofundar a pesquisa sobre a teoria da taxação, nem sobre os melhores tipos de impostos que se poderiam instituir. Esse trabalho nos envolveria com detalhes mais apropriados aos tratados devotados a essa questão. Nosso propósito principal tem que ser a determinação dos respectivos direitos de governantes e governados nessa matéria.

Capítulo dois
O primeiro direito dos governados em relação à taxação

O governo, responsável que é pela defesa interna e pela segurança externa do Estado, tem o direito de solicitar que os indivíduos sacrifiquem parte de suas posses para custear os gastos que a consecução desses deveres requer.

Os governados, por sua vez, têm o direito de demandar do governo que a soma de todos os impostos não exceda o que é necessário para o objetivo pretendido. Essa condição só pode ser atingida por meio de arranjos políticos que imponham limites às demandas e, por via de conseqüência, à prodigalidade e à ganância dos governantes. Vestígios de tais arranjos podem ser encontrados nas instituições das monarquias mais sem peias, como as dos principados germânicos ou as dos Estados hereditários da Casa da Áustria; e o princípio é solenemente reconhecido pela constituição francesa.[1]

[250] Os detalhes desses arranjos fogem ao escopo deste livro, porém julgo que uma observação não deve ser omitida.

O direito de dizer sim ou não às taxas pode ser considerado de dois pontos de vista: como um limite para o governo ou como uma ferramenta da economia financeira. Já foi dito milhares de vezes que, sendo um governo incapaz de fazer a guerra ou mesmo de sobreviver domesticamente, sem que as despesas necessárias sejam custeadas, a possibilidade de recusar os impostos coloca nas mãos do povo ou nas de seus representantes uma arma bastante eficaz que, usada corajosamente, lhes concede poderes para fazer com que tal governo não apenas mantenha a paz com os vizinhos como também respeite a liberdade dos governados. Só que esse raciocínio esquece que aquilo que, à primeira vista, parece tão obrigatório no nível teórico com freqüência é impossível na prática. Depois que um governo inicia a guerra, mesmo uma injusta, negar-lhe recursos para que a sustente não significa apenas punir o governo e sim a nação, inocente quanto às falhas do governo. O mesmo se dá com a recusa à taxação por motivo de malversação doméstica ou assédio. Suponha-se que o governo incorra em atos despóticos; o corpo

---

[1] Na Proclamação VII da Constituição do ano XII, Artigo 53, encontramos: "O juramento do Imperador é entendido como se segue: 'Juro jamais arrecadar qualquer tributação, nunca qualquer imposto, a não ser em observância da lei'".

legislativo julga que ele pode ser desarmado se recursos financeiros não forem alocados. No entanto, mesmo imaginando-se, o que é difícil, que numa crise extrema como essa tudo ocorra constitucionalmente, sobre quem ricocheteará tal embate? A influência do executivo fará com que ele ainda disponha de meios temporários, em fundos já colocados à sua disposição, em empréstimos daqueles que, lucrando com os favores do governo ou até com suas injustiças, não desejam que a situação reverta, e de outras pessoas que, crendo na vitória do governo, especularão quanto às demandas dele para a crise enfrentada. As primeiras vítimas serão os trabalhadores dos níveis inferiores, os empresários de todos os tipos, os credores do Estado e, por um efeito colateral, os credores de todos esses grupos. Antes que o governo sucumba ou ceda, toda a riqueza privada estará gravemente atingida. O resultado será um ódio generalizado ao Parlamento, o qual se verá responsabilizado pelo governo por todas as privações pessoais dos cidadãos. Estes últimos, sem examinar as razões da resistência do Parlamento e sem dar atenção, em razão de seus apuros, às questões da lei e da teoria política, o culparão pela indigência e infortúnios que experimentam.

O direito de recusa à tributação, portanto, não é por si só uma garantia suficiente [251] para que se limite o poder executivo excessivo. Pode-se considerar esse direito como um meio administrativo para melhorar a natureza dos impostos ou como instrumento moderador para a diminuição do volume dessas taxas. Todavia, para que o Parlamento seja capaz de proteger a liberdade, têm que existir muitas outras prerrogativas. Uma nação pode ter os chamados representantes dotados com tal direito ilusório e, ainda assim, gemer na mais completa servidão. Se o órgão encarregado da missão não desfrutar de grande prestígio e independência, transformar-se-á em agente do poder executivo, e seu assentimento não passará de fórmula vã e quimérica. A fim de que a liberdade para a votação sobre tributação deixe de ser apenas uma cerimônia frívola, a liberdade política tem que existir em sua inteireza, da mesma forma que no corpo humano todas as partes têm que ser saudáveis e bem constituídas para que o funcionamento de uma delas se dê de maneira regular e completa.

Capítulo três
O segundo direito dos governados em relação à taxação

Um segundo direito dos governados em relação à tributação é que a natureza e o processo de arrecadação resultem no menor transtorno possível para os contribuintes, sem tender a ameaçá-los ou corrompê-los, e sem proporcionar motivo, via gastos inúteis, para taxações ulteriores.

Desse direito resulta que os governados podem reivindicar também que os impostos incidam igualmente sobre todos, proporcionalmente às respectivas posses, que não deixem nada incerto ou arbitrário quanto à sua incidência e ao seu processo de arrecadação, que não deixem improdutivas quaisquer propriedades ou indústrias, que tenham ótima relação custo/benefício e que, finalmente, sua base seja relativamente estável.

O estabelecimento de novo imposto geralmente provoca uma perturbação que se alastra das atividades tributáveis para as não-tributáveis. Muita mão-de-obra e muito capital fluem para estas últimas a fim de escapar das imposições que atingirão as primeiras.

Os lucros caem nas atividades tributáveis por causa do novo imposto e nas não-tributáveis em função da competição. O equilíbrio só se restabelece lentamente. Portanto, qualquer alteração na tributação causa transtorno por um certo período.

[252] É pela aplicação de tais regras às diversas formas de taxação que se pode julgar quais são e quais não são admissíveis.

Foge ao nosso escopo o exame de todas as taxas. Selecionaremos apenas alguns exemplos para passar um sentido da forma de raciocínio que a nós parece a melhor.

Capítulo quatro
Dos vários tipos de impostos

Alguns homens cultos do último século recomendaram o imposto sobre a terra como o mais natural, mais simples e mais justo. Quiseram mesmo fazer dele a única forma de tributação. Taxar a terra é, de fato, uma idéia bastante sedutora, uma que fala por si mesma e que se baseia em verdade incontestável. A terra é a fonte mais óbvia e duradoura de riqueza. Para que tomar medidas indiretas, elaboradas e complicadas em vez de ir diretamente a tal fonte?

Se essa doutrina não vem sendo praticada, isso se deve bem menos ao pensamento das pessoas que vêem malefícios na tributação da terra do que ao seu sentimento de que, mesmo que tal taxação fosse levada ao seu nível mais alto, não seria arrecadada a soma necessária que tais pessoas desejam extrair do povo. Outros impostos foram combinados; mas na maioria dos países da Europa, os incidentes sobre a terra continuam sendo os mais importantes de todos e, em algum sentido, a base do sistema financeiro.

Essa abordagem significa que a rejeição do princípio certamente não implicou, como deveria ter ocorrido, rejeição de todas as suas conseqüências. Para conciliar as contradições nesse procedimento, algumas pessoas recorreram a uma teoria cujos resultados são quase os mesmos que os dos defensores da tributação sobre a terra. Estes alegaram que, em última análise, todos os impostos incidiam sobre a terra, enquanto alguns de seus oponentes contra-argumentaram que, no cômputo final, eles eram todos pagos pelo consumidor. Enquanto os primeiros, asseverando que as taxas, por assim dizer, passavam pelo consumidor antes de chegar à terra, concluíram disso que, desde o início, os impostos deveriam evitar tal desvio e incidir diretamente sobre a terra, os outros, imaginando que um movimento oposto levava as taxas incidentes sobre a terra de volta ao consumidor, consideraram sem sentido isentar a terra de uma carga que, na realidade, não recaía sobre ela.

[253] Se aplicarmos as regras que estabelecemos para o imposto sobre a terra, chegaremos a conclusões bem diferentes.

Por um lado, não é verdade que todas as taxas incidentes sobre o consumo recaem sobre a terra. Impostos do serviço postal não incidem sobre os proprietários de terras *qua* proprietários. Um latifundiário que não toma chá ou fuma não paga impostos nos pontos em que essas *commodities* (chá e tabaco) são expedidas, em que são transportadas ou em que são vendidas. As taxas sobre o consumo não incidem de maneira alguma nos grupos que não produzem nem consomem os itens tributados.[2]

---
[2] Veja a nota A de Constant no fim do Livro XI.

É igualmente falsa a idéia de que o imposto sobre a terra tenha um efeito sobre o preço da mercadoria, aquele pago pelo comprador. O que determina o preço de uma *commodity* nem sempre é aquilo que custa para ser produzida, mas a demanda por ela. Quando essa demanda excede a oferta, o preço das mercadorias sobe; ele cai quando a oferta é maior que a procura. Agora, quando os impostos fazem a produção cair, arruínam o produtor, e quando não a diminuem, não fazem de modo algum a demanda crescer. Aqui está a prova.

Quando um imposto incide sobre a terra, uma de duas coisas acontece. Ou ele acaba com todo o lucro líquido do produto, isto é, os custos da produção da *commodity* são maiores que as receitas com as vendas, e o cultivo é necessariamente abandonado; nesse caso, o produtor que abandona o cultivo não tira vantagem do desequilíbrio que pode ser criado entre a demanda total e a quantidade da mercadoria que ele não mais produz. Ou a taxa não acaba com todo o lucro líquido do produto, ou seja, as receitas com as vendas da *commodity* são ainda maiores que os custos, e o proprietário continua cultivando; nesse caso, no entanto, sendo o suprimento o mesmo depois do imposto quanto o era antes dele, o equilíbrio entre oferta e demanda permanece o mesmo e o preço não pode subir.

Um imposto sobre a terra incide e – não importa o que seja dito – continua a incidir sobre o proprietário da terra. O consumidor não toma parte nisso, a menos que, com o gradual empobrecimento do fazendeiro, os produtos daquela terra escasseiem tanto que causem fome. Essa calamidade, no entanto, não pode ser elemento de cálculo de um sistema tributário.

O imposto sobre a terra, tal como existe em muitos países, não se coaduna por conseguinte [254] com a primeira regra que enunciamos: ele não incide igualmente sobre todos, mas recai especialmente sobre um grupo.

Em segundo lugar, tal taxa, seja qual for seu valor, tem sempre efeito deletério sobre parte da terra agricultável de qualquer país.

Existem tratos de terra que, em função da qualidade do solo ou de outras condições, não produzem nada e, em conseqüência, são deixados sem cultivo. Outros há que produzem quantidades insignificantes, quase nada, e tal progressão caminha até aquelas terras que produzem as safras mais extraordinárias possíveis. Imagine-se uma escala de 1 a 100, supondo-se que o 1 representa um nível de produção tão pequeno que seja indivisível. A taxa sobre a terra retirará parte da produção de cada uma dessas fazendas; e tal taxa, por menor que seja, jamais será menor que 1. Portanto, todas as extensões que produzirem apenas 1 e que foram cultivadas antes das taxas serão lançadas pelo imposto no rol das improdutivas, indo se juntar às não-cultivadas. Se a taxa subir para 2, todas as extensões que produzirem apenas 2 terão o mesmo destino, e assim por diante. Dessa forma, com o imposto em 50, todos os tratos de terra produtores de 50 permanecerão ociosos. Logo, fica claro que quando o imposto sobe, tira do cultivo uma parcela das extensões de terra proporcional à subida, e quando ele cai, restaura uma porção proporcional à queda. Se a contra-argumentação for de que o imposto sobre a terra não é fixado e sim proporcional, isso não resolverá minha objeção. A taxa proporcional incide sobre o bruto da produção. Ora, constituindo os custos uma parcela maior ou menor do bruto da produção, sempre resultará que, se o valor da taxa for fixado em um oitavo da produção bruta, as terras que custarem 9 para cultivar a fim de que dêem 10 de receita serão tornadas ociosas pela tributação. Se o imposto for fixado em um quarto, as que custarem 8 terão a mesma sorte, e assim por diante.

Que a taxa produz tal efeito fica precisamente provado pelas atuais medidas preventivas tomadas pelos governos. Os mais esclarecidos, como o holandês e o inglês, isentaram de qualquer imposto todas as terras arrendadas abaixo de determinado valor de aluguel.[3] Os mais brutais confiscaram todas as terras que seus proprietários deixaram sem cultivo. Que proprietário deixaria de cultivar a terra se pudesse lucrar com isso? Nenhum, pois até mesmo o rico a arrendaria [255] ou a cederia ao pobre. As terras só são deixadas ociosas pelas razões anteriormente descritas: ou porque são inadequadas ao cultivo ou porque os impostos levam tudo aquilo que elas podiam produzir. Dessa forma, os governos penalizam o indivíduo por males que eles mesmos, os governos, cometem. Essa lei do confisco é tão odiosa quanto injusta, tão absurda quanto sem sentido. O fato é que, quaisquer que sejam as mãos em que o governo coloque terras confiscadas, se os custos do cultivo excederem as receitas, pode ser até que alguém tente trabalhar tal terra; mas seguramente não o fará por muito tempo. No segundo caso, o imposto sobre a terra se afasta de uma das condições necessárias para que se justifique uma contribuição, de vez que torna propriedades individuais improdutivas.

Em terceiro lugar, o imposto sobre propriedades em terras se baseia na previsão do agricultor, o qual, para ficar em condições de pagá-lo, tem que reservar com antecedência quantias bastante vultosas. A classe trabalhadora simplesmente não faz tal previsão; e

---

[3] Veja a nota B de Constant no fim do Livro XI.

não luta com constância contra as tentações do momento; muitos de seus integrantes, que pagam seus impostos dia a dia, no varejo, quase sem perceber, quando as taxas vêm embutidas nas compras habituais, jamais economizariam num dado período a soma necessária para pagá-los no atacado. A arrecadação do tributo sobre a terra, apesar de elementar, não é de modo algum simples; as medidas coercitivas necessárias a tornam bastante onerosa. A partir dessa última perspectiva, a taxação da terra é perniciosa porque requer custos de coleta que outros modos de tributação podem evitar.

Não concluo disso que se deva abandonar a taxação da terra. Como existem alguns impostos sobre o consumo que os proprietários de terra podem evitar, sobre eles deve incidir, convenientemente e na qualidade de proprietários, uma parcela da tributação pública. Contudo, como outros grupos da sociedade não pagam quaisquer taxas sobre a terra, a quantia paga pelos proprietários de terras não deve exceder a proporção adequada. Portanto, não há justiça quando se faz do imposto fundiário a taxa única ou mesmo a principal.

[256] Acabamos de afirmar que a tributação da terra levada além de determinado limite arruína as propriedades de seus donos. Um imposto sobre patentes torna a indústria improdutiva; ao acabar com a liberdade no trabalho, ele estabelece um círculo vicioso bastante ridículo. O homem que não está trabalhando não pode pagar coisa alguma; todavia, caso as pessoas não tenham pago previamente, o governo proíbe que elas trabalhem naquilo em que estão mais habilitadas. O imposto sobre patentes é, por conseguinte, um ataque aos direitos dos indivíduos; não lhes retira apenas parte de seus lucros, como também seca a fonte de sua sobrevivência, a

menos que eles possuam meios anteriores para mantê-la, suposição bastante improvável.

Não obstante, esse imposto é suportável caso restrito a trabalhos que por sua natureza impliquem certa afluência anterior. Ele passa a ser então uma espécie de adiantamento que o indivíduo faz ao governo, um com o qual ele se indeniza além do retorno resultante de seus próprios esforços. Isso se assemelha ao mercador que paga impostos sobre *commodities* que comercializa e os inclui no preço da *commodity*, fazendo com que o consumidor pague por eles. No entanto, quando isso ocorre em comércio marcado pela pobreza, o imposto sobre patentes é revoltantemente iníquo.

Os impostos indiretos que incidem sobre bens de consumo acabam misturados com tal consumo. O consumidor que os paga quando compra o que precisa ou gosta não experimenta, em meio à satisfação resultante da compra que faz, a repugnância que o pagamento da tributação indireta inspira. Ele os paga de maneira muito conveniente. As taxas se adaptam ao tempo e às circunstâncias, às várias opções, aos gostos individuais. Elas se dividem em frações imperceptíveis.[4] O mesmo peso que agüentamos quando dividido por todo o nosso corpo se tornaria insustentável se incidisse apenas sobre uma parte dele. O mesmo se dá com o ar que circunda todo o corpo de um homem, o qual excede trinta mil litros; e a pessoa nem o nota, enquanto um peso bem mais leve agindo sobre uma única parte do [257] corpo seria insuportável.[5] A incidência da taxação indireta se organiza a si própria, por assim dizer, por meio do consumo, que é voluntário. Vistos por esse prisma, os

---

[4] Veja a nota C de Constant no fim do Livro XI.
[5] Veja a nota D de Constant no fim do Livro XI.

impostos indiretos não ofendem de modo algum as leis que já estabelecemos. Entretanto, encerram três grandes inconveniências: primeiro, tendem a se multiplicar indefinidamente de uma maneira quase indistinguível; segundo, sua arrecadação é difícil, aborrecida e, com freqüência, corruptora em vários aspectos; e terceiro, criam um crime artificial, o contrabando.

A primeira deficiência pode ser remediada pela autoridade que aprova o imposto. Caso se suponha tal autoridade independente, ela será capaz de bloquear o crescimento de taxas injustificadas. Se ela não for independente, seja qual for a natureza do imposto, não espere limitar os sacrifícios que serão demandados das pessoas. Ele será indefensável sob esse aspecto, e sob todos os outros.

A segunda deficiência é mais difícil de evitar. Mesmo assim, encontro na primeira alguma prova de que a segunda pode ser prevenida. Pois se um dos defeitos das taxas indiretas é sua capacidade de crescer quase indefinidamente, então sua arrecadação tem que ser organizada de tal maneira que não se torne insuportável. Quanto à terceira, disponho-me mais que qualquer um a depreciá-la. Já disse mais de uma vez que os impostos artificiais levaram os homens a abandonar os autênticos. Aqueles que violam a lei com o contrabando logo a estarão violando com o roubo e o assassinato. Não são menos perigosos e suas consciências se acostumam à revolta contra a ordem social.

No entanto, caso se reflita mais profundamente sobre o problema, vê-se que as causas reais do contrabando estão menos nas taxas indiretas do que na proibição. Os governos por vezes disfarçam suas proibições como impostos: eles incidem sobre bens cuja entrada os governos querem evitar com impostos desproporcionais ao seu valor. Se todos os sistemas proibitivos fossem abolidos, tal desproporção jamais ocorreria. Então o contrabando, esse aprendizado para o crime, essa escola da mentira e da ousadia, ainda mais medonho porque cercado de certa nobreza por sua similaridade com a atividade guerreira e pelo crédito conferido pela habilidade e pela coragem, não teria o estímulo e a irresistível tentação dos vultosos lucros que essa [258] desproporção leva a esperar.

Capítulo cinco
Como a taxação vai de encontro aos direitos individuais

As taxas se tornam contrárias aos direitos individuais quando, por definição, permitem que os cidadãos sejam apoquentados. Um exemplo é a *Alcavala* na Espanha, que fez impostos incidirem sobre a venda de todos os bens, móveis ou imóveis, a cada vez que trocavam de mãos.

As taxas vão também de encontro aos direitos individuais quando incidem sobre objetos que são fáceis de esconder do conhecimento da autoridade encarregada de sua arrecadação. Ao visar aos impostos sobre bens que são facilmente escamoteáveis, faz-se com que visitas e inquisições sejam necessárias. É-se levado a demandar dos cidadãos a espionagem e as denúncias recíprocas. Acaba-se recompensando essas atividades vergonhosas, e os impostos recaem na categoria daqueles que são inadmissíveis porque sua coleta é moralmente perniciosa.

O mesmo se dá com os impostos tão altos que convidam à sonegação. A facilidade, maior ou menor, com que um objeto pode ser mantido longe do conhecimento das autoridades é estabelecida pela instalação material que pode derivar da natureza do objeto e do interesse que as pessoas têm em mantê-lo escondido. Quando os ganhos são consideráveis, eles podem ser divididos por maior número de mãos e a cooperação na fraude de grande quantidade de agentes contribui para as dificuldades físicas encontradas pelo coletor de impostos. Quando o objeto sobre o qual incide o imposto não permite essa espécie de evasão, a taxa, mais cedo ou mais tarde, aniquila com o ramo de negócios ou o tipo de transação sobre o qual recai; ela deve ser, então, rechaçada como contrária aos direitos de propriedade ou da indústria.

É óbvio que os indivíduos têm o direito de limitar o consumo de acordo com suas posses e desejos, e de renunciar aos bens que não querem ou não podem consumir. [259] Conseqüentemente, as taxas indiretas se tornam injustas quando, em vez de incidirem sobre o consumo voluntário, pesam sobre o consumo obrigatório. O odioso a respeito da *gabelle*, que tencionou absurdamente se mesclar com o imposto sobre o sal, foi o fato de ordenar aos cidadãos que consumissem determinada quantidade desse artigo. Tal incômodo provocou neles uma indignação natural contra um governo que interferia em suas vidas a ponto de prescrever as quantidades de suas necessidades.

Para estabelecer um imposto sobre uma *commodity*, jamais se deve proibir a indústria ou o negócio individual[6] de produzir tal *commodity*, como aconteceu formalmente em algumas partes da França em relação ao sal e acontece em diversos países da Europa

---

[6] [Constant diz *proprieté* (propriedade), onde em inglês seria melhor *proprietor* (*propriétaire*). Nota do tradutor americano]

em relação ao tabaco. Isso é manifesta violação da propriedade e assédio injusto sobre a indústria. Para que tais interdições sejam cumpridas, se fazem necessárias punições severas, punições essas que se mostram repulsivas tanto por sua severidade quanto por sua iniqüidade.

Os impostos indiretos devem pesar o mínimo possível sobre os artigos que são necessidades básicas, senão desaparecem todas as suas vantagens. O consumo desses artigos não é voluntário. Ele não se ajusta à situação nem é proporcional à riqueza do consumidor.

Não é verdade, como com freqüência se diz, que a tributação de necessidades básicas, ao torná-las mais caras, aumenta o valor da mão-de-obra. Ao contrário, quanto mais caras as mercadorias necessárias à subsistência, mais cresce a necessidade de mão-de-obra. A competição entre aqueles cujo trabalho está em oferta excede a demanda por empregados e o preço da mão-de-obra cai no exato momento em que deveriam ser mais bem pagos para que pudessem viver. Os impostos sobre necessidades básicas produzem o mesmo efeito que os anos de escassez e de esterilidade.[7]

Existem impostos que são fáceis de arrecadar, mas que são rejeitados porque tendem diretamente à corrupção e à perversão dos homens. Nenhum imposto é pago com tanto prazer quanto o da loteria. O governo não precisa de leis coercitivas para coletar tal receita. Mas a loteria, oferecendo um caminho para a riqueza que não é o da indústria, o do trabalho e o da prudência, lança sobre as conjecturas dos homens o tipo mais perigoso de desordem. As

---

[7] Veja a nota E de Constant no fim do Livro XI.

muitas oportunidades iludem as pessoas quanto à improbabilidade [260] de acertar. O baixo preço das apostas encoraja a repetição das tentativas. Os resultados são: problemas, dificuldades financeiras, ruína e crime. As camadas mais baixas da sociedade, vítimas dos sonhos sedutores com os quais ficam inebriadas, cometem crimes contra a propriedade ao seu alcance, enganando-se a si próprias de que um resultado favorável corrigirá e esconderá a torpeza. Nenhuma lógica fiscal pode justificar instituições que contemplem tais conseqüências.

A partir do fato de que os indivíduos têm o direito de alegar que a maneira com que os impostos são arrecadados seja a menos onerosa possível para aqueles que os pagam, segue-se que o governo não tem que adotar um modo de administração essencialmente opressor e tirânico a esse respeito. Quero falar sobre a prática de contratar a arrecadação. Isso coloca os governados à mercê de certos indivíduos que não têm tanto interesse quanto o governo em tratá-los com consideração. É o mesmo que criar uma classe de homens que, protegidos pela força da lei e apoiados pelo governo, a cuja causa parecem dar suporte, a cada dia que passa inventam novos aborrecimentos e demandam as medidas mais sanguinárias. Os coletores contratados* são, por assim dizer, os representantes naturais da injustiça e da opressão.[8]

---

* *Tax farmers*, pessoas ou instituições que pagavam para ter o direito de arrecadar receitas e impostos. (N. T.)
[8] Veja a nota F de Constant no fim do Livro XI.

Capítulo seis
Que os impostos incidentes sobre capital são contrários aos direitos individuais

Sejam quais forem os tipos de impostos que um país adote, eles devem incidir sobre renda e jamais afetar o capital. Isso significa dizer que eles nunca devem confiscar mais do que parte da produção anual e jamais tocar em ativos previamente acumulados. Os ativos são os únicos meios de reinvestimento, de alimentar os trabalhadores, de gerar abundância.[9]

Embora os governos e muitos escritores se recusem a admitir, essa proposição pode ser evidentemente provada.

Se os impostos recaírem sobre o capital em vez de afetarem só a renda, o resultado será uma diminuição do capital, a cada ano, de uma soma igual àquela que a tributação extrai. Só por esse fato, o reinvestimento anual diminui proporcionalmente à diminuição dos ativos. Tal diminuição [261] no reinvestimento, causada por uma subtração nas receitas enquanto a taxação permanece a mesma, confisca a cada ano um volume maior de ativos e, por conseguinte, vai decrescendo anualmente a soma das receitas que será reinvestida. Essa progressão dupla é exponencial.

Imagine-se um proprietário de terra que deseja tornar sua terra proveitosa. Ele precisa de três coisas: da própria terra, de seu dinamismo pessoal e de seu capital. Se ele não tem terra, seu capital e sua diligência seriam inúteis.[10] Sem dinamismo, seu capital e

---

[9] Veja a nota G de Constant no fim do Livro XI.
[10] Veja a nota H de Constant no fim do Livro XI.

sua terra permaneceriam improdutivos. Se não tem capital, sua atividade seria inócua e sua terra ficaria estéril, já que ele não teria como prover os meios para cultivo, adubação, semeadura, ou para o gado. Esses três componentes constituem seu capital. Portanto, qualquer dos três que seja atacado estará empobrecendo igualmente o contribuinte. Se, em vez de tirar a cada ano parte de seu capital, você o priva de alguma de sua terra, equivalente a alguma quantia, o que acontecerá? No ano seguinte, ao ser retirada dele a mesma quantidade de terra, você o estará privando de relativamente maior parte de sua propriedade, e assim por diante, até que ele se veja totalmente despojado. O mesmo acontece caso se taxe seu capital: o efeito é menos óbvio, porém não menos inevitável.

Para qualquer indivíduo, não importa o trabalho que realize, seu capital representa o que o arado é para o agricultor. Ora, caso se retire de um cultivador da terra um saco de trigo que acabou de colher, ele volta ao trabalho e produz outro saco no ano seguinte. No entanto, se seu arado é retirado, ele não pode mais produzir trigo.

Não se pense que as economias dos indivíduos são capazes de remediar essa dificuldade criando novos estoques de capital. Caso o capital seja tributado, diminuem as receitas individuais, já que são retirados os meios de reabastecer tais receitas. Supostamente sobre o que poderão ser feitas economias?

Não se diga também que o capital é capaz de se auto-reproduzir. O capital é tão-somente o acúmulo de ativos, gradualmente retirados da receita. Quanto mais se prejudica o capital, quanto mais declina a receita, menos acúmulo de ativos pode acontecer e menos capital pode se auto-reproduzir.

O Estado que taxa o capital está preparando a ruína dos indivíduos; está gradualmente retirando propriedade deles. Ora, se a segurança dessa propriedade é uma das obrigações do Estado, fica patente [262] que os indivíduos têm o direito de reivindicar o cumprimento desse dever reclamando contra um sistema de tributação que vai de encontro a tal finalidade.

Capítulo sete
Que o interesse do Estado em matérias de taxação é consistente com os direitos individuais

Mostremos agora que o interesse do Estado em questões de tributação é consistente com os direitos individuais. Posto que, desafortunadamente, não basta mostrar o que é justo; é preciso também convencer o governo de que aquilo que é justo não é menos funcional.

Já demonstramos a iniqüidade da taxação da terra quando ela excede o nível necessário a fazer com que os proprietários de terra contribuam com a devida parcela no pagamento de tributos. A mesma taxa é perniciosa para o governo, quer pela dificuldade de arrecadação quer por seus efeitos sobre a agricultura. Ela mantém na pobreza a maioria da classe trabalhadora; necessita de uma multidão de agentes numa atividade enfadonha para arrecadá-la; absorve ativos que, por não serem reinvestidos, são retirados da prosperidade individual e ficam perdidos para a riqueza pública. Nossos custos para fazer com que ela vigore, nossos inúmeros agentes para sua implementação, a força armada disseminada pelo interior para amealhar os impostos atrasados, já deviam ter nos convencido dessas verdades. Já foi provado que, para arrecadar 250 milhões de francos dessa forma de taxação, são necessários 50 milhões de francos só de custos de implementação. Resulta que a nação mais famosa pela criteriosa administração financeira, longe de fazer da tributação da terra a base de seu sistema de receitas, o máximo que dela retira é um doze avos da taxação total.[11]

Já condenamos o imposto sobre patentes como assaltos sobre os direitos sagrados ao trabalho, assaltos sobre ocupações que poderiam ser preenchidas pelo pobre. Por causa de sua organização, essa taxa é uma das mais difíceis de arrecadar e envolve os esforços mais improdutivos, ou seja, as maiores perdas para o Tesouro.

Já dissemos[12] que as taxas vão de encontro aos direitos individuais quando autorizam investigações opressoras. Citamos [263] a *Alcavala* na Espanha, um imposto que sujeitou toda a venda de qualquer artigo, fosse móvel ou imóvel, a uma taxa. Dom Ustariz a considera a causa do declínio das finanças espanholas.[13]

Rejeitamos as taxas que encorajam a fraude. Seria necessário mostrar quão mortal é essa luta entre governo e cidadãos? E será que não se percebe de imediato quão ruinosa ela é até em termos financeiros? Acrescentamos que, quando as taxas excessivas acabam com um ramo do comércio, elas afetam a indústria ligada a tal comércio. A Espanha foi punida exatamente por um ataque desses: diversas de suas minas no Peru permanecem sem desenvolvimento porque o imposto devido ao Rei absorve toda

---

[11] Veja a nota I de Constant no fim do Livro XI.
[12] No Capítulo 5 deste mesmo Livro XI, "Como a taxação vai de encontro aos direitos individuais".
[13] Veja a nota J de Constant no fim do Livro XI.

a receita de seus proprietários. Isso fere tanto o Tesouro quanto os indivíduos.[14]

Condenamos as loterias, embora seus tributos sejam facilmente arrecadados, porque têm o efeito de corromper os homens. Entretanto, os próprios governos pagam uma penalidade por tal corrupção. Antes de tudo, o dano que as loterias causam à produção diminuem o reinvestimento e, por via de conseqüência, a riqueza nacional. Em segundo lugar, a criminalidade que causam entre a classe trabalhadora é, quando colocamos todas as questões morais de lado e pensamos apenas em termos fiscais, uma despesa pública. Em terceiro lugar, funcionários dos escalões inferiores se deixam seduzir pelo feitiço das loterias e os custos recaem sobre os governos. Sob o Diretório, houve num só ano falências no valor de doze milhões de francos entre coletores de impostos, e ficou demonstrado que cerca de dois terços desses coletores foram arruinados pela loteria. Finalmente, a coleta de uma taxa desse tipo, embora fácil, é, apesar disso, onerosa. Para fazer com que as loterias se paguem, é necessário multiplicar as tentações, e para multiplicá-las urge que sejam também multiplicados os escritórios. Daí os altos custos da arrecadação. Nos dias de M. Necker, a receita das loterias chegou a 11.500.000 francos, e o custo de 2.400.000 francos da arrecadação aproximou-se de 21 por cento, de modo que a taxa mais imoral foi ao mesmo tempo a mais onerosa para o estado.[15]

[264] Demonstramos por fim que as taxas não devem incidir sobre outras coisas que não receitas. Quando pesam sobre o capital,

---

[14] Veja a nota K de Constant no fim do Livro XI.
[15] O exemplo e os números vêm de *De l'administration des finances*, de Jacques Necker, *op. cit.*, t. I, pp. 84-88.

arruínam sobretudo os indivíduos e, depois, o governo. A razão é simples.

Todos os homens com algumas noções sobre economia política sabem que os gastos são de duas espécies: os produtivos e os improdutivos. Os primeiros são os que criam a riqueza, e os segundos não criam coisa alguma. Uma floresta que é devastada para a construção de navios ou de uma cidade fica exaurida como se tivesse sido consumida pelo fogo. No primeiro caso, a esquadra ou a cidade construídas mais que compensam a floresta destruída; no segundo, só permanecem cinzas.

Os gastos improdutivos podem ser necessários. Cada pessoa compromete parte de sua renda com alimentação; é um gasto improdutivo, porém indispensável. Um estado de guerra com países vizinhos consome parte dos recursos públicos para a subsistência das forças armadas de modo que elas possam ser supridas com os equipamentos de guerra necessários à defesa e ao ataque; não se trata de gasto inútil, mas ele é improdutivo. Por conseguinte, se os gastos improdutivos são muitas vezes necessários para a garantia de vidas ou para a segurança dos indivíduos e das nações, apenas os produtivos concorrem para aumentar a prosperidade de ambos. O que é consumido improdutivamente sempre é desculpável e legítimo quando a necessidade assim o requer, mas é demente e inescusável quando não forçado por tal necessidade.

O dinheiro posto em prática entre todas as produções como meio de troca serviu para espalhar uma certa obscuridade sobre essa questão. Como o dinheiro é utilizado sem que se destrua, tem se generalizado a opinião de que, qualquer que seja a maneira de seu uso, o resultado é sempre o mesmo. Supõe-se até ter sido pensado que o dinheiro poderia ser empregado para reinvestimento ou para não produzir coisa nenhuma. Se um governo gasta dez milhões de francos para fazer um exército marchar em diferentes direções, ou para produzir espetáculos de luz e som, demonstrações de fogos de artifício, festas suntuosas, os dez milhões assim consumidos não são destruídos. A nação não fica mais pobre por causa dos dez milhões; mas essa quantia não produziu nada. A sociedade reteve apenas os dez milhões que possuía originalmente. Todavia, ao contrário, [265] se os dez milhões forem empregados para construir fábricas ou utilizados em prol de qualquer espécie de manufatura ou indústria, para melhorar a terra, em suma, reinvestidos em alguma *commodity*, a nação teria em uma das mãos os dez milhões consumidos dessa forma e na outra os ativos que aqueles dez milhões teriam produzido.

Eu gostaria de elaborar um pouco mais esse importante assunto, uma vez que existe uma opinião desastrosa de que todos os empregos do capital são os mesmos. Esse ponto de vista é esposado por aqueles que se beneficiam dos desperdícios do governo e pelos que vivem repetindo máximas sem as entender. Inegável que o dinheiro, o símbolo da riqueza, não faz mais em todos os casos do que passar de mão em mão. Mas quando utilizado em despesas de reinvestimento, seu valor é dobrado; quando gasto improdutivamente, existe um só valor. Se, para ser dissipado em despesas não-produtivas, o dinheiro é arrebatado da classe que o teria usado produtivamente, a nação não fica mais pobre em termos de dinheiro, mas fica privada da produção que não teve lugar. A nação mantém o símbolo, mas perde em realidade. O exemplo espanhol é prova suficiente para nós de que o símbolo do dinheiro é tudo menos riqueza autêntica.

É portanto líquido e certo que o único meio para a prosperidade de uma nação é o uso do capital em gastos produtivos.

Ora, mesmo os governos mais sábios não podem utilizar fundos tirados dos indivíduos exceto em gastos improdutivos. Os custos dos salários dos funcionários públicos de todos os tipos, a manutenção da ordem, dos tribunais, das finanças de guerra, de todos os ramos do funcionalismo público, são todos gastos dessa espécie. Quando o Estado utiliza apenas parte da receita para essas despesas, os ativos que restam nas mãos dos indivíduos garantem o reinvestimento necessário. Se, entretanto, o Estado desvia os ativos de seu propósito pretendido, o reinvestimento encolhe, e como ele é indispensável, como mostramos, todos os anos, com o confisco proporcional de mais ativos, o reinvestimento tende a cessar completamente, e tanto os indivíduos quanto o Estado se verão arruinados.

"Exatamente como o esbanjador, que consome mais do que arrecada", diz Ganilh na sua história da receita pública,[16] "diminui suas posses de toda a quantia gasta que ultrapassou sua receita e cedo vê sua renda e sua propriedade desaparecerem, [266] o Estado que tributa a propriedade[17] e consome seu produto como receita está marchando, segura e rapidamente, para a decadência".

Assim, então, em matéria de tributação como em todas as coisas, as leis da eqüidade são as melhores a seguir, mesmo onde se pensa sobre elas em termos de utilidade. O governo que infringe a justiça na esperança de algum ganho ignóbil paga preço alto por tal violação; e os direitos dos indivíduos devem ser respeitados pelos

---

[16] Veja a nota L de Constant no fim do Livro XI.
[17] Veja a nota M de Constant no fim do Livro XI.

governos mesmo quando estes têm apenas seus próprios interesses em mente.

Capítulo oito
Um axioma incontestável

Ao indicar, como o fizemos nesta seção, necessariamente de modo bastante abreviado, algumas regras referentes à tributação, nossa intenção era sugerir ao leitor idéias que ele pudesse ampliar, e não desenvolver nenhuma delas. Esse risco poderia nos levar para bem além dos limites que nós mesmos prescrevemos. Um axioma incontestável que nenhum sofisma pode refutar é que qualquer taxa, tenha a natureza que tiver, sempre tem uma influência mais ou menos infeliz.[18] Se o emprego do imposto por vezes produz benefício, sua arrecadação sempre provoca desconforto.[19] O malefício pode ser necessário. Como todos os malefícios similares, entretanto, ele deve ser tornado o menor possível. Quanto mais recursos são deixados à disposição da atividade individual, mais o Estado prospera. Um imposto, só porque retira de tal atividade uma parcela ou outra desses recursos, é inevitavelmente pernicioso. Quanto mais dinheiro é tomado de várias nações, diz M. de Vauban em *O Dízimo Real*,[20]

---

[18] Veja a nota N de Constant no fim do Livro XI.
[19] Veja a nota O de Constant no fim do Livro XI.
[20] Hofmann não foi capaz de localizar a passagem indicada por Constant. Por outro lado, no Cap. II de *La dîme royale* (o dízimo real), Vauban se expressa analogamente. "Ouso dizer que, de todas as tentações contra as quais os príncipes devem mais se proteger, avultam aquelas que os levam a extrair tudo o que podem de seus súditos, de vez que se forem capazes de fazer qualquer coisa às pessoas inteiramente obedientes a eles, provavelmente se arruinarão

mais ele é retirado do comércio. O dinheiro mais bem empregado no reino é aquele que permanece nas mãos dos indivíduos, onde jamais é inútil ou fica ocioso.

[267] Rousseau, pouco versado em questões financeiras, acompanhou outros ao dizer que, nas monarquias, o excedente demasiado dos súditos tinha que ser consumido na opulência do príncipe, porque era melhor que tal excedente fosse absorvido pelo governo do que dissipado pelos indivíduos.[21] Essa doutrina revela uma mistura absurda de preconceitos monárquicos com opiniões republicanas. A opulência do príncipe, longe de desencorajar a dos indivíduos, fornece-lhes incentivo e exemplo. Não se deve pensar que com o despojamento dos súditos o príncipe os está reformando. Ele pode mergulhá-los na pobreza; mas não é capaz de trazê-los de volta à simplicidade. O que acontece é que a pobreza de alguns ocorre em combinação com a opulência de outros, a mais deplorável de todas as combinações.

Argumentos igualmente inconseqüentes concluíram que, pelo fato de os países mais pesadamente tributados, como Inglaterra e Holanda, serem também os mais ricos, eles eram os mais ricos porque pesadamente taxados. Tomou-se, assim, o efeito pela causa. "As pessoas não são ricas porque contribuem. Contribuem porque são ricas."[22]

"Tudo que vai além das necessidades reais", diz um escritor de incontestável autoridade no assunto,[23] "perde sua legitimidade. A

---

sem que percebam." *La dîme royale*, de Sébastian Le Prestre de Vauban, ed. George Michel, Paris, Guillaumin, s.d. [1887], p. 192.

[21] Veja a nota P de Constant no fim do Livro XI.
[22] Veja a nota Q de Constant no fim do Livro XI.
[23] Veja a nota R de Constant no fim do Livro XI.

única diferença entre as violações individuais e as do soberano é que a injustiça dos primeiros resulta de idéias francas que qualquer um pode distinguir, enquanto as outras são vinculadas a causas mistas, tão vastas quanto complicadas, de modo que ninguém é capaz de julgá-las senão mediante conjecturas".

Capítulo nove
A desvantagem da taxação excessiva

Em todos os lugares em que a constituição do Estado não bloqueia [268] a proliferação arbitrária de tributos, em todos os lugares em que o governo não é limitado por barreiras intransponíveis em suas demandas sempre crescentes, como quando ninguém as contesta, nem a justiça, nem a moralidade, tampouco a liberdade individual podem ser respeitadas. Nem o governo que retira das classes trabalhadoras sua subsistência penosamente ganha, nem essas classes oprimidas que vêem sua subsistência arrebatada para enriquecer senhores gananciosos, podem permanecer fiéis às leis da eqüidade nessa luta escandalosa da fraqueza contra a violência, da pobreza contra a ambição desmedida, da necessidade contra o roubo. Qualquer imposto sem sentido é uma usurpação que a força que a acompanha não a torna mais legítima que outra indignidade qualquer desse gênero. É uma usurpação ainda mais odiosa porque executada com toda a solenidade da lei; e mais censurável porque é o rico que a impõe sobre o pobre. Uma usurpação ainda mais covarde na medida em que é cometida por um governo armado contra indivíduos desarmados. Os próprios governos não perdem por esperar a punição por tal usurpação.

Os povos das províncias romanas, diz Hume,[24] foram tão oprimidos pelos coletores de impostos que se lançaram alegremente nos braços dos bárbaros, felizes porque esses senhores toscos e simples lhes ofereciam um domínio menos ganancioso e voraz que o dos romanos.

Capítulo dez
Mais uma desvantagem da taxação excessiva

Seria ainda assim erro adicional supor-se que as desvantagens da tributação excessiva se limitam à pobreza e à privação das pessoas. Um malefício maior resulta, um que a mim parece não ter sido suficientemente ressaltado.

A posse de grande riqueza inspira nos indivíduos desejos, caprichos e fantasias imoderados que não sentiriam em circunstâncias mais modestas e sóbrias. O mesmo [269] ocorre com governos. A opulência excessiva os intoxica, exatamente como o poder demasiado, porque a opulência é uma espécie de poder, na realidade do tipo mais autêntico. Disso resultam as praças públicas mais irreais, as ambições exageradas, os projetos gigantescos, com que um governo apenas com recursos básicos jamais sonharia. Assim, as pessoas não são pobres apenas porque tributadas além de suas posses; ficam mais pobres ainda pelo uso que o governo faz de seus impostos. Os sacrifícios das pessoas se voltam contra elas. Elas não mais pagam impostos para ter a paz assegurada por um bom sistema de defesa; elas as pagam para ter a guerra porque o

---
[24] Veja a nota S de Constant no fim do Livro XI.

governo, orgulhoso de sua imensa fortuna, inventa milhares de pretextos para gastá-la de modos que denomina gloriosos. As pessoas pagam não para que a boa ordem pública seja mantida, mas, ao contrário, para que um governo insolente,[25] enriquecido por seus espólios, possa com impunidade perturbar a ordem pública com seus molestamentos. Dessa forma, uma nação que não possui salvaguardas contra a proliferação de taxas compra infortúnios, problemas e perigos com suas privações. O pai paga para que seu filho lhe seja arrancado dos braços e enviado para morrer longe do solo pátrio. O fazendeiro paga para que seus campos sejam devastados por uma multidão alimentada com o dinheiro com o qual contribuiu. Nessa situação, o governo é corrompido por sua riqueza e o povo por sua pobreza.

---

[25] [Constant emprega a palavra *cour*, o que sugere ter em mente, por seus defeitos, um governo tipicamente *real*. Nota do tradutor americano]

Notas de Constant

A. [Referente à p. 356]
Say, *Economie politique*, Livro V, Cap. 13.[26]

B. [Referente à p. 359]
Na Holanda, £30, e na Inglaterra, £20 esterlinas.

C. [Referente à p. 361]
A taxação da terra na Inglaterra arrecada apenas £2.037.627. Ela causa muitas e repetidas queixas. Só o imposto sobre a cevada, em suas várias formas, arrecada £3.000.000. [270] Ele quase que não é notado. Sinclair, *On the public revenue of England*.[27]

---

[26] *Traité d'économie politique ou simple exposition de la manière dont se forment, se distribuent et se consomment les richesses*, de Jean-Baptiste Say, Paris, Impr. de Crapelet, ano XI, 1803, t. II, pp. 480-494.

[27] Esse exemplo foi tornado disponível em *Essai politique sur le revenu public des peuples de l'antiquité, du moyen-age, des siècles modernes et spécialement de la France et de l'Angleterre, depuis le milieu du XVe siècle jusqu'au XIXe*, de Charles Ganilh, Paris, Giguet et Michaud, 1806, t. II, p. 350: "Na Inglaterra, a taxação da terra que, a quatro xelins por libra, arrecada £2.037.627, cerca de 47.000.000 de francos, ocasiona uma série de resmungos, enquanto o imposto sobre a cevada, em suas várias formas, produz £3.000.000, cerca de 69.000.000 de francos, e quase não é notado".

D. [Referente à p. 361]
Veja *Encyclopédie*. Artigo: Atmosphère.[28]

E. [Referente à p. 365]
Smith, Livro IV, Cap. 2.[29]

F. [Referente à p. 366]
Smith, Livro V, Cap. 2. Ganilh, tomo II, p. 449.[30]

G. [Referente à p. 367]
Sobre a operação do capital e de sua parte indispensável em todas as formas de produção, veja *De la richesse commerciale*, de Sismondi, Livro I, Cap. I, e *Du revenu public*, de Ganilh, Volume II, pp. 281-306. A natureza de meu trabalho não permite que eu entre em mais detalhes.[31]

---

[28] No artigo "Amosphère" da *Encyclopédie*, assinado por d'Alembert, é dito que o homem suporta peso de 33.600 libras.

[29] Adam Smith, *op. cit.*, t. III, p. 81.

[30] Adam Smith, *op. cit.*, t. IV, pp. 450-451. Smith assevera aqui que jamais é vantajoso subcontratar a tributação. Charles Ganilh, *op. cit.*, t. II, p. 449: "Sou de opinião que, caso se deseje harmonizar os interesses da receita pública com a segurança dos contribuintes, apenas os funcionários dos níveis inferiores da receita deveriam se preocupar com o volume da arrecadação, enquanto os dos níveis superiores receberiam salários suficientes para comprar talentos e até mesmo satisfazer ambições".

[31] *De la richesse commerciale ou principes d'économie politique appliqués à la législation de commerce*, de Jean-Charles-Léonard Sismondi, Genebra, J.-J. Paschoud, ano XI (1803), t. I, pp. 19-38. Este primeiro capítulo, ao qual Constant se refere, é intitulado *A Origem da Riqueza Nacional*. Nas páginas indicadas, o autor mostra como qualquer contribuição tem que ser baseada na renda.

[271] H. [Referente à p. 367]
Suponho, para fins de argumentação, que ele não pode aplicar seu capital e seu esforço noutra atividade. Se puder, a comparação será baseada na primeira atividade em que ele lançar seu capital e seu esforço.

I. [Referente à p. 370]
A receita pública na Inglaterra, em 1799, era de aproximadamente £27.000.000, e a tributação da terra arrecadava apenas £2.000.000.[32]

J. [Referente à p. 370]
Théorie pratique du commerce d'Espagne.[33]

K. [Referente à p. 371]
Veja de Ulloa.[34]

L. [Referente à p. 374]
Tomo II, p. 289.

---

[32] As quantias e o exemplo vêm de Ganilh, *op. cit.*, t. II, pp. 350-351, ele mesmo os retirando de *A brief examination...*, de George Rose, *op. cit.*

[33] *Théorie et practique de commerce et de la marine*, de Dom Geronimo de Ustariz, Paris, Vve Estienne et Fils, 1753, Seconde Partie, Cap. XCVI e XCVII; especialmente p. 107: "Não duvido um só instante de que essa é a causa da destruição de nossas manufaturas". Esse exemplo da *Alcavala* e a referência a Ustariz são tirados de Charles Ganilh, *op. cit.*, t. II, pp. 306-307. Adam Smith fala disso também em *op. cit.*, t. IV, pp. 444-445.

[34] *Voyage historique de l'Amérique méridionale fait par ordre du roi...*, de Antonio de Ulloa, Paris, C.-A. Jombert, 1752, 2 vol. Esta referência também vem de Adam Smith, *op. cit.*, t. I, p. 34.

M. [Referente à p. 374]
Capital.

[272] N. [Referente à p. 375]
Smith, Livro V, para a aplicação dessa verdade geral a cada taxa em particular.[35]

O. [Referente à p. 375]
Say, Livro V, Cap. 8.[36]

P. [Referente à p. 376]
O Contrato Social III, Cap. 8.[37]

Q. [Referente à p. 376]
Say, V, Cap. 11.[38]

R. [Referente à p. 376]
Administration des finances, Livro I, Cap. 2.[39]

S. [Referente à p. 378]
Essai politique, 8.[40]

---

[35] Adam Smith, *op. cit.*, t. IV, pp. 257-554.
[36] Jean-Baptiste Say, *op. cit.*, t. II, pp. 408-448.
[37] Jean-Jacques Rousseau, ed. cit., p. 416.
[38] Jean-Baptiste Say, *op. cit.*, t. II, pp. 465-466, Cap, 11.
[39] Jacques Necker, *op. cit.*, t. I, p. 43. Constant mudou o texto. O original só diz: "Que exceda tal medida".
[40] Constant tomou tal referência a Hume de Charles Ganilh, *op. cit.*, t. II, p. 404 (nota).

LIVRO XII

Da Jurisdição do Governo sobre a Atividade Econômica e a População

Cap. 1. Observação preliminar. 387
Cap. 2. Da jurisdição política legítima *vis-à-vis* a atividade econômica. 388
Cap. 3. Que existem dois ramos da intervenção governamental com respeito à atividade econômica. 389
Cap. 4. Dos privilégios e proibições. 390
Cap. 5. Do efeito geral das proibições. 420
Cap. 6. Daquilo que força o governo para essa direção equivocada. 423
Cap. 7. Dos suportes oferecidos pelo governo. 427
Cap. 8. Do equilíbrio da produção. 434
Cap. 9. Um exemplo final dos efeitos adversos da intervenção do governo. 438
Cap. 10. Conclusões das reflexões anteriores. 440
Cap. 11. Das medidas governamentais em relação à população. 441

CAPÍTULO UM

Observação Preliminar

Na enumeração dos direitos inalienáveis dos indivíduos no início deste trabalho,¹ não incluí a liberdade de atividade econômica. Contudo, os filósofos mais esclarecidos do último século mostraram com muitas evidências a injustiça das restrições experimentadas por tal liberdade em quase todos os países. Mostraram também com a mesma clareza, na minha opinião, que essas restrições foram tão inúteis e malconcebidas quanto injustas.

Esse último ponto, apesar disso, ainda parece duvidoso para muitas pessoas; seriam necessários muitos volumes para esclarecer o caso de tal maneira que lhes parecesse satisfatório. Os princípios da liberdade econômica se fundamentam numa miríade de fatos, e cada fato que parece contrário a ela demanda, para que dê lugar à perspectiva correta, uma discussão longa e detalhada.² A liberdade de comércio só é válida quando escrupulosamente observada. Uma só violação, que lance incerteza sobre o sistema inteiro, destrói todos os seus benefícios, e os governos então transformam seus próprios

---
¹ No Livro II, Cap. 6 "Dos direitos individuais quando a autoridade política é assim restringida".
² Veja a nota A de Constant no fim do Livro XII.

erros em vantagens para justificar suas intervenções; argumentam, a partir dos resultados imperfeitos – e, por vezes, horríveis – a favor da liberdade restrita e precária, contra conseqüências invariavelmente satisfatórias da liberdade total e bem-estabelecida. Em função disso, não desejei colocar, embora todas as questões desse tipo estejam entrelaçadas, a liberdade comercial e a liberdade civil no mesmo nível, receoso de que os homens que discordassem da primeira [276] pudessem também contestar os princípios importantes sobre os quais se baseiam a felicidade da sociedade civil e a segurança dos cidadãos. A despeito desse fato, da mesma forma que certas considerações morais me forçam a retornar ao assunto deste livro e, em termos morais, decidem a questão em favor da liberdade, também fatos e observações adicionais decidem da mesma forma no caso da atividade econômica. Pensei não me deter mais nessa matéria. Rogo ao leitor, no entanto, que não se esqueça de que esta seção não é um tratado sobre economia comercial e só contém algumas reflexões gerais que expressamente separo do restante da minha pesquisa, de modo que meus enganos, se alguns cometi, ou os desacordos de opiniões que possam ser encontrados não pesem sobre outras questões que debati. Eu posso estar errado em meus pleitos sobre liberdade de produção e comércio sem que meus princípios sobre liberdade religiosa, intelectual e pessoal sejam enfraquecidos por tal circunstância.

Capítulo dois
Da jurisdição política legítima vis-à-vis *a atividade econômica*

Da mesma forma que a sociedade não tem prerrogativas políticas sobre os indivíduos, salvo para evitar que eles se firam mutuamente, também a atividade econômica, a menos que injuriosa, não se sujeita a tal jurisdição. Mas a atividade econômica de um homem não pode ser prejudicial a seus pares enquanto ele não invocar, em favor de sua própria atividade e contra as dos outros, ajuda de outra espécie. É da natureza dos negócios a luta contra os rivais mediante a competição perfeitamente livre e os esforços para que seja alcançada uma superioridade intrínseca. Todos os outros tipos de meios que os negócios possam tentar utilizar não constituem atividade econômica e sim opressão ou fraude; a sociedade teria o direito, na verdade até a obrigação, de barrá-los. Desse direito que a sociedade tem, no entanto, não se conclua que ela também possui aquele de empregar contra a atividade econômica de uma pessoa, em favor da atividade de outra, meios que devem ser igualmente proibidos para todos.

Todas as objeções compiladas no Livro X contra os obstáculos colocados no caminho da propriedade, que se possui ou [277] é transferida, adquirem força redobrada quando aplicadas à produção. Tais objeções se fundamentam, em sua maior parte, na facilidade com que as leis proibitivas são burladas e na corrupção resultante das oportunidades que os homens conseguem por violar as leis. Vejam, a natureza da atividade econômica oferece bem mais aberturas para o sigilo e para as transgressões impunes do que a natureza da propriedade de terras.

Capítulo três
Que existem dois ramos da intervenção governamental com respeito à atividade econômica

A intervenção do governo na atividade econômica pode ser dividida em dois ramos: proibições e apoios. Os privilégios não devem ser separados das proibições porque, necessariamente, as impulsionam.

Já que queremos dar aqui exemplos em vez de examinar todas as partes do sistema econômico, tomaremos ao acaso algumas das proibições mais empregadas pela maioria dos governos, proibições que, em conseqüência, têm pelo menos em sua defesa o suporte da classe governante. Não diremos coisa alguma sobre aquelas cujo disparate, por muito tempo negado, é agora aceito.

Capítulo quatro
Dos privilégios e proibições

O que é privilégio nos negócios? É o uso do poder da autoridade política para conceder vantagens a alguns homens, sendo o objetivo da sociedade garanti-las para todos. A Inglaterra fez isso quando, antes da união da Irlanda àquele reino, baniu os irlandeses de quase todas as formas de comércio exterior. É o que ela hoje faz quando proíbe que os cidadãos ingleses estabeleçam nas Índias qualquer tipo de negócios [278] independentemente da companhia que se apoderou daquele vasto monopólio. Isso foi o que a burguesia de Zurique consumou ao forçar os que viviam nos campos circundantes a vender apenas para ela todas as suas mercadorias e todos os produtos de suas manufaturas.

Trata-se, então, em princípio, de manifesta injustiça. Existe algum valor nessa prática? Se o privilégio é estendido apenas para poucos, por certo algum valor resulta para esse punhado, mas daquele tipo que caminha de mãos dadas com a espoliação. Não é isso que pretendemos ou admitimos pretender. Será que resulta algum valor para a nação? Definitivamente não, já que, antes de tudo, a grande maioria da nação fica excluída do benefício; existem, por conseguinte, perdas não-compensadas para tal maioria. Em segundo lugar, o ramo da indústria ou do comércio beneficiário do privilégio passa a ser administrado com mais negligência e menos sentido de economia por aqueles cujos lucros ficam assegurados pelo monopólio do que o seria se a competição obrigasse que todos os rivais se esforçassem por ultrapassar uns aos outros em termos de aplicação e capacidade. Assim, a nação não extrai dessa atividade econômica a totalidade dos benefícios que poderia; e, assim, há perda relativa para a nação como um todo. Finalmente, os meios que o governo tem que empregar para manter o privilégio funcionando e para tirar da competição as pessoas que dele não privam são inevitavelmente opressivos e humilhantes. Mais uma vez, então, toda a nação experimenta uma perda de liberdade. Vimos portanto os três tipos de perdas reais que essa espécie de proibição provoca, e a compensação por tais perdas fica reservada para um mero grupo de pessoas privilegiadas.

A desculpa esfarrapada para os privilégios é a inadequação de recursos individuais e o valor das combinações encorajadoras que a compensam. Todavia, as pessoas dão muito valor à citada inadequação, como também à necessidade.[3] Se os recursos individuais são insuficientes, é provável que alguns indivíduos fiquem arruinados, mas um pequeno número de exemplos pode instruir todos os cidadãos, e é melhor que ocorram uns poucos infortúnios do que a massa incalculável de desditas e corrupção pública que

---

[3] Veja a nota B de Constant no fim do Livro XII.

os privilégios acarretam. Se o Estado quisesse supervisionar os indivíduos em todas as operações em que eles tenham potencial para se ferir mutuamente, isso levaria à restrição de quase toda a liberdade de ação. E uma vez [279] auto-estabelecido como guardião do cidadão, o Estado cedo se transformaria em seu tirano. Caso sejam necessárias combinações para um ramo vital da produção ou para o comércio de longa distância, as combinações se formarão, e os indivíduos não lutarão contra elas, mas tentarão a elas se juntar para desfrutar de suas vantagens. Se as combinações existentes recusarem tal fato, outras combinações logo se formarão, e a competição rival resultante será mais ativa. Deixe-se que o governo intervenha apenas para manter os respectivos direitos das combinações e dos indivíduos, e dentro dos limites da justiça; a liberdade se encarregará do resto e, com certeza, será bem-sucedida.

Além do mais, é um engano considerarem-se as empresas comerciais benéficas só por sua natureza. Qualquer companhia poderosa, diz um autor que conhece bem a matéria,[4] mesmo quando negocia apenas em competição com empresas individuais, abala estas últimas sobretudo com a redução do preço das mercadorias; depois de conseguir isso, a companhia, então sozinha no mercado, ou quase isso, arruína o país elevando os preços. A seguir, pelos lucros excessivos que levam os empregados à negligência, ela se autodestrói. Vemos em Smith, Livro V, Cap. I,[5] através de numerosos e incontestáveis exemplos, que quanto mais as companhias inglesas

---

[4] Não sabemos a quem Constant alude – talvez ao abade Morellet, que aparece um pouco mais adiante.
[5] Adam Smith, *op. cit.*, t. IV, Cap. I.

eram exclusivas e detentoras de grandes privilégios – e mais ricas e poderosas –, mais deficiências marcaram suas histórias e mais tristes foram seus destinos. Em contraste, as únicas bem-sucedidas e que se auto-sustentaram foram as empresas limitadas a capitais modestos, constituídas por pequeno grupo de pessoas, empregando apenas um punhado de trabalhadores, ou seja, aquelas que nos quesitos administração e recursos quase chegaram a pequenas firmas. O abade Morellet, em 1780, contabilizou cinqüenta e cinco empresas, estabelecidas desde os anos 1600, investidas com privilégios exclusivos em diferentes países europeus, que acabaram, todas elas, em falência.[6] Companhias poderosas demais são como forças que têm poder excessivo, como os Estados demasiadamente fortes: começam devorando os vizinhos, depois os súditos e, por fim, se autodestroem.

A única circunstância que justifica o estabelecimento de uma empresa é quando os indivíduos se juntam para constituir, por conta e risco próprios, um novo ramo de comércio com povos distantes e bárbaros. O Estado pode então lhes assegurar, como compensação pelos perigos que enfrentam, alguns anos de monopólio. Entretanto, uma vez expirado tal prazo, o monopólio tem que ser abolido e o livre comércio restabelecido.[7]

Podem-se citar fatos isolados em favor dos privilégios, e tais fatos parecem mais conclusivos na medida em que nunca vemos

---

[6] O exemplo é tirado de Adam Smith, *op. cit.*, p. 143. Smith diz que o ilustre economista francês, o abade Morellet, listou cinqüenta e cinco empreendimentos conjuntos, desde 1600 e em várias partes da Europa, que fracassaram a despeito dos privilégios exclusivos de que gozavam, porque sua administração foi pobre.

[7] Veja a nota C de Constant no fim do Livro XII.

o que aconteceria se os privilégios jamais existissem. No entanto, afirmo, antes de qualquer coisa, que se levarmos em consideração o tempo – algo que procuramos em vão descartar – e não abrirmos espaço para a impaciência pueril, a liberdade sempre terminará produzindo, já que não-contaminada por nenhum malefício, o mesmo bem que se quer forçar por meio de privilégios, a custo bastante pernicioso. Em segundo lugar, declaro que se existisse um ramo da indústria que não pudesse ser desenvolvido salvo com a ajuda de privilégios, então as conseqüências maléficas para o moral e para a liberdade da nação seriam tais que não haveria vantagem que as compensasse.[8]

Um bom número de escritores denunciou antes de mim as curadorias, os senhores de confrarias e os mestres de aprendizagem para que eu entre em longos detalhes sobre o assunto. Essas instituições são privilégios dos tipos mais abjetos e absurdos: mais abjetos porque é permitido ao indivíduo o trabalho que o mantém afastado do crime apenas pelo bel-prazer [281] de outro; mais absurdo porque, a pretexto de aperfeiçoamento dos ofícios, são colocados obstáculos no caminho da competição, o modo mais correto de estimular o aperfeiçoamento. O interesse dos compradores é uma garantia mais segura de qualidade da produção do que as regulamentações arbitrárias, as quais, partidas de um governo que inevitavelmente confunde tudo, não podem distinguir claramente as diversas ocupações, e prescrevem aprendizados tão longos para os ofícios mais fáceis quanto para os mais difíceis. É simplesmente grotesco imaginar-se que o povo é um mau juiz dos trabalhadores

---

[8] Veja a nota D de Constant no fim do Livro XII.

que emprega e pensar-se que o governo, com tantas outras coisas a fazer, estará mais bem equipado para determinar que provisões deverão ser feitas a fim de que seus méritos sejam avaliados. Ele não terá escolha senão confiar em homens que, formando um grupo organizado dentro do Estado, têm um interesse distinto da massa do povo e que, trabalhando de um lado para reduzir o número de produtores e do outro para elevar o preço dos bens, imediatamente farão com que tais bens surjam com mais defeitos e sejam mais caros. A experiência já se pronunciou por todos os lados contra o valor alegado da mania de regulamentação. As cidades inglesas nas quais o comércio é mais ativo, que experimentaram em tempo bem curto o maior crescimento e onde a produção foi levada aos níveis mais altos de perfeição são exatamente aquelas em que não existem cartas patentes[9] e onde não subsistem corporações.[10]

Ainda mais ultrajante e vexatória, porque mais direta [282] e não-disfarçada, é a fixação[11] de salários diários. Smith diz que essa fixação é o sacrifício do grupo maior ao menor. Eu acrescentaria que é o sacrifício do grupo pobre ao rico, dos trabalhadores laboriosos aos ociosos, pelo menos comparativamente, da facção que já sofre com as severas leis da sociedade àquela favorecida pela sorte e pelas instituições. É possível inventariar, não sem alguma compaixão, essa luta da pobreza contra a ganância, em que o pobre, já assoberbado por suas necessidades e pelas de sua família, não

---

[9] Veja a nota E de Constant no fim do Livro XII.
[10] Veja a nota F de Constant no fim do Livro XII. [Constant, aqui e na nota anterior, refere-se às formas pré-modernas, econômicas e legais, às cartas patentes e corporações de origem medieval. Nota do tradutor americano].
[11] [A palavra francesa "fixation" poderia ter sido traduzida por vocábulo mais neutro como "determinação" ou "especificação." Nota do tradutor americano].

tendo a que recorrer salvo seu trabalho e sem passar um só instante sem que sua vida e a de seus entes queridos se vejam ameaçadas, se vê diante do rico, não só fortalecido por sua riqueza e seu poder a ponto de constranger seus adversários negando-lhes o trabalho, que é sua única fonte, mas também ainda mais amparado pelas leis opressoras que fixam salários sem nenhuma consideração pelas circunstâncias, capacidade e aplicação do trabalhador. E não se pense que tal fixação é necessária para aplacar reivindicações exorbitantes que elevam o valor da mão-de-obra. As demandas da pobreza são modestas. Será que o trabalhador não vê sempre a fome rondando por perto, deixando-o sem tempo para discutir seus direitos e o predispondo-o muito facilmente a vender seu tempo e seus esforços por preço aviltado? Não é a competição que estabelece o preço mais baixo e compatível com subsistência física? Em Atenas, como na França de hoje, o salário de uma jornada diária de trabalho era equivalente à alimentação de quatro pessoas. Para que impor regulamentações se a natureza das coisas acerta tudo sem opressão e violência?

A fixação do preço do trabalho, tão fatal para o indivíduo, não traz, de modo algum, nenhuma vantagem pública. Entre o interesse público e o dos trabalhadores coloca-se a classe impiedosa dos patrões. Eles pagam o mínimo e exigem o máximo possíveis, lucrando, portanto, de maneira singular e rápida tanto com as necessidades dos trabalhadores quanto com as das classes ociosas. Que complicação estranha nas instituições sociais! Existe uma fonte permanente de equilíbrio entre o preço e o valor do trabalho, uma que não recorre à força e com a qual todos os cálculos são razoáveis e todos os interesses são satisfeitos. Tal força é a competição. Mas ela é deixada de lado. Empecilhos são postos no seu caminho pelas regulamentações injustas. Aí então as pessoas querem restabelecer o equilíbrio com normas igualmente injustas, [283] preceitos que precisam ser mantidos com punições e medidas rigorosas.

Os governos se assemelham aos médicos de Molière em quase tudo que fazem. Quando lhes é contado aquilo que vem sendo estabelecido e organizado pela natureza, eles respondem sem cessar: *nós mudamos tudo isso*.[12]

As leis contra os produtos manufaturados no exterior são concebidas para encorajar ou constranger os habitantes de um país a fazerem eles mesmos aquilo que, de outra forma, comprariam no estrangeiro. As leis são, portanto, necessárias, segundo o entendimento real do governo que as impõe, apenas quando tais produtos podem ser adquiridos no exterior por preços mais baratos do que os de sua produção. Posto que, na suposição oposta, os próprios interesses pessoais garantiriam que os indivíduos fabricariam aqueles produtos que seriam mais caros se comprados prontos. Mesmo na igualdade de preços, os produtos do próprio país têm uma grande vantagem. "A venda", diz reputado autor,[13] "é uma espécie de prêmio pela vitória na corrida, e o produto estrangeiro parte bem mais de trás".

Seria contudo vantajoso para uma nação estabelecer manufaturas em seu próprio território, as quais, para abastecer o país com determinada quantia de receita e certa produção, absorveriam mais recursos que os necessários para a compra de tais produtos? Só poderíamos responder afirmativamente supondo-se que, se tais recursos não fossem assim aplicados, não seriam utilizados em abso-

---

[12] Resposta de Sganarelle a Géronte em *Le médicin malgré lui*, Ato II, Cena IV.
[13] Veja a nota G de Constant no fim do Livro XII.

luto. Ora, tal hipótese é evidentemente absurda: se os quantitativos não fossem utilizados dessa forma o seriam de uma outra qualquer, e com mais vantagens. Isso significa dizer que com uma parcela desses recursos poder-se-iam comprar os artigos que estariam consumindo a soma total na sua produção endógena, enquanto o que restasse poderia ser redirecionado para outro ramo qualquer da produção, [284] que seria assim vitalizado. Os governos, ao forçarem seus súditos a manufaturar coisas que voluntariamente não fabricariam, os estão obrigando a aplicar seus recursos com ineficiência; estão diminuindo os resultados de seu capital e de seu trabalho; estão, portanto, reduzindo a riqueza dos súditos e, por via de conseqüência, a nacional.

A engenhosa comparação de Adam Smith a esse respeito tem sido citada com freqüência.[14] Vou mencioná-la de novo porque a evidência com que ele envolveu essa verdade parece que pouco convenceu os responsáveis pelos Estados. Na Escócia, até se poderia, diz ele, com estufas, adubações especiais e combinações específicas de vidros, conseguir o cultivo de uvas muito boas com as quais se poderiam também fabricar vinhos extraordinariamente bons, porém trinta vezes mais caros do que os comprados no exterior. Se isso parece absurdo, é igualmente absurdo demandar-se a manufatura no país de alguma coisa que assim fabricada custasse o dobro ou mesmo só a metade a mais daquilo que pudesse vir do estrangeiro. A evidência do absurdo no exemplo parece nos impressionar muito por causa das proporções envolvidas; mas o princípio é igualmente insano.[15]

---

[14] Em particular, por Jean-Baptiste Say, *op. cit.*, t. I, p. 163.
[15] Veja a nota H de Constant no fim do Livro XII.

Haverá o receio de que a livre importação de mercadorias estrangeiras possa encorajar a indolência numa nação, pois a desobrigaria da necessidade de trabalhar para conseguir suas necessidades? Mas o que não for adquirido pelo trabalho direto terá que o ser por desembolso de fundos, e para conseguir fundos a nação tem que trabalhar. Só a liberdade total permitirá que ela escolha os tipos mais lucrativos de produção e que os aperfeiçoe, ao se dedicar a eles com mais exclusividade. Isso porque a divisão do trabalho gera os mesmos resultados tanto para os produtos das nações quanto para os dos indivíduos. A proibição dos bens estrangeiros tende a privar um povo das vantagens da divisão do trabalho. Tal povo parece então com aquela pessoa que, em vez de se dedicar a um único trabalho que geraria suas posses, deseja executar por conta própria todas as tarefas, ou seja, fazer com as suas mãos as ferramentas, confeccionar suas roupas, preparar seus alimentos, construir sua casa. Atarefada assim com os vários encargos, essa pessoa, ao privar outras dos benefícios e ganhos que merecem, resultará desditosa e pobre em meio a esforços ininterruptos e infrutíferos.

Para um povo ainda na infância da civilização, [285] o freqüente recurso às manufaturas do exterior pode retardar o estabelecimento da fabricação nativa. Porém, como é provável que o governo de tal povo ainda seja extremamente ignorante, há pouca esperança nos esforços por ele despendidos em prol dos negócios. Restam, assim, a resignação e a espera. Não existe exemplo de nação não-manufatureira que tenha experimentado transformação forçada pelo governo. E existe boa razão para isso. O governo que obriga os homens a caminhar em determinada direção é arbitrário e malévolo, e não pode fazer bem coisa alguma.

Quanto às nações industriosas, basta que cada indivíduo seja deixado totalmente livre para o desenvolvimento de seu capital e de seu trabalho; ele descobrirá, independentemente de qualquer governo, o melhor uso que deles pode fazer. Se determinada atividade econômica se mostrar lucrativa, não deixará que estrangeiros colham os frutos; caso a eles abandone alguma outra atividade econômica comparável, será porque encontrou uma terceira que é mais vantajosa.

Barreiras contra a importação de bens do exterior são desaconselháveis por outra razão ainda. Caso se impeça que estrangeiros vendam para seus súditos, como esperar que eles comprem desses últimos? Quanto mais rico um povo, mais ganhos terá a nação que com ele mantiver relações comerciais. Porém, impedir que as pessoas vendam seus bens é fazer todo o possível para empobrecê-las; ou seja, é fazer todo o possível para diminuir os lucros que as pessoas teriam se comercializassem com o referido povo.

Todavia, quando estrangeiros se recusam a adquirir os produtos de nosso país, será que deveríamos, argumentarão alguns, permitir a livre importação dos artigos deles? Quando um povo fecha as portas para os bens de determinado país, isso ocorre porque ele decidiu fazê-los por conta própria ou porque resolveu favorecer uma outra nação. No primeiro caso, acontece uma de duas coisas: ou a manufatura dos bens sai mais barata do que a aquisição no estrangeiro, e a proibição não traria nenhum resultado porque os produtos importados estariam sempre em desvantagem, ou a manufatura sai mais cara e os cidadãos irão pagar mais por bens de qualidade inferior; o material proibido, melhor e mais barato, seria contrabandeado, e a nação que desejar mantê-lo longe de suas fronteiras estará se empobrecendo ao desviar fundos das aplicações lucrativas para a manufatura de objetos que seria melhor adquirir no estrangeiro; estaria impondo constrangimentos a si mesma, que a prejudicariam de mil maneiras: o Estado combateria em vão um contrabando que frustraria todos os seus esforços; os indivíduos sofreriam com obstáculos encontrados quase a cada passo. As imperfeições de um sistema assim cedo se fazem sentir; e, caso se permaneça fiel ao outro baseado na liberdade total, [286] sem sombra de dúvida, a nação que dele se desviar logo considerará do seu interesse a ele retornar.

Caso se trate de favorecimento para as mercadorias de um outro país, a questão será, mais uma vez, quase a mesma. Ou os produtos da nação favorecida são melhores que os nossos, e os resultados seriam os mesmos que os alcançados sem as proibições, ou tais produtos são inferiores, e os nossos prevaleceriam mais cedo ou mais tarde.

A deficiência da ação recíproca é que ela implica orgulho de povos e, dessa forma, prolonga as tensões e os desconfortos. Não é mais suficiente que o primeiro a incorrer em erro o perceba e o corrija. É mister que se conjuminem duas vontades que deixaram de concordar em função da rápida sucessão de eventos. Injustiça leva a injustiça; proibições recíprocas perpetuam proibições.

Existem poucas questões em que os governos falam tantas tolices quanto sobre a reciprocidade. A argumentação sobre isso lhes serve constantemente para a manutenção de leis cujas conseqüências fatais eles não podem contestar. O "droit d'aubaine"[16]

---

[16] [O direito de aubaine permitia que os monarcas franceses confiscassem os bens de pessoas não-naturalizadas que morressem na França. Foi finalmente abolido em 1819. Nota do tradutor americano]

é prova disso. Pelo fato de países estrangeiros terem aprovado leis proibindo o assentamento de cidadãos nossos entre eles, rapidamente aprovamos leis proibindo cidadãos estrangeiros de se estabelecerem entre nós.[17] Maravilhosa vingança! Se, ao contrário, não tivéssemos seguido estupidamente o exemplo deles, teríamos lucrado com suas leis ruins, já que nossos cidadãos impedidos de lá permanecerem ficariam conosco, inclusive com suas riquezas. E lucraríamos ainda mais por não termos lei similar, porque nossos vizinhos, bem recepcionados, trariam voluntariamente para cá seus negócios e seus ativos.

Sejamos justos com os justos. A eles, isso devemos. Mas sejamos justos até com os injustos. Essa é a melhor maneira de fazer com que arquem com a dor de suas injustiças, enquanto os deixamos livres para que as reparem.

[287] Os mesmos motivos que levaram os governos a erigir barreiras para a importação de produtos estrangeiros também os conduziram a banir a exportação de ouro e prata em espécie. Da mesma forma que muitos filósofos tomaram as palavras — sinais das idéias — pelas próprias idéias, também os administradores, em sua maior parte, tomaram o dinheiro — sinal da riqueza — pela própria riqueza.

---

[17] Essa referência parece objetivar a exposição de motivos apresentada ao Conselho de Estado, em 3 de março de 1803, por Jean-Baptiste Treilhard com respeito ao Código Civil. É aí que Treilhard justifica o restabelecimento parcial do "droit d'aubaine" abolido em 1789. *Procès-verbaux du Conseil d'Etat contenant la discussion du projet du Code civil*, t. II, Paris, 1803, pp. 444-447. [A idéia-chave era que um estrangeiro que morresse na França teria seus bens confiscados a menos que um francês que vivesse no país do estrangeiro tivesse o direito de deixar a riqueza para seus herdeiros. Nota do tradutor americano].

Nada obstante, seria fácil provar que a exportação em espécie só é procedida por um país quando vantajosa para ele. Na realidade, tal exportação só ocorre quando proporciona meio de se adquirir externamente, por troca, valor maior daquele que o mesmo valor em espécie conseguiria adquirir internamente. Ora, fica patente que, com essa operação, enriquece-se o país com aquele maior valor cuja entrada é permitida.[18]

Quando existe num país pouco desses metais em espécie, é vã a proibição de sua exportação; isso porque, se eles valem mais num país que noutro, os indivíduos têm interesse em não os exportar. Quando, pelo contrário, existem num país mais metais em espécie do que as necessidades do comércio e as demandas da circulação, a proibição de sua exportação é fatal. A conseqüência é que os preços de todos os bens e atividades custam proporcionalmente mais nesse país do que em qualquer outro lugar. Então o Estado se vê obrigado a só comprar, jamais vender.[19] Pode comprar porque, na compra, tem capacidade de tolerar a perda causada pelo baixo valor de seu dinheiro. Mas não pode vender, porque não encontra compradores dispostos a tolerar tal perda. Por conseguinte, a superabundância forçada daqueles metais em espécie é fundamentalmente nociva ao progresso econômico.

Se considerarmos tais artigos em espécie na sua forma mais usual, isto é, como meio de troca, sua exportação pode permanecer livre. Eles não serão exportados sem lucro e, caso sejam vendidos ao exterior de maneira vantajosa, como a riqueza pública cresce

---

[18] Veja a nota I de Constant no fim do Livro XII.
[19] Veja a nota J de Constant no fim do Livro XII.

com [288] o montante dos ganhos individuais, toda a nação se beneficiará. No entanto, podemos também pensar nesses metais em termos de manufatura, cuja exportação vale a pena incentivar.

Em quase todos os povos, como a fabricação de dinheiro envolve custos, sua exportação é considerada vantajosa pelo Estado que cunha moedas como qualquer outro bem manufaturado. Quão singularmente ilógicos são nossos estadistas-financistas! O comércio de jóias é encarado como lucrativo, embora implique envio de ouro e prata para o estrangeiro, e a exportação de dinheiro, cuja produção resulta em retornos do mesmo tipo, e que, portanto, nada mais é do que uma manufatura nacional, é vista como uma calamidade. É preciso que se diga que os governos, até agora, não fazem a menor idéia sobre questões como essa sobre as quais empilham leis atrás de leis.

Deve-se de pronto reconhecer, contudo, que alguns governos acham rigorosamente conveniente proibir a exportação de metal precioso em espécie. Tais governos são tão injustos, tão arbitrários, que todos os homens trabalham em segredo para escapar ao seu jugo. Então, sem sombra de dúvida, as exportações desses metais ocorrem sem que haja nenhuma vantagem para o país assim governado; são exportados a qualquer preço, mesmo com perda, porque todos agem com se estivessem num incêndio, atirando aleatoriamente para longe das chamas a mobília que desejam salvar, sem nenhuma consideração pelo dano que poderiam nela causar com o arremesso, certos de que ficarão apenas com aquilo que puderem isolar do elemento devastador. Nesse caso, por certo, as fronteiras têm que ser vigiadas, de modo que os indivíduos sejam despojados de suas últimas e tristes posses. A saída dos metais em espécie tem que ser barrada, como também a saída das pessoas. Da mesma forma, deve ser violada a privacidade da correspondência postal. Em resumo, tem que haver interferência sobre todas as faculdades, direitos e liberdades do homem. Ora, os citados direitos, faculdades e liberdades estão, involuntariamente, em conflito permanente com a opressão. E como tudo na natureza tende a se livrar do despotismo, esse despotismo não pode permitir coisa alguma, não pode deixar nada livre na natureza.

[289] Os governos já formularam dois tipos de leis proibindo o comércio de grãos. O primeiro expressa a vontade deles de que o comércio de tais *commodities* seja feito diretamente entre produtor e consumidor, sem um grupo com capacidade de intervir entre eles, comprando do primeiro para depois revender ao segundo. Daí os regulamentos contra os especuladores. O segundo tipo manifesta a vontade desses governos de impedir a exportação de quaisquer produtos alimentícios. Derivam dessas leis as penalidades severas, em alguns países, relativas à exportação de grãos.

O pretexto para o primeiro tipo de leis foi provavelmente a existência de uma classe de intermediários entre consumidor e produtor que, precisando lucrar com o comércio realizado, tendia a aumentar o preço da mercadoria, e, por ter a capacidade de tirar proveito das dificuldades circunstanciais, podia elevar os preços a níveis desastrosos.

A razão para o segundo tipo de leis foi o medo de que a exportação indevida pudesse causar a fome.

Nos dois casos, as intenções dos governos foram meritórias; mas eles não adotaram os meios corretos e fracassaram em seus objetivos.

Todas as vantagens da divisão do trabalho são encontradas no estabelecimento intermediário da classe entre o produtor de grãos e o consumidor. Tais intermediários possuem mais recursos financeiros do que o produtor e podem organizar grandes armazéns. Lidando apenas com a atividade a que se propõem, os intermediários podem estudar melhor as necessidades das negociações e livrar os fazendeiros do envolvimento com as especulações, que absorvem tempo, desviam recursos e fazem com que eles se enredem no bulício das cidades, onde enfraquecem o moral e dissipam suas economias, uma perda quadruplicada para a agricultura. Não há dúvida de que os intermediários têm que ser pagos por suas atividades. Mas o fazendeiro teria também que ser pago se as exercesse, o que faria com menos eficiência e habilidade, por não se tratar de seu ofício principal, e, conseqüentemente, a custo maior. Tal despesa extra seria repassada ao consumidor, supostamente ajudado pelo trabalho adicional do produtor. Os intermediários, acusados de responsáveis pela fome e pelos preços elevados, são precisamente os que colocam empecilhos [290] para que os preços não atinjam níveis excessivos. Compram milho nos anos de superabundância e, portanto, evitam que o preço caia muito ou que a mercadoria seja desperdiçada ou malbaratada;[20] ao retirarem o artigo do mercado quando há excesso de oferta, previnem uma queda desastrosa de preço para o produtor, fato que poderia desencorajar este último, levando-o a negligenciar ou limitar imprudentemente a produção do ano seguinte. Quando a demanda se faz de novo sentir, os intermediários colocam o

---

[20] Veja a nota K de Constant no fim do Livro XII.

produto estocado no mercado. Desta forma, eles ajudam bastante: em dada ocasião, o auxílio é ao produtor, ao sustentarem o preço de suas mercadorias em níveis razoáveis, e noutra, ao consumidor, restabelecendo a plenitude do suprimento nas circunstâncias em que os preços de mercado excedem certos limites.[21]

Numa palavra, eles produzem os efeitos que se esperam dos armazéns instituídos pelo Estado, com a diferença de que os armazéns, gerenciados e vigiados por indivíduos que têm essa única missão não são fontes dos abusos ou desperdícios que sempre ocorrem em tudo que é publicamente administrado. Inegável que os intermediários produzem tais benefícios por interesse, mas o fato é que, nas economias de livre mercado, o interesse pessoal é o aliado mais atraente, constante e útil do interesse geral.

Estamos falando da possibilidade de armazenamentos ilícitos, maquinações, coalizões entre açambarcadores. Porém, quem não percebe que só a liberdade supre os remédios para tais males? O medicamento é a competição. Não mais existiriam açambarcadores se todos tivessem o direito de estocar. Os que escamoteassem suas mercadorias para conseguir preço excessivo seriam vítimas de seus cálculos — tão absurdos quanto ignóbeis —, uma vez que outros restabeleceriam a regularidade do abastecimento contentando-se com lucros mais modestos. As leis não remediam coisa alguma porque são dribladas. A competição acerta tudo, uma vez que o interesse pessoal não pode barrar a disputa quando o governo a permite. Mas como as leis conferem renome a quem as formula, despertam certa preferência, ao passo que a competição fala por si

---

[21] Veja a nota L de Constant no fim do Livro XII.

mesma e os governos não ganham créditos com ela, logo tendem a desprezá-la e a interpretar mal suas vantagens.

Se houve açambarcamento e monopólio foi porque o comércio de grãos sempre foi atingido por regulamentações e cercado de receios. Conseqüentemente, jamais passou de um comércio suspeito, em grande parte clandestino. Considerem que nas questões comerciais tudo o que é suspeito, tudo o que é clandestino, [291] se torna viciado; enquanto tudo o que é autorizado, tudo o que é público, volta a ser honesto.

Para falar a verdade, não deve admirar que uma atividade econômica proscrita pelo governo, estigmatizada por uma opinião pública errônea e violenta, ameaçada por punições legais rigorosas e injustas, e ainda intimidada por roubos e pilhagens de um populacho malcomportado, venha sendo apenas exercida por homens gananciosos, amorais e que atuam na clandestinidade, homens que, ao perceberem a sociedade em armas contra eles, fazem-na pagar, sempre que podem e em tempos de crise, pelas ignomínias e perigos com os quais são cercados. O acesso a uma atividade natural e vital foi fechado a todos os mercadores que se preocupam com segurança e honra. Como poderia uma política equivocada não premiar aventureiros e vilões? Ao primeiro sinal de escassez, às primeiras suspeitas do governo, os armazéns eram abertos, os grãos surrupiados e vendidos abaixo do preço de mercado, com confiscos e penalidades – e mesmo a pena de morte – contra os proprietários.[22] Será que os proprietários não teriam que se recompensar contra tais obstáculos aumentando todos os lucros que pudessem extrair

---

[22] Veja a nota M de Constant no fim do Livro XII.

pela fraude, em meio à perpétua hostilidade dirigida contra eles? Com nada garantido em sua lucratividade legítima, eles tiveram que se voltar para a ilegítima à guisa de indenização. A sociedade foi obrigada a pagar por sua palermice e fúria.[23]

A questão das exportações de grãos é ainda mais delicada de lidar do que aquela relacionada com os depósitos. Nada é mais fácil do que pintar um quadro comovedor sobre o infortúnio dos pobres e as dificuldades dos ricos, com toda uma nação morrendo de fome, enquanto especuladores gananciosos exportam grãos, frutos do trabalho e do suor dessa nação. Existe uma deficiência insignificante nesse modo de considerar as coisas, isto é, que tudo que pode ser dito a respeito da exportação livre, que é apenas uma das funções da propriedade, pode ser dito com não menor força e com tanto fundamento, contra a própria propriedade. Bem verdade que os não-proprietários ficam em todos os aspectos à mercê de proprietários. Caso se queira supor que esses últimos têm forte interesse em esmagar, oprimir e matar de fome os primeiros, uma abundância de quadros dos mais patéticos resultaria de tal suposição.

Isso é tão patente que os oponentes da liberdade para as exportações sempre foram forçados a oferecer de passagem alguns insultos aos [292] proprietários. Linguet os chamou de monstros[24] cujas

---

[23] Veja a nota N de Constant no fim do Livro XII.
[24] O único lugar que Hofmann identificou onde Linguet chama os proprietários de *monstros* é na conclusão do seu *Théorie des lois civiles*; tendo acusado a filosofia de não oferecer remédios para as dores da condição humana, mas apenas consolos, Linguet exclama: "Quão mais sábia seria a terrível, mas sincera, voz querendo me dizer: 'Sofra e morra nos grilhões; esta é sua sorte... Contente-se com sua parcela, já que não pode esperar por outra. E mesmo quando o monstro, para o qual você deve servir de forragem, o devorar, submeta-se ao

presas deveriam ser arrancadas sem que nos preocupássemos com seus uivos; e os mais ilustrados, os mais virtuosos e os mais respeitáveis defensores do sistema proibitivo acabaram por comparar os proprietários e os que falavam em favor deles a crocodilos.[25]

Eu gostaria de enfocar essa matéria a partir de um ponto de vista que colocasse de lado todas as fanfarronadas e progredisse com base em um princípio que todos pudessem adotar. E o princípio é o seguinte, caso eu não esteja enganado.

Para que o trigo seja abundante, tem que existir ao máximo possível. Para que exista ao máximo possível, é preciso que encorajemos sua produção. Tudo aquilo que encoraja a produção de trigo favorece a abundância. Tudo o que desencoraja essa produção concorre, direta ou indiretamente, para a fome.

Ora, caso se queira encorajar a produção de uma manufatura, o que deveria ser feito? Diminuir o número de compradores? Claro que não, aumentaríamos o número deles. O fabricante, seguro sobre as vendas, cresceria sua produção, desde que tal crescimento estivesse dentro de suas possibilidades. Se, ao contrário, diminui-se o número de compradores, o fabricante cortaria sua produção; de maneira alguma ele iria aumentar a quantidade daquilo de que tem que se ver livre. Calcularia, portanto, com escrupulosa exatidão, e, como seria maior incômodo para ele ter compradores de menos do que de mais, cortaria sua produção de modo a ficar bem perto ou pouco além do mínimo estrito.

---

seu destino com resignação, já que não pode mudá-lo'". *Théorie des lois civiles ou principes fondamentaux de la societé*, de Simon Nicholas Henri Linguet, Londres, 1767, t. II, p. 519.

[25] Veja a nota O de Constant no fim do Livro XII.

Qual o país onde mais relógios são fabricados? Penso que é aquele em que os fabricantes de relógios exportam mais. Caso se proíba a exportação de relógios, será que você pensa que mais relógios ficarão no país? Não, mas bem menos seriam fabricados.

O caso dos grãos, como o da produção, é o mesmo de outras coisas. O engano cometido pelos apologistas das proibições [293] é considerar o grão objeto apenas de consumo, não de produção. Dizem eles: quanto menos grão é consumido, mais é deixado. Raciocínio falso, já que o grão não é uma *commodity* preexistente. Deveriam ter considerado que quanto mais limitado o consumo, mais a produção será restringida e, em conseqüência, logo essa última será insuficiente para o primeiro.

Pois a produção de grãos difere das manufaturas ordinárias por não depender apenas do produtor como também das estações. O produtor, no entanto, forçado a limitar sua produção, só pode calcular com base em média anual. O resultado da limitação de sua produção ao mínimo estrito é que se a colheita desmente seus cálculos, a produção assim limitada resulta inadequada. É lógico que a maioria dos fazendeiros não limita deliberadamente sua produção, mas essas mesmas pessoas podem desanimar com a idéia de que seu trabalho, mesmo que favorecido pela natureza, pode não ser lucrativo se a mercadoria não encontrar compradores e, por conseguinte, tornar-se um passivo para elas. Embora não façam planos tendo tais considerações em mente, ficam mais negligentes no cultivo. Em conseqüência, suas receitas diminuem e elas passam a carecer de fundos para investir no cultivo, e assim a produção cai.

Desta maneira, ao se restringir a exportação de trigo, não se garante que o excedente necessário para o abastecimento de um país nele permaneça, o que se faz é garantir que ele não seja produzido. Então, caso aconteça que a inclemência da natureza torne tal excedente necessário, acaba resultando a inexistência do mínimo.

Proibir a exportação é proibir a venda, pelo menos acima de certa medida, já que, uma vez satisfeito o mercado interno, não existem compradores para o excedente. Agora, proibir a venda é proibir a produção, já que retira do produtor a razão para que opere. Proibir a exportação é, por via de conseqüência, proibir a produção. Quem poderia acreditar que esse é o caminho selecionado para manter a produção sempre abundante?

Recuso-me a abandonar esta matéria. Obstáculos à exportação são ataques à propriedade. Todos concordam. Ora, não está claro que, se a propriedade não é tão respeitada quando associada com os grãos do que com qualquer outra *commodity*, então, para os propósitos de venda, as pessoas não prefeririam sustentar excedentes de quaisquer outras *commodities* que não grãos?

Se a exportação é permitida e proibida, por turnos e ao bel-prazer, [294] então a permissão, nunca incidindo sobre nada diferente da produção existente e sempre sujeita a revogação, jamais constituirá um incentivo suficiente para produção futura.

Quero responder a uma objeção. Afirmei em outra passagem deste livro[26] que o alto preço das *commodities* indispensáveis primárias a mim parecia fatal para as pessoas porque os salários diários não cresciam proporcionalmente. Será que a exportação do trigo, dirá alguém, não provocará aumento de preço da mercadoria? Provavelmente evitará que o preço caia a nível muito baixo. Todavia, se por

---

[26] Um pouco atrás neste mesmo Livro XII.

outro lado a proibição da exportação fizesse com que o grão não mais fosse produzido, será que o aumento do preço não resultaria mais inevitável e excessivo?

Será que se acha possível forçar a produção de bens? Eu gostaria que isso fosse tentado. Evitar-se-ia que os produtores não usassem a terra para a produção de trigo. Surgiria de imediato novo tipo de vigilância. Seria também supervisionada a maneira do cultivo? Seriam os produtores compelidos a buscar financiamento, a preparar o solo, a conseguir os adubos necessários e tudo o mais que fosse essencial para a produção da *commodity* que, em caso de abundância, causaria impossibilidade de vendas e até transtornos para o armazenamento? Quando um governo deseja imprimir, uma vez que seja, seu modo de fazer determinada coisa, logo se vê a braços com a feitura de tudo.

Não apresentei outras razões para a liberdade de exportação porque já foram desenvolvidas um milhar de vezes. Se o trigo for caro, as pessoas não o exportarão porque é preferível o mercado interno à exportação; esta última só ocorrerá se for bom negócio. Pode-se supor uma carência universal, com a fome grassando no próprio país ou nos vizinhos; então serão necessárias leis singulares para um desastre singular. Um terremoto que tumultuasse as propriedades agrícolas demandaria arranjos jurídicos especiais para a nova partilha das terras. Tomam-se medidas especiais para a distribuição de alimentos de subsistência numa cidade sitiada. Porém formular legislação habitual para uma calamidade que não teve lugar naturalmente uma só vez em dois séculos é transformar a legislação em calamidade habitual.

A natureza não é descuidada com as privações que ocasiona. Se comparássemos o número de casos de escassez causados por anos realmente ruins com aqueles em que houve prejuízos provocados por regulamentações, ficaríamos encantados com o pouco que a natureza nos impôs e restaríamos apavorados com aquilo que nos atingiu via mãos dos homens.

[295] Eu gostaria de assumir uma atitude intermediária nessa questão. Existe um certo crédito para determinada moderação que é agradável de se atribuir a nós mesmos, desde que não se seja muito sincero. Dessa forma, acaba-se fazendo autolouvação por terem sido examinados os dois lados das questões, transformando a hesitação em uma descoberta. Em vez de estarmos corretos contra uma única opinião, parece que há correção contra duas. Portanto, eu teria preferido descobrir, como fruto de minhas investigações, que ao governo deve ser deixado o direito de permitir ou proibir a exportação. Todavia, ao tentar determinar as regras segundo as quais ele deveria operar, senti que mergulhava de novo no caos das proibições. Como irá o governo julgar, para cada província, situada a considerável distância e afastada das outras, as circunstâncias que podem mudar antes que o conhecimento delas a alcance? Como acabará com a fraude perpetrada por seus agentes? Como se protegerá contra o perigo de considerar um bloqueio momentâneo como escassez generalizada, uma dificuldade local como desastre universal? As disposições gerais duradouras, fundamentadas em dificuldades parciais e breves, produzem malefícios que desejamos evitar.[27] Os homens mais dispostos e ativos para recomendar legislação assim versátil não sabem como proceder quando se trata de encontrar os meios para executá-la.[28]

---

[27] Veja a nota P de Constant no fim do Livro XII.
[28] Veja a nota Q de Constant no fim do Livro XII.

Se existem deficiências em tudo, deixe-se que as coisas corram. Pelo menos as suspeitas das pessoas e as injustiças do governo não se juntarão às calamidades da natureza. De três vilões, fica-se livre de dois e, além do mais, goza-se de uma vantagem — passa-se a contar com homens acostumados com a não-violação da propriedade como recurso.[29] Eles buscarão e encontrarão outros. Porém, se, ao contrário, contarem com o primeiro, logo a ele retornarão por se tratar do mais ágil e mais conveniente.

Caso se justifique como de interesse público a obrigação imposta aos proprietários de venderem num dado lugar, o que representaria vender perdendo dinheiro, já que poderiam comercializar melhor em outro local, o que se estará fazendo é fixar os preços das mercadorias, fato que não será visto como mais injusto que o outro e poderá ser facilmente representado como igualmente necessário.

Por conseguinte, admito muito poucas exceções à liberdade completa de comércio [296] de grãos, como também para qualquer outra *commodity*; e tais exceções são puramente circunstanciais.

A primeira é a situação de um pequeno país, sem território, sobrecarregado com a manutenção de sua independência em presença de vizinhos poderosos. Esse pequeno país poderia estabelecer armazéns de modo que os outros não procurassem submetê-lo pela fome; e como sua administração seria similar à de uma família, os abusos poderiam ser em grande parte evitados.

A segunda exceção é uma fome súbita e generalizada por efeito de alguma causa imprevista, natural ou política. Já falei sobre isso antes aqui.

---

[29] Veja a nota R de Constant no fim do Livro XII.

A terceira é, de pronto, a mais importante e a mais difícil de nos conformarmos com ela. Sua necessidade resulta dos preconceitos populares nutridos e sacramentados pelo arraigado hábito do erro. É evidente que em um país no qual o comércio de grãos jamais foi livre, a liberdade súbita promove uma perturbação fatal. Haverá revolta de opiniões, e suas ações cegas e violentas criarão os males temidos. Portanto, precisamos, estou pronto a admitir, do exercício de grande cuidado para congregar as pessoas nesse particular em torno dos princípios que mais se aproximem da verdade e da justiça. Os choques são dolorosos, tanto no caminho correto quanto no errado; mas o governo que efetua essa coisa decente quase sempre apenas com arrependimento não devota muito zelo à prevenção desses choques, e os homens preparados, quando conseguem dominá-los pela força da ilustração, muitas vezes acreditam que mais o engajaram por arrastá-los para medidas precipitadas. Não se dão conta de que estão lhes fornecendo pretextos ilusórios para a regressão. Foi isso que aconteceu na França em meados do século passado.

A questão da taxa de juros é talvez aquela que, por algum tempo, experimentou a melhor argumentação. Em nosso tempo, alguns homens, provavelmente cansados de ver pessoas concordarem sobre essa questão, começaram a considerá-la de novo sob a perspectiva teológica.[30] Dificilmente me inclino [297] por vê-la sob esse prisma. Direi, no entanto, que mesmo religiosamente a proibição de todos os juros é um preceito disparatado e, ainda mais, inoperável. A religião não condena o proprietário de terras por viver das receitas que elas produzem. Como pode proibir então que o proprietário

---

[30] Hofmann não foi capaz de identificar esses homens.

de capital viva de sua renda? Seria o mesmo que ordenar que morresse de fome.

Caso se transforme o preceito em conselho, tal mudança teria apenas uma vantagem: a de que as pessoas não mais se sentiriam tão culpadas por transgredi-lo. Emprestar sem juros pode ser um ato de caridade, como uma dádiva benemerente; mas não pode passar de ato individual e não deve se transformar em regra costumeira da conduta humana. É útil para a sociedade que fundos sejam empregados. É, por conseguinte, útil para aqueles que não os usam o empréstimo àqueles que podem empregá-los. Mas se tais fundos não resultarem em receita alguma, as pessoas preferirão enterrá-los a emprestá-los, já que assim estariam evitando os riscos do empréstimo.

O governo só tem três coisas que pode fazer a esse respeito. Precisa impedir a fraude, ou seja, evitar os abusos contra a juventude, a inexperiência ou a ignorância, proibir empréstimos a crianças, menores e a qualquer pessoa que a lei considere incapaz de cuidar de seus próprios interesses. Com esse propósito, basta que o governo não reconheça nenhum contrato que essas pessoas celebrem.

Em segundo lugar, ele tem que legitimar os pactos e garantir que sejam cumpridos. Quanto mais fácil e garantida for a transação, mais cairá a taxa de juros; isso porque os credores sempre são pagos pelos riscos que correm.

Finalmente, o governo tem que determinar uma taxa legal de juros para o caso em que o devedor, o depositário ou o tomador de determinada quantia não honre o compromisso no prazo e nas condições estipuladas. Essa taxa legal de juros tem que ser a maior possível porque, se for menor que a taxa usual, o devedor fraudulento desfrutará dos recursos retidos de forma injusta e de maneira mais vantajosa que o honesto cumpridor de suas obrigações em relação ao credor.[31]

Qualquer intervenção adicional do governo nessa matéria é iníqua e sem sentido. A restrição à cobrança de juros promove a usura. Os capitalistas necessitam, além da taxa normal de juros sobre os fundos que emprestam, de um "prêmio de risco" contra as leis que infringem. Essa lei da natureza [298] tem sido respeitada em todas as épocas, a despeito de todas as regulamentações. O poder popular em Roma e o religioso entre os cristãos e os muçulmanos voltaram-se igualmente contra ela.[32]

Descubro dois erros sobre tal assunto nas obras de dois escritores igualmente famosos, Adam Smith e M. Necker.

O primeiro diz que a taxa legal de juros[33] não deve ser muito alta porque senão o grosso do dinheiro emprestado irá para esbanjadores, só eles desejosos de pagar tão alto. Se for assim, os recursos do país serão tirados das mãos trabalhadoras e passados às daqueles que só sabem dissipá-los e destruí-los.

O autor esquece, no entanto, que os esbanjadores que dissipam os recursos tomados emprestados raramente ficam em condições de ressarci-los depois que os dissipam. Em conseqüência, a vasta maioria dos credores sempre preferirá os retornos menores porém mais seguros aos maiores mas de retorno precário. Confiarão, então, seus recursos à classe trabalhadora e frugal, a qual, tomando empréstimos apenas para se engajar em atividades lucrativas, cumprirá seus compromissos no prazo combinado.

---

[31] Veja a nota S de Constant no fim do Livro XII.
[32] Veja a nota T de Constant no fim do Livro XII.
[33] Veja a nota U de Constant no fim do Livro XII.

M. Necker também[34] aprova a fixação, por parte do governo, de uma taxa legal de juros. "Os credores são em geral", diz ele, "apenas proprietários inativos; os devedores, ao contrário, têm um objetivo, uma atividade com a qual a sociedade se beneficia de alguma forma. Portanto, quando há conflitos sobre a taxa de juros, o governo deve desejar a vantagem para esses últimos". Mas se a vantagem ficar só com os devedores, quando houver disputa sobre a taxa de juros, os credores se compensarão pela perda e os devedores, que supostamente estariam sendo ajudados, arcarão com novo prejuízo. Isso é inevitável, e trabalhará contra o objetivo que M. Necker deseja que o governo tenha em mente. Ele mesmo sente isso quando acrescenta: "Uma vez que as relações que determinam a taxa de juros são mais poderosas do que o governo, os soberanos jamais podem pensar em controlá-la por meio de leis imperiosas".[35] Mas de que outra maneira a não ser por intermédio de leis irá o governo intervir nas contendas entre credores e devedores? "Os lucros da agricultura", continua ele, "e de todos os empreendimentos que não são [299] singulares ou privilegiados, não podem bancar as despesas de uma taxa de juros acima dos níveis usuais, e não ajuda absolutamente em nada a produção favorecer a posição dos credores".[36] Será que não está claro, todavia, que aqueles que tomam emprestado para fins agrícolas ou empresas industriais não serão tentados a pagar uma taxa de juros maior que seus lucros? E aqueles que tomam emprestado para dissipação? Não serão eles controlados por

---

[34] Veja a nota V de Constant no fim do Livro XII.
[35] *De l'administration* ..., de Jacques Necker, *op. cit.*, t. III, p. 239.
[36] *Ibid.*, p. 240.

leis fáceis de burlar? As regulamentações são supérfluas para os primeiros e ilusórias para os segundos.

Quando os juros são proscritos, eles assumem todos os tipos de formas. Uma delas é o disfarce como capital. O que distingüe a venda mais cara a crédito do pagamento de juros sobre o capital?

Exceto na circunstância sobre a qual falamos anteriormente, a do capital ilegalmente retido por um devedor, a taxa de juros não deve ser fixada. A taxa, como o preço de todos os bens, deve ser regulada pela demanda. Fixá-la é determinar o preço máximo do capital, e tal preço tem o mesmo efeito que um de *commodities*: causa a migração daquilo que pode ser colocado alhures e torna mais caro aquilo que pode ser vendido sob o manto da contravenção.

Sem dúvida, existe um elemento moral nessa matéria. Mas é questão que só a opinião pode se pronunciar, e ela sempre o faz sabiamente. Sólon[37] não quis fixar a taxa de juros em Atenas; os que lá demandaram taxas de juros irrazoáveis foram considerados infames.

Há sempre o temor quanto aos excessos da usura clandestina. Mas são as proibições que a levam a tais níveis. Deixe-se que as transações sejam ostensivas. O escrutínio popular as moderará.

Capítulo cinco
Do efeito geral das proibições

As proibições em questões de indústria e comércio, como todas as outras proibições – e mais que todas elas –, colocam os indivíduos em conflito com o governo. Constituem um tipo de viveiro [300]

---

[37] Veja a nota W de Constant no fim do Livro XII.

para homens que se preparam para todas as categorias de crimes por se acostumarem a violar as leis, e outro tipo para homens que se familiarizam com a perversidade por tirarem proveito da desdita de seus companheiros.[38] Não apenas as proibições comerciais criam crimes artificiais como também encorajam o cometimento de tais crimes pelo lucro que associam à fraude bem-sucedida em burlá-las. Trata-se de mais uma deficiência a ser adicionada às outras das leis proibitivas.[39] Elas tendem a ser armadilhas para os pobres, essa classe já cercada por tentações irresistíveis sobre a qual foi acertadamente dito que todas as suas ações são apressadas,[40] porque a necessidade as pressiona, a pobreza delas retira todo o esclarecimento e a obscuridade as livra da força da opinião.

Afirmei no início do Livro XII que não conferia à liberdade de produção a mesma importância dada aos outros tipos de liberdade, mas as restrições aqui relatadas envolvem leis tão cruéis que todas as outras sentem seus efeitos. Atente-se para as revoltas em Portugal causadas, primeiro, pela posição privilegiada da Companhia dos Vinhos, levantes que demandaram punições bárbaras e cujas demonstrações desencorajaram o comércio; sublevações que, finalmente, provocaram uma sucessão de constrangimentos e crueldades que fizeram com que considerável número de proprietários destruísse seus próprios vinhedos, levando-os, em função do desespero, a acabar com a fonte de suas rendas, a fim de que não mais dessem pretexto para todos os tipos de ameaças.[41] Vejam-se a severidade

---

[38] Veja a nota X de Constant no fim do Livro XII.
[39] Veja a nota Y de Constant no fim do Livro XII.
[40] Veja a nota Z de Constant no fim do Livro XII.
[41] Veja a nota AA de Constant no fim do Livro XII.

na Inglaterra, a violência e os atos despóticos cometidos para que os privilégios exclusivos da Companhia das Índias Orientais[42] continuassem vigorando. Que sejam abertos os estatutos dessa nação, por outro lado humana e liberal, para que se veja a pena de morte multiplicada para ações impossíveis de serem consideradas criminosas.[43] Quando se examina a história dos assentamentos ingleses na América do Norte, vemos, por assim dizer, todos os privilégios especiais seguidos pela emigração dos não-privilegiados. Os colonizadores fugiam ao enfrentarem [301] restrições comerciais, deixando para trás terras que nem haviam terminado de roçar, a fim de retomarem a liberdade nas florestas, buscando na natureza selvagem um refúgio para as perseguições da sociedade.[44]

Se o sistema de proibições não destruiu todas as empresas das nações que elas ameaçam e atormentam, isso se dá porque, na opinião de Smith,[45] cada esforço natural dos indivíduos para melhorar sua sorte é um princípio reparador que, em muitos aspectos, remedeia os maus efeitos dos regulamentos administrativos, da mesma forma com que a força da vida luta, com freqüência vitoriosamente, na organização física do homem, contra os males que fluem de suas paixões, intemperança ou preguiça.

---

[42] Veja a nota BB de Constant no fim do Livro XII.
[43] Veja a nota CC de Constant no fim do Livro XII.
[44] Veja a nota DD de Constant no fim do Livro XII.
[45] Veja a nota EE de Constant no fim do Livro XII.

Capítulo seis
Daquilo que força o governo para essa direção equivocada

É da maior importância que essas verdades causem algum efeito sobre as perspectivas do governo, dado que cada categoria de proprietários, tomadores de empréstimos e fabricantes apela sem cessar pela intervenção do governo contra qualquer coisa que diminua seu lucro imediato, seja por descobertas úteis seja por algum tipo novo de produção; e deve-se temer que os governantes possam considerar os interesses desses grupos como os da sociedade. Por tudo isso, esses dois interesses são quase sempre mutuamente opostos.[46]

As demandas dirigidas ao governo pelos que conspiram para evitar a competição, a instalação de novos equipamento, a melhora nas comunicações e a proliferação de *commodities* poderiam ser assim traduzidas: permitam que apenas nós compremos e vendamos tais e tais artigos, de modo que só nós possamos vendê-los mais caros para vocês. [302] Não é estranho que tais demandas venham sendo acatadas com tanta freqüência?

Quando os lucros caem, os negociantes ficam propensos a reclamar sobre o declínio do comércio. A diminuição dos lucros é, entretanto, fruto natural da prosperidade progressiva. Os lucros nos negócios diminuem: 1. Por causa da competição. 2. Porque os salários crescem em função da competição que faz aumentar o preço da mão-de-obra. 3. Pelo crescente fluxo de capital no comércio, que abaixa a taxa de juros. Ora, essas três causas para a diminuição dos lucros são sinais de prosperidade. Todavia, é exatamente então

---
[46] Veja a nota FF de Constant no fim do Livro XII.

que os homens de negócios começam a se queixar e a apelar para a intervenção especial do governo,[47] o que representa apelo à intervenção desse governo contra a prosperidade comercial.

Quando a mentalidade comercial se mistura com a administrativa e a domina, mil erros e malefícios resultam. Nada é mais perigoso do que o transporte para a administração das questões públicas do hábito e dos meios utilizados pelos interesses individuais para alcançar seus propósitos [303]. Não há dúvida de que o interesse geral é apenas a soma de todos os privados; mas é a soma de todos esses interesses particulares desde que escoimados daquelas partes de cada um deles que ferem outros. Porém é precisamente a essas partes que cada interesse privado confere os maiores valores porque elas constituem, em cada uma das circunstâncias, as parcelas mais lucrativas. Segue-se disso que o interesse particular, que é capital quando se fundamenta naquilo que importa e no que deve ser feito, é muito mau orientador quando as pessoas desejam generalizar seu racional e transformá-lo em base de um sistema administrativo. Temos testemunhado o enriquecimento individual através do monopólio e, sem refletir sobre o fato de que isso ocorre a expensas da nação, vimos estabelecendo monopólios exatamente como meio para a prosperidade da nação em questão quando, na realidade, eles a estão espoliando e empobrecendo. Isso se dá porque os governos são normalmente direcionados para essas posições por homens imbuídos de preconceitos mercantis e por uma contradição singular, mas que não conseguem perceber: quando baseiam suas medidas proibitivas na tendência cega e perniciosa dos interesses especiais,

---

[47] Veja a nota GG de Constant no fim do Livro XII.

eles institucionalizam constantemente os cálculos de tais interesses como regras de sua conduta pública.

O que dizemos sobre negócios não se aplica somente ao grupo que chamamos dos "negociantes" para distingui-lo de outros. Essa perspectiva se torna comum para todas as pessoas na sociedade que colhem, produzem ou estocam para vender. Dessa forma, os fazendeiros assumem a feição negociante quando se trata de vender grãos, e os vemos incorrendo nos mesmos erros como se fossem homens envolvidos com puras especulações mercantis. Não foram os proprietários de vinhedos na França que solicitaram ao Conselho do Rei, por volta de 1731, a proibição para a plantação de novos vinhedos?[48] Não foram os proprietários de terras dos condados nas cercanias de Londres que fizeram petição à Câmara dos Comuns solicitando que não fossem mais abertas grandes estradas para as áreas mais distantes, [304] temerosos de que o trigo de tais áreas, chegando com maior facilidade à capital, poderia fazer cair os preços de suas próprias safras?[49] Se os que vivem de rendas ousassem, teriam reclamado da queda das taxas de juros, da mesma forma que os homens de negócios o fazem sobre a queda dos lucros. Um capitalista, acostumado a emprestar seu dinheiro à taxa de dez por cento e que depois só conseguisse aplicá-lo a cinco, não encontraria nada melhor para dizer do que afirmar que o país em que vivia estava caminhando para a ruína, porque lá ele não se sentia mais tão bem de vida; de bom grado solicitaria ao governo medidas para barrar a queda das taxas de juros. É inegável, porém, que uma

---
[48] Constant encontrou o exemplo desse decreto de 1731 em Adam Smith, *op. cit.*, t. I, p. 332.
[49] Veja a nota HH de Constant no fim do Livro XII.

queda na taxa de juros sinaliza prosperidade para o país, enquanto um crescimento indica má situação financeira.

Na indústria, as proibições são o tipo de medida arbitrária que alguns homens podem usar contra outros; e, da mesma forma que nos desacordos civis, eles procuram se apossar do poder arbitrário ao invés de destruí-lo, nas causas transacionais eles buscam ganhar o controle das regulamentações arbitrárias. Quase nunca protestam contra as proibições em geral, mas se esforçam para que elas ajam em seu benefício. Em seguida à introdução da manufatura da seda, sob Henrique IV, os fabricantes de roupas demandaram que tais manufatureiros fossem banidos.[50] Logo depois do aparecimento do algodão, os fabricantes da seda pediram leis proibitivas contra ele; após a invenção das estamparias, os fabricantes de algodão passaram a representar uma assustadora calamidade para eles.[51] Se todos esses pleitos tivessem sido atendidos, a França não teria sedas, nem algodões, tampouco estamparias. Cada manufatura, como cada religião recém-nascida, clama por liberdade. Cada manufatura, como cada religião estabelecida, prega a perseguição.

O mais fatal nas regulamentações é que, motivadas por necessidade que não existe, elas algumas vezes a criam. Os homens conformam seus cálculos e seus hábitos às regulamentações, que depois se tornam tão perigosas para revogar quanto problemáticas para manter.[52]

M. de Montesquieu, como observa um judicioso escritor,[53] tinha apenas idéias superficiais sobre economia [305] política.

---

[50] Veja a nota II de Constant ao fim do Livro XII.
[51] Veja a nota JJ de Constant no fim do Livro XII.
[52] Veja a nota KK de Constant no fim do Livro XII.
[53] Veja a nota LL de Constant no fim do Livro XII.

Temos que evitar tomá-lo como guia nessa matéria. Tudo o que explanou a respeito das instituições em que acreditava, ele justificou; a descoberta do motivo o tornou indulgente em relação às instituições porque fez com que ficasse satisfeito consigo mesmo. Falando sobre o sistema de proibições na Inglaterra, disse que "elas obstruem o comerciante, mas isso favorece o comércio";[54] estaria mais correto se dissesse: elas obstruem o comércio em favor de alguns comerciantes.[55]

Capítulo sete
Dos suportes oferecidos pelo governo

Um regime de subsídios e de diversos suportes tem menos desvantagens que um baseado em monopólios, mas ainda assim me parece perigoso em vários aspectos.

Primeiro, devemos recear que o governo, uma vez se tenha arrogado o direito de intervir nas questões negociais, mesmo que só através de suportes, possa ser cedo empurrado, se os incentivos não forem suficientes, para o recurso às medidas constrangedoras e severas. Os governos raramente se conformam por não se desforrarem de políticas fracassadas. Eles correm atrás de seu dinheiro como alguns apostadores. No entanto, enquanto estes últimos apelam para a sorte, os governos quase sempre recorrem à força.

Em segundo lugar, existe também o temor de que o governo, mediante seus incentivos inadequados, desvie fundos de seu emprego natural, que é sempre o mais profícuo. Os recursos financeiros

---

[54] Veja a nota MM de Constant no fim do Livro XII.
[55] Veja a nota NN de Constant no fim do Livro XII.

se movimentam por conta própria na direção das aplicações mais rendosas; e não há necessidade de suportes para que tal atração ocorra. Para os que se mantêm operando com perdas, os suportes podem ser fatais. Qualquer indústria que não possa funcionar independentemente da ajuda governamental acaba sendo de segunda categoria.[56] O governo paga então para que os indivíduos trabalhem com prejuízo, dando assim a impressão de que os está indenizando. Entretanto, como tal indenização só pode sair dos impostos, são, em suma, os indivíduos privados que [306] pagam a conta. Por fim, os suportes do governo atacam seriamente a moralidade das classes trabalhadoras. A moralidade é construída pela seqüência natural de causas e efeitos. Desordenar tal seqüência significa prejudicar a moralidade. Qualquer coisa que implique sorte e acaso corrompe os homens. Tudo que não é efeito direto, necessário e habitual de uma causa diz mais ou menos respeito à casualidade. O que transforma o trabalho em razão mais eficaz da moralidade é a independência de outros homens desfrutada pelo trabalhador e a maneira com que depende de sua própria conduta, da ordem, continuidade e regularidade que imprime à sua vida. Essa é a causa real da moralidade daqueles grupos ocupados com trabalho rotineiro, e da imoralidade tão comum entre mendigos e apostadores. Esses últimos estão entre os mais imorais dos homens, já que contam na maior parte das vezes com a sorte.

Suportes e ajuda por parte do governo para os negócios são uma espécie de jogo. É impossível supor-se que o governo jamais assegura sua ajuda e seus suportes para homens que não os merecem ou

---

[56] Veja a nota O de Constant no fim do Livro XII.

que nunca garanta mais dessa ajuda do que a merecida pelo objeto de seus favores. Um único engano dessa natureza transforma os suportes em loteria. Uma só eventualidade basta para introduzir o acaso nas conjecturas e, por conseguinte, desestabilizá-las. A probabilidade da chance não conta, uma vez que a imaginação supera o cálculo. Até mesmo a incerta e distante esperança de ajuda do governo lança sobre a vida e as expectativas do homem laborioso um elemento bem diferente do restante de sua existência. Sua situação muda, seus interesses se tornam complicados. Sua condição se abre para uma espécie de especulação. Não se trata do pacífico mercador ou fabricante, que faz a prosperidade dependente da sensatez de suas especulações, da qualidade de seus produtos e da aprovação de seus concidadãos, resultantes da regularidade de sua conduta e do reconhecimento de sua sobriedade. Trata-se, isso sim, de um homem cujo interesse imediato e desejo premente é atrair para si a atenção do governo. A natureza das coisas, para o bem da raça humana, certa vez colocou um obstáculo quase intransponível entre a grande massa das pessoas e aqueles que detêm o poder. Só um pequeno número de homens foi condenado a correr de lá para cá na esfera política, a especular sobre favores, a enriquecer com a corrupção. O restante continuou trilhando pacificamente seu caminho, pedindo ao governo apenas garantia para sua paz e para o exercício de suas faculdades. Entretanto, se o governo, descontente com essa função salutar e comprometido por generosidade ou promessas feitas ostensivamente, cria esperanças e provoca paixões que antes não existiam, então tudo vira [307] de cabeça para baixo. Sem sombra de dúvida, esses fatos espalharão uma nova atividade na classe negociante, mas uma atividade viciada, mais preocupada com o efeito externo que produz do que com a base sólida de seu próprio trabalho, que busca a publicidade e não o sucesso, porque o sucesso é visto como possível mesmo com uma publicidade impudica, uma atividade que aos poucos vai tornando a nação descuidada, inquieta e gananciosa, em vez de viçosa e laboriosa como seria sem ela.

E não se pense que substituindo os incentivos financeiros por motivações derivadas da vaidade se agiria menos perniciosamente. Com muita freqüência, os governos contabilizam o charlatanismo entre seus meios; é fácil para eles acreditar que suas meras presenças, como a do Sol, vivificam toda a natureza. Então eles se mostram, falam e sorriem, e, nos seus modos de pensar, seus desempenhos deveriam ser exaltados por séculos. Contudo, isso representa, mais uma vez, afastar dos empregos naturais aqueles que precisam trabalhar para seu sustento. É fazer com que necessitem do crédito. É inspirar neles o desejo de trocar suas relações comerciais por obsequiosas, aquelas de uma clientela. Eles aprenderão os vícios palacianos e bajuladores sem que tenham, ao mesmo tempo, a elegância que, pelo menos, os disfarça.

As duas situações hipotéticas mais favoráveis a um regime de incentivos e suportes do governo são, sem questionamentos, de um lado, quando está sendo estabelecido um ramo de produção ainda desconhecido num país, ramo que demande investimentos prévios de vulto, e de outro lado a ajuda que deve ser dada a algumas classes de negociantes e fazendeiros quando calamidades imprevistas diminuem consideravelmente seus recursos.

Todavia, não tenho certeza, mesmo nesses casos, salvo talvez em algumas raras circunstâncias para as quais não é possível estabelecer regras fixas, se a intervenção do governo não é mais perniciosa que vantajosa.

No primeiro caso, o novo ramo de produção assim protegido sem dúvida será estabelecido mais cedo ou com maior amplitude; porém, baseando-se mais na ajuda do governo que na administração planejada por indivíduos, suas fundações serão mais fracas. Os indivíduos envolvidos, indenizados previamente por quaisquer perdas, não dariam atenção e zelo iguais aos que dedicariam se deixados à própria sorte e não esperassem nenhum sucesso, exceto os merecidos. Com toda a razão, ficarão certos de que o governo, de alguma maneira comprometido com os primeiros sacrifícios, virá em seu socorro uma vez mais caso fracassem, pois não desejará perder os frutos de tais sacrifícios, e esse [308] furtivo pensamento, diferente em natureza daquele que deve agir para impulsionar os negócios, sempre prejudicará, mais ou menos, a atividade e os esforços deles de forma perceptível.

Além disso, nos países acostumados com a ajuda desabrida do governo, supõe-se com facilidade demasiada que esse ou aquele empreendimento excede os recursos individuais. Essa é uma segunda causa para o relaxamento de uma indústria particular. Ela fica esperando que o governo supra o estímulo porque já pegou o hábito de aguardar que ele tome a iniciativa.

Na Inglaterra, nem bem uma descoberta se torna conhecida e numerosas subscrições começam, de imediato, a proporcionar aos inventores meios para o desenvolvimento e a aplicação. A questão é que essas pessoas que subscrevem o apoio examinam as vantagens prometidas com muito mais cuidado que o governo, pois os interesses dos que aplicam recursos próprios nos negócios são tais que eles não se deixam enganar, enquanto os da maioria daqueles que bancam especulativamente na ajuda do governo são os de enganar esse governo. Trabalho e sucesso são os dois únicos caminhos abertos aos primeiros. Exageros e clientelismo são para esses últimos um modo muito mais certo e, sobretudo, mais ágil. A dependência sistemática aos suportes, nesse particular, é também em princípio imoral.

Bem verdade que o esforço individual, carente de qualquer ajuda externa, por vezes é barrado na presença de obstáculos. Porém, inicialmente, ele se voltará para outros projetos e, logo depois, reunirá todos os recursos para, mais cedo ou mais tarde, voltar ao ataque e superar a dificuldade. Ora, minha assertiva é que essa dificuldade parcial e de vida curta não será tão desvantajosa quanto a desordem e descontinuidade generalizadas que a ajuda artificial traz para as idéias e as conjecturas.

Raciocínio quase idêntico aplica-se à segunda hipótese, que, à primeira vista, parece até mais legítima e favorável. Ao ajudar as classes de negociantes e de fazendeiros cujos recursos foram sangrados por calamidades imprevistas e inevitáveis, o governo, em primeiro lugar, enfraquece nelas o sentimento que proporciona a maior parte da energia e da moralidade ao homem: o da obrigação total consigo mesmo e o de acreditar apenas nos próprios recursos. Em segundo lugar, a esperança por tal ajuda encoraja as classes desafortunadas a exagerar suas perdas e esconder seus recursos, forjando nelas, portanto, um interesse por mentir. Concordo que tal ajuda pode ser dada com prudência e parcimônia. Mas aquilo que não afeta a afluência das pessoas pode afetar sua moral. O governo, de qualquer forma, [309] lhes terá ensinado a confiar em outros ao invés de apenas em si mesmos. Pode ser que suas esperanças não sejam desapontadas, mas seu trabalho resultará algo mais lento por causa de tudo isso, e o seu senso de verdade sofrerá uma mudança. Caso não consigam a ajuda do governo, será porque não aprenderam suficientemente a fraude hábil. Finalmente, o governo corre o risco de se ver iludido por agentes inconfiáveis; ele não pode acompanhar em detalhes a execução de suas ordens, e a astúcia é sempre mais sagaz que a vigilância. Frederico, o Grande, e Catarina II empregaram um sistema de suportes para a agricultura e a indústria. Com freqüência, visitavam pessoalmente as províncias que pensavam ter ajudado. Homens bem-vestidos e bem-alimentados eram colocados no caminho dos visitantes como prova dos bons resultados da generosidade deles, mas que haviam sido reunidos com essa finalidade pelos que distribuíam os benefícios, enquanto os verdadeiros habitantes dessas regiões ficavam gemendo no fundo de seus casebres, passando as necessidades provocadas pela idade avançada, ignorantes até mesmo das intenções dos monarcas, que se imaginavam seus benfeitores.

Nos países com constituições livres, a questão de um regime de incentivos e suportes pode, além do mais, ser considerada de outra perspectiva. Será salutar que o governo crie vínculos com certos grupos dos governados por meio de doações que, mesmo que sabiamente distribuídas, são inerentemente arbitrárias? Não se deveria temer que tais grupos, seduzidos por vantagens imediatas e positivas, poderiam se tornar indiferentes às violações da liberdade individual e da justiça? Poder-se-ia então considerá-los subornados pelo governo.

Capítulo oito
Do equilíbrio da produção

Pela leitura de diversos autores, pode-se ficar tentado a pensar que nada poderia ser mais estúpido, menos esclarecido e mais descuidado do que o interesse individual. Por vezes, em tom bastante sério, somos por eles informados de que, se o governo não promover a agricultura, então toda a mão-de-obra se voltará [310] para a manufatura, e as terras permanecerão sem cultivo; noutras ocasiões nos dizem que, se o governo não promover a manufatura, então toda a mão-de-obra permanecerá no campo, a produção da terra será bem maior que a necessária e o país definhará sem comércio ou indústria.[57] E afirmam essas coisas como se não estivesse claro que, de um lado, a agricultura sempre levará em conta as necessidades de um povo, de vez que os artesãos e fabricantes terão sempre que ter os meios para sua alimentação, enquanto, de outro lado, as manufaturas sempre crescerão tão logo os produtos agrícolas atinjam a plenitude, já que o interesse individual empurrará as pessoas para que se apliquem a alguma coisa mais lucrativa do que o crescimento na produção de *commodities*, em que a quantidade reduzirá os preços. Os governos não podem alterar coisa alguma em termos de necessidades físicas dos homens. A quantidade e os preços dos produtos, seja qual for seu tipo, sempre se ajustam às demandas que essas necessidades provocam. É absurdo acreditar-se que, quando os homens que adotam uma linha de trabalho a consideram útil, isso não será suficiente para aumentar a escala de

---

[57] Veja a nota PP de Constant no fim do Livro XII.

produção. Se há mais mão-de-obra que a necessária para explorar a fertilidade do solo, as pessoas naturalmente desviam seus esforços para outros ramos da produção. Elas sentirão, sem ser preciso que o governo as alerte, que, além de certo ponto, a competição destrói as vantagens do emprego. O interesse individual, por sua própria natureza, será naturalmente incitado, sem apoio do governo, a buscar outra ocupação mais lucrativa. Se a qualidade da terra requer um grande número de agricultores, os artesãos e manufatureiros não se tornarão mais numerosos, porque a necessidade primeira das pessoas é subsistir. Elas jamais negligenciam sua subsistência. Além do mais, sendo o setor agrícola mais crucial, só por essa razão ele será mais lucrativo que qualquer outro. Quando não existe um privilégio inadequado que possa inverter a ordem natural das coisas, o valor de uma linha de trabalho sempre abrange sua utilidade absoluta e sua escassez relativa. O estímulo verdadeiro para todos os tipos de trabalho é a intensidade com que são necessários. A liberdade em si é suficiente para manter todos eles num equilíbrio salutar e acurado.

As produções tendem a atingir os níveis requeridos pelas necessidades, sem que o governo se envolva.[58] Quando uma espécie de produto se torna escassa, seu preço sobe. Com a elevação do preço, a produção, ao ser mais bem paga, atrai para si mais atividade e mais recursos financeiros. O resultado [311] é que o abastecimento se torna mais pleno. Aumentando a oferta, o preço cai. Com a queda do preço, alguma atividade e alguns fundos se deslocam para outros ramos da produção. Então, com o encolhimento da produção, o

---

[58] Veja a nota QQ de Constant no fim do Livro XII.

preço sobe de novo, a atividade retorna, até que produção e preço atingem um equilíbrio perfeito.

O que ilude muitos escritores é que eles se admiram com a indiferença ou o mal-estar que a classe trabalhadora de uma nação experimenta sob governos despóticos. Eles não vão às causas dos males, mas enganam a si mesmos achando que tudo pode ser remediado por uma ação direta do governo em favor das classes afligidas. Assim, no caso da agricultura, por exemplo, quando instituições injustas e opressoras expõem os fazendeiros a incômodos da parte de classes privilegiadas, áreas do país logo ficam sem cultivo em função de êxodos rurais. Acontece de pronto uma migração para as cidades a fim de que se escape da servidão e da humilhação. Teóricos idiotas recomendam então suportes positivos e preferenciais para os fazendeiros; não percebem que tudo está interconectado nas sociedades humanas. O êxodo rural resulta da má organização política. Nem a ajuda a uns poucos indivíduos tampouco nenhum outro paliativo artificial e temporário irão curá-lo. Nosso único recurso está na liberdade e na justiça. Por que sempre nos atrasamos em recorrer a ele o mais breve possível?

Em certas ocasiões é afirmado que deveríamos enobrecer a agricultura, exaltá-la novamente, conceder-lhe honrarias como fonte de prosperidade das nações. Homens bastante preparados alimentaram tal idéia; uma das mentes mais perspicazes e mirabolantes do último século, o marquês de Mirabeau, repetiu-a sem cessar. Outros disseram o mesmo para a manufatura. O enobrecimento, porém, só pode ser consumado por meio de distinções, se é que ele acontece de fato com distinções assim arquitetadas. Ora, se o trabalho for útil, será lucrativo, e muitas pessoas procurarão executá-lo. Que distinção deverá ser conferida a algo tão natural? Ademais, o trabalho necessário é sempre simples. Por conseguinte, não faz parte das atribuições do governo influenciar a opinião pública de modo que ela atribua mérito especial àquilo que qualquer um pode fazer igualmente bem.

As únicas distinções que realmente se impõem são as que implicam poder porque reais, e o poder que as adorna pode agir para o bem ou para o mal. Distinções com base [312] no mérito são sempre contestadas pela opinião, porque esta última sempre se reserva o direito de decidir o que é o meritório. O poder ela tem que admitir, goste ou não; o mérito, no entanto, ela pode negar. Daí a razão de o *cordon bleu* impor respeito.[59] Ele estabelecia que o recipiendário da ordem era um grande lorde e que o governo era bem capaz de julgar se esse ou aquele homem era um grande lorde. O *cordon noir*, ao contrário, era ridículo. Declarava que quem fosse com ele condecorado era um homem de letras, um artista de distinção.[60] Ora, o governo não pode fazer juízo de valor sobre escritores e artistas.

Distinções honoríficas para fazendeiros, artesãos ou manufatureiros são ainda mais ilusórias. Esses grupos desejam é amealhar bens e afluência por meio do trabalho e da paz de espírito, segundo as regras da lei. Não querem as glórias artificiais, ou melhor, se a elas aspiram é porque suas mentes foram pervertidas pelo governo que nelas inculcou idéias obscenas. Deixe-se que eles desfrutem

---

[59] Condecoração da Ordem do Espírito Santo, instituída em 1578 por Henrique III e abolida pela Revolução.
[60] Condecoração da Ordem de São Miguel, instituída em 1469 por Luís XI e abolida pela Revolução.

em paz dos resultados de seu trabalho, da igualdade de direitos e da liberdade de ação que lhes são devidos. Eles estarão mais bem servidos se não forem inundados seja com favores seja com injustiças, do que se ameaçados por um lado e aduládos com honrarias do outro.

Capítulo nove
Um exemplo final dos efeitos adversos da intervenção do governo

Quero terminar mostrando que a intervenção governamental em assuntos de produção é igualmente perniciosa caso ordene alguma coisa ou proíba essa mesma coisa. O exemplo que uso é o da divisão do trabalho.

A divisão de trabalho traz vantagens imensas. Ela facilita o aumento da produção para todos os itens, resulta em muita economia de tempo e mão-de-obra e conduz o homem a uma perfeição que ele não pode atingir sem ela. Confere à especulação do negociante uma clareza, uma precisão e uma exatidão que simplificam suas operações e tornam seus cálculos mais confiáveis. Em conseqüência, fica patente [313] que o governo peca quando se opõe à divisão do trabalho com leis proibitivas. Foi isso que ele fez, como antes explicamos,[61] no comércio de grãos, ao proibir o fazendeiro de vender no atacado para aqueles que desejavam estocar grãos em armazéns. Tal fato resultou em incontáveis dificuldades para esse comércio, dificuldades que muitas vezes causaram fomes reais ou alarmes falsos, tão difíceis quanto as próprias fomes.

---
[61] Antes neste mesmo Livro XII.

Todavia, caso se conclua disso que o governo, longe de colocar obstáculos ou limites no caminho da divisão do trabalho, deveria realmente prescrevê-la, o que aconteceria? Ao lado de suas vantagens, a divisão do trabalho também ostenta grandes deficiências. Ela circunscreve e, por conseguinte, estreita as faculdades intelectuais; reduz o homem ao nível de simples máquina. Ele pode se resignar a isso quando seu interesse voluntariamente assim o ditar. Seria, no entanto, afetado se a ação do governo, aparentemente de encontro ao seu interesse, desse a impressão de ser gratuitamente ofensiva e degradante. Nada pode ser mais injusto do que se proibir que um trabalhador capacitado combine com sucesso duas ocupações, quer executando as duas simultaneamente quer alternando tarefas. Fica claro, portanto, que o governo erra quando dirige a divisão do trabalho com seus regulamentos. Foi exatamente o que fez com o sistema de líderes de guildas e artesãos-mestres,[62] que condena o indivíduo nesse ou naquele trabalho a não seguir nenhum outro. Em outra parte desta obra, vimos que essas instituições prejudicam a economia, encorajam a fraude e mesmo retardam o progresso dos empregos, cuja perfeição elas se propõem a promover.

O que deve então fazer o governo? Ficar fora disso. A divisão do trabalho deve se limitar e se manter espontaneamente; se for vantajosa, ela se estabelecerá naturalmente. Quando homens em tarefas especializadas se voltam para a combinação de dois tipos de trabalhos, é porque isso lhes traz vantagens.

---

[62] [Falaríamos hoje com mais facilidade do sistema de guildas. *"Jurandes"* (líderes de guildas) é uma expressão do século XV; *"maîtrises"* (artesãos-mestres) é do século XIII, e a expressão *"jurandes et maîtrises"* que Constant usa aqui é ela mesma do século XV. Nota do tradutor americano].

Esse exemplo mostra que o governo pode causar prejuízo não só por agir numa dada direção como também na direção oposta. Existem numerosas circunstâncias em que a melhor coisa a fazer é não fazer coisa alguma.[314]

Capítulo dez
Conclusões das reflexões anteriores

Como afirmei no início das reflexões precedentes, não estou em absoluto apresentando um caso para a mínima interferência dos governos na atividade econômica. Milhares de argumentos e fatos me circundam, todos tendentes a suprir evidências ainda mais fortes dos malefícios de tal interferência. Deixo-os de lado porque acho impossível expô-los em escala aceitável. Cada fato isoladamente poderia fornecer uma exceção e exigiria verificação, ou seja, que houvesse dedicação à investigação local – histórica, geográfica e mesmo política – para mostrar que a exceção não se sustenta ou que ela não enfraquece o princípio. Neste livro, não posso assumir tarefa de tal peso. No entanto, acho que já disse o bastante para demonstrar os efeitos da intervenção do governo em questões de produção que, embora por vezes necessária, jamais é positivamente vantajosa. Às vezes, precisamos nos conformar com ela; mas devemos sempre nos esforçar para limitar o mais possível esse malefício.

Minhas opiniões encontrarão talvez muitos oponentes. Isso não fará com que eu pense que não estou certo. Num país em que o governo distribui assistência e compensação, muitas esperanças são despertadas. Até a ocasião em que elas desapontam, os homens tendem a se sentir infelizes com um sistema que substitui o favoritismo apenas com liberdade. A liberdade cria, por assim dizer, um bem negativo, ainda que gradual e geral. O favoritismo traz vantagens positivas, imediatas e pessoais. Egoísmo e visão curta sempre se colocarão contra a liberdade e ao lado do favoritismo.

Capítulo onze
Das medidas governamentais em relação à população

Se os governos quiseram influenciar a atividade econômica, também desejaram fazer o mesmo em relação à população e – quem acreditaria? – aprovaram leis coercitivas [315] para forçar o homem a satisfazer a mais doce das predileções de sua natureza.

Eles acharam que era óbvio seu interesse em intervir na população, que tal interferência constituía sua força mais concreta; mas não sabiam que o emprego de tal força só poderia prejudicar tal população.

Pretexto foi o que não faltou para a interferência. As afeições domésticas são a melhor garantia para a moralidade.

O celibato favorece a desordem e o egoísmo; o casamento inspira no homem maior desejo de estabilidade – excelentes razões para vergastar o celibato e encorajar matrimônios!

É uma pena que diversos governos, ao proscreverem o celibato por meio de leis, reduzam o casamento à esterilidade mediante a ameaça e a pobreza.

Duas espécies de causas podem impedir o crescimento da população e torná-la menor. Umas influenciam diretamente a população, tais como as epidemias, as inundações, os terremotos, as emigrações e, finalmente, as guerras, consideradas não em seus aspectos políticos, mas em termos de seus efeitos imediatos na devastação de parte da população de um país. Outras exercem influência mediata, das quais as instituições viciadas e o molestamento dos governos são exemplos: as primeiras acabam com pessoas vivas, os últimos impedem o nascimento dos que iriam nascer.

O marquês de Mirabeau, uma das mentes mais originais do século passado que, numa mistura singular, combinou idéias muito filantrópicas com um caráter bastante despótico, e um amor muito sincero pela liberdade com todos os preconceitos da nobreza e mesmo do feudalismo, mostrou claramente em *O Amigo dos Homens* que as causas diretas tinham apenas efeito breve sobre a população. "Dizem eles," afirma Mirabeau, surpreso, "que, depois de tempos de atribulações e calamidades, o estado continua tão populoso quanto era antes, enquanto os prédios e as estradas, enfim, tudo aquilo que indica prosperidade aparente, encolhem visivelmente por causa da interrupção na ordem e na justiça."[63] As causas indiretas, supostamente menos prejudiciais, têm efeitos muito mais extensos e duradouros; isso acontece porque [316] elas atacam a população em sua própria raiz, ou seja, nos seus meios de subsistência. O camponês trabalha, constrói e casa em campos virados de pernas para o ar por terremotos, depois de uma epidemia ou na esteira de um exército que pilhou sua propriedade, porque espera que o terremoto não ocorra de novo, viu que a epidemia acabou e, por ter sido firmada a paz, pensa que certamente o exército arrasador foi embora para sempre. Mas ele trabalha, constrói e casa subme-

---

[63] *L'Ami des hommes ou traité de la population*, de Victor Riqueti, marquês de Mirabeau, Hamburgo, Chrétien Hérold, 3ª ed., 1758, t. I, p. 28.

tido a grande ansiedade quando sob um governo opressor, que o priva dos meios de subsistência necessários para alimentar e criar uma família.

O homem sobrepuja com facilidade as calamidades por ele encaradas como passageiras. Os mortos deixam os vivos em melhor situação já que mais recursos de subsistência ficam à sua disposição; suas receitas se multiplicam por conta dos locais desocupados e dos recursos que encontram para viver. A natureza proporciona os remédios juntamente com todos os malefícios que pode causar. Ela dotou o homem de uma faculdade que parece falta de cuidado e imprevidência, mas que na realidade é racional: ele sente que os infortúnios naturais só ocorrem entre períodos de tempo bem afastados uns dos outros, enquanto as desditas originadas pelos caprichos de outros homens pesam sobre ele a cada momento.

Os maus hábitos dos governos prolongam algumas causas do decréscimo da população, causas essas que, na ausência daqueles defeitos, teriam vida curta. Elas, portanto, têm que ser consideradas sob dois aspectos: as que prejudicam diretamente a população e as que a afetam quando multiplicadas pelos erros do governo. Por exemplo, a expulsão dos judeus e dos mouros contribuiu para a queda da população na Espanha só porque resultou de um sistema administrativo opressivo e perseguidor. Pela mesma razão, os colonizadores que trocaram aquele país pelo Novo Mundo jamais foram substituídos, ao passo que uma nação livre pode despachar numerosos colonizadores sem que fique carente de habitantes. Numa nação livre, tudo aquilo que provoca um vácuo social ao mesmo tempo estimula aqueles que permaneceram a preenchê-lo. O malefício direto que causa a guerra logo é corrigido. No entanto, quando um governo pode reiniciar ou prolongar o conflito ao seu bel-prazer, isso sinaliza uma vontade despótica desse governo, uma que é bastante distinta do próprio fantasma da guerra, uma que, incidindo sobre os meios de subsistência, evita que a população cresça e que ocupe os vazios que a guerra causou.

[317] O mesmo acontece com o celibato. Se existem indivíduos que não se casam e não se reproduzem, há outros que o fazem. Mas quando o celibato resulta seja da pobreza seja do absurdo das instituições, o dano é irreparável num sentido totalmente diferente. Vou citar de novo o marquês de Mirabeau. Ele mostra com clareza que o celibato sacerdotal não é de forma alguma pernicioso para a população.[64] Pelo contrário, sempre que um certo número de indivíduos consegue se reunir para viver da produção de uma extensão de terra menor do que aquela que seria necessária para a subsistência isolada do mesmo número de pessoas, tal reunião é favorável ao crescimento numérico da espécie humana. Os indivíduos que se congregam voluntariamente confinam-se e deixam mais espaço para os outros. Nunca é população que falta, e sim espaço, isto é, terra e, sobretudo, meios de subsistência. O celibato do clero, todavia, implica estado de coisas mais supersticioso e, por via de conseqüência, governo pior. Tais influências alastram-se por todos os lados. Não é porque os sacerdotes não se casam que o país tem sua população diminuída, mas porque um governo que consagra o celibato sacerdotal é um governo ignorante. Ora, os governos ignorantes são sempre opressores; eles molestam os homens que casam, retiram-lhes os meios de subsistência, em-

---

[64] Constant meramente refere-se em vez de citar trechos do livro do marquês de Mirabeau, *L'Ami des hommes, op. cit.*, t. I, p. 31-33.

purram-nos para o desalento, evitando assim que se reproduzam, ou, caso consigam fazê-lo, provocam a morte de seus filhos pelo desamparo e pela penúria.

A condição de mais populosos e mais florescentes dos países protestantes é atribuída à supressão das ordens celibatárias. Deveria ter sido atribuída à diminuição dos preconceitos e ao crescimento da liberdade civil que a Reforma introduziu nesses países.

Não é porque um determinado número de indivíduos casou que a população cresceu, e sim porque houve um pouco mais de possibilidades para o escrutínio e um pouco mais de esclarecimento, primeiro sobre uma questão e, depois, como todas as idéias estão ligadas, sobre todas as outras. Seguem-se um regime mais justo, menos opressão, menos pobreza e melhor subsistência. Isso me conduz a encarar como ignóbeis os cálculos de alguns governos que, não contentes em declarar puramente voluntário o celibato dos padres, buscaram forçar ao casamento homens comprometidos por deveres de consciência ou pelos juramentos mais sagrados a se absterem dele, como se o matrimônio de alguns religiosos fosse um meio realmente eficaz para o aumento da população, como se o nascimento de um pouco mais de crianças [318] fosse preferível aos refinamentos da honra e aos escrúpulos das virtudes, os quais, com fundamentação certa ou errada, ainda constituem ato virtuoso; sintetizando, como se o homem fosse uma criatura desprezível e complacente, jogado na Terra apenas para obedecer e multiplicar-se.

Quando os homens possuem recursos de subsistência, para ele e seus filhos, a população cresce. Quando não os possuem, ou não se casam ou procriam pouco, pois se tiverem muitos filhos a maioria morrerá jovem. A população sempre alcança o nível de subsistência. Na América, ela dobra a cada vinte ou vinte e cinco anos, porque lá o trabalho é tão bem pago que uma grande família, ao invés de ser uma carga, é fonte de opulência e prosperidade. "Uma jovem viúva com quatro ou cinco filhos" dificilmente encontraria, na Europa, um segundo marido "nas classes média e baixa". Na América, "uma pessoa assim é procurada como um tesouro". Smith, Livro I, Cap. 8.[65] Os escritores vêm cometendo por muito tempo as maiores tolices sobre população; têm considerado verdades isoladas, que não sabem como conciliar ou como definir claramente, e, com base numa única observação imprecisa, objetivam a construção de um conjunto de leis. Os governos, que só têm idéias superficiais sobre tudo porque carecem do tempo necessário para checá-las por si mesmos, adotaram agora tal conjunto de leis, exatamente aquele que, sempre em confiança, é o caminho certo para provocar desvantagens, mesmo da verdade.

Tem sido admitido que, de uma certa forma, a pobreza concorre para o crescimento da população. Os mendigos têm muitos filhos. Mas a distinção entre os dois tipos de pobreza – a dos mendigos e a da classe trabalhadora – não tem sido feita. Vagabundos com absolutamente nada têm muitos filhos, diz Montesquieu. "Não custa coisa alguma para o pai ensinar seu ofício aos filhos, os quais, pelo simples fato de nascerem, são instrumentos de tal ofício."[66] As pessoas que são pobres, entretanto, só porque vivem sob governo rigoroso, têm poucos filhos. Elas não possuem alimentos suficientes

---

[65] Adam Smith, *op. cit.*, t. I, p. 142. [As partes entre aspas são da tradução francesa de 1802 de Garnier, aqui de novo vertidas. Nota do tradutor americano].
[66] *De l'esprit des lois*, de Montesquieu, Livro XXIII, Cap. 11.

para si mesmas. Como poderiam sonhar em compartilhá-los? Se vivem com pouca coisa, não é porque precisem de pouco, e sim porque não têm aquilo de que precisam. Da mesma forma que o mínimo necessário favorece o crescimento da população entre os mendigos, o pouco que a classe trabalhadora possui vai de encontro [319] ao crescimento entre os seus. Escritores e governos têm visto nas costas das mendigas ou em torno de seus casebres boa quantidade de crianças desditosas. Eles não levantaram o olhar para um ano antes, quando três quartos daquela população infeliz foram dizimados pela fome. Apreciaram, dessa maneira, apenas metade do problema, e mesmo com a questão considerada dessa forma, o sistema mais desumano tem sido baseado.

Quanto mais pobres as pessoas, vem sendo dito, maiores as famílias. "Um sofisma", exclama Montesquieu, "que sempre arruinou reinos e sempre o fará".[67] O crescimento da população decorrente da pobreza tem um limite evidente, a saber, a morte entre essas pessoas em função da mesma pobreza que, de início, pareceu favorecê-lo. De um outro ponto de vista, fica claro que a afluência favorece o aumento da população. Pensava-se que o fausto das classes ricas era causa de afluência das pobres. Contudo, havia dois erros nesse modo de pensar. Primeiro, a afluência que o fausto produz é muito incerta e artificial. O luxo dobra os gastos com o consumo, logo os tornando desproporcionais à população. Nem o rico nem o pobre se multiplicam: o rico porque teme as privações

---

[67] A passagem inteira é a seguinte: "É a conversa condescendente e a análise medíocre que levam a ser dito que quanto mais pobres as pessoas maiores as famílias, ao passo que quanto mais taxados formos mais nos prepararemos para pagar os impostos: dois sofismas que sempre arruinaram reinos e sempre o farão". Ed. cit., p. 689.

que uma grande família acarreta; o pobre por causa dos sofrimentos que enfrenta. O segundo erro é que mesmo a afluência favorece o crescimento da população até um certo grau. Por um lado, ela faz as quantidades crescerem, mas por outro aumenta também os gastos. Ora, quanto mais cresce o gasto do consumo num dado país, menos ele pode alimentar seus habitantes. Para que as somas se equilibrassem, seria necessário termos a capacidade de adicionar os meios de subsistência e evitar, simultaneamente, que as pessoas consumissem mais deles: uma tarefa impossível. Um autor que, nos anos recentes, tem estado ridiculamente enganado a respeito dos princípios sobre população é Sir Francis d'Ivernois, no seu *Pesquisa Histórica e Política das Perdas Experimentadas pela Nação Francesa*. Ele estimou a perda de vidas causada pela revolução em dois milhões de almas.[68] E como, de acordo com os cálculos de Buffon,[69] [320] um matrimônio tem que produzir seis filhos para que dois deles cheguem à idade normal de uma pessoa para substituir pai e mãe, ter-se-ia, segundo ele, doze milhões de milhões de pessoas a menos para a próxima geração. Pena é que, como observa Garnier,[70]

---

[68] *Tableau historique et politique des pertes que la Révolution et la guerre ont causées au peuple français, dans sa population, son agriculture, ses colonies, ses manufactures et son commerce*, de Sir Francis d'Ivernois, Londres, Impr. de Baylis, 1799, t. I, p. 18: "Tudo o que consegui reunir por testemunhar ou conjecturar leva-me a concluir que as foices da Revolução e da guerra ceifaram entre dois e três milhões de vidas de franceses. Se bem que careço dos documentos e papéis oficiais para provar essa quantidade com evidências insofismáveis".

[69] *Histoire naturelle générale et particulière*, t. XI, e *Histoire naturelle des animaux et de l'homme*, t. II, de George Louis Leclerc, conde de Buffon, nova edição, Lausanne, J.-P. Heubach; Berna, Nouvelle Societé typographique, 1785, pp. 207-208.

[70] *Notes du traducteur*, de Germaine Garnier, em *op. cit.*, de Adam Smith, t. V, pp. 284-286, Nota XXX *De ce que la guerre dernière a coûté à la population de la France*. O que Constant apresenta como uma observação de Garnier não figura, de

ele tenha parado, depois de boa partida, e não deu continuidade ao seu alentado raciocínio para mais uma ou duas gerações. Se o tivesse feito, descobriria, a partir da segunda geração, uma perda para a França de setenta e dois milhões de habitantes. Os governos não têm que tomar medidas diretas em relação à população; precisam apenas respeitar a lei natural das coisas. Basta que deixem as pessoas felizes, ou seja, que todos sejam livres para procurar sua própria felicidade sem ferir a dos outros, e a população será a adequada.

Toda legislação detalhada, a proibição do celibato, a estigmatização, as penalidades, a recompensa ao matrimônio – nenhum desses meios artificiais atinge o objetivo visualizado e, na medida em que interferem na liberdade, longe dele ficam. As leis que forçam o casamento não concorrem para o crescimento da população. Desde que a lei de Papia Poppaea[71] proibiu que os não-casados recebessem qualquer coisa de estranhos, fosse pela instituição da herança ou do legado, e os que, embora casados, não tivessem filhos recebessem mais que a metade da herança ou do legado, os romanos deram um jeito de repudiar as esposas e de fazer com que elas abortassem depois de terem um filho. Acrescentemos que a maioria dos governos que fazem leis contra o celibato é como os mandarins e acadêmicos chineses que pronunciam longos sermões [321] exortando as pessoas a se envolverem com a agricultura, mas

---

nenhum modo, na nota. Garnier está na verdade discutindo com os cálculos de Buffon, mas não nos termos que Constant cita e não sobre os mesmos números.

[71] Essa lei foi debatida à exaustão por Montesquieu em *De l'esprit des lois*, Livro XXIII, Cap. 21, e por Gaëtano Filangieri em *La science de la législation*, ed. cit., t. II, pp. 26-27.

que deixam as unhas crescerem para evitar que haja a mais leve suspeita de que são fazendeiros.

 O que ilude os observadores superficiais é que, por vezes, vemos o florescimento da população em certos países e, simultaneamente, leis positivas que estimulam os solteiros a se casarem. Entretanto, por certo não foi por causa dessas leis positivas que a população cresceu, e sim em virtude de outras circunstâncias, que podem ser, todas, expressas em uma só palavra: liberdade. A prova disso é que, nos mesmos países, com a alteração nas circunstâncias, a população decresceu, apesar de as leis terem permanecido as mesmas ou se tornado até mais severas. Considere-se o período de Augusto e os vãos esforços desse imperador. Quando os maus hábitos de um governo não colocam obstáculos no caminho da população, as leis são supérfluas; quando o fazem, elas são inúteis. A base do crescimento da população é o aumento dos meios de subsistência, e a base desse último é a segurança e a tranqüilidade. Finalmente, o fundamento da segurança e da tranqüilidade é a justiça e a liberdade.

Notas de Constant

A. [Referente à p. 387]
O judicioso Say observa que "um fato particular não é suficiente para destruir um geral, já que não podemos estar certos de que circunstâncias desconhecidas não produziram a diferença que vemos entre os resultados de um e de outro. ... Quão poucos fatos particulares são completamente estabelecidos! Quão poucos são observados em todas as suas circunstâncias". *Economie politique*. Prefácio.[72]

B. [Referente à p. 391]
As pessoas vêm dizendo sem cessar que o comércio com a Índia não poderia ser feito sem uma companhia. No entanto, por mais de um século, os portugueses mantiveram tal comércio, sem uma companhia, com mais sucesso que qualquer outra nação.[73]

---

[72] Jean-Baptiste Say, *op. cit.*, t. I, *Discours préliminaires*, pp. viii-ix.
[73] Say, *op. cit.*, t. I, p. 193: "Não deve ser descuidadamente suposto que um determinado comércio não pode ser absolutamente feito por nada diferente de uma companhia. Isso tem sido dito com muita freqüência sobre o comércio com a Índia, porém, mesmo assim, por mais de um século, os portugueses o sustentam, sem uma companhia, melhor que qualquer outra nação".

[322] C. [Referente à p. 393]
Smith, V, I.[74]

D. [Referente à p. 394]
Acho necessário acrescentar que, para evitar objeção incômoda, mas que parecesse justificável, por certo não incluo as patentes técnicas que usamos entre o conjunto de privilégios. Tais patentes são contratos com a sociedade e, portanto, legítimos. Além do mais, a tarefa de supervisionar esses contratos fica apenas com os lados interessados e não requer, por conseguinte, nenhuma inquisição imoral ou vexatória da parte do governo.

E. [Referente à p. 395]
Para Birmingham e Manchester, ver Baert-Duholant.[75]

F. [Referente à p. 395]
"A mais sagrada e mais inviolável das propriedades é a diligência da pessoa, porque fonte original de toda a propriedade restante. O patrimônio do homem pobre está na força e na habilidade de suas mãos; evitar que ele empregue tal força e tal habilidade da maneira

---

[74] Adam Smith, *op. cit.*, t. IV, pp. 130-131: "Quando uma sociedade de mercadores decide, por sua própria conta e risco, estabelecer algum ramo novo de comércio com um povo distante e incivilizado, pode ser razoável incorporá-lo como um banco conjunto de ações e assegurar para esse ramo, se bem-sucedido, o monopólio do comércio por um certo número de anos".

[75] *Tableau de la Grande-Bretagne, de l'Irlande et des possessions anglaises dans les quatre parties du monde*, de Alexandre-Balthazar de Paule, barão de Baert-Duholant, Paris, Maradan, ano X, 1802, t. I, pp. 90-93 sobre Birmingham, e pp. 105-108 sobre Manchester.

que ele considera mais apropriada, desde que não fira ninguém, é uma violação manifesta dessa propriedade elementar. É flagrante usurpação da lídima liberdade, tanto do trabalhador quando de quem se dispõe a lhe dar emprego. Com um só golpe, se está cerceando aquele lado que quer trabalhar naquilo que considera oportuno e aquele outro que quer empregar a pessoa que lhe parece boa. Pode-se com bastante segurança confiar no bom senso de quem emprega um trabalhador para julgar se este merece a função, já que seu interesse está em jogo. A solicitude que o formulador de leis simula, [323] para impedir alguém de contratar pessoa incapaz é obviamente tão absurda quanto opressora."[76] Ver também *Principes du code civil*, de Bentham, Parte III, Cap. I.[77]

G. [Referente à p. 397]
Say, *Economie politique*, Livro I, Cap. 35.[78]

H. [Referente à p. 398]
Smith, *A Riqueza das Nações*, Livro IV, Cap. 2.[79]

I. [Referente à p. 403]
Smith, Livro IV, Cap. I.[80]

---

[76] Adam Smith, *op. cit.*, t. I, pp. 252-253.
[77] Jeremy Bentham, *op. cit.*, t. II, pp. 176-178.
[78] Jean-Baptiste Say, *op. cit.*, Livro I, Cap. 35, p. 290.
[79] Adam Smith, *op. cit.*, Livro IV, Cap. 2, t. III, pp. 64-65. Constant é inspirado pelo texto de Smith em vez de reproduzi-lo fielmente.
[80] *Ibid.*, t. III, pp. 3-52.

J. [Referente à p. 403]
Sismondi, *Richesse commerciale*, pp. 139-151.[81]

K. [Referente à p. 406]
Um fazendeiro que cultiva a terra e que não pode vender seu milho com lucro procura consumi-lo para evitar os custos e perdas em que incorreria se o estocasse. Mais grãos são dados às aves e ao gado se seu valor é baixo. Ora, é exatamente isso que é perdido para o alimento dos seres humanos. Não se trata de queixa dos consumidores quanto ao ano ou ao lugar em que tal desperdício ocorre. Mas esses grãos [324] poderiam ter preenchido a falta de alimentos em alguma província assaltada pela fome ou num ano atingido pela escassez. Teria sido salva a vida de famílias inteiras e evitado o aumento dos preços se o livre comércio, ao apresentar uma outra saída, tivesse proporcionado ao proprietário, em ocasião anterior, um grande interesse em conservar os grãos e não os desperdiçar num emprego que poderia ter sido consumado com cereais menos valiosos. *Septième lettre de M. Turgot à l'abbé Terray*, pp. 62-63.[82]

L. [Referente à p. 407]
Smith mostrou admiravelmente que os interesses do mercador que trabalha no campo no comércio de milho e os da massa de pessoas, aparentemente em conflito, são precisamente os mesmos nos anos em que os preços estão elevados. Smith, Livro IV, Cap. 5.[83]

---

[81] Jean-Charles-Léonard Sismondi, *op. cit.*, t. I, pp. 119-157.
[82] *Lettres sur les grains, écrites à M. l'abbé Terray, contrôleur général, par M. Turgot, intendant de Limoges*, de Anne-Robert-Jacques Turgot, s.l.n.d. [1788].
[83] Adam Smith, *op. cit.*, t. III, p. 207.

M. [Referente à p. 408]
Decreto da Alta Corte Judicial de Paris, 2 de dezembro de 1626.[84]

N. [Referente à p. 409]
Veja, para mais desenvolvimentos, Smith, Livro IV, Cap.5.[85] Morellet, *Représentations aux magistrats*, 1769.[86]

O. [Referente à p. 410]
Sur la législation et le commerce des grains, p. 180.[87]

P. [Referente à p. 414]
Podem-se encontrar todas essas dificuldades totalmente desenvolvidas pelo abade Galiani no seu *Dialogues sur le commerce des blés*, 1770.[88] Gosto

---

[84] Esse decreto proibiu todas as pessoas, sob pena de morte, de se engajarem no comércio de trigo, grãos e vegetais, ou construir depósitos para essas *commodities*.

[85] Adam Smith, *op. cit.*, t. III, p. 216: "No entanto, o ódio popular ao qual fica exposta essa ocupação em anos de fome, os únicos anos em que ela pode ser lucrativa, dissuade todas as pessoas que têm recursos e ocupam posições de destaque na sociedade".

[86] Há aqui uma confusão sobre o autor: o trabalho citado é de Pierre-Joseph-André Roubaud, *Représentations aux magistrats contenant l'exposition raisonée des faits relatifs à la liberté du commerce des grains et les résultats respectifs des règlements de la liberté*, s.l., 1769. O abade Morellet era também um especialista no comércio de grãos, uma vez que escrevera o *Réfutation de l'ouvrage qui a pour titre: Dialogue sur le commerce des blés* [do abade Ferdinando Galiani], Londres, 1770, e o *Analyse de l'ouvrage intitulé: De la législation et du commerce des grains* [de Jacques Necker], Paris, Pissot, 1775.

[87] *Sur la législation et le commerce des grains*, de Jacques Necker, Paris, Pissot, 1776, p. 180: "Esta é uma prática diabólica, a de ter compaixão pelas pessoas que servem para fortalecer os direitos do proprietário; é quase a imitação da arte daqueles animais terríveis que, nas margens dos rios da Ásia, imitam as vozes de crianças para abocanhar os adultos".

[88] *Dialogues sur le commerce des grains*, de Ferdinando Galiani, Londres, 1770.

de indicar esse autor ao leitor, embora ele tenha escrito de maneira muito leve sobre um assunto tão sério. Mas como ele é o primeiro e um dos mais formidáveis inimigos da dispensação baseada na liberdade, suas considerações sobre as deficiências da intervenção política nesse particular têm que ter peso.

Q. [Referente à p. 414]
Veja a obra de M. Necker, *Sur la législation et le commerce des grains*. Ele examinou com sagacidade notável todas as restrições, regras e medidas que constituem aquilo que é conhecido como política para os grãos e, embora seu objetivo fosse mostrar que a ação constante por parte do governo era necessária, acabou forçado a condenar todas as medidas que foram tentadas.

R. [Referente à p. 415]
Ver as cartas de M. Turgot ao abade Terray.

S. [Referente à p. 418]
Ver *Anotações sobre Smith*, de Garnier, Nota XXII.[89] Um autor estimado [326] baseia um ensinamento completamente oposto sobre esse ponto, mas que para mim parece totalmente inadmissível. "É apropriado", diz ele, "que a lei fixe uma taxa de juros para todos aqueles casos em que ela é devida, na ausência de um acordo prévio, bem como quando uma sentença ordena a restituição de determinada quantia com juros. Tal taxa tem que ser fixada no menor valor pago pela sociedade em taxas desse tipo, pois a menor taxa é a das aplicações de risco mínimo. Ora, a lei pode

---

[89] *Notes du traducteur*, de Germain Garnier, in Adam Smith, *op. cit.*, t. V, pp. 204-208 *Du taux de l'intérêt de l'argent*.

muito bem querer que o devedor entregue o capital de volta e mesmo com juros. Para que isso aconteça, a lei tem que supor que o devedor ainda está de posse do capital. E isso só pode ser suposto se ele tornou tal capital lucrativo da forma menos arriscada, amealhando, portanto, o menor retorno possível". Say, *Economie politique*, Livro IV, Cap. 15.[90]
1. Fixar a taxa de juros no menor nível sobre uma dívida saldada erradamente é recompensar o mau devedor. Um homem honesto, que só toma dinheiro emprestado por acordo mútuo, pagará uma taxa de juros mais alta, ao passo que aquele que só pagou à força, isto é, que usou indevidamente aquilo que não lhe pertencia, pagará taxa menor. 2. Não é porque a sociedade supõe que um devedor tem condições de saldar a dívida que essa sociedade deve obrigá-lo a pagar o devido, mas porque isso é a coisa correta a fazer. 3. A suposição da sociedade não pode alterar os fatos. Se o devedor não estiver em condições de saldar a dívida, por mais baixa que seja a taxa fixada de juros, ele não a pagará. 4. O mau pagador merece punição. Uma taxa alta de juros é a mais natural delas e indeniza em certo grau o dano causado. 5. Em suma, segundo esse ensinamento, seria uma iniciativa excelente confiscar, de uma maneira ou de outra, todos os fundos sobre os quais se pudesse colocar as mãos que não fosse por julgamento criminal e emprestá-los a outros. Como mau pagador, pagar-se-iam os juros mais baixos possíveis. Como credor, conseguir-se-ia uma taxa mais alta.

T. [Referente à p. 418]
Veja Say, *Economie politique*, IV, Cap. 14 e Cap. 15.[91] Montesquieu. *Esprit des lois*, XXII, Cap. 19, Cap. 20, Cap. 21 e Cap. 22.

---

[90] Jean-Baptiste Say, *op. cit.*, t. II, pp. 366-367.
[91] *Ibid.*, pp. 275-303; o Cap. 14 é sobre empréstimo com juros e o Cap. 15 sobre taxa legal de juros.

U. [Referente à p. 418]
A Riqueza das Nações, II, 4.⁹²

[327] V. [Referente à p. 419]
Jacques Necker, *De l'administration des finances*, III, pp. 239-240.

W. [Referente à p. 420]
Lísias contra Theomnestes; Demóstenes contra Lacrites.⁹³

X. [Referente à p. 421]
O número de contrabandistas presos na França durante a monarquia foi, num ano comum, de cerca de 10.700 indivíduos, dos quais 2.300 eram homens, 1.800 mulheres e 6.600 crianças. [Necker] *Administration des finances*, II, 57. O destacamento encarregado da captura tinha o efetivo de mais de 2.300 homens e custou entre oito e nove milhões. *Ibid.*, 82.

Y. [Referente à p. 421]
Smith, Tomo V, da tradução de Garnier.⁹⁴

---

⁹² Adam Smith, *op. cit.*, t. II, pp. 366-367: "Deve ser dito que se a taxa legal de juros precisa ser algo acima da taxa de juros de mercado, também não deve ser muito acima desta última. Se, por exemplo, na Inglaterra a taxa legal fosse fixada entre oito e dez por cento, a maior parte do dinheiro iria para esbanjadores e armadores de esquemas, os únicos grupos dispostos a pagar tão caro pelo dinheiro".
⁹³ A referência aos dois oradores gregos foi fornecida a Constant por Cornelius de Pauw, *Recherches philosophiques sur les Grecs*, de *op. cit.*, t. I, p. 372.
⁹⁴ *Notes du traducteur*, de Germain Garnier, Adam Smith, *op. cit.*, t. V, pp. 214-233.

Z. [Referente à p. 421]
Administration des finances, II, 98.

AA. [Referente à p. 421]
Memórias do Marquês de Pombal. O governo de Portugal empregou soldados para evitar que os proprietários arrancassem suas videiras. Isso nada mais é que uma missão que força o governo a sustentar a propriedade em face do desespero dos proprietários.[95]

[328] BB. [Referente à p. 422]
Baert-Duholant.[96]

CC. [Referente à p. 422]
"Pelo estatuto do oitavo ano do reinado de Elizabeth, Cap. 3, quem exportasse ovelhas, cordeiros ou carneiros arcaria com o confisco perpétuo, de ofensa primeira, de todas as suas posses e com um ano de prisão, depois do que, num determinado dia de mercado na cidade, sua mão esquerda seria amputada e pregada na parede. Editos dos séculos XIII e XIV do reinado de Charles II declararam ser ofensa capital a exportação de lã." Smith, Livro IV, Cap. 8.[97]

---

[95] *Mémoires*, de Sebastião José de Carvalho e Melo, marquês de Pombal, s.l., 1784, t. I, pp. 118-124.

[96] *Tableau de la Grande-Bretagne...*, de Alexandre-Balthazar de Paule, barão de Baert-Duholant, *op. cit.*, t. IV, pp. 91-120.

[97] Adam Smith, *op. cit.*, t. III, p. 473. Hofmann diz que Constant toma algumas liberdades no texto, mas mantém o significado. [Os críticos da modernidade raramente chamam a atenção para as grandes selvagerias dos regulamentos econômicos nas eras pré-modernas. Nota do tradutor americano]

DD. [Referente à p. 422]
Mémoires sur les Etats-Unis.[98]

EE. [Referente à p. 422]
A Riqueza das Nações, Livro IV, Cap. 9.[99]

FF. [Referente à p. 423]
Veja Smith, Livro I, Cap. 11.[100]
[329] GG [Referente à p. 424]
Smith, Livro I.[101]

HH. [Referente à p. 425]
Alguns detalhes dos obstáculos colocados no caminho do trabalho na Inglaterra pelas leis sobre os domicílios nas paróquias.[102]

---

[98] Provavelmente uma referência ao *Tableau de la situation actuelle des Etats-Unis d'Amérique*, de Charles Pictet de Rochemont, Paris, Du Pont, 1795.

[99] Adam Smith, *op. cit.*, t. III, p. 529: "Se qualquer nação não conseguir prosperar sem o desfrute de perfeitas liberdade e justiça, então não existe nação no mundo que algum dia será capaz de prosperar. Felizmente, a natureza, em sua sabedoria, colocou no corpo político muitas e apropriadas proteções para remediar os maus efeitos da maioria das tolices e injustiças humanas, da mesma forma que as colocou no corpo humano para remediar aqueles da intemperança e da preguiça".

[100] Adam Smith, *op. cit.*, Livro I, Cap. 11, t. II, pp. 164-165: "No entanto, o interesse particular daqueles que seguem um ramo particular do comércio ou da manufatura é sempre em alguns aspectos diferente, ou mesmo contrário, ao do público".

[101] *Ibid.*, t. I, pp. 179-201, em Cap. 9, *Des profits des capitaux*.

[102] Esses detalhes são reunidos no início de *A Few Additional Points*, p. 529.

II. [Referente à p. 426]
Memórias de Sully.[103]

JJ. [Referente à p. 426]
Say, Livro I, Cap. 30.[104]

KK. [Referente à p. 426]
Smith, Livro IV, Cap. 7.[105] Say, I, Cap. 36.[106]

LL. [Referente à p. 426]
Garnier, *Notas sobre Smith*.[107]

MM. [Referente à p. 427]
Esprit de lois, XX, 12.

---

[103] Essa referência ao *Mémoires*, de Sully, vem *op. cit.*, de Charles Ganilh, t. I, p. 315-316, n. 1, e o texto é o seguinte: "Sully, que não viu os benefícios da manufatura e do comércio, se opôs ao édito a favor da navegação e teve sempre alguma coisa a criticar nas cláusulas de Henrique IV para estabelecer a fabricação de tapetes em estilo flamengo com tecidos francês e holandês, bem como para fixar colônias no Canadá e estabelecimentos de comércio nas Índias". Veja, sobre esse assunto, *Mémoires de Maximilien de Béthune, duc de Sully*, Liège, F.-J. Desoer, 1788, t. V, pp. 63-72 (Livro XVI, 1603).
[104] Jean-Baptiste Say, *op. cit.*, t. I, p. 247.
[105] Em vez do Cap. 7 é ao Cap. 5, *Digression sur le commerce des blés et sur les lois y relatives*, que Constant parece estar se referindo; Adam Smith, *op. cit.*, t. II, pp. 206-249. A idéia precisa de que as regulamentações criam uma necessidade imaginária não fica, contudo, explícita nesse capítulo.
[106] Jean-Baptiste Say, *op. cit.*, t. I, p. 293-311; O Cap. 36 é chamado *Du commerce des grains* e, exatamente como em Smith, não contém bem a idéia apresentada por Constant.
[107] *Notes du traducteur*, de Germain Garnier, in Adam Smith, *op. cit.*, t. V, pp. 202-204, Nota XXI, *Des erreurs de Montesquieu en économie politique*.

[330] NN. [Referente à p. 427]

Quando se é permitido censurar uma das opiniões de M. Montesquieu, é preciso que se dêem boas razões. A que vou citar mostrará que esse grande homem, cujos escritos sobre questões políticas são tão superiores, por vezes não é muito aplicado em questões comerciais. "A pesca de baleias", diz ele, *Esprit des lois*, XX, 6, "quase nunca recupera seus gastos; mas os empregados na construção de barcos, os que suprem as vestes, os equipamentos, as provisões são também os que têm grande interesse em tal pesca. Se perdem na pesca, ganham nos suprimentos".[108] Mas se eles estão a um só tempo no negócio da pesca [*sic*] e do suprimento, de quem eles ganham com o suprimento o que perdem com a pesca? Ao se ouvir M. de Montesquieu, pode-se pensar que eles se indenizam por suas próprias perdas. Uma estranha forma de lucro!

OO. [Referente à p. 428]
Smith, Livro IV, Cap. 9.[109]

PP. [Referente à p. 434]
Veja Filangieri e muitos outros.[110]

---

[108] Essa crítica a Montesquieu vem diretamente de Say, *op. cit.*, Livro I, Cap. 23.
[109] Adam Smith, *op. cit.*, t. III, pp. 525-526. Constant aqui faz mais um sumário do que cita.
[110] *La science de la législation*, de Gaëtano Filangieri, Livro II, Cap. 15 e 16, ed. cit., t. II, pp. 186-215. Por "muitos outros" Constant certamente quer dizer os fisiocratas Quesnay, Gournet, Le Mercier de la Rivière, etc.

QQ. [Referente à p. 435]
Veja Smith, Livro I, Cap. 7[111] e Say, *Economie politique*.[112]

---

[111] Adam Smith, *op. cit.*, t. I, pp. 110-128; lemos, por exemplo: "A quantidade de cada produto levado ao mercado naturalmente se auto-ajusta à demanda efetiva".

[112] Jean-Baptiste Say, *op. cit.*, t. I, pp. 241-251, Livro I, Cap. 30 *Si le gouvernement doit prescrire la nature des productions*, p. 241. Aqui se lê: "É preciso que se diga que nenhuma ação de governo tem nenhuma influência sobre a produção".

LIVRO XIII

Da Guerra

Cap. 1. De que ponto de vista a guerra pode ser considerada vantajosa. 467
Cap. 2. Dos pretextos para a guerra. 470
Cap. 3. O efeito da política de guerra sobre a condição doméstica das nações. 475
Cap. 4. Das salvaguardas contra a mania de guerra dos governos. 482
Cap. 5. Da maneira de constituir e manter exércitos. 486

Capítulo I

De que ponto de vista a guerra pode ser considerada vantajosa

Não repetiremos aqui as infindáveis denúncias que são feitas contra a guerra. Diversos filósofos, inspirados pelo amor à humanidade e com exageros louváveis, a têm visto apenas de uma perspectiva adversa. Sinto-me satisfeito por poder reconhecer suas vantagens.

A guerra em si não é um mal. É da natureza do homem. Favorece o surgimento nele das maiores e mais admiráveis faculdades. Coloca à sua disposição um estoque de prazeres. E o homem fica em débito com ela como protetora de objetos estimados de suas afeições. Ele se coloca prazerosamente entre esses objetos e o perigo. Adquire grandeza de espírito, habilidade, frieza, desdém pela morte – sem os quais não pode haver certeza de que não se deixará levar por toda a covardia que está à espreita. A guerra lhe ensina devoção heróica. Faz com que construa sublimes amizades; liga-o com laços estreitos aos companheiros de armas; torna real a pátria-mãe que tem que defender; e provoca, por turnos, esforços inauditos e descansos deliciosos. Períodos demasiado longos de paz degradam nações e as preparam para a servidão.

Todas essas vantagens da guerra, no entanto, dependem de uma condição indispensável, isto é, que ela resulte naturalmente da situação e da índole das nações. Quando ela é fruto apenas da ambição dos governos, de sua ganância, de suas políticas e de suas conjecturas, então só pode trazer malefícios.

[334] As nações de índole guerreira são normalmente nações livres, porque as mesmas qualidades que inspiram amor pela guerra as assaltam com o amor pela liberdade. Os governos que guerreiam os grãos nacionais, no entanto, jamais são outra coisa que não de opressores.

A guerra se assemelha a todas as coisas que são humanas. Todas são, nas ocasiões devidas, boas e úteis. Fora disso, são fatais. Da mesma forma, quando se deseja sustentar a religião lutando contra o espírito da época, tudo se transforma numa espécie de mistura de sarcasmo e hipocrisia. Quando, ignorando o temperamento pacífico das pessoas, deseja-se perpetuar a guerra, tem-se apenas opressão e massacre.

O Império romano, necessitando de comércio, de literatura, ou arte, com agricultura doméstica insuficiente, território muito confinado para sua própria população, cercado de povos bárbaros, sempre ameaçado ou ameaçando, seguiu seu destino de se ver permanentemente engajado em empreitadas militares. Um governo moderno que se deixa dominar pelo furor das conquistas, por insaciável sede de dominação, por intermináveis projetos de engrandecimento, e que acredita poder imitar o Império romano, enfrentará precisamente essa diferença, isto é, que, indo contra a maré de sua nação e de sua época, se verá forçado a recorrer a tais meios extremos, a tais medidas opressivas, a tais ligações escandalosas, a tais multiplicações de injustiças, que os conquistadores de seu império seriam tão infelizes quanto os conquistados. Um povo assim governado pareceria o romano, mas sem a liberdade e o compromisso nacional que tornam fáceis todos os sacrifícios, sem a esperança que cada indivíduo tinha de uma parcela na terra, em suma, sem todas as circunstâncias que, aos olhos romanos, adornaram esse arriscado e tumultuado modo de vida.

A situação hoje em dia evita que as nações tenham características guerreiras. "Os riscos e as sortes da guerra", diz estimado autor,[1] "jamais serão capazes de oferecer perspectiva comparável àquela que se apresenta atualmente ao homem trabalhador, em todos os países onde o labor é pago com salários compatíveis". As novas formas de combater, as mudanças no armamento individual, na artilharia: tudo privou a vida militar daquilo que era mais atraente. Não existe mais luta contra o perigo; existe fatalidade. A coragem não é mais hoje uma paixão; é indiferença. Não se prova mais [335] atualmente o sabor daquela alegria na determinação e vitalidade, no desenvolvimento da força física e das faculdades morais, que tornavam o combate corpo a corpo tão estimado entre os heróis da antiguidade e os cavaleiros da Idade Média. A guerra perdeu seus maiores encantos. Assim, passou o tempo em que ela podia ser amada. Não nos devemos deixar enganar pelas lembranças e encaremo-la sob nova perspectiva, a única verdade em nossos dias — como uma necessidade a ser suportada.

Considerada dessa forma, a guerra moderna é hoje apenas um flagelo. No caso das nações comerciais, industrializadas e civilizadas, com terras suficientemente extensas para suas necessidades, com laços de fraternidade cujo rompimento seria um desastre, que não anseiam por prosperidade ou aumento na afluência pela conquista, a guerra desestabiliza, sem compensação, qualquer espécie de

---

[1] Veja a nota A de Constant no fim do Livro XIII.

garantia social. Os controles domésticos que ela parece autorizar colocam em risco a liberdade individual . Ela traz uma aceleração destrutiva para os processos legais tanto em termos de sua inviolabilidade quanto de seu propósito. Tende a representar todos os adversários do governo, todos aqueles que encara com inimizade, como cúmplices de adversário estrangeiro. Por fim, perturbando a segurança de todos, a guerra também coloca pressão sobre a riqueza geral em virtude dos sacrifícios pecuniários a que todos os cidadãos ficam condenados. As próprias vitórias na guerra jogam as nações conquistadoras na exaustão. Levam apenas à criação de Estados sem fronteiras, cuja governança exige poder ilimitado e que, depois de serem durante o decorrer de suas vidas uma causa de tirania, entram em colapso em meio ao crime de incontáveis desastres.

Capítulo dois
Dos pretextos para a guerra

Os próprios governos foram forçados a reconhecer essas verdades por algum tempo, pelo menos em teoria. Eles não mais alegam que as nações existam para estabelecer, ao preço de seu sangue e de sua pobreza, a fama desastrosa de alguns de seus líderes. [336] Por mais despótico que seja um líder moderno, penso que dificilmente ousaria ofertar aos súditos sua glória pessoal como compensação por sua paz e suas vidas. Apenas Charles XII interpretou equivocadamente assim seu século.[2] Porém, desde aquela revolução nas idéias, os governos têm inventado tantos pretextos para a guerra

---

[2] Rei da Suécia (1682-1718), cuja famosa genialidade militar Voltaire descreveu em seu *Histoire de Charles XII* (1731).

que a paz das nações e os direitos dos indivíduos estão longe de garantidos.

Examinaremos apenas muito de passagem esses vários pretextos. Independência nacional, honra nacional, necessidade de tornar nossa influência respeitada no exterior, arredondamento de nossas fronteiras, interesses comerciais. O que mais eu poderia dizer? O fato é que esse vocabulário de hipocrisia e injustiça é inextinguível.

O que se poderia aduzir de um indivíduo que considerasse sua honra e sua independência comprometidas enquanto outros indivíduos desfrutassem de alguma honra e independência e só se sentisse seguro quando cercado de escravos e vítimas trêmulas? Afora a insolência e a imoralidade de tal raciocínio, tal indivíduo estaria fadado à destruição, exatamente porque o ódio uniria contra ele todos os que tivessem sido momentaneamente surpreendidos e subjugados por sua habilidade e sua ousadia. O mesmo ocorre com um Estado. A independência dos povos repousa tanto na eqüidade quanto na força. A espécie de força necessária para manter todos os outros povos subjugados é uma situação contra a natureza. Uma nação que entrega a garantia de sua independência, ou, para falar com mais precisão, seu despotismo, a tal força está em maior perigo que a mais débil das nações, porque toda a opinião pública, todas as vontades, todos os ódios a ameaçam. Mais cedo ou mais tarde, esse ódio, essa opinião pública, esses desejos, irromperão e a envolverão. Sem dúvida, há certa injustiça nesses sentimentos. Um povo jamais pode ser culpado pelos excessos que seu governo faz com que cometa. É o governo que o coloca à deriva ou, com mais freqüência, o domina sem colocá-lo nessa situação. Mas as nações que são vítimas dessa desobediência deplorável não podem levar em conta tais sentimentos escondidos que desmentem seus comportamentos. Elas culpam os instrumentos pelos excessos da mão que os dirige. Toda a França sofreu com a ambição de Luís XIV e a detestou; [337] mas a Europa culpou a França por aquela ambição, e a Suécia pagou a penalidade pela loucura de Charles XII.

Quanto à influência no exterior, sem examinarmos se uma amplitude excessiva de tal influência não é muitas vezes infortúnio para uma nação ao invés de vantagem, precisamos considerar a instabilidade de uma influência obstinada e desordenada. Mesmo quando sucumbindo à sua ascendência temporária, o mundo não acredita que seja duradoura. Todos naquele período, num dado momento, talvez obedeçam ao governo dominador. Mas ninguém identifica as conjecturas dele como suas próprias. Tudo é visto como uma calamidade passageira. As pessoas esperam que a torrente abrande suas ondas, certas de que ela irá mansamente acabar na areia árida e de que, mais cedo ou mais tarde, estarão pisando com os pés secos na terra que a torrente erodiu.

Se a conversa é sobre arredondamento de nossas fronteiras, responderemos que, guiada por tal pretexto, a espécie humana jamais desfrutará de um instante de paz. Nenhum monarca, que eu saiba, jamais sacrificou um pedaço de território para dar às suas terras maior regularidade geométrica. Por conseguinte, é sempre estranho à vontade das pessoas fazer esse arredondamento. Trata-se, então, de uma proposição cuja base caminha para a destruição com suas próprias pernas. Por ela, os elementos entram em guerra e suas operações só podem se fundamentar na espoliação do mais fraco, fato que inexoravelmente torna ilegítima a posse do mais forte. Dessa forma, a lei internacional não seria outra coisa que um código de expropriação e barbarismo. Todas as idéias de justiça que os acadêmicos ilustrados de diversos séculos levaram para as relações internacionais, bem como para as interpessoais, seriam repelidas e banidas de novo por tal proposição. A raça humana regrediria para aqueles tempos de devastação e invasão que a nós pareceram a infâmia da história. A única diferença agora seria a hipocrisia, uma hipocrisia ainda mais escandalosa e corruptora porque ninguém nela acreditaria. Todas as palavras perderiam o sentido: aquelas de moderação pressagiariam violência, as de justiça anunciariam a iniqüidade. Existe uma teoria de arredondamento de fronteiras que parece, salvo pela boa-fé dos que a professam, fazer parte das teorias ideais para o aperfeiçoamento das constituições. Tal perfeição jamais é alcançada, [338] mas serve todos os dias para motivar alguma nova sublevação.

Se alguém apresentasse o interesse do comércio, eu perguntaria se as pessoas acreditam de boa-fé que estaremos servindo o comércio privando a população do país de seus jovens mais viçosos, exterminando a mão-de-obra mais necessária à agricultura, à manufatura e a outras produções, levantando entre outros povos e o nosso barreiras salpicadas de sangue. "A guerra custa mais que suas despesas", disse um escritor sábio,[3] "custa tudo aquilo que cessa de ser ganho". O comércio repousa no bom entendimento entre as nações. Só é sustentado pela justiça. Fundamenta-se na igualdade. Prospera na paz. E, apesar disso, é pelo bem do comércio que uma nação é mantida em guerras ininterruptas, que o ódio universal é empilhado sobre sua cabeça, que a marcha tem

---

[3] Veja a nota B de Constant no fim do Livro XIII.

que ser de uma injustiça para outra, que diariamente o crédito tem que ser desorganizado pela violência, e que os iguais não devem absolutamente ser tolerados.

Durante a Revolução Francesa, um pretexto para a guerra até então desconhecido foi inventado: o de livrar as nações do jugo daqueles governos que julgávamos ilegítimos e tirânicos. Com tal desculpa, a morte e a devastação foram levadas a lugares onde os homens ou viviam pacificamente sob instituições defeituosas, instituições que haviam sido abrandadas pelo tempo e pelo hábito, ou gozavam por diversos séculos de todos os benefícios da liberdade. Um período para sempre vergonhoso em que vimos governos pérfidos inscreverem palavras sagradas em seus estandartes dourados, perturbarem a paz, violarem a independência, destruírem a prosperidade de seus inocentes vizinhos, concorrendo para a vergonha européia por repetirem protestos de respeito pelos direitos humanos e de zelo pela humanidade. A pior conquista é a do tipo hipócrita, diz Maquiavel, como se estivesse prevendo nossa história. *Comentários sobre a Primeira Década de Tito Lívio*.[4]

Dar liberdade a um povo a despeito de si mesmo é apenas dar-lhe escravidão. Nações conquistadas não contraem espíritos ou hábitos livres. Cada sociedade tem que pegar de volta, por si só, os direitos que foram invadidos, caso mereça possuí-los. Senhores não podem impor liberdade. Para as nações [339] que gozam de liberdade política, as conquistas ainda trazem, além de qualquer coisa que possamos conjecturar, a seguinte característica claramente insana: se tais nações se mantiverem fiéis a seus princípios, os triunfos

---

[4] Hofmann não conseguiu localizar essa citação de Maquiavel.

necessariamente as privarão de uma parcela de seus direitos para transferi-los aos conquistados.

Quando uma nação com dez milhões de habitantes, governada por seus representantes, adiciona ao seu território uma província na qual vive mais um milhão, o que ela ganha é a perda de um décimo de sua representação, já que transfere esse décimo para os novos concidadãos.

É-se forçado a acreditar que o absurdo da política de conquistas, em conjunção com uma constituição representativa, iludiu de alguma forma o governo republicano da França. No entanto, antigos hábitos têm tão grande poder sobre os homens que estes agem em função de tais hábitos, mesmo quando solenemente abjurados por eles. Sob o Diretório, à força de vitórias e de fusões territoriais, a França chegou perto de ser majoritariamente representada por estrangeiros. Cada novo sucesso representava para o francês menos um representante francês.

Capítulo três
O efeito da política de guerra sobre a condição doméstica das nações

Depois do exame das desculpas mais deslavadas para a guerra por parte dos governos modernos, enfoquemos um de seus efeitos, um que, na minha opinião, tem sido até agora insuficientemente ressaltado. Essa política de guerra molda na sociedade uma massa de homens cujas características são diferentes daquelas dos demais cidadãos e cujos hábitos constituem um contraste perigoso com os padrões de vida civil, com as instituições de justiça, com o respeito aos direitos de todos, com aqueles princípios de liberdade pacífica e ordeira que devem ser igualmente invioláveis sob quaisquer formas de governo.

Ao longo dos últimos dezesseis anos, tem havido muita conversa sobre exércitos compostos por cidadãos. Falando honestamente, não queremos castigar com insultos aqueles que tão gloriosamente defenderam nossa independência, aqueles que com tantos feitos imortais fundaram a República francesa. Quando inimigos ousam atacar um povo em seu próprio território, os cidadãos se transformam em soldados para repeli-los. Foram cidadãos, [340] foram líderes, os que livraram nosso solo do profanador estrangeiro. Entretanto, ao lidarmos com uma questão geral, temos que colocar de lado a lembrança de glória, que nos cerca e deslumbra, e os sentimentos sedutores e cativantes de gratidão. No estado presente das sociedades européias, as palavras "cidadão" e "soldado" implicam contradição. Um exército de cidadãos só é possível quando um povo fica virtualmente confinado a uma única cidade-estado. Então os soldados dessa nação podem justificar racionalmente a obediência. Quando eles estão no seio da terra natal, entre governantes e governados que conhecem, esse conhecimento pode valer alguma coisa no tipo de sua submissão. Contudo, um país muito vasto, monarquia ou república, considera tal suposição absolutamente quimérica. Um país muito grande requer dos soldados uma subordinação mecânica e os transforma em agentes passivos, irrefletidos e dóceis. Tão logo deslocados, eles perdem toda a informação prévia capaz de iluminar seus julgamentos. O tamanho do país, ao permitir que os responsáveis pelas forças armadas transfiram nativos de uma província para outra distante, faz com que esses homens, sujeitos a uma disciplina que os isola dos habitantes locais, não passem de estranhos para esses últimos, embora sejam, nominalmente, seus compatriotas. Só têm olhos para seus comandantes, só a eles reconhecem, só obedecem às suas ordens. Cidadãos em seus locais de nascimento, são soldados em quaisquer outros locais. Uma vez entre estranhos, um exército, qualquer que seja sua organização, é apenas uma força física, um puro instrumento. A experiência da Revolução mostrou muito bem a verdade daquilo que afirmo. Foi-nos falado sobre a importância de os soldados serem cidadãos para que jamais apontassem suas armas para o povo, porém vimos os desafortunados conscritos, retirados do cultivo das terras, contribuírem não só para o cerco de Lyon, o que não poderia ser nada diferente de um ato de guerra civil, como também se transformarem em instrumentos de tortura dos lioneses, prisioneiros desarmados, o que foi um ato de disciplina e obediência implícitas, precisamente a [341] disciplina e obediência das quais acreditávamos que os cidadãos-soldados saberiam sempre se defender.

Um grande exército, sejam quais forem seus elementos básicos, adquire, involuntariamente, um espírito de corpo. Tal espírito sempre se apodera, mais cedo ou mais tarde, das organizações montadas com um só objetivo. A única coisa duradoura que os homens têm em comum é seu interesse. Em todos os países, em todos os séculos, uma confederação de sacerdotes formou, dentro do Estado, um Estado à parte. Em todos os séculos e países, homens reunidos no exército por longos períodos se separaram da nação. Os próprios soldados da liberdade, ao batalharem por ela, conceberam uma espécie de respeito pelo uso da força, independentemente de seu propósito. Sem perceber, adquiriram com tal força idéias, moral e costumes que subvertiam a causa que defendiam. As medidas que asseguram o triunfo da guerra preparam o colapso da lei. O espírito militar é altivo, esperto, afetado. A lei tem que ser calma, com freqüência lenta, e sempre protetora. O espírito militar abjura as faculdades pensantes como disciplina incipiente. Todos os governos legítimos se baseiam na ilustração e na condenação. Assim, nos anais da nação vemos, muitas vezes, as forças armadas expulsando inimigos de nosso território; mas também as vemos, não menos vezes, entregando a pátria-mãe para seus chefes. Elas promovem a glória das nações a seus níveis mais elevados; mas também somam seus direitos na conta de suas conquistas, direitos estes que devem ser depositados com cerimônia aos pés do Vencedor. Vimos as legiões romanas, constituídas, pelo menos em parte, por cidadãos de uma República famosa por seis séculos de vitórias, por homens nascidos sob a liberdade, cercados por monumentos erguidos por vinte gerações de heróis àquela divindade tutelar, pisotearem as cinzas de Cincinato e dos Camilli e marchando sob as ordens de um usurpador para profanar os túmulos de seus ancestrais e escravizar a cidade eterna.[5] Vimos as legiões inglesas que, com as próprias mãos, destruíram o trono dos reis e derramaram seu sangue por vinte anos para fazer uma república entrar em ação, com Cromwell contra aquela república nascente, impondo ao povo uma tirania mais vergonhosa do que os grilhões dos quais seu valor o livrou.

[342] A idéia dos cidadãos-soldados é singularmente perigosa. Quando homens armados são lançados contra governos desarmados ou cidadãos pacíficos, diz-se que há cidadãos se opondo a cidadãos.

---

[5] Ver a nota C de Constant no fim do Livro XIII.

O Diretório permitiu que os soldados deliberassem à sombra de seus estandartes, e quando ordenou uma opinião da parte deles como se fosse uma instrução de ordem-unida, disse que os cidadãos-soldados, longe de terem menos direitos que os outros, tinham mais porque lutaram pela pátria-mãe. Foi assim que o espírito militar surgiu na República. Alegava-se que, tanto para a liberdade quanto para a vitória, nada era mais apropriado do que movimentos rápidos. As opiniões eram encaradas como tropas, para engajar e combater, as assembléias representativas, como órgãos de comando, a oposição a elas, como atos de indisciplina, os tribunais, como acampamentos, os juízes, como guerreiros, os acusados, como inimigos, os julgamentos, como batalhas. Portanto, não é insignificante o fato de que foi criada no país, sistematicamente, por meio da guerra prolongada ou constantemente renovada sob vários pretextos, uma massa de homens imbuída exclusivamente do espírito militar. O despotismo mais severo tornou-se inevitável, quanto mais não fosse para conter tais homens. E a existência de expressiva minoria que só pode ser contida pela disciplina mais rigorosa é, por si mesma, um malefício. Porém, esses homens, contra os quais são necessários os meios do despotismo, são ao mesmo tempo instrumentos do despotismo contra o restante da nação. É difícil para os soldados, cujo primeiro dever é a obediência ao menor sinal de comando, não se convencerem rapidamente de que todos os cidadãos devem também seguir tal preceito.

Salvaguardas detalhadas contra esse perigo, o mais terrível que pode ameaçar uma nação, não são suficientes. Roma precaveu-se de forma bem forte. Nenhum exército podia se aproximar da capital. Nenhum soldado no serviço ativo podia exercer direitos dos cidadãos. No entanto, é sempre fácil para um governo esquivar-se dessas precauções. Debalde, podemos dar ao poder legislativo o direito de deslocar tropas para longe, de fixar efetivos, de bloquear aqueles movimentos cujas intenções hostis estejam aparentes – e, finalmente, de desmobilizá-las. Esses meios são a um só tempo extremos e impotentes. O poder executivo precisa ter sempre controle *de jure*, e [343] sempre tem *de facto*, das forças armadas. Encarregado de velar pela segurança pública, ele pode provocar um distúrbio para justificar a chegada de um grupo de regimentos. O executivo pode fazer com que eles cheguem sigilosamente e, quando estiverem reunidos, pode extrair do poder legislativo a aparência de concordância. Todas as salvaguardas que demandam que a legislatura delibere subseqüentemente sobre os perigos que a ameaçam se transformam em círculo vicioso. O legislativo só tem poder para agir quando surge o perigo, ou seja, quando o mal já está feito, e quando o mal está consumado, o poder legislativo não pode mais agir.

Contudo, o poder militar, sempre que existe, é mais forte que as leis escritas. É esse espírito que tem que ser contido. Só um espírito nacional focado noutro objetivo pode fazê-lo. O espírito nacional se comunica por si mesmo da nação para o exército, seja qual for a composição desse último. Quando não existe tal espírito nacional, os soldados, embora anteriormente cidadãos, nada obstante adotam o espírito militar; quando existe, o espírito militar, mesmo entre os soldados que não são cidadãos, é por ele controlado, e a própria tirania abranda. "Aqueles que corromperam a república grega", diz Montesquieu,[6] "nem sempre se tornaram tiranos. Isso porque se ligavam mais à eloqüência do que à a arte da guerra".

---

[6] Veja a nota D de Constant no fim do Livro XIII.

Qualquer que seja o ponto de vista sob o qual consideremos essa terrível questão da guerra, temos que nos convencer de que qualquer empreitada dessa espécie que não tenha um objetivo defensivo é a pior indignidade que um governo pode cometer, porque concentra todos os ultrajes do governo. Coloca em risco todos os tipos de liberdade, prejudica todos os interesses, pisoteia todos os direitos, combina e autoriza todas as formas de tirania doméstica e estrangeira, deprava as gerações que estão crescendo, divide a nação em duas partes, sendo que uma zomba da outra e rapidamente passa do escárnio à injustiça, prepara destruições futuras por intermédio de passadas e compra com os infortúnios do presente as desditas do futuro.

Essas verdades não são novas, e não as ofereço como tal, mas as verdades que parecem ser admitidas precisam ser repetidas com freqüência.[7] Porque [344] o governo, do alto de sua arrogância, as tacha de lugares-comuns e constantemente as trata como paradoxos. É, além do mais, fato notável que, embora nosso governo, em todos os seus pronunciamentos públicos, em todas as suas comunicações com o povo, professe o amor pela paz e o desejo de dar tranqüilidade ao mundo, homens que alegam ser devotados a esse governo escrevem diariamente que para a nação francesa, essencialmente guerreira, a glória militar é a única digna dela, e que a

---

[7] Essa reflexão pode ser comparada com a que Constant diz em seu *Journal intime*, 10 de junho de 1804: "As novas idéias que se tem só devem ser anunciadas como novas o mínimo possível. Ao contrário, a elas deve ser dada, o quanto permitido, a [344] aparência de sabedoria herdada, de modo que possam ser aceitas menos dolorosamente. E caso se seja compelido a concordar com a novidade de uma dessas idéias, ela deve ser cercada por todo um cortejo de idéias com as quais o público já está mais acostumado".

França tem que ganhar fama por seu fulgor militar. Esses homens precisam nos ensinar como se adquire tal glória militar de outra forma que não pela guerra, e como o objetivo que propõem só ao povo francês se encaixa na paz de todo o mundo. Eu poderia muito bem acrescentar que tais autores jamais pensaram sobre isso. Felizes por falarem de forma rebuscada, por vezes sobre um assunto, noutras sobre outro, seguindo a moda do momento, confiam, acertadamente, no esquecimento para encobrir sua inconsistência.[8] Às vezes pensei que essa doutrina, em que ousou se apresentar, merecia refutação e que valia a pena desestabilizar tais escritores que, quando tratam de governo futuro, recomendam o despotismo porque esperam ser seus agentes, e quando tratam das relações internacionais, não vêem nada diferente da guerra gloriosa como se, das profundezas de seus estudos obscuros, fossem os distribuidores de todos os flagelos que poderiam se abater sobre a raça humana.

Capítulo quatro
Das salvaguardas contra a mania de guerra dos governos

Devemos agora salientar algumas salvaguardas contra as guerras injustas ou sem sentido que os governos podem conduzir, [345] uma vez que, no estado atual da sociedade, essas aventuras, que são grandes males em si mesmas, também conduzem a outros tipos de desventuras. Porém, máximas gerais seriam inadequadas e

---

[8] Sobre esses autores que pregam assim a guerra, veja a carta de Constant, de 13 messidor, ano X (2 de julho de 1803) a Fauriel no *Benjamin Constant sous l'oeil du guet*, de Victor Glachant, Paris, Plon, 1906, pp. 50-51.

reflexões sobre limites constitucionais que pudessem ser impostos aos governos nos levariam além do escopo deste trabalho.

Nada é mais fácil de julgar à luz da razão do que as medidas do governo em relação à guerra. A opinião pública é sempre suficientemente acurada nessa questão porque o interesse de um e de todos fala bem alto e claro nessa matéria. Todos acham que a guerra é coisa fatal. Todos também acham que a paciência covarde quando estrangeiros nos ferem ou nos insultam, fazendo com que se tornem duplamente vangloriosos e injustos, mais cedo ou mais tarde traz a guerra que se quer evitar, acham da mesma forma que, quando as hostilidades começam, as armas não podem ser depostas até que se consigam sólidas salvaguardas para o futuro, já que uma paz vergonhosa é apenas causa para novas guerras com perspectivas menos favoráveis. Todavia, da mesma forma que a opinião pública é infalível nessa questão, também é impossível prescrever ou determinar qualquer coisa de antemão.

Dizer que devemos nos restringir às guerras defensivas é dizer coisa alguma. É simples para o governo insultar ou ameaçar seus vizinhos a tal ponto que eles não tenham alternativa senão atacar; e, nesse caso, o lado culpado não é o agressor, mas aquele que, adicionando traição à violência, forçou o outro à agressão. Por conseguinte, a defesa pode ser, algumas vezes, astuta hipocrisia, ao passo que o ataque pode tornar-se uma lídima precaução defensiva. Pode-se afirmar que qualquer conflito armado desaprovado pelo sentimento nacional é injusto; mas não existem meios para que se avalie tal sentimento nacional. Só o governo tem a tribuna. Ele pode controlar a imprensa, e suas criaturas e escritores, falando em nome de um povo silencioso e reprimido, formam um consenso artificial que evita que a opinião pública autêntica se faça ouvir.

Quanto às nações que gozam de liberdade política, provavelmente encontraremos nas discussões públicas das assembléias políticas, na aquiescência às taxas ou em sua recusa, nas responsabilidades ministeriais, meios para controlar os abusos relacionados à guerra de uma maneira que, senão satisfatória, pelo menos útil de forma geral e tal que evite os piores excessos. Além do mais, descobriremos, [346] numa observação mais acurada, que essas garantias são, com muita freqüência, ilusórias, que é sempre fácil para o poder executivo dar início a uma guerra, que o poder legislativo é então obrigado a apoiá-la contra os estrangeiros que o executivo provocou, que se, ao dar suporte a esse executivo, a legislatura acaba censurando, o inimigo será encorajado a pensar que, com tal desacordo entre ramos do governo, as forças armadas não serão muito ardorosas numa guerra desaprovada pelos representantes da nação, que o povo cooperará menos em termos de sacrifícios pecuniários, que o governo, sentindo-se acusado, levará para suas operações menos decisão, menos certeza, menos velocidade, que os pleitos hostis se tornarão maiores, que a paz será mais difícil de concluir, simplesmente porque a guerra terá caído sob desaprovação pública. Não quero dizer que não existem remédios para essas deficiências. Pelo contrário, julgo que seria possível indicar um deles, cuja semente está presente em diversas nações, embora não exista completamente em nenhuma delas. Contudo, não poderíamos examinar essa questão aqui sem distorcer totalmente este livro. Vimos mantendo separado dele tudo que se refere à liberdade política, e nos veríamos atraídos por ela em todas as discussões sobre constituição, pois todas as questões desse tipo se entrelaçam compactamente. Para que uma constituição funcione em determinado aspecto, ela tem que fazê-lo em todos os outros.

Pode-se pensar que uma assembléia representativa é capaz de barrar as aventuras militares do poder executivo. Para que ela imponha sua vontade sobre o poder executivo, no entanto, tem que derivar sua competência de fonte legítima, tem que ser armada com prerrogativas e cercada por garantias que previnam qualquer perigo para sua independência. Porém, caso armada com prerrogativas muito extensas, ela precisa também ser, ao mesmo tempo, contida em seus atos e controlada em seus excessos, já que uma assembléia sem peias é mais perigosa que o mais absoluto dos déspotas. Assim, seja qual for o ponto do círculo do qual se parta, é-se forçado a fazer a volta completa antes de se chegar a um resultado satisfatório.

Farei apenas uma reflexão sobre constituição política porque não tenho certeza se tal reflexão foi feita algum dia. Alguns escritores modernos dizem que as instituições que limitam e separam os poderes são apenas formalidades enganadoras das quais os governos se esquivam com habilidade. Mesmo que isso fosse verdade, essas formalidades ainda seriam úteis. Os governos forçados a se desviar delas têm menos tempo para se devotar a empreitadas estrangeiras. Ficam [347] muito ocupados em casa para buscar no exterior alguma atividade ignóbil. Os déspotas mantêm seus súditos empenhados em guerras muito distantes para distraí-los a respeito das questões internas. Os povos que desejam desfrutar de alguma paz têm que proporcionar aos seus governos alguma coisa para que façam em casa, de modo que não sejam jogados pela ociosidade e pela ambição nas calamidades da guerra.

Acrescentarei que estou longe de concordar com o fato de que as instituições que protegem a liberdade não passam de formalidades inúteis. Elas dão aos cidadãos um grande sentimento de sua importância, uma grande satisfação por esse sentimento e um interesse vívido pela prosperidade do Estado. Dessa forma, independentemente de suas vantagens diretas, são também proveitosas pela criação e manutenção do espírito público. Tal espírito é a única garantia efetiva. Baseia-se na opinião pública; penetra nos escritórios dos ministros; modifica ou interrompe projetos sem o conhecimento deles. Porém, registre-se muito bem que esse espírito público vem muito mais da organização do governo do que de suas ações. Um governo absoluto sob um déspota virtuoso pode ser bastante gentil sem criar nenhuma opinião pública. Um governo limitado pode, sob um príncipe ruim, ser muito opressivo a despeito de seus limites, mas, malgrado isso, o espírito público não será destruído. Todavia, repito: todas essas coisas são estranhas ao nosso tópico.

Capítulo cinco
Da maneira de constituir e manter exércitos

A aversão das nações modernas ao risco da guerra, que deixou de ser um prazer, torna a questão do recrutamento bastante difícil. Quando o espírito da raça humana era guerreiro, os homens corriam para o combate. Hoje, têm que ser arrastados para ele.

Os direitos do governo relativos ao recrutamento precisam ser fixados com urgência. Caso ele seja investido a esse respeito de poder ilimitado, é como tivesse influência irrestrita sobre tudo. O que importa se ele não pode deter cidadãos em suas residências e mantê-los indevidamente em masmorras, se pode mandá-los, eles ou seus filhos, para morrer em praias muito distantes, se pode manter essa ameaça pairando sobre as cabeças de nossos entes queridos, levando [348] o desespero para cada lar ao seu bel-prazer, pelo exercício do direito da tapeação?

Existem dois modos de recrutamento, que também se subdividem, mas que a um ou outro se podem relacionar todas as diferentes maneiras adotadas em todos os países.

O primeiro consiste em impor a todos os cidadãos de uma determinada idade o dever de pegar em armas por determinado número de anos; o outro é o recrutamento livre e voluntário.

As deficiências do primeiro modo são incontestáveis.

Em certos períodos da vida humana, as interrupções no exercício das faculdades intelectuais ou trabalhadoras jamais são boa coisa. Os perigos, as despreocupações e os modos rústicos da vida de soldado, a ruptura súbita com todas as atividades familiares, a servidão mecânica a deveres mínimos quando o inimigo não está por perto, a independência completa em relação a laços morais, numa idade em que as paixões estão na máxima fermentação, são coisas que não podem deixar de ser consideradas em termos de moralidade e educação. Condenar os jovens filhos das classes afluentes à vida nos quartéis e acampamentos, jovens nos quais, em suma, residem a educação, o refinamento e o raciocínio correto, bem como as tradições dos cavalheiros, da nobreza e da elegância, que por si sós nos distinguem dos bárbaros, é infligir a toda a nação um malefício que não pode ser compensado pelas vitórias inúteis ou pelo baldado terror que ela possa inspirar. Arremessar na vida de soldado o filho do mercador, ou do artista, do magistrado, o jovem devotado às letras, à ciência, ao exercício de alguma atividade complicada e difícil, é roubar deles os frutos de sua educação prévia. Tal educação, ela mesma, será afetada de antemão pela perspectiva de vir a ser interrompida. O zelo dos pais será desencorajado. A imaginação do jovem será atingida, para o bem ou para o mal, por aquilo que o espera. Sem importar a maneira com que essa imaginação reagirá a tudo isso, sua aplicação só poderá ser a pior. Se ele for intoxicado por sonhos brilhantes de glória militar, zombará do estudo pacífico, das ocupações sedentárias, do trabalho de aplicação contrário às suas fantasias e das alterações de suas faculdades nascentes. Caso se sinta prejudicado por ser arrastado para fora de seu lar e se conscientize do retardo em seu progresso causado pelo sacrifício de diversos anos, ficará desesperado. Não desejará se exaurir com esforços cujos frutos uma mão de ferro dele roubará. Dirá a si mesmo que, uma vez que seu país disputa com ele o tempo necessário para que consiga [349] sua ilustração, para que aperfeiçoe a arte que cultiva ou a profissão que abraça, não faz sentido lutar contra tal poder; ele se resignará, preguiçosamente, ao que vier.

Se, de alguma forma, a obrigação de pegar em armas fosse transformada numa taxa incidente sobre os ricos, tal obrigação ficaria, na realidade, restrita à classe trabalhadora pobre, e, embora essa desigualdade pudesse parecer mais revoltante, provavelmente seria menos medonha em seus resultados do que a chamada igualdade que pesa sobre todas as classes. Um operário não-qualificado e um trabalhador diarista sofrem menos com a interrupção de seu trabalho rotineiro do que homens comprometidos com funções que demandam experiência, assiduidade, vigilância e raciocínio. Quando se afasta um jovem agricultor de seu arado, não o incapacitamos de retomar esse trabalho quando retornar. Outras dificuldades de importância não menor, entretanto, ficam aparentes. Veremos pais punidos pela falta dos filhos, resultando em interesses dos filhos separados dos pais, com famílias reduzidas seja à união para resistir à lei, seja à divisão de modo que uma parte possa constranger a outra à obediência, o amor paternal tratado como um crime, a ternura filial, que luta contra a possibilidade de abandono de um pai em idade avançada, transformando-se em revolta áspera, em espionagem e delação — esses recursos eternos do governo depois que impinge crimes de tapeação — encorajadas e recompensadas, deveres odiosos impostos sobre magistrados inferiores, com homens soltos como mastins ferozes, na cidade e no campo, perseguindo e detendo fugitivos, inocentes à luz da moralidade e da natureza. E talvez todos esses tormentos tenham lugar não por legítima defesa, mas para facilitar a invasão e a devastação de regiões distantes cuja posse nada acrescenta à prosperidade nacional, a menos que se chame de prosperidade nacional a fama sem valor e a celebridade fatal de uns poucos homens.[9]

Os argumentos usados em favor das instituições que forçam todos os cidadãos a pegar em armas parecem, em alguns aspectos, com aqueles dos inimigos da propriedade que, sob o pretexto de uma igualdade primitiva, querem dividir o trabalho braçal, sem distinção, entre todos os homens, sem refletir que o trabalho [350] assim repartido não apenas será menos útil, pois mal feito, como,

---

[9] Veja a nota E de Constant no fim do Livro XIII.

além disso, bloqueará toda a continuidade, todo o trabalho especializado, todos os efeitos do hábito e da concentração de esforços e, por via de conseqüência, todo o progresso, todo o aperfeiçoamento. Similarmente, a vida militar, apoderando-se por turnos de todas as gerações durante sua juventude, infalivelmente lançará uma nação na brutalidade e na ignorância.

A única dificuldade do segundo tipo, ou seja, do recrutamento livre e voluntário, é a possível insuficiência.

Penso que tal insuficiência é muito exagerada. Os obstáculos ao recrutamento que o governo enfrenta sempre se relacionam com a futilidade da guerra. Uma vez se trate de uma guerra justa, esses obstáculos diminuem. A opinião pública se manifesta, o interesse de todos se faz ouvir: todos são levados por seus interesses e por essa opinião; cada alma recobra consciência; cada uma se oferece para marchar ao combate, consciente da causa. Existe movimento nacional que o governo não precisa criar com ordens e ameaças; basta que o guie.

Isso pode ser afirmado sem nenhum receio. Se os governos se envolverem apenas com guerras justas, se também dentro de casa tomarem a justiça por padrão, encontrarão poucas barreiras para constituir exércitos. Na atual situação da Europa, não nos opomos de forma alguma à manutenção de uma força militar regular, mesmo em tempos de paz, e à imposição aos cidadãos de certos deveres para a criação e manutenção de tal força. Porém, na suposição de que o governo só travará guerras legítimas, isto é, aquelas motivadas pela necessidade de defesa, embora as circunstâncias possam torná-las ofensivas, quão menos numerosa, nessa hipótese, repetimos, seria essa força indispensável, e quão mais simples seria para os cidadãos o cumprimento dos deveres! Que não se desconfie da diligência deles! Eles não serão lentos para empunhar armas pela pátria-mãe quando tiverem uma. Apresentar-se-ão para a manutenção de sua independência no exterior se perceberem segurança em casa. Quando permanecerem inertes e precisarem ser espicaçados, é porque não terão nada a perder, e de quem é a culpa por isso?

Pode-se objetar, talvez, que tal movimento unânime não pode ter lugar numa sociedade muito vasta, que os homens acorrem para a defesa de suas fronteiras apenas quando tais fronteiras estão [351] próximas a seus lares, e que a guerra causada pela invasão do inimigo em uma província distante não provocaria no centro ou na extremidade oposta do país quer indignação quer presteza para repeli-lo. Em primeiro lugar, essa assertiva é muito mais contestável do que se poderia pensar. Suponha-se um grande povo livre, feliz com sua liberdade, ligado pelo sentimento de boa sorte ao seu governo. Ele assumirá idéias mais amplas e mais generosas do que aqueles povos que baseiam seu poder na degradação em que a raça humana gosta de acreditar. Da mesma forma que os homens acostumados com a liberdade vêem na opressão de um único homem, por mais desconhecido que seja, um assalto punível contra toda a sociedade civil, também uma nação que possui uma pátria-mãe vê na invasão de parte de seu território um insulto cometido contra toda essa pátria-mãe. O desfrute da liberdade cria um sentimento de orgulho nacional tão refinado e tão facilmente sensível a ofensas que o governo, com freqüência, tem mais que restringi-lo do que incitá-lo. Inegável que tal verdade tem limites. O que se segue dela, contudo, é apenas que os países muito grandes devem também possuí-lo. Quando um país é tão vasto que impossibilita a criação de vínculos nacionais entre suas diversas províncias, nem posso conceber argumentos para tão excessivas extensões.

Uma nação recusa a autodefesa contra um inimigo que a ameaça ou rejeita contribuir em proporção suficiente para o estabelecimento necessário à segurança do país em que habita só quando seu governo, por suas injustiças, distancia-se dos interesses da nação, ou quando as ambições desenfreadas desse governo, querendo estabelecer por todos os cantos uma dominação tirânica à custa de seus súditos, demandam esforços e sacrifícios que nem a segurança e tampouco a prosperidade dessa nação requerem. Tal governo se vê, então, obrigado a arrastar a ferros seus escravos para a guerra.

Não obstante, só o fato de esse recrutamento vir a ser insuficiente nos obriga a indicar remédio para tal inconveniente. Foi dito que se um governo não for bastante bom para inspirar em seus súditos o desejo de defendê-lo, então ele tem que pagar por suas imperfeições. Isso é verdade. Mas nenhum governo se conforma com isso. Não faz sentido a proposição de princípios cuja natureza é tal que não serão observados.

Quando o recrutamento é insuficiente, ao governo deve, de fato, ser concedido o direito à conscrição. Quando esse direito não lhe é dado, ele o toma. Todavia, para se combinar tal prerrogativa com um grau de liberdade e de segurança individual, temos que reverter à liberdade política, pois, como dissemos no início, se o direito à conscrição não for estritamente limitado, não existirão mais peias para o despotismo. Tudo então nos leva de volta [352], a despeito de nós mesmos e por todas as rotas, à liberdade política.

Os representantes da nação têm que determinar como, com que efetivos, em que condições e para qual finalidade os cidadãos serão obrigados a marchar para a defesa de seu país. Tal determinação pelos representantes da nação não pode ser permanente, mas tem que ocorrer a cada vez que as circunstâncias a demandem, e tem que cessar, por lei, quando as circunstâncias mudarem. E isso nos força a repetir o que dissemos antes sobre as prerrogativas a serem garantidas às assembléias representativas para que elas atinjam suas finalidades.[10] Posto que, se elas forem fracas e dependentes, votarão por qualquer coisa que o executivo quiser.

---

[10] Nas pp. 483 e 484 mas a referência não está clara.

Notas de Constant

A. [Referente à p. 469]
Ganilh. I, 237.

B. [Referente à p. 473]
Say, V, Cap. 8.[11]

C. [Referente à p. 478]
"Nec civis meus est, in quem tua classica Caesar,
Audiero....
His aries actus disperget saxa lacertis
Illa licet penitus tolli quam jusseris urbem
Roma sit...." *Pharsale.*[12]
[Nem é ele meu compatriota, contra quem eu deveria ouvir seus sinais trombeteados, César.... O aríete impulsionado por esses ombros deverá

---

[11] Jean-Baptiste Say, *op. cit.*, t. II, p. 426.
[12] *La guerre civile (La pharsale)*, de Lucano, Livro I, vv. 373-374 e 384-386. Veja a edição de A. Bourgery, Paris, Les Belles Lettres, 1926, t. I, pp. 17-18. "Não é mais meu compatriota, contra o qual ouvirei a chamada de suas trombetas, César [...] nossos braços lançarão o aríete que derrubará as fundações das muralhas da cidade cuja aniquilação você comandar, mesmo que seja Roma."

espalhar as pedras, mesmo que a cidade cuja destruição total você ordenar seja Roma.]¹³

D. [Referente à p. 480]
Esprit des lois, VIII.¹⁴

E. [Referente à p. 489]
Existiam sob a monarquia 60.000 milicianos na França; o tempo de serviço era de seis anos. Portanto, o destino atingia 10.000 homens a cada ano. *Administration des finances*, I, 30. Necker considerou a milícia uma loteria aterradora. O que teria ele dito sobre a conscrição?

---

[13] [O tradutor para o francês acha que os "braços" são "nossos". No latim está "esses braços". Nota do Tradutor]
[14] No Cap. 2, *De la corruption du principe de la démocratie*.

LIVRO XIV

Da Ação do Governo na Ilustração

Cap. 1.   Questões que serão enfocadas neste livro. 499
Cap. 2.   Do valor atribuído aos erros. 501
Cap. 3.   Do governo em apoio à verdade. 506
Cap. 4.   Da proteção do governo à ilustração. 511
Cap. 5.   Da sustentação da moralidade. 515
Cap. 6.   Da contribuição do governo para a educação. 517
Cap. 7.   Dos deveres do governo *vis-à-vis* a ilustração. 527

Capítulo I

Questões que serão enfocadas neste livro

As relações entre governo e ilustração são de um tipo ainda mais difícil e delicado de determinar do que aquelas que lidam apenas com questões externas e materiais: ações, propriedade ou produção. A orientação do homem é pela liberdade no exercício de todas as suas faculdades, mas ele sente ainda maior necessidade disso no exercício do pensamento. Quanto mais ele reflete, mais consciente se torna de que seus pensamentos formam um todo, uma cadeia indissolúvel que é impossível quebrar ou remover arbitrariamente um elo sequer. A religião pode dominar o pensamento porque ela própria pode se transformar em pensamento. O governo não pode. Essas duas coisas não têm entre si ponto de contato real.

Os materialistas com freqüência repetem contra a doutrina do espírito puro uma objeção que só perdeu sua força quando uma doutrina menos ousada nos fez reconhecer a impotência que sofremos com respeito ao entendimento de qualquer coisa referente ao que chamamos matéria ou ao que intitulamos espírito. O espírito puro, dizem eles, não pode agir sobre a matéria. Poder-se-ia dizer, com justeza e sem nos perdermos na metafísica sutil, que, no que concerne ao governo, a matéria não pode agir sobre o espírito.

Ora, o governo, *qua* governo, jamais teve qualquer coisa a não ser matéria à sua disposição. O governo altera sua natureza quando quer empregar o raciocínio, e em vez de dominar o modo de reflexão, sujeita seu próprio raciocínio a este último. Buscando a argumentação vencedora, ele reconhece os critérios da reflexão. Em conseqüência, sempre achamos que, depois de algumas tentativas dessa espécie, o governo entende que está fora de seu elemento, privado de suas armas habituais; e quando ele deseja retomá-los, a luta com o pensamento começa de novo.

Para outorgar a gerência da ilustração ao governo, é preciso que se suponha [358] que os homens, com seus recursos próprios, não podem chegar às verdades do conhecimento daquilo que é salutar para eles, ou que existem certas verdades cuja descoberta seria perigosa e que, conseqüentemente, existem certos erros cuja manutenção é útil. Na primeira hipótese, responsabilizamos o governo pela destruição do erro; na segunda, por sua proteção.

Isso nos leva a um assunto de que já tratamos antes.[1] Os meios que o governo tem para a manutenção do erro consistem em grande medida em restrições impostas às manifestações do pensamento. Não voltaremos a esse assunto, que acho já ter sido bastante esclarecido. Mas o princípio em si da utilidade dos erros parece-me ser digno de alguma explanação. Essa matéria geralmente complicada ao meu ver ainda não foi considerada como deveria. Poucas palavras serão suficientes para resolvê-la caso seja apropriadamente considerada, e mostraremos com essas poucas palavras que os adeptos dessa política não aprofundaram muito suas opiniões.

---

[1] No Livro VIII.

Capítulo dois
Do valor atribuído aos erros

Não há dúvida de que a conseqüência aparente de um erro pode ser muito útil; isto é, que o efeito, propenso naturalmente a dele resultar, pode parecer muito vantajoso. A dificuldade real, no entanto, é que nada garante que o efeito moral de um erro será aquele suposto ou desejado. Os advogados dos erros úteis cometem o equívoco que já destacamos noutra parte desta obra.[2] Eles levam para as conjecturas apenas o objetivo e não consideram os efeitos dos meios usados para consegui-lo. Apreciam tal erro só como alguma coisa estabelecida isoladamente, esquecendo o perigo de conceder ao homem o hábito do erro. O raciocínio é uma faculdade que se aprimora ou se deteriora. Impor o erro ao homem faz com que tal faculdade se danifique. Quebra-se o encadeamento lógico de seu pensamento. Quem pode garantir que ele não a quebrará de novo quando se tratar da aplicação do erro que nele [359] foi inculcado? Se fosse permitido ao homem inverter, uma só vez, a ordem das estações – quaisquer que fossem os benefícios que pudesse usufruir disso numa determinada circunstância –, ele experimentaria, todavia, uma incalculável desvantagem como resultado, posto que, em seguida, não seria mais capaz de confiar na seqüência uniforme e na regularidade invariável que servem de base para suas atividades de trabalho. A natureza moral é como a física. Qualquer erro distorce a mente, uma vez que, para penetrá-la, o erro tem que evitar que ela funcione apropriadamente, movendo-se do princípio

---

[2] No Livro III, Capítulo 5.

para a conseqüência. Como é possível ficar-se seguro de que essa operação não se repetirá constantemente? Como rastrear o rumo de uma mente que abandonou o caminho da razão que deveria ser seguido? Um erro é um ímpeto, sua direção, imprevisível. Ao se criar tal ímpeto, e pela própria operação que é necessário executar para criá-lo, perde-se a capacidade de controlá-lo. Por conseguinte, deve-se temer as coisas mínimas que puderem dele resultar. É em razão de um *petitio pincipii* que se diz: tal e tal erro são favoráveis à moralidade. Não tanto, pois para que tal erro fosse realmente favorável à moralidade seria necessário para o homem que tivesse raciocinado erradamente ao adotá-lo raciocinar com acerto a partir daquele determinado ponto, e nada é menos certo. Um homem que foi acostumado a raciocinar falsamente em tal ou qual ocasião, quando a imperfeição de sua lógica pareceu conveniente e se ajustou às opiniões, raciocinará falsamente numa outra ocasião, e então o vício de seu raciocínio irá de encontro às intenções. Um determinado homem pode adotar idéias absurdas sobre a natureza do ser supremo: imagina que Ele é incompreensível, vingativo, invejoso, caprichoso e por aí afora. Se, todavia, dali por diante, ele prossegue raciocinando acertadamente com base nesses conceitos, a despeito de seus absurdos, ele pode ainda regular seu comportamento com utilidade. Ele diria para si mesmo: "Esse ser todo-poderoso, quase sempre bizarro, por vezes cruel, ainda assim deseja a manutenção das sociedades humanas, e, em nossa incerteza quanto a seus desejos particulares, o caminho mais certo para agradá-lo é a justiça, que satisfaz à sua vontade geral". Porém, ao invés dessa forma de raciocínio, sua mente, suficientemente enganada para adotar uma premissa inicial absurda, provavelmente irá de suposição em suposição, de mistério em mistério, de absurdo em absurdo, até que forje para si mesmo uma moralidade contrária à espécie que acreditamos ter incumbido de salvaguardar a religião. Por conseguinte, não é de bom alvitre enganar os homens, mesmo quando uma vantagem momentânea possa ser ganha com tal expediente. O general que diz à sua tropa que o alarido do trovão é presságio de vitória [360] arrisca ver seus soldados debandando caso um enganador mais astuto os convença de que esse terrível ruído significa a ira dos deuses. Da mesma forma, aqueles enormes animais que os povos bárbaros colocavam na vanguarda de seus exércitos para liderá-los contra o inimigo podiam, subitamente, recuar, apavorados ou tomados pela fúria, e não mais reconhecer as vozes de seus senhores, esmagando ou dispersando aqueles mesmos batalhões que dos animais esperavam a salvação e o triunfo. Mas eis aqui uma outra dificuldade. Os erros considerados úteis necessitam de uma série de idéias diferentes da seqüência para nós tencionada pela natureza. Se, por acaso, revela-se alguma verdade para nós, quebra-se a falsa série. O que fazer então? Restabelecê-la pela força? E, então, estaremos de volta às leis proibitivas, cujo perigo e impotência já mostramos antes.[3]

Ademais, isso seria uma grande incoerência de nossa parte. Tendo, em princípio, asseverado que o homem não está à altura de ser governado pela verdade e que o erro, ao subjugar a mente, nos absolve de meios forçados, caminha-se diretamente para usá-los a fim de sustentar o mesmo erro cuja vantagem deveria ser aquela que os faz supérfluos. Para manter a ordem pública, recorre-se às chamadas ilusões e fica-se perdido de admiração por tal expediente,

---

[3] No Livro XII, Capítulo 4.

a nosso juízo muito mais brando e não menos eficaz que as leis penais. No entanto, existem dúvidas sobre essas ilusões tutelares. Não se pode defendê-las com idéias de igual natureza: a sanção em si é atacada. Recorrer-se-á à ajuda da lei? Aquela severidade que, em nome da paz pública, recentemente se gabou de seu não-emprego seria agora invocada em apoio aos erros julgados necessários para tal paz? A mim parece que esse longo desvio poderia ter sido evitado e meramente concretizada ação severa contra o crime, o que teria poupado o ódio do pensamento perseguidor. A tarefa teria sido mais fácil porque o pensamento escaparia mil vezes mais prontamente do que a ação o faria. Por fim, apresenta-se uma objeção à utilidade dos erros, uma sobre a qual já fizemos relato nesta obra,[4] e, por causa disso, será tratada apenas com um esboço. O descrédito que vem com o erro provado também volta, por meio do fanatismo cego e do raciocínio atabalhoado, na [361] verdade associada com esse erro. "Os homens de boa vontade", diz Bentham,[5] "acham que não se deve remover da moralidade nenhuma de suas escoras, mesmo quando falseiam a verdade. ... Mas quando um homem de mente depravada vence por intermédio de um falso argumento, ele sempre acha que triunfou sobre a própria moralidade". Os erros são sempre fatais, quer por causa do efeito que produzem sobre a mente em si, quer por causa dos meios indispensáveis, dizendo de forma sucinta, para garantir sua durabilidade. Os erros que parecem mais salutares são vilões disfarçados. Você quer um governo mantido.

---

[4] No Livro I, Capítulo 3: "Isso porque, enquanto a razão não estiver convencida, o erro fica pronto para reaparecer na primeira manifestação que o provoque".

[5] Veja a nota A de Constant no fim do Livro XIV.

Você põe de lado as verdades que se opõem aos princípios sobre os quais esse governo se fundamenta. Encoraja os erros contrários a essas verdades. Mas um governo pode ser derrubado em função de um milhar de causas imprevisíveis. Então, quanto mais erros você permitiu que se enraizassem profundamente, mais verdades repelidas permanecerão desconhecidas. Quanto menos os homens estiverem preparados para o que tem que ser colocado no lugar daquilo que não mais existe, mais violência, infortúnios e desordem existirão na derrubada e em suas conseqüências.

Pode-se afirmar com confiança que, sempre que as pessoas acreditarem que observaram um abuso atribuível à ilustração, na verdade ilustração é que estará faltando. Sempre que a verdade for acusada de delitos, tais malefícios terão sido efeitos não da verdade, mas do erro. A Providência listou entre as necessidades dos homens a busca pela verdade. Dizer que a verdade pode ser perigosa é o mesmo que proferir uma acusação terrível contra a Providência. Tal hipótese vê a Providência como determinante de uma rota que a raça humana está condenada a trilhar por impulso irresistível, uma rota que termina num abismo.

Além do mais, a verdade é unitária, e os erros, incontáveis.[6] Que meios se possui para escolher entre um monte de erros? O erro está para a verdade como o maquiavelismo está para a moralidade. Caso se abandone a verdade para mergulhar nos esquemas ardilosos do maquiavelismo, jamais se terá certeza da opção pelo melhor de tais esquemas. Se houver renúncia à procura pela verdade, nunca haverá a garantia de que foi escolhido o erro mais útil.

---

[6] Veja *De la force du gouvernement*, Cap. 7, p. 94, nota: "A verdade é singular, mas o erro é multiforme."

[362] A verdade não é apenas boa de conhecer, também é boa de procurar. Mesmo quando erramos na pesquisa, somos mais felizes do que quando a ela renunciamos. A idéia de verdade é paz para o espírito, a de moralidade o é para o coração.

Capítulo três
Do governo em apoio à verdade

Muito bem, diriam alguns, como o erro é sempre fatal, o governo deve manter os homens afastados dele e conduzi-los para a verdade. Mas que meios tem o governo para descobrir isso? Demonstramos no início desta obra que os que governam são tão propensos ao erro quanto os governados.[7] Além do mais, as objeções que levantamos contra os chamados erros úteis aplicam-se quase igualmente às verdades que o governo possa querer inculcar e que carreou para sua autoridade. O apoio do governo, mesmo à verdade, se transforma numa fonte de erro. O suporte natural para a verdade é a correção óbvia. A estrada natural para a verdade passa pelo raciocínio, pela comparação, pela análise. Persuadir o homem de que a obviedade, ou aquilo que a ele parece obviedade, não é a única razão que deve determinar suas opiniões, que o raciocínio não é o único caminho que ele tem que seguir, é perverter suas faculdades intelectuais. É estabelecer uma falsa relação entre a opinião que lhe é apresentada e o instrumento com o qual ele deve julgá-la. Não é mais de acordo com o valor intrínseco da opinião que ele precisa decidir, mas sim com considerações alienígenas que pervertem sua inteligência nem

---
[7] No Livro III, Capítulo 3.

bem ele começa a seguir essa direção. Suponhamos o governo infalível ao arrogar para si mesmo o direito de dizer o que é a verdade. Nessa questão, ele ainda usará diversos meios, ainda desfigurará tanto a verdade que proclama quanto a inteligência cuja própria renúncia determina. M. de Montesquieu diz acertadamente[8] que um homem condenado à morte por leis com as quais aquiesceu é mais livre do que aquele que vive pacificamente sob [363] leis instituídas sem a concordância de sua vontade. Seria da mesma forma correto dizer-se que a adoção de um erro por nossa livre e espontânea vontade, porque ele nos parece verdadeiro, é uma operação mais favorável ao aperfeiçoamento da mente do que a adoção de uma verdade prescrita pela palavra de um governo qualquer. No primeiro caso, a análise é formativa. Se essa análise na circunstância particular não nos levar a resultados felizes, ainda assim estaremos no caminho correto. Perseverando em nossa investigação independente e escrupulosa, chegaremos lá mais cedo ou mais tarde. Na outra suposição, somos reduzidos a um joguete do governo a cujos pés depositamos nosso próprio julgamento. Não apenas isso resultará em nossa adoção de erros, se o governo dominante entende mal as coisas ou acha útil nos enganar, como também nem saberemos o que auferir dessas verdades, porque tal governo nos forneceu as conseqüências que têm que fluir delas. A renúncia de nossa inteligência nos deixará, miseravelmente, na condição de criaturas passivas. Nossa resiliência mental será quebrada. O vigor que restar só servirá para nos enganar. Um escritor dotado de marcante discernimento[9] observa sobre esse assunto

---

[8] Veja a nota B de Constant no fim do Livro XIV.
[9] Veja a nota C de Constant no fim do Livro XIV.

que um milagre encenado para demonstrar uma verdade fracassaria totalmente em convencer os espectadores. Em vez disso, ele só arruinaria o julgamento desses espectadores, posto que não existe vínculo natural entre uma verdade e um milagre. Um milagre não é prova de uma assertiva. Um milagre é prova de poder. Pedir que alguém aceite uma opinião por conta de um milagre é pedir que as pessoas creditem ao poder aquilo que só deveria ser creditado aos fatos; é reverter a ordem das idéias e querer que um efeito seja produzido por alguma coisa que não poderia ser sua causa.

Indicamos noutras passagens desta obra[10] que a moralidade é só uma seqüência ligada de causas e efeitos. Igualmente, o conhecimento da verdade é composto apenas por uma seqüência ligada de princípios e conseqüências. Sempre que se interrompe tal seqüência, há a destruição seja da moralidade seja da verdade.

Tudo que é imposto sobre a opinião pelo governo resulta não somente inútil, mas danoso, quer como verdade quer como erro. Nesse caso, a verdade não é perniciosa [364] *qua* verdade, e sim por não penetrar na inteligência humana pela rota natural.

Todavia, existe uma classe cujos pontos de vista só podem ser preconceituosos, uma classe que, por falta de tempo para a reflexão, apenas aprende o que lhe é ensinado, uma classe que tem que acreditar no que lhe é dito, uma classe que, finalmente, não sendo capaz de se dedicar à análise, não tem interesse pela independência intelectual. Talvez as pessoas queiram que o governo, deixando a parte educada da sociedade completamente livre, supervisione as opiniões da parte ignorante. Mas o governo que confere a si mesmo

---

[10] Por exemplo, no Livro XII, Capítulo 7.

essa prerrogativa exclusiva demandará, necessariamente, que ela seja apoiada. Não vai querer que qualquer indivíduo, quem quer que seja, aja em sentido diferente do seu. Concordo que, de início, ele esconderá tal desejo com formalidades adocicadas e tolerantes. Depois, no entanto, surgirão algumas restrições; e elas continuarão crescendo. Uma religião professada por governo implica perseguição, mais ou menos disfarçada, a todas as outras. O mesmo ocorre com opiniões de qualquer tipo. Do tratamento preferencial de um ponto de vista ao desfavor pelas outras opiniões há um fosso que é impossível não atravessar.

Essa primeira desvantagem é a causa de uma segunda. Os homens preparados não demoram a se distanciar de um governo que os fere. Isso está na natureza do espírito humano, sobretudo quando fortalecida pela meditação e cultivada pelo estudo. A ação do governo, mesmo a de melhor intenção, é, de alguma forma, rude e grosseira, e eriça um milhar de sensibilidades delicadas que sofrem e se rebelam.

Por conseguinte, deve-se temer que, se um governo for dotado de prerrogativas para administrar a opinião do despreparado, mesmo que seja na direção da verdade, separando a supervisão de qualquer ação tomada com respeito à classe preparada, essa última classe, que considera a opinião pertencente ao seu domínio, entre em conflito com tal governo. Resultarão inúmeros malefícios. O ódio por um governo que intervém naquilo que não é sua competência pode crescer tanto que, quando ele age em favor da ilustração, os amigos dessa ilustração se colocam ao lado do preconceito. Testemunhamos esse espetáculo excêntrico em diversos períodos de nossa Revolução. Um governo fundamentado nos mais claros princípios e professando as idéias mais sadias, mas que, pela natureza dos meios que emprega, aliena a classe educada torna-se, infalivelmente, o mais degradado ou o mais opressor dos governos. Com freqüência, ele combina essas duas coisas que parecem mutuamente excludentes.

[365] A Revolução Francesa foi dirigida contra o erro de qualquer espécie, o que significa que seu propósito era remover o apoio do governo a tais erros. Os líderes revolucionários queriam ir além: desejavam empregar o próprio governo na destruição dos erros. De imediato, o movimento nacional estancou. A opinião pública ficou atônita com a estranha impulsão que algumas pessoas queriam imprimir-lhe, e recuou diante dos novos aliados. Um instinto sutil e esperto a alertou de que a causa havia mudado embora o estandarte fosse o mesmo, e fez com que ela abandonasse tal estandarte. O que afinal queria a massa de pessoas educadas, de mentes honestas, que durante a última metade do século XVIII apoiara os filósofos contra a corte e o clero? Independência de opinião, liberdade de pensamento. No entanto, tão logo o governo se colocou ao lado dos filósofos e esforçou-se por dar-lhes suporte, a opinião não era mais independente, o pensamento não mais livre.

Temos que distinguir a influência da classe esclarecida, enquanto instruída, daquela seção dessa classe que participa do governo. Ninguém quer a influência dos preparados mais do que eu. Porém, precisamente porque quero, porque a prefiro a quaisquer meios de outro tipo, é que não desejo vê-la distorcida. É para conservar com toda a sua força o domínio da classe ilustrada que sinto repugnância por sua subordinação a qualquer pequena fração de si mesma, necessariamente menos imparcial e provavelmente menos esclarecida que o restante. A ação livre, gradual e pacífica de todos seria retardada e, muitas vezes, até embargada por esse privilégio concedido a uns poucos.

Capítulo quatro
Da proteção do governo à ilustração

Você se restringe ao demandar que o governo favoreça com todo o seu poderio o crescimento indefinido da ilustração? Ao encarregar o governo dessa função, entretanto, você tem certeza de que não está impondo a ele um dever diretamente oposto aos seus interesses? É necessário que façamos a distinção entre as ciências propriamente ditas e a ilustração na mais ampla acepção do termo. Dissemos, e [366] acho que mostramos,[II] que as ciências sempre ganharam com o progresso da ilustração e perderam com seu declínio. Não obstante, o material da ciência tende a ficar isolado em muitos aspectos dos interesses mais caros para a felicidade e dignidade da raça humana. A matemática ou a física nas mãos de d'Alembert, Condorcet, Biot ou Cabanis são meios para o aperfeiçoamento da inteligência e, por via de conseqüência, da moralidade. Essas ciências podem também ficar apartadas, contudo, do propósito mais amplo do pensamento; elas se transformam então numa forma de trabalho de tipo mais difícil e de utilidade mais extensa do que o trabalho da maioria dos homens, mas não menos estranha ao que entendemos especificamente por filosofia. Todos os governos têm interesse em incentivar as ciências assim circunscritas, e, conseqüentemente, quase todos as encorajam. Barganham com elas para que

---
[II] No Livro VII, Capítulo 5.

não ultrapassem a esfera acordada. Um famoso autor observou inteligentemente que o governo procurou dividir as faculdades dos homens da mesma forma que divide os cidadãos entre eles, para mantê-los mais facilmente na escravidão.[12] O mesmo não acontece, todavia, com as atividades ilustradas. Tal barganha é contrária à sua natureza. O interesse pessoal dos que estão no poder, portanto, não é de modo algum para protegê-los francamente e ao máximo.

O interesse dos governantes como tal é que os governados sejam suficientemente instruídos e economicamente capazes, sem que haja perda da facilidade de sua condução e sem que eles de alguma maneira alarmem ou prejudiquem o governo. O governo, de qualquer natureza, por mais legítimo ou moderado que se suponha, é entusiasta da vigilância. Ora, quanto mais esclarecidas as nações, mais temível a vigilância. O crescimento dos poderes intelectuais dos governados corresponde à criação de um poder rival ao dos governantes. A consciência de cada indivíduo da classe cultivada constitui um tribunal inflexível que julga os atos do governo. Os governantes, como tal, têm, por conseguinte, interesse num progresso relativo e limitado da ilustração, e não indefinido.

Como indivíduos, fica mais óbvio ainda que o interesse imediato deles em relação à ilustração não é o mesmo que o dos governados. Seria muita simplificação se parássemos aqui e mostrássemos que é [367] mais agradável para os detentores do poder, por bem-intencionados que possam ser, para os ministros, por puros que queiram ser, verem-se cercados por homens menos preparados que

---

[12] Hofmann não sabe quem é esse autor.

eles e dos quais possam exigir admiração e obediência com maior facilidade – a implicação seria: mesmo quando o objetivo aparente do governo for incentivar a ilustração, seu desejo secreto é mantê-la dependente e, portanto, limitá-la. Esse desejo, todavia, não existiria nos homens do poder se os objetos de sua proteção o tomassem por certo. Disso deriva alguma espécie de constrangimento, algum obstáculo eterno a todo movimento livre, a toda lógica estrita, a todo raciocínio imparcial. A proteção do governo fere a ilustração mesmo quando ele, sincero e desinteressado em todas as suas opiniões, repudia qualquer motivo ulterior e qualquer idéia de dominação. Compare-se o progresso relativo das literaturas francesa e alemã, em Berlim, sob Frederico II. Nenhum soberano tinha melhor intenção que Frederico em seu zelo pelo desenvolvimento do espírito humano. Ele concitou sua academia a provar que o erro jamais poderia ser útil.[13] Por julgar a literatura de seu país ainda na infância, cumulou com favores todos os homens franceses de letras que o cercavam. Cobriu-lhes com distinções e riquezas. Permitiu que gozassem de uma familiaridade com os grandes que, segundo se diz, intoxica docemente quase todos os homens. No entanto, os escritos franceses publicados em sua corte nunca passaram de produções inferiores e superficiais. A genialidade de Frederico não foi capaz de obliterar o caráter autônomo do governo. Bem verdade que seus *protégés* repetiram idéias filosóficas, porque tais idéias eram lemas; mas as verdades em si são estéreis quando produzidas por encomenda. Eles escreveram coisas audaciosas, mas com mãos trêmulas; inseguros sobre as conclusões, foi prudente, por causa disso,

---

[13] Hofmann foi incapaz de verificar tal fato.

retornar, ansiosamente e vezes sem conta, para consultas à opinião oficial. Voltaire fez uma curta aparição nesse círculo literário, incensado pela proteção real; mas como Voltaire não era uma das criaturas protegidas e, por si só, era um poder, os dois potentados não puderam conviver, e Voltaire logo deixou o monarca para que protegesse seus modestos *littérateurs* à vontade.

Os escritores alemães, menosprezados por Frederico, não recebiam [368] seus incentivos ou favores. Trabalhavam apenas para o público ou para si mesmos. É a seus escritos, no entanto, que a Alemanha deve o alto grau de ilustração que alcançou; e esses escritos devem seu mérito à negligência do governo. Caso se tenha que escolher entre a perseguição e a proteção, a perseguição é mais valiosa para a vida intelectual.[14]

Existe entre os recursos com os quais a natureza supriu o homem uma força interior que reage à mão que a oprime, mas relaxa ou se dobra quando essa mão, por se tornar mais flexível, consegue assumir o controle. Foi o terror de ser acusado de sortilégio pelo governo que fez Roger Bacon tomar a dianteira de seu século. Galileu iria descobrir o movimento da Terra sob o peso da Inquisição. Foi longe de seu país, de onde a tirania o havia banido, que Locke analisou as faculdades do homem. Conclui-se com muita freqüência que, uma vez produzido determinado efeito por uma causa, se

---

[14] Num artigo no *Moniteur* de 9 frutidor, ano IV (26 de agosto de 1796), *De la restitution des droits politiques aux descendants des religionnaires fugitifs*, Constant já havia dito: "O falecido rei da Prússia, por seu cego desdém por tudo o que aparecia na Alemanha, prestou ao progresso da ilustração o único serviço de que o governo era capaz, ou seja, deixou-a por conta própria". Do texto publicado em *L'engagement de Benjamin Constant. Amour et politique* (1794-1796), de Béatrice Jasinski, Paris, Minard, 1971, p. 255.

ela fosse empregada diferentemente produziria efeito oposto. Os governos podem triunfar algumas vezes em barrar a marcha da inteligência humana por um momento. Seria, entretanto, errado inferir-se que eles seriam vitoriosos ao encorajá-lo. A ignorância pode, por comando deles, prolongar-se na Terra. A ilustração só brilha por comando da liberdade.

Capítulo cinco
Da sustentação da moralidade

Existem tantas deficiências na sustentação da moralidade pelo governo quanto na proteção que ele oferece à ilustração. Há mesmo um perigo adicional. Esses suportes têm o efeito de adicionar um motivo de interesse material aos motivos naturais que impulsionam o homem para a virtude. Alguns filósofos, seguindo essa idéia básica, temeram até mesmo a intervenção da onipotência divina, por meio da punição ou recompensa, como ameaçadora da imparcialidade. Cada homem, ao reunir na idéia [369] de Deus todas as perfeições, pelo menos fica certo de que as decisões da Providência eternamente infalível jamais estarão em oposição à justiça que deve dirigir as ações dos homens. Contudo, o mesmo não se dá com os governos, já que estão expostos ao erro, são propensos à polarização e capazes de injustiças. Não se está subordinando a moralidade do homem só a um ser mais poderoso, em si já uma deficiência, mas a seres como ele mesmo, talvez até com menos valor que ele. O que se está fazendo, então, é familiarizá-lo com a idéia de fazer o que a ele parece seu dever, a dobrar seus joelhos diante do poder, por nenhum cálculo, salvo o interesse. Mesmo que a proteção do governo jamais proporcionasse garantia à virtude, eu ainda sustentaria que a virtude estaria melhor se independente. Como, entretanto, a proteção do governo pode ser estendida à imperfeição, que o engana ou serve, a mim parece que devemos rejeitar uma intervenção que, em princípio, fere a pureza de nossas sensibilidades e, na aplicação, quase sempre carece das vantagens atribuídas a ela.

É, além disso, longe de necessário que as pessoas pensem que o governo, de uma forma legal, deve incentivar os homens a serem morais, gentis e generosos. Desde que a sociedade evite que seus membros se firam uns aos outros, eles encontrarão razões suficientes para o serviço mútuo. Um interesse pessoal positivo engaja os homens nos serviços recíprocos para que cada um os receba à sua vez, enquanto somente um interesse negativo faz com que se abstenham de ações perniciosas. Seus afazeres – uma de suas inclinações naturais – leva-os a fazer o bem uns aos outros; mas essas obrigações também podem causar malefícios. Todo homem só tem duas formas de fazer com que seus companheiros colaborem para o que deseja: a força ou a persuasão. Ou ele compele os companheiros ou os lidera para seu objetivo granjeando sua boa vontade. Se a lei impede a primeira forma, os indivíduos, invariavelmente, adotarão a segunda. Caso percam toda a esperança de vitória com a violência, eles buscarão conseguir tal sucesso pelo reconhecimento e afeição. O governo não tem nada a fazer, salvo cuidar para que os homens não se firam mutuamente. Se não se ferirem, servirão uns aos outros. [370]

Capítulo seis
Da contribuição do governo para a educação

A educação pode ser considerada sob dois títulos. Em primeiro lugar, podemos vê-la como meio de transmissão para a geração nascente do conhecimento de todos os tipos acumulado pelas gerações anteriores. Nesse aspecto, ela cai por completo dentro da jurisdição do governo. A conservação e o crescimento de todo o conhecimento são um bem positivo, e o governo tem que nos garantir tal desfrute.

Contudo, podemos também ver a educação como meio de captura das opiniões dos homens, de modo a conformá-las a um certo número de idéias, sejam religiosas, morais, filosóficas ou políticas; e é sobretudo como guia para tal finalidade que escritores de todos os tempos derramam tributos sobre ela.

Antes de mais nada, devemos, sem questionar os fatos que servem de base para essa teoria, negar que esses fatos possam se aplicar às sociedades modernas. O domínio da educação, no todo-poderoso sentido atribuído a ela – e caso se admita esse todo-poderoso sentido como demonstrado na antiguidade –, deve ser por nós pensado como uma reminiscência e não como um fato existente. As pessoas pecam por não reconhecerem tempos, nações e épocas e aplicarem às sociedades modernas aquilo que só era praticável numa era diferente do espírito humano.

Entre os povos que, no dizer de Condorcet,[15] não tinham noção de liberdade pessoal e nos quais os homens eram apenas

---

[15] Veja a nota D de Constant no fim do Livro XIV.

máquinas, cujas molas a lei regulava e cujos movimentos dirigia, a ação do governo podia ter efeito mais eficaz sobre a educação porque nada resistia àquela ação constante e uniforme. Porém, hoje, toda a sociedade se revoltaria contra pressão do governo; e a independência individual, que os homens retomaram, reagiria vigorosamente no caso da educação das crianças. Essa segunda educação, mundana e circunstancial, muito em breve desfaria o trabalho da primeira.[16]

Além do mais, talvez seja o caso de estarmos tomando erradamente como fatos históricos o romantismo de alguns filósofos imbuídos com os mesmos preconceitos que os daqueles que, em nosso tempo, adotaram seus princípios. Então, ao invés de, formalmente pelo menos, ter sido uma verdade prática, esse conceito seria tão-somente um erro perene.

[371] Onde, com efeito, vemos esse maravilhoso poder da educação? Seria em Atenas? Mas lá a educação pública sancionada pelo governo ficou confinada a escolas subalternas restritas à instrução simples. Além do mais, havia completa liberdade para o ensino. Seria em Esparta? O espírito uniforme e monacal dos espartanos dependia de todo um grupo de instituições do qual a educação era apenas uma parte, e, na minha opinião, não seria fácil nem desejável que apresentássemos o conjunto de nova forma. Seria em Creta? Mas o cretense era o povo mais feroz, perturbado e corrupto da Grécia. As instituições são, assim, separadas de seus efeitos e admiradas com base no que tencionam produzir, sem consideração pelo que na realidade produziram.

---

[16] Veja a nota E de Constant no fim do Livro XIV.

As pessoas citam os persas e os egípcios. Mas nós os conhecemos de maneira muito imperfeita. Os escritores gregos fizeram da Pérsia e do Egito o teatro de suas especulações, da forma que Tácito fez com os germânicos. Eles colocam em ações naqueles povos distantes o que gostariam de ver estabelecido em sua pátria-mãe. Suas dissertações sobre as instituições egípcias e persas por vezes são falsas pela simples e manifesta impossibilidade dos fatos que contêm, e quase sempre resultam duvidosas por contradições irreconciliáveis. O que sabemos fora de dúvida é que os persas e os egípcios foram despoticamente governados e que a covardia, a corrupção e a degradação – essas eternas conseqüências do despotismo – estavam sempre presentes entre esses povos infelizes. Nossos filósofos reconhecem tal fato nas mesmas páginas em que os propõem como paradigmas, por exemplo em questões de educação. Trata-se de fraqueza estranha da mente que, notando apenas objetos em seus detalhes, se deixa dominar por uma idéia acalentada cujos efeitos mais decisivos não a iluminam quanto à impotência das causas, cujo poder está disposta a proclamar. A maioria das provas históricas parece aquela que M. de Montesquieu apresenta em apoio à ginástica. A prática da luta romana permitiu que os tebanos vencessem a batalha de Leuctra. Mas contra quem eles lutaram? Contra os espartanos, que praticavam a ginástica por cerca de quatrocentos anos.[17]

---

[17] Constant retirou o exemplo do suposto erro de Montesquieu de Cornelius de Pauw, *op. cit.*, t. I, pp. 150-151: "M. de Montesquieu diz que a prática da luta romana fez com que os tebanos vencessem a batalha de Leuctra; mas esqueceu que tal batalha ocorreu na 102ª Olimpíada, ou seja, os espartanos também já praticavam a luta por quatrocentos anos, o que, no entanto, não evitou que fossem derrotados". De Pauw não dá referências, e parece provável que Montesquieu jamais tenha feito alusão a essa história.

[372] A argumentação para confiar a educação ao governo repousa sobre dois ou três casos de *petitio principii*.

A primeira suposição é a de que o governo será conveniente. As pessoas sempre pensam sobre ele como um aliado sem refletir que, muitas vezes, ele se torna um inimigo. Não percebem que os sacrifícios impostos aos indivíduos podem não resultar em vantagem para tais instituições que elas acreditam perfeitas, mas para quaisquer tipos de instituições.

Essa consideração aplica-se com igual vigor aos detentores de todas as opiniões. Se se encara o governo absoluto como bem supremo por causa da ordem que mantém e da paz resultante que a demonstra, quando o governo reivindica o direito de controlar a educação, no entanto, ele não o fará apenas na calma do despotismo, mas em meio à violência e à ira facciosas. E então os resultados serão bem diferentes daqueles que se esperam. Sujeitada ao governo, a educação não mais inspirará nas gerações nascentes aqueles hábitos pacíficos, aqueles princípios de obediência, aquele respeito pela religião, aquela submissão aos poderes visíveis e invisíveis que se reputam como base da felicidade e da tranqüilidade social. Desde que a educação passe a ser seu instrumento, as facções farão com que sirva para alastrar pelas mentes dos jovens as idéias exageradas, as máximas incivilizadas, os axiomas impiedosos, o menosprezo pelas idéias religiosas que por elas serão vistas como doutrinas hostis, sanguinárias e avessas à piedade. Não teria sido isso que o governo Revolucionário faria se tivesse durado mais? E o governo Revolucionário não foi também um governo?

Esse raciocínio seria igualmente vigoroso se aplicado aos amigos da liberdade sábia e moderada. Você deseja, diríamos a eles, que o governo controle a educação em uma república para que as crianças sejam escolarizadas o mais cedo possível sobre o conhecimento e a manutenção de seus direitos, para que a elas seja ensinado como combater o despotismo, como resistir ao governo injusto, como defender a inocência contra a opressão? Mas o despotismo usará a educação para colocar seus dóceis escravos sob a canga, para acabar com qualquer sentimento nobre e corajoso que exista em nossos corações, para derrubar qualquer noção de [373] justiça, envolver com o manto da obscuridade as verdades mais óbvias, empurrar para a escuridão ou para a sujeira, coberto de ridículo, tudo o que está ligado aos mais sagrados e invioláveis direitos da raça humana. Não seria isso o que fariam hoje esses ardentes inimigos de toda a iluminação espiritual, esses caluniadores de qualquer idéia nobre que, encontrando a carreira do crime esvaziada, a compensariam, pelo menos de maneira geral, com carreiras na torpeza?

Poder-se-ia pensar que o Diretório teve a intenção de nos dar algumas lições memoráveis sobre todos os objetos dessa natureza. Por quatro anos, o vimos tentando dirigir a educação, ameaçando professores, repreendendo-os, transferindo-os, degradando-os aos olhos dos alunos, submetendo-os ao questionamento de seus agentes mais inferiores e dos seus homens menos ilustrados, embaraçando o ensino individual e preocupando a educação estatal com ações intermináveis e pueris. Não foi o Diretório um governo? Eu gostaria de conhecer a misteriosa garantia que as pessoas receberam de que o futuro jamais será como o passado.

Em todos esses casos hipotéticos, o que as pessoas queriam que o governo fizesse pelo melhor ele poderia fazer pelo pior. Assim, esperanças podem ser desapontadas, e o governo que tem sido indefinidamente estendido com base em suposições infundadas pode marchar na direção oposta ao objetivo para o qual foi criado.

A educação suprida pelo governo deveria se limitar à simples instrução. O governo pode multiplicar os canais e os recursos da instrução, mas não tem que administrá-la. Deixemos que ele garanta que os cidadãos tenham meios iguais, que assegure aos vários ofícios a aquisição do conhecimento real que facilite suas práticas, que abra o caminho para que os indivíduos tenham livre acesso a todas as verdades factuais[18] provadas e cheguem ao ponto em que suas inteligências possam livremente se lançar para novas descobertas, que reúna, para o uso das mentes investigativas, as principais obras de todas as opiniões, o total das [374] invenções de todos os séculos, as descobertas de todos os métodos, deixemos, por fim, que ele organize a instrução de tal forma que cada pessoa possa devotar a ela o tempo apropriado ao seu interesse ou desejo e se aperfeiçoe no ofício, arte ou ciência pelos quais seja atraída pelo destino ou por suas aptidões. Não deixemos que indique professores; que só lhes pague um salário que, garantindo-lhes as necessidades da vida, ainda assim faça com que desejem ter muitos alunos, que lhes proporcione assistência quando a idade ou a doença colocarem um fim em suas carreiras ativas, que jamais os demitam sem uma grave causa e sem a aquiescência de homens independentes do governo.[19]

Os professores dependentes do governo logo se tornarão negligentes e servis. O servilismo servirá como desculpa para sua

---

[18] Veja a nota F de Constant no fim do Livro XIV.
[19] Veja a nota G de Constant no fim do Livro XIV.

negligência. Subordinados apenas à opinião pública, eles serão ativos e independentes.[20]

Ao administrar a educação, o governo demanda o direito e assume o dever de manter um corpo de doutrina. Esta palavra basta para esclarecer os meios de que se obrigará a fazer uso. Caso se permita que, de início, escolha os mais brandos, ainda assim pode-se ter certeza de que, pelo menos, ele não permitirá que sejam ensinadas nas escolas opiniões que não sejam as suas.[21] Existirá, portanto, rivalidade entre a educação estatal e a privada. A estatal será remunerada; ocorrerão, então, opiniões investidas de privilégio. Mas se tal privilégio não for suficiente para assegurar domínio da parte das opiniões favorecidas, será possível acreditar-se que o governo, ciumento por natureza, não apelará para outros meios? Será que não pode ser antevista como resultado final a perseguição, mais ou menos disfarçada, mas companheira constante de toda a atividade desnecessária do governo?

Temos testemunhado governos que não parecem estorvar a educação individual em nada, mas que sempre favorecem os estabelecimentos por eles fundados, demandando de todos os candidatos a indicações para escolas estatais uma espécie de aprendizado nesses estabelecimentos. Assim, o talento que seguiu a rota independente e que, pelo trabalho solitário, talvez tenha reunido tanto conhecimento, e provavelmente mais originalidade, do que o teria feito na rotina da sala de aula acaba vendo sua carreira natural, aquela com a qual poderia se comunicar e se reproduzir, subitamente fechar-se diante dele.[22]

---

[20] Veja a nota H de Constant no fim do Livro XIV.
[21] Veja a nota I de Constant no fim do Livro XIV.
[22] Veja a nota J de Constant no fim do Livro XIV.

[375] Não é que, igualadas todas as coisas, eu não prefira a educação pública à privada. A primeira faz com que a geração em formação passe por um noviciado da vida humana, mais útil do que todas as lições da teoria pura, a qual jamais substitui a realidade e a experiência, a não ser imperfeitamente. A educação pública é salutar, sobretudo nas sociedades livres. Os homens que crescem juntos em qualquer idade, em especial na juventude, contraem naturalmente, de suas relações recíprocas, um senso de justiça e hábitos de igualdade, o que os prepara para se transformarem em cidadãos corajosos e inimigos do despotismo. Temos visto, mesmo sob o despotismo, escolas dependentes do governo reproduzindo, a despeito disso, as sementes da liberdade, que o despotismo tenta sufocar.

Não obstante, penso que tal vantagem pode ser obtida sem constrangimento. O bem nunca precisa de privilégios, e os privilégios sempre desfiguram o bem. É importante, além do mais, que, se o sistema educacional que o governo favorece está viciado, ou assim parece às pessoas, elas possam se refugiar em escolas particulares ou que não tenham quaisquer conexões com o governo. A sociedade tem que respeitar os direitos individuais, inclusive os direitos dos pais sobre seus filhos.[23] Se as ações da sociedade prejudicarem os pais, crescerá uma resistência que interpretará o governo como tirânico e corromperá os indivíduos, já que os obrigará a burlar tais ações. Talvez existam objeções ao fato de demandarmos do governo respeito pelos direitos dos pais, objeções baseadas no fato de as classes mais baixas, compelidas pela pobreza a utilizar seus filhos no trabalho para ajudar na renda familiar, não poderem proporcionar a eles o

---

[23] Veja a nota K de Constant no fim do Livro XIV.

conhecimento mais básico, mesmo que a instrução fosse gratuita, caso em que o governo deveria obrigá-las a colocar as crianças na escola. Tal objeção, no entanto, se baseia na hipótese de que a pobreza é tão marcante que nenhum bem poderia prosperar junto a ela. O necessário é que essa pobreza não exista. Quando as pessoas passam a contar com os recursos financeiros de que precisam, longe de manterem seus filhos na ignorância, se apressariam por escolarizá-los. A vaidade dos pais entrará em ação. Eles se interessarão pelo problema; sua tendência natural é de melhorar o *status* dos filhos. É o que vemos na Inglaterra e o que testemunhamos na França durante a Revolução. Foi naquele período, embora conturbado e no qual as pessoas sofreram muito nas mãos de seus governos, que isso ocorreu porque elas contaram com mais recursos e a educação deu um salto formidável entre a classes [376] menos favorecidas. Seja onde for, a educação é proporcional à afluência das pessoas.

Dissemos no início deste capítulo que os atenienses sujeitaram apenas as escolas comuns à inspeção oficial. As escolas de filosofia permaneceram sempre absolutamente independentes, e aquela nação instruída deixou-nos um exemplo nesse particular. Por haver Sófocles, o demagogo, proposto a subordinação do ensino da filosofia à autoridade do Senado, a reação dos homens do saber, apesar de seus numerosos enganos, deve nos servir de modelo para sempre, tanto pelo amor à verdade quanto pela tolerância, já que pediram dispensa de suas funções. Toda a nação declarou solenemente que eles estavam isentos de inspeções e condenou o absurdo oponente a pagar uma multa de cinco talentos.[24]

---

[24] Veja a nota L de Constant no fim do Livro XIV.

Poderia, entretanto, ser dito que, se houvesse um estabelecimento educacional baseado em princípios imorais, o governo deveria ter o direito de controlar tal abuso. Mas isso é esquecer que, para que tal estabelecimento se forme e sobreviva, é preciso que existam estudantes e pais que lá os coloquem. Mesmo deixando-se de lado, o que não é nada razoável, a moralidade desses pais, jamais será do seu interesse permitir que aqueles com quem têm as relações mais íntimas e importantes de suas vidas sejam enganados em seus julgamentos e pervertidos em seus sentimentos. A prática da injustiça e da perversidade pode ser útil transitoriamente, numa determinada situação, mas o princípio nunca deve ter nenhuma prerrogativa. Ele jamais deve ser professado salvo por tolos, que serão repudiados pela opinião geral sem que se precise da intervenção do governo. Nunca deverá ser necessário reprimir estabelecimentos educacionais onde sejam ministradas lições sobre vício e crime porque eles jamais existirão, mas se existirem, dificilmente seriam perigosos, porque os professores ficariam por conta própria. Por falta de objeções plausíveis, por conseguinte, as pessoas se inclinam por suposições disparatadas, e há nessa conjectura uma certa má intenção, pois se corre o risco de deixar suposições sem resposta, ao mesmo tempo que pode parecer tolice refutá-las.

Para o bem do aperfeiçoamento da raça humana, espero muito mais [377] dos estabelecimentos privados de educação do que da mais bem organizada instrução pública proporcionada pelo governo.

Quem pode limitar o desenvolvimento da paixão pela ilustração num país livre? Caso se atribua ao governo um amor pelo aprendizado, eu simplesmente perguntaria, sem examinar aqui a extensão com que tal tendência é de seu interesse, por que supor um amor não tão intenso dos indivíduos preparados por mentes abertas e espíritos generosos. Em todos os lugares em que o governo não pesa sobre o homem, em que ele não corrompe a riqueza, não conspira com ela contra a justiça, as letras, estudos e ciências, o crescimento e o exercício do intelecto serão o passatempo preferido das classes opulentas da sociedade. Observe como elas se comportam na Inglaterra, formando coalizões, afluindo avidamente de todos os cantos. Pense nos museus e bibliotecas, sociedades independentes do saber devotadas tão-somente à procura da verdade, nos viajantes que enfrentam todos os perigos para fazer prosperar ainda mais o conhecimento.

Na educação, como em qualquer outro aspecto, o governo deve agir como vigia e protetor, mas sempre neutro. Deixemos que ele remova os obstáculos e torne mais planas as estradas. Basta então que os indivíduos as trilhem livremente.

Capítulo sete
Dos deveres do governo vis-à-vis a ilustração

Os deveres do governo *vis-à-vis* a ilustração são simples e fáceis. No entanto, eles são de natureza bem diferente daquela que eles com freqüência alegam. Cada geração adiciona alguma coisa aos recursos, físicos ou morais, da raça humana. Por vezes, novos métodos são descobertos, noutras, máquinas inventadas, algumas vezes as comunicações são aperfeiçoadas, em outras, fatos esclarecidos. Tudo isso significa, em alguma medida, a aquisição de novas faculdades. Vale a pena preservá-las independentemente do propósito incidental para o qual podem ser usadas. Inegável que todas as faculdades do homem – as que a natureza [378] lhe concedeu e aquelas que o tempo a ele revela ou seu esforço inventa – têm tanto vantagens quanto deficiências. Mas as desvantagens de qualquer faculdade não estão nas faculdades em si, mas no uso que delas é feito. Em conseqüência, enquanto o governo se aplicar apenas à conservação dos recursos, das descobertas e das novas capacitações que o homem adquiriu, sem a eles dar um objetivo ou dirigir seu uso, estará desempenhando uma atribuição salutar, sua ação não será equivocada nem complicada. Só fará o bem inequívoco e inofensivo.

Notas de Constant

A. [Referente à p. 504]
Principes de législation publiés par Dumont, Tomo II, p. 211.

B. [Referente à p. 507]
Esprit des lois, XII, 2.[25]

C. [Referente à p. 507]
Godwin.[26]

D. [Referente à p. 517]
Mémoires sur l'instruction publique.[27]

---

[25] É no Capítulo 2 do Livro XII que Montesquieu escreve: "Um homem que foi julgado e condenado à forca na manhã seguinte seria mais livre que um paxá o é na Turquia". Ed. cit., p. 509.

[26] *Enquiry Concerning Political Justice and Its Influence on General Virtue and Happiness*, de William Godwin, Londres, 1793, vol. I, p. 124. Constant traduziu essa obra. Veja *De la justice politique*, de Benjamin Constant, tradução não-publicada do livro de William Godwin, editada por Burton R. Pollin, Quebec, University of Laval Press, 1972.

[27] Em *Bibliothèque de l'homme public, op. cit.*, p. 47: "Os antigos não tinham noção sobre esse tipo de liberdade; na realidade, parece que só tinham o intuito de aniquilá-la por meio de suas instituições. Gostariam que os homens apenas

[379] E. [Referente à p. 518]
De l'homme, de Helvétius.[28]

F. [Referente à p. 522]
Podem-se ensinar fatos de modo decorado, mas jamais argumentos.

G. [Referente à p. 522]
Para detalhes da organização da educação estatal que não estão dentro do escopo deste livro, encaminho o leitor a *Mémoires* de Condorcet, onde as questões relativas a essa matéria são examinadas e resolvidas, e a cujas opiniões duvido que alguma coisa possa ser acrescentada.[29]

H. [Referente à p. 523]
A Riqueza das Nações, de Smith.[30]

I. [Referente à p. 523]

1er Mémoire, de Condorcet, p. 55.[31]

---

tivessem idéias e sentimentos que se coadunassem com as cláusulas do legislador. Para eles, a natureza havia criado apenas máquinas, cujas molas só a lei podia regular e cuja ação só ela podia direcionar".

[28] *De l'homme, de ses facultés intellectuelles et de son education*, de Claude-Adrien Helvétius, Londres, 1776. Constant encaminha o leitor à primeira seção da obra, intitulada: *Que l'éducation nécessairement différente des différents hommes est peut-être la cause de l'inégalité des esprits, jusqu'à présent attribuée à l'inégale perfection de leur organes.*

[29] Constant, evidentemente, está se referindo a *Mémoires sur l'instruction publique* em *Bibliothèque de l'homme public*, t. I, Paris, Buisson, 1791.

[30] Adam Smith, *op. cit.*, Livro V, Cap. I, t. IV, pp. 143-145.

[31] Condorcet, *op. cit.* Diz ele: "É muito mais importante que o governo não dite a doutrina comum do momento como verdade eterna, sob pena de fazer

J. [Referente à p. 523]

"Tudo aquilo que engaja ou obriga um certo número de estudantes a permanecer numa faculdade ou universidade independentemente do mérito ou reputação de seus mestres, tal como, por um lado, a necessidade de [380] colar certos graus que só são conferidos em determinados locais, ou, por outro lado, as bolsas e subvenções concedidas aos alunos pobres, tem o efeito de diminuir o zelo e de tornar menos necessário o ensinamento de mestres assim privilegiados, seja qual for o sistema."[32]

K. [Referente à p. 524]
1er *Mémoire*, de Condorcet, p. 44.[33]

L. [Referente à p. 525]
Vie de Theophraste, de Diogenes Laertius.[34]

---

da educação uma ferramenta para consagrar os preconceitos que ele julga úteis e um instrumento de poder daquilo que poderia ser a barreira mais certa para todo o poder injusto".

[32] Adam Smith, *op. cit.*, t. IV, p. 146.
[33] Condorcet, *op. cit.*, p. 44.
[34] O relato sobre o demagogo Sófocles e a referência a Diógenes Laércio estão em *Recherches philosophiques sur les Grecs*, de Cornelius de Pauw, *op. cit.*, t. I, pp. 232-233.

LIVRO XV

O Resultado da Discussão Precedente Relativa à Ação do Governo

Cap. 1.   O resultado da discussão precedente. 535
Cap. 2.   De três idéias perniciosas. 537
Cap. 3.   Das idéias de uniformidade. 538
Cap. 4.   Aplicação desse princípio à composição de assembléias representativas. 544
Cap. 5.   Mais pensamentos sobre o capítulo anterior. 547
Cap. 6.   Das idéias de estabilidade. 562
Cap. 7.   Dos aperfeiçoamentos prematuros. 566
Cap. 8.   De uma maneira falsa de raciocinar. 574

Capítulo um

O resultado da discussão precedente

Examinamos praticamente todas as matérias em que o governo, ultrapassando os limites da estrita necessidade, pode agir supostamente por alegada utilidade. Descobrimos que em todas elas, se as pessoas fossem deixadas por conta própria, teriam resultado menos mal e mais bem. "Quando os controles dos impérios estão enraizados em bons princípios", diz Mirabeau,[1] "existem apenas duas preocupações, a de manter a paz externa por meio de um bom sistema de defesa e a de conservar a ordem doméstica pela administração exata, imparcial e inflexível da justiça. Tudo o mais será deixado ao esforço individual, cuja irresistível influência, que proporciona mais satisfações para cada cidadão, infalivelmente produzirá maior parcela de felicidade pública. Um soberano ou um ministro não conseguem saber os problemas nem de mil homens, ao passo que cada indivíduo, em geral, conhece muito bem os seus".

A classe governante cria para si mesma deveres de modo a ampliar suas prerrogativas. Agentes da nação demasiadamente zelosos atacam com constância sua liberdade, ou seja, os meios de felicidade

---
[1] Veja a nota A de Constant no fim do Livro XV.

que a natureza lhe concedeu, e o fazem sob o pretexto de torná-la feliz. Eles querem controlar a ilustração, quando só a experiência pode orientá-la. Querem barrar os crimes, quando apenas o espetáculo da punição os detém com certeza e sem despotismo. Querem encorajar a produção, quando só o interesse individual pode lhe dar vida. Querem estabelecer instituições, quando só os hábitos as formam. Os governos devem atentar para que nada estorve as diferentes faculdades, mas devem evitar intrometer-se com elas. O que diriam os habitantes de uma residência se os guardas, contratados para vigiar os portões, impedir a entrada de estranhos e amenizar quaisquer distúrbios internos, se dessem o direito de controlar as ações dos moradores [384] e de prescrever-lhes o modo de vida, com a desculpa de evitar intrusões e perturbações, ou com o pretexto mais absurdo ainda de que seus estilos de vida seriam mais agradáveis se seguissem tais mudanças? Os governos são os guardas lá colocados por indivíduos que se reuniram exatamente para que nada incomodasse sua paz de espírito ou perturbasse seus afazeres. Se os governos ultrapassam sua competência, tornam-se fontes de perturbação e descontrole.

O emprego da lei penal se transforma no mais censurável abuso do direito de punição. Em vez de estender esse terrível direito, devíamos nos esforçar por restringi-lo; ao invés de multiplicarmos o número de crimes, devíamos reduzi-los. O homem não comete crime quando engana seu próprio interesse, sempre supondo-se que o faz conscientemente; não é crime o homem querer gerir sua vida segundo idéias próprias, mesmo quando o governo as considera imperfeitas. No entanto, esse governo incorre em crime quando pune indivíduos porque não adotam como interesses seus aqueles assim vistos por outros homens ou porque não alinham suas próprias noções de ilustração atrás das dos outros, quando, afinal de contas, cada pessoa é, em última análise, o juiz. Subordinar sem necessidade alguns desejos individuais ao geral é colocar gratuitamente obstáculos no caminho de todo o nosso progresso. O interesse individual é sempre mais conhecedor de suas necessidades do que o poder coletivo, cujo defeito é o de sacrificar ao seu propósito, sem cuidado ou escrúpulo, tudo o que se opõe a ele. Tal poder precisa ser controlado e não incentivado.

Aumentar a força da autoridade coletiva nada mais é que do que ampliar o poder de alguns indivíduos. Se a maldade dos homens é argumento contra a liberdade, é argumento ainda mais forte contra o poder. Isso porque o despotismo é só a liberdade de um ou de uns poucos contra a do restante. Burke diz que liberdade é poder.[2] De igual forma, é lícito dizer-se que poder é liberdade. [385]

Capítulo dois
De três idéias perniciosas

Três idéias são particularmente perigosas quando se apossam da mente dos grupos governantes: são elas as idéias de uniformidade, idéias de estabilidade e o desejo pouco ponderado de aperfeiçoamento prematuro.

---

[2] *Réflexions sur la Révolution de France et sur les procédés de certaines sociétés à Londres relatifs à cet événement*, de Edmund Burke, Paris, Laurent; Londres, Edward, s.d., p. 12: "Mas quando o homem age num corpo, liberdade é *poder*."

Capítulo três
Das idéias de uniformidade

M. de Montesquieu, que em sua obra admirável captou quase tudo, condena num capítulo breve as idéias de uniformidade, mas o faz com poucas palavras, sem se expandir, mais como forma de chamar a atenção do leitor para o assunto e não de ele mesmo analisar e explorar a matéria com maior profundidade.

"Existem", diz ele,[3] "certas idéias de uniformidade que algumas vezes tomam conta de grandes cabeças, testemunham o apelo delas a Carlos Magno, mas, infalivelmente, entusiasmam as mentes menos preparadas. Esses últimos vêem nelas uma perfeição que é impossível não detectar: a mesma concentração na ordem pública, as mesmas medidas para o comércio, as mesmas leis no Estado, a mesma religião por todo o lado. Será que, sem exceção, isso sempre acontece para o bem? Será que o mal da mudança é sempre pior que o da permanência? Será que a grandeza da genialidade não está em saber em que casos a uniformidade é necessária e em quais se precisa de diferenças?".

Se o autor de O Espírito das Leis apelou para a história, poderia ter mostrado com facilidade que a uniformidade absoluta é, em diversas circunstâncias, contrária à natureza tanto do homem quando das coisas.

Evidente que diferentes parcelas do mesmo povo, submetidas a circunstâncias, vivendo com costumes e morando em localidades que são todas dissimilares, não podem ser levadas absolutamente

---
[3] Veja a nota B de Constant no fim do Livro XV.

aos mesmos modos, usos, práticas e leis sem que haja coerção, a qual lhes custa mais do que vale. A pequena vantagem de se oferecer uma superfície plana, sobre a qual o imponente olhar do governo possa desfilar livremente, sem encontrar desigualdades que ofendam ou obstruam sua visão, é apenas uma compensação insignificante [386] para o sacrifício de uma série de sentimentos, recordações, gostos locais, com os quais a felicidade individual, isto é, a única felicidade autêntica, é composta. O fato de que ficam subordinadas ao mesmo governo diversas pessoas locais não altera de modo algum a mentalidade interior de cada um desses membros. A série de idéias com a qual a moral de tais pessoas é gradualmente formada, desde a infância, não pode ser modificada por acordos puramente nominais e externos, na maior parte das vezes independentemente da vontade delas, que não têm nada em comum com seus hábitos, fonte real e particular de suas angústias e de seus prazeres.

Foi pelo sacrifício de tudo à idéia exagerada de uniformidade que os grandes Estados se transformaram em flagelos da humanidade. A renúncia a essa perfeição idealizada traria para os grandes Estados as vantagens dos pequenos e as combinaria com aquelas que derivam das grandes dimensões.

Em termos de justiça, paz, de certa espécie de felicidade e de todas as afeições naturais, os pequenos Estados são preferíveis aos grandes. Para a segurança externa, que é a garantia da felicidade privada, para a independência nacional, sem a qual um Estado é joguete ou vítima de seus vizinhos, para a ilustração, que é a barreira mais forte contra a opressão, os Estados grandes têm enormes vantagens sobre os pequenos. A mescla de organização política e econômica sendo bem mais variada nos grandes concorre muito para a experiência do dia-a-dia. O preconceito morre mais cedo. A espécie de abuso que é, rápida e quase espontaneamente, emendada num Estado extenso pode ser mantida em ação para sempre num país confinado em estreitos limites. Foi porque o Império romano conquistou três quartos do mundo que a escravidão acabou destruída. Se esse império tivesse sido dividido em muitos Estados independentes, nenhum deles tomaria a iniciativa da abolição da escravatura porque a vantagem imediata que tal ato traria para seus vizinhos, em seu detrimento, seria a mesma que assaltaria cada um deles.[4] Existem alguns atos de justiça que só podem ser promulgados simultaneamente e, por conseguinte, jamais têm lugar porque, se ocorressem parcialmente, os mais generosos se tornariam vítimas de sua generosidade.

Todavia, ao se reconhecerem as vantagens dos grandes Estados, não se devem subestimar suas múltiplas e terríveis deficiências. Suas extensões [387] exigem um ativismo e determinação por parte dos governos que é difícil restringir, e degeneram em despotismo. As leis vêm de um ponto tão afastado daqueles a quem supostamente se aplicariam que o efeito inevitável de tal distância é o erro sério e freqüente. As injustiças locais jamais alcançam o coração do governo. Sediado em sua capital, ele só aprecia as opiniões da área circunvizinha ou, no máximo, a dos locais de residência daqueles de todo o Estado. Uma circunstância local ou temporária passa assim a ser razão para uma lei geral, e os habitantes das províncias mais distantes são subitamente surpreendidos por inovações inesperadas,

---

[4] Veja a nota C de Constant no fim do Livro XV.

severidades não-merecidas, regulamentações opressoras, solapando as bases de todas as suas conjecturas e todas as salvaguardas de seus interesses, porque, a duzentas léguas de distância, homens que são totalmente estranhos a eles foram acometidos por algum pressentimento de agitação, imaginaram determinadas necessidades ou perceberam certos perigos.

Não estou nem certo se, em termos de prestígio – esse nobre motivo para a ação humana –, os países grandes não são fatais. Nos dias de hoje, os países pequenos são alvo de escárnio como campo de ação muito restrito. Mas uma sociedade muito populosa coloca uma barreira quase intransponível no caminho da distinção pessoal. Para granjear a admiração de um concidadão é preciso que se exalte espiritualmente a massa do povo. Quanto maior o país, mais pesada tal massa. Portanto, vemos nos países extremamente grandes um pequeno Estado se formando no seu centro. Esse pequeno Estado é a capital. Todas as ambições são para lá carreadas a fim de se tornarem conhecidas. Tudo o mais fica imóvel, inerte, sereno.

Poder-se-ia ter uma proteção contra a maioria dessas deficiências abjurando-se idéias de conformidade ou, pelo menos, restringindo-as a muito poucos objetos. O governo de um país grande tem que sempre partilhar algo da natureza do federalismo. As leis a esse respeito são muito simples, e tudo parte do princípio que é a base desta obra. A administração das questões de todos pertence a todos, ou seja, ao governo instituído por todos. O que concerne a uma minoria deve ser decidido por tal minoria. O que se relaciona apenas com o indivíduo deve ser referido tão-somente ao indivíduo. Não pode ser dito com muita freqüência que a vontade geral não é mais valiosa que a individual, quando ultrapassa [388] sua competência. Suponha-se uma nação com vinte milhões de almas divididas por diversas comunidades. Em cada uma dessas comunidades, cada indivíduo terá interesses que só têm a ver com ele e, por via de conseqüência, não caem dentro da jurisdição da comuna. Outros interesses terão relação com todos os membros da comunidade, inclusive ele, e, portanto, estarão dentro da competência comunitária. Essas comunas, por seu turno, terão negócios internos de seus exclusivos interesses e outros que serão do âmbito de toda a sociedade. Reconheço que estou saltando os estágios intermediários. Os primeiros negócios serão equacionados pela legislação comunitária, os últimos, pela geral. A uniformidade só é admissível para estes últimos.

Ressalte-se que dentro da idéia de interesses incluo os hábitos. Nada é mais absurdo do que se pleitear violação dos hábitos dos homens sob o pretexto de melhor dirigi-los em termos de seus interesses. Seu interesse fundamental é a felicidade, e os hábitos formam parte essencial dessa felicidade.

Se os governos observassem essas regras, os Estados grandes seriam uma solução melhor em diversos aspectos e deixariam de ser um malefício em muitos outros. A capital deixaria de ser um centro único, destruidor de qualquer outro. Transformar-se-ia em um vínculo entre diferentes centros. O patriotismo renasceria, o patriotismo que não pode existir, salvo por ligação aos interesses, hábitos e costumes locais. Da mesma forma que a natureza do homem luta obstinadamente, embora quase sempre sem sucesso, contra os não menos obstinados erros do governo, também se vê esse tipo de patriotismo, o único autêntico, renascer das cinzas, assim que o governo refreia sua mão por um instante. Os magistrados das comunas menores se deleitarão em adorná-las; seus habitantes se mostrarão satisfeitos com tudo que lhes dê até o senso enganador de identidade corporativa ou os reúna por laços individuais. Sente-se que, se não lhes for barrado o desenvolvimento dessa inclinação inocente, logo se formará neles uma espécie de orgulho comunitário, por assim dizer, orgulho da cidade ou da província; e tal sentimento será singularmente [389] favorável à moralidade. Será também singularmente favorável ao amor da própria metrópole, que veria a divindade protetora e tutelar de todas essas pequenas terras vivendo à sombra de seu poder, em vez de serem, como hoje, implacáveis adversários e inimigos sempre ameaçadores. Quão extravagante é a constatação de como esses chamados defensores ardorosos da liberdade trabalharam com afinco para destruir a base natural do patriotismo, para substituí-la pela paixão falsa por uma entidade abstrata, por uma idéia geral privada de tudo que impressiona a imaginação e traz recordações! Quão bizarro é o fato de que, para construírem um prédio, eles tenham que começar esmagando e reduzindo a pó todos os materiais que precisam empregar. Eles quase designaram por números as diferentes partes do império que alegaram estar regenerando, da mesma forma que numeraram as legiões planejadas para defendê-lo, tamanho o medo que sentiam de que alguma idéia moral pudesse se vincular àquilo que estavam instituindo e perturbar a uniformidade que a eles parecia tão bela e desejável. Tal estranheza é, contudo, explicável quando refletimos que esses homens estavam embriagados pelo poder. Os interesses e as lembranças locais contêm um princípio de resistência que o governo só com relutância permite e que se propõe a desenraizar. Ele torna ainda menores os esforços individuais. Passa sem esforço com sua imensa massa sobre eles como se fosse sobre areia. Além disso, esses indivíduos, apartados do solo pátrio, sem contato com o passado, vivendo apenas do presente sempre mutante e atirados como átomos numa planície monótona, perdem o interesse pela pátria-mãe, que não mais identificam, e não manifestam interesse pelo todo, porque suas afetividades não se relacionam com nenhuma de suas partes. Nesses países grandes, onde os interesses, hábitos e costumes locais são tratados com desdém e constantemente sacrificados às chamadas considerações gerais, o "patriotismo", como diz M. de Pauw, "seria um fruto da imaginação mesmo se esses países não fossem governados de maneira tão despótica que nenhum interesse pudesse ser conhecido, exceto o do próprio déspota".[5] [390]

Capítulo quatro
Aplicação desse princípio à composição de assembléias representativas

A mania de nivelar um país por meio de instituições uniformes, a aversão aos interesses locais, o desejo de fazer com que desapareçam, levaram, na atualidade, a uma abordagem singular para a composição de assembléias representativas. Montesquieu parece ter pressentido tal abordagem e ter querido refutá-la de antemão. "Conhecem-se bem melhor as necessidades de nossa cidade", diz ele, "do que as de outras cidades. E se julga melhor a capacidade de nosso vizinho do que a de qualquer outro compatriota. Portanto, o corpo legislativo não deve ser selecionado na amplitude da

---
[5] Veja a nota D de Constant no fim do Livro XV.

nação como um todo. É mais adequado que em cada localidade de relevância seus habitantes escolham um representante".[6] Nos anos recentes, precisamente o oposto vem sendo dito. Afirmava-se que, quando uma grande população, espalhada por vasta área, indica seus representantes sem nenhuma intermediação, tal operação a força a se dividir em seções. Tais seções se estabelecem a distâncias que não permitem comunicação ou acordos mútuos. Resultam escolhas distritais. A unidade na eleição tem que ser buscada na unidade do corpo eleitoral.[7] "As escolhas não devem fluir de baixo, onde sempre serão necessariamente mal feitas". O corpo eleitoral deverá ser colocado "não na base, mas no topo de *establishment* político".[8] Só um corpo assim posicionado pode realmente conhecer o objetivo ou o propósito geral [391] de toda a legislação. Tal raciocínio se baseia numa idéia muito exagerada de interesse geral, do propósito geral, de todas as coisas a que a expressão se aplica; porém, o que é esse interesse geral senão as tratativas que se dão entre todos os interesses individuais? O que é representação geral que não seja a representação de todos os interesses parciais que têm que negociar todas as questões comuns a eles? O interesse geral é, sem dúvida, distinto dos particulares. Mas não é contrário a eles. A conversa parece ser sempre a de que ele ganha com as perdas dos outros.

---

[6] Veja a nota E de Constant no fim do Livro XV.
[7] Constant está citando uma parte do discurso de Jacques-Fortunat Savoye de Rollin, pronunciado no Corpo Legislativo em 13 ventoso, ano IX (4 de março de 1801), em favor do *Projet de loi relatif à la formation des listes d'élegibilité*. Esse discurso foi publicado no *Moniteur* de 15 ventoso, ano IX, N. 165, p. 687.
[8] *Quelques considérations sur l'organisation social en général et particulièrement sur la nouvelle constitution*, de Pierre-Jean-Georges Cabanis, Corps législatif du Conseil des Cinq-Cents, séance du 25 frimaire an VIII (1º de dezembro de 1799), Paris. Impr. nat., frimaire an VIII (1799), pp. 25-26.

Ele é apenas o resultado desses interesses combinados. Difere deles da mesma forma com que um corpo se diferencia das partes que o constituem. Interesses individuais são aquilo que mais tem a ver com os indivíduos. Interesses seccionais, usando-se a expressão cunhada para enfraquecê-los, são aquilo que mais tem a ver com as seções. Ora, são esses indivíduos e seções que compõem o corpo político. São, portanto, os interesses desses indivíduos e dessas seções que precisam ser protegidos. Caso se protejam todos eles, remove-se então de cada um o que pode prejudicar os outros. Só assim o interesse público autêntico consegue ser alcançado. Para se chegar ao interesse público, basta que se evite que os interesses individuais se firam mutuamente. O princípio sobre o qual se fundamenta a unidade do corpo eleitoral está, por conseguinte, completamente errado. Cem deputados eleitos por cem diferentes partes do país levam interesses individuais e preferências locais de seus eleitorados para dentro da assembléia. Essa base é útil para eles. Forçados a debater juntos, eles notam os sacrifícios respectivos que são indispensáveis. Esforçam-se para mantê-los no nível mínimo, e essa é uma das grandes vantagens desse tipo de indicação. A necessidade sempre termina por uni-los numa negociação comum, e quanto mais distritais tiverem sido as escolhas, mais a representação chega ao propósito geral. Caso se reverta a progressão natural, ou seja, caso se ponha o corpo eleitoral no topo da estrutura, aqueles por ele indicados se vêem obrigados a se pronunciar sobre um interesse público com cujos elementos não estão familiarizados. Ficam encarregados da negociação em nome de seções ou regiões que não conhecem, ou cujos interesses e necessidades recíprocas desprezam. Quero [392] que o representante de uma seção do país seja seu instrumento, que não abandone nenhum de seus direitos, reais ou imaginários, de tal forma que ao defendê-los ele ficará polarizado em favor da seção da qual recebe mandato, porque se cada um apoiar seu eleitorado, a polarização de cada terá no conjunto as vantagens da imparcialidade de todos. As assembléias, por mais distrital que seja sua composição, tendem todas, com muita freqüência, a contrair um espírito de corpo que as isola da nação. Sediadas na capital, longe dos distritos que elegeram seus membros, tais representantes perdem de vista os usos, necessidades e modos de vida de seus eleitores. Propendem a idéias gerais de nivelamento, simetria, uniformidade, mudanças em escala maciça e reformulações universais, levando inquietação, desordem e confusão para as regiões distantes. Tal arranjo deve ser combatido, porque é nas memórias e hábitos particulares e nas leis regionais que repousam a felicidade e a paz de uma província. As assembléias nacionais desdenham essas coisas e se mostram negligentes em relação a elas. Como tudo funciona se esses instrumentos da vontade pública não têm conexões salvo com um corpo situado no topo do edifício social? Quanto maior é o Estado, menos admissível é um único corpo eleitoral. Quanto mais forte o governo central, mais necessário que as escolhas partam de baixo, e não de cima. Caso contrário, ter-se-ão corpos corporativos deliberando no vazio e inferindo da indiferença com que se aplicam aos interesses individuais que são devotados ao interesse geral.

Capítulo cinco
Mais pensamentos sobre o capítulo anterior

Deixei-me levar para a apreciação de uma questão que, confesso, muito me interessa, e, embora ultrapasse um pouco, em alguns aspectos, os limites precisos desta obra, não posso evitar a adição de mais alguns pensamentos sobre as deficiências da eleição de assembléias legislativas por um simples corpo e sobre as vantagens do sistema oposto.

[393] Por mais descrédito que se lance sobre a intriga, sobre os esforços para cativar uma multidão inconstante e emotiva, essas coisas são uma centena de vezes menos corruptoras do que os tortuosos caminhos que se precisa palmilhar para vencer um pequeno número de pessoas encasteladas no poder. A intriga é perigosa num senado, perigosa num parlamento aristocrático, mas não no contexto de uma nação, cuja natureza é agir a partir da emoção. O infortúnio de uma nação é quando não há intriga.[9] Nada que é vil agrada ao povo como um todo. Mas os indivíduos poderosos são por demais inclinados pela humildade dos reverentes e pela baixeza dos aduladores. E o que precisa ser feito para conduzir uma grande reunião tem que o ser às claras, e a modéstia modera as ações públicas. Mas quando as pessoas bajulam uns poucos homens aos quais imploram individualmente, elas rastejam nas sombras, e a submissão não conhece limites. Se a eleição pelo povo por vezes implica sedução censurável, muitas vezes demanda meios honrados e úteis, amabilidade, benevolência, justiça e proteção. Quando essa eleição depende de um colégio eleitoral, tudo muda de figura. Por certo não é para os vilarejos dos cidadãos que o candidato dirige seus passos e sim para o palácio do colégio eleitoral. Os pretendentes não dependem das pessoas, mas do governo, e se a dependência de inferiores molda cidadãos, a de superiores forma escravos. É uma

---

[9] Veja a nota F de Constant no fim do Livro XV.

educação deplorável para os mandatários do povo aquela que lhes impõe um aprendizado na dissimulação e na hipocrisia, condenando-os à súplica humilhante, à saudação obsequiosa, à astúcia, à genuflexão, à lisonja, a fim de prepará-los para a coragem inflexível com que deve ser enfrentado o despotismo, e defendida a causa do fraco contra o forte. Existem épocas em que qualquer coisa que pareça energia é temida e em que a gentileza, a flexibilidade, os talentos escondidos e as virtudes privadas são alardeados. São então sonhados modos de eleição que recompensem essas dádivas preciosas. Essas, no entanto, são épocas de degradação. Deixe-se que a gentileza e a flexibilidade sejam apanágios das cortes; deixe-se que os talentos escondidos se revelem; deixe-se que as virtudes privadas [394] encontrem recompensa na felicidade doméstica. A escolha do povo tem que ser por pessoas que chamem a atenção, que atraiam respeito, que adquiriram o direito à estima, à confiança e ao reconhecimento popular. E esses homens mais enérgicos serão também os mais moderados. As pessoas sempre tomam a mediocridade por pacífica. Ela só é pacífica quando trancafiada. No momento em que o acaso a investe de poder, ela se torna mil vezes mais incalculável em suas ações, mais invejosa, mais obstinada, mais imoderada e mais convulsiva do que o talento, mesmo quando este último é levado à deriva pelas emoções. A educação abranda as emoções, suaviza o egoísmo e aplaca a vaidade.

Uma das maiores vantagens do governo representativo é estabelecer relações freqüentes entre as diversas classes da sociedade. A eleição distrital requer das classes poderosas uma consideração atenta e constante em relação às mais baixas. Força a riqueza a esconder sua arrogância, o poder a moderar sua ação, ao colocar no voto do povo a recompensa pela justiça e pela gentileza, e a punição pela opressão. Tal vantagem desaparece quando se entregam as eleições à escolha de um grande colégio eleitoral.

Talvez se levantem objeções ao fato de que quando garanto direitos políticos apenas aos proprietários estou depreciando essa vantagem do sistema representativo. Porém, sob as modernas condições sociais, não há linha demarcatória entre os pequenos proprietários e os não-proprietários para que os ricos possam conquistar os primeiros oprimindo os últimos. Os não-proprietários, os artesãos nas pequenas cidades e vilas, os trabalhadores diaristas dos vilarejos são todos relações de pequenos proprietários. Todos se congregariam contra o opressor como causa comum. Portanto, para conseguir os votos dos possíveis eleitores seria necessário tratá-los com consideração. [395] Esse instrumento importante para a felicidade e harmonia diárias não deve ser abandonado com facilidade, nem devemos desdenhar esse motivo para a benevolência, que pode começar como simples cálculo, mas logo se torna virtude habitual.

A queixa é que a riqueza se concentra na capital e que o campo, drenado constantemente pela taxação, não a consegue acumular. A eleição popular leva os donos de volta às propriedades das quais se distanciaram. Se eles não se preocuparem com o sufrágio popular, se restringirão apenas em tirar de suas propriedades a máxima receita que puderem. A eleição popular os obriga a atitude mais nobre, muito mais útil para aqueles que vivem sob seu domínio. Sem tal tipo de eleição, eles precisam apenas de crédito, o que os faz se agruparem em torno do governo central. Quando eleitos pelo povo, eles têm que ser populares. Ao levá-los de volta à fonte de sua popularidade, essa eleição enraíza a existência política em seus locais de posses. Os benefícios do feudalismo foram algumas vezes exaltados por ele manter o lorde no meio de seus vassalos e por dividir igualmente sua opulência por todas as partes do território. A eleição popular desencadeia os mesmos efeitos desejáveis sem implicar os mesmos abusos. As pessoas falam constantemente em incentivar a agricultura e dignificar o trabalho. Elas tentam conferir recompensas, caprichosamente distribuídas em quinhões, que são muito disputados pela opinião pública. Seria mais simples dar às classes agrícolas um grau de importância. Mas tal importância não pode ser criada por decreto ou édito; sua base tem que estar nos interesses que todas as esperanças têm de ser reconhecidas e que todas as ambições possuem de tratá-la cuidadosamente. Ao trocar os instrumentos artificiais, que testam e modificam, pelo respeito aos princípios da liberdade, os governos conseguem com mais rapidez e certeza os objetivos que pretendem. Ao deixar que os homens desfrutem dos direitos que lhes pertencem, evita-se que tenham que apelar para recursos incertos e improvisações complexas sem efeitos duradouros, porque sua estabilidade não depende da natureza das coisas e sim dos acordos de uns poucos indivíduos. Em suma, só a eleição distrital pelo povo pode investir a representação nacional com força real e fazer com que lance raízes profundas na opinião pública. Jamais se superará ou silenciará o sentimento de que o homem que não elegemos [396] não é nosso representante. E se a calúnia o perseguir ou o governo ameaçá-lo pessoalmente, será que ele saberá a quem recorrer contra esses ataques? A quem dirá: cumpri fielmente a missão a mim confiada; estou sendo perseguido por protegê-los? Onde encontrará uma voz que reconheça a sua própria voz e responda à sua queixa? Que parcela da população acreditará estar ligada à sua coragem e ao perigo que corre? Toda a nação? Mas toda a nação não é nada. Pode uma nação, espraiada num território imenso, manifestar um ponto de vista ou experimentar um impulso espontâneo? Só falando sempre da nação como um todo, destruindo todas as parcelas, interceptando todas as comunicações entre elas e os que as defendem, reconhecendo os mandatários como meros representantes de um ser abstrato, que nunca tem existência positiva, só assim o despotismo se torna inexpugnável em sua toca. Quando as assembléias, que se autodenominam representativas, não são selecionadas pelo povo, tornam-se indefesas diante do poder executivo. Caso ofereçam alguma resistência, o executivo quer logo saber com que direito. Qual a sua autoridade? Quem são vocês para se arvorarem representantes do povo? Ele os elegeu? Se a opinião pública desaprova uma lei ou protesta contra algum ato arbitrário, então o governo esbraveja: que reclamações sediciosas são essas? A câmara representativa nacional já não debateu, deliberou e consentiu? Ou talvez, seu silêncio não foi sinal de sanção? Apenas as instituições legítimas da nação podem expressar sua vontade soberana. O poder executivo fica a salvo de todas as acusações desde que tenha a aprovação dos delegados do povo. Assim, por turnos, a infeliz nação e os chamados mandatários são tratados como participantes de um jogo. Assim a aparência de representação jamais constitui barreira, mas serve de biombo para todos os excessos. Seria um erro, como observa M. Necker, acreditar que a porção dada ao povo na eleição dos legisladores não tem outro propósito salvo garantir ainda mais a adequação dos escolhidos.[10] Seiscentos e cinqüenta homens selecionados ao acaso entre a classe rica e preparada que supre a formação da Câmara dos Comuns inglesa, na minha opinião, constituiriam um corpo tão esclarecido quanto o que resulta hoje das eleições britânicas. No entanto, todas as vantagens que acabamos de descrever desapareceriam. Não haveria mais consideração pelos inferiores, [397] não mais credenciais invioláveis para oposição ao governo, e não mais desse movimento salutar que espalha vida, força e saúde por todas as partes do corpo político. Os cidadãos só se interessam por suas instituições quando chamados a participar delas com seus votos. Ora, tal interesse é indispensável na formação do espírito público, esse poder sem o qual nenhuma liberdade persiste, essa garantia contra todos os perigos, sempre invocado em certos países, mesmo que lá nunca tenha sido criado. O espírito público com base na eleição popular sustentou a Inglaterra em meio à mais cara e desesperada guerra. Foi por intermédio da eleição popular que a liberdade de imprensa, mesmo sujeita a ministros altamente sensíveis, sobreviveu a todas as crises. Sem eleição popular, os cidadãos de um país nunca têm esse senso de sua importância, que os faz ver a glória e a liberdade de seu país como a parte mais importante de seu patrimônio individual. Sei que, ultimamente, muitos entre nós têm exprimido diversos preconceitos contra as eleições populares. Todavia, a experiência vem testemunhando a nosso favor. O povo de Atenas, livre em sua escolha, diz

---

[10] *Dernières vues de politique et de finance, offerté à la nation française*, de Jacques Necker, s.l., ano X, 1802, p. 4: "Seria um engano reconhecer que, com essa disposição política, tem-se em mente tão-somente garantir a adequação dos selecionados".

Xenofonte, a respeito do qual ninguém pode suspeitar de amor excessivo pela democracia e por suas tormentas, jamais solicitou que posições, influentes para a segurança e a honra de sua cidade, fossem ofertadas a homens indignos de desempenhá-las.[11] Lívio nos mostra os resultados da *Comitia Romana* e prova que o espírito do povo era diferente, dependendo de ele demandar controle das posições elevadas na República ou de, terminado o combate e conseguida a vitória, expressar-se com calma de acordo com a consciência e a razão. A despeito dos esforços dos tribunos e dos interesses de sua classe, suas seleções foram constantemente dirigidas para os mais virtuosos e os mais [398] ilustres.[12] Desde 1688, as eleições inglesas só têm levado para a Câmara dos Comuns proprietários ilustrados. Dificilmente pode-se citar um homem de talento político afamado que não tenha sido honrado com a eleição quando concorreu. A paz profunda da América, a firme moderação que exibiu em circunstâncias difíceis, os discursos e atos de Jeffer-

---

[11] Constant é inspirado aqui diretamente por Montesquieu: "Nunca ocorreu", diz Xenofonte, "que a classe mais baixa tenha jamais demandado a eleição de oficiais que pudessem ter comprometido sua segurança e sua glória". *De l'esprit des lois*, Livro II, Cap. 2, ed. cit., p. 533. É divertido observar que Gaëtano Filangieri usa a mesma citação sem dizer a fonte em *La science de la législation*, Paris, Cuchet, 1786, t. I, pp. 191-192. Constant, que conhecia sua obra, poderia ter encontrado também com facilidade o exemplo de Xenofonte no livro de Filangieri. Isso mostra, mais uma vez, a extensão com que Montesquieu foi lido e usado. Graças a uma referência suprida por Montesquieu, pode-se chegar a *La république des Athéniens*, de Xenofonte, I, 3. Compare-se com *Anabase, Banquet, Economique, De la chasse, République des Lacédémoniens, République des Athéniens*, de Xenofonte, nova tradução com observações e notas de Pierre Chambry, Paris, Garnier, 1954, p. 510.
[12] O exemplo de Tito Lívio parece também ter vindo de *De l'esprit des lois*, de Montesquieu, Livro II, Cap. 2, ed. cit., p. 533.

son, a escolha de tal homem por representantes eleitos pelo povo, constituem uma justificativa para seu sistema eleitoral que nada pode enfraquecer, pois ele não pode ser atribuído a relatos inexatos ou exagerados. Se, na história dos dez anos recém-passados, certos fatos parecem desmerecer a eleição popular, causas especiais explicam o fato. Em primeiro lugar, jamais tivemos eleições populares. Desde a introdução da representatividade em nossas instituições, a intervenção do povo tem sido temida. Colégios eleitorais foram criados e distorceram os efeitos da eleição. Governos populares seriam o triunfo da mediocridade se não fosse a espécie de eletricidade moral com que a natureza supriu os homens, como que para assegurar o domínio da genialidade. Quanto maiores as assembléias, mais poderosa essa eletricidade, e como, quando se trata de eleição, é útil que essa eletricidade dirija as escolhas, as assembléias encarregadas da missão de representar o povo devem ser tão numerosas quanto o permitir a boa ordem. Na Inglaterra, os candidatos arengam de cima de plataformas para aqueles que se reúnem à sua volta em parques ou em espaços abertos repletos de pessoas. Nos nossos colégios eleitorais, as quantidades eram restritas e os procedimentos, rígidos. Prescrevia-se rigoroso silêncio, e não eram formuladas questões que pudessem agitar as mentes ou subjugar, por um instante que fosse, a ambição individual ou o egoísmo local. Ora, os homens não-preparados só são mais justos quando arrebatados; e eles apenas são arrebatados quando, reunidos numa multidão, agem e reagem uns com os outros de forma quase tempestuosa. Não se pode atrair a atenção de diversos milhares de cidadãos sem se ter vasta fortuna ou reputação de longo alcance. Numa reunião de duzentas ou trezentas pessoas, umas poucas conexões domésticas podem capturar a maioria. Para ser escolhido pelo povo, é preciso encontrar adeptos em ampla área, o que traz vantagens positivas. Para ser selecionado [399] por poucos eleitores, basta não ter inimigos; a vantagem fica inteiramente com as qualidades negativas e até a sorte favorece os não-talentosos. Da mesma forma que em muitas outras questões, os representantes nacionais na França têm sido menos avançados que a opinião pública. Não falo de questões partidárias; durante tumulto civil, a educação não tem efeito sobre elas. Falo sobre assuntos de economia política. O fato é que nossas assembléias eleitorais, com os obstáculos que colocam no caminho de toda a influência pessoal e com o incentivo à calúnia, transformam nossas eleições numa loteria, com a sorte pendendo muitas vezes para homens medíocres e desconhecidos. Nesse primeiro aspecto, não podemos julgar a eleição popular na França porque ela simplesmente não existiu. Em segundo lugar, para que uma eleição seja popular ela tem que ser essencialmente livre, o que jamais foi, em momento algum, durante a Revolução. Quem não sabe que as primeiras iniciativas de uma instituição podem vir acompanhadas de problemas estranhos a elas? A derrubada do existente, as paixões incitadas em direções opostas, todas essas coisas acontecem nas grandes mudanças políticas entre os povos de civilizações avançadas, mas não derivam de forma alguma dos princípios ou da natureza daquilo que se quer que seja estabelecido. Ser contra a eleição popular com base nos acontecimentos da Revolução Francesa é julgar as assembléias nacionais comparando-as com o Parlamento de Cromwell, ou a realeza em comparação com o reinado demente de Charles VI. Finalmente, durante a ascensão de nossas assembléias, nenhuma constituição colocou limites reais ao poder legislativo. Ora, quando este último tem ação praticamente ilimitada, quando os representantes da nação se consideram investidos de soberania sem peias, quando não existem contrapesos para seus decretos, seja no poder executivo seja no judiciário, a tirania dos eleitos pelo povo é tão desastrosa quanto qualquer outra, seja qual for seu nome. A soberania absoluta e ilimitada do povo foi transferida pela nação ou, o que é mais comum, pelo menos em seu nome, por aqueles que a dominam, para as assembléias representativas. Estas exercem um despotismo sem paralelo. É isso que acontece, como sobejamente antes demonstramos. [400] A constituição[13] que primeiro deu um fim a esse período de despotismo e loucura não foi capaz de estabelecer limites suficientes para o poder legislativo. Não fixou contrapesos aos seus excessos. Não sacramentou quer o veto indispensável ao poder executivo quer a possibilidade igualmente indispensável de dissolução das assembléias representativas. Tampouco garantiu, como o fazem certas constituições americanas, os direitos mais sagrados dos indivíduos contra a usurpação dos legisladores.[14]

Não admira, portanto, que o poder legislativo tenha continuado a produzir malefícios. As pessoas jogaram a culpa sobre a eleição popular. Foi um erro profundo. De forma alguma o modo de seleção dos legisladores deveria ter sido culpado pela natureza de seus poderes. O problema não estava nas escolhas feitas pelos representados, mas no poder sem obstruções de seus representantes. O mal não seria menor se os mandatários da nação tivessem

---

[13] A de 5 frutidor, ano III (22 de agosto de 1795).
[14] Veja a nota G de Constant no fim do Livro XV.

se auto-indicado ou sido escolhidos por um órgão corporativo de qualquer composição. Não havia contrapesos, nenhum domínio, nenhum controle sobre a vontade deles, ornado que estava com o nome da lei. Ali estava a fonte do dano. Quando a autoridade legislativa abrange tudo, só pode produzir o mal, não importa como constituída. Se ela for restringida às matérias de sua competência, se instada a se pronunciar apenas em relação às punições dos crimes do futuro, sobre quais proporções da propriedade individual devem ser designadas para uso público, sobre que meios de defesa devem ser dirigidos contra inimigos estrangeiros; se, longe de ser capaz de conspirar contra a liberdade, seu único poder for para garanti-la ou defendê-la, não se deve ter medo de deixar com o povo a escolha dos detentores desse poder tutelar. Ele só fará coisas boas. Contudo, para que isso aconteça, tal poder tem que emanar de fonte lídima. Os representantes da nação, orgulhosos da missão nacional, precisam colocar suas esperanças e encontrar sua gratificação nos votos daqueles que representam. Fecharei esta digressão com duas considerações ainda mais importantes por tocarem tanto no poder quanto na liberdade. A indicação de assembléias representativas por meio de um colégio eleitoral cria uma autoridade que não é a do governo nem a do povo. E se tal autoridade desenvolve um sentimento de ódio pelo governo, debalde pode este ficar cercado pela afeição pública, não adianta [401] merecê-la. O povo que não desfruta do direito da eleição não pode alterar coisa alguma na composição das assembléias que falam em seu nome. Seria também inútil o direito do governo para dissolvê-las. A dissolução nada vale sem a eleição popular, posto que não se recorre à vontade do povo. Se o colégio eleitoral concordar com o governo, a nação enfrentará, sem capacidade de se fazer ouvir, a remoção de seus mais fiéis mandatários, os autênticos porta-vozes de seus desejos. Se o colégio eleitoral for hostil ao governo, de nada adiantará que o povo cerque este último com seu amor e sua confiança. Governo e nação verão reeleitos os representantes sediciosos, sem nenhuma oposição constitucionalmente legítima, e mesmo a unânime desaprovação dos representados será incapaz de privá-los da posição de seus deputados. Uma época notável nos anais do Parlamento inglês ressalta a importância dessa consideração. Em 1783, o rei inglês destituiu seus ministros. Quase todo o Parlamento era constituído por membros do partido dos ministros. O rei tendo apelado ao povo nesse particular, através da dissolução da Câmara dos Comuns, viu uma imensa maioria dar apoio ao novo governo. Agora, suponha-se a eleição popular substituída pela autoridade de um colégio eleitoral: se a maioria desse colégio se inclinasse pelo partido que não tinha a aquiescência do governo nem dos governados, tal partido assumiria o controle das questões a despeito da manifestação unânime da vontade nacional. Isso é tão verdade que não se aumenta a força real e legítima do governo atacando-se os direitos do povo, e que é impossível se criar uma organização estável caso haja afastamento dos princípios sobre os quais se fundamenta a liberdade. Se se argumenta que, com um pouco de habilidade e muita força, o governo sempre dominará o colégio eleitoral, eu replicaria em primeiro lugar que essa hipótese de uma assembléia representativa, que é apenas instrumento de um ou de uns poucos, é terrível. Seria mil vezes melhor não ter assembléia alguma. A opressão jamais é tão horrenda em nome de um homem quando assume a aparência de liberdade. Um homem nunca ousaria querer, por iniciativa própria, forçar a vontade de seus agentes quando eles se autodeclaram [402] órgãos de uma autoridade independente. É só pensar sobre o Senado de Tibério ou o Parlamento de Henrique VIII. Mas eu logo diria que uma agência desordenada pode reagir contra a mão que a emprega. O governo que faz uso de uma assembléia que domina sempre corre o risco de vê-la, de repente, voltar-se contra ele. Os corpos mais submissos são também os mais violentos quando ocorre evento imprevisto que quebra seus grilhões. É desencadeado o desejo de vingar o opróbrio de sua longa servidão. Os mesmos senadores que votaram feriados públicos para homenagear a morte de Agripina e congratular-se com Nero pelo assassinato da mãe o condenaram a ser espancado com bastões e arremessado no Tibre.

Sei que existem pessoas que desejam alarmar almas por meio de imagens exageradas de tumultos das eleições populares. Mais de uma vez testemunha das desordens aparentes que acompanharam eleições contestadas na Inglaterra, percebi quão inconfiáveis foram as descrições feitas delas. Inquestionavelmente, vi eleições cercadas de tumultos, brigas, disputas violentas, troca de insultos da pior espécie, enfim, tudo aquilo que caracteriza a classe que o trabalho braçal priva de qualquer cultura ou elegância, de qualquer ocupação refinada. Mas a eleição provoca coisas semelhantes entre homens talentosos e opulentos. Uma vez encerrado o processo, todavia, tudo voltou à ordem costumeira. Artesãos e operários, que tinham acabado de se envolver em bulhas turbulentas, tornaram-se novamente operosos, dóceis e até respeitosos. Satisfeitos por terem exercido seus direitos, eles se ajustaram mais prontamente às superioridades e convenções sociais das quais tinham consciência e vinham obedecendo apenas por cálculo independente do interesse racional. Na manhã seguinte à da eleição não havia o menor indício da perturbação da noite anterior. As pessoas retomaram seus afazeres, mas convencidas de sua importância política, e a conscientização pública havia recebido a necessária sacudidela para trazê-la de volta à vida. As eleições são como qualquer outra coisa relacionada à ordem pública. É por meio de medidas acauteladoras incômodas que as pessoas participam delas e as nutrem. Na França, nossos espetáculos e feiras são cercados de guardas e baionetas. Pode-se até achar que três cidadãos franceses são incapazes de se reunir sem que existam dois soldados para separá-los. [403] Na Inglaterra, vinte mil homens se reúnem sem que haja entre eles um único soldado. A multidão, sentindo-se depositária da ordem pública e da segurança individual, cumpre escrupulosamente esse dever. Não irei adiante. Tudo o que as pessoas inventam sobre as eleições inglesas pode ser provado sem que eu mude de opinião. Eu diria a mim mesmo que, para que o senso de liberdade penetre no coração da nação, é algumas vezes talvez necessário que essa liberdade se revista de formas populares, coléricas e turbulentas para seu entendimento. Eu preferiria ver alguns acidentes imprevistos acontecerem em função disso a testemunhar uma nação indiferente e desencorajada pela ausência de tais formas. Quando uma nação não demonstra interesse por seus direitos, o poder rompe seus limites, provoca guerras insanas e deixa-se engajar por inquietações ilegais. Caso a contra-argumentação tenha a ver com alguns infortúnios individuais, com algumas mortes por sufocação nos aglomerados de pessoas ou com algumas brigas inesperadas, eu perguntaria por aqueles deportados para praias distantes e isoladas que também perecem, ou por aqueles mandados para além-mar, por caprichos fúteis, em expedições homicidas, ou pelos que ficam trancafiados em prisões. Se tudo isso só puder ser evitado pela representação livremente eleita, qualquer pessoa que raciocina correrá de bom grado o risco muito improvável de algum azar fatal para conseguir a única salvaguarda contra a suspeita de tirania e a loucura da ambição.

Capítulo seis
Das idéias de estabilidade

O que acontece com as idéias de uniformidade também se dá com as de estabilidade. Elas são fonte dos maiores e mais perturbadores enganos.

Não há dúvida de que um certo grau de estabilidade institucional pode ser desejável. Existem vantagens que apenas se desenvolvem com o tempo. Como a liberdade, o hábito é uma necessidade natural no homem. Ora, onde não existe estabilidade, os hábitos não podem se formar. Um homem que viveu cinqüenta anos numa estalagem sempre achando que teria que deixá-la no dia seguinte criará só o hábito [404] de não ter nenhum. A idéia de futuro é um elemento no hábito, não menos necessário que a de passado. Uma nação que devotou perpetuamente toda a sua força para buscar aperfeiçoamentos políticos negligenciará todas as melhoras, individuais, morais ou filosóficas, que só são alcançáveis pela paz, e sacrificará o fim aos meios. Porém, pela própria razão de as instituições serem meios, elas têm que, naturalmente, se adaptar aos tempos.

Por um equívoco bastante comum, quando uma instituição ou uma lei não mais produz o bem que outrora produzia, acha-se que, para restabelecer sua antiga utilidade, ela precisa ser estabelecida naquilo que é chamado de sua antiga pureza. Mas quando uma instituição é útil é porque está em harmonia com as idéias contemporâneas e com a ilustração. Quando degenera ou cai em desuso é porque perdeu tal harmonia. Cessa então sua utilidade. Quanto mais é restabelecida sua pureza original, mais ela fica desencontrada com o restante das coisas.

O caráter vago das palavras sempre nos ilude. Tem sido dito com freqüência que os governos têm que conservar, mas não se diz o quê. As pessoas não captaram que eles só deveriam preservar as garantias de liberdade, da independência das faculdades individuais e, com essa finalidade, da segurança física individual. O resultado é que os governos têm entendido, ou pretendido entender, que precisam empregar a autoridade a eles conferida para conservar um certo corpo de opiniões e práticas como, às vezes, as encontraram estabelecidas e, noutras, como as pessoas disseram que elas haviam sido. As propensões dos governos, nesse sentido, têm estado na direção oposta da natureza e finalidade da raça humana. Como essa raça é evolutiva, tudo o que se opõe a tal progresso resulta perigoso, seja a oposição bem ou mal sucedida.

Quando a oposição é efetiva, existem estagnação nas faculdades humanas, degradação, preconceito, ignorância, erro e, conseqüentemente, crime e sofrimento.

Se, ao contrário, o princípio estático não é decididamente o mais forte, há luta, violência, convulsões e desastres.

As sublevações são por certo temidas; mas as pessoas caminham para o extremo oposto com idéias exageradas de estabilidade, e essas idéias, opondo-se ao progresso das coisas, ocasionam [405] uma reação que produz levantes. O melhor caminho para evitá-los é aquiescer com as mudanças imperceptíveis que são inevitáveis na natureza física e moral.

A idéia exagerada de estabilidade provém do desejo de governar os homens pelo preconceito, de inspirar no seu direito de decidir uma admiração pelas coisas antigas. Eu estimo demais as coisas antigas. Já o disse mais de uma vez neste livro. Eu as estimo porque todos os interesses têm participação nelas. Sempre que uma instituição dura bastante tempo, a menos que tenha sido mantida pela violência, tem que existir uma transação entre essa instituição e o interesse que coexistiu com ela. Mas é essa própria transação, entretanto, que modifica a instituição, modificação essa que, precisamente, a torna útil e aplicável. Fazer oposição à modificação sob o pretexto de mantê-la mais intacta é tirar daquilo que é antigo sua característica mais útil e sua vantagem mais preciosa. O modo de pensar de alguns escritores a esse respeito é incompreensível. "Quando é impossível para uma lei antiga atingir sua finalidade", diz um deles,[15] "isso é uma clara indicação ... de que a ordem moral contradiz tal lei de forma gritante, e, nesse caso, não é a lei e sim os costumes que têm que mudar". Quem acreditaria que esse autor diria que a lei é que precisava ser modificada? Além do mais, como se alteram costumes?

A Revolução Francesa despertou grande respeito e amor pela estabilidade em muitos homens sábios, todos pacíficos. Os líderes

---

[15] Ver a nota H de Constant no fim do Livro XV.

dessa Revolução começaram declarando que tudo tinha que ser destruído, mudado, recriado. Seus sucessores se consideraram não menos autorizados a prosseguir com destruições e reconstruções arbitrárias. Essa operação constantemente renovada deve ter levado uma nação infeliz e cansada a querer, acima de tudo, qualquer tipo de Estado duradouro. Daí a admiração por certos povos que, aparentemente, não tinham outro propósito salvo a imposição sobre o futuro de instituições eternas e o bloqueio a qualquer mudança. Essa admiração nem sempre foi bem ponderada. Os historiadores têm, algumas vezes, revelado apreciação pelas intenções desses povos sem examinar se serão vitoriosas.

Nada é mais risível a esse respeito do que um artigo sobre a China, [406] de um escritor que já mencionei.[16] Tendo admitido que dificilmente houve um século em que aquele império não tenha experimentado guerras civis, invasões, desmembramentos e conquistas, e tendo reconhecido que essas crises terríveis exterminaram gerações inteiras quando ocorreram, ainda exclama: "Honras devem ser prestadas aos sábios legisladores e aos profundos moralistas"... que afastaram da China a novidade perigosa. E o que poderia essa novidade produzir de tão desafortunado? É verdade que ele acrescenta que esses legisladores tinham mais princípios em mente que

---

[16] Antoine Ferrand, *op. cit.*, t. I, p. 456 (edição de 1803): "Dificilmente decorreu um século em quatro mil anos em que o vasto e belo império não tenha ficado exposto a guerras civis, invasões, conquistas e desmembramentos. E é exatamente isso que torna a sua estabilidade moral mais espantosa". E na p. 457: "Honras devem ser, portanto, prestadas aos sábios legisladores e aos profundos moralistas que, por assim dizer, amalgamando a China com suas leis e morais mais antigas, a tornam inseparável e fazem desse amálgama o mais poderoso antídoto contra a novidade perigosa".

as pessoas. Foi precisamente isso que Robespierre disse: "Deixemos que os colonizadores pereçam, e não um princípio".

Os homens se inclinam pelo entusiasmo, ou por se embebedarem com certas palavras. Desde que fiquem repetindo tais palavras, a realidade pouco lhes interessa. Dois anos de medonha e sangrenta servidão não impediram que os franceses datassem seus atos a partir do quarto ano de liberdade. Uma revolução, uma mudança de dinastia, e duzentos mil homens massacrados a cada cem anos não desencorajaram os panegiristas da China a alardear a estabilidade desse império. A estabilidade não existe para os governados, uma vez que eles são periodicamente dizimados em grandes quantidades cada vez que um usurpador funda uma dinastia. Ela não existe para a classe governante, já que o trono raramente fica com a mesma família por diversas gerações. Não existe, no entanto, para instituições, e é isso que nossos escritores políticos admiram. É como se a estabilidade institucional fosse o único objetivo em vista, independentemente da felicidade humana, e como se a raça humana só estivesse na Terra como um meio para isso.

Capítulo sete
Dos aperfeiçoamentos prematuros

Se o governo não age corretamente quando interrompe o progresso [407] natural da raça humana e, guiado por falsas concepções de estabilidade, se opõe às mudanças imperceptíveis causadas nas instituições pelo avanço das idéias, não prejudica menos do que quando vai além dos limites das condições ditadas pela ocasião e se devota a projetos impensados de aperfeiçoamentos ou reformas.

Teremos que detalhar esse assunto quando tratarmos das revoluções, as quais são usualmente, nas suas intenções ou, pelo menos, no discurso de seus autores, apenas vastas reformas ou melhorias generalizadas. Aqui, temos que considerar somente os esforços de governos apropriados e estáveis, esforços menos perigosos que revoluções populares, mas que, apesar disso, têm sido mais de uma vez bastante perniciosos.

Quando o governo diz para a opinião pública, como Séide disse a Maomé, "Agi antecipando-me à sua ordem", a opinião responde como Maomé o fez, "Deveria ter esperado",[17] e quando o governo se recusa a esperar, a opinião pública, invariavelmente, se vinga.

O século XVIII é pródigo em exemplos desse tipo.

O acaso levou um homem genial ao governo de Portugal. Ele encontrou o país mergulhado na ignorância e curvado à dominação do clero. Não conseguiu visualizar que, para quebrar esse jugo [408] e dispersar a noite sombria, era necessária uma base de apoio nacional. Num erro comum aos que detêm o poder, buscou essa base na autoridade. Achava que se quebrasse a rocha conseguiria uma fonte de água límpida.[18] Sua imprudente pressa, no entanto, fez com que se voltassem contra ele as mentes independentes que poderiam tê-lo ajudado. Elas se opuseram a um governo humilhante cujos métodos injustos tornavam seus propósitos no mínimo duvidosos. A influência dos sacerdotes cresceu em proporção à perseguição de que foram vítimas. O marquês de Pombal quis, em vão, virar contra eles

---

[17] Uma citação de *Fanatisme, ou Mahomet le prophète*, de Voltaire. Hofmann ressalta que Constant fez o papel de Zopire nessa peça, no começo de 1806. As palavras exatas de Séide são: "Antecipei-me às suas ordens".

[18] Como Moisés no monte Horeb, *Exodus* 17, 1-7.

as poderosas armas que detinham. A censura, endereçada às obras favoráveis aos jesuítas, acabou vítima da condenação. A nobreza reagiu. As prisões ficaram repletas. Os ministros se transformaram em objetos de horror para todas as classes. Depois de vinte anos de administração tirânica, Pombal viu-se privado do protetor com a morte do rei. Por pouco escapou do cadafalso, e a nação abençoou o momento em que um governo apático e supersticioso substituiu aquele que se autoproclamava reformista.[19]

Na Áustria, José II sucedeu Maria Teresa. Consternado, viu que a educação de seus súditos era inferior à dos povos vizinhos.

Impaciente, e no afã de eliminar uma desigualdade que o ofendia, recorreu a todos os meios que seu poder oferecia. Não negligenciou até mesmo os que implicavam liberdade. Conferiu-a à imprensa. Incentivou os escritores a denunciar os abusos e julgou que os ajudava de forma maravilhosa se lhes emprestasse o suporte do poder. Dessa aliança artificial resultou o quê? Os monges obscuros e os nobres ignorantes lançaram-se vitoriosamente contra os projetos do filósofo, porque o filósofo era imperador. Sua autoridade foi drenada pelo esforço redobrado. A resistência o tornou cruel. Sua administração resultou odiosa em vista da severidade excessiva e da espoliação iníqua. O arrependimento que acompanha as boas intenções estéreis, a tristeza de ter sido mal-entendido e, talvez também, a mágoa da vaidade ferida levaram José ao túmulo. Suas últimas palavras foram uma confissão de impotência e desdita;[20] e, desde o fim de seu reinado, podem-se testemunhar, a cada dia,

---

[19] Constant sumariza aqui o que Sebastião José de Carvalho e Melo (marquês de Pombal) diz em *Mémoires*, s.l., 1784, t. I, pp. 118-124.
[20] Veja a nota I de Constant no fim do Livro XV.

a irrupção e a renovação de alguns dos abusos que ele julgou ter destruído.

De todos os monarcas que se arrogaram a difícil missão de acelerar o progresso de seus povos na direção da civilização, os da Rússia sem dúvida foram os mais perdoáveis. Não se pode negar que, desde o tempo de Pedro I,[21] os monarcas daquele vasto império têm sido bem mais ilustrados que seus súditos. Com exceção de algumas coisas extravagantes, inseparáveis de quaisquer planos espontaneamente arquitetados pelas mentes de homens poderosos, as reformas planejadas e executadas pelos autocratas da Rússia foram incontestavelmente melhorias reais. Mas os grandes as adotaram apenas por cálculo ou imitação, sem serem capazes de se convencer por conta própria sobre seus méritos próprios, e encarando a filosofia e a educação como um luxo e as artes como um ornamento necessário para uma nação que queria se tornar européia; as pessoas comuns só se submeteram às mudanças pela coerção e depois de inúmeras perseguições. Nenhuma daquelas idéias, percebidas como sólidas pelo governo, conseguiu se enraizar. Nenhuma das instituições impostas tornou-se habitual. A moralidade sofreu com a abolição dos antigos costumes que outrora lhe serviam de base. A ilustração fez pequeno progresso porque dependia de uma série de idéias impotentes até que tal série ficasse completa, e que não podem ser introduzidas por um governo absolutista. Os esforços de Pedro I para fazer avançar a razão permaneceram infrutíferos porque foram, em princípio, viciados. A razão deixa de ser ela mesma quando carece de liberdade. Na Rússia, o que existe é uma

---

[21] [Conhecido nos modernos escritos em inglês como Pedro, o Grande. Nota do tradutor americano].

exibição de coisas francesas na corte, e entre os nobres, de coisas prussianas no exército e inglesas na marinha, mas a massa das pessoas, em suas opiniões, costumes e aparências, até mesmo em suas roupas, ainda é asiática.

Só depois do início do reinado de Alexandre foi que a Rússia teve alguma chance de ilustração. Esse jovem príncipe não procura de modo algum reformar o povo e sim moderar o governo. Não dirige o pensamento, mas restringe o governo.[22] Acontece que o pensamento é fortalecido quando a atividade redundante é removida do governo. Para um povo progredir, basta que o governo não o estorve. O progresso é inerente à natureza humana. O governo que a deixa em paz já a favorece bastante. [410] Que Alexandre possa perseverar nesse seu rumo a um só tempo prudente e generoso e proteger-se contra a desconfiança que procura barrá-lo e contra a impaciência que deseja acelerá-lo.

Se atribuirmos os pobres resultados de tantas reformas e tentativas de inovações frustradas por parte dos governos à natureza das administrações que comandaram os processos, e se alegarmos que, por terem fundamentos inadequados e temerem sempre os perturbar, elas foram incapazes de produzir bens duradouros porque desejaram alcançar tais bens de maneira tíbia, se pensarmos que governos menos equivocados, que não se obrigassem a agir com tanto cuidado quando remediando abusos, teriam progredido com mais decisão, destruído com facilidade tudo o que necessitasse de destruição, estabelecido sem muito esforço tudo o que fosse desejável, a experiência logo viria para derrubar essa suposição quimérica.

---

[22] Veja a carta de F.C. de la Harpe para Alexandre I, em *Correspondance de Frédéric-César de La Harpe et Alexandre Ier*, de Jean-Charles Biaudet e Françoise Nicod, t. I, 1785-1802, Neuchâtel, La Baconnière, 1978, pp. 316-330.

Inegável que os governos citados como exemplos estavam em situação particularmente difícil. Impulsionados pelo espírito da época, eles objetivaram reverenciar a filosofia, mas não ousaram renunciar honestamente ao apoio do preconceito. Aceitaram um pouco dos direitos mais evidentes da raça humana, mas, do alto de suas elevadas posições, acreditaram que podiam representar tal aceitação como benevolência. Julgaram que deviam a si mesmos a manutenção em reserva do direito de fazer todo o mal que não tinham feito; não que, sejamos justos com eles, o tenham feito, mas, ao desaprovarem para os propósitos gerais a prática do despotismo, retiveram a teoria como parte de sua estimada pompa decorativa. No entanto, sentiram que só a segurança seria merecedora de gratidão e se esforçaram, por intermédio de sentenças condicionais e preâmbulos repletos de restrições, por produzir segurança sem proporcionar garantia constitucional. Essa dupla tarefa, inerentemente autodestrutiva, contribuiu fortemente, no meu modo de pensar, para seus erros e reveses. Mas, nós mesmos não vimos, durante os primeiros anos da Revolução, um governo livre de qualquer intenção oposicionista, vendo-se em primeiro lugar desamparado, depois atacado pela opinião pública somente por ter incentivado e precipitadamente executado melhoras que aquela mesma opinião vinha por longo tempo demandando? E o governo havia demonstrado algumas inclinações – algo desencontradas e até hoje incertas – e reflexões ainda parciais pela vontade geral.

[411] Porém, perguntariam alguns, como saber com precisão o estado da opinião pública? Não se pode votar a toda hora. Só depois da tomada de alguma medida particular é que aparece a oposição. Já então, é freqüentemente muito tarde para recuar. Di-

zer que não devemos atropelar a opinião pública é, portanto, não dizer coisa alguma.

Eu responderia afirmando em primeiro lugar que se você permitir o direito de expressão à opinião, ela cedo será conhecida. Não a provoque, não desperte esperanças indicando a direção que você gostaria que ela se pronunciasse, senão, para agradar o governo, a bajulação assumirá a forma de opinião. Coloque-se um monarca não-religioso à frente de um povo devoto e o mais flexível de seus cortesãos será precisamente o mais descrente. Tão logo um governo se declara a favor de alguma filosofia, uma falange se forma em torno dela, mais vociferante ainda pela opinião favorecida se não tiver ponto de vista próprio; e o governo prontamente toma a descuidada aquiescência circundante por sentimento universal. Se o governo, no entanto, permanece neutro, deixando as pessoas debaterem, as opiniões entram em combate e nasce a ilustração dessa colisão. Forma-se uma visão nacional, e a verdade arquiteta uma tal concordância que fica difícil não a reconhecer.

Em segundo lugar, o raciocínio tende a modificar gradualmente as leis e instituições que conflitam com ele. Deixe que ele faça seu trabalho. Isso traz a vantagem dupla de abrandar a execução das leis defeituosas que persistirem e de preparar sua ab-rogação.

Quando há o desejo de destruir uma instituição que lhe parece inadequada, deixe que o povo se livre dela, mas não demande que ele o faça. Ao permitir isso, você atrai para seu lado todas as forças preparadas. Com a demanda, você municia muitos interesses contrários. Vou usar um exemplo para me fazer mais claro. Existem duas maneiras de se ficar livre dos mosteiros. Uma delas é abrindo suas portas, a outra [412] é expulsando seus moradores. A primeira faz o bem sem produzir o mal. Rompe correntes, mas não viola santuário. A outra atropela todas as expectativas que se baseiam na fé pública. Insulta os idosos que arrasta, indiferentes e indefesos, para um mundo desconhecido. Solapa um incontestável direito dos indivíduos, qual seja, o de escolher seu modo de vida, de compartir propriedade e de se reunir para professar a mesma doutrina, para freqüentar os mesmos ritos, para desfrutar da mesma prosperidade e para saborear o mesmo relaxamento. E tal injustiça faz com que se volte contra a reforma tudo o que, havia pouco tempo, parecia dar-lhe suporte.

Em suma, qualquer aprimoramento, qualquer melhora contrária aos hábitos de grande parcela da nação tem que ser postergada o máximo possível até a ocasião em que pareça correta. Tal procedimento poupa a geração presente e prepara a vindoura. A juventude, colaboradora da inovação, progride. A idade avançada não tem interesse em declarar hostilidades, e a mudança antecipada dessa maneira se torna quase um hábito antes de produzir efeito.

O tempo, diz Byron, é o grande reformador.[23] Não recuse sua ajuda. Deixe-o caminhar à sua frente e ir aplainando o caminho. Se ele não preparar o pretendido, suas ordens serão improfícuas. Sua instituição, por melhor que seja na teoria, é apenas um mecanismo e não parte de sua administração. Não será mais difícil rescindir suas leis do que você achou para rescindir outras; e tudo que restará das rescindidas será o malefício que elas provocaram.

---

[23] *De augmentis scientiarum*, Livro VI, *Exempla antithetorum*, XI, de Francis Bacon, em *The works of Francis Bacon*, compilado e editado por James Spedding, Robert Leslie Ellis e Douglas Denon Heath, Londres, 1858, vol. I, p. 704.

Capítulo oito
De uma maneira falsa de raciocinar

Um erro infiltra-se constantemente na argumentação empregada para sustentar a latitude indefinida da ação do governo. [413] De fatos negativos são derivadas teorias positivas. Quando, por exemplo, as pessoas se encolerizam em relação ao poder da lei e à influência que a orientação do governo exerce sobre as faculdades intelectuais do homem, elas citam a corrupção da Itália, fruto da superstição, a apatia e a degradação dos turcos, produtos do despotismo político e religioso, a frivolidade francesa, resultado de um governo despótico baseado na vaidade. Da capacidade de o governo causar grandes males conclui-se que ele pode produzir muitos benefícios. Essas duas questões são muito diferentes.

Se o exemplo inglês é alegado, longe está de nós o desejo de diminuir nosso louvor por mais de um século de espírito público e liberdade. Porém, uma vez mais, duas coisas estão sendo confundidas: a organização de governo na constituição britânica e a intervenção do governo nas relações individuais. Esta última tem sido encarada como causadora dos efeitos sobre a primeira. A Inglaterra possui instituições políticas que garantem liberdade; tem também instituições de produção que a embaraçam. É por causa das primeiras e a despeito das últimas que a Inglaterra floresce.[24] De maneira alguma negamos os benefícios da liberdade – nós a saudamos com júbilo e a desejamos ardentemente; mas a liberdade é precisamente o oposto daquilo que nos está sendo proposto.

---
[24] Veja a nota J de Constant no fim do Livro XV.

Notas de Constant

A. [Referente à p. 535]
Monarquia prussiana. Introdução.[25]

B. [Referente à p. 538]
Livro XXIX, Cap. 18

C. [Referente à p. 540]
De Pauw, *Recherches sur les Grecs*, I, 173.[26]

[414] D. [Referente à p. 544]
Recherches sur les Grecs, I, 81.

E. [Referente à p. 545]
Esprit des lois, XI, 8.[27]

---

[25] *De la monarchie prussiene sous Frédéric le Grand*, de Honoré-Gabriel Riqueti, conde de Mirabeau, Londres, 1788, t. I, pp. viii-ix.

[26] Eis o trecho exato de Cornelius de Pauw sobre a passagem indicada por Constant: "A condição em que a Grécia estava colocada tornou lá impossível a abolição da escravatura; pois seria necessário que todas as repúblicas naquela parte do mundo estivessem exatamente de acordo... E, enquanto eles não libertassem os hilotas, que constituíam a base de seu poder, os outros estados não poderiam conceder liberdade aos escravos, que eram igualmente a base dos seus".

[27] No Cap. 6 do Livro XI, ed. cit., p. 587.

F. [Referente à p. 548]
Esprit des lois, II, 2.

G. [Referente à p. 557]
Os membros da legislatura de Nova Jersey prestaram o juramento de não votar contra leis que garantiam eleições periódicas, o julgamento por júri, a liberdade de consciência e a da imprensa. Os da legislatura da Carolina do Sul fizeram o mesmo juramento e outro mais prometendo não formular nenhuma lei retroativa e não estabelecer quaisquer títulos nobres.

H. [Referente à p. 564]
Ferrand, *Esprit de l'histoire*, II, 153.

I. [Referente à p. 568]
José II demandou que, depois de sua morte, deveria ser gravado em seu túmulo que ele fora infeliz em todas as suas empreitadas.

J. [Referente à p. 574]
Veja *A Riqueza das Nações*, de Smith, Livro IV.[28]

---

[28] Adam Smith, *op. cit.*, Livro IV, Cap. 5, t. III, pp. 244-245: "Essa garantia que as leis da Grã-Bretanha dão a cada indivíduo de desfrutar dos frutos de seu próprio trabalho é, por si só, suficiente para fazer o país prosperar, malgrado todas as regulamentações e outras vinte leis do comércio não menos absurdas... O esforço natural de cada indivíduo para melhorar seus padrões, quando a tal esforço é dado o direito de desenvolvimento com liberdade e confiança, é [415] um princípio tão poderoso que, por sua própria conta e sem auxílio, não apenas é capaz de levar a sociedade à prosperidade e à afluência como também permite a ultrapassagem de um milhar de obstáculos disparatados com os quais a tolice das leis humanas tenta impedir sua marcha, embora o efeito de tais obstáculos mine, mais ou menos, sua liberdade ou atenue sua confiança".

LIVRO XVI

Da Autoridade Política no Mundo Antigo

Cap. 1.   Por que entre os antigos a autoridade política podia ser mais extensa que nos tempos modernos. 579
Cap. 2.   A primeira diferença entre o Estado social dos antigos e o dos tempos modernos. 580
Cap. 3.   A segunda diferença. 582
Cap. 4.   A terceira diferença. 586
Cap. 5.   A quarta diferença. 591
Cap. 6.   A quinta diferença. 592
Cap. 7.   O resultado dessas diferenças entre antigos e modernos. 595
Cap. 8.   Imitadores modernos das repúblicas antigas. 602

Capítulo um

Por que entre os antigos a autoridade política podia ser mais extensa que nos tempos modernos

Antes de encerrar este trabalho, acho que preciso resolver uma dificuldade que talvez já tenha assaltado mais de um de meus leitores. Os princípios que represento hoje como base de toda a liberdade parecem ser diretamente opostos àqueles que eram antes adotados para a organização política da maioria das nações livres da antiguidade. Se excetuarmos Atenas, todas as repúblicas gregas submetiam os indivíduos a uma quase ilimitada jurisdição política. O mesmo ocorreu nos grandes séculos do Império romano. O indivíduo era inteiramente sacrificado à coletividade. Os antigos, como observa Condorcet,[1] não tinham noção de direitos individuais. Os homens eram, por assim dizer, apenas máquinas, cujas molas eram reguladas e todos os movimentos dirigidos pela lei. Ainda assim, são os antigos que nos oferecem os exemplos mais nobres que a história da liberdade política trouxe para nós. Encontramos entre eles o modelo de todas as virtudes que o desfrute de tal liberdade produz e de que ela precisa para sua persistência.

Não se podem reler, ainda hoje, os belos anais da antiguidade, não se podem retraçar os passos de seus grandes homens, sem deixar

---

[1] Veja a nota A de Constant ao fim do Livro XVI.

de sentir uma emoção ou outra de tipo profundo e especial, que nada do moderno nos faz experimentar. Os velhos elementos de uma natureza, digamos assim, anterior à nossa parecem despertar de novo em nós essas memórias. O difícil é não lastimar o que ocorreu naqueles tempos com as faculdades humanas que se desenvolviam numa direção pré-mapeada, mas numa vasta escala, tão fortes em seus poderes e com muito senso de energia e dignidade. E quando nos deixamos levar por tais lamentações, é impossível [420] não tentar imitar aquilo que lastimamos. Em conseqüência, aqueles que, desde a Renascença, se esforçaram para retirar a raça humana da degradação em que os dois flagelos interligados da superstição e da conquista a mergulharam em sua maioria acreditavam ter que buscar nos antigos as máximas, as instituições e as práticas favoráveis à liberdade. Mas erraram ao não reconhecer muitas das diferenças que, por nos distinguirem em essência dos antigos, tornam aquelas instituições inaplicáveis aos nossos tempos. Como esses erros de julgamento contribuíram mais do que as pessoas pensam para os infortúnios da Revolução que marcou o fim do último século, acho que devo devotar alguns capítulos para realçar tais diferenças.

Capítulo dois
A primeira diferença entre o Estado social dos antigos e o dos tempos modernos

Com freqüência tem sido observado que as repúblicas antigas estavam confinadas dentro de limites estreitos. Dessa verdade tirou-se uma conclusão que não nos cabe examinar aqui, a saber, que a república é impossível num Estado grande.² Mas uma outra conseqüência que não foi tirada parece-me fluir muito mais naturalmente de tal verdade, ou seja, que os Estados muito maiores que as repúblicas antigas têm que modificar de maneiras bem diferentes os deveres dos cidadãos, e que o grau da liberdade individual não pode ser o mesmo nos dois casos.

Cada cidadão nas repúblicas antigas, circunscrito pela pouca extensão do território, tinha grande importância em termos políticos. O exercício dos direitos políticos era ocupação e desfrute constantes de todos. Por exemplo, em Atenas, todas as pessoas tomavam parte dos julgamentos. Sua parcela de soberania não era, como em nossos tempos, uma suposição abstrata. A vontade das pessoas tinha influência real e [421] não era suscetível à falsificação mendaz ou à representação corrupta. Se o poder político era opressor, cada cidadão se consolava com a esperança de exercer sua vontade. Hoje, a massa de cidadãos é convocada a exercer sua soberania apenas de forma ilusória. As pessoas ou são escravas ou são livres; mas nunca estão à frente das decisões.

A felicidade da maioria não mais repousa no desfrute do poder, e sim na liberdade individual. Entre os antigos, a extensão do poder político constituía prerrogativa de cada cidadão. Na atualidade, ela consiste nos sacrifícios que os indivíduos fazem.

Nas repúblicas antigas, embora o exercício da autoridade política fosse um direito de todos, ao mesmo tempo a submissão àquele poder terrível era também uma necessidade geral. As pessoas se

---

² Esse foi, por outro lado, o assunto de um "grande tratado" sobre política, de uma obra abandonada em 1806 intitulada "Da Possibilidade de uma Constituição Republicana num Grande País", da qual só restaram os *Fragments*.

engajavam no debate soberano em plena praça pública. Cada cidadão era visível e ficava *de facto* sujeito a tal soberania. Hoje, os grandes Estados criaram uma nova garantia, a obscuridade. Essa garantia reduz a dependência dos indivíduos à nação. Agora está claro, absolutamente claro, que a dependência a qual, por um lado, dá menos prazer e, por outro, pode ser evitada com mais facilidade não pode durar.

Capítulo três
A segunda diferença

A segunda diferença entre os antigos e os modernos resulta da condição muito diversa da raça humana nesses dois períodos. Nos tempos passados, os povos pequenos, quase sem relações recíprocas, iam à guerra por território. Tais povos, impelidos pela necessidade, viviam em batalhas ou ameaças incessantes uns contra os outros. Mesmo os que não se inclinavam pela conquista não podiam desarmar-se pelo receio de serem conquistados. Eles compravam segurança, independência e mesmo suas vidas ao preço da guerra. Embora a história nos apresente, ao lado dessas pequenas nações, outras pacíficas ou voltadas para o comércio, estas últimas são muito menos conhecidas que as guerreiras. Só vemos o Egito através dos relatos mentirosos de seus sacerdotes, distorcidos ainda mais pelos exageros [422] da credulidade grega. Sobre os fenícios, só temos dados geográficos. Acompanhamos suas jornadas marítimas pelo mapa. Especulamos sobre as praias que atingiram. No entanto, não conhecemos quase nada sobre suas instituições, costumes ou vida interna. Os atenienses constituem o único povo da antiguidade que não é exclusivamente guerreiro e sobre o qual a história nos proporciona alguns detalhes precisos. Além do mais, Atenas difere muito menos das sociedades de hoje que outros povos do mesmo período. Contudo, por uma singularidade especial, aqueles que nos oferecem a antiguidade como modelo escolhem de preferência e exclusivamente povos belicosos como os espartanos e os romanos. Isso acontece porque só essas nações tendem a dar suporte a suas opiniões teóricas, só elas conseguiram reunir grande liberdade política e uma ausência quase total de liberdade individual.[3]

Nosso mundo é precisamente o oposto do antigo. Tudo na antiguidade se relaciona à guerra. Hoje, tudo é considerado em termos de paz. Nos tempos passados, cada povo era uma família isolada, nascida hostil em relação às outras. Na atualidade, a massa das pessoas vive sob nomes diferentes e sob diversas maneiras de organização social, mas tal massa é homogênea por natureza. É bastante civilizado considerar-se a guerra uma carga; é sentimento forte não se necessitar temer a invasão de hordas ainda bárbaras, relegadas aos rincões extremos de seus territórios. A propensão atual é pela uniformidade na direção da paz. A tradição guerreira, um legado dos tempos remotos, mais os crimes e erros provocados pelo governo, nascidos da violência, retardaram os efeitos dessa tendência. Todavia, ela faz progressos diários. Os povos ainda lutam hoje em dia. Os homens poderosos normalmente aprendem a ilustração social mais lentamente do que aqueles que eles governam. Distorcem suas governanças para favorecer seus preconceitos. Por vezes, os governos revelam uma paixão pela guerra; os governados

---

[3] Veja a nota de B de Constant no fim do Livro XVI.

não mais o fazem. E tais governos procuram novas justificativas para o conflito armado. Não mais professam o amor pela conquista ou a esperança da glória pessoal pelos feitos das armas. Já falamos sobre isso.[4] Nenhum Alexandre de hoje ousaria propor aos seus súditos, diretamente, a invasão do mundo, e o discurso de Pirro para Cíneas[5] [423] a nós pareceria o máximo da insolência e da tolice. O governo que falar hoje em dia da glória militar como finalidade estará fracassando em reconhecer – e escarnecendo do – o espírito tanto das nações como de nossa era. Estaria errado por um milhar de anos, e mesmo que, inicialmente, fosse vitorioso, seria curioso verificar o que ganharia tal estranho guerreiro com um governo desses em nosso século. A guerra não mais existe como fim e sim como meio. A paz traz consigo a afluência, e esta só se ganha com a produção: esses são os únicos propósitos a que a raça humana agora aspira. Os povos civilizados apenas guerreiam por causa de perspectivas equivocadas ou de falsas avaliações, que fazem com que vejam rivais onde só deveria existir emulação, e também os persuadem de que o enfraquecimento dos competidores significa seu fortalecimento, e a ruína deles, seu enriquecimento. Esse engano, todavia, não muda coisa alguma em sua característica. Ao passo que a característica dos antigos era guerreira, a nossa é pacífica.

---

[4] No Livro XIII, Capítulo I.
[5] Uma referência ao diálogo entre o rei Pirro e seu ministro Cíneas, relatado por Plutarco, *Vies*, t. VI, *Pyrrhos-Marius – Lysandre-Sylla*. Texto editado e traduzido por Roger Flacelière e Emile Chambry, Paris, Les Belles Lettres, 1971, pp. 43-44. Cíneas perguntou ao rei o que ele faria depois de conquistar os romanos. Pirro respondeu que visualizava novas conquistas para sempre, até que não existissem mais povos a submeter. O propósito da alegoria é mostrar o absurdo do espírito de conquista.

Para aqueles, uma guerra vitoriosa era fonte infalível de riqueza para os indivíduos; para nós, um conflito armado bem-sucedido sempre custa mais do que vale. O resultado das guerras não é mais o mesmo. Não existe mais a invasão de outros países para que se reduzam seus habitantes à escravidão ou para repartir suas terras.

Nas guerras comuns, as fronteiras de Estados grandes ou suas colônias distantes podem cair ante o poderio do inimigo. O centro permanece intacto e, afora alguns sacrifícios pecuniários, continua desfrutando das benesses da paz. Mesmo quando circunstâncias e motivos extraordinários, que incitam todos os abismos do coração humano, tornam o ódio mais inveterado e a hostilidade mais violenta, como por exemplo durante a Revolução Francesa, ainda assim a sorte dos países conquistados de modo algum se compara [424] com a que resultava na antiguidade. Agora, as restrições sobre o poder político são necessariamente diferentes num estado de guerra habitual.

A guerra demanda força pública mais extensiva, e força de diferente ordem. A força pública necessária para a paz é totalmente negativa, ou seja, salvaguardas públicas. A guerra precisa de força positiva. A disciplina que ela acarreta permeia todas as instituições. Para vencer na guerra é necessário ação comum. Na paz, cada homem conta apenas com seu trabalho, seus esforços e recursos individuais. É como ser coletivo que um povo lucra com os frutos da guerra. Cada homem usufrui separadamente dos frutos da paz, e tal usufruto é mais completo quanto mais independente o homem. O propósito da guerra está fixado – a vitória, a conquista – e se manifesta em todos os interessados. Eles os agrupa, os encadeia, faz de seus esforços, planos e vontades um todo indivisível. A paz não apresenta um objetivo preciso. É uma condição na qual cada pessoa forma livremente projetos, medita sobre seus meios, dá vazão a seus planos pessoais. Povos guerreiros devem, conseqüentemente, suportar mais prontamente a pressão política do que os pacíficos. O objetivo das instituições livres dos guerreiros é evitar que usurpadores conquistem o poder político, propriedade de toda a massa. Os pacíficos desejam, adicionalmente, limitar o poder em si mesmo, de modo que ele não perturbe sejam suas atividades econômicas sejam seus direitos. Os primeiros dizem ao governo: conduza-nos à vitória e, para garantir isso, sujeite-nos a severas leis disciplinares. Os segundos dizem: proteja-nos contra a violência e não se meta conosco.

Capítulo quatro
A terceira diferença

Em terceiro lugar, nenhum dos povos que as pessoas querem que imitemos foi comercial. Os limites deste trabalho impedem que citemos todas as causas que constituíram obstáculos para o progresso do comércio entre os antigos. O desconhecimento da bússola forçou-os a não perder de vista o litoral mais do que o [425] absolutamente necessário. Atravessar as colunas de Hércules, ou seja, passar pelo Estreito de Gibraltar, era considerado a mais audaciosa aventura. Os fenícios e os cartagineses, os mais habilidosos navegadores entre os antigos, não ousaram tal travessia por muito tempo e poucos foram os que não os imitaram. Em Atenas, que, como diremos adiante, foi a república mais comercial da antiguidade, a taxa de juros marítima era de cerca de 60 por cento, enquanto a taxa comum era de 12 por cento, tamanha era a implicação de perigo para a navegação de longa distância.

Preconceitos religiosos se opuseram ao comércio marítimo entre diversos povos da antiguidade. Por exemplo, os egípcios tinham horror ao mar, como ainda acontece hoje entre os indianos, daí os ritos sagrados que proibiam acender-se fogo no oceano, o que invalidava a navegação de longo curso porque os alimentos não podiam ser cozinhados. Independentemente dessas provas factuais, um raciocínio simples é suficiente para mostrar que a guerra deve ter surgido antes do comércio. Uma e outra são apenas meios diferentes de se chegar ao mesmo fim que será sempre o propósito do homem, isto é, assegurar para si mesmo a posse daquilo que deseja. O comércio nada mais é que homenagem feita àquele que tem o que gostaria de ter. É a vontade de conseguir por acordo mútuo aquilo que não se espera mais adquirir pela força. É a experiência que prova ao homem que a guerra, ou seja, o uso da força contra a força de outro povo, está exposta a diversas oposições e fracassos, o que faz com que ele recorra ao comércio, isto é, a um modo mais brando e seguro de conquistar o interesse de outros fazendo com que concordem com aquilo que interessa ao proponente. A guerra, por conseguinte, é mais antiga que o comércio. Uma é impulso, o outro é cálculo. O espírito dos povos modernos é essencialmente comercial. O comércio faz, a um só tempo, com que uma larga extensão de poder político se torne mais incômoda e tenha mais facilidade para escapar ao controle: mais incômoda porque lança uma variedade maior nas trocas econômicas dos homens, e os governos têm que multiplicar suas atividades para chegar a todas as manifestações dessas trocas; mais fácil de escapar ao controle porque o comércio, [426] mudando a natureza da propriedade, faz disso parte da existência humana, parte que logo se torna a mais importante, quase intocável pelo governo. Ele confere à propriedade um novo atributo de mobilidade. Sem mobilidade, a propriedade é tão-somente usufruto. O governo pode sempre exercer influência sobre um usufruto, já que pode retirar o direito de posse. A mobilidade, contudo, coloca um obstáculo invisível e invencível no caminho desse poder sem peias do governo. Os efeitos do comércio vão ainda além. Não apenas ele livra os indivíduos da tirania do governo comunitário, como, ao criar o crédito, sujeita tais governos comunitários em alguns aspectos aos indivíduos. Tem sido muitas vezes observado que o dinheiro é a principal arma do despotismo, mas também seu freio mais poderoso. O crédito sujeito à opinião pública torna aqueles que governam dependentes dos governados. A força torna-se sem sentido. O dinheiro foge ou se esconde. Todas as operações do Estado ficam suspensas. Na antiguidade, o crédito não tinha a mesma influência.[6] Um *déficit* de sessenta milhões fez a Revolução Francesa. Um *déficit* de seiscentos milhões, sob Vespasiano, não produziu o mínimo abalo no império.[7]

Dessa forma, os governos da antiguidade eram necessariamente mais fortes que os indivíduos. Os indivíduos são, hoje, mais fortes que seus governos.[8]

---

[6] Veja a nota C de Constant no fim do Livro XVI.

[7] *Essai politique sur le revenu public des peuples de l'antiquité, du moyen-age, des siècles modernes et spécialement de la France et de l'Angleterre, depuis le milieu du XVe siècle jusqu'au XIXe*, de Charles Ganilh, Paris, Giguet et Michaud, 1806, t. I, pp. 64-65. "Quando Vespasiano ascendeu ao trono, declarou que o estado era inviável a menos que fosse encontrada uma maneira de levantar 6.900.000.000." Hofmann ressalta que Constant omitiu um zero.

[8] Veja a nota D de Constant no fim do Livro XVI.

O comércio tem um outro efeito. Na antiguidade, cada cidadão via não só seus afetos como também seus interesses e destino atrelados à sorte do país. Seu patrimônio ficava arrasado caso o inimigo vencesse a batalha. Uma reversão pública o retirava da classe livre, condenando-o à escravidão. Ninguém tinha meios para movimentar suas riquezas. Nas [427] nações modernas, graças ao comércio, os indivíduos moldam seus próprios futuros, a despeito dos eventos. Eles deslocam seus ativos para grandes distâncias; os governos não podem interferir em suas transações; levam com eles todos os confortos da vida privada. Ademais, na antiguidade a guerra isolava as nações. Seus costumes eram diferentes, suas disposições, selvagens, e a expatriação, quase impossível.[9] O comércio congregou as nações, conferindo-lhes quase os mesmos costumes e hábitos. Seus líderes podem ser inimigos, mas seus povos são compatriotas. O comércio modificou até mesmo a natureza da guerra. As nações comerciais sempre foram subjugadas no passado pelos povos guerreiros. Agora, elas resistem vitoriosamente.[10] A luta de Cartago contra Roma na antiguidade estava fadada a ser perdida; as circunstâncias conspiraram contra a primeira. Se o embate entre as duas acontecesse hoje, no entanto, Cartago contaria com os votos favoráveis de todos os povos; teria por aliados os usos e costumes do século. Da mesma forma que a guerra, como já mostramos, favorece uma vasta extensão de poder político, o comércio vai ao encontro da liberdade individual.[11]

Essa observação resiste mesmo quando aplicada às nações contemporâneas. O povo de Atenas desfrutou de uma liberdade

---

[9] Veja a nota E de Constant no fim do Livro XVI.
[10] Veja a nota F de Constant no fim do Livro XVI.
[11] Veja a nota G de Constant no fim do Livro XVI.

individual muito maior que a de Esparta porque a primeira foi a um só tempo guerreira e comercial,[12] e Esparta foi exclusivamente belicosa. Essa diferença fez-se sentir sob todas as formas de organização política. Tanto no despotismo quanto na liberdade, a guerra congrega os homens em torno do governo, e o comércio os isola dele.

[428] Se pudéssemos entrar aqui em detalhes históricos, mostraríamos como entre os atenienses o comércio fez com que as diferenças mais essenciais entre os povos antigos e modernos desaparecessem. A aparência dos negociantes atenienses era semelhante à dos nossos. Durante a Guerra do Peloponeso, eles retiraram seus ativos do território continental e os transferiram para as ilhas do arquipélago.[13] O comércio criou circulação entre eles, que passaram a entender o significado das ordens de pagamento.[14] Disso, já que tudo estava interligado, fluíram um grande abrandamento nas maneiras, indulgência em relação às mulheres,[15] mais hospitalidade para com os estrangeiros[16] e um amor acentuado pela liberdade individual. Em Esparta, diz Xenofonte,[17] os cidadãos acorriam rapidamente quando os magistrados os chamavam. Em Atenas, um homem rico entraria em desespero caso alguém achasse que ele era subserviente ao magistrado. Se a característica totalmente moderna dos atenienses não foi suficientemente ressaltada, isso se deveu ao fato de o espírito geral da época ser influenciado pelos

---

[12] Veja a nota H de Constant no fim do Livro XVI.
[13] Veja a nota I de Constant no fim do Livro XVI.
[14] Veja a nota J de Constant no fim do Livro XVI.
[15] Veja a nota K de Constant no fim do Livro XVI.
[16] Veja a nota L de Constant no fim do Livro XVI.
[17] Veja a nota M de Constant no fim do Livro XVI.

filósofos, e eles sempre escreveram na direção oposta à dos costumes nacionais.

Capítulo cinco
A quarta diferença

Em quarto lugar, a prática universal da escravatura entre os antigos emprestava aos seus costumes algo de severo e cruel que tornava fácil para eles o sacrifício dos sentimentos gentis aos interesses políticos. A existência dos servos, isto é, de uma classe de homens que não desfrutava de nenhum dos direitos da humanidade, muda por completo o caráter dos povos entre os quais tal classe existiu. A conseqüência inevitável da escravidão é o enfraquecimento da piedade, da simpatia pela dor. O sofrimento do servo é um recurso para o proprietário. Em níveis iguais de civilização, uma nação que possui escravos tem que ser bem menos compassiva do que a que não tem. A antiguidade, mesmo entre os povos mais ordeiros e entre os indivíduos mais distintos por seus [429] cargos, elevação de espírito e ilustração, nos proporciona numerosos exemplos quase inacreditáveis de desumanidade inspirados no senhor e no seu desmedido poder sobre os escravizados.[18] Pela leitura do discurso de Lísias,[19] dificilmente pode-se conceber uma condição social tão feroz sobre a qual tal pronunciamento pudesse ser articulado. Dois homens compram uma moça escrava destinada aos seus prazeres comuns,

---

[18] Veja a nota N de Constant no fim do Livro XVI.
[19] O quarto discurso *Au sujet d'une accusation pour blessures avec préméditation de meurtre. Discours*, Lísias, texto editado e traduzido por Louis Gernet e Marcel Bizos, Paris, Les Belles Lettres, 1924, t. I, pp. 80-84.

poder que o sofrimento tem sobre nós, somos obrigados a evitar a visão dele. Os antigos o enfrentavam com destemor e o toleravam sem piedade. Uma mulher de inteligência bastante superior observou com sagacidade quão menor era o refinamento que havia na sensibilidade dos antigos em relação à nossa, comparando o *Andromache* [431] de Racine com o de Virgílio, apesar de este último ser, incontestavelmente, o mais sensível dos poetas antigos.[20] Escritores que vieram depois dela e a copiaram sem saber[21] atribuíram a diferença a causas religiosas. Isso é uma inversão de idéias. Essa diferença também se faz sentir na religião como em outros aspectos. A religião, contudo, não é sua causa. Tal causa está no progresso da civilização, que suaviza o caráter, enfraquecendo-o, e que, tornando as relações domésticas mais seguras, menos ameaçadas, menos interrompidas, faz delas uma parte mais constante e íntima da vida humana. Os antigos, como as crianças, acreditavam com docilidade e ouviam com respeito. Podiam aceitar sem relutância todo um conjunto de instituições feitas de tradições, preceitos, usos e práticas misteriosas tanto quanto as de leis positivas. Os modernos perderam a capacidade de acreditar por um longo tempo e sem análise. A dúvida pesa sempre sobre seus ombros. Ela enfraquece a força mesmo daquilo que é por eles adotado. O formulador de leis não pode a eles se dirigir como um profeta. Ele faz para eles leis

---

[20] *De la litttérature considérée dans ses rapports avec les institutions sociales*, de Madame de Staël, segunda edição revisada, corrigida e ampliada, Paris, Maradan, ano IX. *Préface de la seconde édition*, t. I, pp. 13-14.

[21] Uma referência ao *Génie du christianisme ou beautés de la religion chrétienne*, de François René de Chateaubriand, Deuxième partie, Livro II, Cap. 10. Na edição de Paris, por Migneret, 1802, t. II, pp. 96-98, Chateaubriand pega a idéia da comparação, porém, considerando estritamente, não plagiou Mme. de Staël.

positivas a fim de proporcionar segurança à existência deles. Não obstante, eles não podem ser dominados, exceto pelo hábito. Cada avanço na vida dá proeminência a uma faculdade diferente, tanto entre nações quanto entre indivíduos. A imaginação foi dominante entre os antigos como a razão o é entre nós. Hoje, a imaginação caminha para aquilo que se quer persuadi-la. A razão espera e rejeita, e mesmo quando cede só o faz com relutância. Disso resulta uma verdade cujas conseqüências são tão importantes quanto extensas. Nada foi mais fácil do que moldar de novo os povos antigos por meio de suas instituições. Nada seria mais difícil do que tratar os povos modernos dessa maneira. Entre os antigos, uma instituição era efetiva no momento em que estabelecida. Uma instituição só é efetiva entre os modernos quando se torna um hábito. No tempo remoto da antiguidade, as pessoas tinham tão poucos hábitos que eles mudavam de nomes tão freqüentemente quanto os mandantes. Dionísio de Halicarnasso[22] nos informa que a Itália foi chamada em sucessão [432] por seis diferentes designações de acordo com os nomes de quem conquistava o país, um atrás do outro. Líderes de nações e conquistadores de terras tentam hoje dar seu nome a uma rua. Mas nem todo seu poder consegue fazer com que as pessoas esqueçam o hábito e troquem o nome.

Capítulo sete
O resultado dessas diferenças entre antigos e modernos

Em virtude de todas essas diferenças, a liberdade não pode ser a mesma entre os modernos que era entre os antigos. A liberdade dos

---

[22] Veja a nota O de Constant no fim do Livro XVI.

tempos antigos era tudo aquilo que garantia aos cidadãos a maior parcela no exercício do poder político. A liberdade nos tempos modernos é tudo o que garante aos cidadãos independência do governo. O caráter dos antigos lhes dava, sobretudo, todo o necessário para a ação, e essa necessidade se ajustava muito bem a uma grande extensão de poder político. Os modernos precisam de tranqüilidade e de várias satisfações.[23] A tranqüilidade só é encontrada num pequeno número de leis que evitam que eles sejam incomodados, e as satisfações, numa liberdade individual em expansão. Qualquer legislação que demande o sacrifício dessas satisfações é incompatível com o estado presente da raça humana. A esse respeito, nada é mais curioso do que observar os discursos dos demagogos franceses. O mais perspicaz deles, Saint-Just, pronunciou todos os seus discursos com frases curtas, apropriadas para incitar as almas cansadas. E embora parecesse supor a nação capaz dos mais dolorosos sacrifícios, no seu estilo ele a admitia até incapaz de atenção. Não se deve pedir dos povos modernos o amor e a devoção que os antigos tinham pela liberdade política; é a liberdade civil que os homens de nossa era mais aplaudem. Isso ocorre não apenas porque a liberdade civil ganhou suas vantagens, em virtude da multiplicação das tomadas particulares de decisões, mas também porque a liberdade política perdeu as suas, devido ao tamanho das sociedades. O único grupo entre os antigos a demandar uma espécie de independência individual foi o dos filósofos. Entretanto, sua independência não foi em senso algum a liberdade pessoal que [433] a nós parece

---

[23] [A palavra francesa *"jouissances,"* que Constant emprega, pode significar tanto prazeres privados quanto desfrute da posse de propriedades, e assim por diante. Nota do tradutor americano].

desejável; ela consistiu na renúncia a todas as alegrias e afeições da vida. A nossa, ao contrário, só nos é preciosa quando garante tais alegrias e afeições. O progresso da humanidade assemelha-se ao dos indivíduos. O rapaz acredita que ama seu país mais que sua família e, às vezes, o mundo mais que seu país. Porém, com a idade, a gama de seus sentimentos se estreita, e, como se fosse alertado pelo instinto do despertar de seus poderes, ele não mais se preocupa em amar coisas tão distantes. Mantém próximo a si o que resta do seu poder de sentir. Da mesma forma, quando a raça humana envelhece, os sentimentos com base doméstica substituem os grandes interesses políticos. Por conseguinte, o que necessita ser feito é comprar liberdade política tão barato quanto possível, ou seja, deixar o máximo de liberdade pessoal,[24] em todas as suas formas e em todos os aspectos. A tolerância dos antigos não nos seria suficiente, sendo puramente nacional. Cada religião de nação era respeitada, mas cada membro de determinado Estado era forçado a professar a religião de seu país.[25] A civilização com liberdade de religião hoje demandada é de um tipo diferente. É uma liberdade individual que cada homem quer ser capaz de praticar privadamente. Leis sobre moral, celibato ou ociosidade são intoleráveis. Tais leis supõem uma subjugação de tal espécie do indivíduo ao corpo político que não mais podemos tolerar.[26] Mesmo as leis contra a mendicância, por mais que desejáveis, são difíceis e odiosas de operar, envolvendo alguma coisa que contraria a estrutura de nossas práticas.

---

[24] Veja a nota P de Constant no fim do Livro XVI.
[25] Veja a nota Q de Constant no fim do Livro XVI.
[26] Veja a nota R de Constant ao fim do Livro XVI.

Pela mesma razão, a vida não pode ficar sujeita a muitos choques. As ramificações sociais são hoje muito maiores que antes. Mesmo os grupos que aparentam ser inimigos têm vínculos imperceptíveis e indissolúveis. Banimentos, confiscos, espoliação pelo estado, injustos em todas as áreas, tornaram-se hoje também absurdos e sem sentido. A propriedade, por ter assumido uma natureza mais estável e ter se identificado mais intimamente com a existência humana, demanda [434] muito mais respeito e muito mais liberdade. Como o homem perdeu em imaginação o que ganhou em conhecimento positivo e, exatamente por causa disso, tornou-se menos chegado ao entusiasmo, os legisladores deixaram de ter o mesmo poder sobre ele. Eles têm que abdicar de qualquer perturbação nos hábitos estabelecidos e de quaisquer tentativas de afetar fortemente as opiniões. Não mais Licurgos, não mais Numas, não mais Maomés.[27] A observação de M. de Pauw sobre música aplica-se à legislação. "A música de qualidade mais inferior", diz ele, "produz entre os povos bárbaros sensações incomparavelmente mais fortes do que as provocadas pela mais doce das melodias entre os povos civilizados". E continua: "Quanto mais os gregos quiseram aperfeiçoar a música, mais viram suas maravilhas enfraquecerem".[28] Isso ocorreu precisamente porque eles desejaram aperfeiçoar a música. Isto é, a estavam julgando. Tudo o que seus selvagens ancestrais haviam feito tinha sido escutá-la.[29] Não quero asseverar que o homem moderno não é dado ao entusiasmo por certos pontos de vista, mas seguramente ele não mais o é pelos homens. A Revolução Francesa é

---

[27] Veja a nota S de Constant no fim do Livro XVI.
[28] Veja a nota T de Constant no fim do Livro XVI.
[29] Veja a nota U de Constant no fim do Livro XVI.

muito marcante a esse respeito. O que quer que se tenha sido capaz de dizer sobre a inconstância dos povos das antigas repúblicas, nada se compara com a volatilidade que temos testemunhado. Estude-se cuidadosamente, mesmo na violência da agitação mais bem preparada, as fileiras obscuras do populacho cego e submisso, e ver-se-á, enquanto elas seguem seus líderes, seu olhar antecipando o momento em que estes últimos terão que cair. Poder-se-á perceber na sua exaltação impudica uma mistura bizarra de análise e desdém. Embora se esforcem pelo auto-entorpecimento por aclamações e por se recomporem pela troça, eles parecerão, ao mesmo tempo, suspeitar da própria convicção, ter um pressentimento pessoal, por assim dizer, sobre o momento em que o prestígio se dissipará. As pessoas se surpreendem com o fato de as mais maravilhosas empreitadas, os mais inesperados sucessos, ações prodigiosas de coragem e habilidade, não produzirem hoje quase sensação alguma. Isso porque o bom senso da raça humana a alerta de que o que está sendo feito não é em seu favor. Trata-se de demonstrações de governo. Como só o governo deriva prazer disso [435], só ele pode arcar com os custos. A atividade dos que detêm o poder tornou-se bem mais desnecessária desde que o contentamento, para a maioria dos homens, passou a se basear nas relações privadas. Quando as condições eram essencialmente guerreiras, as pessoas tinham especial apreço pela coragem porque ela era o atributo mais indispensável dos líderes dos povos. Hoje em dia, com as condições pacíficas imperantes, o que se pede dos governantes é moderação e justiça. No momento em que os governantes começam a impingir incontáveis espetáculos de heroísmo, criação e destruição, somos tentados a lhes replicar: a menor dose de benevolência seria mais do nosso gosto. Todas as instituições morais dos antigos tornaram-se inaplicáveis para nós. As instituições que denomino morais, em oposição às puramente políticas, são aquelas que, como a censura ou o ostracismo atribuídos à sociedade, ou a um certo número de homens, constituem uma jurisdição discricionária que não opera de acordo com princípios legais ou jurídicos, mas segundo uma idéia vagamente concebida do caráter moral de certos indivíduos, de suas intenções e do perigo que podem representar para o Estado. Chamo de instituição moral a prática que transformou todos os cidadãos das repúblicas antigas em promotores. Era uma função honrada. As pessoas buscavam se distinguir por denúncias de culpas. No nosso tempo, o ato de acusar sem se ter competência legal é desonroso. Tudo isso resulta da mesma causa: antes, o interesse público tinha prioridade sobre a segurança e a liberdade individual; hoje, ocorre exatamente o contrário.

Como a paz, a tranqüilidade e o contentamento doméstico são tendências naturais e invencíveis dos povos modernos, mais sacrifícios têm que ser feitos em prol dessa tranqüilidade do que nos tempos antigos. A desordem nem sempre é incompatível com a liberdade política, mas sempre o é em relação à liberdade civil e individual.

Já que a liberdade política oferece menos satisfação que antes, e as desordens que pode implicar são mais insuportáveis, temos que conservar dela apenas o que é absolutamente necessário. Consolar os homens, hoje em dia, com liberdade política pela perda de sua liberdade individual é caminhar no caminho contrário ao do espírito atual da raça humana. Longe de colocarmos em oposição as duas liberdades, [436] temos que apresentar a primeira como garantia da segunda. Nada obstante, eu teria sido mal entendido caso se argumentasse contra a liberdade política em função da conclusão anterior. Muitos homens da atualidade gostariam de fazer tal inferência. Como os antigos eram livres, a conclusão desses homens é que estamos fadados a ser escravos. Eles gostariam de estabelecer o novo Estado social só com pequeno número de elementos que eles alegam ser singularmente adaptados para a situação do mundo moderno. Tais elementos são: preconceitos para amedrontar os homens, ganância para corrompê-los, frivolidade para estupidificá-los, prazeres grosseiros para degradá-los, despotismo para governá-los e, é evidente, conhecimento positivo e ciência exata para servir mais astutamente ao despotismo. Seria por demais extravagante se essa fosse a finalidade de quarenta séculos durante os quais a raça humana dominou mais os meios físicos e morais. Não posso acreditar nisso. A ilação que tiro das diferenças entre nós e a antiguidade não é absolutamente a de que deveríamos abolir as salvaguardas públicas, e sim ampliar as satisfações. Não quero renunciar à liberdade política, mas demando a liberdade civil juntamente com outras formas de liberdade política.

Os governos não têm mais direito que antes para se arrogar poderes ilegítimos; porém os governos legítimos têm menos direitos que nos tempos antigos para cercear a liberdade individual.[30] Ainda possuímos hoje os direitos que sempre detivemos: os eternos de justiça, igualdade e salvaguardas, posto que são o objetivo das sociedades humanas. Mas os governos, que são apenas meios para que seja alcançado tal objetivo, têm novos deveres. O progresso da

---

[30] Veja a nota V de Constant no fim do Livro XVI.

civilização, as mudanças causadas pelos séculos na predisposição da raça humana, requer deles mais respeito pelos hábitos e sentimentos, em síntese, pela independência dos indivíduos. Eles devem administrar essas tarefas sagradas com mais prudência e dignidade a cada dia que passa. [437]

Capítulo oito
Imitadores modernos das repúblicas antigas

As verdades que acabo de desenvolver não são hoje admitidas, não por causa dos filósofos especulativos que, durante o século XVIII, ressalte-se, com uma coragem digna de louvores, batalharam em prol dos direitos esquecidos da raça humana, mas devido aos mais irascíveis e menos ilustrados homens que quiseram pôr em prática os princípios desses filósofos. Disso seguiram-se enganos e extravagâncias que a nós parecem quase inexplicáveis, na teorização de alguns dos nossos mais famosos escritores. Citarei apenas um exemplo, tomado ao acaso.

    Os legisladores antigos tinham arraigada aversão à riqueza. Platão recusou-se em oferecer leis a Arcádia por causa de sua opulência.[31] Todos os homens de governo na antiguidade viam na pobreza a fonte de todas as virtudes e da glória. Os moralistas modernos copiaram essas máximas. Não levaram em consideração o fato de que, se ela corrompia entre os povos guerreiros da antiguidade, era porque pro-

---

[31] Hofmann não conseguiu encontrar a passagem específica sobre a recusa de Platão em oferecer leis a Arcádia, mas observa que a aversão do filósofo à riqueza deve ser encontrada no Livro V de *Leis*. O texto em francês que ele cita está em *Oeuvres Complètes*, t. XI/2, texto editado e traduzido por Edouard des Places, Paris, Les Belles Lettres, 1951, pp. 99-102.

vinha da conquista e da pilhagem, e, ao penetrar nas terras de pessoas pobres e não acostumadas com sua posse, logo as intoxicava.

A riqueza se tornaria de novo corruptora se, devido a alguma sublevação violenta, recaíssemos na condição dos povos antigos, ou seja, se a classe pobre e ignorante, assumindo de repente a posse do espólio da classe educada, tivesse à sua disposição riquezas que só pudesse empregar deplorável e grosseiramente. Quando a riqueza é o produto gradual do trabalho assíduo e de uma vida atarefada, ou quando ela é transferida de geração a geração pela posse pacífica, longe de corromper aqueles que a adquirem ou desfrutam de seu uso, ela lhes oferece novos meios de satisfação e ilustração e, conseqüentemente, novos motivos para moralidade. Por não considerarem as diferenças dos períodos, nossos moralistas quiseram nadar contra a correnteza. Recomendaram privações das pessoas escolarizadas aos imperativos do poder e da riqueza, e, por singular contraste, enquanto todas as leis eram formuladas para incentivar a aquisição [438] da riqueza e a descoberta de novas fontes dela, toda a moralização objetivou apresentá-la como vilã.[32]

Os erros de nossos filósofos, inocentes enquanto eram apenas teóricos, tornaram-se horrendos na aplicação. Durante a Revolução Francesa, quando o curso dos acontecimentos levou ao poder homens que haviam adotado a filosofia de forma preconceituosa, esses homens pensaram que podiam fazer o poder público funcionar como o viram operar nos Estados livres da antiguidade. Acreditaram que tudo ainda hoje deveria se submeter à autoridade coletiva, que a moralidade privada precisava se calar ante o interesse público, que

---

[32] Veja a nota W de Constant no fim do Livro XVI.

todas as violações da liberdade civil seriam revistas pelo desfrute da liberdade política no seu sentido mais amplo. Mas a autoridade coletiva só causou danos, em todos os sentidos, à independência individual, sem destruir a necessidade de sua existência. A moralidade privada silenciou; mas como o interesse público não mais exercia sobre nós a mesma influência que na antiguidade, foi a um egoísmo hipócrita e feroz que a moralidade privada foi sacrificada. As grandes privações, os atos de devoção, as vitórias na Grécia e Roma do patriotismo sobre as afeições naturais, serviram entre nós como pretexto para se dar livre curso às paixões individuais mais incontidas, numa ignóbil paródia dos exemplos mais nobres. Só porque pais inexoráveis, mas justos, condenaram na antiguidade filhos criminosos, seus imitadores modernos sentenciaram inocentes à morte.[33] Finalmente, as instituições que, nas repúblicas antigas, cercaram a liberdade política – base da liberdade civil – com uma garantia forte causaram apenas a violação da liberdade civil sem estabelecer a liberdade política.

Entre os escritores do século XVIII, há sobretudo um que avançou sua opinião ao longo desse perigoso e equivocado curso, a saber, o abade de Mably.[34] Mably, a quem as pessoas apelidaram de "O Espartano", foi um homem de coração puro que louvou a moralidade e pensou amar a liberdade, mas por certo foi detentor

---

[33] Para esses sacrifícios de filhos por parte dos pais, veja *Des circonstances actuelles*, de Mme. de Staël, ed. cit., p. 244.

[34] Sobre Mably e sua possível influência sobre os revolucionários, veja os esclarecimentos de Ephraïm Harpaz, "Mably et la posterité", *Revues des sciences humaines*, 1954, pp. 25-40; "Mably et ses contemporains", *ibid.*, 1955, pp. 351-366; "Le social de Mably", *Revue d'histoire économique et sociale*, t. XXXIV, 1956, pp. 411-425.

da mente mais falsa e da visão mais despótica que jamais existiu.[35] Tão logo esbarrava [439] numa medida opressora de qualquer país, julgava ter feito uma descoberta e a propunha como modelo. Acima de tudo, detestava a liberdade individual, e, quando se deparava com uma nação completamente desprovida dela, não cansava de admirá-la, ainda que ela não desfrutasse de liberdade alguma. Alardeava os egípcios porque, disse, com eles tudo era fixado pela lei. Todos os momentos da vida eram preenchidos com alguma obrigação. Tudo se curvava ao império do legislador, até o descanso, mesmo as necessidades. Até o amor ficava sujeito a essa honrada intervenção, com a lei abrindo e cerrando o leito nupcial.[36] Por algum tempo, as pessoas repetiram os mesmos absurdos a respeito dos egípcios. Somos aconselhados a imitar um povo que sofria servidão dupla: afastado do santuário de todo o conhecimento pelos sacerdotes e dividido em castas das quais a mais baixa carecia de todos os direitos da sociedade e da própria humanidade, aprisionado por uma canga de ferro à infância eterna, uma massa imóvel, igualmente incapaz de se educar e se defender, e constante presa do primeiro conquistador que se dispusesse a invadir, não direi sua pátria, mas seu território. Esses novos apologistas do Egito têm que ser reconhecidos como mais coerentes em suas teorias do que os filósofos que amontoaram os mesmos elogios sobre ele. Não dão valor à liberdade, à dignidade de nossa natureza, à atividade da mente, ao desenvolvimento das faculdades intelectuais. Querem apenas servir ao despotismo, pela falta de capacidade para exercê-lo.[37] Se

---

[35] Veja a nota X de Constant no fim do Livro XVI.
[36] Veja a nota Y de Constant no fim do Livro XVI.
[37] Veja a nota Z de Constant no fim do Livro XVI.

o escravizado Egito parecia a Mably merecedor de quase ilimitada admiração somente porque toda a independência individual era ela suprimida, pode-se concluir que Esparta, que juntou as formas do republicanismo às mesmas restrições aos indivíduos, deve ter despertado nele admiração ainda maior. Aquele vasto mosteiro a ele pareceu o ideal de república livre.[38] Mably demonstrava profundo desprezo por Atenas, e teria realmente dito sobre essa primeira nação da Grécia aquilo que algum acadêmico *grand seigneur* ou outro disse sobre a academia: "Que despotismo aterrador; cada um faz lá o que quer!". A lamentação [440] que expressa constantemente em suas obras é que a lei só pode agir sobre as ações. Ele gostaria que atingisse o pensamento e as impressões mais passageiras, e que perseguisse infatigavelmente o homem sem deixar nenhum refúgio onde ele pudesse escapar ao seu poder. Com freqüência tomou o governo por liberdade, e todos os meios para expandir a ação do governo sobre a parcela recalcitrante da existência humana, cuja independência deplorava, a ele pareciam bons. Mably é, depois de Rousseau, o escritor que mais influenciou nossa Revolução. Sua austeridade, sua intolerância, seu ódio por todas as paixões humanas, sua ânsia por escravizá-las, seus princípios excessivos concernentes à jurisdição da lei, sua implacável oposição à liberdade individual, a que tratava como inimiga pessoal, a diferença entre o que recomendava e o que havia existido, suas tiradas contra a riqueza e mesmo contra a propriedade, tudo isso propendia a agradar um grupo de homens superexcitados pela recente vitória, homens que, conquistadores de um poder que chamavam de lei, se mostraram ansiosos por estender

---

[38] Veja a nota AA de Constant no fim do Livro XVI.

esse poder sobre tudo. Para eles, tinha muito valor o fato de um escritor, sem interesse direto sobre a questão, que sempre pronunciara anátemas contra a realeza, ter embutido em seu estudo, bem antes da Revolução, o molde axiomático de todas as máximas necessárias à organização do mais absoluto despotismo, sob o nome de "república". Mably havia identificado na antiguidade, independentemente do domínio da lei, aquilo que chamou de instituições. Seria difícil definir com precisão o que ele entendeu por essa palavra. Era um conjunto de leis, hábitos, tradições e cerimônias, concebidos para apelar à imaginação e para emprestar às constituições estabelecidas o apoio desse vago, mas irresistível, poder. Mably não refletiu que os próprios filósofos da antiguidade, que tanto exaltaram para nós as instituições, falavam, em sua maior parte, de tempos remotos, e era o mesmo que falar a respeito de fantasmas. Ninguém havia visto nenhuma delas; mas todos tinham em suas famílias alguma história que podia atestar sua existência.[39] Em conseqüência, Mably passou da medida [441] nos elogios às instituições da antiguidade e na necessidade de estabelecer similares nos tempos modernos, e nossos legisladores não se fizeram de rogados nesse particular. Mas como as instituições se baseiam em hábitos, a intenção foi de forçá-los, isto é, de se criar uma porção do passado. Os legisladores instituíram então feriados nacionais, cerimônias, assembléias periódicas. Não tardou para serem necessários a observância dessas feiras, o comparecimento a tais assembléias, o respeito pelas cerimônias, sob a ameaça de penalidades severas. Surgiram obrigações para o que deveria ser voluntário. A celebração da liberdade foi cercada de

---

[39] Ver a nota BB de Constant no fim do Livro XVI.

constrangimentos.[40] Os que estavam no governo se surpreenderam com o fato de os decretos editados não apagarem as lembranças de diversos séculos. Chamaram os hábitos de desejos maléficos. Os efeitos lentos e graduais das impressões de infância, a direção imprimida à imaginação por uma longa seqüência de anos, a eles pareceram atos de rebelião. Como para eles a lei expressava a vontade geral, deveria fazer com que todas as outras forças cedessem, mesmo as relativas às memórias e ao tempo. Todos esses esforços, todos esses aborrecimentos se fragmentaram sob o peso de suas próprias extravagâncias. Não existe santo tão humilde no mais obscuro dos vilarejos que não tenha batalhado com sucesso, que não tenha pego em armas, contra todo o governo nacional. Adeptos de todos os sistemas teóricos desse tipo sempre confundem efeito por causa: como os hábitos acabam se transformando em instituições, eles pensam que nada é mais fácil do que transformar instituições em hábitos. Querem enquadrar todos os sentimentos naturais – honra, patriotismo, poder paternal, amor conjugal, respeito aos idosos – por meio de instituições. Isso é ir de encontro à natureza. As instituições têm que ser criadas por impulsos espontâneos dos sentimentos; para que sejam poderosas, mas não tirânicas, suas origens têm que estar perdidas na noite do tempo; para que se elevem aos céus e nos cubram com suas sombras, suas raízes têm que estar escondidas no seio da terra. Elas são úteis como herança; são meramente opressivas quando moldadas como leis. O governo

---

[40] O próprio Constant, como presidente da Comuna de Luzarches, providenciou escrupulosamente para que a observação das feiras e do calendário revolucionário fosse respeitada. Veja a tese de Hofmann, Première Partie, Cap. 2, pp. 92-93.

só está no lugar apropriado quando funciona como guia, pois então nenhuma de suas ações deixa de ter valor. Porém, quando ele quer incentivar, dirigir, incitar e entusiasmar, e se apresenta com uma conversa pretensiosa, sempre seguida de medidas coercitivas, é ridículo no fracasso e despótico na coação.

[442] Pode-se incluir sob o título das instituições mal concebidas aquilo que alguns escritores políticos[41] denominaram penalidades para a infâmia e recompensas para a honra, tentativas isoladas e espasmódicas, viciadas na inspiração, propensas a vieses, contradições e irrelevância, por meio das quais o governo deseja se colocar no lugar dos sentimentos mais delicados e mais facilmente ofendidos, acreditando que pode perturbar a honra e a vergonha ao seu bel-prazer.

Se a penalidade por comportamento vergonhoso é acompanhada pela privação de certos direitos, pela exclusão de certas funções, então ela se torna uma punição positiva, não apenas um caso de reprovação. Se as recompensas honoríficas que o governo confere carregam consigo um direito a certas prerrogativas, então não são mais puramente honoríficas. Caem na categoria de compensação que a sociedade pode retribuir pelos serviços que recebeu. Então o vocabulário está inadequado. Porém se ambas as medidas são separadas de quaisquer prejuízos ou de quaisquer vantagens de tipo diferente, então se trata de bobagem. Isso corresponde a demandar que o governo desempenhe o papel da opinião pública. A vergonha diminui e a honra murcha quando o governo se dá o direito de defini-las. A inteligência humana tem que ser pervertida, e eriçados

---

[41] Veja a nota CC de Constant no fim do Livro XVI.

os fios mais delicados dos sentimentos internos, para que se faça com que os homens se submetam ao governo em questões concernentes à moralidade. Considerem-se, sob a própria monarquia, num tempo em que a vaidade estava em seu mais alto patamar possível de suscetibilidade devido a todos os meios artificiais que tal governo podia empregar, considerem-se, repito, quantas tentativas e proclamações inúteis existiram para estigmatizar o duelo.

As pessoas, freqüentemente, entoam loas em relação ao efeito moral da censura romana. Mas os censores tinham poder legal e infligiam penalidades reais. Na verdade, o faziam de maneira arbitrária. No entanto, tal arbitrariedade era contrabalançada pela simplicidade dos costumes antigos e pela chance que cada cidadão tinha, quase como espectador imediato de todas as ações de seus compatriotas, de avaliar a justiça dos censores. Quando esses magistrados impediram o ditador Marmecus, que havia reduzido seus mandatos para dezoito meses, de entrar no Senado, tal vingança despertou indignação no povo e no próprio Senado, e Marmecus se viu amplamente compensado pela opinião pública.[42] [443] Contudo, o fato é que todos os colegas cidadãos desse ditador estavam reunidos na mesma cidade, e testemunharam e julgaram a injustiça de que ele fora alvo. Num Estado como a França, o poder dos censores seria intolerável tirania. Se o governo de uma vasta nação ousasse declarar, por intermédio de ato público, que um indivíduo seria desonrado sem julgamento, não seria apenas

---

[42] Aemilius Marmecus, cônsul e ditador em 438, 437, 433 e 426 a.C., em 433 a.C. reduziu o mandato dos censores de cinco anos para dezoito meses. Constant provavelmente tirou tal informação do *Discours sur la première décade de Tite-Live*, de Maquiavel, Cap. XLIX, em *Oeuvres complètes, op. cit.*, p. 485.

o indivíduo, mas toda a nação que o governo estaria declarando incapaz de qualquer senso de honra, e a nação protestaria contra tal decreto não endossando as decisões do governo.

A censura degenerou até em Roma, quando o tamanho da República, a complexidade das relações sociais e os refinamentos da civilização haviam retirado das instituições aquilo que servia tanto como base quanto como limite. Não foi a censura que criou os bons costumes, e sim a simplicidade dos costumes que constituiu o poder e a eficácia da censura.[43]

No estado presente da sociedade, as relações individuais são constituídas por pequenas nuances, cambiantes e ardilosas, que seriam distorcidas de mil maneiras caso se tentasse dar-lhes definição mais clara. Só a opinião pública pode afetá-las. Só ela pode julgá-las, já que sua natureza é a mesma. Tempos de sublevação civil, devo confessar, são particularmente desfavoráveis ao poder da opinião, que é uma espécie de senso moral apenas desenvolvido na tranqüilidade. Ela é fruto do lazer, da segurança e da independência intelectual.

Choques revolucionários e excessos reacionários fazem com que ela desapareça. Patíbulos, deportações, e massacres deixam impotentes as nuances puramente morais. A opinião pública só pode existir onde não há nada de despotismo ou de desunião política. A opinião pública e o poder arbitrário são incompatíveis. A primeira tem que sobrepujar o outro, ou será sufocada. As diferenças de linhas partidárias, que tornam essa ou aquela crença o mais negro dos crimes ou a mais elevada das virtudes, são destrutivas para a

---

[43] Veja a nota DD de Constant no fim do Livro XVI.

opinião pública porque sua base é falseada e toma uma direção totalmente errada. Nesses casos, tem-se que esperar e deixar que as coisas aconteçam. Eu acrescentaria que a lei deveria silenciar por achar que, nessas circunstâncias, os formuladores de leis objetivam exatamente [444] desvirtuar a opinião pública. Eles querem evitar que o homem se recolha ao seu interior, que consulte seu próprio coração, que raciocine de acordo com suas convicções. E como se seu egoísmo não bastasse para corromper o homem, eles também desejam estupidificá-lo, conferindo a eles mesmos a aparência de apelarem ao julgamento e ao raciocínio desse mesmo homem.

Notas de Constant

A. [Referente à p. 579]
Mémoires sur la instruction publique.

B. [Referente à p. 583]
"Em Roma, como em todas as Repúblicas da antigüidade, a força da constituição, ou seja, a liberdade política, era perpetuamente alterada pela liberdade individual." *Esprit de l'histoire*, Antoine Ferrand, I, 242.[44] Grossa ignorância; era precisamente o contrário.

C. [Referente à p. 588]
A receita pública dos antigos, diz Ganilh,[45] vinha do trabalho dos escravos, da pilhagem dos conquistados e da tributação sobre os povos subjugados. Nada lá existia que pudesse dar nascimento ao crédito como o concebemos hoje, porque nada havia lá que dependesse das opiniões e da confiança individual dos membros da sociedade. Esta observação talvez seja muito geral, uma vez que os cidadãos de Atenas e Roma, do

---

[44] *L'esprit de l'histoire ou lettres politiques et morales...*, de Antoine Ferrand, Paris, Vve Nyon, 1802.
[45] Charles Ganilh, *op. cit.*, t. I, pp. 66-67.

tempo de Sérvio Túlio, pagavam taxas sobre suas fortunas ao Estado. Mas essas taxas não eram nada comparadas com o que era retirado dos povos aliados e das províncias. E a avaliação básica do autor não é menos verdadeira por causa disso.

[445] D. [Referente à p. 588]
Veja sobre este assunto um excelente trabalho recém-surgido. [Ver a nota anterior de Constant e a nota de rodapé 45.] As diferenças entre a nossa era e a antiguidade nesse aspecto são perfeitamente expostas, juntamente com os resultados dessas diferenças.

E. [Referente à p. 589]
Em latim, a palavra *hostis* significa tanto um estranho quanto um inimigo. *De Officis*, de Cícero, Livro I.[46]

F. [Referente à p. 589]
"Nas guerras modernas", observa Smith, "os gastos vultosos com armamento dão uma grande vantagem para a nação em melhores condições para bancá-las e, portanto, favorecem mais as civilizadas e ricas do que as pobres e bárbaras. Nos tempos antigos, as nações ricas e civilizadas se viam em dificuldades para se defender das pobres e bárbaras. Nos tempos modernos, as nações pobres e bárbaras se vêem em dificuldades

---

[46] Veja Ganilh, *op. cit.*, t. I, p. 221, n. I. A nota de Ganilh dá apoio ao seguinte texto: "Os antigos estavam em permanente estado de hostilidade entre eles. Sem comunicação mútua, eles viam e tratavam uns aos outros como inimigos". Cícero, em *Les devoirs*, I, 37, diz: "Entre nossos ancestrais de fato chamávamos de *hostis* aquele que agora denominamos de *peregrinus*, estrangeiro". Texto editado e traduzido por Maurice Testard, Paris, Les Belles Lettres, 1965, t. I, pp. 121-123.

para se defender das civilizadas e opulentas". *A Riqueza das Nações*, Livro V, Cap. I.⁴⁷

G. [Referente à p. 589]
Existem algumas idéias inventivas sobre os vínculos entre comércio e liberdades política e individual em *Essai sur l'histoire de l'espèce humaine*, de Walckenaer, a partir da p. 250.⁴⁸

H. [Referente à p. 590]
Todas as mercadorias, diz Isócrates em *Panégyrique*, p. 114, que [446] estão dispersas em pequenas porções em outros mercados da Grécia, são encontradas juntas em abundância no Pireu.⁴⁹

I. [Referente à p. 590]
De la république des Athéniens, Xenofonte.⁵⁰

---

⁴⁷ Adam Smith, *op. cit.*, t. IV, pp. 122-123.
⁴⁸ *Essai sur l'histoire de l'espèce humaine*, de C.-A. Walckenaer, Paris, Du Pont, 1798, Livro VI, pp. 251-368, *Des peuples cultivateurs, après l'introduction des manufactures et du commerce et la séparation des professions*.
⁴⁹ Esta nota foi retirada de Cornelius de Pauw, *op. cit.*, t. I, pp. 70-71. Hofmann não sabe qual a edição da página (114) citada por Constant. A referência é ao *Panegírico* de Isócrates no seu *Discours*, texto editado e traduzido por Georges Mathieu e Emile Brémond, Paris, Les Belles Lettres, 1938, t. II, p. 24.
⁵⁰ *La république des Athéniens*, de Xenofonte, II, 16: "Mas como eles tiveram a chance de construir sua cidade numa ilha, eis o que fizeram: confiantes em sua superioridade marítima, depositaram suas riquezas nas ilhas, deixando que Ática fosse destroçada, isso porque, se tivessem compaixão por ela, perderiam outros bens mais importantes". *Anabase ...*, de Xenofonte, ed. cit., p. 518.

J. [Referente à p. 590]

Isócrates conta no seu *Trapezeticus* que um estranho que trouxe milho de Atenas apresentou uma ordem de pagamento expedida numa cidade de Euxine por um mercador de nome Estrátocles.[51]

K [Referente à p. 590]

"Desde que a paz e a amizade continuem a reinar na vida do lar, há um grande respeito pelas mães de família. Há até mesmo indulgência a respeito dos pecados que a natureza as fazem suportar, e quando elas sucumbem à tirania das paixões, os primeiros são perdoados e os segundos, esquecidos." *Diálogo entre Hieron e Simonides*, de Xenofonte.[52]

L. [Referente à p. 590]

Provas de tal hospitalidade por encontrar. *Arte, indústria. A lei de Sólon.* Os emigrados que vierem para Atenas com toda a família para estabelecer um comércio ou uma fábrica podem desde então ser elevados à dignidade de cidadãos. *Compilação das Leis de Atenas*, de Samuel Petit, Livro II, Título III.[53] *Sólon*, de Plutarco.[54]

---

[51] *Trapésitique*, de Isócrates, 35-37. Veja a edição do *Discours*, ed cit., t. I, pp. 81-82. Constant tomou o exemplo e a referência de Cornelius de Pauw, *op. cit.*, t. I, p. 335.

[52] Toda esta nota e a referência são de Cornelius de Pauw, *ibid.*, p. 191.

[53] É de novo de Cornelius de Pauw (*op.cit.*, t. I, p. 69) que Constant retira essa ilustração com referências a Samuel Petit e Plutarco.

[54] *Sólon*, de Plutarco, 24, 4: "Ele permitiu que fosse conferida cidadania apenas para os banidos para sempre de seus países e para os que viessem viver em Atenas com seus familiares a fim de estabelecer um negócio". *Vies*, de Plutarco, t. II, *Solon, Publicolo, Themistocle, Camille*, texto editado e traduzido por Robert Flacelière, Emile Chambry e Marcel Juneaux, Paris, Les Belles Lettres, 1961, p. 39.

M. [Referente à p. 590]
Respublica Lacedaemoniorum, de Xenofonte.[55]

N. [Referente à p. 591]
"Cum omnibus horis aliquid atrociter fieri videmus aut audimus, etiam qui natura mitissimi sumus, assiduitate molestiarum sensum omnem humanitatis ex animis amittimus." *Pro Roscio*, de Cícero.[56] Cícero fala nesta passagem sobre os costumes dos romanos em geral. Poder-se-ia, no entanto, aplicá-los aos escravos em particular. Todos sabem como homens menores, que viveram por muito tempo em colônias, são suscetíveis à piedade. Xenofonte, no seu tratado sobre a República de Atenas, chega a ponto de dizer que as pessoas tratavam os escravos com consideração demasiada.[57]

[448] O. [Referente à p. 595]
Livro I, Cap. I.[58]

---

[55] *La république des Lacédémoniens*, de Xenofonte, VIII, 2: "Noutros Estados, os mais poderosos nem sempre quiseram aparentar temer os magistrados e encaravam tal receio como prova de ignomínia. Em Esparta, ao contrário, os homens mais notáveis eram os mais submissos às autoridades, exaltavam sua humildade e orgulhavam-se de, quando chamados, não caminharem e sim correrem". Xenofonte, *Anabase* ..., ed cit., p. 489.

[56] "Quando por todo o tempo vemos ou temos notícias de alguma atrocidade ou outra, apesar de nossa disposição voltada para a bondade, a repetição desses eventos dolorosos retira qualquer sentimento de humanidade de nossos corações." *Pro Sex, Roscio Amerino*, de Cícero, em *Discours*, t. I, texto editado e traduzido por H. de la Ville de Mirmont, Paris, Les Belles Lettres, 1921, p. 126.

[57] Esse exemplo e a referência vêm de Cornelius de Pauw, *op. cit.*, t. I, p. 168.

[58] *Les antiquités romaines*, de Dionísio de Halicarnasso, Paris, Ph.-N. Lottin, 1723, pp. 16-23.

P. [Referente à p. 597]
Falando de repúblicas antes e depois da corrupção, M. de Montesquieu diz: "Quer-se ser livre com as leis, e também contra elas". Isso poderia ser dito, num outro sentido, sobre antigos e modernos.

Q. [Referente à p. 597]
Platão, no seu décimo livro de *A República*, sustentou como legítimas as acusações de heresia.[59] Os primeiros filósofos que adotaram princípios autênticos de tolerância foram os neoplatônicos.

R. [Referente à p. 597]
Em Atenas, a lei de Sólon contra a ociosidade caiu rapidamente em desuso como violadora dos direitos de um povo livre. A liberdade consiste, disse Sócrates, em trabalhar e não trabalhar segundo a vontade da pessoa.[60]

S. [Referente à p. 598]
"Os legisladores antigos primaram na formação do espírito público. Mas seus milagres políticos têm que ser menos atribuídos à sabedoria de algumas pessoas do que à fraqueza de outras. Eles falavam para a

---

[59] *La République*, de Platão, X, XIII, 615c, em *Oeuvres complètes*, t. VII, 2e partie, texto editado e traduzido por Emile Chambry, Les Belles Lettres, 1934, p. 115. Veja também outra grande obra de Platão sobre política, *Les lois*, Livro X, em *ibid.*, t. XII/I, texto editado e traduzido por A. Dies, Paris, Les Belles Lettres, 1956, pp. 141-148. O mesmo exemplo é encontrado em Cornelius de Pauw, *op. cit.*, t. II, p. 46.

[60] *Ibid.*, p. 62: "Sólon apreciava tanto o progresso e a prosperidade das manufaturas atenienses que se dispôs a fazer uma lei contra os ociosos, uma que logo caiu em desuso ... A verdadeira liberdade, disse Sócrates, consiste em trabalhar quando se quer e não trabalhar quando não se quer." Há uma outra nota de Constant sobre essa lei de Sólon no Anexo I, Princípios de política (Edição de Hofmann), p. 654.

humanidade em sua infância. O legislador moderno, [449] baseando-se somente na autoridade da razão, pode muito bem demandar crença, mas não pode forçá-la." *De l'esprit public*, de Toulongeon.[61]

T. [Referente à p. 598]
Recherches sur les Grecs, Partie III, 6.[62]

U. [Referente à p. 598]
Os atenienses, que podem ser considerados em muitos aspectos como modernos no seio da antiguidade, eram, de todos os gregos, aqueles que davam a menor importância à música. Xenofonte nos diz, em seu *Republique d'Athènes*,[63] que eles não atribuíam grande valor aos homens que se dedicavam tão-somente à harmonia. O fato é que o gosto pela música é uma paixão apenas entre os povos simples, que não progrediram muito em civilização. Os atenienses, mais avançados que qualquer outro povo antigo, tinham bem menos tal gosto; mas seus filósofos, que, como dissemos, escreviam sem cessar em direção oposta aos costumes e inclinações nacionais, nem por isso recomendaram ou elogiaram a música."[64]

---

[61] *De l'esprit public. Mémoire désigné pour être lu à la dernière séance de l'Institut national*, de François-Emmanuel d'Emskerque, visconde de Toulongeon, Paris, Impr. de Du Pont, 1797, pp. 9-10: "Ficamos atônicos com o fácil domínio que os legisladores antigos exerciam: é porque falavam para uma mente humana ainda em sua infância. As pessoas acreditavam em aparições, milagres políticos e profecias. O homem simples e forte ouvia e acreditava. A mente humana madura não mais crê de fiança. Para formular lei para tal mente é preciso persuadi-la, o que é mais difícil do que fazer com que acredite em alguma coisa."
[62] Cornelius de Pauw, *op. cit.*, t. II, pp. 121-122.
[63] *La république des Athéniens*, de Xenofonte, I, 13, em *Anabase...*, ed. cit., p. 512.
[64] Essa observação sobre a música entre os atenienses e a referência a Xenofonte vêm de Cornelius de Pauw, *op. cit.*, t. I, p. 225.

V. [Referente à p. 601]
"No estado presente da civilização e no sistema comercial sob o qual vivemos, todo o poder público deveria ser limitado, e um poder absoluto não deveria subsistir." *Histoire du revenu public*, de Ganilh, I, 419.

[450] W. [Referente à p. 603]
"Os políticos gregos, que viveram sob governo popular, não reconheciam nenhuma força que não fosse a virtude necessária para sustentá-la. Os de hoje falam apenas de manufaturas e comércio, finanças, riqueza e até luxo." *Esprit des lois*, de Montesquieu, III, 3. Ele atribui essa diferença à república e à monarquia. Deveria ser atribuída às condições dissimilares dos tempos antigos e modernos.

X. [Referente à p. 605]
A obra de Mably, *De la législation ou principes des lois*, é o mais completo código imaginável de despotismo. Ele combina os seguintes três princípios: 1. A prosperidade é um mal. Caso não possa destruí-la, enfraqueça sua influência de todas as formas possíveis. 2. A liberdade individual é um flagelo. Se não puder aniquilá-la, restrinja-a ao máximo possível. 3. O poder legislativo é ilimitado. Deveria ser estendido a tudo, e tudo deveria se curvar diante dele. Pode-se facilmente ver como é difícil escapar dessa terrível combinação. Portanto, uma constituição baseada em Mably seria uma mistura de Constantinopla e Robespierre. Aqui estão alguns axiomas transcritos com escrupulosa fidelidade.[65] Con-

---

[65] Hofmann diz que, a menos que Constant tenha encontrado esses axiomas num comentário feito por Mably, sua alegação de fidelidade ao texto do abade não se sustenta. Hofmann não conseguiu encontrá-los em nenhuma das edições mais citadas. Nos exemplos que se seguem, ele relacionou os axiomas com o texto do *De la législation ou principes des lois*, publicado no t. IX de *Oeuvres complètes de l'abbé de Mably* (Lyon, J.-B. Delamollière, 1792).

trole a moralidade, p. 175.⁶⁶ Não se deixe assustar pela pobreza.⁶⁷ O que importa se esse ou aquele acerto faz com que o comércio floresça e dobra as receitas do Estado? p. 176.⁶⁸ O estabelecimento da propriedade joga você de volta num abismo, p. 186.⁶⁹ [451] O que interessa a população? É melhor para a raça humana possuir algumas virtudes do que muitas vantagens, e contar com um milhão de homens felizes do que com uma multidão de desditosos, p. 187.⁷⁰ Diminua as finanças do Estado, p. 193.⁷¹ Repudie todo o débito público, p. 197.⁷² Bana a arte inútil e imponha à necessária uma certa impolidez. Estenda a tudo suas leis que limitam os gastos pessoais, p. 199.⁷³ Pros-

---

⁶⁶ "De minha parte, eu me ajusto à moralidade demandante, e não fico em absoluto amedrontado com a pobreza." (p. 16)
⁶⁷ Ver a nota anterior.
⁶⁸ Um amálgama de duas passagens distintas no original: "Que importa a superioridade devida à riqueza?" (p. 17) e "Esse ou aquele acerto fariam o comércio florescer, algum outro enriqueceria o tesouro e dobraria as receitas do Estado". (pp. 19-20)
⁶⁹ "Vê você com que sabedoria a natureza preparou tudo para nos conduzir à propriedade comum dos ativos e para evitar que caíssemos no abismo no qual o estabelecimento da propriedade nos lançou." (p. 58)
⁷⁰ "Eu poderia achar mais valioso para a raça humana ter umas poucas virtudes do que muitas vantagens. O que acontecerá com a população?, dirão as pessoas. Respondo que seria melhor contar com apenas um milhão de homens felizes em toda a Terra do que ver nela uma multidão incalculável de pobres e escravizados que vivem apenas meia-vida na degradação e na pobreza." (p. 68)
⁷¹ "As leis sempre estabelecerão apenas uma resistência inútil aos esforços da avareza e aos vícios que dela decorrem, caso não se comece a diminuir as finanças do Estado." (p. 97)
⁷² Essa formulação talvez sintetize o que Mably diz (pp. 107-108) sobre ganância desmedida aliada ao crédito público.
⁷³ "Espero que as artes inúteis jamais sejam restabelecidas entre nós; que elas sejam proibidas. Espero que eles deixem as artes necessárias reter uma certa impolidez, que lhes cai tão bem" (p. 122) e "Eu não pararia de falar com você sobre as leis que limitam os gastos pessoais se quisesse que você conhecesse todas as suas vantagens. Elas devem ser estendidas a tudo". (pp. 112-113)

creva o comércio. Considere vis seus agentes, p. 200.[74] Evite a venda, a alienação de bens e os testamentos, p. 202.[75] Estabeleça leis agrárias, *ibid.*[76] Não permita que os cidadãos vão ao exterior para a amealhar riqueza, p. 203.[77] Imponha a educação estatal e não tolere as regras que os pais de família formulam para si a esse respeito, p. 278.[78] Tema os ateus e os deístas, p. 286.[79] Prisão perpétua para os primeiros, p. 297.[80] Não permita desvios da religião oficial, [452] 299.[81] Trancafie os deístas. Instrua-os na prisão e, se forem culpados uma segunda vez por declararem suas opiniões, prisão perpétua como para os ateus, p. 302.[82] Não permita novas religiões, nem que cidadãos professem a tradicional sem fazer uso de seus ministros oficiais, p. 310[83] etc.

---

[74] Sumário de uma longa diatribe contra o comércio (pp. 113-115).
[75] Sumário das pp. 116-120.
[76] "Você jamais restringirá esses sentimentos ativos e arrogantes se não recorrer às leis agrárias." (p. 120)
[77] "Que cuidados não terão que tomar as leis para que os cidadãos não se dirijam ao exterior a fim de amealhar riqueza que repatriarão?" (p. 125)
[78] "A república jamais formará cidadãos excelentes se a educação não for pública e universal. Você deixara com que os pais de família façam suas próprias leis a esse respeito?" (p. 309)
[79] Frase que sintetiza a pp. 324 e seguintes.
[80] Na p. 354, Mably contrário a Platão, o qual demanda a morte para os ateus, diz que acreditaria ser "sua lei mais sábia se ela contemplasse a sentença de um homem culpado incorrigível à prisão perpétua".
[81] Sumário do Cap. 3 do último livro, *Da necessidade de uma religião estatal* (pp. 355 e seguintes).
[82] "Quando um deísta é trancafiado por violar a lei do silêncio imposta a ele, não se esqueça de instruí-lo e fazê-lo entender sua falta (...) Se, depois de longa correção, um deísta ainda tem a mesma sede por fama e martírio, será finalmente necessário que ele seja tratado como um ateu." (pp. 364-365)
[83] Sumário das pp. 388-389.

Deve haver concordância de que é estranho que esse seja o escritor incessantemente citado no fórum nacional,[84] como um guia adequado para o estabelecimento da liberdade. Eu acrescentarei que sua erudição histórica é tão inexata quanto errados e perseguidores são seus princípios políticos. Ele adota com credulidade cega tudo o que os historiadores passaram a nós sobre Licurgo, sem parar por um instante para examinar as dificuldades de todos os tipos que cercaram tudo em relação a esse legislador. Constantemente, exagera a influência de Esparta sobre a Grécia, sem levar em conta que Atenas exerceu, no mínimo, a mesma influência que Esparta, e sem considerar a desproporção entre as duas potências. Esparta tinha área maior e mais fértil que Atenas, Megara, Corinto, Argos e Sicyon combinadas. Mas ele não deseja reconhecer tal desproporção porque precisa citar um grande exemplo em favor das instituições morais dos espartanos. Devo dizer, no entanto, que, quando Mably abandona seus exageros e toca em assuntos menos vagos, demonstra perspicácia muito melhor. No terceiro livro do seu *Principes des lois*, quando trata especificamente de leis positivas, ele desenvolve diversas idéias muito justas e diversas verdades muito úteis. Seu *Observations sur l'histoire de France*[85] é um dos melhores trabalhos sobre a matéria. Mesmo assim, considero-o um de nossos escritores mais repletos de noções falsas e um dos mais perigosos para a liberdade.

---

[84] Veja o artigo de Ephraïm Harpaz, "Mably et ses contemporains", *op. cit.*, pp. 360-366, para numerosos exemplos que dão apoio à observação de Constant.

[85] *Observations sur l'histoire de France*, de Honoré-Gabriel Bonnot de Mably. A primeira edição apareceu em Genebra em 1765. Em *Oeuvres complètes de l'abbé de Mably, op. cit.*, t. I-II.

[453] Y. [Referente à p. 605]
Entretiens de Phocion.[86]

Z. [Referente à p. 605]
Veja o novo *Essais de morale et de politique*[87] e *L'Esprit de l'histoire* de M. Ferrand. "As leis políticas e religiosas", diz este último, "estavam em perfeito acordo com os deveres da sociedade. Ambas pegavam o cidadão desde o momento do nascimento e, juntas, educavam o homem para a sociedade. Ambas o seguiam pelas profissões e atividades da vida, corrigiam seus caprichos e reprimiam suas paixões. Inspecionavam e regulamentavam seu trabalho e até seus prazeres. Os egípcios pareciam estar sempre sob essa dupla proteção, e esse severo constrangimento social era o que garantia sua liberdade. A lei designava para cada um seu trabalho, que passava de pai para filho. Tal regra deve ter privado o Egito de alguns homens superiores, mas lhe deu algo muito mais valioso, a continuidade nos homens úteis. A lei estabelecia uma direção uniforme para aquelas mentes inquietas, que poderiam ser problemáticas para o Estado se tomassem apenas a imaginação como guia". (Escolher sua vocação e a espécie de trabalho que faz, usando apenas sua imaginação como guia, é a qualidade distinta de uma mente inquieta!) "Leia sobre as revoluções em todos os

---

[86] "Todos os momentos de suas vidas eram preenchidos com obrigações [...] Tudo era prescrito pela lei, até o descanso e as funções humanas [...] Por fim, o próprio amor, essa paixão, Aristias, freqüentemente tão imperativa, tão pueril, tão ardente, tão fraca, era apenas um simples relaxamento depois do trabalho; era a lei que abria e cerrava o apartamento da rainha para o príncipe." *Entretiens de Phocion sur les rapports de la morale avec la politique*, de Honoré-Gabriel Bonnot de Mably, em *Oeuvres complètes de l'abbé de Mably*, ed. cit., t. IX, pp. 71-72.
[87] Louis-Mathieu Molé, *op. cit.*, pp. 211-214. Se Constant chama os *Essais* de Molé de novos, provavelmente é para distingui-los dos de Francis Bacon, publicados em 1597 sob o mesmo título.

impérios, sempre o trabalho de uns poucos homens que quiseram elevar sua posição social." (Isso significa dizer: com freqüência o trabalho de uns poucos homens que sentiram que a sociedade estava lhes impondo constrangimentos injustificáveis. Ora, quanto mais são multiplicados constrangimentos dessa natureza, mais se estão multiplicando as razões para a revolução e, por conseguinte, para suas tentativas.) "Nossos filósofos modernos têm repetido incansavelmente que as melhores leis são as que deixam maior latitude para a vontade do homem. Que esses açoites da humanidade [454] sejam enviados de volta à infância da raça humana."[88] (Na realidade, tem-se que voltar à infância da raça humana, ou seja, aos séculos de ignorância e barbarismo, para se acreditar que possa ser útil ou legítimo constranger a vontade do homem em casos em que ele não fere outras pessoas.)

AA. [Referente à p. 606]
Isócrates e Platão testemunham que os espartanos, em sua maior parte, eram tão pouco escolarizados que não sabiam ler, assinar o nome e contar sem a ajuda dos dedos.[89]

BB. [Referente à p. 607]
Mably errava ao não reconhecer a diferença entre antigos e modernos que já indicamos noutro local deste livro. Todos os povos modernos foram

---

[88] Antoine Ferrand, *op. cit.*, Iª ed. (1802), t. I, pp. 63-66; 2ª ed. (1803), t. I, pp. 72, 75-78. As passagens citadas por Constant (ele não mencionou as numerosas excisões) são as mesmas nas duas edições; contudo, na segunda, Ferrand é ainda mais eloqüente sobre o assunto e acrescenta, entre a p. 72 e a p. 75, um longo desenvolvimento.

[89] Hofmann não conseguiu determinar a que passagens de Isócrates e Platão tal observação se refere, nem em que obra de autor Constant encontrou a referência.

conquistados por bárbaros vindos do norte. Os povos antigos não foram conquistados, e sim civilizados por colônias estrangeiras. Ora, as condutas de povos que foram conquistados e povos que não passaram por isso são muito distintas. Os últimos [palavras ilegíveis no texto de Constant] para se darem instituições que não tinham. Os primeiros tentam se livrar das instituições que lhes foram impostas. Daí o hábito de resistência que têm, que perdura e é dirigido não só às instituições impostas pela força, mas a todas as espécies de instituições. As nações modernas lutaram contra as suas de todas as maneiras: em tempos bárbaros, pela força, em tempos de corrupção, pelo escárnio. Acontece que esta última arma é terrível, já que destruidora não apenas do passado como também do futuro.

CC. [Referente à p. 609]
Filangieri.[90]

DD. [Referente à p. 611]
Esprit des lois, VII, 14; XXIII, 21.[91]

---

[90] *La science de la législation*, de Gaëtano Filangieri, ed. cit., IV, pp. 42-64, Cap. VII *Des peines d'infamie*.

[91] No Livro XXIII, Cap. 21 notavelmente, onde Montesquieu declara: "A corrupção da moral destrói a censura, ela mesma estabelecida para destruir a corrupção da moral; mas quando tal corrupção se torna generalizada, a censura não tem mais nenhuma força." Ed. cit., p. 692.

LIVRO XVII

Dos Verdadeiros Princípios da Liberdade

Cap. 1.   Da inviolabilidade dos princípios verdadeiros da liberdade. 629

Cap. 2.   Que a circunscrição da autoridade política, dentro de seus princípios precisos, não tende em absoluto a enfraquecer a necessária ação do governo. 633

Cap. 3.   Pensamentos finais sobre liberdade civil e liberdade política. 635

Cap. 4.   Apologia ao despotismo por Luís XIV. 644

CAPÍTULO UM

Da inviolabilidade dos princípios verdadeiros da liberdade

Esta obra procurou determinar a extensão e a jurisdição da autoridade política sobre todas as coisas pertinentes aos interesses dos homens. Vejamos agora que princípios da liberdade resultam da nossa análise e se eles podem ser exagerados ou mal aplicados.

Os indivíduos têm que desfrutar de liberdade completa de ação mesmo para as atividades mais inocentes ou desimportantes. Quando, numa dada situação, uma ação desimportante por si mesma pode ameaçar a segurança pública, tal como uma certa maneira de se trajar que pode servir para passar uma senha, a sociedade tem o direito de proibi-la. Quando uma ação do mesmo tipo é parte de uma atividade criminosa, como bandoleiros acertando uma reunião antes de executarem um assassinato, a sociedade tem o direito de tratar severamente essa ação sem importância para interromper um crime já iniciado. Nos dois casos, a intervenção é lídima porque sua necessidade fica provada. Porém, igualmente nos dois casos, ela só é legítima nessas condições.[1]

---

[1] Constant já mencionou a jurisdição do governo sobre as ações dos indivíduos no Livro V, Cap. 2.

Os indivíduos precisam gozar de completa liberdade de opinião, seja privada ou pública, desde que tal liberdade não implique ações perniciosas. Quando ela as produz, se identifica com as ações, e, sob esse título, tem que ser reprimida e punida. A opinião apartada da ação, no entanto, tem que permanecer livre. A única função [460] do governo é confiná-la ao seu próprio domínio, especulação e teoria.

Os indivíduos têm que usufruir de liberdade ilimitada no uso de suas propriedades e no exercício de seu labor, desde que, ao disporem de suas posses ou no exercício de seu trabalho, não ofendam os que têm os mesmos direitos. Se o fizerem, a sociedade intervém, não para invadir o direito de ninguém, mas para garantir os direitos de todos.

Ora, que abusos podem resultar desses princípios que são apenas princípios autênticos da liberdade, e a que exageros eles são suscetíveis?

Um erro singular, que indiquei no início deste livro e que se pode imputar, sobretudo, a Rousseau e a Mably, mas do qual quase todos os escritores políticos não escaparam, tem confundido todas as idéias sobre essa questão.

Os princípios da autoridade política não têm sido distinguidos daqueles da liberdade.

Uma vez que, na teorização dos filósofos amistosos em relação à humanidade, os princípios de governo tenderam a retirar dos opressores das sociedades humanas os poderes que eles usurparam e a entregar de volta esses poderes a toda a sociedade, não foi entendido que essa última ação era apenas uma operação preliminar que destruía meramente aquilo que não deveria existir, mas por meio da qual não se decidia nada que deveria ser colocado no seu lugar.

Assim, tendo o dogma da soberania nacional sido primeiro proclamado e depois abusado, pensava-se que um princípio da liberdade havia sido violado, quando na verdade era apenas abuso de um princípio de governo.

Como onde os cidadãos não eram coisa alguma e os usurpadores eram tudo, acreditava-se que para que o povo fosse tudo era necessário que os cidadãos não valessem nada. A máxima é evidentemente falsa. Ela implica em que a liberdade seja nada mais que uma nova fórmula para despotismo. Onde o indivíduo não é coisa alguma, o povo também não é nada. Será possível pensar-se que o povo fica rico com as perdas de cada um de seus membros, da mesma forma que um tirano enriquece com aquilo que rouba de cada um de seus súditos? Nada é mais absurdo. Um povo é opulento em função daquilo que cada um de seus integrantes possui, é livre porque eles são livres. O povo não ganha nada com o sacrifício de seus membros. Sacrifícios individuais são, por vezes, necessários, porém nunca são ganhos positivos, quer para os indivíduos, quer para a nação.

Aqueles que detêm ou usurpam o poder podem, para legitimar sua posse fraudulenta, pegar emprestado o nome da liberdade, [461] porque, desafortunadamente, a palavra é ilimitadamente prestativa; mas eles jamais podem pegar emprestados seus princípios, ou mesmo qualquer uma de suas máximas.

Quando, por exemplo, uma maioria equivocada oprime a minoria, ou, o que acontece com muito maior freqüência, quando uma minoria feroz e ruidosa toma o nome da maioria para tiranizar a sociedade, o que alegam elas para justificar suas afrontas? A soberania do povo, o poder da sociedade sobre seus membros, a submissão dos direitos individuais em prol da sociedade, ou seja, sempre princípios de governo, nunca princípios de liberdade.

Como poderiam ser esses últimos invocados, de fato, em favor da oposição? O que estabelecem? Que a sociedade não tem o direito de ser injusta com um só de seus membros, que toda a sociedade, menos um, não está autorizada a obstruir esse um em suas opiniões, tampouco em suas ações que não sejam nocivas, no uso de sua propriedade ou no exercício de seu trabalho, salvo naqueles casos em que tal uso ou tal exercício obstrua a posse dos mesmos direitos por outro indivíduo.

Ora, o que as maiorias ou minorias opressoras fazem? Exatamente o oposto daquilo que esses princípios estabelecem. Por conseguinte, não são esses princípios que elas exageram ou violam. Elas agem a partir de assertivas diretamente opostas.

Quando será que as opiniões veiculadas pela imprensa tornam-se meios de tirania? Quando um só homem ou um grupo deles se apodera do controle exclusivo da imprensa e a transforma em órgão para suas opiniões, representa-as como nacionais e quer, com tal autoridade, impingi-las a todos os outros. Mas, nesse caso, que princípios pode esse homem, ou esses homens, invocar em apoio a seu comportamento? Não os da liberdade, que proíbem forçar que qualquer ponto de vista domine, mesmo o de todos contra uma única alma, mas os princípios do governo político que, exagerados, submetendo indivíduos com todos os seus direitos e sem reservas quanto à comunidade soberana, permitem a restrição, a obstrução e a proscrição da opinião de indivíduos.

Esses exemplos poderiam ser multiplicados indefinidamente. O resultado seria sempre o mesmo. Foi por derivação desse erro que

Burke disse que a liberdade é um poder.[2] A liberdade só é poder no sentido de que o escudo é uma arma. Portanto, quando se fala de possíveis abusos dos princípios da liberdade, [462] a expressão é imprecisa. Os princípios da liberdade teriam evitado qualquer coisa capitulada sob o título de violações da liberdade. Tais violações, quaisquer que sejam seus autores, tendo sempre lugar à custa da liberdade de outrem, jamais foram conseqüência desses princípios, muito pelo contrário.

Capítulo dois
Que a circunscrição da autoridade política, dentro de seus princípios precisos, não tende em absoluto a enfraquecer a necessária ação do governo

A circunscrição da autoridade política, dentro de seus limites precisos, não tende a enfraquecer essa autoridade necessária. Ao invés disso, lhe proporciona a única força real que pode ter. A jurisdição da autoridade tem que ser escrupulosamente limitada; mas, uma vez fixada, essa jurisdição tem que ser organizada de tal sorte a sempre poder alcançar, de forma rápida e completa, todos os propósitos dentro de sua competência. A liberdade tem tudo a ganhar do confinamento severo do governo aos limites de sua legitimidade; mas não ganha coisa alguma se o governo for débil dentro de sua esfera de jurisdição.

A fraqueza de qualquer parcela do governo, seja ela qual for, é sempre um malefício. Tal fraqueza não diminui de forma alguma

---
[2] Veja Livro XV, Capítulo I, n. 2.

as deficiências a serem temidas, e destrói as vantagens esperadas. O afrouxamento das salvaguardas públicas não coloca obstáculo algum à usurpação, já que esta deriva dos poderes que o governo fraudulentamente retira e das mesmas salvaguardas que legitimamente lhe pertencem. Ora pois, quando se enfraquece o governo, se o está forçando a usurpar. Incapaz de concretizar seus objetivos com os meios que lhe pertencem, recorre aos que usurpa, e dessa usurpação, digamos assim, forçada para a espontânea e ilimitada basta um passo pequeno. Contudo, caso se estenda o governo a tudo, os amantes da liberdade e todos os homens independentes, o que significa dizer tudo na vida que tem algum valor, se mostrarão incapazes de se submeter a tal idéia. Eles prontamente aceitariam que o governo fosse todo-poderoso dentro [463] de sua jurisdição; porém, ao testemunharem a constante transgressão dessa jurisdição, eles desejarão diminuir um poder sobre o qual não podem impor limites. Dessa forma, organizarão, como temos visto em numerosos exemplos, governos tão fracos que, necessariamente, se tornarão usurpadores. É desnecessário sacrificar a menor parte que seja dos princípios da liberdade para a organização de autoridade legítima e suficiente de governo. Os princípios coexistem com essa autoridade, tanto protegendo-a quanto sendo por ela protegidos; pois eles se opõem à possibilidade de facções virem a derrubá-la, pretextando direitos da sociedade, contrários aos dos indivíduos, alegando axiomas de soberania ilimitada, esse despotismo da chamada vontade geral, numa palavra, esse poder popular sem limites, dogmas que são pretexto para todas as nossas sublevações e que têm sido apresentados como princípios da liberdade, quando são precisamente o contrário.

Os princípios da liberdade, tais como os definimos, são úteis e necessários para todos porque preservam os direitos de todas as pessoas como indivíduos, os da sociedade e os do governo. Tais princípios são os únicos meios para a felicidade real, para a garantia de paz, para a atividade ordenada, para o aperfeiçoamento, a tranqüilidade e a durabilidade.

Capítulo três
Pensamentos finais sobre liberdade civil e liberdade política[3]

Ter este livro lidado exclusivamente com questões ligadas à liberdade civil não significa insinuar que a liberdade política é alguma coisa supérflua. Aqueles que sacrificariam a liberdade política para desfrutar com mais paz da liberdade civil não incorreriam em menor absurdo do que os que sacrificariam a liberdade civil com a esperança de estender ainda mais a liberdade política. Estes últimos estariam sacrificando o fim aos meios; os primeiros renunciaram aos meios com o pretexto de conseguir o fim. Poder-se-iam aplicar à taxação todos os argumentos empregados contra a liberdade política. Pode-se também alegar que, para conservar aquilo que se tem, é ridículo [464] começar pelo sacrifício de parte dele. Desde que o povo esteja feliz, afirma-se por vezes, não tem importância se ele é ou não politicamente livre. Mas o que é liberdade política? É a possibilidade de ser feliz sem que nenhum poder humano seja capaz de perturbar, arbitrariamente, tal felicidade. Se a liberdade política não é uma das posses individuais que a natureza conferiu

---

[3] [Este título é inconsistente em relação ao título da p. 458 do texto em francês. Nota do tradutor americano].

ao homem, é ela que as garante.[4] Afirmar que ela não tem valor é declarar que as fundações do edifício de nossas vidas são supérfluas. Os do governo, prossegue a argumentação, não têm nada a ganhar da infelicidade dos governados. Conseqüentemente, a liberdade política, isto é, as salvaguardas dos governados contra o governo, dificilmente é necessária. Tal assertiva, todavia, é incorreta.

Em primeiro lugar, não é absolutamente verdade que os interesses dos governantes e os dos governados sejam os mesmos. Os governantes, qualquer que seja a organização política, sendo sempre limitados em quantidade, estão ameaçados com a perda do poder caso outros o obtenham. Têm, por conseguinte, o interesse de que os governados não cheguem ao poder, ou seja, um interesse claramente distinto dos governados. Eu já disse alhures[5] que a propriedade tende a circular e a se espalhar, porque os donos mantêm a propriedade quando outros adquirem posses. Por razão oposta, o poder tende a se concentrar. Resulta então que, tão logo um homem passa, por uma circunstância qualquer, da classe dos governados para a dos governantes, ele adota os interesses destes últimos. Esse foi o espetáculo oferecido em Roma entre a maior parte dos defensores da causa popular quando o sucesso coroou aquela ambição; e vemos a mesma coisa entre os ministros da Inglaterra.

O governo representativo não contorna essa dificuldade. Escolhe-se um homem como representante porque ele esposa os mesmos interesses que os nossos. Pelo próprio fato de ter sido escolhido, no entanto, [465] ele é colocado numa situação diferen-

---

[4] Constant disse antes, no Livro I, Cap. 3, "Os direitos individuais são liberdade; os direitos sociais são a garantia."
[5] Veja, em especial, o Livro X, Cap. 10 e o Livro XI, Cap. 4.

te da nossa e passa a ter interesse distinto dos que o selecionaram para representante.

Essa deficiência pode ser evitada com a criação de várias espécies de posições no governo, investidas de diferentes tipos de poder. Então os detentores desses poderes, mutuamente contidos de modo que não prevaleça o interesse de nenhum deles, se aproximam daqueles interesses dos governados que representam a média dos interesses de todos. Essa é a vantagem da divisão de poderes. Não se deve, entretanto, criar ilusões sobre a eficácia dessa medida, nem imaginar que esses dois conjuntos de interesses chegarão um dia a se amalgamar completamente.

Uma máxima incontestável é que é sempre do interesse do maior número de pessoas que as coisas caminhem bem, e não mal. Algumas vezes é do interesse da menor quantidade de pessoas que tudo vá mal, e não bem.

Em segundo lugar, se examinarmos as diversas maneiras pelas quais os governantes podem exorbitar seus poderes, descobriremos que seu interesse não é o de não se exceder, mas de fazer isso até certo ponto. Por exemplo, eles têm interesse em não desperdiçar as receitas do estado de modo a empobrecê-lo ou acabar com seus recursos. Mas gostam de se apropriar da maior parcela possível de tais recursos para distribuí-los pelos apaniguados e para empregá-los em pompa e demonstrações sem sentido. Entre o que é certo e necessário e o que é obviamente perigoso, o fosso é vasto, e, supondo-se prudência e uma dose comum de patriotismo da parte dos governantes, podemos conjecturar corretamente que, se não forem contidos, eles se aproximarão ao máximo da última linha, sem ultrapassá-la. O mesmo se dá com as aventuras militares. Eles não se exporão à possibilidade de serem esmagados pelos maiores efetivos de seus inimigos. Não farão incursões gratuitas ao território de seus rivais. Mas podem se engajar, ao seu bel-prazer, em empreitadas guerreiras. Tirarão proveito dessa capacidade para provocar ou dar continuidade a guerras que, sem representar a perda do Estado, fortalecerão seu poder, que sempre cresce em tempos de perigo. Com tal finalidade, sacrificarão a paz pública e o bem-estar de muitos cidadãos. Ademais, o mesmo também se passa com as ações despóticas. Os governantes evitarão causar sublevações populares pela multiplicação de aborrecimentos além da medida. Dar-se-ão, contudo, o direito a opressões menores: estas estão na natureza das coisas; fazem parte do interesse pessoal [466] de governantes individuais. Quando elas não estão nos seus interesses duradouros ou conscientes, provavelmente fazem parte dos passageiros, de suas paixões e de seus caprichos, o que nos basta para que as temamos e para que nos antecipemos. A própria hipótese de que eles terão um certo comedimento a respeito de tais abusos se baseia na prudência e na ilustração que a eles atribuímos. Mas eles podem ser iludidos por falsas iniciativas, impulsionados por paixões repulsivas. Então toda a moderação se dissipará e os excessos atingirão um ápice.[6] Dizer que os interesses dos governantes são sempre condizentes com os dos governados é entender os interesses dos governos de forma abstrata. Seria cometer em relação aos governos o mesmo erro em que Rousseau incorreu quanto à sociedade. Há uma observação a acrescentar. Aceitemos por um momento esse princípio. Concordemos que um monarca, separado

---

[6] Veja a nota A de Constant no fim do Livro XVII.

por imensa distância de seus súditos, nada tem a ganhar com a felicidade dos indivíduos e, mesmo por uma questão de capricho, em ofender os indivíduos. Mas o governo não é feito apenas de um homem que está à testa do Estado. O poder se subdivide; é compartido por milhares de subalternos. Logo, não é verdade que os numerosos membros do governo não têm nada a ganhar com a infelicidade dos governados. Cada um deles tem, ao contrário, muito próximo a ele, alguém de posição igual ou inferior, cujas perdas o enriqueceriam, cujos campos aumentariam sua opulência, cuja humilhação afagaria sua vaidade, cujo banimento o livraria de um inimigo, de um rival, de um inconveniente monitor. Se é verdade que, em alguns aspectos, os interesses do governo, considerados no topo da escala social, sempre coincidem com os das pessoas, não é menos incontestável que os interesses das camadas inferiores do governo podem, com freqüência, se opor aos dessas mesmas pessoas. Uma conjuminância impossível de se esperar seria necessária caso supuséssemos que o despotismo é compatível com a felicidade dos governados. No cume da hierarquia política estaria um homem sem paixões pessoais, fechado ao amor, ao ódio, ao favoritismo, à raiva, à inveja, um homem ativo, vigilante, [467] tolerante com qualquer opinião, que não vincula *amour propre* à persistência nos erros cometidos, consumido pelo desejo do bem, e sabendo, ainda assim, como resistir à impaciência e respeitar os direitos de seu tempo. Mais abaixo na escala do poder, estariam ministros dotados das mesmas virtudes, numa posição de dependência, mas não servil, em meio ao despotismo, sem serem tentados a concordar com ele por medo, ou abusar dele por auto-interesse; e, por fim, em todos os lados das posições mais baixas, haveria a mesma combinação de qualidades raras, a mesma segurança, o mesmo amor pela justiça, a mesma ausência de egoísmo. Se um único elo dessa cadeia artificial se rompe, tudo corre perigo. As duas partes assim separadas permaneceriam perfeitas, mas não haveria garantia do bem. A verdade não mais caminharia com precisão até o topo do poder; a justiça não mais desceria, pura e total, até as classes obscuras dos governados. Uma mera transmissão errada seria suficiente para iludir o governo, para fazer com que pegasse em armas contra inocentes. Quando se alega que a liberdade política não é necessária, acredita-se que as relações se dão apenas com o chefe do governo, mas, na realidade, elas passam por todas as faixas inferiores, e a questão não é mais de se atribuir a um só homem qualidades de distinção e de impecável imparcialidade. É preciso que se imagine a existência de centena ou centenas de angélicas criaturas que se coloquem acima das fraquezas e vícios da humanidade.[7] Se colocarmos a felicidade dos governados nos prazeres puramente físicos, é possível dizer-se com alguma razão que o interesse dos governantes, sobretudo nas grandes sociedades modernas, será o de quase nunca estorvar os

---

[7] Encontra-se algo de um eco, ainda muito claro, desse tema sobre o poder subalterno em *La France nouvelle*, de Prévost-Paradol. De fato, ele diz em seu prefácio: "Quem pode me dizer, no entanto, que, ao produzir este livro, não laborei sobretudo pelo progresso de algum agente subalterno, capaz de pensar que tem interesse em colocar as mãos neste inocente tratado sobre política e história, talvez para provar seu zelo, talvez porque, ainda mais inocentemente, ao não descobrir nada de repreensível neste escrito, está temeroso exatamente por causa disso, ou seja, de tê-lo entendido imperfeitamente e receia não ter ficado suficientemente escandalizado", pp. ii-iv na edição de M. Lévy, 1868. Mais adiante, ele repete: "Estamos portanto reduzidos, quando pegamos de nossa pena, a nos vermos a braços não só com a calculada resolução dos que realmente têm poder, mas com a avidez tola dos que possuem o menor fragmento desse poder". *Ibid.*, p. v.

governados nesses deleites. Se, contudo, colocarmos a felicidade dos governados em patamar mais elevado, o do desenvolvimento de suas faculdades intelectuais, o interesse da maioria dos governos será o de barrar tal desenvolvimento. Ora, como é da natureza da raça humana resistir à vontade de interromper o [468] desenvolvimento de suas faculdades, o governo tem que recorrer à coerção para conseguir seu objetivo. O resultado é que, por vias transversas, ele fará pressão sobre os prazeres físicos dos governados para dominá-los em áreas de suas existências que parecem ter apenas conexões distantes com esses prazeres.

Finalmente, tem sido repetido todos os dias que o interesse claro de todo homem é o de não infringir as regras da justiça, mas, ainda assim, leis são formuladas e punições estabelecidas para os criminosos. Com que freqüência observam-se infindáveis desvios dos homens de seus interesses claros! Por certo, é lícito que se espere a mesma coisa dos governos!

A liberdade política é acusada de colocar os homens em estado de perene agitação. Pode-se facilmente mostrar que, enquanto a conquista de tal liberdade pode inebriar escravos, o desfrute dela forma homens que merecem sua posse. Se tal assertiva contra a liberdade fosse provada, nada resultaria disso em favor do despotismo. Se déssemos ouvidos aos defensores de tal política vergonhosa, a teríamos como garantia certeira da paz. Todavia, se examinarmos a história, veremos que o poder absoluto quase sempre desaba no momento em que os longos esforços despendidos para livrá-lo de todos os obstáculos parecem prometer a ele a mais longa das durações.

O reino da França, diz M. Ferrand, III, 448, "congregou sob a autoridade única de Luís XIV todos os meios de força e prosperidade... A grandeza da nação foi por muito tempo retardada por todos os vícios com que um momento de barbarismo a sobrecarregou, e cujo depósito enferrujado ela precisou de sete séculos para remover completamente. Mas essa ferrugem se foi. Todas as molas acabaram de receber uma têmpera final. A ação delas ficou mais livre, seu papel, mais ágil e mais preciso. Não mais são controladas por uma miríade de movimentos externos. Agora, só um movimento dispara todos os outros".[8] Bem, qual foi o resultado de tudo isso, dessa energia singular e poderosa, dessa preciosa unidade? Um reino brilhante, depois um vergonhoso, em seguida um fraco e, depois, uma revolução. No recém-publicado *Memórias* de Luís XIV, [469] esse príncipe é complacentemente encontrado contando os detalhes de todas as operações para a destruição do poder do corpo de juízes (*Parlement*), do clero, de todos os poderes intermediários. O monarca não pára de se congratular pelo restabelecimento ou crescimento da autoridade real. Sustenta isso como mérito de sua parte aos olhos de seu sucessor. Ele escrevia sobre 1666. Cento e vinte e três anos mais tarde, a monarquia estava derrubada.

Na Inglaterra, o poder absoluto foi estabelecido sob Henrique VIII; Elizabeth o consolidou. As pessoas deliraram com o poder absoluto de sua rainha. Mas seu sucessor se envolveu em intermináveis batalhas contra a nação que as pessoas julgavam subjugada, e o filho desse sucessor perdeu a cabeça no cadafalso. Os quatorze séculos da monarquia francesa são constantemente apresentados como prova da estabilidade do poder absoluto, mas desses qua-

---

[8] A citação de Ferrand vem da p. 449, sobretudo, e na segunda edição de 1803.

torze doze foram consumidos na luta contra o feudalismo, um sistema opressor, mas por demais diferente do despotismo de um só homem. Não existe governo, nenhum, menos monárquico que o da terceira linhagem, especialmente nos últimos três séculos, diz um escritor que é, além do mais, adepto extremo da monarquia absoluta.[9] Vejam, senhores apologistas do despotismo, o sistema que vocês favorecem tem três alternativas: ou ele instiga o povo a derrubá-lo; ou enfraquece o povo, e então, se os estrangeiros atacarem, o derrubarão; ou, se os estrangeiros não atacarem, ele se desgastará mais lentamente, mas de uma maneira mais vergonhosa e inevitável. Tem sido dito com freqüência que a prosperidade das repúblicas é fugaz. A do poder absoluto é muito mais. Nenhum estado despótico permaneceu em pleno vigor por tanto tempo quanto a liberdade inglesa. A razão para isso é simples. A liberdade política que serve como barreira para o governo é também um suporte para ele, guiando seu caminho, sustentando seus esforços, moderando-o em seus surtos de loucura e encorajando-o nos momentos de apatia. A liberdade política reúne em torno do governo os interesses de todos os diversos grupos. Mesmo quando ela luta contra o governo, [470] impõe a ele certos controles que tornam seus desvios menos ridículos e seus excessos menos abomináveis. Quando a liberdade política é totalmente destruída, o governo, não encontrando nada para dirigi-lo ou limitá-lo, tende a sair do controle. Seus passos se tornam desiguais e erráticos. Por vezes, se enraivece, e nada o aplaca. Noutras, se abate, e nada o anima. Achando que se livra dos oponentes, ele está é perdendo aliados. Tudo confirma esta máxima de

---

[9] Veja a nota B de Constant no fim do Livro XVII.

Montesquieu: à proporção que o poder do monarca vai se tornando imenso, sua segurança vai diminuindo.[10]

Capítulo quatro
Apologia ao despotismo por Luís XIV

É bastante curioso ouvir o que Luís XIV tem a dizer sobre despotismo. O monarca faz-lhe, com muita habilidade, uma apologia.

"Devemos permanecer de acordo", diz ele, "que nada concorre com tanta segurança para a felicidade e a paz nas províncias do que a reunião perfeita de toda a autoridade na pessoa do soberano. A menor divisão procedida nessa autoridade sempre produz grandes infortúnios, e, se as partes dela separadas caírem em mãos de certos indivíduos ou de certos grupos, inevitavelmente estabelecerão condição violenta. O príncipe que tem de manter o reino unido em sua pessoa não pode permitir o desmembramento sob pena de ser responsabilizado pelos malefícios que dele fluem... Sem contar as revoltas e guerras internas, que a ambição dos poderosos sempre causa quando não está sob controle, mil outros males resultam também da frouxidão do soberano. Os que estão próximos a ele, os primeiros a perceber tal debilidade, são também os primeiros a querer tirar vantagem dela. Cada um deles, tendo necessariamente pessoas que agem como ministros para sua ganância, autoriza que eles o imitem. Assim, gradualmente, a corrupção se alastra por todos os cantos e torna-se igual em todos os ofícios... de todos esses crimes, só o povo é vítima. É só à custa do fraco e do pobre que

---
[10] Ver a nota C de Constant no fim do Livro XVII.

tantas pessoas [471] conseguem acumular suas monstruosas fortunas; em vez de ter um único rei, o povo acaba com mil tiranos".[11]

Todo esse raciocínio se fundamenta no erro que esta obra procura refutar. Julga-se que o despotismo tem que estar sempre em algum lugar, seja nas mãos de um só homem, seja nas de diversos. Em vez de despotismo, no entanto, podemos colocar no seu lugar alguma coisa chamada liberdade. Então, não se segue em absoluto que, do fato de o chefe do poder supremo ter apenas autoridade limitada, os agentes subalternos ficam de posse daquilo que torna absoluta a autoridade do chefe. Eles também só têm autoridade limitada. Longe de se ter a opressão se espalhando e descendo de degrau em degrau, todos ficam contidos e são controlados. Luís XIV nos pinta um quadro de um governo livre como se o despotismo estivesse nele por todos os lados e a liberdade em lugar algum. O caso é exatamente o contrário. O despotismo não está em lugar algum desse governo porque a liberdade está por todos os cantos. A fraqueza de um governo absoluto representa o infortúnio das pessoas porque o poder fica aleatoriamente à deriva e o mais forte o captura. Limites inteligentemente estabelecidos são a boa sorte das nações, porque circunscrevem o poder de tal forma que ninguém pode abusar dele.

---

[11] *Mémoires de Louis XIV*, ed. cit., pp. 17-19.

Notas de Constant

A. [Referente à p. 638]

É insano acreditar-se, diz Spinoza, que só aquela pessoa não será levada por suas paixões, cuja situação é tal que ela é cercada pelas tentações mais fortes e que, com mais facilidade e o mínimo risco, cede a elas.[12] "A justiça soberana de Deus", diz Ferrand, "deriva do poder soberano". Disso ele conclui que o poder soberano nas mãos de um homem tem que ser a justiça soberana; mas ele deveria ter provado que esse homem seria um Deus. *Esprit de l'histoire*, I, 445.[13]

---

[12] Hofmann não conseguiu localizar essa passagem de Spinoza. A idéia, no entanto, baseia-se nos Cap. 6 e 7 do *Traité de l'autorité politique*, na discussão sobre monarquia. *Oeuvres complètes*, de Spinoza, texto traduzido, revisado e apresentado por Roland Caillois, Madeleine Francès e Robert Misrahi, Gallimard, 1954, pp. 1008-1046.

[13] A referência é à segunda edição de 1803. O sentido exato da frase de Ferrand só se entende lendo-se todo o parágrafo da qual ela é extraída. "Numa palavra, o interesse do soberano legítimo é manter [472] tudo em ordem. Portanto, quanto mais legal a força que tem, mais a ordem será mantida. A justiça soberana de Deus vem desse poder soberano."

[472] B. [Referente à p. 643]
Esprit de l'histoire, de M. Ferrand, III, 38.[14]

C. [Referente à p. 644]
Esprit des lois, Livro VIII, Cap. 7.

---

[14] Antoine Ferrand, *op. cit.*, 2e éd, 1803, t. III, p. 38, n. I: "Conseqüentemente, não existe governo menos monárquico do que aquele da segunda linhagem, durante os últimos cem anos". Noutro local, no mesmo tom, Ferrand diz: "Examinar o caráter de todos os reis da terceira linhagem é se convencer de que apenas um, Luís XI, foi capaz de organizar e executar essa aventura" ["levar a autoridade real a dar um passo adiante maior que todos os dados até então," *ibid.* p. 147].

LIVRO XVIII

Dos Deveres dos Indivíduos em Relação à Autoridade Política

Cap. 1.   Dificuldades com respeito à questão da resistência. 651
Cap. 2.   Da obediência à lei. 653
Cap. 3.   Das revoluções. 664
Cap. 4.   Dos deveres dos homens ilustrados durante as revoluções. 667
Cap. 5.   Continuação do mesmo assunto. 678
Cap. 6.   Dos deveres dos homens ilustrados depois de revoluções violentas. 686

Capítulo um

Dificuldades com respeito à questão da resistência

Não sendo a autoridade política limitada, é evidente que os deveres dos indivíduos em relação a ela também não o são. Tais deveres diminuem proporcionalmente às violações governamentais dos aspectos da vida individual que fogem à sua jurisdição. Quando tais violações atingem o limite da aceitabilidade, é impossível que não resulte a resistência.

Governo é como taxação. Cada pessoa concorda em sacrificar uma parcela de sua riqueza para custear os gastos públicos, cujo propósito é garantir a essa pessoa o desfrute das posses que lhe sobram; mas se o estado demandar de cada pessoa toda a sua riqueza, a garantia que oferece será ilusória, já que não há coisa alguma a ser garantida. Da mesma forma, cada pessoa concorda em sacrificar parte de sua liberdade para que a restante fique assegurada; mas se o governo invadir toda a sua liberdade, o sacrifício não terá sentido.

Sabemos todos os perigos inerentes à bem-conhecida questão da resistência. Sabemos para que abusos e crimes ela abre caminho. Ninguém hoje em dia pode proferir a palavra revolução sem sentir um desassossego que beira o remorso. Não obstante, seja qual for a linha tomada na questão da resistência, ela sempre apresentará uma série de dificuldades.

Nos países em que a autoridade está dividida e em que os detentores de tal autoridade a disputam entre si, fica-se na obrigação de escolher entre eles, e a resistência contra uma parte ou outra nos é forçada. A constituição inglesa requer que as duas câmaras e o rei cooperem no estabelecimento de impostos e na formulação de leis. Se o monarca quiser elevar as taxas [476] em oposição a uma das duas câmaras, obedecer a ele seria resistir à autoridade legal do Parlamento. Se uma ou ambas as câmaras desejam passar uma lei independentemente da sanção real, obedecer a elas seria resistir à autoridade legal da coroa.

No entanto, mesmo nos países em que o poder está concentrado numa só pessoa, a questão da resistência não é tão simples quanto parece. Por certo, cabe a cada indivíduo resistir ou não ao governo, mas não lhe cabe evitar que outros resistam ou o derrubem. Ora, se o governo for derrubado, dever-se-ia imediatamente juntar forças com o novo governo? Esse princípio sancionaria qualquer afronta violenta. Seria fonte fértil de todos os malefícios que se batalham para evitar, de vez que daria à audácia a contínua atração da recompensa ao legitimar seu sucesso inicial. Movimentos que provocam a queda de governos usurpadores são atos de resistência, da mesma forma que o são aqueles que derrubam governos estabelecidos. A queda do Comitê de Segurança Pública foi, simplesmente, um ato de resistência. Será que deveríamos ficar para sempre submissos ao Comitê de Segurança Pública? Se dissermos que o poder vem de Deus, então Cartouche era um desses poderes e Robespierre um outro. Mas o problema ainda não estaria resolvido. Governos anteriores podem, depois de sua queda, ainda possuir recursos, adeptos e esperanças. Em que momento, por quais indicações, segundo que cálculos, morais ou numéricos, o dever dos indivíduos, fundamentado no direito divino, ou em outra base qualquer que se deseje dar a ele, se transfere dos senhores prévios para os novos? Finalmente, poder-se-ia seriamente afirmar que a resistência é sempre ilegítima? Seria lícito condenar-se a resistência a Nero, a Vitélio ou a Caracala? Por vezes se julga contornar dificuldades por meio de máximas abstratas e gerais que substituem o julgamento pessoal. Mas as complexidades e nuances das circunstâncias tornam essas máximas inúteis e estéreis em sua aplicação.

Capítulo dois
Da obediência à lei

A resistência pode ser de dois tipos, a negativa, ou desobediência à lei, e a positiva, ou oposição ativa ao governo.

Examinemos primeiro a resistência negativa, uma questão menos complicada [477] e menos perigosa de analisar do que a positiva. Todavia, ela também tem sua dificuldade particular.

A autoridade do governo pode ser limitada de maneira precisa, porque a lei pode fazê-lo. Tal limitação é externa. É fácil ver-se quando é transgredida. Entretanto, o mesmo não se dá com a jurisdição da lei. Sendo a lei a única regra escrita que pode existir, é muito menos fácil dizer-se o que constitui uma transgressão a ela.

Pascal,[1] o chanceler Bacon[2*] e muitos outros como eles simplificaram a discussão afirmando que, em princípio, tem-se que obedecer à lei sem questionamento porque ela é a lei. Para refutar essa assertiva, precisamos apenas identificar seu significado estrito.

Será que a afirmação de que o nome "lei" é sempre suficiente para impor sua obediência? Se um determinado número de homens, ou mesmo um só deles, declara que a lei é a expressão de sua vontade individual, estarão os outros homens da sociedade obrigados a se conformar com isso? Uma resposta afirmativa é absurda, mas uma negativa implica que o título "lei" não impõe um dever de obediência, e que este dever supõe uma identificação anterior da fonte da qual a lei deriva.

Seria o questionamento permitido quando se tratasse de uma questão de estabelecer que aquilo que a nós está sendo apresentado como lei derivava de uma autoridade legítima e que, [478] uma vez esclarecido esse ponto, não haveria mais lugar para exame a respeito do conteúdo da lei?

Em primeiro lugar, se quisermos sempre permitir que sejam analisados os abusos inevitáveis de todas as faculdades garantidas

---

[1] Constant está provavelmente lembrando dos *Pensées*, Fragmento nº 60, em que o autor declara, por exemplo: "O costume é o todo da igualdade, porque recebido. Esta é a base mística de sua autoridade. Quem quiser reduzi-lo a princípios o estará destruindo. Nada é tão falso quanto essas leis que corrigem erros. Quem a elas obedece porque são justas obedece aquilo que imagina ser justiça, mas não a essência da lei. A lei é toda uma peça. É a lei e nada mais. Aquele que procurar sua razão as descobrirá débeis e insignificantes..." *Oeuvres complètes*, de Blaise Pascal, edição e anotação por Louis Lafuma, Paris, Le Seuil, 1963, p. 507, (L'Intégrale).
[2] Veja a nota A de Constant no fim do Livro XVIII.
* Francis Bacon [1561-1626] foi Lord Chancellor das colônias inglesas na América. (N. T.)

ao homem, o exame da legitimidade da autoridade legislativa abrirá o caminho para perturbações tão grandes quanto o exame da própria lei.

Em segundo lugar, uma autoridade só é legítima em virtude da função a ela conferida. A municipalidade e um magistrado de tribunal policial são autoridades legítimas. Contudo, deixarão de ser caso se arvorem o direito de fazer leis. Em todos os sistemas, por conseguinte, deve ser assegurado aos indivíduos o emprego de sua inteligência, qualquer que seja o sistema, não só para o entendimento do caráter das autoridades como também para o julgamento de suas ações. Isso significa que o conteúdo das leis tem que ser investigado, assim como suas fontes.

Vemos, em conseqüência, que a proposição de Pascal é ilusória, já que não queremos que ela leve ao absurdo.

O homem tem o direito de usar seu aprendizado, pois é o único instrumento de entendimento que possui, para avaliar as fontes de uma lei. Caso se lhe recuse isso, fica-se à mercê de seu ataque quando ele seguir o primeiro proscrito que se autodenominar formulador de leis.

Além do mais, o homem detém o direito de examinar o conteúdo de uma lei, porque só em termos de conteúdo é que podemos determinar a legitimidade de sua fonte. Se esse direito é desafiado, permite-se que a mais subalterna das autoridades usurpe, infindável e desordenadamente, toda a autoridade existente.

Note-se que as próprias pessoas que declaram estritamente obrigatória a obediência às leis fazem uma exceção à regra que mais as sensibilizam. Pascal excetua a religião. Ele não se curva absolutamente à autoridade civil no que respeita às questões religiosas;

e ele enfrentou corajosamente a perseguição pela desobediência nesse particular.

[479] Levado pela determinação de não reconhecer nenhuma lei natural, Bentham foi obrigado a asseverar que apenas a lei criava ofensas, que qualquer ação proibida pela lei se tornava um crime;[3] e, dessa forma, tal obstinação manteve esse escritor, o qual, diga-se de passagem, se opõe de todas as formas aos erros e usurpações do governo, nas fileiras mais retrógradas da obediência servil e absoluta.

Felizmente, ele se desdiz em sua definição de ofensas. "Uma ofensa", diz, "é um ato do qual resulta malefício".[4] Mas será que uma lei que proíbe ação da qual não resulta malefício cria uma ofensa? Sim, replica ele, posto que, ao vincular uma penalidade àquela ação, a lei afirma que dela resulta um malefício.[5] Com esse entendimento, a lei pode vincular uma penalidade ao fato de eu salvar a vida de meu pai, de eu não o matar. Seria isso suficiente para fazer do amor filial um crime e do parricídio uma obrigação? E tal exemplo, por mais horrível que possa ser, não é uma especulação vazia. Não vimos a condenação, em nome da lei e em milhares de revoluções políticas, de pais que salvaram seus filhos, e de filhos que socorreram os pais?

Bentham refuta ainda mais a si mesmo quando fala sobre ofensas imaginárias.[6] Se a lei cria ofensas, nenhuma ofensa criada pela lei seria imaginária. Tudo o que a lei catalogasse como criminoso o seria.

---

[3] Veja a nota B de Constant no fim do Livro XVIII.
[4] Jeremy Bentham, *op. cit.*, t. I, p. 158.
[5] Constant, baseando-se no que Bentham diz, *ibid.*, t. II, pp. 382-383, parece imaginar que a resposta do último seria sobre "o malefício que a lei penal produz".
[6] Veja a nota C de Constant no fim do Livro XVIII.

O autor inglês faz uso de uma comparação muito apropriada para esclarecer a questão. Certas ações inocentes em si mesmas, diz ele, são classificadas como ofensas, da mesma maneira que entre certos povos alimentos saudáveis são tratados como coisas venenosas ou impuras.[7] Não se segue daí que, da mesma forma que o engano dos povos não transforma em veneno o alimento saudável que eles visualizam como tal, o erro da lei não converte em ofensas as ações inocentes [480] que ela declara culposas? Acontece vezes sem conta que, quando falamos abstratamente sobre lei, supomos que ela é o que deveria ser. Mas quando nos preocupamos em termos práticos sobre o que ela é, descobrimos ser bem diferente. Daí as infindáveis contradições de teorias e termos.

A palavra "lei" é tão vaga quanto "natureza". Violar a última é derrubar a sociedade. Violar a primeira é tiranizar os indivíduos. Se tivermos que escolher entre as duas, pelo menos a palavra "natureza" evoca uma idéia que é virtualmente a mesma para todos os indivíduos. O vocábulo "lei" pode ser aplicado a idéias completamente opostas.

Quando nossas ordens incluíram o assassinato, a denúncia e a espionagem, tais ordens não foram dadas em nome da natureza. Qualquer um sentiria logo haver contradição nos termos; elas foram demandadas de nós em nome da lei, portanto, não há mais uma contradição.

---

[7] Jeremy Bentham, *op. cit.*, t. II, pp. 380-381. Eis a passagem à qual Constant se refere: "Caso se tenha captado a idéia de ofensa genuína, será fácil distingui-la de ofensas de males imaginários, aqueles atos inocentes em si mesmos, considerados entre as ofensas por preconceitos, antipatias, erros administrativos e princípios ascetas, quase como os alimentos saudáveis que são considerados comida venenosa e impura entre certos povos. A heresia e a feitiçaria são ofensas dessa classe".

Querer deixar a natureza totalmente fora do contexto num sistema legislativo é tirar das leis, simultaneamente, sua sanção, sua base e seu limite. Bentham chega mesmo a dizer que sendo qualquer ação, por neutra que seja, sujeita a proibição por lei, então teríamos que dever à lei o direito de sentar ou levantar, de entrar ou sair, de comer ou não comer, porque a lei poderia nos proibir de executar esses atos.[8] Devemos essa liberdade à lei, da mesma forma que o vizir, que agradecia todos os dias a sua alteza por sua cabeça ainda estar sobre os ombros, já que o sultão não o havia decapitado.[9] Mas qualquer lei que dispusesse sobre essas coisas insignificantes o faria de forma ilegítima, posto que não seria uma lei.

[481] A obediência à lei é, sem sombra de dúvida, um dever; mas esse dever não é absoluto, e sim relativo. Ela se fundamenta na suposição de que a lei flui de sua fonte natural e é confinada dentro de limites legítimos. Tal dever não cessa absolutamente quando a lei apenas se desvia de sua regra em uns poucos aspectos. A paz pública merece muitos sacrifícios. Seríamos moralmente responsabilizados se, através de uma ligação muito inflexível aos nossos direitos, resistíssemos a todas as leis que aparentemente nos ameaçassem. Todavia, nenhum vínculo nos liga a essas chamadas

---

[8] *Ibid.*, t. I, p. 157: "Posso permanecer de pé ou sentar-me, entrar ou sair, comer ou não comer etc. A lei não diz nada a esse respeito. O direito que exercito nesse particular, no entanto, eu o derivo da lei, porque é a lei que criminaliza toda a violência pela qual as pessoas podem tentar evitar que eu aja ao meu bel-prazer".

[9] Essa história apareceu antes no *Journal intime* de 21 de dezembro de 1804: "Em meio a todo esse devaneio, a idéia que me domina é a do turco que disse: 'Dou graças todos os dias a Sua Alteza por deixar minha cabeça sobre meus ombros'".

leis cuja influência corruptora ameaça o que há de mais nobre em nosso ser, a essas leis que não só restringem nossa liberdade legítima e se colocam no caminho de ações que não têm o direito de proibir, mas também demandam de nós outras que contrariam os princípios eternos de justiça e piedade, umas às quais o homem não pode aderir sem falsear sua natureza.

O próprio teórico político que refutamos anteriormente concorda com essa verdade.[10] Se a lei, afirma ele, não é o que deveria ser, a obedecemos ou a violamos? Devemos permanecer neutros entre a lei, que requer o nocivo, e a moralidade, que o proíbe? Temos que ver se os malefícios prováveis da obediência são menores que os da desobediência. Ele admite nessa passagem o direito ao julgamento individual que nega alhures.

A doutrina da obediência ilimitada à lei talvez venha sendo causa de mais infortúnios do que todos os outros erros que levaram o homem a perder seu rumo. As paixões mais execráveis penetraram abaixo dessa convenção e, sob sua superfície impassível e imparcial, cometeram toda a sorte de excessos. Será que se deseja colocar sob uma só perspectiva as conseqüências da doutrina da obediência cega e implícita à lei? Lembremo-nos, então, que os imperadores romanos fizeram leis, que Luís XI também as formulou, que Ricardo III fez leis e que o Comitê de Segurança Pública igualmente as fez! Não existe sentimento natural que lei já não tenha proibido, nenhum dever cujo cumprimento a lei não tenha punido, nenhuma virtude que a lei não tenha proscrito, nenhum afeto que a lei não tenha penalizado, nenhuma traição que a lei não tenha recompen-

---

[10] Veja a nota D de Constant no fim do Livro XVIII.

Qualquer lei que divida os cidadãos em grupos, que os puna por aquilo que foge ao controle deles, que os faça responsáveis por ações outras que não as suas, uma lei assim não é lei.

Não é, vamos repetir, que o recurso à resistência – sempre perigoso – seja recomendado. Ele põe a sociedade em risco. Deixemos que seja proibido, não como deferência a um poder usurpador, mas em consideração aos cidadãos que seriam privados dos benefícios da vida em sociedade pela luta continuada. Na medida em que uma lei, apesar de má, não tenda a nos depravar, enquanto as usurpações do governo demandem tão-somente sacrifícios que não nos tornem ignóbeis ou selvagens, podemos aquiescer a elas. Comprometemo-nos apenas com o que for de nosso interesse. Se, no entanto, a lei requer que pisoteemos em nossas afeições e deveres, se, com o pretexto absurdo de uma devoção gigantesca e falsa àquilo que, por turnos, é chamado de monarquia ou república, ou príncipe, ou nação, ela nos proíbe fidelidade a amigos que enfrentam necessidades, demanda de nós traição a nossos aliados, ou mesmo perseguição a inimigos vencidos, então que se execre esse governo corrupto e não se deva obediência a ele, e também à lista de injustiças e crimes que ele ornamenta com o nome de lei.

[484] Um dever positivo, generalizado e sem reservas, sempre que uma lei parece injusta, é o de não nos tornarmos seus executores. Tal resistência passiva não implica sublevações, revoluções ou desordens. Seria um espetáculo grandioso assistir-se a um governo criminoso, formulando em vão leis sanguinárias, banimentos e deportações em massa, sem encontrar, na vasta e silenciosa nação que treme sob seu poder, nenhum executor para suas injustiças, nenhum cúmplice para seus crimes horripilantes.

BENJAMIN CONSTANT

Nada desculpa o homem que dá assistência a uma lei que crê perniciosa, o juiz que preside um tribunal que julga ilegal ou que pronuncia uma sentença da qual discorda, o ministro que faz executar um decreto contrário à sua consciência, o agente que prende um homem sabidamente inocente para entregá-lo a seus carrascos. Sob um dos mais opressores governos da França, um homem que buscava um cargo procurou escusar-se dizendo que suas alternativas eram obter uma posição ou assaltar nas estradas públicas. E se o governo recusasse suas pretensões, replicou alguém, você iria mesmo roubar?

O terror não é desculpa mais válida que todas as outras paixões vis. Ai daqueles homens eternamente comprometidos que, só com base em sua autoridade, são os agentes incansáveis de todas as atuais tiranias e os denunciantes póstumos de todas as que forem derrubadas.

Temos provas incontáveis disso. Esses homens nunca suplantam a desonra que aceitaram. Seus espíritos alquebrados jamais recuperam uma postura independente. Debalde, fingimos, seja por cálculo, seja por gentileza ou compaixão, ouvir suas desculpas esfarrapadas e infelizes. Em vão, aparentamos estar convencidos de que, por alguma maravilha inexplicável, eles de repente recobraram sua coragem desaparecida há muito tempo. Eles mesmos não acreditam nisso. Não mais têm capacidade de esperança em causa própria. [485] Arrastam atrás de si a lembrança profunda do inexpiável opróbrio, e suas cabeças, curvadas pela canga que carregavam, inclinam-se, impotentes e por hábito, para receberem outra.

Irão nos dizer que servem de executores de leis injustas apenas para amainar seu rigor, que os governos com os quais concordaram em ser depositários fariam coisas ainda piores se recorressem a mãos menos puras. Tratativas mentirosas que abrem uma carreira sem peias para todos os crimes. Cada homem negocia com sua própria consciência, e para cada nível de injustiça os tiranos encontram valorosos executores. Não vejo por que, com uma argumentação dessas, a pessoa não se torna carrasco da inocência, argumentando que a estrangularia com mais gentileza. É mil vezes melhor que as leis daninhas sejam executadas por homens obviamente criminosos.

Esses homens duvidosos, se bem que ainda não-maculados, abrandam o ódio das mais terríveis instituições aos olhos das pessoas, que assim se acostumam com elas. Sem eles, sem o prestígio de seus nomes superestimados, as instituições seriam solapadas desde o início pela indignação pública. Depois, quando o mal chega ao extremo, essas almas de valor saem de cena e deixam o caminho livre para os patifes. Dessa forma, o serviço que prestam é acobertar assassinos, que ainda são fracos, dando-lhes tempo para que se tornem mais fortes.

Capítulo três
Das revoluções

Seria esforço infantil procurar ofertar aos indivíduos regras fixas relativas à revolução. As revoluções partilham a natureza das sublevações físicas. Causas obscuras as preparam. A chance as decide da mesma forma que pode retardá-las. A circunstância mais frívola, ou um evento menos importante que milhares deles e que não produziu efeito algum, por vezes se constitui em sinal inesperado para um movimento subversivo. A fúria contagiosa se alastra. Os espíritos ficam excitados. Os cidadãos se sentem compelidos, como se, involuntariamente, [486] a derrubar a ordem existente. Os chefes são deixados bem para trás pela multidão, e a revolução opera sem que ninguém realmente saiba o que as pessoas querem destruir e o que querem edificar.

Seria impossível julgar revoluções, de uma forma geral, por suas conseqüências. Nem todas foram medonhas. A expulsão dos tarquínios estabeleceu a liberdade romana. A insurreição suíça resultou em perto de cinco séculos de paz e boa sorte para a Suíça. O banimento dos Stuarts proporcionou à Inglaterra vinte anos de prosperidade. Os holandeses devem à rebelião de seus ancestrais um longo período de paz e de liberdade civil. O levante americano foi seguido por acordos políticos que permitem ao homem o mais livre desenvolvimento de suas faculdades. Outras revoluções tiveram resultados diferentes: a da Polônia, por exemplo, a de Brabante sob José II, diversas na Itália, e ainda outras.

É só ao governo que se pode dar conselhos úteis para que se evitem revoluções. A mais absoluta resignação por parte dos indivíduos é uma garantia impotente contra essas crises terríveis, porque tal resignação não pode exceder certos limites. Injustiças duradouras, insolência repetida e crescente, mais difícil ainda de agüentar que a injustiça, a intoxicação de poder, os choques do governo, que ofendem todos os interesses um atrás do outro, ou sua negligência, que se recusa a ouvir as queixas e acumula recriminações: tudo isso produz, mais cedo ou mais tarde, tal fadiga, tal descontentamento, que não há conselho de prudência que aplaque a excitação do clima criado. Ela penetra em todas as mentes como o ar que se respira.

Torna-se sentimento habitual, *idée fixe* de todos. As pessoas não se reúnem para conspirar; mas todos os que se reúnem conspiram.

É em vão, então, o governo esperar manter-se pela força. É uma questão de aparências. A realidade não existe. Os governos são como aqueles corpos atingidos por um raio. Seus contornos externos continuam os mesmos, mas o menor vento e o mais leve choque são suficientes para reduzi-los a pó.

Sejam quais forem os meios físicos que circundem os que estão no poder, é sempre a opinião pública que cria, reúne, mantém disponíveis e dirige esses meios. Tais soldados, que a nós parecem, e de fato são em tais e tais momentos, máquinas cegas, [487] esses soldados que atiram indiscriminadamente em concidadãos como se não tivessem compaixão alguma, esses soldados são homens que possuem faculdades morais, simpatia, sensibilidade e consciência que podem, subitamente, ser despertadas. A opinião pública tem a mesma influência sobre eles que sobre nós, e nenhuma ordem pode afetar tal influência. Observe-se ela percorrendo as fileiras da soldadesca francesa em 1789, transformando em cidadãos homens vindos de todos os lados, e não só da França, mas do mundo, reanimando espíritos esmagados pela disciplina, enfraquecidos pela devassidão, imprimindo a idéia de liberdade nessas mentes ignorantes como um preconceito, um novo preconceito, rompendo os vínculos que tantos preconceitos antigos e hábitos arraigados haviam tecido. Mais tarde, olhe-se para a opinião cambiante e ágil, por vezes apartando os soldados de seus chefes, noutras congregando-os em torno deles, transformando-os, por turnos, em rebeldes ou devotos, desafiantes ou entusiastas. Na Inglaterra, depois da morte de Cromwell, testemunhem-se os republicanos concentrando todo o poder em suas mãos, tendo à sua disposição exércitos, tesouro, autoridades civis, Parlamento e cortes. Só a opinião parva estava contra eles; de súbito, todos os seus recursos se dissolveram, tudo foi sacudido e desmoronou.

Afogar a opinião descontente em sangue é a máxima favorita de certos estadistas. Mas não se pode afogar a opinião. O sangue corre, mas a opinião sobrevive, assume de novo o controle e triunfa. Quanto mais reprimida ela é, mais terrível se torna.[11] Quando não pode falar, ela age. "Em Londres", diz um inglês, "o povo se expressa através de petições; em Constantinopla, por meio de tiros". Poderia ter acrescentado que em Londres as medidas do monarca são criticadas. Em Constantinopla, ele não é censurado, é simplesmente estrangulado.

Capítulo quatro
Dos deveres dos homens ilustrados durante as revoluções

Será que deveríamos concluir que, pelo fato de as vontades dos indivíduos terem pequena influência nas causas das revoluções, em meio a essas convulsões sociais, cada pessoa açoitada pela tempestade rende-se sem resistência às ondas ingovernáveis, como no dia-a-dia, submetendo-se [488] aos eventos cuja rápida sucessão as conduzem, buscando orientação na sorte? Não penso que é assim. Na mais tempestuosa das circunstâncias, há sempre uma direção indicada pela moralidade. Por conseguinte, existe sempre um dever a ser cumprido.

---
[11] Veja a nota E de Constant no fim do Livro XVIII.

Dois movimentos são naturais para qualquer nação que derruba instituições julgadas opressoras e viciadas. O primeiro é o de querer ver tudo destruído e erigido de novo; o segundo, de demonstrar severidade implacável contra aqueles que lucraram com os vícios das instituições anteriores. Esses dois movimentos são precisamente os que tornam as revoluções horrendas, os que fazem as pessoas ultrapassarem suas necessidades, prolongam a duração dos levantes e põem em risco seu sucesso. Os homens ilustrados devem se esforçar para barrá-los e suspendê-los.

As pessoas dizem que precisam tirar proveito dos períodos em que tudo está estremecido para reformular as coisas. A Assembléia Constituinte se encaixa nesse sofisma de fato muito ilusório. Aquele que receia a destruição de um edifício ainda existente e que oferece abrigo razoável acha legítimo pôr abaixo um edifício semidestruído para levantar em seu lugar um outro mais regular em suas diversas partes e no todo. E é disso que resultam os maiores males das revoluções. Não apenas todos os abusos se relacionam como também resultam de todas as idéias. A agitação é comunicada de um extremo ao outro da imensa cadeia. Destruído um abuso, um segundo é atacado, e depois um terceiro, e as pessoas se excitam com a batalha. Cedo estarão vendo tudo como abusos. Com essa base, apelam para a maioria presente ansiando pela futura, iludindo-se de que a poderão dominar ou convencer. Essas pessoas atravessam todo o espectro das idéias humanas. Correm à frente da opinião, sempre procurando arrastá-la atrás de si.

Normalmente, as revoluções são constituídas de dois estágios, um primeiro quando um sentimento unânime derruba aquilo que todo mundo julga intolerável, e um segundo quando, por intermédio de um prolongamento artificial de movimento não mais de âmbito nacional, há uma tentativa de destruir tudo o que contraria o ponto de vista de uns poucos. Se os homens ilustrados conseguem parar a revolução no primeiro estágio, suas chances de sucesso são boas. As revoluções em que esse princípio foi observado acabaram sendo as mais curtas, as mais felizes e as menos sangrentas. Os tarquínios oprimiam a liberdade romana e foram expelidos; o restante da organização de Roma permaneceu intacto, a agitação cessou, a calma foi restabelecida e a República reergueu-se e firmou-se. Sem dúvida, ao conservar constitucionalmente tudo que não era realeza, Roma deixou que persistissem muitos abusos, porém eles foram proporcionais [489] à situação da opinião. Se os reis, os sacerdotes e os patrícios de Roma fossem derrubados simultaneamente, a revolução jamais teria terminado, e Roma teria sido aniquilada.

Na Inglaterra, em 1688, os Stuarts foram depostos, mas nada de novo foi erigido. Permaneceram os Comuns, os Pares, a Carta Magna e a monarquia constitucionalmente estabelecida. Todos os elementos da ordem instituída foram remontados, reunidos e combinados. O resultado foi uma constituição que já deu à Inglaterra mais de um século de boa sorte.

O mesmo ocorreu com os americanos. Eles retiveram quase todas as instituições que vicejaram em seu meio antes da independência. Em contraste, no caso das nações que rejeitaram todas as memórias e pensaram que tudo tinha que ser modificado, reformado e construído desde as fundações, as revoluções nunca terminaram. Divisões intermináveis separam esses povos. Com cada um julgando segundo suas próprias luzes o melhor que é possível, ou prático, ou ideal, existem tantas revoluções, pelo menos tentadas, quantas são as diversas opiniões sobre esse inexaurível assunto. Cada interesse disfarçado adota uma abordagem como seu padrão, e a nação sucumbe, mais cedo ou mais tarde, ao cansaço, com seus recursos exauridos.

Uma melhora, uma reforma, a abolição de uma prática abusiva, tudo isso é útil quando segue o que a nação deseja, e se torna fatal quando precede tal desejo porque não se trata mais de um aprimoramento e sim de um ato tirânico de força. O importante não é que produza efeitos imediatos, mas que a avaliação pública se movimente nessa direção e que as instituições sejam compatíveis com as idéias.

Os indivíduos têm os mesmos deveres com a sociedade que a sociedade tem com eles. Ela não tem o direito de interromper o desenvolvimento de suas faculdades intelectuais nem de colocar limites ao seu progresso. Eles, por sua vez, não podem fazer juízo de valor sobre o progresso que a sociedade deve fazer, nem tentar carregá-la violentamente para um objetivo que contraria suas vontades presentes. Com que direito uma minoria meditaria sobre as mudanças que a maioria desaprova? Será que se trata de uma luz ou sabedoria maiores do que as possuídas pelo restante dos cidadãos, ou uma maior capacidade para sentenciar sobre o que é mais útil? Como devem ser identificadas, no entanto, essas qualidades excepcionais numa minoria? Quem julgará esses sinais característicos? Provavelmente, a própria minoria, pois a maioria não pode ser consultada. Assim, é dessa eminência particular que a minoria deriva sua missão; aprecio quase tanto os reis que derivam seu poder de Deus ou de sua espada.

[490] Todas essas reformas apressadas têm como instrumentos para a liberdade, para a melhora e para a ilustração todas aquelas

deficiências que reprovamos nos governos; elas colocam a força no lugar da razão. Não seria um absurdo perdoarmos os adeptos da revolução por aquilo que detestamos nos agentes do governo?

Os homens que se colocam na dianteira da opinião caem sem saber numa contradição bizarra. Para justificar suas iniciativas horríveis, dizem que não podem, em absoluto, roubar da presente geração os benefícios do sistema que alegam estar estabelecendo; então, para desculpar o sacrifício da geração presente, asseveram que só por horizonte estreito elas não se sacrificariam sem hesitação pelo imenso peso das gerações futuras.

Esses homens queixam-se constantemente de má vontade: uma nova contradição em termos. Não estão eles agindo em nome do povo? Não fundamentam tudo o que fazem na vontade geral? Quem pode então ter má vontade? Pode existir uma vontade da massa à qual todos os indivíduos se opõem? Se lhes dermos ouvidos, pensaremos que a vontade é um poder mágico que, por algum milagre, força o povo a fazer, constantemente, o oposto do que eles querem. Eles atribuem os infortúnios que suas políticas prematuras ocasionam à oposição que elas encontram. Isso não é de forma alguma desculpa; não se devem promover mudanças que provoquem tal oposição. A verdadeira oposição que essas mudanças encontram é a condenação de seus autores.

Existe um ponto de vista sob o qual a legitimidade de medidas violentas na busca de melhorias ainda não foi considerada. Se houvesse um sistema de governo perfeito em todas as suas partes, que, depois de estabelecido, a raça humana só precisasse relaxar, poder-se-ia escusar uma esforçada correria na direção de tal sistema, mesmo ao risco de ofender indivíduos ou gerações inteiras. Os sacrifícios seriam compensados pela eternidade garantida da felicidade para uma longa fieira de gerações futuras. Só que não existe governo perfeito. O aperfeiçoamento é gradual e indefinido. Mesmo que se consigam melhorar algumas instituições, muitas outras melhoras desejáveis restarão. O próprio aperfeiçoamento alcançado necessitará de refinamento ulterior. Dessa forma, não se está, como imaginado, causando danos incertos e temporários para se conseguir bem positivo e duradouro; seguramente se está causando danos positivos e certos na troca por vantagens temporárias, incertas e relativas.

[491] "A Assembléia Nacional", disse Chamfort, "em 1789, deu ao povo francês uma constituição mais forte que ele mesmo. Ela tem que se apressar para elevar o povo à sua altura..."[12] Os legisladores precisam agir como aqueles médicos habilidosos que, ao tratarem uma pessoa doente e exaurida, ajudam a digestão de alimentos revigorantes por meio de remédio estomacal".[13] O infeliz dessa comparação é que os legisladores, na maior parte dos casos, são pacientes que se auto-intitulam médicos.

Uma nação não pode ser sustentada num patamar para o qual suas próprias inclinações não a elevem. Para mantê-la lá é preciso tratá-la com violência, e o próprio fato de estar sendo tratada violentamente a empurrará para baixo e ela entrará em colapso.

---

[12] Chamfort afirma especificamente nesse ponto, "por meio da boa educação pública".
[13] *Maxims and Thoughts*, de Nicholas-Sébastien Roch, conhecido como Chamfort, Cap. 8 *On Slavery and Freedom: France before and after the Revolution*; em *Oeuvres de Chamfort*, coligidas e publicadas por um de seus amigos, Paris, ano III, t. IV, p. 206.

Para a tirania, diz Maquiavel, tudo tem que mudar;[14] poder-se-ia dizer, igualmente que, para mudar tudo, é necessário recorrer à tirania. É isso que o povo faz.

Quando uma nação é superficial e imitativa, ela não encontra nada mais poderoso do que *slogans* editoriais. Eles são curtos, parecem claros e são facilmente memorizados. Homens astuciosos os lançam sobre os tolos porque estes são poupados do problema de pensar e os repetem para aparentar que os entenderam. Daí o fato de proposições, cujo disparate nos surpreende quando analisadas, se infiltrarem em milhares de cabeças e serem repetidas em mil línguas diferentes, de modo que se fica incessantemente obrigado a provar aquilo que é óbvio. Entre esses *slogans* horrorosos existe um que foi repetido à exaustão durante nossa Revolução, um *slogan* a que todas as revoluções violentas convidam: [492] que o despotismo é necessário para que se estabeleça a liberdade. Esse axioma justifica todas as opressões ao longo de seus infindáveis prolongamentos, uma vez que a duração desse despotismo, ao qual se diz que a liberdade ficará credora, não pode ser especificada.

Contudo, a liberdade não tem preço, posto que confere precisão à nossa mente, força ao nosso caráter e elevação à nossa alma. Todos esses benefícios da liberdade dependem de sua existência verdadeira. Caso se use o despotismo para trazer liberdade, conseguem-se apenas formas sem valor; a essência sempre estará em falta.

---

[14] Encontramos essa mesma citação de Maquiavel nas notas de Mme. de Staël em *Des circonstances actuelles*, ed. cit., p. 382. O texto exato é o seguinte: "Mas quem deseja meramente estabelecer aquele poder absoluto que os antigos chamavam de tirania tem que, ao contrário, não deixar nada da ordem estabelecida". *Discours sur la première décade de Tite-Live*, de Maquiavel, Cap. XXV, em *Oeuvres complètes*, ed. cit., p. 441.

A vitória alcançada se oporá em sua própria essência ao espírito da instituição. E, da mesma forma que seus sucessos não persuadirão os conquistados, também não tranqüilizarão os conquistadores.

O que devemos dizer na realidade às pessoas, de modo que elas captem em suas mentes as vantagens da liberdade? Em geral o povo fica sujeito a castas privilegiadas; a maioria das pessoas vive segundo as ambições de uns poucos. Leis desiguais protegem os fortes contra os fracos. Desfruta-se apenas de prazeres precários, isto é, de direitos que o despotismo ameaça roubar a todo momento. De um modo geral, o povo não participa da formulação das leis nem da eleição dos funcionários públicos. Mas esses abusos cessam com a liberdade; todos os direitos são devidos às pessoas. No entanto, para os que desejam formar entre o despotismo e a liberdade alguma espécie de aliança insana, o que podem eles dizer? Nenhum privilégio separará os cidadãos, porém, durante todo o tempo, os homens que se nos afigurarem inimigos serão esmagados sem direito a defesa. A virtude será a única distinção entre os homens; mas aqueles dados à perseguição e à violência criarão para si, por meio da tirania, um patriciado garantido pelo terror. As leis feitas segundo a vontade do povo protegerão a propriedade; mas, a qualquer instante, o destino de indivíduos ou grupos sob suspeita será o confisco. As pessoas elegerão seus magistrados, mas se não o fizerem segundo os requisitos preparados de antemão, sua escolha será anulada. A opinião será livre, porém qualquer ponto de vista contrário não apenas à política geral [493] mas também aos mais corriqueiros atos do dia-a-dia será punido como se violação fosse. Portanto, logo depois de uma revolução para acabar com o despotismo, contra a escravidão da opinião, esse despotismo acaba reforçado mil vezes e a opinião se torna muito mais escravizada. Para cada palavra, cada gesto, cada demonstração de amizade, cada grito de infelicidade, uma influência temível é atribuída. O debate sobre o ponto de vista vitorioso é banido. As afrontas cometidas pelo governo caído são revisitadas até de forma exagerada para sufocar o pensamento. O controle de tal pensamento é o selo do novo governo. Os homens tornados livres passam a sofrer o medo da tortura. Depois da denúncia de um governo tirânico, constrói-se o mais tirânico deles.

Sustentar o que se julga liberdade com meios despóticos requer a invenção de muito mais perseguições e engodos do que aquilo que o controle direto do governo executa. Não basta destruir um homem inocente; ele tem que ser caluniado diante dos outros. Não é suficiente dar poder àqueles que o povo rejeita; o povo é forçado a escolhê-los. Não se trata apenas de suprimir a liberdade de imprensa; os jornais têm que aparentar um arremedo de liberdade. Não basta impor silêncio às assembléias representativas; uma simulação inútil de oposição tem que ter seu lugar, precisa ser tolerada enquanto for pueril e dissolvida quando incomodar. Não é suficiente prescindir da vontade da nação; os pronunciamentos de uma minoria que se autodenomina maioria têm que avançar. Durante todo o tempo, as coisas são muito afastadas de seu curso por meio de dificuldades crescentes. Não há absolutamente fim para uma tirania que busca extrair do povo pela força a aparência de aquiescência.

A guerra contra as atitudes públicas é menos daninha quando o despotismo é flagrante, uma vez que não é da essência do despotismo depender delas. Geralmente, o despotismo assegura pelo menos a calma doméstica porque pode comandar com mais facilidade no silêncio. As instituições que se dizem livres, todavia, quando empregam meios despóticos, congregam todos os males de uma monarquia sob um tirano opressor com todos os de uma república dilacerada por facções. Os homens tranqüilos são perseguidos por serem apáticos, os ardorosos, por serem perigosos. [494] A servidão não concede descanso; a atividade humana carece de todo o propósito e de toda a alegria. A liberdade é postergada até que as facções sejam destruídas. Todavia, enquanto a liberdade for adiada, as facções jamais serão destruídas. O despotismo pesa, por turnos, sobre todas as facções; nos espaços entre elas, nada é livre. As medidas coercitivas adotadas pela ditadura, que aguardam aprovação pública, militam contra a concretização dessa aprovação. Tal ditadura açoita o entorno num círculo vicioso, sinalizando uma era histórica destinada a jamais ser alcançada, de vez que os meios adotados sob o pretexto de consegui-la evitam para sempre que isso aconteça. A força faz-se mais e mais necessária, a raiva crescente alimenta-se de si mesma. Leis são marteladas como armas, certos ramos da lei se tornam declarações de guerra,[15] e os cegos amantes da liberdade, que julgavam poder impô-la pelo despotismo, fazem com que todos os espíritos livres se voltem contra eles, e seu único suporte vem dos mais vis aduladores do poder.

E mais: as leis injustas contra os inimigos da liberdade inevitavelmente recaem sobre seus verdadeiros amigos. Investir os governos de poder arbitrário é dar-lhes um interesse distinto do dos governados. Tal interesse torna-se então sua única preocupação, e é apenas para fazer com que ele prevaleça que os governos empregam os meios

---

[15] A comparação de leis com armas e de certos ramos da lei com declarações de guerra vêm de Mme. de Staël, *op. cit.*, p. 37.

mais amplos que lhes foram confiados para o bem público. Não se deve pensar que é possível assumir o lado pernicioso num ramo da lei e permanecer fiel à justiça no restante. Uma única lei bárbara estabelece o caráter de toda a legislação. Sentimentos exaltados ou conjecturas produzem a primeira lei, e o medo ou a necessidade, a segunda. Nenhuma lei justa pode coexistir com uma só medida despótica. Não se pode negar liberdade para algumas pessoas e concedê-la a outras. Imagine-se uma única medida rude contra pessoas não legalmente condenadas. Não se poderá então tolerar mais a liberdade de imprensa porque ela será usada para instigar o povo em favor de vítimas que possam ser inocentes. Não se poderá também respeitar mais a liberdade individual, pois aqueles que se desejar privar de seus direitos tirarão proveito disso e se misturarão com o restante dos cidadãos. Não se poderá mais deixar a indústria por conta própria, porque ela suprirá com recursos os proscritos. Seus amigos sofrerão as conseqüências de suas ações contra os inimigos. Seus inimigos se beneficiarão com o que você fizer por seus amigos. Os homens gostariam de chegar a meios-termos com a liberdade, de deixar seu círculo, digamos, por um dia, por causa de algum obstáculo, pessoa ou um dado propósito, antes de retornar à sua [495] ordem. Gostariam de ter a segurança das regras com as vantagens das exceções a elas. A natureza vai contra isso. A liberdade é um sistema completo e ordenado. Um só desvio a destrói, do mesmo modo que, num cálculo aritmético, o erro de um dígito ou de um milhar falseia igualmente a resposta.

Capítulo cinco
Continuação do mesmo assunto

O segundo dever dos homens ilustrados é ainda mais importante, pois é função não apenas da prudência, mas também da moralidade.

Quando uma constituição imprópria ou um costume há muito estabelecido confere aos que estão no grupo governante, ou a uma classe ou outra, privilégios opressivos ou hábitos despóticos, o problema não está no grupo governante ou em tal classe, e sim na nação que tolerou o que não deveria existir. Ninguém é culpado por lucrar com uma faculdade que encontrou pronta e acabada, e que a sociedade garantiu pacificamente. As pessoas podem reclamar seus direitos porque eles são imprescritíveis. Podem tirar do governo uma prerrogativa injusta. Podem privar uma classe de um privilégio opressor. Não podem, no entanto, punir nenhum deles. Perderam todos os direitos de demandar compensação ou de exercer vingança por danos com os quais pareceram se resignar.

Na ausência desse princípio, as revoluções não fazem mais sentido. Penetra-se num caminho abominável e retroativo no qual cada passo, sob o pretexto de uma injustiça passada, leva a uma outra no presente. As pessoas incidem no mesmo absurdo que reprovaram nos adeptos das instituições mais defeituosas. Os homens são punidos pelo que eram e não poderiam ser. Uma revolução torna-se uma era de novas desigualdades cuja novidade faz delas ainda mais revoltantes. São semeadas para o futuro as sementes da iniqüidade, do arrependimento, do sofrimento e da mágoa. Às gerações que, supostamente, deveriam ser libertadas são legadas as sementes do ódio, da discórdia e da desdita.

Os grupos que devem ser proscritos, os que enriqueceram com os abusos, são, ao mesmo tempo, os mais preparados. Caso se chegue ao extremo de destruir até [496] os indivíduos que os compõem, resultará a diminuição proporcional do corpo da ilustração nacional. A educação de uma nação não é trabalho de um dia. Não é suficiente o esforço para instruir aquela vívida maioria inicialmente mantida na ignorância por uma ordem social imperfeita. A tarefa é demorada. Eventos prementes talvez não esperem até que tal tarefa esteja concluída. Homens ilustrados precisam estar dispersos entre todos os partidos para protegê-los do despotismo. Os gregos perdoavam os cativos que recitassem os versos de Eurípedes.[16] A menor quantidade de ilustração, o mínimo germe de pensamento, o menor sentimento refinado, a mínima marca de elegância devem ser cuidadosamente protegidos. Existem muitos elementos indispensáveis à felicidade social. Eles têm que ser salvos da tormenta. Isso é necessário em prol tanto da justiça como da própria liberdade. Pois todas essas coisas, por rotas mais ou menos diretas, deságuam na liberdade.

Não há dúvida de que esse é um dever difícil de cumprir. As revoluções nem bem começam e os amigos da liberdade já estão divididos em duas seções. De um lado alinham-se os moderados, do outro, os violentos. Todavia, só estes últimos permanecem unidos

---

[16] Essa frase é tirada do *Des circonstances actuelles*, de Mme. de Staël, Livro II, Cap. 4 (ed. cit., p. 298): "Jadis, des Grecs prisonniers en Sicile obtinrent leur liberté de leurs ennemis en leur récitant quelques vers d'Euripide." [Nos tempos passados, os prisioneiros gregos na Sicília obtinham sua liberdade de seus inimigos recitando para eles alguns versos de Eurípedes.] Parece, no entanto, que Mme. de Staël a encontrou no *Vies parallèles*, de Plutarco, *Vie de Nicias*, parágrafo 29.

por longo tempo porque o incentivo que receberam impede que se separem, e eles ficam exclusivamente absorvidos por uma idéia comum. Os moderados, não conduzidos por uma preocupação dominante, dão rapidamente ouvidos a considerações individuais. O orgulho é despertado neles, a coragem é sacudida, a constância se exaure, as conjecturas pessoais, abandonadas por um momento, assumem de novo o controle. A covardia assume um milhar de formas e se disfarça de muitas maneiras para se esconder de seu próprio escrutínio. Não se autodenomina apenas prudência, razão, sabedoria e conhecimento do que tem valor; algumas vezes assume o título de independência. Quantos homens já vi abandonando o mais justo e o mais fraco dos lados porque eram, assim diziam, muito independentes para se associar a qualquer lado. Esse linguajar sinalizava que eles estavam se bandeando para o lado mais forte, e sua proclamação de independência era apenas uma expressão mais honrosa para covardia.

[497] Um aliado terrível – o fanatismo –, muito ativo nas questões políticas como também nas religiosas, tem compromisso com o lado violento. O fanatismo nada mais é que o domínio de uma só idéia que quer triunfar a qualquer preço. Provavelmente é ainda mais absurdo quando a questão é liberdade do que quando é religião. Fanatismo e liberdade são incompatíveis. Uma é baseada no exame; o outro proíbe a pesquisa e pune a dúvida. Uma raciocina por completo e avalia todas as opiniões; o outro vê a mais tímida objeção como um ataque. Uma procura persuadir; o outro expede ordens. Uma, resumindo, considera a necessidade da vitória um infortúnio e trata os derrotados como iguais; o outro se lança sobre todas as questões como se fossem bastiões inimigos e vê em

seus adversários apenas cativos ainda perigosos que precisam ser imolados para que não sejam mais temidos.

Não obstante, qualquer que possa ser a incompatibilidade entre o amor pela liberdade e pelo fanatismo, os dois se combinam facilmente na mente de homens que, não havendo contraído o hábito da reflexão, só podem receber idéias sob a forma de palavras de outros, mais do modo de revelação misteriosa do que como sucessão de princípios e conseqüências. É sob a forma de um dogma que a noção de liberdade clareia as mentes menos iluminadas, e seu efeito então é, como o de qualquer dogma, uma espécie de exaltação, de fúria, de impaciência com a contradição, a incapacidade de tolerar a mais leve reserva, a mais insignificante mudança em seu credo. Esse domínio da fé, levado assim a ligar-se com questões que tocam todos os interesses, com opiniões que, sujeitas às leis das circunstâncias, tornam-se hoje criminosas quando ontem eram deveres, deve ser muito mais temido do que quando inscrito num círculo abstrato de sutilezas teológicas. Essas sutilezas deixam em paz, no seio de suas famílias, muitos homens indiferentes às discussões obscuras. No entanto, que vida obscura, que existência imóvel, que nome desconhecido poderia ser bem sucedido no desarme do fanatismo no campo político? Essa vida obscura, esse nome desconhecido, essa existência imóvel são, aos seus olhos, traições. A inatividade a ele parece punível, as afeições domésticas, um esquecimento do patriotismo, a felicidade, um objetivo suspeito. Aqueles que os desejam ou os lamentam são por eles chamados de conspiradores. Armado para a liberdade, o fanatismo curva-se alegremente à mais rude escravidão, desde que exercida em nome de sua estimada doutrina. Batalha pela causa e renuncia aos seus efeitos. Severidade, injustiça e menoscabo de todos os tipos da parte de seus líderes a ele parecem atos meritórios, como se fossem medidas de sinceridade. Julga enfadonhos os preparados porque estes acham difícil [498] abraçar uma opinião sem certas restrições e nuances. Suspeita dos que têm espírito orgulhoso porque pessoas assim experimentam alguma espécie de antipatia pelos mais fortes e só servem aos poderosos com alguma aversão. As únicas qualidades que demanda são crença e vontade. Vê na moralidade obstáculos, fraqueza e cavilação. Tudo está certo se o fim é bom. Viola as leis porque elas foram feitas só para os amigos, não para os inimigos da pátria-mãe. Trai a amizade porque ela não pode existir entre os defensores e os opressores do povo. Negligencia seus mais solenes compromissos porque, ao cumpri-los, poderá suprir homens perigosos com meios que eles poderão dirigir contra a segurança pública. Elimina até os últimos vestígios de piedade. Não se sensibiliza em absoluto com a visão da tristeza, sentimento que não se estiola com a idade. Vimos homens idosos enfrentando sofrimentos, a sinalizar que o fim estava próximo, golpeando inimigos com a mão enfraquecida, mostrando-se irredutíveis à beira do túmulo e impiedosos em presença da eternidade.

O fanatismo tem a propriedade fatal de sua própria sinceridade congelar a coragem daqueles que desejam combatê-lo. É fácil a oposição à injustiça dos perversos porque sabe-se que, no fundo de seus corações, eles rendem homenagem àqueles que perseguem. Não custa atacar frontalmente inimigos reconhecidos como tal. Resignamo-nos prontamente ao ódio desses adversários. Deles estamos separados por barreiras fixas. Lutamos contra eles em nome de tudo que eleva o espírito, de tudo que comove o coração.

Ser porém atingido pela desconfiança de homens que se deseja servir, perder aquela popularidade que é tão grande recompensa para o perigo, meio de consolar e salvar a inocência, repelir os repetidos aplausos de uma multidão exaltada que o ouve, que responde aos seus acenos e o segue como a um Deus tutelar, abrir mão do apoio de um partido sem ganhar a boa vontade do partido oposto, ser repudiado por aquelas mesmas pessoas que compartem suas opiniões com muito entusiasmo e se devotam por inteiro à causa que lhes é cara, isso sim é desanimador, a mais profunda miséria. Quando homens desinteressados, corajosos, ansiosos por liberdade, livres de todo o egoísmo e das paixões vulgares, são levados pela suspeita a perseguir os amigos da humanidade e da moralidade, eles são impelidos, em meio aos seus enganos, por uma convicção tão firme que ela retira daqueles que suspeitam parte do senso e da força da inocência.

[499] E essa não é ainda toda a história. O fanatismo, contido inicialmente em umas poucas mentes vigorosas, parece se alastrar, por rápido contágio, às pessoas de caráter tímido e fraco. Elas falam sua linguagem sem muito interesse, como se fosse para agradá-lo. Mas logo, no entanto, sua ascendência as subjuga. Elas se tornam intoxicadas por aquilo que falam. Cada palavra pronunciada é um compromisso assumido. São levadas a progredir nesse caminho pelos próprios sentimentos que as poderiam induzir a fugir. Por vezes, temem suas vítimas e, com freqüência, seu próprio lado. Se o reconhecimento mútuo fosse possível, seu terror seria menor; mas todas elas reagem umas com as outras. Assim, em nosso país, homens tornados ferozes pelo medo se embriagaram com seu próprio terror. Foi então que se espalhou pela França essa inexplicável vertigem que as pessoas chamaram de Reino do Terror.

O fanatismo, dessa forma, perde até as qualidades que o enobrecem. Fornece pretexto para todos os tipos de vícios. O amigo ingrato, o devedor desleal, o informante obscuro, o juiz prevaricador, encontram seu discurso escrito de antemão na linguagem acordada; e essa justificativa banal, preparada para todos os crimes, se vê bem sucedida na corrupção de muitas almas equivocadas que não têm a audácia do crime nem a coragem da virtude.

Uma vez atingido tal estágio, as revoluções destroem toda a moralidade. Rompem a seqüência regular de causas e efeitos. Separam ações de suas conseqüências naturais. Quebram o equilíbrio entre obrigações e sacrifícios. Não existem mais deveres fáceis ou virtudes seguras. Tudo se transforma em devoção ou heroísmo; e o carisma se apodera de tais almas vulgares, incapazes desses grandes esforços.

Cada pessoa nesse barco que naufraga busca uma prancha e repele o companheiro de infortúnio que deseja se juntar a ela.[17] Cada homem abjura os vínculos de sua vida passada, isolando-se para defender-se e vendo na amizade ou na desdita a ele implorada somente um obstáculo para sua segurança.

[500] Só uma coisa mantém seu preço, e não é a opinião pública. Já não mais existe nenhuma glória para os poderosos nem respeito pelas vítimas. Não é também a justiça; suas leis não são reconhecidas e suas formas são profanadas. É a riqueza. Ela pode desarmar a tirania e seduzir alguns de seus agentes. Pode apaziguar a proscrição tornando mais fácil a sua fuga. Em suma, ela pode

---

[17] Uma imagem quase idêntica ocorre em *Des circonstances actuelles*, de Mme. de Staël, *op. cit.*, Livro II, Cap. 2, p. 236.

distribuir alguns encantos materiais para uma vida que está sempre sob ameaça. Assim, inclinações vergonhosas formam uma aliança com as mais desenfreadas manias. As pessoas amealham fortunas para desfrutar de posses. Elas têm bens para esquecer os perigos inevitáveis. A resposta para o infortúnio dos outros é a dureza, e para os seus próprios, a despreocupação. Há derramamento de sangue juntamente com as festividades. No seu estoicismo feroz, as pessoas rejeitam a simpatia; se lançam aos prazeres com uma voluptuosidade sibarita.

Perdidos no caos, os homens ilustrados não mais encontram vozes que respondam a eles. Todo o raciocínio parece pervertido, e ninguém se sente perfeito. A retidão é uma voz perseguidora a ser abatida, a ser distorcida em prol de uma vida pacífica. Cada homem é assaltado pela memória de algum fato perturbador, sobre o qual toda a sua lógica é focada. Pode-se até pensar que ele expõe toda uma teoria, mas o que está realmente fazendo é tentar justificar uma hora de sua vida.

As pessoas refletem, tristemente, sobre si mesmas, sobre a moralidade, sobre os princípios adotados desde a infância. Relembrar algumas idéias de moderação ou prudência é ser visto como traidor. Passa-se a ser culpado quando se abraça com qualquer zelo a causa de alguma alma desafortunada. Enfrentando todas as evidências de desaprovação, é-se tentado à auto-reprovação pelo crime, enquanto, de fato, está-se cumprindo um dever. Que a vergonha se abata sobre aquele que, seja quem for, incumbido de proteger seu país contra os perigos que as fúrias cegas preparam para ele, aquele cujo dever é defender os seres fracos, oprimidos e indefesos, que a vergonha se abata sobre ele, repito, se desanimar. Malditos os amigos da liberdade, caso se comprometam com esse espírito de perseguição cuja natureza é a de zombar de todos os compromissos. Sua causa está, a partir de então, desonrada. Mais cedo ou mais tarde, esse espírito, não os achando suficientemente zelosos, voltará as armas contra eles, retirarão suas bandeiras, os arremessarão nas fileiras do inimigo e os proscreverão como vira-casacas. Então, eles terão a coragem para morrer, uma coragem estéril, pela qual o futuro dará pouca consideração. Por carência anterior de coragem, por não terem lutado contra a injustiça desde suas primeiras iniciativas, eles morrerão sem glória, a uma só vez vítimas e autores dos crimes que sofreram. [501]

Capítulo seis
Dos deveres dos homens ilustrados depois de revoluções violentas

Poder-se-ia pensar que, quando as revoluções amainam, começa um tempo de equilíbrio ou pelo menos de calma para os amigos da humanidade. Em certas ocasiões, no entanto, o destino reserva para eles uma última e dolorosa provação.

As pessoas, cansadas de uma opressão que opera com o nome de liberdade, parecem pedir, de modo a se resignarem quase alegremente a uma nova opressão, apenas um nome diferente para tal opressão. É suficiente dizer-lhes diretamente que não é em nome da liberdade que elas estão sendo pisoteadas. Que estranha reversão de idéias! Todas as leis foram violadas por um governo sem limites, e não são as leis que são invocadas por um governo do mesmo caráter ilimitado. Um despotismo sem peias caiu sobre todos, e o brado não é por liberdade, e sim por outro despotismo. Todas as fúrias que, durante a violência das revoluções, mostraram-se tão fatais são reproduzidas sob outras formas. Medo e vaidade antes parodiaram o espírito partidário com seu furor implacável; suas manifestações insanas agora suplantam a mais abjeta servidão. O orgulho que sobrevive a tudo marca outro tento na vileza em que o receio busca refúgio. A cupidez parece abertamente sacrificar seu opróbrio como garantia para a tirania. O novo poder é fortalecido por tudo que é lembrado. Herda todas as teorias criminosas. Julga-se justificado por tudo que antes ocorreu. Desfila seu desdém pelos homens e seu desprezo pela razão. Fortifica-se em todos os ataques e em todos os erros das mesmas pessoas que acabou de reprimir ou punir. Não fica mais sujeito ao freio da opinião pública, a qual, por vezes, conteve o despotismo estabelecido. Mostra-se absolutamente desprovido da pureza das intenções, do desinteresse e da boa-fé que caracteriza as [502] massas cegas em meio ao seu desvario. Em sua volta, congregam-se todo o desejo ignóbil, todo o cálculo esperto e toda a refinada degradação. Aos seus pés se apressa o falso argumento para lhe causar espanto com seu zelo e ultrapassá-lo em seus brados, obscurecendo todas as idéias e chamando de sedição qualquer voz que o contradiga. A inteligência vem para oferecer seus serviços, inteligência que, apartada da consciência, é o mais vil dos instrumentos. Os apóstatas de todas as opiniões se reúnem rapidamente, conservando de seus pontos de vista anteriores apenas o hábito dos métodos condenáveis. Vira-casacas engenhosos, famosos nos anais do vício, se infiltram nas posições; sua agilidade extrema os conduz da prosperidade de ontem para a de hoje, de modo que, durante todo o tempo, eles atrapalham tudo o que há de bom, depreciam tudo o que é elevado e insultam tudo o que é nobre. Talentos medíocres, associados a naturezas subalternas, estabelecem-se em nome do poder como guardiães do pensamento. Definem que questões a mente humana deve ponderar. Permitem a ela o divertimento, mas subordinadamente, dentro dos limites estreitos que concede. Que seja condenada, no entanto, caso extrapole tais limites, ou menospreze assuntos pueris ou não abjure sua origem celestial. A religião não passa de instrumento ignóbil do governo, e o raciocínio é apenas um comentário covarde do poder. As doutrinas mais disparatadas são arrogantemente apresentadas. Os preconceitos de todas as eras e as injustiças de todos os países são compilados como material da nova ordem social. As pessoas retroagem a séculos distantes e atravessam países remotos para montar, com milhares de partes espalhadas, uma servidão verdadeiramente completa que possa ser mostrada como um modelo. As palavras desonrosas voam de boca em boca, jamais saindo de nenhuma fonte real, nunca levando a convicção a parte alguma, um som cansativo, preguiçoso e ridículo, que não deixa a verdade ou a justiça com qualquer expressão que não seja maculada. Foi assim o reinado de Charles II, resultado de trinta anos de guerras civis, uma vergonha eterna, em que vimos todos os excessos da loucura sucedidos por todos os da degradação.

Um tal estado é mais desastroso que a mais tempestuosa das revoluções. Pode-se por vezes detestar os sediciosos tribunos romanos, mas fica-se abatido com aversão que se experimenta pelo Senado sob os Césares. [503] Pode-se julgar os inimigos de Charles I duros e culpados, mas um profundo desgosto se apodera de nós com respeito às criaturas de Cromwell. Quando as parcelas ignorantes da sociedade cometem crimes, as classes ilustradas permanecem inocentes; e como o caminho natural das coisas, mais cedo ou mais tarde, põe de volta o poder em suas mãos, elas podem restaurar facilmente uma opinião pública que é enganada, mas não corrompida. Porém, quando essas mesmas classes preparadas, repudiando antigos princípios, se afastam da decência habitual e se permitem exemplos execráveis, que esperança resta? Onde encontrar numa nação um resíduo de honra, um elemento de virtude? Tudo é somente lama, sangue e poeira. Um destino cruel, em todas as épocas, para os amigos da liberdade. Irreconhecíveis, suspeitos, cercados por homens incapazes de acreditar na imparcialidade, na coragem, na convicção desinteressada, angustiados, por turnos, pelo sentimento de indignação quando os opressores estão mais fortes e pelo sentimento de piedade quando se tornam vítimas, esses amigos da liberdade sempre vagaram pela Terra, objeto de zombaria de todos os partidos, isolados em meio a gerações, por vezes furiosas e por vezes depravadas.

É neles, contudo, que repousa a esperança da raça humana. A eles devemos a grande correspondência mantida ao longo dos séculos, colocando evidências em cartas indeléveis contra os sofismas que todos os tiranos renovam. Foi por causa de tal correspondência que Sócrates sobreviveu à perseguição do populacho cego. Brutus e Cícero não ficam totalmente mortos pelas proscrições do infame Otaviano. Lucano e Sêneca puderam desafiar os seguidores de Nero; Boécio, as prisões e a espada sob Teodorico. Seus exemplos permanecem mesmo depois de suas mortes. Que seus sucessores não percam a coragem. A mesma recompensa espera por eles no futuro distante, mas fulgurante de glória. Quando deixarem este mundo, as verdades que repetiram em vão serão ouvidas. Nenhum esforço é desperdiçado naquela estrada em que a natureza, necessariamente, conduz os homens. É uma questão de saber-se como lutar no longo prazo, talvez por toda a vida.

Deixemos, por conseguinte, que eles elevem de novo suas vozes. Que não abjurem seus princípios. Nada têm do que se censurar. Não precisam nem de expiação nem de desaprovação. Possuem, intacto, o tesouro da reputação pura. Deixemos que eles ousem proclamar o amor das idéias generosas. Elas não lançam sobre eles uma luz acusadora.

[504] A exaustão das nações, a ansiedade dos líderes, o servilismo dos instrumentos políticos não formam de modo algum uma aquiescência artificial que as pessoas chamam de opinião pública. Não é nada disso. Os homens jamais se desligam da liberdade. Dizer que se afastam dela é o mesmo que afirmar que eles amam a humilhação, o sofrimento, a privação e a pobreza. Representá-los como absorvidos por seus sentimentos domésticos e por decisões econômicas individuais é pintá-los, por uma contradição grosseira, colocando excessivo preço em suas posses e preço algum na natureza duradoura delas. Porque segurança nada mais é que a duração das coisas. Dizer que os homens podem se distanciar da liberdade é proclamar que eles se resignam de forma indolor com o fato de serem oprimidos, encarcerados, separados daquilo que amam, barrados em seu trabalho, privados de suas posses, ameaçados por suas opiniões e por seus mais secretos pensamentos, e arrastados para cárceres e cadafalsos. Como a segurança é instituída contra essas coisas, ela precisa ser preservada contra os vilões que invocam a liberdade. O povo teme, maldiz e detesta esses vilões. Onde e sob que nome ele os encontra, assusta-se e recolhe-se. O que ele

detestou naquilo que seus opressores chamaram de liberdade não foi a liberdade, mas a escravidão; mas se a escravidão fosse apresentada com seus nomes verdadeiros, suas formas reais, será que a detestariam menos?

Por ativa que a inquisição possa ser, por mais cuidadosa que seja na multiplicação das precauções, os homens ilustrados sempre têm um milhar de maneiras de se fazerem ouvidos. O despotismo só deve ser temido quando sufoca a razão em sua infância. Então ele pode barrar o progresso dessa razão e manter a raça humana em longa imbecilidade. Quando, no entanto, a razão põe-se em marcha, torna-se invencível. Seus adeptos podem perecer, mas ela sobrevive e triunfa. Só existe um momento em que ela pode ser proscrita com vantagem. Uma vez passado tal momento, todos os esforços são em vão. A batalha intelectual tem lugar, o pensamento se separa do poder e a verdade penetra em todas as mentes.

Depois da inestimável vantagem de ser cidadão num país livre, nenhuma situação é talvez mais doce que a de comentarista corajoso de uma nação subjugada, ainda que ilustrada. Os tempos em que o despotismo, desdenhando uma hipocrisia que considera sem sentido, se mostra com as cores verdadeiras e, insolentemente, desfralda bandeiras conhecidas por eras têm lá suas compensações. [505] Quão melhor é sofrer a opressão pelas mãos de um inimigo do que enrubescer com os excessos dos aliados. Os defensores da liberdade recebem então a concordância da melhor parcela da raça humana. Pleiteiam ostensivamente uma causa nobre junto ao povo e são secundados pelos desejos de todos os homens de boa vontade. A perseguição seguida pela glória é amplamente recompensada.

Aquele que sucumbe com convicção lega aos seus contemporâneos a missão de defender sua memória e completar seu trabalho.

Missionários da verdade, se a estrada estiver interrompida, redobrem o zelo e o esforço! Deixem que a luz penetre por todos os lados; se estiver obscuro, façam com que ela reapareça; se for repelida, façam com que volte. Deixem que ela se reproduza, se multiplique e se transforme. Façam com que seja infatigável como a perseguição. Deixem com que alguns prossigam corajosamente na marcha enquanto outros ocupam posições. Façam com que a verdade se espalhe, por vezes de forma retumbante e, noutras, repetida em tom muito baixo. Façam com que todos os esforços se combinem, com que todas as esperanças revivam e com que todos trabalhem, sirvam e esperem. "Não existe prescrição para as idéias úteis", disse um homem famoso.[18] A coragem pode voltar depois do desalento, a luz, depois da ignorância, o ardor pelo bem público, depois do sono da indiferença.

O despotismo, a imoralidade, a injustiça são tão contra a natureza que basta um incidente, um esforço, uma voz corajosa para retirar o homem desse abismo. Ele volta à moralidade em função da desdita que resulta de um esquecimento generalizado dessa moralidade. Ele volta à liberdade por causa da opressão que pesou sobre ele causada pelo poder que negligenciou em limitar. Nenhuma causa de nação é desesperançada. O que poderia ser mais selvagem que a Inglaterra durante as guerras civis de Charles I e de seu Parlamento?[19] O que poderia ser mais degradado que a mesma Inglaterra durante

---

[18] Veja a nota F de Constant no fim do Livro XVIII.
[19] Veja a nota G de Constant no fim do Livro XVIII.

o reinado de Charles II? E, ainda assim, quarenta anos depois de ter oferecido ao mundo exemplos horríveis de selvageria, vinte anos depois de ter dado exemplos vergonhosos de licenciosidade e [506] vileza, a Inglaterra retomou seu lugar entre os povos sábios, virtuosos e livres, e lá se manteve.

Notas de Constant

A. [Referente à p. 654]
É debilitante para o poder da lei procurar por seus motivos, diz ele.

B. [Referente à p. 656]
Corps complet de la législation, Cap. 2, p. 70.[20]

C. [Referente à p. 656]
Code Pénal, Parte 3, Cap. I.[21] A falta de capacidade do legislador, acrescenta ele, ela mesma freqüentemente cria uma oposição entre a sanção natural e a política. Ele, portanto, admite uma sanção natural.

D. [Referente à p. 659]
Bentham, *Principes de législation*, Cap. 12.[22]

---

[20] Jeremy Bentham, *op. cit.*, t. I, p. 154: "Assim, declarar mediante lei que tal e tal ato é proibido é estabelecer tal ato como ofensa".
[21] *Ibid.*, t. II, pp. 380-384.
[22] Hofmann não conseguiu encontrar a passagem citada por Constant.

E. [Referente à p. 667]
Bentham, III, 189.

F. [Referente à p. 692]
Administration des finances, II, 76.²³

G. [Referente à p. 692]
Foi proposto no Parlamento Longo deportar e vender em Argel os nobres com suas famílias, sem excluir as mulheres grávidas, em favor dos quais alguns membros protestaram. *Parliamentary Register*.²⁴

---

²³ Jacques Necker, *op. cit.*, t. I, p. 77 (erro na numeração de Constant).
²⁴ Hofmann não conseguiu achar tal referência.

Adendos à obra intitulada

Princípios de Política Aplicáveis a todos os Governos

Livro I — Exposição do Assunto

Capítulo 1:
O propósito deste livro[1]

Esta obra, começada há muito tempo, teve continuidade sob diversos governos da França. Medidas são invocadas e censuradas naquilo que não mais se aplicam. No entanto, outras também o são que ainda estão em uso, e, conseqüentemente, não acho que as pessoas acreditarão que procurei satisfazer o governo de hoje atacando o de ontem. Segui os princípios,[2] independentemente das circunstâncias, e não me desviei, de caso pensado, seja para elogiar seja para culpar. Tantos erros que pareceram estar transformados em letras mortas, muitos sofismas que se poderia acreditar desacreditados, tantas práticas iníquas aparentemente mortas e desaparecidas, reaparece-

---

[1] M. Patrice Thompson publicou este Adendo ao Livro I, Capítulo I, no seu livro *La religion de Benjamin Constant: Les pouvoirs de l'image*, Pisa, Paccini, 1978, Anexo II, pp. 552-557. Hofmann admite que toda a passagem pode ser lida como uma introdução ao *Princípios de Política*, mas preferiu mantê-la como um adendo, da maneira que Constant a apresentou.

[2] ["Princípios", como no título da obra. Nota do tradutor americano].

ram, por vezes com os mesmos nomes, por vez com outros, que me levaram a pensar que deveria falar de modo igualmente forte contra elas, quer passadas quer presentes. Tantas verdades que poderiam ser consideradas universalmente aceitas foram questionadas ou mesmo abandonadas sem que fosse proferida uma só palavra de explicação ou desculpa, que achei não dever enunciar uma só verdade, por mais óbvia que parecesse, sem trazer à baila a evidência a apoiá-la. Meu objetivo foi compor um trabalho elementar. Uma tarefa dessas sobre os princípios fundamentais da política, a meu ver, estava faltando em todas as literaturas que conheço.

[512] Este trabalho foi originalmente organizado em duas partes, as instituições constitucionais e os direitos dos indivíduos, em outras palavras, os meios da segurança pública e os princípios da liberdade. Como os primeiros são contestáveis e os segundos, não, julguei que deveria apresentar os últimos separadamente.

Por conseguinte, removi de minha obra tudo sobre formas de governo. Cobri a outra parte em toda a sua extensão. A divisão dos cidadãos em governantes e governados, os poderes políticos, o poder executivo e sua exclusividade, seja temporária seja por toda a vida da pessoa que é com ele investido, os perigos dessa exclusividade na eleição do chefe de Estado, o modo de eleição estabelecido na França, a tendência por governos militares de exclusividade eletiva, a complexidade do poder executivo, as objeções que a história de tantas repúblicas antigas, bem como das modernas revoluções, oferece contra tal exclusividade, os abusos comuns do poder executivo, qualquer que seja sua organização, as garantias contra esses abusos, as limitações dos controles sobre as leis de paz e de guerra, o direito de resistência à taxação, a independência do judiciário, a prestação de contas, a organização das forças armadas, o poder legislativo, seus decorrentes abusos, as salvaguardas instituídas ou a ser instituídas contra tais abusos, o poder ilimitado que confere ao executivo a iniciativa exclusiva, a divisão em duas câmaras, o veto, a dissolução das assembléias legislativas, a eleição popular, dizendo de outra forma, e as vantagens só nela encontradas, os dois sistemas que substituíram na França, sucessivamente, a eleição popular, a descrição formal de uma constituição na qual todos os poderes seriam eletivos e todos os direitos dos cidadãos reconhecidos, os aspectos fracos dessa constituição e os meios para remediá-los, foram essas minhas preocupações na pesquisa. No entanto, uma geração tem que se sentir forte e raciocinar energicamente para se envolver com tais discussões. No anfiteatro em Constantinopla, em meios às facções dos azuis e dos verdes,[3] ela estaria deslocada. Teria exposto as suspeitas dos primeiros e desgastado a frivolidade dos outros.

[513] O fato de as questões políticas terem suscitado agitações longas e numerosos infortúnios criou em muitas mentes a con-

---

[3] Os azuis e os verdes eram, originalmente, as respectivas cores dos condutores de bigas que competiam por prêmios nas corridas do hipódromo de Constantinopla e do Império bizantino, sobretudo nos séculos VI e VII; as duas facções rivais, que perturbaram o Império naquele período, também eram identificadas da mesma forma: os aristocratas apoiando os azuis, e o povo, os verdes. Essa alusão histórica era freqüente ao tempo de Constant, quando invocava o antagonismo profundo e irremediável entre os adeptos da Revolução e os que apoiavam a reação monárquica. Bentham, sem se referir à história de seu próprio tempo, alude ao fato para denunciar a futilidade dos ódios políticos: "Será que não vimos os cidadãos de Roma e Constantinopla se dividirem em facções implacáveis em prol de atores, condutores de bigas e gladiadores? E conferir importância a essas disputas vergonhosas não seria simular que os sucessos dos Verdes ou dos Azuis pressagiavam fartura ou fome, vitórias ou reveses do Império?" *Op. cit.*, t. I, p. 15.

vicção de que em tudo que se relaciona com governo o raciocínio não tem valor. Os erros da teoria parecem muito mais enfadonhos que os abusos da prática. Como eles são, de fato, mais ilimitados e incalculáveis em seus resultados, as tentativas da teoria imperfeita apresentam uma desvantagem da qual tais abusos estão livres. Um homem se curva às instituições que encontra criadas como o faz em relação às regras da natureza física. Ele acomoda, segundo os defeitos dessas instituições, seus interesses, suas avaliações econômicas e o planejamento de sua vida. Todas as suas relações, esperanças, meios de emprego e felicidade são organizados em torno do que existe. Durante as revoluções, no entanto, como tudo muda a todo instante, os homens perdem a orientação. São impelidos por suas próprias necessidades — e, freqüentemente, também pelo modo com que elas são ameaçadas pelo governo — a se comportarem com se aquilo que acabou de surgir deva subsistir para sempre, e, não obstante, prevendo as próximas mudanças, eles não possuem a independência individual que deveria resultar da ausência de segurança, nem a segurança, a única compensação para o sacrifício da liberdade.

Portanto, não surpreende que, depois de revoluções repetidas, qualquer idéia de aperfeiçoamento, mesmo abstrata e apartada de aplicação particular, é odiosa e inconveniente, e que a aversão que inspira se estenda a tudo que pareça indicar a possibilidade de mudança, até da forma mais indireta. Além do mais, é perfeitamente compreensível que aqueles que detêm as rédeas do governo favoreçam essa disposição natural. Mesmo que atribuamos aos governantes as mais puras intenções, eles tendem a reservar para si o privilégio da reflexão sobre o bem que desejam fazer; ou, se confiam essa delicada tarefa a alguns de seus colaboradores subordinados que os cercam, isso só pode ser feito em parte. Eles ficam felizes em ver que mentes submissas e flexíveis se esforçam por indicar-lhes alguns dos detalhes necessários para a consecução de tal objetivo ou, melhor ainda, para lhes tornar disponíveis, mediante inovações mínimas, os meios que o governo julga ter descoberto. Todavia, o pensador independente que alega captar de relance todo o quadro, quadro este com o qual o grupo governante só permite que as pessoas se preocupem, no máximo, de forma fragmentária, e, então, funcionalmente e sem fazer juízo de valor, o filósofo que volta aos primeiros princípios do poder e da organização social, mesmo quando se isola das coisas presentes, e fixando em suas memórias ou suas esperanças, deseja apenas falar a respeito do futuro ou se pronunciar só sobre [514] o passado, a eles parece, entretanto, um retórico presunçoso, um observador cansativo, um sofista perigoso.

Dessa forma, o cansaço do povo se combina com a ansiedade de seus líderes para restringir o domínio do pensamento em todos os lados. Tem sido dito que, sob a monarquia, existia uma classe intermediária, a nobreza, que conservava alguma independência, porém apenas como essa submissão consolidada e ornamentada. Da mesma forma, no estado de coisas que estamos descrevendo, forma-se uma classe intermediária que demanda da razão somente aquilo que é necessário para limitar seu escopo. Homens preparados, mas sem poder, subalternos elegantes, que tomam o estilo pelo propósito e algumas idéias restritas e secundárias pelos meios, se estabelecem como órgãos de opinião, os supervisores do pensamento. Eles erguem um altar para a literatura, em contradição com a filosofia. Eles decidem sobre que questões a inteligência humana pode se exercitar. Permitem que ela se divirta, porém apenas de forma subordinada e com circunspecção, no espaço por eles determinado. No entanto, que ela seja maldita se ultrapassar tal espaço, e se, não abjurando sua origem celestial, se deixa levar por especulações proibidas, se ousa pensar que seu destino mais nobre não está na inventiva ornamentação de assuntos frívolos, no astuto elogio adulatório e na sonora proclamação de matérias desimportantes, e sim que julgue que o céu e sua própria natureza fizeram dela o tribunal eterno, em que tudo é examinado, pesado e, como último recurso, julgado.

Quando uma mente inoportuna deseja se lançar irrefletidamente da teoria abstrata para a prática violenta e, confiando em suas talvez incompletas e defeituosas especulações, destrói e muda tudo, é provável que a loucura esteja presente, e o crime ainda mais. Só de maneira pérfida, no entanto, poderia o pensamento solitário e imóvel ser comparado à ação solitária e ao aconselhamento negligente. A ação é para o momento; os julgamentos do pensamento são para séculos. Ele lega às gerações futuras tanto as verdades que conseguiu desvendar quanto os erros que a ele pareceram verdades. O tempo, em sua progressão eterna, as junta e os separa.

Em Atenas, um cidadão que depositasse no altar um ramo de oliva envolto em pequenas fitas sagradas podia se exprimir livremente sobre questões políticas.

Eu poderia ser muito bem acusado de lidar com coisas óbvias e de estabelecer princípios inaplicáveis. Os homens que renunciaram à razão e à moralidade acham muitos paradoxos e lugares-comuns em tudo o que se diz nesse sentido, e como as verdades são desagradáveis para eles, sobretudo em suas conseqüências, o que acontece com freqüência é que eles desdenham de qualquer assertiva inicial como se não necessitasse de demonstração, e protestam contra a segunda e a terceira como insustentáveis e paradoxais, [515] embora estas últimas possam obviamente ser as conclusões necessárias e imediatas da primeira.

A estupidez gosta muito de repetir axiomas que lhe dão a aparência de profundidade, ao passo que a tirania é altamente sagaz em se apossar dos axiomas da estupidez. Daí resulta que aquelas proposições, cujo absurdo nos deixa perplexos quando analisadas, se infiltram em milhares de mentes, são repetidas em mil idiomas, enquanto os homens que desejam concordar são continuadamente reduzidos à demonstração do óbvio.

Fiz muitas citações em meu livro, principalmente de autores vivos ou recentemente falecidos, ou de homens cujo próprio nome responde por suas autoridades, como Adam Smith, Montesquieu e Filangieri. Fiz questão de ressaltar que muitas vezes estava apenas reproduzindo, com expressão abrandada, pontos de vista encontrados nos escritores mais moderados.

Um artifício habitual dos inimigos da liberdade e da ilustração é afirmar que sua doutrina ignóbil é universalmente adotada, que os princípios nos quais se fundamenta a dignidade da raça humana estão abandonados por consenso unânime, e que é fora de moda e quase de mau gosto professá-los, pensamento levado muito a sério na França. Tentei provar a eles que essa chamada unanimidade é uma mentira.

Um exemplo mais majestoso ainda do que as teorias de estimados escritores, é verdade, veio em socorro aos meus princípios exatamente quando eu me esforçava por expô-los. É a conduta do governo americano como declarada pelo presidente dos Estados Unidos em seu discurso de posse e como vem sendo nos últimos dez anos.[4]

"Embora a vontade da maioria", disse Mr. Jefferson, em 4 de março de 1801, "tenha que prevalecer em todos os casos, tal vontade, para que seja legítima, precisa ser razoável. A minoria possui direitos iguais que a lei igualitária deve proteger. Violar esses direitos seria uma opressão. Por vezes diz-se que o homem não deve desfrutar do autogoverno. Porém, então, como confiar a ele o governo de outros? Ou será que anjos são encontrados, sob a forma de reis, para nos governar? Evitar que os homens causem danos uns aos outros e, afora isso, deixá-los livres para que administrem os esforços de seu trabalho e de seu progresso na direção do aperfeiçoamento, este é o único propósito de um bom governo. A justiça igual e correta para todos os homens, qualquer que [516] seja sua condição ou sua crença, religiosa ou política, a paz, o comércio, a honestidade com outras nações, sem alianças insidiosas com nenhum deles, a manutenção do governo dos Estados individuais em todos os seus direitos como a administração mais conveniente para nossos interesses domésticos e o mais firme bastião contra tendências anti-republicanas, a conservação do governo federal em seu pleno vigor constitucional, como garantia para nossa paz interna e nossa segurança externa, a atenção escrupulosa ao direito de eleição pelo povo, a branda, porém segura, correção dos abusos que, de outra forma, a espada das revoluções destrói quando nenhum remédio

---

[4] Esta breve introdução à citação de Jefferson que se segue faz supor que a minuta foi feita em 1810.

pacífico é preparado, uma aceitação sem reservas das decisões da maioria, uma milícia bem-disciplinada, nossa melhor segurança em tempo de paz e nos primeiros momentos de uma guerra, até que as tropas regulares possam reforçá-la, a supremacia da ordem civil sobre a autoridade militar, a economia nos gastos públicos, de forma que a classe trabalhadora seja taxada apenas levemente, o fiel cumprimento de nossas dúvidas e o respeito inviolável pela confiança pública, a disseminação da educação e um apelo à racionalidade pública, contra todos os abusos de toda sorte, liberdade religiosa, liberdade de imprensa, liberdade das pessoas sob a proteção do *habeas-corpus* e julgamento por júri imparcialmente selecionado, esses são os princípios essenciais de nosso governo. A vigilância diuturna de nossos homens sábios e o sangue de nossos heróis foram devotados a seus triunfos. Esta é a profissão de nossa fé política, o texto didático dos cidadãos, a pedra de toque pela qual podemos apreciar os serviços daqueles em quem depositamos nossa confiança; e se nos desviarmos desses princípios em momentos de erro ou alarme, teremos que nos apressar para retroceder e retomar o caminho que só ele conduz à paz, à liberdade e à segurança."[5]

Tais princípios, colocados em prática com tanto sucesso numa gigantesca e florescente república, são aqueles que tentei estabelecer neste livro. Devotei-me à tarefa com muito zelo e confiança, e, por já ter desempenhado funções legislativas no

---

[5] *Primeiro Discurso de Posse de Jefferson*, 4 de março de 1801. O texto completo pode ser encontrado em *Documents of American History*, de Henry Steele Commager, Nova York, F. S. Crofts, 1947, pp. 186-187. No manuscrito de Lausanne do *Adendos*, o texto de Jefferson está em inglês.

Estado que eles chamam de República Francesa, [517] sinto-me livre de novo,[6] sem que tenha feito qualquer coisa ou expressado uma opinião que me forcem a alterar, no mínimo detalhe que seja, o sistema intelectual que acredito ser o único verdadeiro ou útil, e o único digno dos homens bons.

Notas Referentes ao Capítulo Original

1. *Os extremos não apenas se tocam como também seguem uns aos outros.* "Tudo o que tende a restringir os reis", disse M. de Clermont-Tonnerre, "é recebido com prazer, porque as pessoas se lembram dos abusos da realeza. Talvez ainda chegue o tempo em que tudo o que tende a restringir os direitos do povo venha a ser recebido com o mesmo espírito fanático, porque os perigos da anarquia não serão perda fortemente sentida". II, 232.[7]

2. *a primeira conquista de nosso século.* Ordem do Dia de Sua Majestade o Imperador, no *Moniteur* de 22 de janeiro de 1806: "Não há censura em toda a França. Todo cidadão francês pode publicar os livros que achar conveniente, desde que aceite a prestação de contas. Nenhuma obra será reprimida, nenhum autor poderá ser processado, salvo pelas cortes ou em seguida a um decreto de Sua Majestade que declare ser o texto ameaçador à primeira prerrogativa da segurança e do interesse públicos. Estaríamos caindo numa situação estranha caso um simples funcionário pudesse se arrogar

---

[6] Constant foi um tribuno de janeiro de 1800 a janeiro de 1802.
[7] *Opinion sur une motion de M. Mirabeau, combattue par M. Barnave*, de Stanislas-Marie de Clermont-Tonnerre, em *Recueil des opinions...*, op. cit., t. II, p. 232.

o direito de proibir a publicação de um livro ou forçar um autor a se retratar ou a adicionar qualquer coisa a ele. A liberdade de pensamento é a primeira conquista do século. O Imperador deseja que ela seja conservada", etc.[8]

Capítulo 2
Primeiro princípio de Rousseau sobre a origem da autoridade política

Notas

1. *o mundo só conhece dois tipos de poder.* [518] *Existe força, o tipo ilegítimo.* "Uma cidade", disse Luís XIV, falando sobre Gênova, "antes sujeita a meus ancestrais e que não tem outros direitos de soberania que não os que deriva de sua rebelião". *Mémoires* I, 24. Se repúblicas, antes sujeitas a monarquias, não têm outros direitos de soberania que não os de sua rebelião, então os reis podem muito bem não ter outros direitos que não os de sua usurpação.

Capítulo 3
Segundo princípio de Rousseau sobre o escopo da autoridade política

Notas

1. *a vontade geral tem que exercer autoridade ilimitada sobre a existência individual.* "A voz das grandes quantidades", (diz Rousseau), "sempre é obrigatória para todos. Esta é uma conseqüência do próprio

---

[8] Sobre as causas diretas dessa curiosa proclamação, que deve ter muito surpreendido Constant, veja *La liberté de la presse depuis la Révolution, 1789-1815*, de Gustave Le Poittevin, Genebra, Slatkine-Mégariotis Reprints, 1975, pp. 159-161 (Reimpressão da edição de Paris, 1901).

contrato. Poder-se-ia perguntar como pode o homem ser livre e forçado a obedecer vontades que não são suas. Como é possível ser livre e se sujeitar a leis com as quais não se concorda? A pergunta está mal feita. O cidadão concorda com todas as leis, mesmo com as aprovadas a despeito dele e mesmo com aquelas que o punam caso ouse transgredir uma delas. A vontade constante de todos os membros do Estado é a vontade geral. Quando uma lei é proposta na assembléia popular, o que se pede dela não é que aprove ou rejeite a proposição, e sim se ela está ou não de acordo com a vontade geral que é por ela representada. Cada um dos membros, ao dar seu voto, exprime por ele sua opinião, e da contagem dos votos deriva a vontade geral. Por conseguinte, quando uma opinião contrária à minha é aprovada, isso significa apenas que eu estava errado e aquilo que eu estimava ser a vontade geral não o era. Se minha opinião minoritária vencesse, eu teria feito outra coisa diferente daquela que queria. Eu, então, não teria sido livre."[9] Rousseau meramente empurra aqui de volta sua teoria e a expressa com outras palavras. Como se explica que a declaração da maioria faz a vontade geral clara aos olhos da minoria? Ela só deixa claro que aquela vontade é da maioria. O que deveria ter sido dito é que a sociedade concorda que, quando uma determinação se faz necessária, a vontade da maioria constitui lei. Então, embora possa não ser verdade que quando uma minoria obedece uma opinião contrária à sua própria ela se torna mais livre, e embora possa ser menos verdade ainda que um indivíduo, cuja opinião individual prevaleceu, não seria livre e estaria fazendo outra coisa que não sua vontade, no

---

[9] *Du contrat social*, de Jean-Jacques Rousseau, Livro IV, Cap. 2, ed. cit., pp. 440-441.

próprio ato de fazê-lo é concebível que cada pessoa se submete ao sacrifício porque outros concordam em se submeter. Isso, todavia, só pode ser feito quando uma resolução é necessária. Se não for assim, o sacrifício não faz sentido.

Capítulo 4
Argumentos de Rousseau para a autoridade política ilimitada

Notas

1. *Ele* (Rousseau) *esquece que todas as qualidades preservadoras que confere ao ser abstrato que chama de soberania nascem do fato de que tal ser é constituído por todos os indivíduos separados, sem exceção.* O sistema de Jean-Jacques e todo o raciocínio em que se baseia são desatentos com a realidade, uma falha terrível e malévola. Quando as palavras *tudo* ou *todos* são expressas, somos levados a acreditar que a discussão é de unidades ou coleções de unidades, que não diferem em absoluto entre si e não podem alterar sua natureza. É tido como certo que nenhuma dessas figuras pode abusar de outra. Contudo, sendo essas figuras seres morais, o resultado da junção de dez delas não é diretamente proporcional ao seu valor numérico, e sim proporcional ao valor moral de cada uma delas. Isso significa que a simples junção delas não resulta na soma de suas respectivas forças, mas apenas em multiplicar-se dez vezes a força individual de cada uma delas.

Capítulo 6
As conseqüências da teoria de Rousseau

Notas

1. *Eles pedem isso do dono da autoridade política, o povo.* "O nome do povo é uma assinatura falsificada para justificar seus líderes." Bentham

[520] Capítulo 8
Reprodução da Opinião de Hobbes

Notas

1. *Isso não era mais um homem. Isso era o povo.* Pode-se ver facilmente como o sistema de Rousseau leva ao mais absoluto despotismo. Além do mais, já salientamos que os adeptos desse tipo de governo se apoderaram dele avidamente. Os homens, ao se unirem, diz M. Ferrand, submeteram a uma palavra da vontade geral, todas as forças da vontade individual. *Prefáce de l'esprit de l'histoire.*[10] Esta frase não parece de Rousseau?

Note-se que M. Ferrand e outros jamais pararam de condenar os amigos da liberdade por se perderem em abstrações. Quando, no entanto, eles nos falam da vontade geral personificada e da soberania que não é mais um homem, mas um povo, pode-se dizer que eles as evitam?

---

[10] "[Os homens] não foram capazes de se juntar e desfrutar o benefício da liberdade civil, sem renunciar às prerrogativas fatais da liberdade selvagem, sem submeter, a uma palavra da vontade geral, todas as forças de cada vontade individual." Antoine Ferrand, *op. cit.*, edição de 1803, Prefácio, pp. xxi-xxii.

Capítulo 9
Sobre a inconsistência com que Rousseau foi censurado

Notas

1. *Ele* (Rousseau) *declarou que a soberania não pode ser alienada, nem representada, tampouco delegada.* "Soberania", diz ele, "não pode ser politicamente representada, pela mesma razão que não pode ser alienada. Ela consiste na vontade geral, e a vontade não é suscetível à representação. É a mesma ou é diferente. Não existe meio-termo".[11] Essa idéia de Rousseau surge porque ele nunca definiu a natureza e, sobretudo, os limites da vontade geral. Se chamarmos de vontade geral aquela sobre todas as coisas dos membros de uma sociedade, sem dúvida ela não pode ser representada; porém, se chamarmos de vontade geral apenas a vontade dos membros de uma sociedade naquelas coisas que a sociedade torna comuns a todos, então ela pode ser representada, o que significa dizer que uma associação menor pode ser constituída com o mesmo propósito e pode tomar suas decisões de acordo com os mesmos interesses de uma maior. [521] "Os deputados do povo", continua ele, "não são e não podem ser seus representantes; são apenas seus comissários; não podem concluir coisa alguma definitivamente".[12] Seria também correto dizer-se, entretanto, que a maioria não pode concluir coisa alguma definitivamente, de vez a maioria é apenas a representação do todo; e por aí se vê o absurdo a que esse sistema conduz. "Qualquer lei", diz ele, finalmente, "que o

---

[11] *Du contrat social*, de Jean-Jacques Rousseau, Livro III, Cap. 15, ed. cit., p. 249.
[12] *Ibid.*, pp. 429-430.

povo não ratificou pessoalmente é nula; não é uma lei".[13] Contudo, Rousseau não explica como a ratificação da maioria vincula a minoria. O poder da maioria é apenas explicado considerando-o como representação de todos.

---

[13] *Ibid.*, p. 430.

Livro II: Dos princípios para substituir idéias herdadas sobre a extensão da autoridade política

Capítulo I
Da limitação da autoridade política

NOTAS

1. *Quando o governo estende a autoridade além de sua competência, se torna ilegítimo.* Sob Péricles, a venda de cinco mil cidadãos, porque haviam nascido de mães estrangeiras, foi tirânica. Sob Licurgo, as instituições atinentes às vidas privadas dos cidadãos foram tirânicas. Nossas leis sobre o sistema mercantil são tirânicas. Veja Smith IV, Cap. I-8.[14] A lei de Pedro I obrigando seus cidadãos a rasparem a barba foi tirânica. Finalmente, qualquer lei que prescreve a alguém o que ele tem que fazer para sua própria utilidade é tirânica. A lei pode decidir entre um homem e outro, e entre um homem e a sociedade. Contudo, qualquer lei que regule a conduta de um homem em relação a ele mesmo, e apenas a ele, é tirânica. Todas essas leis tirânicas, entretanto, são justificadas na teoria de Rousseau.[15] [522]

2. *Mesmo que fosse a nação inteira, exceto o indivíduo ameaçado, não haveria legitimidade.* "Pellitur a populo victus Cato; tristior ille est qui vicit, fasceque pudet rapuisse Catoni. Namque hoc dedecus est populi, morumque ruina. Non homo pulsus erat: sed in uno victa potestas, romanunque decus." Petrônio,[16] (Catão, derrotado, é derrubado pelo povo. Menos

---

[14] Adam Smith, *op. cit.*, t. III, pp. 1-503.
[15] Os exemplos apresentados nesta nota 1 do Capítulo I vêm de *Recherches sur les constitutions ...*, de Jean-Charles-Léonard Sismondi, *op. cit.*, p. 112.
[16] *Satiricon*, de Petrônio, versos 45-49. Em vez de *hoc dedecus est populi*, o texto assinala *hoc dedecoris populo*. O texto em francês, traduzido do latim por Alfred Ernout, Paris, Les Belles Lettres, 1922, p. 137, diz em inglês: "Catão foi açoitado e repelido pelo

afortunado é aquele que o derrotou, e vergonhoso que se tenha apoderado dos símbolos da autoridade de Catão. Porque isso é a desonra do povo e a ruína da moral. Não foi só a expulsão de um homem, mas com esse homem a honra e o poder de Roma foram derrotados.)

Capítulo 2
Dos direitos da maioria

Notas

1. *que o da menor das minorias.* A lei tem sido definida como a expressão da vontade da maioria.[17] Tal definição é muito imperfeita e perigosa porque parece dar à vontade geral poder ilimitado. Urgia acrescentar: naquelas coisas em que a vontade geral tem o direito de querer.

2. *princípios fixos dos quais a maioria jamais se desvie.* Com o sistema de direitos ilimitados da maioria numérica haveria condições para que se fizesse de todo o mundo um só povo. Isso porque como iria uma linha territorial imaginária alterar esse direito? Se trinta mil vizinhos não quisessem a mesma coisa que uma nação de trinta milhões, baseados em que direito resistiriam? E se lhes garantíssemos o direito de resistir, como iria uma cidade, já um enclave, não ter o direito de se tornar vizinho de novo? [523]

3. *Eles a representavam* [a maioria] *como se fosse uma pessoa real.* Não é nunca fundamentalmente a maioria que oprime. As pessoas roubam seu nome

---

povo. Seu conquistador, mais humilhado que ele, envergonhou-se por ter arrebatado os feixes de lictor [bastões da autoridade] de um Catão porque – e isso é o que mostra a infâmia dos cidadãos e a ruína dos costumes – não é só um homem excluído do poder, mas sim, com ele, o poder e a honra de Roma é que caem".

[17] Essa é, de qualquer forma, a formulação do Artigo 6 da Declaração dos Direitos do Homem e do Cidadão, de 26 de agosto de 1789.

e depois usam as armas que ela supriu. O interesse da maioria jamais deve oprimir. A soma dos infortúnios que existem numa sociedade se estende, mais ou menos, para todos os membros, e cresce quando há injustiça. Ferir um indivíduo ou uma classe é ferir o todo.

Capítulo 3
Da insignificância da maneira com que o governo é organizado quando o poder político não é limitado

Notas

1. *existem coisas sobre as quais a legislatura não tem o direito de formular leis.* Há princípios inalteráveis, dos quais toda a nação é a guardiã, que a própria nação não pode infringir, e que não estão listados na massa de opiniões que ela submete aos encarregados de empenhar-se por sua vontade. A razão é simples, ou seja, a nação em si não tem direito a uma vontade contrária a esses princípios.

Capítulo 7
Da substituição da idéia de direitos individuais pelo princípio da utilidade

Bentham diz que, se o adepto da utilidade encontrou uma ação no catálogo de virtudes que resultou em mais dor que prazer, a riscaria desse catálogo. I, 5.[18] Isso é notável, porque ele diz em outra passagem[19]

---

[18] Jeremy Bentham, *op. cit.* O texto exato é: "Se o adepto do princípio da utilidade encontrasse, no catálogo banal das virtudes, uma ação que levou a mais dor que prazer, ele não hesitaria em ver tal alegada virtude como vício".
[19] Veja, por exemplo, *ibid.*, t. I, p. 11. "Se cada homem tivesse o mesmo direito que outro de estabelecer seu sentimento como uma regra para todos os sentimentos,

que é ruim falar de direitos naturais porque cada homem quer julgá-los de acordo com seu julgamento individual. Mas não é isso que ele faz o adepto da utilidade fazer? Em todos os sistemas tem-se que recair no julgamento individual.

Caso se queira julgar de acordo com a consciência, diz Bentham, I, 31, não se terá condição de distinguir entre uma consciência iluminada e uma [524] cega.[20] Se, no entanto, se julga segundo o princípio da utilidade, também não se podem distinguir os bons cálculos dos maus com essa base. "Na imensa variedade de idéias sobre leis naturais", diz Bentham, *Principles of Legislation*, Cap. 13, "não encontraria cada pessoa razões para resistir às leis naturais?"[21] Ela encontrará o mesmo, no entanto, no princípio da utilidade, usado dessa forma.

---

não haveria mais medida comum nem corte universal à qual se pudesse apelar." Veja também *ibid.*, p. 133.

[20] O texto exato diz: "Pois caso se julgue tudo pelo sentimento, não há mais nenhum modo de distinguir entre as prescrições de uma consciência iluminada e as de uma cega".

[21] *Ibid.*, p. 137.

Livro III: Dos argumentos e hipóteses em favor da extensão da autoridade política

Capítulo 1
Da extensão da autoridade política além do mínimo necessário por razões de utilidade

NOTAS

1. *escritores de todos os credos*. "Todo governo é instituído para a felicidade dos homens. Portanto, tudo aquilo que pode assegurar a felicidade deles tem que ser parte do governo." Ferrand, *Esprit de l'histoire*, I, 107.²²

2. *Em alguns aspectos, Montesquieu*. Bentham, em seu *Principles of Legislation*, Cap. 12, intitulado "Dos limites que separam a moralidade da legislação", começa com uma proposição falsa. "A moralidade", diz ele, "é a arte de dirigir as ações dos homens de tal forma a produzir a maior soma possível de felicidade. A legislação tem precisamente a mesma finalidade".²³ Foi por confundir o propósito da legislação com o da moralidade que demos à legislação o crescimento que se tornou tão desastroso. O próprio Bentham sente isso, posto que diz mais adiante que os meios da legislação são muito diferentes, e sua jurisdição muito mais extensa que a da moralidade, que existem atos úteis à comunidade que a lei pode não requerer e atos [525] perniciosos que ela não tem

---

²² Antoine Ferrand, *op. cit.*, 2ª ed. (1803). A citação correta é: "Todo governo tem que ser instituído para a felicidade dos homens que ficam sujeitos a ele...."
²³ Jeremy Bentham, *op. cit.*, t. I, p. 98.

que proibir.[24] E ele conclui com a seguinte máxima óbvia: "Não deixe que o poder da lei intervenha, salvo para evitar que os homens se firam mutuamente".[25] A definição com a qual ele começa é igualmente inexata. O objetivo da legislação é bem mais salvaguardar os homens contra o mal que eles possam fazer a si mesmos do que buscar para eles a maior soma possível de felicidade. A definição de moralidade e legislação a mim parece ser que a primeira indica aos homens como eles podem ser felizes ao fazerem seus companheiros felizes, e que a segunda os protege para o que pode, da parte de seus companheiros, evitar que eles se façam felizes sem ferir os outros. O singular aqui é que Bentham junta duas definições que se contradizem uma à outra e às quais eu também me oponho. Posto que ele diz alhures que qualquer lei é um mal necessário.[26]

3. *nesse sistema teórico político, a autoridade não tem absolutamente limite algum, nem poderia ter.* Por que o poder judiciário é o menos perigoso de todos os poderes? Porque sua natureza é perfeitamente entendida. As pessoas sabem que ele é essencialmente rigoroso, que é indispensável, mas que o bem que produz é apenas a ausência do mal. Além do mais, ele não é facilmente extensível além de seus limites, e quando as pessoas

---

[24] Vale a pena citar todo o parágrafo a que Constant se refere: "Porém, embora essas duas artes (moralidade e legislação), ou duas ciências, possam ter o mesmo propósito, elas diferem bastante quanto à sua amplitude. Todas as ações, sejam públicas sejam privadas, são parte da moralidade. Ela é um guia que pode conduzir os indivíduos, como se pela mão, em todos os detalhes de sua vida, e exercitar uma intervenção direta e contínua sobre a conduta dos homens. A moralidade prescreve para cada indivíduo a concretização de tudo o que é vantajoso para a comunidade, inclusive sua vantagem pessoal. Mas existem muitos atos úteis para a comunidade que a lei não deve comandar. Da mesma forma, existem muitos atos perniciosos que ele não deve proibir, apesar de a moralidade o fazer. A legislação, resumindo, tem o mesmo núcleo que a moralidade, porém não tem a mesma circunferência". *Ibid.*, pp. 98-99.
[25] *Ibid.*, p. 103.
[26] Hofmann não conseguiu encontrar onde Bentham fez essa definição.

desejaram abusar dele, tiveram que distorcê-lo e transformá-lo em poder político no lugar de judiciário. Os que detêm outros poderes não desejam vê-los confinados a limites tão estreitos. Conseqüentemente, eles têm procurado enganar as pessoas quanto à natureza de suas obrigações. Em vez de se apresentarem como guardiões da ordem pública, isto é, como uma espécie de polícia política, querem se passar por pais do povo. Têm se beneficiado por serem cercados de afetos, ou assim dizem para eles mesmos, em vez de desconfiança e, assim, têm abusado com mais facilidade de seus poderes.

[526] 4. *Nada mais simples do que as questões sobre as quais essas funções governamentais devem se pronunciar.*[27] "No sistema da liberdade natural", diz Smith, IV, 9, V, I, "o soberano tem apenas três deveres a cumprir, três deveres, na verdade, de grande importância, mas claros, simples e dentro da capacidade de apreensão de uma mente comum. O primeiro é o dever de defender a sociedade contra qualquer ato de violência ou de invasão por parte de outras sociedades independentes; o segundo é a obrigação de proteger, ao máximo possível, cada membro da sociedade contra a injustiça e a opressão de qualquer outro membro, o que significa dizer, o dever de estabelecer uma administração adequada da justiça; e o terceiro é o de criar e manter certos serviços públicos e instituições que o interesse privado de um indivíduo ou de um grupo de indivíduos jamais conseguiria estabelecer ou manter porque o lucro nunca cobriria os gastos de um indivíduo ou grupo de indivíduos, embora, no que respeita à sociedade como um todo, esse lucro mais que reembolsa as despesas".[28]

---

[27] [N.B.: Esse comentário deveria ter sido incluído nos Adendos ao Cap. 3 do Livro III. No texto de Hofmann ele aparece como ponto 4 do Cap. I. Não fica claro se o erro é de Constant ou de Hofmann, ou dos dois. Nota do tradutor americano]
[28] Adam Smith, *op. cit.*, t. III, p. 557.

Capítulo 3
São os governantes necessariamente menos propensos ao erro que os governados?

Notas

1. *menos imparciais que os governados.* É um engano supor-se que há um fosso enorme entre os que formulam e os que aceitam a lei. Suas respectivas educações guardam sempre uma certa proporção e não variam muito. A natureza não garante privilégio a indivíduo algum. Ninguém corre à frente de seu país ou de sua era, e os que o fazem são talvez os menos aptos a dominá-los.

2. *O mesmo não se dá com as infindáveis e ilimitadas funções* etc. O marquês de Mirabeau, [527] no primeiro livro de seu *L'ami des hommes*,[29] estabelece uma distinção muito precisa entre as leis positivas e as especulativas. Segundo ele, as leis positivas limitam-se à manutenção; as especulativas estendem-se à orientação. Ele não extrai conseqüências importantes dessa distinção. Seu objetivo não foi fixar os limites das funções governamentais e, embora no restante de seu livro ele possa constantemente ser levado pela força das coisas a restringir essas funções *de facto*, ainda assim admite sua legitimidade por lei e se esforça apenas por indicar como elas podem ser ao máximo úteis e vantajosas. Nós, cujo propósito é diferente, adotaremos a mesma distinção, mas para acompanhar tudo o que dela resulta. Quando o governo pune uma ação nociva, quando penaliza a violação de um empreendimento contratual, quando constrói ou repara estradas e canais, ele desempenha uma função positiva. Quando ele cai fortemente sobre uma ação que não é

---

[29] Hofmann não encontrou a distinção no local indicado por Constant.

perniciosa, alegando que ela pode conduzir indiretamente a uma que o é, quando impõe ao indivíduo certas regras de conduta que não são necessariamente parte do trabalho para o qual foi contratado, quando ameaça a administração da propriedade ou o desempenho da profissão, quando procura dominar a opinião pública, quer por punição quer por recompensa, ou assumindo o controle da educação, ele se arroga uma função especulativa, uma vez que se baseia em conjecturas, em suposições, em casos hipotéticos, em suma, em especulações. O governo, em suas funções positivas, não age de forma espontânea; reage em resposta a fatos, a ações antecedentes, que tiveram lugar independentemente de sua vontade. Na sua função especulativa, ele não tem que reagir a fatos e atos já realizados, mas antever ações futuras. Age, portanto, espontaneamente. Sua ação é produto de vontade própria.

As ações positivas de governo são de natureza extremamente simples, e, no seu exercício, suas ações não são equívocas nem complicadas. As especulativas são de natureza diferente; não têm base factual por não serem exercidas sobre coisas factuais. Partem de uma suposição, de uma presunção. Podem variar, se estender e ficar infinitamente complicadas. As funções positivas com freqüência levam o governo a permanecer imóvel; as especulativas jamais o deixam assim. Sua mão, que por vezes previne, por vezes controla, por vezes cria, por vezes repara, pode [528] às vezes ser invisível, mas nunca permanecer inativa. Como sua ação tem fonte em sua vontade, ele tem que, necessariamente, raciocinar, supor, adivinhar. Isso indica de forma clara como é difícil, em tantos aspectos, traçar limites para as funções especulativas. Em determinadas ocasiões, os governos colocam barreiras, que ele mesmo escolhe, exatamente antes de a ação se tornar criminosa, com vistas a então estabelecer penalidades contra a derrubada de tais barreiras. Noutras circunstâncias, recorre a medidas proibitivas contra ações que, neutras por si mesmas, a ele, contudo, parecem perigosas em suas conseqüências indiretas; em outras oportunidades, cria leis coercitivas para compelir os homens a fazer o que a ele parece útil; noutras, estende seu escopo àquilo em que o povo acredita; e noutras ainda, modifica ou limita o direito de posse da propriedade, regulando arbitrariamente sua forma e decidindo, ordenando ou proibindo sua transmissão. Sujeita o trabalho da produção a numerosos impedimentos, encorajando-o de um lado e restringindo-o de outro. As ações, as conversações, os escritos, os erros, as verdades, as idéias religiosas, os sistemas filosóficos, as ligações morais, os sentimentos íntimos, os usos, hábitos, costumes e maneiras, as instituições, tudo o que é mais vago na imaginação do homem, mais independente em sua natureza, tudo isso cai no domínio do governo. Ele envolve nossa existência por todos os lados, se apossa de nossos primeiros anos, vigia e restringe nossos mínimos movimentos, santifica ou combate as mais incertas de nossas conjecturas, modifica ou dirige nossas mais fugidias impressões.

A diferença, então, entre funções positivas e especulativas é que as primeiras têm demarcações fixadas, e não são ilimitadas como as outras, uma vez aceitas.

A lei ou ação de governo, segundo a qual ele pode enviar cidadãos para as fronteiras a fim de defendê-las quando atacadas, seria uma lei ou ação positiva de governo, de vez que seu objetivo, obviamente, é o de repelir uma agressão cometida ou de evitar que o território nativo seja invadido. A lei ou ação de governo, segundo a qual ele pode obrigar cidadãos a fazerem a guerra no território de outra nação, suspeita de estar considerando um ataque, seria uma lei ou ação especulativa de governo, já que não estaria agindo com base factual, contra alguma ação cometida, e sim seguindo uma especulação contra uma ação presumida.

Portanto, no primeiro caso, a autoridade do governo seria limitada, pois o governo não pode agir contra um fato se tal fato não existe. No segundo, ao contrário, a autoridade do governo seria ilimitada, posto que a especulação sempre depende da discrição desse governo.

Outra diferença entre as funções positivas e as especulativas é que quando o governo se restringe às primeiras, [529] ele não pode errar; mas quando arroga a si as segundas, se expõe a erros de todos os tipos.

Quando o governo aprova uma lei contra o assassinato ou o crime, pelo fato de sua severidade ser direcionada apenas contra determinadas ações, ele não pode se desviar. Todavia, se o governo legisla contra o declínio do comércio ou a estagnação da indústria, corre o risco de tomar por meios de incentivo coisas que não o são. Uma lei contra o assassinato ou o roubo pode ser mais ou menos perfeita e, em conseqüência, atingir mais ou menos seu objetivo. No entanto, é impossível que ela trabalhe completamente contra esse objetivo. Uma lei de incentivo ao comércio pode destruí-lo. Uma lei em favor da produção pode ser contraproducente.

Existe, por conseguinte, nas funções especulativas de governo uma deficiência dupla. Não sendo suscetíveis à limitação, elas ficam abertas à arbitrariedade; obrigando os governos a agir com base em suposições, elas multiplicam as chances de erros.

Capítulo 4
São os erros governamentais menos perigosos que os dos indivíduos?

Notas

1. *em suma, é livre para se corrigir.* A natureza conferiu aos nossos erros dois grandes corretivos, o interesse pessoal e a experiência. Se o inte-

resse pessoal comete erros, as próprias perdas incorridas o iluminarão. Aquilo por que nossos interesses passaram o colocarão num caminho mais seguro do que as proibições poderiam fazê-lo. Um homem com interesse adquirido não achará necessárias as proibições. Para ele, o valor de tais proibições está apenas nos pressentimentos do governo. O interesse individual jamais as verá como salvaguardas, e sim como obstáculos.

2. *é melhor correr o risco natural dos erros individuais.* "Tudo o que o homem faz para si mesmo", diz Godwin, *Political Justice*, VI, Cap. 8,[30] "é bom. Tudo que seus compatriotas ou o país fazem por ele, sem o seu consentimento, é mau". Godwin está certo, e é mau em diversos aspectos. Primeiro, há a violação de cada direito da pessoa. A justiça prefere que todo homem julgue aquilo que constitui sua felicidade. Quando se golpeia a prerrogativa individual, mesmo que se esteja mil vezes certo em relação ao [530] caso individual, fere-se um princípio geral, que não pode ser revirado sem as mais sérias conseqüências. Em segundo lugar, entretanto, é muito duvidoso se se está provavelmente certo, mesmo na circunstância individual. Há tanta possibilidade de erro quanto o do homem cujos interesses alega-se saber mais que ele próprio, isso porque ele tem melhor conhecimento dos detalhes gerais de sua existência do que apenas aquela faceta que se pretende conhecer, e essa conscientização incompleta pode sugerir noções muito erradas. Em terceiro lugar – e finalmente –, nada é benéfico salvo pela conseqüência, pela persistência e acordo, e a menos que perdure. Ora, aquilo que se fizer por um homem, contra a sua vontade, ele desfará. Qualquer coisa que seja erigida a expensas de parte de sua liberdade,

---

[30] *De la justice politique*, de Benjamin Constant, op. cit., p. 270.

com o que restar dessa liberdade, ele tentará destruir. Não existirá, portanto, coesão, continuidade, persistência: ao contrário, haverá luta. Caso se esteja certo, e a violência cometida contra o homem é realmente do seu interesse, qual o resultado? Estar-se-á distanciando o homem de seus interesses e ele não estará errado em se afastar deles. Posto que o interesse de sua independência é muito mais importante para sua felicidade do que os interesses individuais em nome dos quais se reivindica sua submissão. Se ele ceder nesse caso, em que se está certo, demandar-se-á a mesma submissão num outro caso no qual, talvez, se esteja errado. É, por conseguinte, do interesse duradouro desse homem resistir, mesmo quando se age no seu interesse momentâneo.

Capítulo 5
Da natureza dos meios que a autoridade política pode empregar por razões de utilidade

Notas

1. *puseram-se calmamente a formular o que chamaram de leis.* Vimos coisa ainda melhor. Testemunhamos nossas assembléias legislativas esquecendo as leis que haviam aprovado e aprovando-as pela segunda vez.

Livro IV: Da proliferação das leis

Capítulo I
Causas naturais da proliferação das leis

As leis têm sido definidas como expressão da vontade geral. Trata-se [531] de definição muito falsa. As leis são a declaração das relações dos homens uns com os outros. A partir do momento que existe sociedade, ela estabelece certas relações entre os homens. Tais leis são fiéis à natureza dos homens porque se não o fossem não seriam estabelecidas. Elas nada mais são do que essas relações observadas e expressas. Não são as causas das relações, as quais, ao contrário, são anteriores às leis, ou seja, elas declaram que tais relações existem. Não são declarações de um fato. Não criam, determinam ou instituem coisa alguma, exceto formas e procedimentos de modo a garantir aquilo que existia antes de sua instituição. Segue-se que nenhum homem, nenhuma fração da sociedade, nem mesmo a sociedade como um todo, podem, propriamente falando e num sentido absoluto, atribuir a si mesmos o direito de fazer leis. Tais leis sendo apenas a expressão das relações que existem entre os homens, e essas relações sendo determinadas por sua natureza, fazer uma nova lei é só uma nova declaração daquilo que existia previamente.

A lei não é dom natural do legislador. Não é seu trabalho espontâneo. O legislador representa para a ordem social o que o físico significa para a natureza. O próprio Newton apenas foi capaz de observá-la e nos repassar as leis que reconheceu ou pensou ter reconhecido. Ele não se iludiu achando que era o criador dessas leis.

Uma coisa desculpa os governos pela proliferação de leis: todo mundo solicita que ele o faça. É só um homem pensar sobre novo projeto que logo estará solicitando uma lei ao governo. Os homens que favorecem muito a liberdade não estão imunes a esse erro. Os economistas etc.

Capítulo 2
A idéia que usualmente se desenvolve sobre os efeitos que a proliferação de leis causa, e a falsidade da idéia

As complicadas instituições do governo e legislação criaram tal número de relações artificiais entre os homens que não existe mais espaço para sua verdadeira natureza. A existência moral, a vontade e o julgamento dos homens ficam asfixiados sob sua existência civil, política e legal, uma existência que, se não é oposta à primeira, pelo menos é totalmente modificada. Tem sido feito para toda a vida humana aquilo que as constituições fizeram [532] para as assembléias primárias.[31] Relatórios foram rascunhados de antemão, nos quais apenas o nome e a data foram deixados em branco; com base neles, a raça humana se conforma docilmente em modelar todas as suas ações. Os homens de hoje não possuem coisa alguma de seus direitos. No caso da vida interior, há dogmas religiosos positivos. Para a atividade externa existe a lei; resulta, pois, que, quando a lei ou a religião entram em colapso, os homens perdem toda a orientação e não sabem mais o que têm que fazer.

---

[31] [Assembléias de cidadãos, eleitas, e que agiam como colégio eleitoral. Nota do tradutor americano].

Leio na Declaração dos Direitos que o homem não é uma boa pessoa se não observa, estrita e rigorosamente, a lei.[32] Será que isso significa que, mesmo que eu seja um bom filho, um bom marido, um bom pai, um bom amigo,[33] se eu esquecer ou violar uma das trinta e duas mil leis que compõem nosso código, não serei um homem bom? Percebo nessa doutrina uma moralidade tão artificial quanto a dos faquires da Índia, que creditavam virtude ou crime à observância ou não-observância de práticas sem valor ou perigo.

Capítulo 3
Que não existe o benefício principal que os defensores do governo democrático esperam com a proliferação de leis

Quanto mais contra a razão e a justiça for aquilo que o governo prescreve, mais desordem e violência ele causará, e, então, a necessidade da prescrição será justificada em termos dessa desordem e violência. Se, pelo fato de a maioria dos crimes ser cometida nas estradas e de se poderem evitar tais crimes obrigando os cidadãos a permanecer em suas casas, a lei impusesse tal permanência e a colocação de guardas por todos os lados, os cidadãos, condenados ou a negligenciar o cuidado com seus interesses e a interromper suas relações recíprocas ou a desobedecer a lei, provavelmente assumiriam o segundo curso. Os guardas seriam enviados para prendê-los e eles resistiriam. Dis-

---

[32] "Ninguém é homem de boa vontade se não é observador honesto e religioso das leis." Artigo 5 do *Deveres* enumerados na *Déclaration des droits et des devoirs de l'homme et du citoyen*, colocado no cabeçalho da Constituição, 5 frutidor, ano III (22 de agosto de 1795).

[33] Uma referência ao Artigo 4 da mesma *Déclaration*: "Ninguém é um bom cidadão se não é um bom filho, um bom pai, um bom amigo e um bom marido."

cussões, ameaças e lutas nas estradas [533] se multiplicariam mais do que nunca, e o legislador concluiria disso a necessidade daquela lei que fora a causa inicial de todas essas calamidades. Teríamos tomado o efeito por causa: é essa a história de muitas leis.

Freqüentemente, quando a execução de uma lei enfrenta obstáculos, as pessoas imaginam que podem removê-los com nova lei. Essa nova lei, por seu turno, é também burlada. O que é remediado com uma terceira lei. E assim vai até o infinito. Se, depois de se ficar esgotado com as infrutíferas tentativas, volta-se à primeira lei, fonte fértil de tantas leis secundárias, e se tenta revogá-la, vê-se então que, na maioria das vezes, tudo melhora sem ela, e se consegue com tal revogação não apenas o descarte de uma lei má como também o de toda uma série de leis necessárias para assegurar, mesmo imperfeitamente, a execução da primeira lei.

"Garanto que, durante sua vida", diz o abade Galiani, p. 250, "ao amarrar alguma coisa com linha ou barbante, você enrolou demais ou deu um nó extra. É instinto nosso, sejamos grandes ou pequenos, ir sempre além da medida natural, seguindo a força de nossas intenções".[34] Concluo disso que devemos amarrar as coisas o mais frouxamente possível.

Depois do terremoto de Lisboa,[35] o marquês de Pombal, para evitar uma debandada generalizada, estabeleceu um cordão de cavalaria às margens do Tejo e empregou destacamentos de infantaria para guardar as estradas que levavam ao interior do país. Não houve mais tremores, de modo que tais precauções não tiveram conseqüências inconvenientes. Se eles tivessem ocorrido, no entanto, fica claro que

---

[34] *Dialogues...*, de Ferdinando Galiani, *op. cit.*, pp. 249-250.
[35] Que arrasou a cidade em 1755.

os obstáculos colocados no caminho da fuga das pessoas teriam aumentado o desespero e a infelicidade, uma vez que elas teriam que lutar contra os soldados e contra a fúria dos elementos.

Capítulo 4
Da corrupção que a proliferação de leis provoca entre os agentes do governo

Mesmo quando o governo permanece estritamente dentro dos limites prescritos por seus objetivos, ele sempre corrompe mais ou menos os instrumentos que emprega. Corromper é substituir considerações de outro tipo, que decidiriam para nós se elas eram as únicas a se fazer ouvidas, por considerações morais. [534] Qualquer adição ou qualquer mudança nos motivos que têm que determinar a conduta dos homens, qualquer ameaça, qualquer promessa, recompensa pecuniária ou poder, é uma forma de corrupção. Ora, tal forma de corrupção é inseparável do governo, qualquer que seja a estreiteza dos limites em que o circunscrevamos. Ele precisa de agentes que, por vezes, funcionam sem pensar e obedecem sem convicção. Esses agentes são necessariamente corruptos. Se, juntamente com as funções naturais de que é investido, o governo adicionar funções que não lhe competem, como, por exemplo, influenciar as opiniões e perspectivas dos governados, a corrupção de seus agentes crescerá indefinidamente. Quando o governo é só um instrumento de repressão, punindo os crimes que as pessoas foram capazes de cometer, seus agentes contam apenas com pequena latitude. Eles ficam na situação inevitavelmente infeliz e errada de obedecer sem estar convencidos, e por motivos bem diferentes da natureza da convicção. No entanto, nada é deixado às suas decisões arbitrárias. Contudo, em tudo que não é puramente repressão, tendo sido uma vez rompida a barreira solitária, o despotismo não encontra coisa alguma que possa retardar sua marcha. Resulta disso um terreno bem mais amplo para a corrupção. Essa corrupção é agravada ainda mais pelo menosprezo que provoca. O sentimento natural de que o governo deveria deixar os cidadãos livres nas partes ocupacional, moral e da busca de bens de suas vidas é tão forte, que os próprios homens que não adotaram esse ponto de vista político só encaram os agentes da outra abordagem com aversão e desdém. Tal menosprezo tende a corrompê-los mais e mais. Dessa forma, através de suas medidas erradas, o governo, para alcançar um bem que não deve e que não está dentro de sua capacidade, cria um malefício real. Seu verdadeiro objetivo não é fazer o bem, mas evitar o mal, e isso por meio de leis penais. Aí, ele corrompe apenas um número muito pequeno dos que executam essas leis, e nas relações desses homens com a sociedade — pouco freqüentes, não-complicadas e sempre hostis — a corrupção penetra menos no corpo social. Mas quando o governo quer fazer bem positivo, como ele corrompe seus agentes da mesma forma, como existem mais deles, e suas relações com a sociedade são mais freqüentes, mais variadas e menos hostis, o dano é muito maior.

As leis coercitivas que pretendem forçar os governados a tais e tais ações têm deficiências ainda maiores que as proibitivas que só proíbem tais e tais ações. A ausência de ação é mais difícil de determinar que a própria ação. Contra o crime negativo é necessária uma vigilância mais constante, positiva e inquisitiva.

[535] Nos casos em que são absolutamente necessárias leis coercitivas, recompensas devem ser adicionadas à obediência, em vez

de punições às transgressões. Como o Estado não pode distribuir recompensas em profusão, deve existir, simultaneamente, o menor número possível de leis dessa espécie.

Capítulo 5
Outra desvantagem da proliferação de leis

Houve excessos em nossas antigas instituições. Há ainda mais em nossas atuais. Na maioria dos casos, não é uma questão de se adicionar nada a elas e sim de reduzi-las. Eu livro você de um animal feroz, disse Voltaire, e você me pergunta o que estou colocando no lugar dele.[36] Esse dito chistoso pode ser aplicado a muitas leis. Guardemo-nos contra a conclusão de que se um número enorme de leis foi criado é porque a ordem pública necessita delas. Consideremos que leis seriam indispensáveis a nós se a idéia de lei surgisse agora pela primeira vez.

---

[36] Hofmann não conseguiu encontrar essa citação, que pode ter surgido, como com tantas outras "palavras" de Voltaire, de fonte oral.

Livro V: Das medidas arbitrárias

Capítulo I
Das medidas arbitrárias e do porquê de as pessoas terem sempre protestado menos contra elas do que contra os ataques à propriedade

É no Capítulo 15 do Livro XXVI de *O Espírito das Leis* que Montesquieu estabelece princípios muito mais favoráveis à propriedade do que à liberdade. Contudo, examinando cuidadosamente seus argumentos, vemos que eles se aplicam com a mesma força tanto à propriedade quanto à liberdade. "É", diz ele, "um paralogismo afirmar-se que o bem individual deve dar precedência ao bem público. Isso só é válido nos casos em que é uma questão de autoridade da cidade, o que significa dizer, da liberdade do cidadão. Não se aplica aos casos em que a propriedade de bens está em jogo, porque o bem público está invariavelmente no fato de cada pessoa manter a propriedade que as leis civis a ela conferem". Como não sentiu, então, Montesquieu que o bem público foi sempre também o de cada pessoa manter sua legítima liberdade? Por que é desfavorável que, por razões de bem público, devam ser desferidos golpes contra a propriedade? Porque um único ataque dessa espécie tira todas as [536] garantias de todas as propriedades, e porque todo o sistema de propriedade é destruído. Todavia, o mesmo se passa com a liberdade. "Tomemos como máxima", continua ele, "que, quando é uma questão de bem público, este bem jamais deriva de se privar um indivíduo de suas posses, nem de deles se tirar a menor porção delas".[37] Podemos dizer o mesmo da liberdade, e a experiência mostra isso.

---

[37] *De l'esprit des lois*, de Montesquieu, Livro XXVI, Cap. 15.

Capítulo 2
Das razões para as medidas arbitrárias e a prerrogativa da prevenção de crimes

1. *suspeitas governamentais.* A necessidade de se evitarem crimes é, por vezes, apenas um pretexto para ócio do governo, seus membros preferindo algumas vezes acorrentar-nos a vigiar-nos. Eles têm que saber, no entanto, que governar é trabalho penoso e que nós, os governados, temos direito à paz e à liberdade, enquanto a parcela dos governantes é servidão, ansiedade e trabalho. Os governos, com muita freqüência, confundem segurança pública com proteção individual. Legisladores e magistrados em todos os países: a paz do Estado depende do sacrifício da paz de vocês. Caso vocês tenham que ser poupados de todos os alarmes, libertos de todas as solicitações, desobrigados de todos os cuidados, seu trabalho perde o objetivo, o que lhes resta então? Prestígio e poder. Não, não é essa a parcela de vocês. A sociedade, que os alça aos postos que ocupam, a vocês delega a tarefa da vigilância infatigável. Cabe a vocês observar o céu e os ventos, evitar os rochedos, guiar o barco e empunhar o leme incansavelmente. Não é certo deixar que os passageiros fiquem reféns da ansiedade para que se dê ao piloto a chance de dormir.

2. *As nuances dos exemplos são infinitas.* [A frase completa de Constant é a seguinte: "As nuances exemplares aqui são infinitas"]. Num tempo de problemas, pode ser legítimo e sábio ordenar que os cidadãos portem algum tipo de identificação ou que forneçam dados similares às autoridades públicas. Porém, se tais requisitos recaírem apenas numa classe individual, eles seriam extremamente injustos.

Adendos

Por vezes os legisladores, para amenizar as injustiças que cometem, com a desculpa de evitar crimes ou proporcionar segurança pública, recorrem a subterfúgio tão odioso [537] quanto ilusório. Parecem se apiedar daqueles que ferem, gemer por causa do assédio deles e buscar reparações para isso mediante nacos de estima e interesse. Isso, no entanto, corresponde a privar os oprimidos de seus últimos suportes remanescentes. Quando um cidadão é perseguido por um homem poderoso, se for uma questão de tirar sua vida, sua reputação ou sua propriedade, espera-se que corações se sensibilizem e o perseguido encontre defensores. Quando, no entanto, a vítima é adornada com flores, quando parece que ela recebe honrarias, quando se alega que a injustiça concorre para sua glória, então o caminho do crime é aplainado. Não se trata de punição, dizem os que querem a ruína de um inocente, isso é precaução, que se torna quase um triunfo para a pessoa que é seu objeto. O ostracismo transposto para os tempos modernos.

Como as leis proibitivas são muito mais favoráveis aos abusos de autoridade do que as penais, o governo se compraz em exagerar a pequena influência dessas últimas para apelar mais amplamente às primeiras.

Capítulo 4
Do efeito das medidas arbitrárias em termos de vida moral, indústria e duração dos governos

Notas

1. *Quando não há segurança, não existe vida moral.* O despotismo é pernicioso porque impede qualquer avaliação de longo prazo

do mundo. Ora a vida moral necessita especialmente desse tipo de avaliação. O momento talvez favoreça o crime; só o tempo favorece a virtude.

2. *de produção*. Os empreedimentos de mercadores em grande escala estão sempre necessariamente interligados com as questões públicas. Nas monarquias, entretanto, as questões públicas parecem, na maior parte das vezes, tão suspeitas para os mercadores quanto parecem seguras para eles nos Estados republicanos.

Adendos

O despotismo em favor da virtude é infinitamente mais perigoso que o despotismo em favor do crime. Quando patifes violam o processo devido a expensas do homem honesto, sabe-se que isso é um crime a mais. A própria violação do processo devido faz com que se dê atenção particular a ele. Aprende-se humildemente e através do infortúnio a encarar tal processo como sagrado, como protetor e conservador da ordem social. Todavia, quando um homem bom viola o processo devido à custa de salafrários as pessoas não mais sabem onde se situam. O processo devido e a lei a elas parecem obstáculos no caminho da justiça. De alguma forma, elas se acostumam com essas coisas e arquitetam uma espécie de teoria do despotismo [538] eqüitativo, que é a subversão de qualquer tipo de pensamento, porque no corpo político só o processo devido é estável e resistente aos homens. As próprias fundações, isto é, a justiça e a virtude, podem ser desfiguradas. Seus nomes ficam à mercê de quem deseje usá-las. Uma característica de todos os partidos políticos é que eles não odeiam o despotismo como tal – a primeira coisa que precisa ser odiada numa sociedade livre –, mas só esse ou aquele ato despótico que parecem contrários a seus objetivos e interesses. Quando se permite falar de circunstâncias, elas são sempre invocadas contra os princípios. As facções caminham de uma circunstância a outra, constantemente fora da lei, por vezes com intenções puras, noutras com projetos pérfidos, eternamente solicitando medidas de larga escala, em nome do povo, da liberdade, da justiça. Em tudo que o bem público demanda, há dois modos de proceder, um legal e o outro arbitrário. O primeiro é o único admissível e sempre, no longo prazo, aquele em que o governo se vê mais confortável. Enquanto o governo arbitrário é considerado apenas algo a ser simplesmente arrebatado do inimigo, de modo que se possa colocá-lo em uso, tal inimigo, por seu turno, irá se esforçar por capturá-lo, e a luta durará para sempre porque as medidas arbitrárias são inexauríveis.

Nas repúblicas, todas as medidas arbitrárias, todas as fórmulas tendentes a servir de pretexto para a opressão, ricocheteiam sobre seus autores. Encontro exemplo gritante disso nos Atos da Assembléia Constituinte, e para relembrá-los vou usar as palavras de um de seus membros: Clermont-Tonnerre, IV, 90: A Assembléia Nacional queria declarar a liberdade absoluta de opinião religiosa. Os padres católicos, sustentadores da religião dominante, forçaram a Assembléia a modificar esse princípio acrescentando o seguinte condicionante: desde que a manifestação da opinião religiosa não ameace a ordem pública. Cedo, essa mesma religião dominante estava sendo cruelmente maltratada pela mesma sentença cruel e vaga, cuja adoção sua influência havia garantido. Os superzelosos amigos da Revolução tiraram proveito da nova redação, a que tinham se oposto, para esmagar, contra toda a razão, aqueles que a haviam arrancado deles.[38]

[539] Os antigos acreditavam que lugares assolados por crimes tinham que experimentar uma expiação; e minha crença é de que a terra maculada por um ato de despotismo precisa, para sua purificação, de uma punição retumbante para a pessoa culpada. Sempre que, em qualquer país, vejo um cidadão arbitrariamente encarcerado sem que, pouco tempo depois, o mercenário que o prendeu, o carcereiro que o recebeu e o político, seja qual for, que violou o processo devido sejam arrastados para as mesmas prisões, eu direi: essa nação não sabe como ser livre, não deseja sê-lo, nem o merece, pois ainda não aprendeu as primeiras noções de liberdade.

Se fosse dado ao homem inverter, só uma vez, a ordem das estações, fosse qual fosse a vantagem que pudesse tirar desse privilégio numa circunstância particular, ele iria, no entanto, experimentar como resultado uma desvantagem incalculável, uma vez que, subseqüentemente, não poderia mais confiar na invariável regularidade e na seqüência uniforme que servem de base para suas atividades laborais.

Capítulo 5
Da influência do mando arbitrário sobre os próprios governantes

Ao se darem a prerrogativa da prevenção, os governos multiplicam tanto as obrigações que suas responsabilidades se tornam infindáveis. Seu respeito pelos tratados mais solenes, sua consideração pela liberdade individual, podem ser tidos como criminosos.

---

[38] *Réflexions sur le fanatisme*, de Stanislas-Marie de Clermont-Tonnerre, em *Recueil des opinions, op. cit.*, t. IV, p. 90.

Livro VI: Dos coups d'Etat

Capítulo 1
Da admiração pelos coups d'Etat

Notas

1. *não pode legitimar em indivíduos*. Os homens, ao se reunirem, meramente põem em comum o que cada um possuía no isolamento. Quando mil indivíduos se congregam, dão uma garantia e alguma força aos direitos prévios que tinham, mas não criam para si mesmos novos direitos. Os direitos da maioria representam tão-somente a agregação dos direitos de cada um. As nações são apenas agregações de indivíduos. Seus direitos são a mera junção dos direitos individuais. Então, o que poderia ser essa moralidade pública se alguns desejassem se opor à moralidade privada? A moralidade pública consiste só na agregação dos direitos e deveres individuais. Ora, a injustiça, não sendo direito de ninguém, não pode ser direito de todos. Como podem os indivíduos que se associam adquirir direitos que não possuíam quando isolados?

2. *que se quer conseguir*. Os Triúnviros, diz M. Ferrand, I, 391,[39] "concordaram em retirar de uma república cujas perdas se tornaram inevitáveis aqueles que insistiam no desejo de defendê-las". Aprovação dos banimentos.

---

[39] *L'esprit de l'histoire*, 2ª ed. t. I, p. 392.

Livro VII: Da liberdade de pensamento

Capítulo 2
Da liberdade de pensamento

Notas

I. *tolerância que merece louvor.* Todo homem, diz M. Ferrand, deve ter a liberdade para pensar no que quiser, mas não para propagar suas opiniões se elas forem perigosas, exatamente como lhe é permitido ter algum veneno no armário, mas não para distribuí-lo ou usá-lo.[40] Entre as sentenças que provam que os homens são incautos no emprego das palavras, esta, que tem sido repetida por muitos escritores, é uma das mais notáveis. Nós a encontramos repetida nos preâmbulos de éditos e em todas as mornas discussões sobre tolerância [541] que foram empregadas para retardar seu desenvolvimento. É um fato que homens ilustrados acreditaram por algum tempo que deveriam ser agradecidos aos que estavam no governo por essa alegada indulgência. Governos julgaram ser meritório de suas partes nos deixar pensar sobre o que eles achavam razoável para nós! Mas como poderiam eles ter evitado que não o fizéssemos? Por que meios penetrariam no âmago dos pensamentos que estávamos proibidos de expressar? Pleitearam nossa gratidão, impuseram-nos um silêncio vergonhoso e nos fizeram todo o mal que podiam. Disseram que respeitavam nossa independência de pensamento. Sim, mas enquanto não soubessem o que eles representavam, enquanto os pensamentos permanecessem silentes

---

[40] Hofmann não conseguiu encontrar essa frase no *L'esprit de l'histoire*.

e estéreis, trancafiados dentro de nós, privados de toda expressão, roubados de toda comunicação social, daquela fonte fértil de precisão e aprimoramento. O homem, no entanto, tem necessidade de expressar seus pensamentos. Ele próprio, o pensamento, por vezes só é real quando expresso. O que os governos poderiam fazer contra os pensamentos sobre os quais não soubessem coisa alguma? É escárnio insolente da parte da tirania que ela pretenda garantir um favor que não pode recusar.

Capítulo 3
Da expressão do pensamento

Notas

1. *faladas ou escritas.* Independentemente do discurso e da escrita, os indivíduos têm uma outra maneira de expressar suas opiniões, qual seja, reunindo-se para debatê-las. Todas as nossas recordações se rebelam contra o exercício dessa faculdade, que é tão perigosa quando envolve abuso. De modo algum desculparei aquelas manifestações selvagens e monstruosas que jogam a nação em excessos de toda a ordem. Só conheço uma circunstância que justifica reuniões de opiniões entre indivíduos não-sofisticados: a provocada pela necessidade de defender indivíduos oprimidos. Uma espécie de coragem contagiosa força o fraco a parecer forte. Uma assembléia, em momentos de perigo, é normalmente dirigida pelos mais bravos. O espírito de corpo compensa a falta de um sentido de justiça, e a usurpação por uma minoria não pode ter lugar. Todavia, em todas as outras circunstâncias, os grupos organizados entre os cidadãos para discutir opiniões são mais daninhos que úteis. Normalmente,

eles são controlados pelos chamados reformadores, que tomam o lugar do pensamento corrente e da vontade pública. Constituem uma pequena minoria que quer o controle em nome de todos. Esses homens cercam suas teorias com uma força muito diferente da verdade. Eles criam, dentro das associações que dominam, um tipo de governo que tem todo o [542] peso de um governo, sem nenhuma de suas vantagens. O governo por intermédio de clubes é a tirania mais degradante, a mais desumana e grosseira. Deveríamos então concluir que o governo tem o direito de banir essas associações, de limitar o número de seus membros, de proibir a discussão de certas questões perigosas? Todas as leis desse tipo são burladas ou arbitrárias. Além do mais, elas requerem o recurso da corrupção, de vez que uma seção da sociedade tem que ser degradada para espionar e denunciar a outra. Ora, a todo momento em que, no caso de um objetivo, qualquer um, é impossível formular uma lei que seja a um só tempo precisa e exeqüível, e não precise corromper agentes, tal objetivo não demanda nem admite lei. Outro remédio deve ser procurado, e esse remédio é a liberdade. Não deixemos que os governos proíbam as associações; façamos com que eles, no entanto, mantenham a liberdade autêntica. Deixemos que eles defendam a liberdade individual contra as associações que procuram suprimi-la. Essas associações, ao perderem todos os meios de causar danos, cedo perdem também toda a sua importância. Se os indivíduos que se reúnem prejudicam a segurança dos que não tomam parte em sua associação, deixemos que o governo se abata fortemente sobre tais perturbadores da paz e da ordem, não como membros de uma sociedade ou de uma seita, mas simplesmente como perturbadores. Seria fácil provar-se que, durante a Revolução Francesa, os clubes só adquiriram seu monstruoso poder porque, desde o início, para congregar cidadãos sob suas bandeiras, contra a vontade deles, esses reformadores empregaram meios de força que o governo deveria ter simplesmente punido. A execução de uma lei penal existente – pois não haveria necessidade de fazer outras – teria sido de mais valor que qualquer quantidade de leis proibitivas. Seu efeito teria sido mais certo, e sua execução, mais fácil. Como, todavia, as leis proibitivas são mais favoráveis aos abusos e à ociosidade do governo do que as penais, este último busca realçar em demasia a pequena influência das penais e fazer amplo uso das outras. As pessoas supõem que as questões políticas provavelmente incitam mais as paixões humanas que as de outro tipo. Isso é um erro. A importância intrínseca de uma questão tem menos impacto sobre o ardor que agita os homens do que aquele que eles conferem a si mesmos. A polarização partidária tem menos a ver com o entendimento daquilo que está em disputa do que os compromissos assumidos pelo orgulho, os sacrifícios que as pessoas fizeram, os perigos que incorrem, os aliados que os cercam e os inimigos que combatem. No anfiteatro de Constantinopla, houve assassinatos por causa das corridas de biga e das cores verde e azul, tão amargos quanto os assassinatos nas encruzilhadas de Paris, em nome da religião e da liberdade.[41] As pessoas saíram à cata de *lettres de cachet* contra gluckistas e piccinistas,[42] da mesma forma que o fizeram contra os jansenistas e os ateus. Então, considerem-se as associações como indivíduos. Que sejam ignoradas se forem pacíficas; que sejam tratadas duramente se perturbarem a paz. Punam-se os atos. Deixe-se o restante para a liberdade, mas que se saiba como

---

[41] Veja a nota A de Constant no fim dos Adendos.
[42] Os adeptos rivais das óperas de Gluck e Piccini no final do século XVIII.

garanti-la e mantê-la. Nela será vista, essencial e infalivelmente, uma força saneadora.

2. *do entusiasmo estouvado.* Admito por um instante que certos livros podem corromper costumes ou sacudir princípios de moralidade. Os homens devem ser ensinados a evitar esses perigos por conta de seu próprio esforço e raciocínio, e a se defenderem. Se tudo o que se fizer for afastar as idéias corruptoras e os sofismas perigosos, os homens se verão despreparados quando depararem com eles, e se deixarão desarmar ou perverter muito mais rapidamente. As crianças cujas cabeças sempre envolvemos com tecidos com medo de que venham a cair e se ferir cairão num dia em que suas cabeças não estiverem protegidas, e as quebrarão. Se for do interesse de um indivíduo difundir máximas ruins, será do interesse de milhares de outros refutá-las.

3. *o preparo proporcionado pela servidão.* A conquista súbita da liberdade intoxica os escravos. O desfrute da liberdade forma homens merecedores dela.

É absurdo querer esconder as verdades contrárias à constituição estabelecida. Como a ordem instituída é reversível, quanto menos os homens refletirem sobre os erros que ela contém e menos estiverem preparados para a ordem que terá que substituí-la, mais desordem e infortúnio resultarão da derrubada e da seqüência que se seguirá.

"Um povo seguro de seus direitos desfruta deles na calma e na paz. Se faz mau uso deles é porque neles não confia. A precipitação é efeito desse medo." Bentham, III, 190.

4. *o exagero que infesta suas leis.* "Sob o Antigo Regime na França, bastava que um livro sobre ciência moral fosse publicado em Paris para que inspirasse preconceito desfavorável." Bentham, III, 178.

A verdadeira censura é a do povo ilustrado, que faz murcharem as opiniões perigosas e incentiva as descobertas úteis. A audácia de um libelo difamatório não o livrará do menosprezo geral. Por uma contradição fácil de explicar, contudo, a indulgência pública a esse respeito é sempre proporcional à severidade do governo. Bentham, II, 20. [544]

Capítulo 4
Continuação do mesmo assunto

Notas

I. *sobre a China*. A imprensa na China é, aparentemente, tão livre quanto na Inglaterra, o que significa dizer que toda pessoa pode ter a profissão de editor. No entanto, o modo expedito com o qual, naquele país, qualquer tipo de fraude é punido, sem a formalidade de nenhuma instituição jurídica, é suficiente para barrar a liberdade de imprensa. O editor, o livreiro e o leitor de qualquer obra escrita que ofenda o governo são igualmente passíveis de punição por sova com vara. A publicação de um trabalho contendo reflexões sobre a conduta do governo ou de seus agentes principais resultaria certamente na morte do autor e do editor. Portanto, nada aparece sobre o governo e sobre política que não seja no *Peking Gazette*. M. de Pauw observa em seu *Recherches* que a China é totalmente governada pela vara de marmelo e a cana de bambu.[43] A essas duas coisas ele deveria ter acrescentado o

---

[43] *Recherches philosophiques sur les Egyptiens et les Chinois*, de Cornelius de Pauw, Berlim, G.-J. Decker, 1773, t. II, p. 332: "Esse governo recorre principalmente ao marmelo e ao porrete".

calendário anual e a *gazette* imperial, porque são dois instrumentos de uso constante pelo governo. A *gazette* serve para difundir por todos os cantos do império elogios às virtudes e à afeição paternal do soberano que ocupa o trono. Tem a forma de um pequeno panfleto que é publicado de dois em dois dias. Os missionários alegaram que a punição por uma mentira inserida nessa *gazette* seria a execução imediata. Entretanto, ela é famosa por descrever batalhas que nunca foram travadas e por anunciar triunfos que jamais ocorreram. Esses missionários se explicaram muito mal. Eles queriam dizer que apenas o editor da *gazette* seria punido se nela decidisse inserir por conta própria algum artigo que não tivesse sido a ele enviado pelo governo. [545]

Capítulo 5
Continuação do mesmo assunto

Notas

1. *Todas as faculdades do homem caminham juntas.* "Quanto ao mal que poderia resultar da censura, é impossível avaliar-se, já que é impossível dizer-se onde ela pára. Ela representa nada menos que o perigo da interrupção de todo o progresso intelectual humano em todos os ofícios." Bentham, III, 22-23.

2. *têm que fenecer e cair.* Os governos gostariam que os homens fossem dóceis para se sujeitarem a eles, corajosos para defendê-lo, ignorantes a ponto de jamais terem opinião própria e ilustrados de modo a se transformarem em instrumentos habilidosos. Essa combinação de coisas opostas e incompatíveis, no entanto, nunca pode durar por muito tempo.

3. *mudanças de cenário*. A observação de que quando um governo, colocando obstáculos no caminho do pensamento, evita que os governados se ocupem por conta própria, e, por conseguinte, para mantê-los ocupados precisa fazer coisas extraordinárias, é circunstancial. Os governos que obstruem a atividade individual também têm a opção de não fazer nada e de permanecer inativos, forçando a nação a ficar assim. E é isso que eles normalmente fazem. Então, eles e a nação se quedam entorpecidos.

César, depois de retirar a liberdade dos romanos e, por via de conseqüência, seu único passatempo, teve que anunciar para eles a guerra contra o império parta. Luís XIV, depois de conseguir tornar mais pesado o domínio do governo, arremessou a França numa série de guerras, causou a devastação do Palatinado e virou a Europa de cabeça para baixo, só para dar sustento à ansiedade de uma nação recém-escravizada. Sob esse tipo de administração, o governo se coloca no lugar da nação. A conversa não é mais sobre a nação, como nos Estados livres, mas sobre o governo. Ora, nessas circunstâncias, o governo tem que, constantemente, preparar o que discutir. Membros do governo se vêem *via-à-vis* os governados, em certa medida, na situação dos favoritos *vis-à-vis* o rei. Louvois empurrou Luís XIV para uma empreitada desastrosa de modo a privar o rei de qualquer ocasião para que ele pensasse no comportamento de seus ministros. Os governos que [546] tiram dos governados o exercício legítimo de seus variados talentos têm que usar empreitadas gigantescas para mantê-los em estado de constante estupefação.

4. *silenciosas vastidões*. Existem, bem sei, homens tão fixados na necessidade de poder, tão devorados por egoísmo amargo e sombrio,

que mesmo essa imagem não os chocará. O pensamento tem que morrer para que eles possam dominar,[44] e se as artes, as ciências e as letras morrerem com o pensamento, eles despojariam, felizes, a raça humana de toda a dignidade de sua natureza para perpetuar seu domínio sobre a espécie desgraçada e mutilada. Pode-se pensar em algum gênio do mal que os jogou na Terra vindos de algum planeta desconhecido, quando lhes deu a aparência de homens, para a ruína da humanidade.

Adições

O pensamento é uma necessidade humana como qualquer outra. É impossível tentar silenciar esta necessidade fazendo com que o homem se conforme com uma outra. Todas as necessidades humanas têm que ser satisfeitas.

---

[44] Veja a nota B de Constant no fim dos Adendos.

Livro VIII: Da liberdade religiosa

Capítulo 1
Por que a religião foi atacada com tanta freqüência pelos homens do Iluminismo

NOTAS

I. *revolta contra os que a comandam*. Necessidade de liberdade de consciência que fez com que mulheres das mais delicadas emigrassem para terra incivilizada, onde pereceram por falta de alimentos. *Recherches sur les Etats-Unis*, I, 34.[45]

Capítulo 2
Da intolerância civil

NOTAS

I. *sem permissão do governo*. Os luteranos e os calvinistas se reuniram em Estrasburgo. "Esse encontro requereu aprovação do governo, [547] sem a qual as comunidades protestantes não têm permissão para alterar seus ensinamentos." *Journal des Débats*, 6 termidor, ano X [25 de julho de 1802].

---

[45] Hofmann não conseguiu encontrar essa referência na obra de Cornelius de Pauw.

Capítulo 3
Da proliferação de seitas

M. Hume dá razões engenhosas para que as religiões sejam assalariadas, mas então todas o devem ser. Smith V, I.[46]

Capítulo 7
Do caso utilitário para a religião

Bentham, seguindo seu princípio simples, o da utilidade, deseja submeter a religião ao cálculo. Não sente ele, no entanto, que a está minando no seu âmago, apresentando-a como útil em vez de divina? Eu acrescentaria que ele a está degradando. E ainda mais, que pressupõe que um grupo de homens julga a religião e a impõe a outro grupo. No restante, seus princípios são bons, tal como a não-intervenção do governo nas questões religiosas. Bentham, III, 134.[47]

Capítulo 8
Outro efeito do axioma de que o povo precisa ter uma religião

Os que hoje defendem a religião o fazem como uma escora para o despotismo.

---

[46] Adam Smith, *op. cit.*, t. IV, pp. 199-202, nas quais cita uma passagem de *History of England*, de Hume.
[47] Constant critica aqui todo o Capítulo 18 da quarta parte do *Principes du code pénal*: pp. 134-137, intitulado *Emploie du mobile de la religion*.

Capítulo 9
Da tolerância quando o governo se envolve

O [Edito] Interino de Carlos V[48] é um dos mais agradáveis exemplos [548], independentemente de suas conseqüências, de todos aqueles que a história nos oferece sobre tolerância por parte do governo.

Além do mais, o governo incorre em erro quando, enfeitiçado pela quimera de uma harmonia impossível e sem sentido, tenta conciliar crenças diferentes. As menores dessemelhanças, que passam despercebidas enquanto o governo não interfere, se transformam em germes de discórdia quando ele o faz. Frederico Guilherme, o pai de Frederico o Grande, perturbado por não ver regra disciplinar na religião de seus súditos como a que imperava em seus quartéis, quis certo dia conciliar os luteranos com a igreja reformada. Tirou das respectivas doutrinas aquilo que causava desacordo e deu ordem para que eles se entendessem. Até então, as duas seitas viviam separadas, mas coexistiam pacificamente. Condenadas à união, elas começaram de imediato uma guerra amarga, atacando-se mutuamente e resistindo ao governo. Com a morte de Frederico Guilherme, Frederico II ascendeu ao trono e logo estabeleceu a liberdade de opinião. As duas seitas batalharam sem despertar sua atenção; falaram sem ser ouvidas. Cedo perderam qualquer esperança de sucesso e sentiram o desgosto do medo. Quedaram silenciosas. As diferenças subsistiram e as dissensões foram pacificadas.

---

[48] O Interino de Augsburgo foi um edito proclamado em 15 de maio de 1548, regulando provisoriamente os conflitos entre protestantes e católicos.

Em matéria de crença, só existe um princípio: a completa liberdade. Sempre que as pessoas se afastam dele, recaem em absurdos mais ou menos chocantes, mas todos perigosos, porque todos se apresentam, e um deles, necessariamente, se refere a algo dito anteriormente pelos outros. A idéia de garantir tolerância a opiniões já existentes e recusá-la para as que podem nascer surge da pressuposição de que a crença ou a descrença é resultado da vontade. Segundo tal princípio, julga-se ser singularmente humano ao se prestar serviço à fraqueza que o hábito tornou necessária, e justificado ao proibir quaisquer novos desvios. Esquece-se que a essência do espírito humano é de caminhar para a frente, de seguir o encadeamento das idéias, de extrair conseqüências desses princípios, e quando essas conseqüências resultam tão adequadas para o espírito humano quanto os princípios das quais são extraídas, é um absurdo aceitá-las enquanto se proscrevem os primeiros. Isso é o mesmo que tolerar a causa desde que não produza efeito. Contudo, tal atitude, tão absurda quando expressa, foi adotada por diversos filósofos, pois é muito difícil nos livrarmos dos preconceitos, ao mesmo tempo que os mesmos preconceitos adquiridos deixam uma falsa orientação na mente de quem os sacudiu. [549] A intolerância total é menos inconsistente do que essa intolerância abrandada. Se o governo tem direitos sobre a opinião pública, por que não deveria ele exercer tais direitos sobre os erros antigos da mesma forma que o faz sobre os novos? Se o governo não tem esses direitos, por que alegar possuí-los sobre o futuro e não sobre o passado? Será porque a ele parece mais fácil exercer seus direitos sobre o futuro? Esperança vã. A necessidade de extrair conseqüências não é menos imperativa que a de acreditar em aquilo que nos parece provado. A mente não pode condenar as premissas que lançou na esterilidade, e a tirania que pretende evitar que se vá de idéias em idéias é tão opressiva e contra a natureza quanto aquela que ordena que se abjurem idéias que adotou. Governos baseados em preconceitos e, mesmo assim, muito ávidos nos anos recentes por glória filosófica adotaram com sofreguidão a abordagem que aqui combato. Na verdade, foi particularmente conveniente para eles. Dar ao povo um pequeno naco de verdade enquanto se retiram da verdade as qualidades que a fazem vitoriosa, isto é, extensão e conquista, teria sido de imediato a vantagem do erro e a honra da ilustração. No entanto, a verdade não admite tal mutilação. Mesmo que seja dividida e fragmentada, sua menor fração carrega consigo uma aptidão para a conquista. Ela se amplia, se desenvolve, provoca suas conseqüências, forma seu exército, e logo será vista pronta para o combate, embora ainda se pense que seus esparsos elementos estejam no isolamento a que foram com prazer condenados.

Livro IX: Das salvaguardas legais

Capítulo 1
Da independência dos tribunais

Notas

1. *seus membros têm que ser indemissíveis*. Pelo fato de em Atenas as pessoas julgarem em bloco, M. de Montesquieu conclui que nas repúblicas o poder do juiz precisa ser revogável à vontade.[49] Deve-se ressaltar, no entanto, que sendo o povo como um todo que julga, sendo assim, note-se também que cada república existe numa única cidade e não tem mais que vinte mil habitantes. Quando M. de Montesquieu parece não [550] querer que o poder dos juízes seja permanente, *Esprit des lois*, XI, 6, ele fala não de juízes, mas de júris. Isso fica claro na frase: "Os juízes devem pertencer ao mesmo círculo do acusado e de seus pares".[50] Noutra passagem, ele reconhece que o poder judiciário submetido ao povo é tão perigoso que os legisladores romanos permitiam que o acusado fosse exilado antes do julgamento, I, 59.[51] Os juízes podiam ser temporários entre os antigos, mas não o podem agora, porque nossas relações sociais

---

[49] *De l'esprit des lois*, de Montesquieu, Livro XI, Cap. 6, onde está em particular a seguinte passagem: "O poder de julgar deve estar alojado num Senado permanente, mas exercido por pessoas retiradas do seio do povo".

[50] A frase exata é: "Os juízes devem ter a mesma condição social do acusado e de seus pares".

[51] No Livro XII, ele evoca "uma lei ateniense e uma romana que permitiam que o acusado fosse segregado antes do julgamento". A referência ao t. I, p. 59 provavelmente significa que Constant cita a edição de Amsterdam, de 1749, de *L'esprit des lois*.

são tão complicadas a ponto de permitirem atos muito posteriores, porém infalíveis, de vingança contra um juiz independente que reverteu à cidadania comum. É bom que o poder legislativo dependa do povo. É bom que o judiciário não dependa.

2. *a venda de cargos*.[52] Sob uma monarquia despótica, a venda de cargos, como garantia adicional de mandato fixado, era boa. As escolhas do monarca certamente não teriam sido corretas. Uma distinção deve ser feita, nas funções dos tribunais franceses, entre aquelas ligadas à administração – e os tribunais têm sempre sido questionados a respeito – e as ligadas à administração da justiça. As primeiras seriam mais bem desempenhadas por uma assembléia indicada pela nação. Contudo, foi uma boa coisa que as outras tenham se tornado imunes à intervenção do governo. Formou-se um escudo contra o despotismo.

3. *o espírito de corpo no judiciário*. O espírito de corpo é uma das melhores barreiras contra a servidão em relação ao governo ou às facções, numa nação em que todos se deixam levar pela opinião dominante. Ninguém ousa esposar uma opinião contra a de outrem. O espírito de corpo, ao contrário, age como um escudo, e os indivíduos que desejarem se opor à opinião imperante, garantidos por tal aliado, se protegem atrás dele. A irremovibilidade de um corpo de juízes é necessária para que, quando um juiz julgar de acordo com sua consciência, não tenha receio de ofender o governo sob o qual poderia vir a ficar submetido como cidadão ordinário. Numa nação que, por um lado, está acostumada ao despotismo e o

---

[52] [Nos regimes antigos, não só muitas posições administrativas no aparato do governo eram hereditárias como também, em complemento a isso, seus detentores podiam também vendê-las. Nota do tradutor americano]

considera bastante conveniente por sua natural impaciência e, por outro, leva ao extremo todas as opiniões que esposa, a independência dos tribunais é a única coisa que pode fazer essa nação perder o hábito [551] do despotismo e supri-la com princípios dos quais não pode abusar. As alegações apresentadas pelas cortes contra o despotismo, sendo sempre fundamentadas em fatos, carregam consigo uma convicção e um peso que as teorias, separadas dos fatos, não são capazes de portar.

4. *que não haja julgamento sem apelação*. "A máxima que afirma que o criminoso não tem direito à apelação é a mais absurda que já passou pela cabeça do homem. Aquele que perdeu a causa em primeira instância em função de lei trivial pode apelar para uma corte superior, ao passo que o que foi condenado injustamente a ser queimado vivo por nove magistrados municipais não pode apelar. Ora, se a própria imbecilidade viesse a ditar nossas leis, não faria nada pior ou mais horrível que isso. Pois o resultado é que uma lei trivial é um objeto mais importante que a honra e a vida de um homem condenado aos mais cruéis tormentos." De Pauw, *Recherchers sur les Grecs*, II, 6.

5. *da instituição do sistema do júri*. O principal argumento de um autor que atacou o sistema do júri (Gach, presidente de um tribunal de primeira instância no Departamento de Lot)[53] repousa na falta de zelo e no descuido, ignorância e frivolidade da França. Ele

---

[53] O homem chamado Gach (primeiro nome desconhecido) escreveu uma brochura intitulada *Des vices de l'institution du jury en France*, Paris, Petit, no ano XIII (1804). Talvez seja esse trabalho que Constant invoca em sua carta de 19 de abril de 1806 a Prosper de Barante (publicada na *Revue des deux mondes*, t. XXXIV, 1906, p. 242). Pode ser que não tenha tido a oportunidade de lê-la até que reviu seu Livro IX do *Principes de politique*, e isso explica por que só fala de Gach nos Adendos e não no texto.

não condena o sistema do júri, e sim a nação. Deve ser lembrado, no entanto, que se sua argumentação fizesse sentido, teríamos que renunciar ao sistema do júri na França. Todavia, por certo sabemos que uma instituição a princípio pode parecer inadequada a uma nação por falta de familiaridade e, ainda assim, tornar-se apropriada se for intrinsecamente boa, porque a nação se acostuma com ela e adquire a capacidade que lhe falta.[54] A mim repugnaria pensar numa nação descuidada do primeiro de seus interesses: a administração da justiça e a proteção oferecida à inocência acusada. O francês, diz Gach, jamais será suficientemente [552] bem-informado e determinado a fim de chegar aos propósitos para os quais os júris foram instituídos. Tal é nossa indiferença para tudo que é ligado à administração pública tal é o poder do egoísmo, de nossa falta de entusiasmo e da ausência de espírito público, que a lei que estabelece o julgamento por júri não pode ser levada a efeito.[55] Mas quem não sente que é necessário um espírito público para sobrepujar essa falta de entusiasmo e esse egoísmo? Tal espírito público seria criado com o hábito da justiça e da liberdade. Será que se pensa que ele existiria entre os ingleses sem o padrão geral de suas instituições políticas? Entretanto, onde a instituição do júri é suspensa com freqüência, a liberdade dos tribunais violada, onde os acusados são

---

[54] Veja a nota C de Constant no fim dos Adendos.
[55] Hofmann sustenta que Constant é impreciso. O texto exato é: "Os júris jamais serão suficientemente bem-informados nem determinados para considerar as intenções, principal objeto de nosso sistema de júri [...] Tal é nossa indiferença para tudo que é ligado à administração pública; tão grande entre nós é o poder do egoísmo e do interesse individual, de nossa falta de entusiasmo, ou, ao contrário, a ausência de espírito público, que a nova lei que estabelecerá o julgamento por júri não cumprirá suas particularidades mais essenciais". Gach, *op. cit.*, pp. 10-11.

denunciados perante comissões, esse espírito não pode nascer. As pessoas condenam o estabelecimento dos júris. É a maneira com que eles são minados que deveria ser condenada. Gach alega doze anos de experiência.[56] Doze anos de revoluções! O júri, diz ele, não será capaz, como requer o espírito da instituição, de separar sua convicção íntima das provas documentais, das evidências de testemunhas e de outras evidências, coisas que não são necessárias quando existe convicção, e insuficientes quando não existe.[57] Mas isso é cavilação. Não existe princípio a separar essas coisas. Pelo contrário, esses são os elementos de convicção. O espírito da instituição é apenas que o júri não se deixe levar segundo as conjecturas numéricas ou jurídicas, e sim pela impressão que a mistura geral dos objetos produz na evidência documental, nas provas das testemunhas e noutras evidências nele deixadas. Agora, a ilustração do simples bom senso basta para que um júri saiba e seja capaz de declarar se, depois de ouvidas as testemunhas, lidos os autos e comparadas as evidências, está ou não convencido.

Se os júris, continua ele, consideram uma lei muito severa, absolverão o acusado e declararão que as circunstâncias não se coadunam com suas consciências. Levanta o caso de um homem acusado de dar refúgio ao irmão e, por causa disso, incorrer na pena de morte.[58] Esse exemplo, para mim, longe de militar contra o júri como instituição, constitui o maior dos elogios. Mostra que a instituição põe [553] obstáculos no caminho das leis contrárias à humanidade, à justiça

---

[56] "De minha parte, tenho a mais forte de todas as autoridades, a dos fatos, a da experiência de doze anos." *Ibid.*, p. 12.

[57] Constant não cita, mas sumariza o livro de Gach, pp. 38-39.

[58] Constant não está citando e sim sumarizando. *Ibid.*, pp. 40-41.

e à moralidade. Somos seres humanos antes de sermos jurados. Por conseguinte, em vez de atacar o jurado que, nesse caso, se pronunciou contrariamente à sua consciência e, assim, deixou de cumprir seu dever como jurado, eu o louvaria por cumprir sua obrigação como um homem, concorrendo, dentro de sua capacidade, para ajudar um outro condenado à morte por uma ação que não é crime. O exemplo dado por Gach não prova que não deveriam existir júris. Prova que não deveriam existir leis que sentenciem à pena de morte um homem que oferece refúgio ao irmão. Com esse tipo de raciocínio, a objeção atinge qualquer organização judicial, uma vez que se podem arquitetar leis tão atrozes que nenhum juiz, com ou sem júri, irremovível ou passível de transferência, gostaria de aplicá-las.

Há uma boa definição de júri: "Ele é", diz Lauze de Péret (*De la garantie individuelle*), "a razão do lado acusado, no seu estado normal de inocência, que está com essa mesma razão sendo julgada, à deriva, no momento, em razão do delito".[59]

O júri julga moralmente, o juiz, materialmente. O júri julga como o bom senso de cada indivíduo julgaria, como o bom senso do próprio acusado julgaria, caso não fosse parcial porque é seu interesse que está envolvido. O juiz se pronuncia de acordo com as leis ditadas pelos interesses comuns da sociedade.

Quando as penalidades são excessivas, afirma Gach, ou assim parece aos jurados, eles absolverão a pessoa culpada, embora estejam plenamente convencidos de seu crime. Replico que isso é culpa das penalidades e não dos jurados.[60] As punições não precisam

---

[59] *Traité de la garantie individuelle et des diverses preuves en matière criminelle*, de P.-J. Laude de Péret, Paris, Impr. de Caillot, 1805, p. iv.
[60] Constant não está citando e sim sumarizando o livro de Gach, *op cit.*, p. 42.

ser excessivas, e se assim parecem aos jurados, é porque o são, já que os jurados não têm interesse em achá-las rigorosas demais. Dir-se-á então que isso corresponde a submeter as penalidades a uma constante revisão pelos júris. Todavia, respondo que apenas nos casos extremos os jurados se desviarão de suas funções. Isso porque, repito mais uma vez, eles são cidadãos interessados em não se desviarem, pelo bem da segurança pública. Ora, nos casos extremos, quer dizer, quando eles se vêem entre o senso de justiça e humanidade e a letra da lei, tal desvio não é um malefício. Não deveria haver uma lei que contrariasse tanto a humanidade do homem comum dos júris, selecionado no seio da nação, que ele não pudesse se decidir pela aplicação de tal lei; e o estabelecimento [554] de juízes permanentes, que o hábito fizesse com que se conciliassem com uma lei tão bárbara, longe de ser uma vantagem, seria um dano.

As pessoas asseveram que os júris sempre deixarão de cumprir seus deveres, às vezes por medo, noutras por compaixão. Se for por medo, a culpa estará com a administração civil por ser tão negligente. Se for caso de piedade, a lei por demais rigorosa é que deverá ser culpada.

Diversas objeções contra a instituição do júri, com base em sua falta de decisão ou na suscetibilidade à sedução, poderiam, afora umas poucas coisas, se aplicar aos juízes. Se considerarmos um país no qual os juízes foram por vezes ameaçados e desprezados pelo governo, e por vezes abandonados pelo mesmo governo à sanha de famílias ou cúmplices de pessoas acusadas, como o foram nossos juízes durante a Revolução Francesa, pode-se acreditar que tais juízes seriam muito mais firmes e menos maleáveis que os jurados?

As deficiências do sistema do júri estão todas no lado da indulgência. As dos juízes, no lado da severidade.

"Se não existe país", assevera Gach, "onde as artes e as ciências são cultivadas com mais sucesso do que na França, por um pequeno número de inteligências privilegiadas, em nenhum outro lugar os chafurdeiros da nação demonstram ignorância mais profunda sobre tudo aquilo que diz respeito às leis e à administração pública".[61] E por que isso acontece? Porque sempre houve no santuário das leis e na administração pública uma grande dose de arbitrariedade, uma vez que a natureza do governo distanciou o povo francês das coisas, e porque, para ficar mais perto do assunto de que estamos tratando, o entendimento formal dos julgamentos criminais na França foi restringido, e isso gerou uma barreira entre a justiça e os cidadãos. Mude-se tudo isso e ver-se-á o caráter nacional perder tal frivolidade e sair da ignorância, que são apenas o resultado de todas as más instituições e que algumas pessoas citam como uma razão para perpetuá-las. Um povo não permanece indiferente àquilo que influi sobre sua liberdade, sua segurança, sua honra e sua vida, quando se permite que ele se envolva com isso. Quando ele é indiferente a essas grandes coisas, é porque foi mantido à força afastado delas. O sistema do júri é, a esse respeito, ainda mais necessário ao povo francês porque a nação parece temporariamente não ajustada a ele. Ela encontraria nele não apenas as vantagens gerais inerentes a tal instituição como também a vantagem específica do aprimoramento de sua educação moral. [555]

---

[61] Gach, *op. cit.*, p. 90.

Capítulo 3
Das penas

Notas

1. *não perde todos os seus direitos.* Quando indivíduos perturbam a segurança da sociedade através da atividade criminosa, eles perdem alguns de seus direitos, os quais a sociedade tem o direito de restringir para fazer com que eles parem de prejudicá-la. Normalmente, no entanto, esse princípio é levado longe demais. O homem culpado, separado de seus concidadãos, entregue aos carcereiros e depois aos carrascos, parece um ser à parte, a quem a natureza rejeita, desamparado pela piedade pública e repudiado pela humanidade. Falo aqui só do delinqüente condenado, porque é óbvio que, a menos que se esteja à beira da falência da justiça, o acusado que ainda não foi julgado retém todos os direitos compatíveis com as medidas necessárias para que não escape ao julgamento. O criminoso, no entanto, mesmo depois de condenado, não fica privado de todos os seus direitos. Um deles é demandar que seu julgamento seja público, porque as ações humanas são constituídas por uma série de matizes que a lei não pode abarcar. Mesmo quando a pessoa culpada recebe uma penalidade, se sua ação for atenuada por uma dessas nuances que a lei penal não pode levar em conta, a opinião pública tem que compensá-la por isso. Em segundo lugar, ele tem direito de não receber uma punição que revolte a natureza humana e que não seja suscetível de agravamento arbitrário pelo capricho dos que a executam.

2. *qualquer experiência com a tortura.* As pessoas acreditam demais nas torturas pavorosas. Em Atenas, a morte da pessoa condenada era

muito suave, já que cada uma delas escolhia a maneira de morrer. Não havia mais crimes lá do que em outras cidades.

3. *prisões perpétuas*. Sempre tive medo de que, uma vez aceitas as prisões perpétuas, uma ou outra das numerosas penitenciárias, cujas construções seriam necessárias, poderiam, mais cedo ou mais tarde, se transformar em prisões do Estado, uma metamorfose de todo mais fácil em que, por razões plausíveis de segurança pública, só a permissão do governo pode abrir a entrada dessas lúgubres habitações. Não gosto dos cidadãos habituados a passar por uma penitenciária sem perguntar quem está trancafiado lá dentro, sem tentar descobrir se alguém lá é vítima debilitada de algum ato ilegal, sem ser capaz de entrar para testemunhar com os próprios olhos se a miséria dos aprisionados não está em absoluto agravada pela crueldade ou ganância dos guardas. [556]

4. *satisfação na ignomínia*. A marcação indelével tem as mesmas deficiências dos trabalhos públicos forçados. Ela evita qualquer retorno à virtude e indica criminosos satisfeitos em sua ignomínia. Bentham a admite para os falsificadores, porque a marcação não os priva de seus meios de subsistência. "Desprezados como patifes", diz Bentham, "eles ainda conseguirão emprego como homens de talento".[62] Mas não seria isso muito imoral, mostrar reconhecidos patifes empregados como homens de talento? E se, o que é bastante provável, eles se acostumarem com a ignomínia, que espetáculo é mais corruptor que a satisfação no opróbrio?

5. *o estabelecimento de colônias*. Bentham faz oposição bastante forte ao estabelecimento de colônias. A deportação é uma boa coisa,

---

[62] Jeremy Bentham, *op. cit.*, t. II, p. 421.

afirma ele, para os que não possuem recursos em seu próprio país. Posto que ela nada mais é para aquele que cometeu um crime do que uma passagem livre para o local da deportação. II, 426.[63] Existe um meio de evitar essa deficiência: preceder a deportação por alguma pena positiva, tal como uma prisão mais ou menos longa. Tal precaução dissuadiria os tentados a cometer um crime a fim de ir para novo país. Contudo, a punição não pode ser cumprida no novo domicílio. O culpado tem que começar sua nova carreira sem ser perseguido pela sociedade. A boa sorte gozada pelo culpado no novo refúgio não teria efeito desmoralizador, como algumas vezes experimentado pelos condenados a trabalhos públicos forçados. As pessoas não testemunhariam a pena e teriam prova da punição previamente experimentada pelo criminoso.

Adições

Dizer neste capítulo que a pena tem que ser diversificada e fazer referência à obra de Bentham.[64]

Falar neste capítulo do direito daqueles que foram injustamente detidos ou condenados, numa só palavra, que sofreram pelos erros da lei, a serem compensados a expensas públicas.

---

[63] Constant não cita, como se poderia pensar, mas interpreta o pensamento de Bentham.
[64] Isso é, sobretudo, aquilo que constitui a Terceira Parte do *Principes du code pénal*, intitulada *Des peines, op. cit.*, t. II, pp. 380-434.

Livro X: Da ação do governo em relação à propriedade

Capítulo 4
Do status *que a propriedade deve ocupar nas instituições políticas*

Notas

1. *mediante o desfavor*. O que digo da propriedade, a qual, uma vez existente, a ela deve ser conferido poder, serve para todas as instituições; nos países onde há nobreza, tal nobreza deve gozar de forte autoridade legal. Se não quisermos que seja assim, todas as distinções aristocráticas têm que ser abolidas. Em suma, é preciso saber o que se quer. A nobreza, nas condições em que estava imediatamente antes da Revolução Francesa, era uma instituição absurda e perigosa, exatamente porque ofendia sem ter poderes de restrição.

2. *ou deve ser aniquilada*. "Ai dos governos", diz Ganilh, II, 251, "que separam o poder da riqueza!" E acrescenta: "e a riqueza da liberdade!" De fato, o necessário é que todos estejam em condições de amealhar alguma riqueza e que aqueles que a possuem tenham garantias para conservá-la.

3. *combinando proprietários*. Diriam as pessoas, podem não-proprietários ser representados por proprietários? Da mesma forma que os representados por representantes, posto que, ao se tornarem representantes, eles deixam de estar, em alguns aspectos, na mesma situação dos representados.

Capítulo 5
Dos exemplos recolhidos do passado

Notas

1. *Exemplos recolhidos na antiguidade.* Cícero, *De officiis*, Livro II, Cap. 21, edição d'Olivet, III, 359, cita essa sentença do tribuno Philippus: "non esse in civitate duo millia hominum que rem haberent".[65] E o recrimina com uma ação criminal por ter mantido um tal debate com o povo, porque se inclinava pelo compartilhamento da riqueza. Porém, se no ano de 649 a.C., época do Tribunato de Lucius Marcus Philippus, existiam na imensidão dos domínios romanos [558] apenas dois mil cidadãos proprietários, não teria a propriedade, em vez de ser uma bênção garantida pela sociedade, se tornado um abuso intolerável, e, em atenção ao povo, não deveria ser abjurado o respeito sem sentido pela propriedade? Não; mas a organização da propriedade precisava de correção, já que era muito defeituosa em Roma. Paliativos foram tentados. Leis contra escrituras de fideicomisso e vinculações e leis dando partes iguais a todos os filhos e filhas tenderam a dividir a propriedade de terras. Todavia, a aristocracia se inclinava por concentrá-la. Não se tratava de vício da propriedade, e sim da aristocracia.

Nos tempos antigos, onde a propriedade era não-familiar e móvel, direitos políticos não podiam ser outorgados apenas aos proprietários sem que se cometesse injustiça. Nos tempos modernos, o oposto é aceito.

---

[65] "Não existem na cidade duas mil pessoas que possuam propriedade." *Les Devoirs*, de Cícero, texto editado e traduzido por Maurice Testard, Paris, Les Belles Lettres, 1970, t. II, p. 55.

Entre os antigos, os pobres estavam sempre em dívida com os ricos. Nos tempos modernos, normalmente é o rico que deve ao pobre. É importante examinar os resultados dessa diferença. Um dos mais gritantes é que as relações entre proprietários e não-proprietários são totalmente diferentes nos dois casos. Na antiguidade, os ricos demandavam dos pobres aquilo que eles não tinham, dinheiro, e como tal demanda requeria violência para sua satisfação e, normalmente, não era satisfeita malgrado a violência, resultavam continuados ódio e oposição entre as duas classes. Nos tempos modernos, os ricos demandam dos pobres aquilo que eles podem sempre suprir, trabalho, e o resultado é compreensão mútua muito maior. Isso poderia ser identificado como razão pela qual a propriedade não podia servir como base de direitos políticos na antiguidade, e pode nos tempos modernos.

Capítulo 7
*Que só a propriedade territorial
reúne todas as vantagens da propriedade*

Notas

1. *propriedade de negócios*. A agricultura tem uma vantagem adicional, que não mencionei, sobre os negócios. [559] Ela demanda muito mais inteligência e faz mais uso dela que as funções na indústria. Smith, I, 10, 264. Veja Mirabeau, *Ami des hommes*, sobre a diferença entre os grupos de agricultores e de artesãos, I, 54 e seguintes.

Capítulo 8
Da propriedade em fundos públicos

Adições

Uma desvantagem certa do uso de fundos públicos é que ele facilita a entrada em guerras porque, em vez de arcar com as despesas que as guerras demandam por meio de taxas, que são sempre mais difíceis de controlar e são carga pesada, nós as custeamos com empréstimos fáceis de fazer, através das induções que os acompanham e porque eles só pesam de forma parcial e remota sobre o povo. Smith, V, 3.[66]

"Tem sido dito que os fundos públicos ligam ao destino do governo todos os credores do Estado, e tais credores, vinculados igualmente à boa e à má sorte, tornam-se seus apoiadores naturais. E isso é muito verdade; mas tal meio de autopreservação, aplicado de igual forma a uma boa ou má ordem das coisas, é, em cada aspecto, tão perigoso para uma nação quanto pode ser útil." Say, V.[67]

"O crescimento da dívida pública distorce o espírito público ao multiplicar em algumas nações o número de pessoas que têm interesses contrários ao interesse comum. As pessoas que vivem de rendas querem, sobretudo, toda a riqueza do tesouro real, e como o peso dos impostos é a fonte mais fácil dele, os contribuintes e, acima de tudo, o povo, que concorre com a maior parcela para ele, e não têm dinheiro para emprestar, vêem hoje em dia no próprio Estado uma facção oponente cuja influência aumenta a cada dia.

---

[66] Adam Smith, *op. cit.*, t. IV, pp. 490-491.
[67] Jean-Baptiste Say, *op. cit.*, t. II, p; 523.

O crescimento da dívida pública fortalece o poder do governo ao acostumar uma grande porção da nação a temer acima de qualquer coisa o menor tremor nas obras do governo ou a menor alteração em suas práticas." *Administração das Finanças*, II, 378-379.

[560] Isso é um efeito notável da complexidade na organização política da máquina do governo. O interesse maior de qualquer nação é pagar as menores contribuições possíveis. A criação da dívida pública significa que o interesse de uma grande parte da nação está no crescimento da taxação.

A contradição é evidente. O crédito que, de um lado, enfraquece o poder do governo por outro o fortifica.

Capítulo 9
Da quantidade de propriedade fundiária que a sociedade tem o direito de demandar para o exercício dos direitos políticos

Nota

1. *é de engolir os minifúndios*. Se só o rico pode ser poderoso, o poderoso se tornará mais rico a cada dia.

Capítulo 10
Que os proprietários não têm interesse no poder abusivo vis-à-vis os não-proprietários

Notas

1. *não mais constituíram uma classe distinta*. É porque as diferentes classes da sociedade estão se misturando que todo o poder político pode ser colocado nas mãos dos donos de propriedade. Se eles formassem

uma classe exclusiva, aprovariam leis injustas, já que as leis teriam os contornos da exclusividade. Foi isso que aconteceu na Europa por diversos séculos. Os proprietários, por exemplo, limitavam a duração dos arrendamentos para melhor manter as propriedades em sua posse. Fantasiavam que os arrendamentos acordados por seus predecessores não os impediriam de, ano após ano, desfrutar do valor total de suas posses. A ganância, no entanto, sempre percebe erradamente as coisas. Os proprietários não anteviram que tal regra iria erigir obstáculos para todos os aprimoramentos e, por conseguinte, prejudicar seus interesses no longo prazo.

2. *seus mais fiéis adeptos.* O que aconteceria, contudo, se os proprietários tivessem interesse em tornar inalienáveis suas posses fundiárias? Seria como governantes, não como proprietários, que perpetrariam esse ato tirânico; e não se diga que isso é se esquivar da objeção por truque de linguagem. É tão verdade que tal ato estaria dentro de sua competência governamental que, se supusesse o governo nas mãos [561] de não-proprietários, esses governantes seriam também capazes de ter interesse em fazer inalienáveis os cargos do governo. Em segundo lugar, se os países nos quais os proprietários adotassem tal resolução possuíssem não-proprietários ricos, estes últimos deixariam o país, e as desvantagens da resolução recairiam sobre os proprietários de terras. Mas caso o país tivesse apenas não-proprietários pobres, mesmo se os proprietários não adotassem a resolução, a aquisição de propriedades fundiárias estaria fechada para os não-proprietários, que não teriam recursos para adquiri-las.

Capítulo 15
Das leis que favorecem o acúmulo de propriedade nas mesmas mãos

NOTAS

I. *dos laços hereditários.* As vinculações de família, diz Smith, III, 2,[68] foram inventadas para perpetuar um estado de coisas que, em si, era uma grande calamidade, isto é, a distribuição entre um número muito pequeno de conquistadores de uma vasta extensão de terras, a qual, por via de conseqüência, permanecia inevitavelmente sem cultivo em sua maior parte. Num estado de coisas assim, as vinculações eram razoáveis. Não havia justiça pública. A força era a única garantia contra a espoliação. Havia força apenas nas grandes propriedades que contavam com certo número de vassalos, suficiente para a autodefesa dos donos. Tornar menores as propriedades era deixá-las abertas às invasões dos vizinhos. As vinculações, portanto, tinham um propósito razoável numa dada situação, se bem que a própria situação fosse incorreta. Mas essas vinculações, como acontece com a maioria das instituições humanas, ultrapassaram a duração do objetivo.

As vinculações, na medida em que favorecem a perpetuação de imensas propriedades indivisíveis, são desfavoráveis ao cultivo da terra. Um latifundiário de porte necessariamente negligencia vasta parte de sua propriedade. Basta comparar, diz Smith, II, 2, as grandes propriedades que permaneceram nas mãos da mesma família desde os tempos da anarquia feudal com as pequenas propriedades da vizinhança para se julgar, sem nenhum outro argumento,

---

[68] Adam Smith, *op. cit.*, Livro III, Cap. 2, t. II, pp. 413-421.

quão desfavoráveis ao cultivo são as propriedades muito extensas. Propriedades são como Estados. As demasiadamente pequenas são desvantajosas porque os proprietários são muito pobres para desenvolvê-las. Todavia, as muito grandes [562] são igualmente desastrosas porque os proprietários não têm interesse nem tempo para supervisionar igualmente todas as partes. As vinculações amarram indivíduos e gerações sem levar em consideração as mudanças que podem surgir em ambos.

Capítulo 16
Das leis que garantem um alastramento mais amplo da propriedade

Notas

1. *em apoio ao poder paternal*. Alguns desejaram o fortalecimento do poder paternal de formas institucionalizadas, e procuraram escorá-lo, como ocorre nas idéias impraticáveis, com o exemplo antigo. Entre os antigos, o escopo do poder paternal, contra o qual investiram veementemente outros filósofos, não era uma desvantagem. Nem é a diminuição legal de tal poder, uma que tantos moralistas eloqüentemente deploram, um mal tão grande. A conciliação desses dois pleitos aparentemente contraditórios está nas diferenças entre os antigos e nós. Ver Livro XVI.

Apesar disso, pode-se duvidar se a revolucionária mudança não levou longe demais a diminuição do poder paternal. Não obstante, para remediar-se esse abuso, não é necessário criar instituições, mas destruir algumas. Acabe-se com as leis que proíbem testamentos, que a maior liberdade concedida aos pais restabelecerá seu poder. Removam-se os obstáculos, que as deficiências desaparecerão. É interferindo em tudo que os criamos e, depois, nos queixamos deles e julgamos poder desbordá-los com ainda mais leis e inconveniências, que só acontecem porque já há leis demais. Todas as coisas boas do poder paternal derivam do fato de ele ser natural e moral. Quando o incorporamos a uma lei, destruímos sua natureza. Não são necessárias leis para combatê-lo, mas é preciso não interferir nele. Esse poder existe independentemente de lei e tem que continuar assim. Solapá-lo é injusto. Acrescentar coisas a ele não faz sentido, e tudo que não faz sentido torna-se desastroso quando legislado. Que não se introduza a falta de refino do governo na delicadeza e independência da natureza. O que se pensa sancionar está sendo corrompido. Estraga-se o que se tenta aprimorar. [563] O poder paternal é necessariamente arbitrário. Tal poder é bom quando está na natureza das coisas. Seria pernicioso se existisse por força de lei. O poder paternal nos oferece um exemplo daquilo que digo constantemente, ou seja, que a abolição de uma lei produziria, usualmente, diversas vantagens que parecem mutuamente muito estranhas, e para cada uma das quais, separadamente, uma série de leis são formuladas que, de novo, têm suas deficiências específicas. De um lado, a abolição de todas as vinculações e, do outro, uma liberdade perfeita para deixar testamentos, isto é, duas excisões legais, produziriam de imediato o restabelecimento do poder paternal e uma distribuição mais igualitária da riqueza. Essas são as vantagens que se acreditam conseguir com leis positivas, mas os resultados só são alcançados imperfeitamente e deságuam em múltiplas inconveniências, ao passo que a ausência das duas leis positivas produziria resultados com mais segurança, ao mesmo tempo que, por proporcionar liberdade individual e, portanto, tirar dos homens certos motivos para burlar a lei, causaria, só por essa razão, um bem muito grande.

Capítulo 17
As conseqüências dos ataques do governo à propriedade[69]

Materiais[70]

Não falamos aqui de confiscos ou de outros ataques à propriedade. Não se pode considerar tal violência uma prática rotineira de um governo organizado. Esses atos são da natureza dos *coups d'État* e de todas as medidas arbitrárias cujas conseqüências examinamos anteriormente. É, portanto, contra *coups d'État* e contra medidas arbitrárias que precisamos assumir posição. Confiscos fazem apenas parte deles, e parte inseparável. Quando a vida e a liberdade dos homens não são respeitadas, como pode sua propriedade o ser?

A espoliação da qual nos ocupamos neste capítulo é aquilo que os governos se permitem fazer, reduzindo seus débitos e aumentando seus recursos, por vezes sob o pretexto da necessidade, noutras, da justiça, mas sempre alegando o interesse do Estado. Posto que, da mesma forma que os zelosos apóstolos da soberania do povo acham que a liberdade pública ganha com constrangimentos [564] na liberdade individual, nossos financistas de hoje acreditam que o Estado se enriquece com a ruína dos indivíduos.

Esses ataques à propriedade são divididos em duas classes.

---

[69] [Esse é material novo. Não há Cap. 17 no Livro X original. Nota do tradutor americano].

[70] Grande parte desse "material" vem do discurso de Constant no Tribunato, em 28 ventoso, ano IX (19 de março de 1801), sobre dívida pública, publicado em *Archives parlementaires* ..., op. cit., t. II, pp. 652-660.

Na primeira, coloco falências parciais ou totais, reduções na dívida nacional, seja no capital seja nos juros, pagamento dessas dívidas com ativos de menor valor que o nominal, desvalorização da moeda, adiantamentos fiscais, retardo nos pagamentos etc.

Na segunda, classifico os atos do governo contra homens que transacionaram com departamentos de governo para supri-los com as necessidades de suas atividades civis e militares, as leis ou medidas retroativas contra os novos ricos, as *chambres ardentes*,[71] o cancelamento de contratos, as concessões e vendas feitas pelo Estado a indivíduos.

Tem havido recurso a uma grande variedade de nomes para designar essas coisas. "As obscuridades da língua", observa um autor inglês (Bentham, I, 348), "serviram para que financistas iludissem as pessoas simples. Elas, por exemplo, classificaram como 'retainer' aquele que adianta créditos, e não como ladrão".

É curioso realçar que o mesmo artifício tem servido aos legisladores que formularam leis manifestamente injustas. Os *émigrés* durante a Revolução Francesa foram punidos com a morte e o confisco de seus bens. Quando se quis tratar pessoas deportadas da mesma maneira, isto é, pessoas que haviam sido forçadas a deixar seu país, enquanto outras estavam sendo punidas por deixá-lo, foi dito simplesmente que elas se classificavam entre os *émigrés*, o que colocou a palavra fora de uso e estendeu seu significado.[72] Da mesma

---

[71] [Nome dado às comissões extraordinárias, sob o antigo regime, autorizadas a sentenciar os condenados à fogueira. Nota do tradutor americano].

[72] Constant se refere às leis que se seguiram ao golpe de Estado de 18 frutidor, ano V, e que reativaram aquelas do Terror. Veja sobre o assunto o extenso tratamento que Georges Lefebvre dá em *Le Directoire*, Paris, A. Colin, 1971, Cap. 8, pp. 87-96. Veja também *Les institutions ...*, de Jacques Godechot, *op. cit.*, pp. 454-456.

maneira que todas as injustiças guardam uma grande semelhança entre si, também há analogia na linguagem de todas as injustiças.

[565] Uma vez existente uma dívida nacional, só existe uma maneira de abrandar seus efeitos perniciosos: respeitá-la escrupulosamente. Essa é forma de conferir uma estabilidade que a assimila, desde que sua natureza o permita, aos outros tipos de propriedade.

Não se pode admitir o não-pagamento como meio de diminuir os maus efeitos das dívidas públicas. Isso corresponderia a combater um mal inevitável com um outro ainda maior e sem sentido. A má-fé não pode nunca ser remédio para coisa alguma. Longe de atingir o objetivo colimado, estaríamos acrescentando às conseqüências imorais de uma propriedade, que confere aos seus detentores interesses diferentes dos da nação a que pertencem, as mais desastrosas ainda da incerteza e da arbitrariedade. Governos arbitrários e incertos são as principais causas daquilo que vem sendo chamado de *agiotage*. Ela nunca se desenvolve com mais força e ativamente do que quando o Estado viola seus acordos. Todos os cidadãos são, em tais circunstâncias, compelidos a procurar nos riscos da especulação alguma compensação para as perdas que o governo fez com que incorressem.

Qualquer distinção entre credores, entre créditos, qualquer intervenção nas transações entre indivíduos, qualquer pesquisa no caminho que as letras de câmbio percorreram, das mãos pelas quais passaram até sua data de vencimento, tudo isso é má administração criminosa. Um governo contrai dívidas e, em pagamento, entrega títulos do governo àqueles a quem deve dinheiro. Estes são forçados a vender tais títulos. Sob que pretexto o governo poderia inquirir sobre o valor dessas vendas? Quanto mais o valor é questionado, mais os credores perdem. O governo então se vale dessa nova depreciação para recomprar os títulos a preços aviltados. Essa dupla progressão, reagindo entre si, reduzirá o crédito a zero e os indivíduos à ruína.

O credor original tem sido capaz de fazer de seu pleito o que deseja. Se vendeu seu crédito, a culpa não é dele, cuja necessidade o obrigou a fazê-lo, e sim do Estado, que o pagou com notas promissórias que o credor se viu forçado a vender. Se vendeu seu crédito a preço aviltado, a culpa não é do comprador que o comprou com perspectivas desfavoráveis; a culpa é de novo do Estado, que criou essas perspectivas desfavoráveis, de vez que o crédito vendido não chegaria ao preço aviltado se o Estado não houvesse inspirado desconfiança.

Fazer as coisas de modo que um título perca valor quando passa para uma segunda mão em quaisquer circunstâncias que o governo não tem condições de saber, já que tais circunstâncias são variáveis livres e independentes, resulta que a circulação, que sempre foi encarada [566] como meio de riqueza, passa a ser causa de empobrecimento. Como se pode justificar uma política econômica que recusa ao credor aquilo que lhe é devido e desvaloriza o que lhe é entregue? Com que base podem os tribunais punir o devedor, um credor em si de um governo falido? Vejam só! Arrastado para uma prisão, despojado do que eu possuía porque fui incapaz de saldar minhas dívidas, passarei diante do palácio do qual emanaram essas leis desonestas. De um lado, estará o governo que me roubou, do outro, os juízes que me punirão por ter sido roubado.

Qualquer pagamento nominal é desgoverno criminoso. Qualquer emissão de papel que não possa ser convertido, quando se desejar, em espécie, qualquer alteração no valor da moeda, são atos falsos. Os governos que recorreram a esses expedientes condenáveis não mais são que falsificadores armados com o poder público.[73] O governo que paga o cidadão com valores falsos o obriga a pagamentos de igual natureza. Para não debilitar as trocas econômicas e torná-las impraticáveis, o governo se vê obrigado a legitimar tais operações. Ao criar a necessidade de as pessoas agirem dessa maneira, ele dá a todos uma desculpa. O egoísmo, bem mais sutil, mais ágil, mais alerta e mais diversificado que o governo, se apresenta a um dado sinal. Ele confunde as medidas acauteladoras com a velocidade e a complexidade de suas fraudes. Quando goza da justificativa da necessidade, a corrupção não tem limites. Quando o governo deseja estabelecer uma diferença entre suas transações e as dos indivíduos, a injustiça é ainda mais escandalosa.

Os credores de uma nação são apenas partes dessa nação. No momento em que são impostas taxas para pagar os juros da dívida nacional, a carga recai sobre toda a nação. Afinal de contas, os credores do Estado, como contribuintes, pagam sua parcela dessas taxas. Num Estado falido, no entanto, a dívida é imputada apenas aos credores. Pode-se concluir disso que, como a carga é muito pesada para toda a nação, ela será suportada mais facilmente por um quarto ou um oitavo dela.

Qualquer redução forçada no repagamento é descuido do governo. Você negocia com indivíduos segundo condições que você mesmo livremente ofereceu. Eles satisfizeram essas condições. Emprestaram a você recursos retirados de ramos da produção que lhes poderiam

---

[73] Veja a nota D de Constant no fim dos Adendos.

oferecer retornos positivos. Você lhes deve tudo aquilo que prometeu. O cumprimento de suas promessas é a legítima indenização pelos sacrifícios que eles fizeram e pelos riscos em que incorreram. Se você está arrependido por ter oferecido condições onerosas, a [567] culpa é sua, de modo algum deles, pois tudo o que fizeram foi aceitá-las. E é duplamente sua porque foram, sobretudo, suas quebras anteriores de compromissos que tornaram as condições onerosas. Se você tivesse inspirado confiança total, teria obtido melhores condições.

Se você reduz de moto próprio a dívida de um quarto, quem evitará que você a reduza de um terço, de nove décimos, do total? Que garantias vocês será capaz de dar a seus credores ou a você mesmo? O que quer que seja feito, o primeiro passo sempre torna mais fácil o segundo. Se princípios rigorosos ditaram o cumprimento de suas promessas, você estará em condições de buscar recursos de forma ordenada e econômica. Mas você foi buscá-los de forma fraudulenta. Se acha aceitável que, estando tais recursos à sua disposição, eles o absolverão de todo o trabalho, de toda a privação, de todo o esforço, aí você estará recorrendo a eles constantemente, já que nenhum senso de integridade o limitará.

Tal é a cegueira dos governos quando abandonam os caminhos da justiça – como acontece quando se iludem ao reduzir a dívida por meio de ato do governo – que reativariam créditos mesmo que parecessem desvalorizados. E os governos têm partido de um princípio mal-entendido e que aplicam de forma imperfeita. Acham que quanto menos deverem, mais confiança inspirarão, porque estariam em melhores condições para saldar seus débitos. No entanto, estão confundindo os efeitos de uma emissão legítima com os do não-pagamento. Não basta que um devedor possa cumprir seus compromissos; ele tem que querer fazê-lo e precisa ter os meios para tanto. Ora, um governo que tira partido de sua autoridade para anular parte de sua dívida mostra que carece da vontade de pagá-la. Seus credores não podem obrigá-lo a saldá-la. Então, para que servem seus recursos?

A dívida pública não é como as *commodities* de necessidades básicas e recorrentes. Quanto menos existem, mais valiosas são tais *commodities*. Elas possuem valor intrínseco, e seu valor relativo cresce proporcionalmente à sua escassez. O valor de uma dívida, ao contrário, depende apenas da confiabilidade do devedor. Uma vez balançada essa confiabilidade, seu valor despenca. Pode-se reduzir a dívida, em vão, à metade, a um quarto, a um oitavo. O que restar dela ficará ainda mais desvalorizado. Ninguém deseja nem precisa de uma dívida que não é paga. Quando se tratam de indivíduos, o poder para cumprir seus compromissos é a principal condição, porque a lei é mais forte que eles. Quando a questão é de governos, no entanto, a condição principal é a vontade.

Existe uma outra espécie de problema em relação ao qual os governos parecem se conduzir com menos escrúpulo ainda. Envolvidos em empreitadas inúteis, seja por ambição, imprudência, seja por atividade indiscreta, ele contrata com negociantes [568] os suprimentos necessários a tais empreendimentos. Os termos que consegue são desvantajosos. E tem que ser assim. Os interesses de um governo nunca são defendidos com muito zelo como o são os privados. Isso acontece em todas as transações em que um dos lados não se cuida como deveria, e é inevitável. Nessa situação, o governo passa a desgostar de certos homens que meramente tiraram vantagem do lucro inerente à situação encontrada, e então encoraja arengas e calúnias contra eles, exagera suas próprias perdas, isto é, sua própria inépcia, e porque foi ignorante e inepto, acredita que tem o direito de ser violento e injusto. Cancela seus compromissos e retarda ou recusa o pagamento do que deve. Toma providências generalizadas que, para alcançar alguns suspeitos, atingem toda uma classe. Para abrandar essa iniquidade, ele precisa representar essas medidas como se atingissem apenas os chefes das empresas dos quais suas receitas estão sendo retiradas. A hostilidade do povo se vira contra certos nomes odiosos e maculados. Os homens pilhados, contudo, não estão isolados. Não fizeram coisa alguma por conta própria. Utilizaram-se de artesãos e fabricantes que lhes supriram com serviços e valores reais. E é sobre estes últimos que acaba recaindo a espoliação pretensamente dirigida para os primeiros. Essas mesmas pessoas que resultam espoliadas, sempre crédulas, aplaudem a destruição de algumas fortunas, alegadamente imensas e que, por conseguinte, as irrita, e não entendem que todas essas fortunas, com bases em trabalhos para os quais foram instrumentais, tendiam a refletir benefícios sobre elas próprias, ao passo que a destruição delas impede o pagamento de seus próprios esforços.

Os governos sempre têm maior ou menor necessidade dos homens com os quais negociam. Um governo não pode pagar com dinheiro vivo, como o fazem os indivíduos. Ou ele paga adiantado, o que é impraticável, ou o que precisa tem que ser suprido via crédito. Se maltrata seus fornecedores, o que acontece? Os homens honestos se retraem, não querendo entrar em negócios que lhes parecem complicados desde o início. Apenas os patifes se apresentam e, antevendo que não serão pagos adequadamente, se encarregam da questão do pagamento. Os governos são muito lentos, muito sobrecarregados, pouco ágeis, para acompanhar as manobras rápidas e as espertas tomadas de decisão dos interesses particulares. Temos testemunhado governos que tentam rivalizar com os indivíduos na corrupção, mas a corrupção desses últimos foi sempre mais habilidosa. O único caminho efetivo para o governo é o da lealdade.

O primeiro efeito desfavorável sobre um ramo de negócios é afastar dele todos os negociantes não seduzidos pela ganância. O primeiro efeito de um sistema despótico é o de inspirar em todos os homens bons o desejo de não entrar em contato com tal despotismo [569] e de evitar transações que poderiam ligá-los ao terrível poder.

Em todos os países, as economias baseadas na violação da confiança pública foram punidas nas transações que empreenderam. Os resultados auferidos pela maldade, a despeito dos cancelamentos arbitrários e das leis violentas, são centenas de vezes piores dos que seriam obtidos por meios honestos.

Os governos perdem crédito com reduções forçadas da dívida pública. Eles perturbam o valor de seu crédito ao avaliarem-no de acordo com as perdas que experimentam. Nesse caso, suas próprias negociações tornam-se ruinosas. Ao alterarem o valor do dinheiro, eles perdem como credores dos contribuintes e nas aquisições que fazem como devedores.[74] Quando tratam injustamente os fornecedores, fazem com que as pessoas honestas se distanciem, e só encontram vilões para negociar.[75] Por fim, ao destruírem o crédito, alinham contra si todos os credores do Estado, e disso surgem as revoluções.

---

[74] Veja a nota E de Constant no fim dos Adendos.
[75] Veja a nota F de Constant no fim dos Adendos.

Na Inglaterra, as transações do Estado sempre foram sagradas desde 1688. Desta forma, os credores do Estado constituem uma das classes mais interessadas em preservar o governo. Na França, sob a monarquia, como foram freqüentes as violações da confiança pública, os credores do Estado, ao primeiro sinal de dívida, quiseram logo uma revolução. "Cada pessoa achou que sua segurança estava em tirar a administração das finanças das mãos do soberano e colocá-la nas de um conselho nacional." Bentham, *Principes du Code civil*.[76]

O despotismo em relação à propriedade logo é seguido pelo relativo às pessoas. Em primeiro lugar, porque o despotismo é contagioso, em segundo, porque a violação da propriedade naturalmente provoca resistência. Nesse último caso, o governo trata com severidade a pessoa oprimida que resiste, e como ele deseja retirar a propriedade dessa pessoa, é compelido a desferir um golpe na liberdade dela.

Acrescente-se que, ao se jogar os homens na incerteza sobre o que possuem, faz-se com que eles tentem usurpar aquilo que não possuem. Sem segurança, a economia torna-se uma questão de trapaça, e a moderação vira imprudência. Quando tudo pode ser tomado, quer-se passar a mão no que for possível, porque isso dá a chance de que se proteja alguma coisa [570] da espoliação.[77] Quando tudo pode ser tomado, gasta-se o máximo possível, já que aquilo que é gasto é bastante arrancado ao despotismo.[78]

"Reis", diz Luís XIV em suas *Memórias*, " são lordes absolutos e têm à sua livre disposição todos os bens de seus súditos".[79] Entre-

---

[76] Jeremy Bentham, *op. cit.*, t. II, p. 79.
[77] Veja a nota G de Constant no fim dos Adendos.
[78] Ver a nota H de Constant no fim dos Adendos.
[79] *Mémoires de Louis XIV*, *op. cit.*, t. I, p. 156. O texto original diz: "Todos os bens possuídos, tanto pelas pessoas da Igreja quanto pelos leigos, devem ser usados a

tanto, quando os reis se vêem como lordes absolutos de todas as posses de seus súditos, esses súditos escondem o que possuem ou o dissipam. Se escondem, é assim que muito é perdido na agricultura, no comércio, na indústria e na prosperidade de todos os tipos. Se desperdiçam em prazeres frívolos, grosseiros e improdutivos, isso mais uma vez representa desvio dos empregos valiosos e das decisões econômicas eficazes. Luís XIV acreditava estar dizendo alguma coisa favorável à riqueza dos reis. Mas o que ele estava realmente afirmando era algo tendente à ruína dos reis pela ruína das nações.

Capítulo 18
A ser feito. Conclusões das considerações acima

Materiais

Para sintetizar os princípios que devem guiar a ação do governo em relação à propriedade, devo dizer que o governo deve restringir a propriedade quando houver necessidade óbvia de segurança pública.[80] Essa prerrogativa distingue sua jurisdição sobre a propriedade da jurisdição sobre as pessoas, pois o governo não tem o direito de atentar contra a vida de um único inocente, mesmo que seja pela segurança de toda uma nação. Todavia, em todos os casos em que a segurança pública não é ameaçada, o governo tem que garantir a propriedade e mantê-la livre.

---

qualquer hora por administradores sábios, ou seja, de acordo com a necessidade geral do Estado".
[80] Veja a nota I de Constant no fim dos Adendos.

Capítulo XI: Dos impostos

Capítulo 4
Dos vários tipos de impostos

Notas

I. *o preço não pode subir*. As *commodities* ou mercadorias não têm apenas seu preço aumentado porque custam mais em função de sua escassez. Normalmente, quando um produto, para ser produzido, custa mais do que seu preço de mercado, ou pelo menos quando seu preço de mercado é tal que o lucro é muito pequeno ou nulo, os produtores fogem dele e se concentram em outro mais lucrativo. Se, no entanto, não puderem fugir de sua produção, têm que persistir mesmo com perda, e se a produção continuar no mesmo nível, o preço não subirá. É inegável que, pouco a pouco, cairá o número de produtores, e, diminuindo a produção, o preço aumentará por conta da escassez. Contudo, se tal produção fosse de necessidade fundamental, ter-se-ia um novo infortúnio. Argumentos contra a taxação das terras: em primeiro lugar, ela arruína os fazendeiros que, capazes apenas de cultivar o mesmo produto e passíveis de empobrecimento mais rápido caso não o produzam, não podem, como os fabricantes, tornar a produção escassa para aumentar a procura; em segundo lugar, arruína a agricultura, e antes que possa ser estabelecido o equilíbrio entre o custo e o valor das *commodities*, as pessoas sofrem com a carência.

Em todas as ocasiões em que o produtor não puder diminuir sua mão-de-obra nem sua produção, a taxação pesará muito sobre ele. Estamos falando de um proprietário de terras.

2. *revoltantemente iníquo.* Para as desvantagens financeiras da taxação sobre patentes, veja *Législation de commerce*, de Sismondi, II, 89 e seguintes.

3. *quanto à terceira*, "A fraude é a deficiência da taxação sobre o consumo (taxação indireta). A injustiça é a deficiência da taxação sobre a renda (taxação direta)". Canard, *Principes d'économie politique.*[81] [572]

Capítulo 5
Como a taxação vai de encontro aos direitos individuais

Notas

1. *quanto o da loteria.* O que acreditam ganhar em dinheiro com a taxação da loteria, os governos perdem ainda mais, mesmo em dinheiro, com o mal que essa taxação causa à produção e com os crimes que faz a classe trabalhadora cometer que, deixando-se de lado as considerações morais e encarando-os apenas em termos fiscais, são uma despesa para o Estado.

---

[81] *Principes d'économie politique*, de Nicolas-François Canard, Paris, F. Buisson, 1801, p. 175.

Capítulo 6
Que os impostos incidentes sobre capital são contrários aos direitos individuais

NOTAS

1. *recaírem sobre o capital.* Veja sobre o efeito do consumo de capital pelas nações em Sismondi, I, 4.[82] "Se as despesas das três classes produtivas excederem suas receitas, a nação inevitavelmente se empobrecerá." Sismondi, I, 94 e seguintes.[83]

2. *O Estado que taxa o capital.* Economia do governo é o que mais favorece a prosperidade de um país, porque deixa mais capital disponível para trabalho pelos indivíduos.

Capítulo 7
Que o interesse do Estado em matérias de taxação é consistente com os direitos individuais

NOTAS

1. *Diversas das minas no Peru.* A partir de 1736, a taxação sobre as minas no Peru foi reduzida de um quinto a um décimo. Smith, I, 11.[84]

---

[82] [Hofmann afirma que a referência é, sem dúvida, errada. Nota do tradutor americano].
[83] Dessa vez os números se referem ao tomo e às páginas de Sismondi.
[84] Adam Smith, *op. cit.*, t. I, pp. 354-355.

Capítulo 8
Um axioma incontestável

NOTAS

1. *Sua arrecadação sempre provoca desconforto*. O primeiro efeito geral de um imposto é diminuir o lucro do vendedor, reduzindo o consumo nas áreas da produção taxada. Segue-se que os que cultivavam essas áreas as abandonam em busca de outras mais lucrativas. Com isso, aumentam a competição nessas últimas e, conseqüentemente, reduzem os lucros. Por conseguinte, o imposto tem influência sobre todas as fontes de rendas. Antes que a taxação se alastre sobre todas elas, para que se produza o equilíbrio, entra em ação uma fricção mais ou menos duradoura que torna desastroso o imposto. "Qualquer imposto antigo é bom, qualquer novo é pernicioso." Canard, *Principes d'économie politique*.[85]

2. *a mais deplorável*. "As repúblicas morrem com o luxo", diz Montesquieu, "as monarquias, com a pobreza".[86] Conclui disso que a economia é adequada para as repúblicas e o luxo para as monarquias. Conclusão singular: pois o que significa a observação na qual ele baseia essa conclusão? Que as repúblicas enriquecem com a economia prudente e que as monarquias se arruínam com o luxo.

---

[85] Nicolas-François Canard, *op. cit.*, p. 197.
[86] *De l'esprit des lois*, Livro XII, Cap. 4. Jean-Baptiste Say, *op. cit.*, t. II, p. 380, critica essa mesma citação de Montesquieu dizendo: "Uma verdade constante que prova que a frugalidade enriquece os Estados e a prodigalidade os arruína. Se a prodigalidade arruína as monarquias, no entanto, ela não poderia se coadunar com tais monarquias, já que não convém a Estado algum se tornar dependente ou pobre".

Capítulo 9
A desvantagem da taxação excessiva

NOTAS

I. *qualquer imposto sem sentido é uma usurpação.* "O que o bem-estar do Estado demanda – fica muito claro – é a determinação e um toque característico de inspiração. As taxas apropriadas a esse bem-estar público, do qual um soberano é o juiz e guardião, são provas de injustiça. Aquilo que excede sua proporção adequada deixa de ser legítimo. Não existe, portanto, diferença entre os excessos individuais e os do soberano, no mínimo porque as injustiças dos primeiros vêm de idéias simples que cada pessoa pode facilmente distinguir, ao passo que as outras, sendo ligadas às complexidades do governo, cuja extensão é proporcional à medida de seu envolvimento, ninguém pode julgar a não ser pela conjectura ....[87] É uma violação da confiança mais sagrada usar os sacrifícios do povo em generosidade descuidada, em gastos sem sentido e em empreitadas estranhas ao bem do Estado ....[88] A ampliação irracional da taxação é, além do mais, uma fonte constante de malefícios e aborrecimentos." *Administration des finances,* I, Cap. 2.[89]

---

[87] Jacques Necker, *op. cit.*, t. I, p. 43.
[88] *Ibid.*, p. 47.
[89] *Ibid.*, p. 48; o texto completo é o seguinte: "Até agora apreciei a irracionalidade da ampliação da taxação apenas em termos de justiça; pode-se também identificar nessa extensão uma fonte constante de malefícios e aborrecimentos".

Capítulo 10
Mais uma desvantagem da taxação excessiva

Adição

A taxação excessiva é freqüentemente desculpada pela alegada necessidade de se cercar o governo com uma aura de magnificência. A alegação é de que, para inspirar respeito nos homens pelas instituições, temos que ofuscá-los com o brilho daqueles que detêm o poder. Esse axioma é falso tanto nas repúblicas quanto nas monarquias. Nestas últimas, a postura modesta do monarca, sendo voluntária e, portanto, meritória, produz impressão mais profunda do que a ostentação de riqueza extorquida dos governados. Frederico II [o Grande] e Charles II inspiraram mais respeito real nesse particular que Luís XIV. A ostentação é ainda menos necessária nas repúblicas. É possível que uma aristocracia precise que a opulência da classe governante impressione o povo. Ela, contudo, tem que pertencer por hereditariedade a essa classe e não deve ser conseguida pela taxação diária, uma fonte a um só tempo odiosa e ignóbil. Quanto aos governos eleitos, o exibicionismo não produz nenhum dos efeitos a ele atribuídos. Aquilo que é feito com o objetivo de impressionar, ofuscar ou seduzir inevitavelmente não cumpre tal propósito. Nenhuma veneração pessoal resulta de adornos que, em si, nada têm de pessoal. Tal magnificência apropriada é como a maquiagem dos atores. A pompa tem influência sobre a nação como espectadora, quando tal pompa é carreada para o governo pelos indivíduos e não, por assim dizer, a eles conferida por sua capacidade governamental. Os efeitos vantajosos que se esperam da ostentação são constituídos pelas memórias, hábitos [575] e reverência tradicional.

Os governos que não contam com tais suportes devem renunciar a ela. Todavia, se a pompa é fora de propósito, existe uma elegância apropriada aos governos; tal elegância se harmoniza com a maior simplicidade, da mesma forma que a vulgaridade mais brutal acompanha o exibicionismo e a ostentação. Essa elegância formal faz jus a respeito autêntico. Ela é o efeito lento e seguro da educação e de toda a experiência de vida. É a garantia de justiça, e suas conseqüências são mais importantes do que se poderia imaginar. Homens vulgares podem ser sensibilizados; porém, para cada ocasião em que o são, quantas outras existirão em que permanecerão insensíveis e brutais? Ademais, não devemos esquecer que, para sensibilizar espíritos vulgares, será necessária uma intensificação dos sons e sintomas de aflição. Ora, os pesares grandes, mas silenciosos, nem serão notados por eles. Quantas impressões tímidas ou delicadas não se recolherão diante de pessoas repugnantes e selvagens? Quantos inocentes existirão cujo orgulho ofendido congelará a língua e estrangulará a fala?

A vulgaridade e a violência são os dois maiores vilões nos homens com poder. Elas colocam um obstáculo intransponível entre eles e tudo o que é nobre, ilustrado, delicado e profundo na natureza humana. Os homens vulgares, os irascíveis, mesmo quando suas intenções são puras, são responsáveis por todo o bem que deles não se requer e por todo o mal que é feito sem que as pessoas ousem se queixar.

Um autor famoso pelos escritos de como aliviar a carga sobre os pobres oprimidos, M. de Rumford, diz, em suas memórias sobre albergues e prisões correcionais, que a atenção às necessidades físicas muito contribui para o aprimoramento moral dos homens, e que observou com freqüência uma mudança mais rápida nos próprios criminosos quando ar mais puro, roupas melhores e alimentos mais saudáveis os lançaram, por assim dizer, num outro mundo. A ausência do cuidado físico, diz ele, cria uma tristeza, um mal-estar, que coloca a alma numa disposição irritável e joga algo de convulsivo e selvagemente desordenado nos sentimentos e ações.[90]

Falo aqui tanto da rudeza de aparência como daquela irascibilidade que os homens poderosos desejam empregar como recurso de modo a não se desculparem por suas deficiências. Tais coisas lançam nosso ser numa espécie de agitação convulsiva que afoga todos [576] os sentimentos mais doces. O homem influi sobre si mesmo por sua voz, seus gestos, seu discurso, e, da mesma maneira que suas sensações internas agem sobre o comportamento que adota, também tais adoções reagem sobre sua vida interior. Em alguns estágios de nossa Revolução, as pessoas caíram nas mais ridículas contradições. Quiseram revestir o governo com magnificência e santificar a vulgaridade de seus integrantes. Não se aperceberam de que o bom nas instuições populares era a simplicidade, a ausência de pompa sem sentido e a de uma ostentação humilhante para o homem pobre, e o bom nas instituições aristocráticas era a elegância de costumes, a elevação do espírito e a delicadeza de sentimentos, todas produto de uma educação cujo provimento a riqueza permitira. Combinaram-se as deficiências dos dois sistemas: a ostentação estúpida e a brutalidade feroz.

---

[90] Hofmann acredita que essa referência é ao *Essais politiques, économiques et philosophiques*, de Benjamin, conde de Rumford, t. I, Genebra, G.-J. Manget, 1799, pp. 44-45 e 97-99.

Livro XII: Da jurisdição do governo sobre a atividade econômica e a população

Capítulo 1
Observação preliminar

ADIÇÕES

Está provado que a economia só floresce sob a liberdade; mas se o contrário fosse demonstrado, as restrições a essa liberdade, com o pretexto de um apoio especial à produção, teriam conseqüências tão desastrosas para a satisfação geral e para a moralidade que seria melhor deixar-se a economia fenecer do que atacar a liberdade.

Capítulo 4
Dos privilégios e proibições

NOTAS

1. *Vimos, portanto, os três tipos de perdas reais.* Eis uma quarta delas: as indústrias manufatureiras, que se mantêm em funcionamento graças a privilégios, desviando fundos daquelas que não precisam, fazem com que essas últimas se deteriorem por falta de recursos. Sismondi, *Législation de commerce*, II, 53.

2. *combinações encorajadoras que a compensam.* De duas coisas, uma tem que ocorrer, ou o comércio não pode se estabelecer sem o apoio de uma companhia estatal, a qual não tem nada a temer da competição [577] de firmas privadas, ou, se a companhia tiver algum receio

a esse respeito, então o comércio poderá ser conduzido sem essa companhia privilegiada, caso em que ela é uma injustiça.

3. *pode instruir todos os cidadãos*. É óbvio que cada indivíduo nessa situação particular está em muito melhor situação para julgar o tipo de atividade em que seu capital pode ser aplicado mais vantajosamente do que qualquer político ou administrador que o fizesse por ele. Smith, IV, 2.[91]

4. *fiquem arruinados*. As companhias comerciais têm esta desvantagem: seus diretores são como governos. Os governos logo desenvolvem interesse diferente do dos governados; os diretores cedo se interessam por aquilo que não é do interesse da companhia.

5. *falência*. Um exemplo muito notável dos efeitos infelizes das companhias apoiadas pelo estado é a história do comércio da França com as Índias, de 1664 a 1719. A companhia criada em 1664 tinha monopólio exclusivo. Por volta de 1708, ela já perdera cerca de vinte milhões. Durante esse período, os mercadores de St. Malo, mesmo acossados por todas as dificuldades e perigos do contrabando, se imiscuíram nos negócios. Lucraram com isso. Em 1708, tais mercadores tiveram a idéia de comprar os privilégios da companhia que os prejudicava, e também se transformaram em empresa privilegiada. Seus lucros cessaram imediatamente, e, no prazo de onze anos, elevaram as perdas da Companhia das Índias,

---

[91] Adam Smith, *op. cit.*, t. III, pp. 52-60. Constant não especifica uma referência exata.

[92] *Dictionnaire universel de commerce*, de Jacques Savary des Bruslons, Genebra, Cramer et Cl. Philibert, 1750, t. IV, col. 1075-1097, s.v. Compagnie des Indes. Constant encontrou essa informação em *De la richesse commerciale* ..., de Sismondi, *op. cit.*, t. II, pp. 309-310 e n. 2.

cujo monopólio adquiriram, para trinta milhões. Savary, *Dictionnaire de Commerce*, IV, p. 1075.⁹²

6. *aprendizados*. Os aprendizados impedem que os indivíduos sigam esse ou aquele ofício. As guildas e os artesãos-mestres são organizações que determinam a quantidade de turmas de aprendizes e as condições de admissão.

7. *o mais abjeto*. Quando uma das condições para o aprendizado é o pagamento para que se seja aceito no ofício, atinge-se o ápice da injustiça. Isso porque se mantêm longe do trabalho aqueles que mais necessitam dele.

8. *o mais absurdo*. O resultado de se fixar o número de pessoas [578] para trabalhar em determinada profissão é que, provavelmente, tal efetivo não será proporcional à necessidade dos consumidores. Pode ser que sejam demasiados ou escassos. Se forem em demasia, uma vez que os mestres de guildas de outras profissões não permitirão suas atividades, eles trabalharão no prejuízo, ou não exercerão o ofício e cairão na pobreza. Se forem muito poucos, o preço do trabalho subirá, satisfazendo a ganância desses profissionais.

9. *o modo mais correto de estimular o aperfeiçoamento*. Uma pretensão singular do governo que, como diz Sismondi, II, 285, quer ensinar o ofício aos manufatureiros e o conhecimento de seus gostos aos consumidores!⁹³

---

[93] Não se trata de uma citação e sim da interpretação do seguinte trecho: "Essa primeira lei sobre corporações foi apoiada por uma série de regulamentações sobre como os artesãos deveriam trabalhar, sobre a qualidade que seus produtos deveriam ter e sobre as visitas dos inspetores a quem deveriam se sujeitar. Como se os consumidores, para quem os produtos são dirigidos e que só compram o que lhes convém, não fossem os melhores inspetores para os bens produzidos". Jean-Charles-Léonard Sismondi, *op. cit.*, t. II, pp. 284-285.

10. *a fim de que seus méritos sejam avaliados.* Eu isento da liberdade total de comércio as profissões que interessam à segurança pública, como a dos arquitetos, já que uma casa sem segurança afeta todos os cidadãos, a dos farmacêuticos, a dos médicos e a dos advogados.

11. *o preço dos bens.* O aprendizado é opressor do ponto de vista dos consumidores porque, ao diminuir o número de profissionais, aumenta o custo do trabalho. Por conseguinte, ele ameaça o homem pobre e constitui apenas uma sobrecarga para o rico.

12. *as cidades inglesas.* A Inglaterra, a despeito de seu sistema de proibições, sempre tendeu a liberalizar a produção. Os aprendizados foram restringidos às profissões existentes desde os estatutos de Elizabeth que os criaram, e os tribunais têm aceitado as distinções mais sutis que procuram remover desses estatutos o maior número possível de ofícios. Por exemplo, há obrigação de aprendizado para a fabricação de carretas, mas não para carruagens. Blackstone.[94]

[579] 13. *não subsistem corporações.* Note-se como a liberdade, com sua simples ausência de lei, traz ordem para tudo. As combinações de indivíduos para praticarem o mesmo ofício são, na maioria das vezes, uma conspiração contra o povo. Poderíamos concluir daí que essas corporações deveriam ser proibidas por leis impositivas? Em absoluto. Ao vetá-las dessa forma, os governos se condenariam a muitos aborrecimentos, vigilâncias e penalidades que contemplariam deficiências graves. Basta que os governos deixem de sancionar tais combinações. Que eles não reconheçam nenhum direito de restrição ao número de homens nessa ou naquela profissão. Só por

---

[94] Hofmann não conseguiu encontrar nada relacionado a carretas e carruagens nos seis volumes da versão francesa dos comentários de Blackstone, Paris, Bossange, 1822-1823, apesar de seu índice detalhado.

fazer isso, eles privariam as corporações de qualquer propósito. Se vinte pessoas de determinado ofício quiserem se combinar para empurrar os preços de seu trabalho a níveis muito altos, outras se apresentarão para fazê-lo por preços mais baixos.

14. *a fixação de salários diários*. Sobre os esforços dos mestres de guildas para diminuir e os dos trabalhadores para elevar os salários diários, e sobre a impotência da intervenção do governo nesse particular, veja a tradução de Garnier para Smith, I, 132-159.[95] A fixação dos salários diários é o sacrifício da maior parcela à menor.

15. *a riqueza nacional*. Deve ser notado que ao mesmo tempo que os fabricantes franceses demandam proibições [à importação] para apoio às suas manufaturas, todos eles se queixam da falta de capital. (Ver as Estatísticas dos *départements* publicadas pelo governo.)[96] Isso prova que não há capital suficiente para os negócios existentes. Ora, se eles abandonassem as proibições e fosse livre a entrada de produtos estrangeiros, haveria abandono de parte das fábricas e o capital seria redirecionado para as remanescentes; não seria mais consumido para alimentar manufaturas decadentes, e as autênticas ganhariam com isso, bem como todo o corpo de consumidores.

16. *e que os aperfeiçoe*. As proibições de produtos fabricados no exterior tende a extinguir a emulação pela indústria endógena. "De que vale," diz Sismondi, II, 163, "procurar [580] fazer o melhor quando o governo se encarrega de encontrar compradores para as mesmas pessoas que fazem o pior?".

---

[95] Contrariamente à sua prática usual, Constant se refere aqui ao tomo e às páginas do trabalho citado de Adam Smith. No seu modo normal de referenciar seria Livro I, Cap. 8.

[96] A referência e o exemplo provavelmente vêm de Jean-Charles-Léonard Sismondi, *op. cit.*, Livro III, Cap. 2, t. II, pp. 156-220.

17. *valor maior*. Poder-se-ia pensar, ao se observarem as precauções que os governos tomam contra a exportação em espécie, que as pessoas realizam tais exportações com prejuízo, apenas para pregar peças a esses governos.

18. *pode permanecer livre*. "Todas as vezes que admoestamos uma nação a respeito dos meios para o cumprimento de suas obrigações, agimos como se, para aumentar o crédito de um mercador, o proibíssemos de saldar suas dívidas." Sismondi, I, 200.

19. *Eles não serão exportados sem lucro*. Para justificar as precauções tomadas contra a exportação em espécie, as pessoas exageram demais as fantasias, as despesas tolas e a prodigalidade dos indivíduos. Tais coisas, no entanto, respondem por parte infinitamente pequena das despesas totais; e para evitar esse pequeno mal, é cometido um muito maior, e se incorre mesmo, com o pagamento de espiões e com os procedimentos legais, em gastos mais vultosos.

As fantasias que levam à fuga de espécie são as despesas particulares dos ricos. Ora, os ricos sempre encontrarão maneiras de enviar dinheiro para o exterior, pois têm condições de pagar o preço da remessa irregular.

Os defensores do banimento às exportações em espécie dizem, com justeza, que o dinheiro, ao facilitar as trocas e acelerar a circulação, cria o comércio. Será que esquecem, entretanto, que o comércio cria dinheiro, isto é, traz de volta a espécie? Escrevem sempre como se o objetivo dos que demandam a exportação de espécie fosse o de desviar para o exterior tudo o que existe no país

---

[97] *Du gouvernement considéré dans ses rapports avec le commerce*, de François-Louis-Auguste Ferrier, Paris, A. Egron, ano XIII (1805). As páginas indicadas por Constant correspondem ao Cap. 2 *De l'argent, considéré comme moyen d'échange – En quel sens il est richesse pour le pays*.

e explicam muito bem os benefícios da espécie e as desvantagens de seu desaparecimento. Ver Ferrier, *Du gouvernement*, pp. 13-18.[97] Contudo, exportações permitidas não correspondem a exportações forçadas. A lógica dos adeptos das proibições é supor que todas as coisas injuriosas e perigosas seriam feitas tão logo deixassem de ser proibidas. Asseveram isso de forma bastante complacente e, então, demonstram à exaustão os malefícios que resultarão, por exemplo, no caso da espécie. Não examinam se, mesmo quando a remessa não é proibida, a saída de fato ocorreria. Entregam-se a uma imagem patética dos males [581] que um país experimentaria se ficasse privado de toda a sua espécie. Trata-se de um ardil lógico que ilude boa parte do mundo. Afirma-se determinada coisa; demonstra-se dela uma segunda, que é incontestável; e conclui-se da obviedade da segunda assertiva a verdade da primeira, embora não exista conexão entre as duas. "Se a França", diz Ferrier, "se visse perdendo apenas vinte milhões a cada ano, ao fim de cinqüenta anos seu dinheiro estaria reduzido à metade". Os fabricantes faliriam etc. A segunda afirmação é, sem dúvida, correta desde que se admita a primeira. A dificuldade é que a primeira não é, nem jamais poderá ser, verdadeira. Isso acontece muitas vezes em todas as discussões. Um dos lados muda intencionalmente a questão e o outro, não notando que a questão foi alterada, se deixa arrastar pelo adversário e batalha em terreno falso. Os oponentes da exportação livre, em vez de provarem que tal exportação faz com que toda a espécie saia do país, partem dessa falsa premissa e então demonstram os efeitos maléficos da saída. Seus antagonistas, em vez de demonstrarem que a exportação livre só desvia a espécie supérflua, são levados a acalorados debates sobre o que os oponentes disseram e começam a sustentar que a saída de todo o dinheiro não é uma coisa ruim. Ver Smith.[98] Dessa forma, o sofisma de um grupo estabelece a lógica do outro.

Para julgar essa questão com eqüidade, deve-se partir de dois princípios. Primeiro, em qualquer ocasião em que as pessoas tiverem pouco dinheiro, ele não sairá mesmo que a exportação seja permitida. Segundo, todas as vezes em que existir muito dinheiro será impossível evitar que ele saia, mesmo que a exportação seja proibida.

20. *empilham leis atrás de leis*. Medidas contraditórias dos governos. Eles estritamente proíbem a exportação de espécie e criam papel moeda, cujo efeito natural e inevitável é expelir a espécie do país. Ver Smith,[99] Sismondi[100] e Say.[101]

21. *classe de intermediários*. Uma lei que, sempre e em todos os lugares, tem sido julgada extremamente útil é a que proíbe qualquer mão intermediária entre o agricultor e o consumidor urbano. Não obstante, não é evidente que o fabricante [582] sempre se desvia do trabalho para se ocupar da venda da produção, que ele pode produzir mais e melhor se algum capitalista se encarregar das vendas? Para que fazer a exceção no caso da agricultura? Se o camponês tiver que conduzir sua produção para a cidade, necessariamente perderá tempo considerável. Gastará o que con-

---

[98] Adam Smith, *op. cit.*, Livro IV, Cap. I *Du exportation du numéraire*, t. III, pp. 3-52.
[99] *Ibid*.
[100] Jean-Charles-Léonard Sismondi, *op. cit.*, Livro I, Cap. 5 *Du numéraire*, t. I, pp. 136-137.
[101] Jean-Baptiste Say, *op. cit.*, Livro II, Cap. 17 *Du papier monnaie*, t. II, pp. 42-52.

seguir com a produção na vida de luxo das cidades. Os homens se embebedarão e as mulheres se corromperão. O modo de vida urbano degrada e arruína as pessoas do campo. Mirabeau, *Monarchie prussienne*, I, 169.[102]

22. *competição*. "Tão logo um ramo do comércio ou qualquer trabalho especializado se torna útil para as pessoas, tal utilidade será maior com a competição mais livre e mais generalizada." Smith, II, Cap. 2.[103] O princípio da competição se aplica a tudo. "O estabelecimento de diversos bancos que emitam notas promissórias é melhor", observa Say, II, Cap. 15,[104] "do que apenas um. É assim que cada estabelecimento busca atrair as pessoas oferecendo melhores condições e segurança."

23. *acaba resultando a inexistência do mínimo*. Quem examinar com atenção os períodos de escassez e fome que afligiram algumas partes da Europa durante o curso deste século e dos dois precedentes, sobre alguns dos quais possuímos dados bastante precisos, descobrirá que nenhuma escassez foi fruto de conluio de vendedores domésticos de trigo nem de nenhuma outra causa que não a falta do trigo, talvez provocada, por vezes e em alguns lugares, pela devastação da guerra, mas, na maioria dos casos, por safras ruins, ao passo que a fome jamais derivou de outra causa que não de medidas violentas do governo e de meios inadequados por ele empregados para tentar remediar as dificuldades dos preços altos. O comércio do trigo sem restrições, ameaças ou limites – salvaguarda mais

---

[102] *De la monarchie prussienne sous Fréderic le Grand*, de Honoré-Gabriel Riqueti, conde de Mirabeau, Londres, 1788, t. I, pp. 167-168.
[103] Adam Smith, *op. cit.*, t. II, p. 310.
[104] Jean-Baptiste Say, *op. cit.*, t. II, p. 21.

eficaz contra os infortúnios de uma fome – é também o melhor paliativo para as horrendas conseqüências da escassez. "Pois não existe remédio contra as conseqüências da fome real. Ela só pode ser aliviada." Smith, IV, Cap. 5.[105] Ele mostra claramente no mesmo [583] capítulo que quanto maior for o descrédito conferido ao comércio de trigo, quanto mais ele for cercado de perigos, fazendo com que os dedicados à atividade sejam vistos como monopolistas, mais se forçam tais negociantes e produtores, a despeito do descrédito e dos perigos, a buscar compensação por meio de lucros maiores. O povo se vê então, nos períodos de escassez, nas mãos de homens inescrupulosos que se vingam do desdém desse povo tirando proveito de sua aflição.

24. *proibir a produção*. Marema, na Toscana, antes que a exportação fosse proibida, produzia quatro vezes mais trigo do que o necessário para alimentar seus habitantes. Os grão-duques da Casa de Medici a proibiram, e as terras permaneceram sem cultivo. Sismondi, II, 128.[106] A exportação de lã é expressamente proibida na Inglaterra. Qual tem sido o resultado? O número de ovelhas caiu e a lã tornou-se mais rara e de menor qualidade. O primeiro fato foi estabelecido por inquérito parlamentar em 1802. O segundo é reconhecido por todo o povo inglês. Sismondi, II, 35.[107]

25. *uma calamidade habitual*. Veja algumas idéias excelentes em *Principes du Code civil*, de Bentham, Cap. 4,[108] sobre a intervenção de leis referentes à subsistência.

---

[105] Adam Smith, *op. cit.*, t. III, p. 215.
[106] Constant não cita, mas resume a argumentação dessas páginas, pp. 128-129.
[107] Constant deveria ter dito pp. 133-135.
[108] Jeremy Bentham, *op. cit.*, t. II, pp. 13-14.

26. *quando se trata de encontrar os meios para executá-la*. A respeito da legislação sobre grãos, em *Bibliothèque de l'homme publique*, XII, pp. 110 e seguintes.[109] "Qualquer *commodity*, sem exceção, tem que ser comercializada livremente, caso se queira abundância. Basta ameaçar e restringir sua venda para se provocar negligência no cultivo e torná-la escassa."[110] A permissão para que apenas certos indivíduos exportem provoca mais mal do que bem, pois ao não se proporcionar mais liberdade acrescenta-se incerteza à irritação. Portanto, é raciocínio falso concluir-se do malefício que a permissão a indivíduos faz com que a liberdade geral também seja perniciosa. Quando a exportação é proibida, o que acontece? O trigo fica muito barato; durante aquele ano, é esbanjado e, [584] nos anos seguintes, o cultivo é menor e de baixa qualidade, resultando na fome. Caso as pessoas não desejem um sistema geral e confiem na prudência do governo, o menor erro cometido por tal governo provoca as maiores inconveniências; e não apenas isso: o interesse individual, melhor e única garantia do suprimento, sabendo que pode ser prejudicado a qualquer momento pela arbitrariedade, capricho ou enganos dos governantes, perde a confiança e, portanto, seu dinamismo. A astúcia fica a serviço da fraude e não das conjecturas econômicas úteis. Em primeiro lugar, porque essas conjecturas podem ser inesperadamente atingidas. Em segundo porque, em todas as ocasiões em que há a possibilidade de fraude, existe mais a ganhar com ela do que com

---

[109] *De la législation des grains depuis 1692. Analyse historique à laquelle on a donné la forme d'un rapport à l'Assemblée nationale*, do marquês de Condorcet, em *Bibliothèque de l'homme publique*, Paris, Buisson, 1790, t. XII, pp. 105-243.
[110] *Ibid.*, p. 20. Só essa frase é citação. O que se segue é um sumário das pp. 110-111.

qualquer outra operação financeira, p. 111. As desvantagens dos depósitos, pp. 119-120, 178. Leis contra monopólios. Seqüência de medidas que atormentam as pessoas e são sempre inúteis, pp. 148-164. O excelente édito de 1774, p. 192. A necessidade de precauções por conta dos preconceitos das pessoas, pp. 205-211. Muito bom relatório apresentado à Assembléia de Notáveis sobre o comércio de grãos. As proibições encorajam exportações repentinas a preços aviltados, porque elas só são levantadas quando o preço do grão é barato, p. 222. Ao preço do trigo mantido em nível modesto pelo governo têm que ser acrescentadas as despesas com as medidas para mantê-lo naquele preço. Posto que nada é mais caro do que a opressão. Ora, tais despesas recaem sobre os contribuintes, p. 228. A proibição da exportação é indicativa de escassez, que tem efeito infalível na elevação dos preços, p. 234.[111]

27. *e o mais conveniente*. Veja Smith sobre os efeitos das proibições com respeito às exportações de grãos e de seu desabastecimento premeditado, III, 2.[112]

28. *a questão da taxa de juros*. A lei não pode garantir juros excessivos. Todavia, ao mesmo tempo, ela tem que assegurar taxas legais, uma vez que, se ela não proteger essas taxas legais contra todos os riscos, a dificuldade em se conseguir o pagamento delas pode causar um ressurgimento da usura. Ao garantir com firmeza as taxas legais, e não as usurárias, a lei concilia tudo: os que emprestam preferirão

---

[111] As três últimas referências de Constant não correspondem exatamente ao texto de Condorcet, embora não se possa ter certeza sobre as passagens com que elas se relacionam melhor.

[112] O segundo capítulo do Livro IV é intitulado *Comment l'agriculture fut découragée en Europe après la chute de l'empire romain*, op. cit., t. II, pp. 413-439.

o lucro legítimo mas seguro ao excessivo porém precário. Se, ao contrário, o lucro não for assegurado, os emprestadores procurarão, em iguais condições de risco, os maiores [585] lucros. N.B.: Não sei se tudo isso é justo ou se contradiz meus princípios. Talvez o melhor e mais simples seja a lei garantir qualquer taxa de juros, por alta que possa ser. A segurança gerará então competição, e ela, por si só, fará com que os juros caiam.

29. *voltaram-se igualmente contra ela*. Frederico Guilherme, pai de Frederico o Grande, foi violentamente preconceituoso contra os judeus. Fustigou-os de mil maneiras. Mas também teve que lhes conceder privilégios para compensá-los pelos dissabores impingidos. Permitiu, por exemplo, que tivessem o direito exclusivo de emprestar a juros extorsivos, porque eles não gozavam das mesmas garantias que os cristãos nos empréstimos que faziam. Um acordo singular pelo qual ele autorizou a vilania dos primeiros porque os tinha deixado indefesos diante da vilania dos segundos.

30. *não deve ser fixada*. A elevação das taxas de juros nem sempre é sinal de má situação financeira. Os juros podem ser aumentados quando a escala do capital empregado torna-se maior, quer pela expansão do mercado quer por um novo comércio que se abre à nação. A queda na taxa de juros corresponde, por conseguinte, à queda nos lucros. Tal queda é indício às vezes de prosperidade, noutras, do oposto, Sismondi, I, 78. A taxa de juros não caiu na América, a despeito do rápido crescimento da riqueza pública, porque a necessidade de capital cresce com o progresso da indústria, ao mesmo tempo e mais rápido ainda do que o estoque de capital. A elevação e a queda das taxas de juros e a elevação e a queda dos níveis de lucros, sendo, por vezes, sinal de prosperidade e por vezes,

do oposto, não podem servir como regra para direcionar as medidas do governo. N.B.: Isto é contrário à nota 28 anterior.

31. *causa a migração.* Na Itália, muitas pessoas ricas têm escrúpulos de emprestar a juros. Qual o resultado? Elas escondem seu dinheiro. Esse fato é provado pela extrema credulidade com que o povo encara as histórias de descobertas de tesouros. Sismondi, I, 44. Assim, o fruto do ensino religioso que proíbe o empréstimo a juros corresponde apenas ao desaparecimento de recursos que poderiam estimular a indústria. Pergunto: quem ganha com tal ensino religioso?

[586] 32. *em Atenas.* A liberdade de comércio foi sempre total em Atenas. Não havia monopólio ou privilégio exclusivo, nem nenhuma lei contra a usura. Mas aqueles que demandavam taxas abusivas de juros eram desprezados pela opinião pública. De Pauw, I, 372.

33. *O escrutínio popular as moderará.* "A usura tem sido usualmente despertada quando se deseja limitar a taxa de juros ou aboli-la inteiramente. Quanto maiores forem os riscos para o emprestador, mais ele precisará ser compensado com um alto prêmio de seguro. Em Roma, durante todo o tempo de república, a taxa de juros foi elevadíssima. Os devedores, plebeus, ameaçavam constantemente seus credores patrícios. Maomé proibiu taxas de juros. Resultado: nos países muçulmanos, o dinheiro é emprestado a taxas escorchantes. O emprestador se indeniza com o uso do capital e, ainda mais, com o perigo da contravenção. A mesma coisa aconteceu nos países cristãos, sobetudo em relação aos judeus." Say, Livro IV, Cap, 14.[113]

---

[113] Jean-Baptiste Say, *op. cit.*, Livro IV, Cap. 14, t. II, pp. 279-280. [Hofmann destaca que a citação de Constant é exata no início, mas que depois recai na paráfrase. Nota do tradutor americano].

Adições

1. "A produção incentivada principalmente por um sistema de proibições é aquela que serve para beneficiar as pessoas ricas e poderosas. Aquilo que traz vantagens para o pobre e o necessitado é quase sempre negligenciado e esmagado." Veja Smith, IV, 8.[114]

2. Os governos, inicialmente, adotavam a política de bloquear a invenção e o estabelecimento de máquinas que economizassem mão-de-obra. Montesquieu os aprovava.[115] O pretexto [587] era que as máquinas reduziam muitos trabalhadores à inatividade e à pobreza. Em seguida à invenção da máquina de tecer meias, os administradores de diversas províncias investiram contra uma descoberta que, segundo eles, reduziria cinqüenta mil indivíduos à mendicância. O inventor foi proibido de lucrar com sua descoberta ou de divulgá-la. Foi, inclusive, encarcerado na Bastilha. O que aconteceu? Quando solto, ele se refugiou na Inglaterra e os ingleses lucraram com a invenção; dez anos mais tarde, a França foi obrigada a adquirir meias com dificuldade e muito mais caras. Desde aquele tempo essa manufatura tem multiplicado seus produtos. Os pobres se beneficiaram porque hoje estão mais bem calçados, e a mendicância, em vez de aumentar, diminuiu. Say.[116]

---

[114] Adam Smith, *op. cit.*, t. III, p. 465.
[115] *De l'esprit des lois*, de Montesquieu, Livro XXIII, Cap. 15, onde ele diz, por exemplo: "Essas máquinas, cujo objetivo é contrair a capacidade, nem sempre são boa coisa. Se determinado produto tem preço moderado que satisfaz igualmente bem o comprador e quem o fabrica, as máquinas simplesmente simplificariam a produção, ou seja, diminuiriam a quantidade de trabalhadores, o que seria danoso".
[116] Jean-Baptiste Say, *op. cit.*, Cap. 7, p. 36. Há total confusão quanto à invenção da máquina de tecer meias. Foi um inglês, William Lee, quem a inventou no fim do

Capítulo 5
Do efeito geral das proibições

Notas

1. *homens que se preparam para todas as categorias de crimes.* "Existem sempre muitas inconveniências na imposição desnecessária de leis contrárias ao interesse individual e fáceis de burlar na surdina, já que essa é a forma de instigar os homens a se livrarem aos poucos dos grilhões de suas consciências. Proibir aquilo que não se pode evitar e expor os cidadãos a uma constante inquisição, estabelecer penalidades graves para crimes que nunca se pode reconhecer, mas sempre suspeitar, significa enfraquecer o respeito devido às leis." *Administrations des finances*, III, 55-56. "Todas as vezes que proibimos uma coisa naturalmente permitida ou necessária, simplesmente tornamos desonestas as pessoas que a cometem." *Esprit des lois*, XXI, 20.

[588] 2. *crimes artificiais.* Pode um país que proíbe da mesma maneira o roubo, o assassinato, a venda ou compra de tal ou qual material, de tal ou qual *commodity*, ter quaisquer idéias justas sobre o bem ou o mal morais?

---

século XVI. As circunstâncias que cercaram a invenção permaneceram obscuras e a lenda modificou um pouco os fatos. O certo é que William Lee enfrentou falta de interesse de seus compatriotas, emigrou para a França, talvez convidado por Henrique IV, que lhe prometeu alguns privilégios. Com o assassinato do rei em 1610, tudo ficou nebuloso. Não sabemos se o inventor morreu indigente na França ou se retornou à Inglaterra. De qualquer modo, sua máquina foi repatriada e a indústria de meias lá floresceu em meados do século XVII. Por fim, Luís XIV decidiu criar tal indústria no seu castelo em Madri. Deu a missão a Jean Andret, que trouxe de volta o segredo da Inglaterra. Mais detalhes em *L'histoire générale des techniques*, publicado sob a direção de Maurice Dumas, t. II *Les premières étapes du machinisme*, Paris, PUF, 1965, pp. 236-249.

3. *consideradas criminosas*. "Tal contrabandista", diz Smith, V, 2,[117] "sem dúvida culpado por violar as leis de seu país, por vezes é incapaz de infringir aquelas da justiça natural. Ele nasceu para ser, sob todos os aspectos, um excelente cidadão se as leis do país não tivessem se arvorado a missão de tornar criminosas ações que não recebem da natureza em absoluto essa característica".

4. *na América do Norte*. O mau efeito do governo sobre a produção é visto na influência das regulamentações comerciais na Georgia. Pictet, *Tableau des Etats-Unis*, II, 308.[118]

ADIÇÕES

I. Os tártaros, ao chegarem à China, notaram que existiam muitas desvantagens para a agricultura com a irregularidade dos Cantões, que ou eram superpovoados, ou tinham escassa população ou eram totalmente despovoados. Acharam que o problema vinha do comércio marítimo por atrair famílias das províncias do interior, deixando as terras sem cultivo. Tiveram a idéia de proibir o comércio marítimo e, em seis províncias, de demolir as casas que estivessem a menos de três léguas do litoral, para que, assim, os habitantes fossem forçados a se interiorizar cada vez mais. O que resultou? As pessoas não construíram casas e esperaram em buracos cavados na terra até que as proibições tártaras caíssem em desuso. Ocorre que mesmo as pessoas menos esclarecidas possuem uma presciência de que tudo que é excessivo acaba passando. De fato, os tártaros

---

[117] Adam Smith, *op. cit.*, t. IV, pp. 440-441.
[118] *Tableau de la situation actuelle des Etats-Unis d'Amérique*, de Charles Pictet, de Rochemont Paris, Du Pont, 1795. A referência de Constant não é exata.

relaxaram a proibição a respeito da pesca e do comércio marítimo. Aquelas famílias, perseguidas para que obrigatoriamente cultivassem a terra e que, em vez disso, cavaram buracos em que pudessem viver, abandonaram então esses buracos e estabeleceram-se de novo no litoral. De Pauw, *Egyptians and Chinese*.[119] [589]

2. Regulamentações foram aprovadas na França para a vigilância sobre matas de propriedade de indivíduos a fim de que não as derrubassem sem permissão. O resultado dessa proibição foi que os indivíduos temeram plantar árvores que não pudessem cortar. Steuart, *Political Economy*, I, 146.[120]

Capítulo 6
Daquilo que força o governo para essa direção equivocada

Notas

1. *sobre a perspectiva de negócios.* Os homens da administração pública que são guiados pela perspectiva de negócios acham que as medidas que enriquecem mercadores e fabricantes, e com as quais se beneficiam, também aumentam a riqueza nacional. Não percebem que a opulência de tais comerciantes e manufatureiros só se forma a expensas de outros indivíduos da nação. O povo não acha que uma nação vai ficar mais rica quando um homem que possui uma casa de jogos de azar amealha vasta fortuna à custa de muitos indivíduos. A nação também não enriquece quando um fabricante, em razão

---

[119] *Recherches philosophiques sur les Egyptiens ...*, de Cornelius de Pauw, *op. cit.*, t. I, pp. 81-82.
[120] *An inquiry into the principles of political economy, being an essay on the science of domestic policy in free societies*, de James Steuart, J. Williams e R. Moncrieffe, 1770, t. I, p. 146.

de monopólio, adquire fortuna imensa à custa de muitos indivíduos. Veja Sismondi, *Législation du commerce*, II, 115 e seguintes.[121]. O interesse dos grandes mercadores e fabricantes é sempre oposto ao do povo. Conseqüentemente, quaisquer propostas que partam desse grupo, como leis ou regulamentações sobre o comércio, devem ser recebidas com muitas suspeitas. Smith, I, 11.[122] Transplante de decisões econômicas de um grupo particular para a administração das questões públicas. Um indivíduo ganharia uma fortuna se fosse capaz de, impunemente, fabricar dinheiro falso. Os governos têm acreditado poder ganhar muito agindo da mesma maneira.

2. *grandes estradas*. Smith observa nessa ocasião, I, 11,[123] que as estradas foram abertas e que a partir de então [590] esses solicitantes, a despeito de seus receios, viram suas rendas aumentar e seu cultivo melhorar.

Capítulo 7
Dos suportes oferecidos pelo governo

Notas

1. *Um regime de subsídios*. Veja, para o absurdo dos subsídios, o exemplo de um deles conferido pelo governo inglês para o transporte de grãos na Irlanda. *Tableau de la Grande Bretagne*, I, 305, 333, 338, 351-352.[124]

---

[121] Jean-Charles-Léonard Sismondi, *op. cit.*, t. II, pp. 115-118.
[122] Adam Smith, *op. cit.*, t. II, pp. 115-118.
[123] *Ibid.*, t. I, pp. 307-308.
[124] O autor de *Tableau de la Grande Bretagne*, citado anteriormente, é Alexandre-Balthazar de Paule, barão de Baert-Duholant.

2. *Medidas constrangedoras e severas.* Um intendente de província na França, com o fito de incentivar a produção de mel e o trabalho das abelhas, demandou dados a respeito das diversas colméias de sua província. Em poucos dias, todas as colméias estavam destruídas. *Administration des finances,* tomo não-especificado, p. 238.[125]

3. *De seu emprego natural.* "Qualquer sistema que busque, seja por subsídios especiais a fim de atrair para um determinado tipo de indústria uma parcela maior do capital da sociedade que aquela que naturalmente seria direcionada para ela, seja por obstáculos especiais para desviar à força uma quantidade de capital de uma determinada indústria na qual, de outro modo, ela seria aplicada, é um sistema realmente subversivo para o propósito que esposa como primeiro e último objetivo. Longe de acelerar o progresso da sociedade na direção da opulência e do progresso real, ele o retarda. Em vez de aumentar, diminui o valor real da produção anual da terra e do trabalho da sociedade." Smith, IV, 9.[126]

4. *Mesmo que sabiamente distribuídas.* Poder-se-ia considerar subsídio a prática pela qual os trabalhadores são pagos pela corte da Pérsia, mesmo quando não estão trabalhando ou se encontram doentes. Como as pessoas estão sempre dispostas a elogiar os governos, Chardin tece loas a respeito de tal prática, *Voyages de Perse,* II, p. 19.[127] Pode-se ver [591] pela mesma perspectiva a prática no Sião de empregar por seis anos na corte os que se

---

[125] Hofmann não conseguiu localizar essa passagem no trabalho de Necker.
[126] Adam Smith, *op. cit.,* t. III, p. 556.
[127] *Voyages de M. de chevalier [Jean] Chardin en Perse et autres lieux de l'Orient,* Amsterdam, J.-L. de Lorme, 1711. Hofmann não pôde encontrar a referência. Constant a tirou de *Recherches philosophiques sur les Egyptiens...,* op. cit., t. I, p. 277.

destacavam no seu trabalho. La Loubère, *Relation de Siam*, tomo I, parte II.¹²⁸

Capítulo 8
Do equilíbrio da produção

Notas

1. *A necessidade primeira das pessoas é subsistir.* Os missionários chineses atribuem as tão freqüentes fomes na China à destilação do arroz. Quem não acha, no entanto, que, num país onde o grão é escasso, seria mais útil vendê-lo do que destilá-lo, porque existiria mais necessidade do pão do que da bebida. De Pauw, *Egyptians and Chinese*, I, 80.

2. *O marquês de Mirabeau.* Ver o *Ami des hommes*, para o apoio à agricultura.

Capítulo 9
Um exemplo final dos efeitos adversos da intervenção do governo

Notas

1. *Só por não agir.* Em suas *Mémoires*, Livro XIX,¹²⁹ Sully considera a proliferação de editos e regulamentações em relação ao comércio

---

¹²⁸ *Du royaume de Siam*, de Simon de la Loubère, Amsterdam, A. Wolfgang, 1691, t. I, 2ª Parte, pp. 212-213. O exemplo e a referência são fornecidos por Pauw, *ibid.*, e Hofmann observa que Constant incorre no mesmo erro antes citado. Os siameses tinham que servir por seis meses, e não seis anos, na corte.

¹²⁹ *Mémoires de Maximilien de Béthune, duc de Sully*, Liège, F.-J. Desoer, 1788, t. V, pp. 219-220. A frase que Constant apresenta é, palavra por palavra, de Jean-Baptiste Say, *op. cit.*, t. I, pp. 321-322.

e à indústria um obstáculo direto à prosperidade do Estado. Ver as observações de Garnier no seu [592] prefácio ao trabalho de Smith sobre a não-intervenção do governo na indústria, xxii-xxiii.[130] O mesmo que se dá com os homens ocorre com os rebanhos de ovelhas. Tem sido dito que as ovelhas se desenvolvem melhor nas campinas cercadas porque lá lhes é permitido pastar mais livremente sem serem perturbadas pelo pastor ou por seu cão. "O infortúnio da França", diz Sismondi, I, 166, "é que ela só pega de cada teoria da economia política aquilo que tem de mais pernicioso. Ao seguir os economistas políticos, ela esmaga o campo com impostos sobre a terra. Ao acompanhar os mercantilistas, algema o comércio com suas alfândegas e consumidores empobrecidos. Ao seguir os discípulos da Lei, dissipa duplamente a riqueza pública, juntamente com a dos capitalistas, primeiro pela criação de papel-moeda e, depois, pela de notas promissórias".[131]

Capítulo 10
Conclusões das reflexões anteriores

Adição

"As regulamentações sobre o comércio", diz Smith, IV, 7,[132] "têm a dupla deficiência de não só causarem o nascimento de malefícios muito perigosos no estado do corpo político como também, além

---

[130] Os números romanos referem-se ao Prefácio de Garnier à *op. cit.* de Adam Smith, t. I.
[131] [*Assignats* e notas promissórias foram emitidas pelos governos revolucionários. Nota do tradutor americano].
[132] Adam Smith, *op. cit.*, t. III, p. 384.

disso, de esses males serem tais que, com freqüência, é difícil curá-los sem causar, pelo menos por momentos, males ainda maiores."
"Quando consideramos com atenção", diz Say, I, 35,[133] "o dano que o sistema regulatório causa tão logo estabelecido, e os malefícios a que se fica exposto com sua abolição, somos levados naturalmente à seguinte conclusão: se é tão difícil conceder liberdade à indústria, quão mais reservado deveremos ser quando se tratar de retirá-la?".

Capítulo 11
Das medidas governamentais em relação à população

Notas

1. ver Mirabeau, *l'Ami des hommes*, I, p. 33, sobre as instituições monásticas. *Ibid.*, p. 38, sobre o porquê de as condições dos Estados protestantes serem melhores que as dos Estados católicos.

[593] 2. *Toda legislação detalhada.* Ver Mirabeau, *Ami des hommes*, I, 39.

---

[133] Jean-Baptiste Say, *op. cit.*, Livro I, Cap. 35, t. I, p. 292.

Livro XIII: Da guerra

Capítulo I
De que ponto de vista a guerra pode ser considerada vantajosa

NOTAS

1. *É hoje apenas um flagelo*. O novo modo de travar a guerra, o desenvolvimento das armas e da artilharia, reduziu os bons efeitos do conflito. A coragem moderna tomou a característica da indiferença. Longe vai aquele *élan*, aquela vontade, aquele prazer no desenvolvimento das faculdades físicas e morais que o combate corpo-a-corpo produzia. Ver Mirabeau, *l'Ami de hommes*, sobre as guerras necessárias e aquelas travadas em função da fantasia de governos, I, 27-29.[134]

2. *Poder ilimitado*. O imediato estabelecimento de poder ilimitado é o remédio que pode, nesses casos (dos Estados extremamente grandes), evitar o desmembramento: um novo infortúnio além da extensão. *Esprit des lois*, VIII, 17.

ADIÇÃO

Que o governo não entenda mal. Em vão ele buscaria os objetivos da glória terrena, do dinheiro como tributo, do império e da opulência mundial. Tudo a conseguir seria a perplexidade. Sem

---

[134] *L'ami des hommes* ..., de Victor Riqueti, marquês de Mirabeau, *op. cit.*; nas passagens indicadas por Constant, encontra-se a idéia de que as guerras não diminuem necessariamente as populações, mas são especialmente fatais por conta dos danos físicos que causam.

moralidade e liberdade, o sucesso é apenas um meteoro, que não dá vida a nada em sua passagem. As pessoas raramente levantam a cabeça para contemplá-lo por um instante, antes de continuarem seu caminho, silenciosas e melancólicas, loucas para se livrarem do despotismo, do infortúnio e da morte. [594]

Capítulo 5
Da maneira de constituir e manter exércitos

Adição

Como uma das missões do governo é repelir invasões estrangeiras, segue-se que ele tem o direito de demandar que os indivíduos contribuam para a defesa nacional. É impossível restringir-se tal direito a limites precisos. Sua extensão depende totalmente dos ataques aos quais a sociedade se encontra exposta. Os governos podem estabelecer para si mesmos limitações estatutárias a esse respeito para a conveniência dos cidadãos e as maiores facilidades para a organização de forças armadas. Por exemplo, podem fixar a idade antes e depois da qual nenhum serviço militar pode ser requerido, decidir sobre as isenções necessárias ao serviço e estabelecer o processo devido para garantir que as leis pertinentes não serão desobedecidas. No entanto, nenhuma dessas regras pode ser considerada absoluta. Para que uma regra dessa natureza seja absoluta, seria necessária a anuência do inimigo, de vez que a robustez de uma defesa tem sempre que ser proporcional à violência da agressão. Por conseguinte, jamais se pode afirmar que determinado tipo de cidadão ou de classe não será obrigado a contribuir para a defesa, pois nunca se poderá garantir que sua contribuição não será necessária. O que levou para as mentes das pessoas a idéia das dispensas e isenções absolutas e irrevogáveis foi o fato de os governos terem, com freqüência, tomado medidas defensivas que muito ultrapassam o necessário, uma vez que têm a intenção ulterior de transformá-las em meios de ataque. Dessa forma, os indivíduos, incapazes de colocar limites na disposição guerreira de seus governos, procuram ao menos se proteger contra algumas conseqüências dessa mania, supondo que possa haver entre eles e os governos algumas empreitadas em função das quais os primeiros não serão convocados para a guerra. De sua parte, os governos têm incentivado tal idéia, vendo nela nada mais que renúncia muito limitada à autorização para que possam empregar a seu bel-prazer todos aqueles não enquadrados por ela. Na realidade, no entanto, a dispensa absoluta é um absurdo. É o mesmo que prometer a um homem que ele está isento de defender seu país, ou seja, que não precisa se defender caso ocorra ataque de um inimigo. Os governos perceberam claramente tal absurdo. Tiraram vantagem dele para dizer aos que não gozavam da isenção absoluta que não lhes cabia recusar participação em qualquer aventura, por mais distante e sem sentido que fosse. Contudo, quando o perigo se aproximou de suas fronteiras, souberam muito bem dizer aos detentores dessa chamada isenção absoluta que era do seu dever, bem como do seu interesse, combater. Inegável que a aplicação desse princípio varia de acordo com a extensão e as circunstâncias de um país. [595] Num reino muito extenso, é quase impossível que todos os cidadãos sejam convocados a empunhar armas. Não obstante, o princípio subsiste; o estado do mundo moderno o restringe ou o modifica. A necessidade de combater dificilmente recai sobre todos, salvo sobre o grupo que dedica maior ou menor parte de seu tempo ao serviço militar. Os habitantes de cidades, os artífices, os burgueses, os fazendeiros do campo, numa só palavra, todos os que não são formalmente convocados, em princípio, não têm a responsabilidade de opor resistência ao inimigo.

Livro XIV: Da ação do governo na ilustração

Capítulo 3
Do governo em apoio à verdade

Notas

1. *para descobrir isso*. A desculpa que os governos encontram para controlar a vida intelectual pública se torna sumamente ridícula sob as instituições representativas, em que as opiniões, sendo publicamente debatidas, acabam isentas de qualquer mística. Nenhuma opinião nesse caso pode ser imposta com aquela solenidade temível, nascida pela união da força com o mistério, que acompanhou as promulgações do Zend-Avesta[135] e do Corão. "Está longe de ser o caso", afirma Bentham,[136] "que tanto intelecto, raciocínio cuidadoso e prudência foram empregados para defender a sociedade quanto para atacá-la, ou tanto para evitar crimes quanto para cometê-los". O que Bentham diz é fruto do fato de que os indivíduos sempre refletem mais e são mais corretos que os governos. É um erro supor-se um fosso grande entre os que ditam as leis e os que as recebem. Os respectivos graus de ilustração estão sempre em determinada proporção, e não divergem. A natureza não garante privilégios a nenhum indivíduo. Ninguém jamais está muito à frente de seu tempo e de seu lugar, e os que estão talvez sejam os menos adequados a dominá-los.

2. *de um governo qualquer*. O despotismo político, seguidor ou violador das leis da justiça, é, [596] diz Aristóteles, a subversão de

---

[135] [O Zend-Avesta é constituído pelos escritos sagrados dos farsis, normalmente atribuídos a Zoroastro. Nota do tradutor americano].
[136] Hofmann não conseguiu localizar essa observação de Bentham.

toda lei.¹³⁷ De igual forma, direi que a influência do governo sobre o pensamento, seja numa circunstância particular em que é exercida de maneira condizente com a verdade e a razão, seja contrariamente a elas, é, apesar disso e em princípio, a subversão de toda a razão e de toda a verdade. Não se pode colocar a verdade em uso caso não se saiba de onde provém e de como e de que cadeia de raciocínio deriva. *Dialogues sur le commerce des blés.*¹³⁸

3. *depositamos nosso próprio julgamento.* Aquele que, para sustentar a autoridade de uma opinião, emprega a força em vez da racionalidade pode ter intenções puras, mas realmente causa o maior dos malefícios. "Convocar para a defesa da verdade qualquer ajuda que não os fatos é o mais tolo dos erros. Aquele que aceitar a mais verdadeira das proposições sob a influência do governo não está recebendo uma verdade e sim uma mentira. Não entende a proposição, pois entendê-la seria captar a força da argumentação que a acompanha, o entendimento de todos os seus termos e de suas respectivas compatibilidades. O que está aceitando é aquilo que convém para a submissão à usurpação e à injustiça." Godwin, *Political Justice.*¹³⁹

---

¹³⁷ Talvez Constant se refira ao *Política*, I. III. 4: "Certas pessoas julgam que existe uma ciência, a do poder do senhor, e que se dá o mesmo com o chefe de família, o mestre, o estadista e o rei, como dissemos no início. Para outros, a denominação de senhor é contra a natureza: é apenas em virtude da lei que uma pessoa é escrava e outra é livre; na natureza, não há diferença; conseqüentemente, tal autoridade não é justa, porque violenta". Aristóteles, *Politique*, traduzido por Jean Aubonnet, Paris, Les Belles Lettres, 1960, t. I, pp. 16-17.
¹³⁸ Ferdinando Galiani, *op. cit.*, p. 162: "A verdade que a chance pura traz à luz, como um cogumelo no prado, não serve para nada. Não saberemos como empregá-la se não entendermos de onde vem, de como e de que cadeia de raciocínio deriva. A verdade exterior à sua ancestralidade intelectual é tão perniciosa quanto um erro".
¹³⁹ *Enquiry Concerning Political Justice...*, de William Godwin, *op. cit.*, (edição de 1793), t. II, pp. 551-552.

Adições

A história da chegada da filosofia grega em Roma é um exemplo notável da impotência do governo, [597] seja contra a verdade seja contra o erro. Existe muita verdade, mas também muito erro, na filosofia levada aos romanos pela embaixada grega.[140] Por um lado, o progresso da ilustração havia conduzido os filósofos gregos a rejeitarem as fábulas absurdas, a se elevarem a noções religiosas mais refinadas, a separarem a moralidade do politeísmo vulgar e a aplacarem seus princípios e sua segurança no recôndito da racionalidade dos homens. Por outro lado, nas escolas dos diversos filósofos, o abuso de uma dialética sutil havia sacudido os princípios naturais e incontestáveis de justiça, submetido tudo a interesses de grupos, e, dessa forma, minara a dinâmica de toda ação e despira a virtude do que nela existia de mais puro e nobre. Antes de mais nada, o Senado tomou a filosofia grega como um bloco, um erro inicial que o governo não podia deixar de cometer, já que não faz parte de sua missão nem está dentro de sua competência a análise aprofundada de qualquer ponto de vista cuja superfície é tudo aquilo que ele pode captar. O Senado, pegando tal filosofia em bloco, sofreu mais com os malefícios do que com as coisas boas. E era para ser assim mesmo. O raciocínio sofístico de Carnéades, que, ao glorificar um menosprezo instintivo pela imparcialidade atacando opiniões diretamente opostas, e falando em público,

---

[140] [Tratou-se de uma embaixada temporária, não permanente, uma visita de três anos em 153 a.C., com a presença inclusive de Carnéades, o chefe da Academia fundada em Atenas por Platão. Carnéades enraiveceu os romanos pronunciando dois discursos em dias sucessivos, num deles a favor e no outro contra a justiça. Nota do tradutor americano].

por vezes a favor e, por vezes, contra a justiça, deve ter inspirado muitas salvaguardas até então desconhecidas contra a intelectualidade. Em conseqüência, o Senado baniu a filosofia grega, um segundo e duplamente infeliz engano. Em primeiro lugar, porque bania, por ter entendido superficialmente e mal, algo que, por si só, poderia ter levado os romanos de volta ao amor pela liberdade, pela verdade e pela virtude. Catão, o responsável pelo banimento da filosofia grega, não poderia saber que, um século depois dele, a mesma filosofia, mais bem estudada e compreendida, seria o único refúgio para seu neto contra as traições do destino e a arrogante clemência de César. Em segundo lugar, as medidas rigorosas tomadas pelo Senado contra a filosofia grega serviram para ela apenas de preparo de um triunfo que o próprio retardo transformou em mais completo. Os representantes de Atenas foram precipitadamente enviados de volta a seu país. Editos severos contra todas as doutrinas estrangeiras foram com freqüência renovados. Esforços em vão! O ímpeto havia sido deflagrado. Não poderia ser contido por medidas governamentais.

Agora, suponhamos que o Senado de Roma não tivesse intervindo nem contra nem a favor da filosofia grega. Os homens ilustrados da capital do mundo teriam examinado a nova [598] doutrina com imparcialidade. Teriam separado as verdades que continha dos sofismas que haviam sido introduzidos por meio dessas verdades. Para falar honestamente, não era difícil mostrar que os argumentos de Carnéades contra a justiça eram minúcias desprezíveis. Não era difícil reavivar no coração da juventude romana os sentimentos indeléveis que estão no âmago de todos os homens e despertar a indignação daquelas mentes ainda jovens contra a exposição que, consistindo inteiramente em equívocos e cavilações, iria ser, pela análise simples, enxovalhada pelo ridículo e pelo desdém. Tal análise, no entanto, não poderia ter sido realizada pelo governo, já que, para ser bem feita, o debate deveria ser livre. Mas a discussão, mesmo quando banida, acaba ocorrendo, embora de forma imperfeita, eivada de confusão, emoção intensa, ressentimento e violência. Alguns gostariam de substituir o debate por éditos e soldados, meios convenientes e aparentemente seguros, posto que causam a impressão de ordem, sossego, brevidade e dignidade. Só têm um defeito: nunca funcionam. Os jovens romanos guardaram ainda mais obstinadamente na memória os discursos dos sofistas que, para eles, haviam sido injustamente expelidos. Encararam a dialética de Carnéades menos como uma opinião que necessitava de exame e mais como um bem que precisava ser defendido, já que ameaçado de lhes ser surrupiado. O estudo da filosofia grega deixou de ser mera especulação e sim aquilo que parecia mais precioso, num estágio da vida dotado com todas as forças da resistência, por ser uma vitória sobre o governo. Os homens ilustrados de idade mais avançada, reduzidos à escolha entre o abandono de todo o estudo filosófico e a desobediência ao governo, foram forçados a esse último caminho pelo prazer das letras, uma paixão que cresce a cada dia pela satisfação que provoca. Os primeiros seguiram a filosofia em seu exílio ateniense; os mais velhos enviaram seus filhos para lá. E a filosofia, retornando mais tarde de seu banimento, teve influência redobrada, posto que veio de longe e foi adquirida com maior dificuldade.

A metafísica aristotélica foi amaldiçoada por esse poder aterrador que fazia paixões, pensamentos, soberanos e súditos se curvarem ao seu jugo. Foi contra as cinzas do filósofo, falecido havia vinte séculos, que o Conselho de Paris, sob Filipe, o Justo, lançou seus raios e trovões, e a silente poeira saiu vitoriosa do combate. A metafísica do preceptor de Alexandre passou a ser mais que nunca adotada nas escolas; tornou-se objeto de veneração religiosa. Teve seus apóstolos, seus mártires, seus missionários, e os próprios teólogos curvaram seus dogmas para conciliá-los às máximas [599] dos peripatéticos, tão irresistível foi a opinião pública em seu avanço progressivo e tanto foi o poder – civil, religioso e político – forçado a seguir tal avanço, a despeito de si mesmo e feliz em salvar as aparências, e a sancionar aquilo que queria proibir, colocando-se à testa do movimento que, de início, dizia estar paralisando

O *Interim* de Carlos V é exemplo memorável daquilo que os governos podem engendrar com respeito à sua autoridade sobre a opinião pública. Como sabemos, o *Interim* foi uma ordem para que se obedecesse, provisoriamente, a tais e tais dogmas, até que ficasse decidido que dogmas deveriam ser obedecidos. Uma idéia assim só pode ser concebida por governos em estado de embriaguez, ou seja, dizer ao homem para aceitar por um momento como verdadeiro aquilo que mais tarde pode ser declarado falso.

Capítulo 4
Da proteção do governo à ilustração

Notas

1. *do propósito mais amplo do pensamento.* As faculdades humanas podem ser divididas em duas classes, aquelas cujo propósito é satisfazer as necessidades e buscar o prazer na situação presente

e aquelas que levam a aperfeiçoamento futuro. A agricultura, o comércio e as ciências exatas e naturais têm que ser colocados na primeira classe; a segunda recolhe na moralidade o conhecimento de fatos e opiniões anteriores que tendem a estabelecer relações entre nós e as gerações passadas e a preparar tais relações entre nós e as futuras. Podemos chamar as primeiras de faculdades operativas e as outras, de intelectuais.

2. *quase todos as encorajam.* Sabemos de homens que cultivaram as ciências com indiferença em relação a seus concidadãos e a seu país, dando continuidade a seus estudos com a mesma atitude em meio às proscrições mais sangrentas e sob o despotismo mais degradante, e permitindo que diversas tiranias fizessem uso de suas descobertas ou se vangloriassem de seus sucessos. Dessa perspectiva, as artes e ciências são na verdade apenas uma espécie de trabalho de natureza mais difícil, de emprego mais extenso que o dos fabricantes e artífices, porém apartadas do grande propósito daquilo que as mentes desenvolvidas entendem particularmente por filosofia, [600] e não menos estranhas a ela. Indubitavelmente, até os cientistas prestam serviço à filosofia com seus resultados, mas não podemos conferir nenhum mérito aos que se devotam dessa maneira às ciências. Isso ocorre à revelia deles e sem que saibam. Porém, na medida em que existem, transformam a ciência num ofício vulgar que serve apenas de alimento para a curiosidade e de instrumento para governos, sejam de que tipo forem. Uma vez protegidos pelos governos, tais cientistas passam a receber orientações do poder.

3. *a esfera acordada.* A esperança por favores do governo leva homens engajados nas ciências a sujeitar a matéria de suas pesquisas à fantasia dos poderes vigentes. Privam-se do lazer de que precisam.

Não mais comandam o tempo disponível, para si mesmos ou para o povo, e só atendem aos patrões e protetores. Correm a publicar conjecturas que ainda são incertas, como se fossem descobertas definitivas; anunciam novidades que não as são ou, pior ainda, recuam diante das verdades para as quais são conduzidos por seus raciocínios e experimentos, caso tais verdades cheguem muito perto de certas opiniões que estão em desfavor. Todas as suas faculdades ficam viciadas pela intrusão de motivos alheios à natureza de seus estudos e ao amor pela verdade e à liberdade de pensamento.

4. *a perseguição é mais valiosa.* Quanto brilho a perseguição promove! Sócrates, antes de se tornar vítima da ira dos atenienses, era tão obscuro que, quando Aristófanes o encenou na peça teatral *As Nuvens*, delegados das cidades aliadas que assistiam à representação ao ar livre foram indignados para casa por terem perdido tanto tempo com o espetáculo de um homem chamado Sócrates, no qual não tinham nenhum interesse. *Elien, Histoires Diverses*, II, 13.[141]

Adições

Os governos que alegam favorecer a ilustração se fixam aleatoriamente em pontos de vista que protegem. Às vezes, por charlatanismo ou condescendência graciosa, submetem-se a uma demonstração fútil de discussão; porém, para eles, o raciocínio é apenas polidez supérflua. A teimosia garante a eles a obediência de todos os que os cercam. Veja-se Frederico o Grande disputando com os filósofos, logo ele, o mais propenso a renunciar ao poder. O intelecto

---

[141] *Histoires diverses d'Elien*, traduzido do grego com comentários, Paris, Moutard, 1772, p. 60.

constituiu sua *avant-garde*; mas se podem observar, por trás dela, a força quase vergonhosa de sua complacência e o despotismo que se proclama como direito infalível.

[601] Ninguém quer influenciar a ilustração mais que eu, mas é precisamente porque quero, porque o prefiro a qualquer outra forma de abordagem, que não desejo uma versão distorcida. É para conservar com vigor pleno o domínio do todo da classe educada que rejeito, com veemência, sua sujeição a uma pequena parcela dela, em geral a menos preparada. Eu preferiria a desaceleração livre, gradual e pacífica da atividade de todos, até sua parada, a privilégios garantidos a uns poucos.

Quando se ouvem autores sobre política educacional do governo, pensa-se que bastaria levantar um véu para que uma luz por muito tempo ofuscada voltasse a brilhar.

Os atenienses tinham um tribunal para avaliar peças teatrais. Nunca nenhum tribunal pronunciou julgamentos mais absurdos. Foi esse o tribunal que premiou as tragédias de Dionísio o Velho, acusado de se deixar subornar. De Pauw, *Recherches sur les Grecs*, I, 145, 184-187.[142] *Elien, Histoires Diverses*, II, 8.[143] Diodoro da Sicília, XVII. Quintiliano.[144]

Existem duas partes da existência de um homem na sociedade, uma que desempenha em comum e que o torna dependente de outras pessoas, e outra que ele mantém privada e independente.

---

[142] Hofmann diz que a primeira página citada (p. 145) de Cornelius de Pauw não faz referência ao julgamento de peças teatrais.

[143] *Histoire diverses d'Elien, op. cit.*, p. 49.

[144] Hofmann não conseguiu localizar referências a avaliações teatrais em Diodoro da Sicília ou Quintiliano.

Denomino a primeira de existência social e a outra de individual. O homem, obviamente, conta com mais meios para aperfeiçoar sua existência individual do que a social. Isso porque ele se vê obrigado a ajustar esta última às faculdades da maioria de seus concidadãos e, portanto, não pode sair do senso comum, ao passo que é livre para levar sua existência individual ao nível de aperfeiçoamento que suas faculdades permitirem. O resultado é que – como já dissemos mais de uma vez –, quando é necessário submeter o indivíduo à sociedade, o modo de pensar dessa sociedade, ou seja, o modo comum de pensar, por imperfeito que seja, tem que prevalecer soberanamente. Em todos os outros casos, entretanto, os modos individuais de pensar devem permanecer livres. Não se quer dizer que as capacidades individuais não possam se reunir para agir com mais força ou perseverança. Contudo, é necessário que se reúnam livremente, que não sejam obrigadas a se mesclar ou se colocar por contrato em base comum. Toda vez que houver essa reunião [602], existirá dos dois lados certa restrição de faculdades. Qualquer transação entre mentes individuais para formar uma coletiva ocorre a expensas das mais perfeitas.

Capítulo 5
Da sustentação da moralidade

Notas

1. *atribuídas a ela.* O governo, por suas medidas erradas ou pela chamada promoção da moralidade, prejudica tanto a moralidade quanto a liberdade. Substitui por motivos que privam as ações de qualquer moralidade ou mérito aqueles sutis e inclinados pelo

bem que governam nossas ações decentes, da mesma forma que, no caso das opiniões, troca por razões que, não fazendo parte da argumentação ou de provas, nos levam a crer que a verdade tem todas as desvantagens do erro, aquela cadeia de raciocínio que nos deveria levar à verdade por meio da convicção. Para o aperfeiçoamento da espécie, ele perverte indivíduos, da mesma forma que, para a felicidade dela, os oprime.

Adições

Ver Mirabeau, *L'Ami des hommes*. Quanto à prerrogativa do soberano sobre as afeições, I, 9. Quanto aos esforços dos governos para levar os homens à frugalidade pela honra e pelo exemplo, p. 22.

Na China, a lei tem procurado regular tudo. Mas só tem regulado maneiras e não o comportamento moral. Lá, as pessoas se afogam em condicionamentos e ficam perdidas na corrupção.

A moralidade, como o sentimento, como as afeições, é unicamente parte da resiliência do indivíduo humano. É o indivíduo que se pronuncia de acordo com milhares de nuances, milhares de ramificações, milhares de sutilezas, impossíveis de determinação precisa e, por conseguinte, de se submeter à autoridade coletiva. O autêntico juiz da moralidade é o coração do homem, e o executor de tais julgamentos é a opinião, a opinião livre e individual, separada do governo e de forma alguma distorcida por sua associação com o poder. Existe uma distinção importante que não deve ser entendida equivocadamente. Como a maioria das ações que se opõem à moralidade também transtorna a ordem pública, a sociedade tem que reprimi-las. Todavia, isso não acontece por causa de seu mérito ou demérito intrínsecos, mas porque elas contrariam a segurança pública, motivo pelo qual os governos são instituídos. Devemos ser cautelosos para não confundir duas coisas absolutamente distintas: a aversão que uma ação provoca no ser humano, na medida em que é imoral, e a severidade com que o corpo político [603] pune a ação como transgressora. Quando uma ação imoral é ao mesmo tempo contrária à ordem social, ela deve ser vista de duas maneiras: como imoral, estigmatizada pela opinião pública, e como contrária à ordem, reprimida pelo governo. Esses são dois tribunais diferentes cujas competências são – e têm que permanecer para sempre – distintas. E elas assim têm permanecido, porque vemos todos os dias a força sendo exercida e a opinião pública recusando-se a ratificar seus julgamentos. O édito sobre duelos, diz M. Ferrand, deu vida nova ao ponto de vista que pretendia destruir, IV, 333.[145] Não obstante, tal distinção tem que ser reconhecida pela teoria para que jamais fique obscurecida na prática. Se confundirmos as duas coisas, estaremos emprestando ao corpo coletivo uma jurisdição ilimitada sobre a vida moral, de vez que todas as questões em que o corpo coletivo se pronunciar não haverá instância superior que possa anular suas decisões. É porque não sacramentamos essa diferenciação de modo suficientemente formal que tem surgido uma espécie de vínculo entre moralidade e autoridade coletiva, uma ligação que, sendo puramente artificial e arbitrária, não é passível de definição e torna a moralidade, a um só tempo a mais santa das propriedades individuais e a mais invariável regra deste universo, algo multiforme, modificável pelos governos, à mercê das instituições e capaz de variar em cada país, em cada século, sob cada governo.

---

[145] Antoine Ferrand, *op. cit.*, (2ª ed. de 1803), t. I, p. 333.

As leis coercitivas, que, com suas várias penalidades, puniriam ações governadas pela moralidade, como a gratidão, teriam esse efeito maléfico: substituiriam as motivações naturais pelas de temor.

Quando o governo interfere apenas para manter justiça, os sentimentos perigosos se moderam e os sociais são desenvolvidos. Do simples princípio da igualdade fluem todas as formas de aperfeiçoamento. Uma vez garantidos os direitos de todos, isto é, uma vez que se evite que os indivíduos empreguem a violência uns contra os outros, o resultado é que o único caminho da felicidade é o exercício da virtude. Se os governos se contentarem em garantir os direitos de todos, a riqueza apenas será meio de desfrute material, não de opressão, privilégio ou superioridade em relação a outros homens. Ora, os desfrutes materiais sendo necessariamente muito limitados, os ricos iriam querer tirar de sua opulência outra vantagem. Usá-la-iam para conseguir a afeição de colegas, de vez que a riqueza não mais [604] os capacitaria a dominá-los. O emprego da riqueza conduziria então a outras virtudes sociais sem a intervenção do governo. O mesmo se dá com todas aquelas questões em que os governos avocam a si mesmos uma influência moral.

Bentham, I, 101, dá um exemplo muito bom dos maus efeitos de intervenções do governo com a intenção de reprimir certos vícios.[146]

---

[146] O exemplo que Bentham escolheu foi o da bebedeira e da fornicação. Conclui dizendo: "Em vez de suprimir um vício, a lei semeou alguns novos e mais perigosos".

Capítulo 6
Da contribuição do governo para a educação

NOTAS

1. *um corpo de doutrina*. Do fato de uma idéia ser útil individualmente não se deve sempre concluir que ela seria igualmente boa caso fosse estabelecida como dominante ou coletiva. Mirabeau disse: não existem verdades nacionais.[147] Digo eu: não existem verdades governamentais. O pensamento em sua natureza é uno e individual. É impossível fazer-se dele um ser coletivo. Ele pode ser torturado, afogado ou morto. Mas sua natureza não muda.

2. *ativos e independentes*. É necessário fazer com que os professores tenham o número máximo possível de alunos, ou seja, fazer com se distingam pelo trabalho e pelo conhecimento. A única forma de se chegar a tal objetivo é lhes proporcionar um salário apenas confortável a fim de que uma doença, um acidente ou qualquer outra circunstância que possa afastá-los temporariamente dos alunos não os reduzam à pobreza. Querer substituir essa dependência que os professores precisam ter das pessoas, tornando-os dependentes de uma autoridade estranha como a de um governo ou seus agentes, é uma medida danosa sob vários aspectos. Primeiro, existem outras maneiras de satisfazer essa última autoridade que não seja pelo zelo, a atividade e o conhecimento. Em segundo lugar, tal autoridade não possui o preparo necessário. Ela pode ser exercida caprichosa e insolentemente, e faz parte da

---

[147] Constant cita (com exatidão) o conde e não o marquês de Mirabeau. Hofmann não conseguiu encontrar a frase em questão na volumosa obra do famoso orador.

natureza do poder agir dessa maneira... "Tudo aquilo que força ou induz um determinado número de estudantes a permanecer num colégio ou numa universidade independentemente do mérito ou da [605] reputação dos mestres", como, de um lado, a necessidade de certa graduação só conferida em dados locais e, de outro, bolsas e auxílios garantidos a estudantes pobres, só tem o efeito de afrouxar a aplicação e reduzir a necessidade de conhecimento por parte dos professores assim privilegiados à sombra de arranjos quaisquer...[148] O que ocorreu em relação ao governo tem acontecido com bastante freqüência em relação à educação. A maioria dos estabelecimentos públicos parece ter sido criada não em benefício dos acadêmicos, mas para a conveniência dos mestres. Smith, V.[149]

3. *conhecimento humano*. Os melhores estabelecimentos de ensino americanos são particulares, o grande hospital de Filadélfia, a escola reformada, as bibliotecas, os canais, as pontes, as escolas conhecidas como academias, as farmácias benemerentes, as sociedades marítimas, os diques, as hidrovias, as grandes estradas. Pictet, *Tableau des Etats-Unis*.[150]

Adições

"A moralidade tem que ser aprendida em qualquer lugar e ensinada em lugar algum."Say, V, 8.[151]

---

[148] Adam Smith, *op. cit.*, Livro V, Cap. I, t, IV, p. 146.
[149] Adam Smith, *op. cit.*, t. IV, p. 149, "As disciplinas das faculdades e universidade em geral não são instituídas para benefício dos acadêmicos, mas para o interesse, ou melhor dizendo, a conveniência, dos mestres".
[150] Charles Pictet de Rochemont, *op. cit.*, t. II, pp. 90-100.
[151] Jean-Baptiste Say, *op. cit.*, t. II, p. 438.

Será que um candidato tem que passar por provas? O adequado não é consultar os professores, que são juízes e parciais, que devem achar que tudo aquilo que vem de suas escolas é bom, e o que não vem é ruim .... Temos que determinar o mérito do candidato, não o local em que estudou e o tempo que lá passou, uma vez que o requisito de que determinado curso seja feito em dado local só elimina outros cursos que poderiam ser melhores. Prescrever determinado curso para estudo é proscrever qualquer outra possibilidade mais diligente.[152]

É impossível para o governo, dirão as pessoas, não controlar os estabelecimentos educacionais que financia ou cujos salários paga. É impossível separar totalmente [606] a instrução da educação. A própria instrução sofreria, pois lacunas necessariamente resultariam. Sim, mas então o governo tem que dar permissão para que os indivíduos estabeleçam escolas particulares e para que todos os pais tenham o direito de escolher entre a educação patrocinada pelo governo e a patrocinada por indivíduos.

Garnier, nas suas notas sobre Smith,[153] mostra com muita clareza que quando o governo oferece educação gratuita que não seja a básica está apenas desviando os trabalhadores manuais da sociedade, de maneira prejudicial e inútil, de suas ocupações naturais. Ver também as observações de Smith sobre as deficiências das bolsas de estudos, I, 10.[154]

---

[152] Adam Smith, *op. cit.*, Livro V, Cap. I, Art. 2, *De la dépense qu'exigent les institutions pour l'éducation de la jeunesse*. Constant não cita ou sumariza, mas se refere especialmente a todo o corpo do Artigo 2, t. IV, pp. 146 e seguintes.
[153] *Notes du traducteur*, de Germain Garnier, em Adam Smith, *op. cit.*, t. V, pp. 1-10. A Nota I é intitulada: *Em que medida o governo deve ser envolver com a educação?*
[154] Adam Smith, *op. cit.*, t. I, p. 271.

Você pode ensinar pela rotina mecanizada, mas nunca a raciocinar.

"O arranjo natural para a educação, deixando-se a escolha, a maneira e a responsabilidade da educação para os pais, pode ser comparado com uma série de experiências cujo objetivo é o aperfeiçoamento do intelecto de uma forma geral. Tudo progride e se desenvolve através da emulação dos indivíduos, através dessa diferença entre idéias e mentes, dito de outra forma, através da variedade de estímulos individuais. Mas se tudo for colocado dentro de um mesmo molde, se o ensino tiver que assumir em todos os lugares a característica imprimida pelo governo, os erros se perpetuarão e não haverá mais progresso." Bentham, II, 200-201.

Livro XV: O resultado da discussão precedente relativa à ação do governo

Capítulo I
O resultado da discussão precedente

NOTAS

1. *menos mal e mais bem*. Tudo na natureza tem suas desvantagens, mas as instituições consistentes com ela têm a vantagem de que, sendo a natureza essencialmente conservadora, ela própria se encarregou de garantir que essas desvantagens tivessem remédio, enquanto as instituições contrárias a ela, [607] por não contarem com a força conservadora, carregam desvantagens que, com freqüência, são irreparáveis. Dessa forma, ao responsabilizar o homem pelo cuidado de seus interesses, a natureza expôs a raça humana a dois malefícios muito grandes. O sentimento forte demais e o raciocínio falso são tais que os indivíduos, muitas vezes, se saem muito mal na tarefa que lhes foi cometida. Se, todavia, pelo temor aos perigos desse arranjo natural, tem-se a idéia de encarregar um homem de cuidar dos interesses de um outro, ou de diversos outros, qual o resultado de tal arranjo artificial? Em primeiro lugar, surgem desvantagens iguais às da instituição natural, de vez que as mesmas paixões e os mesmos raciocínios equivocados podem ser encontrados na pessoa a quem se confiaram interesses que não são os seus. Contudo, a instituição natural tem consigo o remédio. Todo homem sofre com os erros que comete em suas questões próprias e não demora a consertá-los. A instituição artificial, ao contrário,

não contempla a solução para as dificuldades. O homem que, contra o desejo da natureza, decide por outro homem não sofre coisa alguma com os erros cometidos. Eles pesam sobre outras pessoas. Como tais erros não concorrem para o esclarecimento daquele que os cometeu, ele não os emenda. Além do mais, qual seria a implicação se ele lucrasse com os erros? Um risco adicional. Aquele que é privado do direito de cuidar de seus interesses talvez resista ao que foi colocado no seu lugar, e ambos se verão no pior dos mundos. Em todas as ocasiões em que o natural, quer dizer, o justo, quer dizer o condizente com a igualdade (igualdade, justiça, natureza: tudo a mesma coisa), parecer eivado de desvantagens e não se conhecem os remédios, apele-se para a experiência que ela os desvendará diretamente, a menos que se tenha carreado, como acontece quase sempre, algo de artificial para a instituição natural, quando então, normalmente, é tal adição que cria as desvantagens ou bloqueia o poder da ação restauradora. Sempre que for sugerida uma instituição contrária à natureza e não se conseguir enxergar seu lado desvantajoso, será por falta da experiência. As desvantagens existem e logo se desenvolverão.

2. *sob o pretexto de torná-la feliz.* "É absurdo pensar-se em felicidade dos homens que não seja em termos de seus próprios desejos e sensações. É absurdo querer-se demonstrar por meio de um conjunto de conjecturas que um homem é afortunado, quando ele se sente desafortunado."[155]

A argumentação de Bentham é contra a escravidão, mas se aplica a tudo. O governo tem sido definido como instituição que objetiva

---

[155] Jeremy Bentham, *op. cit.*, t. II, p. 181.

criar a felicidade dos homens. Existe uma grande diferença entre garantir a felicidade que os indivíduos criaram para si mesmos, ou criaram entre si, e assumir o papel deles na construção de tal felicidade. Quase sempre por reivindicar [608] essa missão, os governos deixam de cumpri-la.

Adição

É nas atividades rotineiras dos governos que eles começam a causar danos. E percebem isso. Ao invés de parar o que vinham fazendo, estirpando a causa e retornando à inação salutar, eles produzem uma série de contramedidas e promovem, inadequada e dolorosamente, mediante duas pressões opostas, aquilo que existiria de forma mais natural, mais completa e sem dor, apenas com a liberdade.

Capítulo 5
Mais pensamentos sobre o capítulo anterior

Notas

1. *relações freqüentes entre as diversas classes.* É desvantajoso para qualquer tipo de eleição se eleitores e elegíveis estão separados. Veja Smith sobre a influência vantajosa da eleição popular ao dar lugar a alguma consideração pelas classes mais baixas dos fazendeiros.[156]

---

[156] Constant se refere à seguinte passagem: "Um incentivo, no entanto, que é muito mais importante que o resto, é que, na Inglaterra, a classe camponesa desfruta de toda a segurança, independência e consideração que a lei lhe concede". Adam Smith, *op. cit.*, Livro III, Cap. 4, t. II, p. 485. Em nenhum outro lugar Hofmann encontrou qualquer referência à consideração que surge com a eleição popular. Numa outra passagem, Smith sugere que a votação por parte de pastores de rebanhos é associada com inquietação social. Livro V, Cap. I, t. IV, pp. 239-240.

Capítulo 6
Das idéias de estabilidade

NOTAS

1. *desencontrada com o restante das coisas.* Achamos errados os inovadores que formulam leis que contrariam a opinião pública, e estamos certos. Eles preferem o futuro, ou o que chamam de futuro, ao presente, e não têm o direito de fazê-lo. Também a lei que se perpetua, quando não é mais [609] expressão do sentimento nacional, comete erro do mesmo tipo, com a única diferença que é diante do passado que ela quer que o presente se curve. Ora, o tempo não tem nada a ver com isso. A opinião pública passada não mais existe; não pode motivar leis. A opinião pública futura também não existe e, portanto, igualmente não pode motivar leis. A opinião pública presente é a única que realmente existe.

2. *E o que poderia essa novidade produzir de tão desafortunado?* A China é o melhor exemplo de uma nação em que tudo foi considerado estático. Assim, nossos novos escritores políticos entram em êxtase diante das instituições chinesas, instiuições que, entretanto, só fizeram com que a China fosse constantemente conquistada por estrangeiros menos numerosos que os chineses. Tornar os chineses estáticos tem sido considerado necessário para destruir neles a energia que poderia servir para sua defesa.

ADIÇÃO

No momento em que instituições foram criadas por se coadunarem com a moral e opiniões herdadas, ou por serem efeito real dessas opiniões e moral, elas tiveram utilidade e qualidade relativas. Tais vantagens diminuíram na medida em que o espírito humano e as instituições se modificaram. Os governos com freqüência acham que fazem grande bem quando restabelecem instituições em que vêem pureza. Tal pureza, entretanto, acaba sendo precisamente a coisa mais contrária às idéias contemporâneas e, em conseqüência, a mais provável de produzir danos. Dessa diferença entre instituições que são estáticas e idéias que são progressistas resulta o grosso das contradições e argumentos falsos de governos e escritores. Por verem que, num dado período, uma certa instituição foi útil, imaginam que ela só será perniciosa agora se degenerar. É exatamente ao contrário. A instituição permaneceu a mesma, mas as idéias mudaram, e a causa do malefício que se deseja solucionar não é a degeneração da primeira, e sim o desequilíbrio entre as duas. As conexões do governo com a lei constituem uma questão sobre a qual é muito importante chegar-se a algum acordo. Dois tipos de imperfeições devem ser procuradas nas leis, uma, sua oposição à moralidade, e a outra, seu desbalanceamento em relação às idéias correntes. Uma lei pode estar em desacordo com a moralidade devido ao efeito da ignorância e do barbarismo universal. Então, trata-se de infortúnio da época. Pode estar também em desacordo com a moralidade em virtude de erro ou corrupção específica de um governo. Então, trata-se de crime do legislador. [610] A antiguidade nos oferece um exemplo do primeiro tipo de imperfeição na tolerância que os antigos filósofos devotavam à escravidão. Os tempos modernos nos suprem com exemplos do segundo tipo nos decretos injustos que foram editados durante nossa Revolução. No segundo caso, o dano é muito mais incalculável que no primeiro. O legislador se coloca não só contra a moralidade, mas também contra a opinião pública. Não apenas enraivece a primeira como oprime a outra. Luta, simultaneamente, contra o que deveria ser o caso e contra o que ele é. Daí resulta uma verdade importante: nenhum exemplo anterior pode legitimar uma injustiça. Essa injustiça era desculpável enquanto o espírito humano não a tinha reconhecido como tal, e sim como infortúnio inevitável. Com a ilustração do espírito humano, acaba a desculpa, e o governo que prolonga ou renova a injustiça torna-se culpado de afronta dupla.

As leis que demonstram imperfeição intelectual generalizada estão em equilíbrio com a época em que vigoram. Leis mais perfeitas colidiriam com as idéias. Segundo esse raciocínio, quando as necessidades do povo não dão origem às suas leis, e os legisladores agem com espontaneidade e falibilidade, as pessoas ficam expostas a todas as deficiências decorrentes do desbalanceamento entre as leis e as idéias, e a todas aquelas que possam advir dos enganos dos legisladores.

Capítulo 7
Dos aperfeiçoamentos prematuros

Adições

Em todas as oportunidades em que os aperfeiçoamentos são produtos reais e naturais da vontade geral, ou seja, daquilo que é percebido como necessidade de todos e expresso através da imprensa livre – único intérprete fiel e independente da opinião pública –, essas melhoras têm, pelo menos, valor relativo. Contudo, quando os governos se fazem juízes e buscam aquele valor relativo nas suas próprias ponderações, nas suas próprias opiniões e no seu próprio preparo, as melhoras, que supostamente atingiriam o maior grau possível de perfeição, por vezes são contrárias às vontades gerais e não se alinham com as idéias correntes, e, por vezes, contrariam os eternos e universais princípios da moralidade. Os governos que se arrogam o direito do aperfeiçoamento são, quando corruptos, hipócritas, e mesmo quando bem-intencionados, arriscam o sistema no atacado e o povo é constantemente [611] sacrificado aos seus erros multiformes. As leis que demonstram imperfeição intelectual generalizada estão em equilíbrio com a época em que vigoram. Leis mais perfeitas colidiriam com as idéias.

Existem aperfeiçoamentos que, tomados abstratamente, são incontestáveis. Todavia, enquanto a nação não os quiser, será porque deles não precisa, e só o tempo e a expressão livre da opinião individual poderão fazer com que os queira. Não se pode dar aos governos o direito de promover essas melhoras. Isso seria conceder a eles uma função que é apenas dos indivíduos esclarecidos. Ora, o governo não pode ser composto por indivíduos assim, e, além do mais, os esclarecidos têm esse poder útil, através da opinião pública, só porque não contam com o poder formal.

"Oh, senhores reformadores a martelo, os senhores são os mais desafortunados dos jardineiros." Mirabeau, *L'ami des hommes*, I, 78.

Muitas vezes digo que devemos respeitar os hábitos das pessoas, ainda que, ao mesmo tempo, eu proponha muitas coisas que parecem contrárias a esses hábitos. Deve ser observado, no entanto, que só proponho coisas negativas. Isso significa dizer que aconselho os governos a não exercerem suas autoridades em favor de tal ou qual conjunto de restrições que acham do seu interesse manter. Se não exercerem sua autoridade nessa direção, não ferirão em absoluto práticas existentes. Permitirão, isso sim, que cada pessoa continue a fazer livremente aquilo que, antes, eles deixavam que fizesse. Pode acontecer que, por longo período, o hábito adquirido seja o mais forte. Todavia, pouco a pouco, se ele for contrário ao interesse real dos indivíduos, estes se livrarão do hábito, um atrás do outro, e a boa vontade será conseguida sem grande choque. Imagine-se um rebanho mantido pelo dono, por longo tempo e julgamento errado, em solo árido, estéril e cercado. Se, para levar o rebanho para pasto melhor for necessário usar a força, instigando os cães contra os animais e amedrontando-os com gritos, pode ser que eles se machuquem ao se chocarem uns contra os outros, ou se dispersem e se percam caso o medo seja muito grande. Simplesmente derrube-se a cerca e deixe-se o rebanho em paz. Por algum tempo, ele permaneceria no terreno em que se acostumou a pastar; porém aos poucos começaria a se espalhar pelo entorno e, depois de algum tempo e de movimentos imperceptíveis, chegaria às pradarias férteis para onde se desejava levá-lo.

As pessoas sempre elogiam muito os estadistas que trabalham para o futuro. No entanto, será realmente necessário, realmente natural, que, numa questão de governo, os homens trabalhem para o futuro, ou seja, para gerações que ainda não existem [612] e sobre cujas condições, idéias, posturas e circunstâncias nada se sabe?

Carlos Magno foi sempre exaltado para nós como grande legislador, e, para prová-lo, nos é dito que sua monarquia só caiu quando suas leis deixaram de vigorar. Entretanto, o talento de um legislador estaria na formulação de leis que não deixassem de vigorar. Os elogios dispensados a todos esses talentos os legisladores são semelhantes aos emprestados às constituições quando se diz que elas funcionariam perfeitamente se todos se prontificassem a obedecê-las, como se a arte de uma constituição não fosse, por definição, fazer-se obedecida por todos.

A Grécia deve o brilho de sua história mais à maneira progressista com a qual se civilizou do que a qualquer outra circunstância singular. Por feliz acaso, os gregos foram deixados ao sabor do movimento seguro e lento da civilização doméstica. Os colonizadores estrangeiros que lá chegaram levando consigo as sementes de algumas artes não foram suficientemente fortes para conquistar, nem refinados para corromper, tampouco suficientemente preparados para ilustrar. Os líderes desses colonizadores eram, de forma geral, criminosos que fugiam de punições ameaçadoras em seus próprios países, ou pessoas ambiciosas expelidas por facções inimigas. Navegando à deriva, eles foram levados pelos ventos a algum litoral desconhecido. Em lá chegando, encontravam habitantes que, constantemente expostos a incursões de nações vizinhas e muitas vezes dizimados juntamente com seus animais e esposas, desenvolveram ferrenho ódio contra todos os estrangeiros. Os recém-chegados tendiam a incrementar tal ódio pela violência necessária para sua subsistência e segurança. Assim, os primeiros dias eram consumidos por continuado estresse de ambos os lados e por massacres recíprocos. Estabelecidos finalmente num pequeno território, os novos colonizadores descobriam que tudo que os cercava eram hordas numerosas e indomadas, que podiam ser conquistadas, mas não subjugadas, e a cujas incursões ficavam constantemente sujeitos. Quanto à terra natal, os emigrantes não podiam, por conta das razões que os haviam forçado a abandoná-la, manter nenhuma relação. Pelo contrário, muitas vezes ocorria que seus compatriotas eram seus piores inimigos. Assim, é fácil concluir-se que a civilização da Grécia não pode ser atribuída aos colonizadores que lá se estabeleceram. Foi só o tempo que civilizou os gregos, e esse processo lento é sempre o melhor.

Podem-se reduzir as outras maneiras a três: a civilização por conquistadores, a civilização pelos conquistados e, por último, a civilização por tiranos. Os americanos nos dão um exemplo da primeira maneira, os bárbaros do norte e os chineses, da segunda, e os russos, um exemplo da terceira.

[613] Quando são os conquistadores que se encarregam da educação dos conquistados, eles começam degradando os alunos. Os interesses de momento dos conquistadores não demandam que formem homens, e sim escravos. É, portanto, para formar escravos humildes e trabalhadores, máquinas hábeis e dóceis, que esses professores, com o poder nas mãos, se esforçam com sucesso. Só depois de oito ou dez gerações é que os tristes remanescentes dos povos indígenas, suas comunidades reduzidas à centésima parte da de seus ancestrais, começam a se mesclar com seus opressores e a se civilizar imperfeitamente, através da imitação dos costumes corruptores e da adoção de opiniões distorcidas.

Quando, ao contrário, são os povos subjugados que civilizam seus senhores, eles os debilitam sem abrandá-los, os degradam sem policiá-los. Os vícios do luxo vêm se juntar à ferocidade do barbarismo, e dessa mistura resultam os efeitos mais nocivos. Na história desses povos, a rapina, a violência e a devastação que caracterizam o homem incivilizado são acompanhadas pela covardia, pela fraqueza, pelos prazeres vergonhosos do homem, corrompidos por longo abuso da civilização.

Finalmente, quando o déspota deseja policiar seus escravos, acha que basta querer isso. Acostumado a vê-los tremer e rastejar ao menor sinal, julga que eles se ilustrarão da mesma maneira. Para acelerar o processo, não concebe outros métodos que não os tirânicos. Acredita que, dessa forma, está preparando seus povos para a ilustração, lídima filha da liberdade. Quer que seus súditos aprendam, pensem, vejam apenas o que ele vê, e se irrita tanto com a nostalgia pelos velhos hábitos quanto pela censura das novas instituições. O que resulta desses esforços loucos? Lancemos o olhar sobre o vasto império cujo rápido progresso é exaltado pelas pessoas. Lá veremos o grande, elogiando, mais do que qualquer coisa, a imitação servil das práticas de seus vizinhos; as ciências nas mãos de estrangeiros que, obscuros em seus próprios países, vêm em busca de riqueza e renome numa nação que desprezam; e o povo reduzido à condição de escravo, sem a mínima idéia de que, supostamente, deveria estar no caminho da ilustração.

Os que fazem leis por meio do chicote a mim parecem galinhas que, cansadas do choco, quebram os ovos para transformá-los numa ninhada.

Quando se estabelece uma instituição sem que a conscientização popular esteja pronta para ela, tal instituição, por melhor que seja em princípio, não é uma organização, e sim um mecanismo.

[614] "Nada fazemos melhor do que aquilo feito livremente e de acordo com nossos talentos naturais." *L'esprit des lois*, XIX, 5.

O que dizemos sobre funções especulativas, etc., nos Adendos ao Capítulo I do Livro III tem que ser colocado neste capítulo.

Capítulo 8
De uma maneira falsa de raciocinar

Adições

Diversas e quase constantes causas de erros. Primeira, confusão de idéias. Segunda, efeito tomado por causa. Terceira, efeitos negativos apresentados como provas de assertivas positivas. Quarta, interesse interposto na consecução do objetivo sem exame dos meios. Quinta, *por causa de* em vez de *a despeito de*.

Livro XVI: Da autoridade política no mundo antigo

Capítulo 2
A primeira diferença entre o Estado social dos antigos e o dos tempos modernos

Notas

I. *dentro de limites muito estreitos.* "Os cidadãos", diz Sismondi, IV, 370, "encontram consolo para a perda de sua liberdade na conquista ou partilha de um vasto poder. Tal compensação só existe num Estado em que os cidadãos são poucos em quantidade e onde, conseqüentemente, é maior a chance de chegar ao poder supremo ou suficientemente perto para mitigar os sacrifícios diários que cada cidadão faz a tal poder. Assim, nas repúblicas da Antiguidade não havia liberdade civil. O cidadão se via como um escravo da nação da qual fazia parte. Entregava-se por completo à decisão do soberano, sem desafiar o direito do legislador de controlar todas as suas ações, de constranger sua vontade em todos os aspectos. Não obstante, por outro lado, ele podia ser, por turnos, esse soberano e esse legislador. Sabia o valor de seu voto numa nação pequena o bastante para que cada cidadão pudesse chegar ao poder, e achava que era a ele como soberano que sacrificava, como súdito, sua liberdade.[157] Sente-se quão [615] ilusória seria essa compensação" num país com milhões de cidadãos ativos.[158]

---

[157] *Histoire des républiques italiennes du moyen-âge*, de Jean-Charles-Léonard Sismondi, Paris, H. Nicolle, 1809, t. IV, p. 369.
[158] *Ibid.*, p. 370.

Capítulo 4
A terceira diferença entre os antigos e os modernos

Notas

1. *O desconhecimento da bússola.* "Os homens, não sabendo utilizar a bússola, temiam perder a costa de vista e, em função do estado de imperfeição da arte de construir navios, não ousavam se deixar levar pela impetuosidade das ondas dos oceanos. Cruzar os Pilares de Hércules, isto é, navegar além de Gibraltar, foi por muito tempo considerado na Antiguidade a mais ousada e espantosa das empreitadas. Os fenícios e os cartagineses, os mais habilidosos navegadores e os mais capazes construtores de embarcações dos tempos antigos, não tentaram a travessia até bem mais tarde, e por longo período foram os únicos que se atreveram a fazê-lo". Smith, *A Riqueza das Nações*, I, 3.[159]

2. *seus interesses e destino atrelados.* "As nações modernas, que podem e são capazes de existir por si mesmas, permanecem quase nas mesmas condições quando seus governos são derrubados." Say, IV, Cap. 12.[160]

3. *Eles deslocam seus ativos para grandes distâncias.* Na época em que um cidadão só se deparava com selvagens fora de seu país, de modo que só morte e privações da sociedade humana seriam as conseqüências da expatriação, a pátria-mãe, à qual ele devia a vida e todos os bens que a tornavam preciosa, podia demandar muito mais sacrifícios que hoje, quando um cidadão, ao deixar seu país, encontra quase os

---

[159] Adam Smith, *op. cit.*, t. I, p. 42.
[160] Jean-Baptiste Say, *op. cit.*, p. 264.

mesmos costumes, as mesmas comodidades materiais e, em muitos aspectos, as mesmas idéias morais. Quando Cícero disse: "Pro qua patria mori, et cui nos totos dedere et in qua nostra omnia ponere et quase consecrare debemus,"[161] [616] era o caso em que a pátria-mãe continha tudo aquilo prezado pelo homem e em que a morte dela significava a própria morte do indivíduo, da esposa, dos filhos, dos amigos, de suas afeições e de suas posses. O tempo do patriotismo passou. Para pedir sacrifícios de nós, a pátria-mãe tem que nos ser cara e, para tanto, não pode nos despojar de tudo que amamos. Ora, o que amamos em nossa pátria-mãe? Liberdade, segurança, ordem pública, propriedade de nossos bens, possibilidade de descanso, atividade, glória e uma série de direitos de todos os tipos. O termo "pátria-mãe" traz à nossa imaginação muito mais a reunião de todos esses desfrutes do que a idéia topográfica de um determinado país. Se nos for sugerido o sacrifício de todos esses desfrutes à pátria-mãe, será o mesmo que pedir que sacrifiquemos a pátria-mãe, a ela mesma. Isso se aplica igualmente à sociedade. Só existem indivíduos numa sociedade; ela significa todos os indivíduos. Então, sacrificar a felicidade de todos os indivíduos à sociedade, ou seja, a todos os indivíduos, não é uma contradição em termos?

4. *um estranho ou um inimigo*. Ódio aos estranhos entre os antigos, em meio às maiores civilizações. As nações, diz o jurista Pompônio em *Leg V O de captivis*, com as quais não temos amizade, não contemplamos hospitalidade nem alianças, não são nossas inimigas. No entanto, se uma coisa que nos pertence cai em seu poder, elas

---

[161] *De Legibus*, de Cícero, II, 2, 5. [É pela pátria-mãe que devemos morrer, a ela temos que nos devotar, a ela devemos dar e consagrar tudo o que é nosso. Nota do tradutor americano].

são as proprietárias. Os homens livres tornam-se seus escravos, e o mesmo acontece com elas em relação a nós.[162]

Adições

Entre os antigos, os indivíduos muitas vezes eram alimentados pela riqueza pública ou dela retiravam seus recursos. Entre os modernos, a riqueza pública é formada com a riqueza dos indivíduos.

Os espólios dos vencidos e o saque dos prisioneiros eram os únicos fundos que os espartanos alocavam para as necessidades públicas.

[617] "É por seguir as idéias absurdas tiradas dos costumes romanos que Valério Máximo e Juvenal falam de Demóstenes como se ele fosse filho de um ferreiro que vivia do labor de suas mãos. Ao contrário, ele foi cidadão ilustre e se distinguiu pela riqueza."[163] Seu pai possuía duas plantas manufatureiras onde empregava cinqüenta e dois escravos. *Demóstenes em seu primeiro discurso contra o tutor Aphobes*. As famílias mais nobres da Ática tinham as próprias fábricas. Pauw, *Philosophical Dissertations on the Greeks*. I, 68.[164]

---

[162] *Ad Q. Mucium*, de Sextus Pomponius, Livro XXXVII, *De captivis et de pos liminio*. O título significa: "Concernente a prisioneiros de guerra e ao direito de reivindicar o *status* anterior". O texto diz: "Porque se não tivermos amizade nem hospitalidade mútua, tampouco tratado objetivando aliança com alguma nação, esta última não está, para falar a verdade, em guerra conosco, mas o que chegar a ela de nossa propriedade se torna dela, e nossos homens livres feitos prisioneiros por ela se transformam também em seus escravos; e o mesmo se dá se alguma coisa dela cai em nossas mãos". *Palingenesis iuris civilis*, de Otto Lenel, Leipzig, 1889, t. II, col. 77.
[163] Cornelius de Pauw, *op. cit.*, t. I, p. 68.
[164] *Ibid.*, pp. 67-68. Constant não cita e sim sintetiza.

Montesquieu observa, em *L'esprit des lois*, XX, 2, que o comércio une as nações, mas não o faz igualmente com os indivíduos,[165] do que resulta que, ficando unidas as nações, elas se mesclam, isto é, desaparece o patriotismo, e que, estando desunidos os indivíduos, eles não passam de mercadores, ou seja, não são mais cidadãos.

O espírito dos antigos era tão anticomercial que Aristóteles listou a bandidagem entre os meios de aquisição.

"Hoje, as terras são descobertas por viajantes marítimos. Nos tempos antigos, os mares eram descobertos por viajantes terrestres." Montesquieu, *L'esprit des lois*, XXI, 9.

Capítulo 7
O resultado dessas diferenças entre antigos e modernos

Notas

1. *são intoleráveis.* Mesmo quando o espírito da época não se inclina pela liberdade civil, o tamanho das sociedades tornaria necessária essa liberdade. Leis sobre costumes, celibato e ociosidade seriam impossíveis num vasto estado, e seria ignomínia sem limites pô-las em vigor, caso tentadas.

[618] 2. *como garantia da segunda.* Seria hoje menos absurdo querer transformar escravos em espartanos do que criar espartanos por meio da liberdade. Em tempos passados, em que existia liberdade, as

---

[165] Eis o que Montesquieu diz na passagem indicada: "Mas se o espírito do comércio une as nações, não une os indivíduos da mesma forma. Vemos que nos países motivados apenas pelo espírito do comércio existem trocas em todas as ações humanas e em todas as virtudes morais: as menores coisas, aquelas que a humanidade demanda, são feitas e lá trocadas por dinheiro".

pessoas passavam por privações; hoje, em que campeiam privações, seria preciso a escravidão para fazer com que as pessoas se resignassem a elas. Os povos que mais valorizam as boas coisas que a vida pode oferecer, inclusive os prazeres materiais, são, ao mesmo tempo, os únicos livres na Europa. Entre os antigos, a classe esclarecida dava mais importância aos costumes do que à liberdade política, e o homem comum emprestava mais importância à liberdade política do que à individual. Na atualidade, só os pensadores, de um lado, e o cidadão comum, de outro, dão importância à liberdade política. Por que será?

Adições

Na Antiguidade, a função do cidadão-acusador era honrada. Todos os cidadãos desempenhavam a função e procuravam nela se distinguir, culpando e perseguindo as pessoas transgressoras. Entre nós, a missão de acusador é odiosa. Um homem experimentaria a desonra caso agisse como acusador sem nomeação oficial. Isso significa dizer que, nos tempos passados, o interesse público tinha precedência sobre a segurança e liberdade individuais, e entre nós tais segurança e liberdade vêm antes do interesse público.

Capítulo 8
Imitadores modernos das repúblicas antigas

Notas

I. *Depois de Rousseau.* No seu tratado sobre o governo da Polônia, J.-J. Rousseau levanta muito astutamente os obstáculos com que se confronta a introdução de novos costumes e hábitos numa nação, e mesmo o perigo de se começar uma briga contra tais costumes e hábitos.[166] Infelizmente, [619] apenas seus princípios absolutos foram considerados, seu fanatismo espartano, tudo que não funciona e é tirânico em suas teorias, e, dessa forma, seus entusiásticos seguidores e admiradores, fixando-se somente naquilo que ele tem de defeituoso, conseguiram transformá-lo no mais fértil em noções falsas e em princípios vagos de todos os nossos escritores e no mais perigoso para a liberdade.

2. *instituições se baseiam em hábitos.* Em tempos esclarecidos, observa Mr. Gibbon em seu *Miscellaneous Works*,[167] os homens não correm o risco de criar costumes baseados apenas no propósito e na utilidade. Aqueles que seguem com respeito a sabedoria dos ancestrais desprezarão isso nos seus contemporâneos e considerarão essas instituições do ponto de vista do ridículo que suscitam. Isso porque, para que as instituições sejam eficazes, seu autor tem que ser Deus ou o tempo. Poderia acontecer com as instituições aquilo

---

[166] *Considérations sur le gouvernement de Pologne et sur sa réformation projetée*, de Jean-Jacques Rousseau, publicado pela primeira vez em *Collection complète des oeuvres de Jean-Jacques Rousseau, citoyen de Genève*, Genebra, 1782, t. I, pp. 418-539. Constant provavelmente se refere à seguinte passagem chamada *Application*: "Mas uma grande nação, que jamais se mesclou com as vizinhas, tem que ter, por causa disso, muito mais costumes singulares, que talvez estejam sendo degradados dia a dia pela tendência generalizada na Europa de se adotarem os gostos e costumes franceses. Os hábitos antigos precisam ser mantidos e restabelecidos, enquanto outros convenientes, que sejam, adequados aos poloneses, são introduzidos. Os usos, se forem neutros, ou mesmo ruins em certos aspectos, desde que não maus na essência, terão sempre a vantagem de fortalecer o afeto dos poloneses por seu país e de lhes conferir uma aversão natural pela mescla com estranhos. Considero boa sorte eles terem mantido a aparência de individualidade. Guardem com cuidado essa vantagem". Em *Oeuvres complètes*, de Jean-Jacques Rousseau, ed. cit., t. III, p. 962.

[167] Hofmann não conseguiu encontrar essa passagem no *Miscellaneous Works* de Gibbon.

que ocorre com fantasmas; ninguém nunca viu um, mas todos têm entre seus antecessores alguém que já viu.

3. *a vergonha diminui e a honra murcha*. Bentham incluiu em seu código penal[168] ofensas contra a honra e reparações por tais ofensas. Ele levou para sua enumeração toda a sua perspicácia. No entanto, o capítulo sobre a matéria é prova da impossibilidade de se fazer qualquer coisa por lei daquilo que está apenas no domínio da opinião pública. Ele quer que um homem que se sinta insultado seja capaz de forçar o suposto ofensor a declarar que não teve a intenção de ser injurioso. A questão, contudo, não pode ser levada aos tribunais, pois a própria suposição é humilhante. A resposta não seria, como supõe Bentham, uma simples retratação, mesmo que, antes de tudo, não existisse a intenção de insultar, porque o que a exige fica tão exposto à acusação de coação que qualquer homem honrado a rejeitaria. Por fim, a reparação sentenciada pela corte poderia ser vergonhosa para o acusado, mas de forma alguma digna para o queixoso. A opinião pública tem que ser deixada a si mesma, com suas deficiências e vantagens.

[620] ADIÇÕES

Os antigos, tendo menor necessidade de liberdade que nós, conferiam a maior importância às leis sobre costumes sociais. Damos importância comparável aos mecanismos constitucionais.

Entre os gregos e os romanos, os pobres e os ricos realmente formavam duas classes, uma de credores e outra de devedores, e

---

[168] Jeremy Bentham, *op. cit.*, t. II, pp. 335-351, no Cap. 14 *De la satisfaction honoraire*, e pp. 352-358, no Cap. 15 *Remèdes aux délits contre l'honneur*.

a inadequação dos meios de comércio e produção impedia que as duas classes se misturassem. Isso significa que entre os antigos as insurreições eram muito mais autênticas que em nosso caso. Acontece que o verdadeiro, em todos os casos, é menos violento que o artificial. Uma insurreição artificial, independentemente de sua violência, ainda tem a violência adicional necessária para produzi-la; e, além do mais, o cálculo é muito mais violento que o natural. Vi, durante a Revolução, homens organizando insurreições artificiais, sugerindo massacres, para emprestar à insurreição, diziam eles, um ar popular ou nacional. Quando testemunho a confiança cega com que muitos modernos concordam com as assertivas dos antigos sobre o poder das instituições, e a série de conclusões que tiram de alguns fatos muitas vezes reportados como vagos rumores, ou resumidos, sem explicação, numa única linha, lembro-me do viajante que, ao ver um príncipe árabe, sem nada de melhor para fazer, entalhando um galho com sua faca, concluiu que aquela era uma instituição fundamental e muito sábia do Estado, isto é, que todos, inclusive os príncipes, deveriam aprender um ofício.

Os antigos aceitaram suas instituições como aprimoramentos. Lutamos contra as nossas como se fossem impostas pela conquista.

Livro XVII: Dos verdadeiros princípios da liberdade

Capítulo 1
Da inviolabilidade dos princípios verdadeiros da liberdade

NOTAS

1. *Um erro singular*. "Tem havido uma confusão", diz Montesquieu, XI, 2, "entre o poder do povo e sua liberdade". Por erro de mesmo tipo, Bentham considera meios indiretos de governo muitas coisas que são apenas a ausência de toda intervenção governamental. Ele observa, por [621] exemplo, III, 7, que a rivalidade entre as Igrejas católica e protestante contribui bastante para a reforma dos poderes papais; que a competição livre é a melhor maneira de baixar seja o preço dos bens seja a taxa de juros. É, no entanto, abuso completo do vocabulário chamar essas coisas de meios indiretos de governo.

Capítulo 3
Pensamentos finais sobre liberdade civil e liberdade política

NOTAS

1. *é alguma coisa supérflua*. Em tudo que se relaciona ao homem, temos que distinguir duas coisas: o propósito e o meio. Nas sociedades humanas, a felicidade é o objetivo, e a segurança, o meio. A segurança não é, portanto, um bem em si. Pelo contrário, tem uma série de deficiências; mas como constitui meio necessário para

a chegada ao objetivo, temos que nos resignar às suas imperfeições. Nas questões privadas, em que as formalidades que observamos implicam custos, retardos, discussões, assim como nas questões públicas, em que a autorização conferida ao governo restringe a liberdade individual, seria com certeza mais conveniente depositarmos confiança na boa-fé e na sabedoria de cada pessoa. Contudo, a segurança pública é necessária porque os resultados adversos da perversidade mesmo de um pequeno grupo seria maior para todos do que aquela que resulta de prescrições formais e restrições acordadas. Tal segurança, não obstante, não é um bem absoluto, e sim relativo, pois tem maior valor que o malefício que evita. Resultam disso duas conseqüências: em primeiro lugar, para que a segurança seja completa e certa, temos que fazer os sacrifícios indispensáveis, mas as coisas não devem passar desse ponto, isto é, se é necessário agüentarmos inconveniências necessárias, torna-se tolice acrescentar a elas qualquer coisa supérflua. Em segundo lugar, qualquer sistema em que as desvantagens da segurança excedem o mínimo estrito é viciado na essência. Apliquemos tal princípio à instituição política. Nós reconhecemos sua necessidade, logo temos que emprestar a ela tudo aquilo que concorre para torná-la segura, tudo de que ela precise, enfatizo, mas nada do que não necessite, como aquilo que é demandado, sob vários pretextos, pelos detentores dos diversos poderes, pelos ambiciosos delegados, que nunca acham que suas prerrogativas são suficientes em termos de intensidade e amplitude.

2. *dificilmente é necessária*. "Ao se cercar o soberano com a necessidade de ser justo, ele imporá aos súditos a obrigação [622] da sujeição." Ferrand, I, 146.

3. *os excessos atingirão um pico*. O interesse de um déspota jamais é o de seus súditos. Um homem investido com o poder despótico, segundo sua fantasia, não tem outra maneira de governar que não seja brutalizando todos aqueles que governa. Enquanto não estivermos todos reduzidos ao nível de simples máquinas, o detentor do poder se sente ameaçado. Instrumentos fazem sentido. Agentes não têm escrúpulos. Os que não possuem escrúpulo algum fingem para aumentar seu preço político. Além do mais, não se pode comprar todos. O déspota enriquece com o que toma de seus súditos. Ora, aqueles que ele compra querem ter mais do que as posses que têm. Em conseqüência, para enriquecer alguns, ele tem que saquear outros, quer diretamente apossando-se de seus bens, quer indiretamente por meio de taxas. O resultado é que, como não é possível tratar todos brutalmente, existem sempre, sob o despotismo, duas classes que não são devotadas ao governo, aquela que fica despojada de tudo e, portanto, descontente, e a que não é espoliada, mas não enriquece. Esta última se mantém independente, e a independência é tão perturbadora para o despotismo quanto o descontentamento.

4. *um reino brilhante,* durante o qual a França se esvaiu em guerras constantes, ao fim das quais três milhões de franceses tinham sido perseguidos, banidos e tratados com o mais revoltante barbarismo; e depois desse reinado, um outro longo no qual se desenvolveu a excessiva corrupção pela qual a França perdeu sua reputação no estrangeiro, as finanças experimentaram desordem irreparável e a situação chegou a tal extremo que todos os elementos do distúrbio, do descontentamento e da derrubada não puderam ser controlados pelo príncipe bem-intencionado, resultando na mais sangrenta das

revoluções. Realmente uma bela conseqüência para as crueldades de Luís XI e Richelieu.

5. *a monarquia francesa estava derrubada*. A passagem a seguir nas *Mémoires* de Luís XIV vale ser relida porque curiosa, quando o recriminamos pelo que aconteceu ao seu neto setenta e quatro anos depois da morte do autor. Após descrever o que chama de desdita dos reis que não são absolutos,[169] ele continua assim: "Mas gastei tempo demais numa reflexão que pode lhe parecer fora de propósito ou que, no máximo, o ajudaria a reconhecer a desdita de nossos vizinhos, uma vez que ela se aplica todo o tempo no Estado em que você vai reinar depois de mim. [632] Você não encontrará autoridade que seja honrada por não derivar sua origem e caráter de você, nenhum corpo administrativo cujas opiniões ousem se desviar dos sinais de respeito, nenhuma companhia que não se sinta obrigada a colocar sua grandeza principal no bem que coloca a serviço de você, e sua única segurança na dócil submissão". *Mémoires*, I. 62-63.[170] Como é difícil a monarquia se manter num Estado grande. Clóvis estabeleceu uma monarquia absoluta. Sob seus sucessores, ela se dividiu e fragmentou. Os grandes lordes se tornaram soberanos e a linhagem de Clóvis acabou privada da autoridade real que já estava anulada. Carlos Magno a restabeleceu. Ela desapareceu de novo sob Luís o Piedoso, e o sistema feudal, um dos que mais se opunham à monarquia como a entendemos, ergueu-se das cinzas. Uma nova revolução colocou Hugo Capeto no trono, mas a autoridade real não reviveu. Ela não se restabeleceu positivamente até o reinado de Luís XIII, e, cento e cinqüenta anos depois, a monarquia ruiu.

---

[169] Veja a nota J de Constant no fim das Adições.
[170] *Mémoires de Louis XIV, op. cit.*, t. I, pp. 62-63.

6. *apologistas do despotismo*. Vocês desejam julgar o despotismo em relação às diferentes classes? Para os homens preparados, pensem nas mortes de Traseus[171] e Sêneca; para as pessoas comuns, lembrem-se do incêndio de Roma e da devastação das províncias; para os próprios imperadores, das mortes de Nero e de Vitélio.

Adições

Não é verdade que o despotismo nos protege contra a anarquia. Só pensamos que o faz porque, por longo tempo, a Europa não experimentou despotismo real. Mas voltemos a atenção para o Império Romano após Constantino. Naquela ocasião, as legiões estavam constantemente revoltadas, com os generais se autoproclamando imperadores e dezenove pretendentes à coroa levantando simultaneamente o estandarte da rebelião. Sem precisar ir muito longe na antiguidade, veja-se a espécie de espetáculo apresentado nos territórios dominados pelo sultão.

Quando uma revolução violenta derruba um governo despótico, os homens moderados e os homens da paz julgam o despotismo mais favoravelmente: primeiro, porque os males existentes fazem com que esqueçam os passados; segundo, porque nos estados centralizados as revoluções são por vezes causadas pela fraqueza do governo, e essa fraqueza, se bem que fatal em suas conseqüências, ainda assim dá aos governados direitos temporários que eles acabam considerando [624] vantagens inerentes do poder absoluto, quando são apenas efeitos de sua fraqueza e caminho para sua destruição.

---

[171] [Constant provavelmente refere-se a Thrasea Paetus, o senador e filósofo estóico condenado por Nero em 66 a.C. e que se suicidou. Nota do tradutor americano].

Se a perversidade humana é um argumento contra a liberdade individual, é ainda maior contra o despotismo. Fato: o despotismo é simplesmente a liberdade de uns poucos contra a de todos. Os que governam têm todas as tentações, e, portanto, todos os vícios, das pessoas comuns, e o poder para tirar proveito deles.

Um homem pode escrever boas tragédias sem ter conhecimento das regras da arte dramática. Todavia, se suas tragédias são boas é porque ele observou as regras sem se dar conta disso. Da mesma forma, um príncipe pode manter seu povo feliz, embora não existam na constituição garantias para tanto. Contudo, se tal príncipe mantém seu povo feliz é porque ele age como se tais garantias existissem na constituição do Estado. Esses exemplos demonstram a inutilidade seja das regras da arte seja das garantias políticas. Provam que se pode, às vezes, atuar por instinto de modo compatível com elas. Desse próprio fato, no entanto, de que agindo assim faz-se o certo, pode ser inferido que seria melhor se essas coisas fossem sabidas e estabelecidas de antemão. A liberdade política é uma arte como todas as outras. Ora, uma arte, como Laharpe coloca muito bem, *Course in Literature*, II, 252, é só o resultado da experiência reduzida a método. O objetivo de tal arte é poupar aos que nos seguirão todo o caminho percorrido pelos que nos precederam, e que teria que ser palmilhado de novo se não tivéssemos contado com guias.[172]

---

[172] *Lycée ou cours de littérature ancienne et moderne*, de Jean-François Laharpe, Paris, H. Agasse, ano VII (1799), t. II, p. 252.

Capítulo 4
Apologia ao despotismo por Luís XIV

Adições

"Se quiséssemos", diz Luís XIV, I, 271, "nos privar de todas as coisas assim que elas nos pudessem causar algum mal, cedo nos privaríamos, não só de tudo que causa nossa grandeza ou é de nossa conveniência, mas também de tudo que é necessário à nossa subsistência. Os alimentos que a natureza escolhe para nutrir os homens podem servir, algumas vezes, para sufocá-los. Os remédios mais salvadores [625] são infinitamente perniciosos quando mal administrados. As leis mais prudentes provocam, com freqüência, o surgimento de novos abusos, e a religião, que deveria ser apenas objeto de nossa mais profunda reverência, está sujeita a sofrer as mais terríveis profanações do mundo, e, mesmo assim, ninguém ousaria concluir de tudo isso que seria melhor passar sem carne, curas, leis e religião". Será que essa argumentação não se aplica com a mesma força tanto a essas coisas quanto à liberdade?

Livro XVIII: Dos deveres dos indivíduos em relação à autoridade política

Capítulo 1
Dificuldades com respeito à questão da resistência

ADIÇÕES

Os governos que têm suas origens na vontade nacional, ou no que chamam assim, encontram-se numa situação embaraçosa com relação à resistência. Caso declarem que a resistência é sempre um crime, estarão reconhecendo que participaram desse crime e herdaram seus resultados. Se confirmarem a legitimidade da resistência, autorizarão seu emprego contra seus próprios atos, de vez que eles serão injustos ou ilegais.

Capítulo 2
Da obediência à lei

NOTAS

1. *Se a lei cria ofensas.* Os que afirmam que é só a lei que cria ofensas entram num círculo vicioso nessa questão; por que é uma ofensa desobedecer a lei?

2. *que nega alhures.* Quando encontramos, diz Bentham, I, 5,[173] na lista de ofensas alguma ação neutra, alguma ação natural, algum prazer inocente, não podemos hesitar em transferir a suposta

---

[173] Jeremy Bentham, *op. cit.*, t. I, p. 5

ofensa para a classe dos atos legítimos, em ofertar nossa clemência aos alegados criminosos e em reservar nossa indignação para os chamados virtuosos que os perseguem.

[626] 3. *retroatividade*. A maioria das leis ruins é feita apenas para servir um objetivo que demande efeito retroativo. Quase todas as leis que as facções e sentimentos apaixonados produzem seriam inválidas se não fossem retroativas.

4. *ornamenta com o nome de lei*. Leis como as que queriam que os franceses deixassem pais e filhos, apartados de seu país por opiniões políticas, perecer de pobreza e fome em climas distantes levantaram contra si todos os sentimentos honestos e generosos. Tais leis ímpias são sempre burladas enquanto vigoram e repudiadas com horror no primeiro momento de calma e liberdade.

5. *a uma lei que crê perniciosa*. Homens ambiciosos e gananciosos que desejam ser executores de más leis dizem que, ao aceitarem o poder, seu objetivo é fazer o maior bem possível; isso significa que estão prontos a fazer todas as ignomínias a que forem comandados.

Adições

A Lei de Sólon: todo cidadão terá permissão para acabar com a vida não apenas de um tirano e seus cúmplices, como também de um magistrado que mantém seu cargo depois da destruição da democracia. Andocides, *On Mysteries*,[174] *Travel of Anacharsis*, Introdução, p. 120: uma boa lei contra instrumentos.[175]

---

[174] *Sur les mystères*, de Andocides, I, 96-98, em *Discours*, texto editado e traduzido por Georges Dalmeyda, Paris, Les Belles Lettres, 1930, pp. 47-48.

[175] *Voyage du jeune Anacharsis en Grèce*, de Jean-Jacques Barthélémy, Paris, Veneza, J. Storti, 1790, t. I, p. 120 [Presumivelmente, Constant quer dizer "instrumentos de justiça". Nota do tradutor americano].

"Dizer que não existe nada justo ou injusto salvo o que a lei positiva ordena ou proíbe é dizer que, antes de o círculo ser traçado, os raios não eram iguais." *L'esprit des lois*, I, I.

Capítulo 3
Das revoluções

Notas

1. *e dirige esses meios*. "Nada parece mais surpreendente para os que encaram as questões humanas com olhar filosófico do que a facilidade com que a grande quantidade é governada pela pequena, e a implícita submissão com que os homens [627] subordinam seus sentimentos e suas paixões aos de seus líderes. Entretanto, quando pesquisamos os meios pelos quais tal milagre é realizado, descobrimos que, como a força está sempre do lado dos governados, os governantes nunca têm outro apoio que não a opinião pública. É, portanto, apenas na opinião pública que os governantes se baseiam, e essa máxima se estende também aos mais despóticos e aos mais militares, da mesma forma que aos mais populares e aos mais livres. Os sultões do Egito e os imperadores de Roma eram bastante capazes de lidar com os súditos desarmados como se fossem bestas irracionais; mas quando se tratava dos pretorianos e dos mamelucos, eles tinham que agir de acordo com as opiniões e interesses deles." Hume, *Essays*, IV, 27.[176] A opinião tem dois tipos: interessada e segundo a justiça. Esta última sempre teve muito

---

[176] *Essays and Treatises on Several Subjects*, de David Hume, Basiléia, J.-J. Tourneisen, nova ed. de 1793, t. I, pp. 27-28. A tradução de Constant é muito fiel ao texto original.

mais influência que o interesse encoberto. Isso pode ser facilmente provado pelas ligações que todas as nações têm com seus governos antigos e mesmo com os nomes que receberam a sanção da Antiguidade. A qualquer julgamento desfavorável que se chegue sobre a raça humana, o desregramento se deve sempre a seu sangue e à sua herança, já que a idéia foi sempre a da manutenção da justiça pública. À primeira vista, provavelmente, nenhuma proposição poderia ser mais deturpada pelos fatos. Os homens, depois de se juntarem a uma facção, violam vergonhosamente e sem arrependimento todas as virtudes da moralidade e da justiça para servir a tal facção; e, ainda assim, depois que essa facção fica seguramente estabilizada, as pessoas se fundamentam nos princípios da lei. É então que essas pessoas demonstram a maior perseverança e a maior devoção a esses princípios." *Ibid.*[177]

Adições

Quando governos arbitrários oprimem cidadãos, os defensores da liberdade por vezes confundem o direito de resistência com o direito de fazer revolução. Todavia, há uma grande diferença, e ela é muito importante. A resistência propriamente dita tende simplesmente a repelir a opressão,[178] enquanto o objetivo das revoluções é organizar o governo sob novas formas. Essas duas coisas são absolutamente distintas. A resistência é um direito positivo, individual e imprescritível que se subordina apenas a considerações derivadas da utilidade, da chance de sucesso, do perigo do distúrbio e da comparação dos males a que pode levar com os que quer evitar.

---

[177] *Ibid.*, pp. 28-29, passim.
[178] Veja a nota K de Constant no fim das Adições.

Fazer uma revolução, no entanto, jamais é um direito; é um poder com que os revolucionários se vêem acidentalmente investidos. [628] Os danos não pesam sobre a legitimidade da resistência; essa legitimidade da resistência não estabelece coisa alguma em favor das revoluções. Todavia, é imperioso dizer-se, como a resistência muitas vezes leva às revoluções, esse perigo precisa fazer parte das considerações dos que se sentem oprimidos e encorajá-los seja a tolerar os males de que padecem seja a fazer com que a resistência exercida não contemple choques excessivamente violentos ou sublevações fatais. Revoluções e resistência, por natureza distintas, se enquadram em regras totalmente diferentes. Um homem isolado, uma minoria, tem o direito de resistir. Todas as vezes que indivíduos são oprimidos, não importa que constituam minoria ou maioria na sociedade. A esse respeito, a garantia tem sido violada. Caso rejeitemos essa opinião como disruptiva, incorreremos, em primeiro lugar, no disparate de conceder poder ilimitado à maioria, de vez que, se a aceitação da maioria pudesse legitimar a opressão da minoria, por razão ainda maior a vontade positiva dessa maioria poderia chegar a tal objetivo. Em segundo lugar, só permitir a resistência quando a maioria das pessoas fosse oprimida seria, independentemente da injustiça de tal opção, de fato proibir a resistência em todos os casos. O truque que os governos empregam para oprimir cidadãos é mantê-los separados um dos outros, tornando as comunicações difíceis e as reuniões, perigosas. A opressão pela maioria jamais pode ser identificada. Em suma, a natureza da garantia política é tal que ela não pode ser violada, mesmo no caso de uma só pessoa, sem que seja destruída para todos. Em questões de despotismo, uma só vítima representa toda a coletividade. Não falo aqui apenas de direito. Quando se trata de execução, é claro que temos que levar circunstâncias em consideração. O exercício de nossas mais óbvias prerrogativas tem que ser subordinado às reflexões sobre utilidade. Recurso mal-refletido à força, mesmo contra a mais abominável usurpação, é fatal, e precisa, portanto, ser condenado. O homem que, ameaçado de prisão arbitrária, incita sua vila, seria culpado não pela resistência, mas por sua atitude desenfreada e pelos males que poderiam resultar. Não obstante, se uma minoria, ou um só homem, tem o direito de resistir, nenhum tipo de minoria jamais teve o direito de fazer revolução.

Da ausência dessa distinção tem resultado uma grande confusão de idéias. Hoje, quando alguma infeliz pessoa perseguida usa os meios ainda a ela disponíveis para protestar contra o despotismo ou para enganá-lo, não é vista como um homem defendendo-se de ataque, mas como ambicioso agressivo; e os oprimidos que recorrem à lei são considerados facções que a infringem. Como acontece comumente, os dois grupos oponentes [629] se valeram da confusão para dela tirar vantagem. Governos opressores não querem nada melhor do que a descrição como futuros usurpadores daqueles que resistem à usurpação presente; e os que aspiram à tirania rapidamente se autoproclamam vítimas para legitimar suas rebeliões.

A resistência é legítima sempre que fundamentada na justiça, porque a justiça é a mesma para todos, para um só ou para trinta milhões. Entretanto, uma revolução só é legítima, bem como útil, quando condizente com sentimento universal. Posto que as novas instituições apenas serão saudáveis e estáveis — numa palavra, livres — quando desejadas por toda a sociedade em que estão sendo introduzidas. A maneira mais segura de um governo conseguir a boa vontade da opinião pública é deixá-la livre. É a tirania que aliena a opinião da maioria, pois esta última não tem nada a ganhar com a oposição ao governo. Em conseqüência, quanto menos tirania houver, menor o risco da alienação da opinião pública.

Capítulo 4
Dos deveres dos homens ilustrados durante as revoluções

Notas

1. *Por conseguinte, existe sempre um dever a ser cumprido.* É nos persuadindo de que é útil lutar contra a violência das situações extraordinárias que as tornamos, de fato, irresistíveis. Cada um diz para si: mesmo que eu cumpra meus deveres, outros não cumprirão os seus, e eu me sacrificaria inutilmente. Esse raciocínio concorre para que não se faça o devido. Mas se, ao contrário, cada homem disser para si mesmo: ainda que as outras pessoas não cumpram suas obrigações, quero cumprir as minhas, todos acabarão fazendo a coisa certa. Criamos a impossibilidade do bem nos resignando a essa impossibilidade.

2. *a empurrará para baixo e ela entrará em colapso.* O espírito público é fruto do tempo. Ele se forma através de uma longa seqüência de idéias adquiridas, de sensações experimentadas, de modificações sucessivas, que são independentes dos homens e transmitidas e modificadas de uma geração para outra. O espírito público de 1789 resultou não só dos escritos do século XVIII, mas do que nossos pais sofreram sob Luís XIV, nossos ancestrais, sob Luís XIII. O espírito público é a herança das experiências da nação

que acrescenta a tal herança aquilo vivenciado a cada dia. Dizer que o espírito público precisa ser recriado é o mesmo que querer tomar o lugar do tempo, e essa [630] usurpação está, pelo menos, além do poder do usurpador. As assembléias e grupos políticos têm exatamente tal pretensão, ou seja, querem substituir com superficialidades aquilo que não têm em profundidade. Colocam-se no lugar do povo para expressar o que esse povo não quer dizer. Tomam para si a questão, a resposta e até o louvor que acham que sua opinião merece. Sempre existe uma opinião pública, quer dizer, uma vontade pública. Os homens jamais devem ser indiferentes ao seu destino nem perder o interesse por seu futuro. Quando os governos se opõem ao que o povo quer, este se cansa de expressar seu desejo, e como uma nação não pode, mesmo sob o terror, ser forçada a dizer mentiras para si mesma, eles dizem que o espírito público está adormecido, mas ficam prontos para sufocá-lo à menor suspeita de que vai despertar.

ADIÇÕES

A ilustração faz os homens perceberem um caminho de progresso para as instituições existentes; os distúrbios que as revoluções causam ou obscurecem tal luz ou fazem com que fracasse por ir longe demais.

A primeira conseqüência das Províncias Unidas depois de sua revolução: uma nau sem mastro ou velas, em meio às ondas, com estas palavras: *incertum quo fata ferant*.[179]

---

[179] ["Incertos sobre o destino a que os fados nos conduzem", Constant não cita de onde vem a frase em latim, mas ela está em *Eneida*, de Virgílio, III, 7. Virgílio descreveu como Enéias e seus companheiros, depois do cerco de Tróia, ficaram à

Os revolucionários franceses quiseram, como Medéia, rejuvenescer o velho homem com um banho de sangue, e ele, como deveria mesmo ocorrer, saiu do banho mil vezes mais velho que antes.

Uma revolução interrompe toda a inquirição e toda a reflexão abstrata, todo o trabalho paciente da mente ao qual a raça humana deve seu progresso. Tal trabalho requer segurança; suas necessidades abarcam o futuro. Como ficar comprometido com a ele se nada garante ao filósofo pacífico um dia de vida, uma hora de tranqüilidade? A ilustração demanda imparcialidade e distanciamento. Como ficar imparcial entre paixões atiçadas, desinteressado quando todos os interesses estão comprometidos?

Contra que abusos as revoluções são dirigidas? Contra a subserviência da opinião pública. No entanto, não são as opiniões mil vezes mais subservientes durante e muito depois de uma revolução? Não ficam cada palavra, cada gesto, cada demonstração de amizade, cada brado de infelicidade infestados por influência temerosa? Já houve uma revolução na qual a discussão da opinião prevalecente foi permitida? Queixa-se sobre as tentativas do governo para dominar o pensamento, e não é tal domínio o próprio propósito das revoluções? O objetivo é tornar os homens livres, mas o método é influenciar [631] pelo medo! Os governos usurpadores são censurados, e se organiza governo mil vezes mais usurpador de princípios e mais terrível nas medidas! Será então que a escravidão é meio de liderar

---

deriva e chegaram à costa da África, onde Dido, a rainha de Cartago, os convida para jantar. Enéas então narra para ela os eventos ocorridos e a passagem aludida, em que um bom número de sobreviventes se reuniu sob a liderança dele para construir navios e navegar sem saber o destino final. Nota do tradutor americano].

os homens para a liberdade? Será o terror uma educação calculada para torná-los corajosos, independentes e magnânimos?

As revoluções tornam terrível o poder da maioria; enquanto, em tempos normais, maioria e minoria são coisas variáveis no dia-a-dia, as revoluções as transformam, de forma duradoura, em partidos diferentes de escravos e senhores, de opressores e oprimidos.

Quanto mais amplo o reinado da educação, menos violentas são as revoluções. Quanto mais subsistem preconceitos e noções vagas, mais amarga a luta e mais duvidoso o sucesso. Um ano de retardo é um ano ganho. Durante esse ano, novas verdades podem ser descobertas, ou verdades antes sabidas, mas ainda trancafiadas em pequeno número de cabeças, podem ser mais totalmente esclarecidas ou mais universalmente espalhadas. Um pequeno número de mais fatos pode conquistar mil oponentes.

Quando verdades, que ainda estão ao alcance de apenas umas poucas pessoas, são introduzidas violenta e excessivamente em instituições políticas, que precisam se basear na aquiescência generalizada, muitos homens que, com justiça, discordam da pressa perigosa se inclinam por adiar sua desaprovação a tais verdades. Tal disposição é natural, mas deslocada e, talvez, desastrosa. É sempre pelo raciocínio falso que uma pessoa se devota a uma causa ruim, quaisquer que sejam as razões desse esforço. Temos que partir da verdade proclamada, por mais inconveniente que seja. Quando essa verdade é lançada sem preparo num meio político que deve trabalhar apenas com as verdades reconhecidas, devemos, em vez de nos esforçarmos em vão para restringi-la, cercá-la o mais rapidamente possível com o suporte factual que ela ainda não adquiriu. Os homens impacientes e impetuosos, que chegaram à verdade só por instinto, não sabem como lhe dar suporte factual. Ao ficarem condenados a defender o erro, desconsideram a razão e a própria moderação. Essas duas coisas muito preciosas sentem o efeito de serem usadas para apoiar princípios que não são, perfeita e rigorosamente, verdadeiros, e os elementos do raciocínio equivocado a que ficam ligadas se refletem sobre elas e as enfraquecem. De qualquer forma, as pessoas preparadas não adotam essa abordagem. Existem as que transpassam com os princípios através da turbulência e dos perigos. A elite [632] da nação fica dividida. A própria minoria se vê de novo rachada. Nomes respeitados emprestam igualmente patrocínio aos dois lados extremos, tanto aos que querem manter o engano quanto aos que levam a verdade além dos limites. Cresce a desordem, e ela é prolongada pelo fato de os homens conscienciosos ficarem desunidos sobre os meios para reprimi-la.

Existem ocasiões em que todas as asperezas da liberdade são de utilidade para o despotismo.

Capítulo 5
Continuação do mesmo assunto

Notas

1. *com uma voluptuosidade sibarita.* A revolução destrói o equilíbrio entre obrigações e sacrifícios. Aquilo que é, em tempos de normalidade, um simples e direto dever se transforma em esforço corajoso, em ato heróico de devoção. Numa tempestade, que ameaça com a morte quem não se agarrar a uma prancha, um feroz egoísmo se apossa de todas as pessoas. Cada alma infeliz que luta contra as ondas tem medo de um dos outros desafortunados, pois tentar salvá-lo

poderá significar afundar com ele. Da mesma forma, nos perigos iminentes das convulsões políticas, os homens se desprendem de tudo que antes os unia. Temem que uma mão amiga acabe os estorvando quando neles toca. Separam-se para melhor se defenderem. A riqueza se torna o único meio de independência, a felicidade crucial, a única esperança de segurança. As pessoas se jactam de que sua opulência apazigua a tirania ou desarma seus agentes. O prestígio não é mais buscado. Não existe glória para os poderosos ou interesse para a vítima. A riqueza é preciosa quando se trata de deixar o país, ou quando se teme uma crise pública diária ou um banimento pessoal. É mais conveniente pagar resgate pela vida do que provar a inocência, chegar a um acordo com a ganância dos juízes do que convencê-los em nível de justiça. Não se trata mais de uma questão de argumentos, e sim de motivos, não de verdade, mas de cálculos. A falta de segurança faz de imediato com que deixemos de simpatizar com o sofrimento de outros e com que percamos a confiança na própria existência. A ternura é estoicamente repudiada; as pessoas se lançam numa voluptuosidade sibarita.

Adições

O juramento prestado pelos habitantes de uma das Filipinas: isso é verdade, como também é verdade que ninguém jamais mata outrem.

[633] Os que falavam em liberdade religiosa eram chamados de fanáticos; os que falavam de perseguições eram filósofos. Lacretelle.

O fanatismo político luta mais pelas causas do que pelos efeitos.

Que os amantes da liberdade nunca esqueçam de que, se o crime ou a perseguição penetrarem em seu exército, será a liberdade que sofrerá o julgamento, e, mais cedo ou mais tarde, os inocentes arcarão com as penalidades dos culpados, que eles julgavam ser seus aliados.

A infelicidade consiste menos no sofrimento real que as injustiças infligem às suas vítimas do que nas paixões contagiosas que excita: vingança, terror, mentira infame, expectativa culpável, conjectura vergonhosa. A injustiça invoca essas paixões que acorrem a seu comando. Elas tapeiam seus gritos de fúria com decisões legais. Revestem sua ira com formas abstratas. Perseguidores e perseguidos, todos assaltados pelo ódio recíproco, sofrem. Aquele preservado pela chance do sofrimento pessoal se acanha diante da visão do crime ou se consome de indignação; e essa é a condição dessa nação cuja felicidade geral era a única preocupação dos vastos conceitos e legitimava seus destemperos.

Para que uma opinião triunfe, não basta ser adotada cegamente; ela precisa sê-lo de tal forma que sua adoção recaia sobre si mesma. Esse é o caso do fanatismo pela liberdade.

O sofrimento não mais figura no racional de nossas discussões nem em nossas leis. Na ocasião do projeto para a deportação da nobreza,[180] ninguém argumentou sobre a dor física e moral que a medida causaria à classe proscrita. Na execução das leis de conscrição,[181] a infelicidade dos homens idosos por perderem de um só golpe os últimos objetos de suas afeições e os últimos recursos de

---

[180] Tal proposta foi feita pela primeira vez por Boulay de la Meurthe, 3 vendemiário, ano VI (24 de setembro de 1797) depois do golpe de estado de 18 frutidor. Ver *La France sous le Directoire (1795-1799)*, de Georges Lefebvre, Paris, Editions sociales, 1977, p. 453.

[181] Referências ao recrutamento em massa proposto por Jourdan em 9 messidor ano VII (27 de junho de 1799). Compare *ibid.*, p. 673.

suas miseráveis vidas provectas foi tratada com grande desdém; e mesmo aqueles que argumentaram contra as atrocidades da lei dos reféns[182] não mencionaram o sofrimento das vítimas, salvo como considerações secundárias. Qualquer interesse pelos adversários era visto pelos homens de partido como traição. A piedade parecia um motim, e a simpatia, uma conspiração.

O sangue derramado pelas revoluções não é o pior de seus males. Um terremoto que engolfa centenas de milhares de indivíduos de uma só vez é apenas penoso por causa da tristeza [634] dos sobreviventes. Contudo, quando o homem perece pela mão de outro, a morte tem efeitos diferentes e bem mais terríveis. A depravação dos assassinos, a angústia das vítimas, o arrependimento, a indignação, a raiva dos que ficam privados dos objetos mais caros às suas afeições, os ressentimentos que se acumulam, a suspeita que se alastra, a busca de vingança que irrompe, a quebra dos vínculos, as punições que evocam penalidades adicionais, estes são os infortúnios reais.

Quando são pessoas ensandecidas que ameaçam as propriedades e os parentes de um cidadão, este último pode apelar para a lei, mas quando a própria lei é o instrumento da proscrição, tudo está perdido.

Caso pessoas sejam arrastadas para bem longe da moralidade a fim de que um objetivo seja alcançado, como restaurar a moralidade dessas pessoas quando a finalidade for atingida?

---

[182] A lei dos reféns foi adotada em 22-24 messidor, ano VII (10-12 de julho de 1799); ver *ibid.*, p. 676.

Capítulo 6
Dos deveres dos homens ilustrados depois de revoluções violentas

NOTAS

1. *talentos medíocres.* Assim Swift descreve para nós os liliputianos, quando eles acorrem aos milhares, de todos os lados, para cercar e amarrar Gulliver, tirando proveito do fato de ele estar dormindo no chão.

2. *todos os excessos da degradação.* Certos homens que raciocinam de maneira lógica em milhares de questões não o fazem numa questão particular e, às vezes, muito importante. Tal disparidade em suas faculdades e o modo com que sua lógica subitamente os abandona são muito surpreendentes. A chave para tal enigma não está na inteligência desses homens, e sim no seu caráter. Seus sofismas não derivam de erros, mas de um fato. Algumas circunstâncias distorceram seus julgamentos, danificando alguma sensibilidade vital. Naquele dia particular, eles foram fracos, talvez covardes, e a covardia os tornou cruéis. Essa memória os apavora, e toda a sua posição é apenas uma desculpa, que não entendemos desde que não conheçamos a circunstância.

ADIÇÃO

Uma máxima de certos homens: uma revolução é como o cerco de uma cidade: os tolos matam; os espertos saqueiam.

NOTA

3. *jamais se desligam da liberdade.* Nunca é correto dizer-se que o desejo das pessoas é pelo despotismo. Elas podem estar caindo de

fadiga e querer descansar [635] um pouco, como o exausto viajante pode adormecer na floresta apesar de ela estar repleta de bandidos. Tal estupor temporário, no entanto, não pode ser tomado como condição estável.

Adição

"A maioria das nações da Europa ainda é governada por regras morais. Se, entretanto, através de longo abuso do poder ou de conquista em larga escala, o despotismo se estabelecer em certa medida, não restariam intactas regras morais ou atmosfera moral; e nesta bela parte do mundo, a natureza humana sofreria por momentos os insultos que já impôs às outras três partes." *L'esprit des lois*, Livro VIII, Cap. 8.

Em alguns países, certas pessoas não se apiedam dos oprimidos até que percebem a chance de os oprimidos tornarem-se opressores.

Se a missão do soldado é perigosa, quem ousaria dizer que a missão do amigo da liberdade não corre riscos? O soldado combate em terreno aberto. A audácia guerreira está com ele. Inflige e recebe ferimentos honrosos. Morre coberto de lauréis. Todavia, quem irá contabilizar a quantidade de homens pacíficos e abnegados que, do recôndito de seus isolamentos, quiseram ilustrar o mundo e que, acossados por tiranias de todos os tipos, morreram lentamente nas masmorras e nas fogueiras? Somente a atividade intelectual é sempre independente quaisquer que sejam as circunstâncias. Sua natureza é pesquisar os objetos que analisa e generalizar o que observa. Os indivíduos não representam coisa alguma para a atividade intelectual, que não é seduzida por eles, nem os teme. Ela se encarrega através dos séculos, a despeito das revoluções e sobre os túmulos de gerações engolidas pelo tempo, da grande tarefa da busca da verdade. A coragem dos generais e a condescendência dos ministros servem tanto à tirania quanto à liberdade. Só o pensamento não cede. O despotismo jamais poderá transformá-lo em instrumento; daí o ódio que os tiranos a ele devotam.

Portanto, redobrem seus esforços, eloqüentes e bravos escritores. Estudem os elementos com os quais a natureza humana é composta. Vocês encontrarão em todos os lados moralidade e liberdade que, durante os tempos, produziram as verdadeiras emoções no caráter dos que serviram de modelo para os heróis, nos sentimentos que inspiraram a eloqüência, em tudo que, desde o começo do mundo, liga as nações a seus líderes, e a estima da posteridade às memórias dos séculos passados. Vocês encontrarão esses princípios por todos os cantos, servindo a alguns povos como modelo ideal, indicando para outros a estrada da glória e sempre contando com o assentimento universal. E transmitam isso muito bem aos governos antes que entendam errado. Vejam o que digo na Adição ao Capítulo I do Livro XIII, na página 816 destes Adendos.

[636] O que interessam para nós as interpretações pérfidas e as objeções absurdas? Será que não sabemos que os homens que nos atacam são de tipo diferente e falam língua distinta da nossa? Desses, alguns nasceram exatamente da forma com que os vemos. Os outros ficaram assim à custa de trabalho incansável. Quebraram com as próprias mãos tudo que neles existia de sensível e nobre, e não mediram esforços para tanto. Degradaram-se de maneira mais calculada e mais completa do que aqueles em que só a natureza se encarregou da degradação. Entre eles e nós não há nada em comum. Temos que passar por essa corja ignóbil exatamente como a pequena

tropa do Capitão Cook cruzou as recém-descobertas ilhas em meio aos gritos dos selvagens. Esses navegadores corajosos pereceram. Contudo, as civilizações se beneficiaram com suas conquistas, e uma agradecida Europa deplora suas perdas.

Não, nunca todo um povo se torna indigno da liberdade. Nunca todo um povo desiste dela. Nas ocasiões da mais profunda degradação, quando a impossibilidade de sucesso empurra até os mais bravos à inação, ainda restam os espíritos que sofrem e se agitam em silêncio. Alegria de um amigo da liberdade em Roma, durante a eleição do imperador. Tácito.

Os bajuladores podem conseguir que o soberano renda homenagens à sua ironia fria em detrimento da coragem e da virtude. Até que tire a coragem e a virtude de sua presença. Mas não as banirá da Terra nem de seu reino. O ódio à opressão tem sido transmitido de era em era, sob Dionísio de Siracusa, sob Augusto, Domiciano, sob Luís XI e Charles IX.

Existem seres para os quais o espírito do mal parece ter dito: preciso que você frustre tudo que é bom, que derrube tudo que é elevado, que definhe tudo que é nobre, e eu o dotarei com sorriso frio, olhar impassível, silêncio habilidoso e ironia amarga.

O sistema moral, filosófico e literário do século XIX. Uma grande revolução teve lugar. Causou seus efeitos, mas também teve suas causas. Conservar os efeitos, isto é, o poder e a riqueza que foram conseguidos; destruir as causas, ou seja, os princípios. Seduzir as cabeças fracas pela aparência dos argumentos racionais, e as mentes frívolas pela elegância e luxo.

FIM

Alguns pontos adicionais

[637] Não há nada mais revoltante que as leis da Inglaterra relacionadas com o assentamento dos pobres nas freguesias. Essas leis, obrigando cada freguesia a tomar conta de seus pobres, a princípio parecem benevolentes. Seu efeito, no entanto, é que nenhuma pessoa pobre, ou, mais precisamente, nenhum homem pobre, tendo apenas seu trabalho para a subsistência, pode deixar uma freguesia para se estabelecer em outra sem o expresso consentimento dessa última, consentimento que ele nunca consegue, um golpe inicial e muito sério na liberdade individual, já que esse homem, que não pode ganhar a vida com o ofício que adotou na freguesia onde é domiciliado, é proibido de se mudar para outra onde poderia sobreviver com mais facilidade. O segundo efeito é que a contribuição para os pobres em cada freguesia, recaindo sobre todos os habitantes dela, leva todos a se oporem a qualquer entrada de um homem pobre ou mesmo de qualquer um que, tendo apenas seu labor para a subsistência, ficaria empobrecido por enfermidade ou falta de emprego. Daí resultam as perseguições e as ameaças contra os trabalhadores pobres que tentam mudar a residência, uma perseguição que desmoraliza os que a promovem

e é cruel para aquele que a sofre. Smith, I, 10.¹⁸³ Como as ameaças sempre ricocheteiam sobre seus autores, o resultado de tais constrangimentos é que, com freqüência, uma freguesia fica com abundância de mão-de-obra e a outra com escassez. Nesse último caso, o preço do dia de trabalho cresce e atinge nível excessivo, e tal crescimento é uma carga para aquele proprietário que, temeroso de que os custos da manutenção dos pobres pesem sobre ele, opõe-se à chegada de trabalhadores individuais em sua freguesia. Assim, da intervenção da sociedade para assegurar a subsistência do pobre, o trabalho se tornou difícil para esse pobre e ele passou a se sujeitar a uma série de humilhações.

Uma má decisão de governos: quando uma cidade é pobre, julgam que ali criando alguns empreendimentos, não com base no comércio e na indústria, mas no luxo, eles a enriquecerão. Tem sido assim quando se trata de revivificar velhas cidades da Holanda e da França, e se fala em lá instalar bispados e tribunais de justiça, ou seja, gente que consome sem produzir. Ver sobre tal erro e sobre os efeitos dessas medidas em Smith, II, Cap. 3.¹⁸⁴

As grandes nações jamais se empobrecem com a prodigalidade e má conduta dos indivíduos, porém muitas vezes isso se dá [638] com as de seu governo. Smith, III, 3,¹⁸⁵ e com os reflexos que resultam sobre os sistemas de luxos e preços.

Como um Estado só progride com o consumo produtivo, a questão fica decidida contra o luxo. Veja Sismondi, I, 4, 117, sobre as desvantagens do consumo improdutivo: "Quanto mais as classes

---

¹⁸³ Adam Smith, *op. cit.*, t. I, pp. 283-285.
¹⁸⁴ *Ibid.*, t. II, pp. 336-351.
¹⁸⁵ Constant retira a lição moral do Cap. 3 *Comment les villes se formèrent et s'agrandierent après la chute de l'Empire romain*. *Ibid.*, t. II, pp. 439-462.

produtoras mantêm trabalhadores improdutivos, menos podem manter os produtivos". Sismondi, I, 4, 117.[186]

Se os regulamentos são suprimidos, disse um apologista das proibições em meados do século passado, os soberanos nada mais são que homens que se distinguem pelo *glamour*, mas ficam marcados pela falta de utilidade. Entendo. As regras não são feitas para beneficiar os governados, mas para que o governo não pareça sem utilidade!

Um governo que deseja se apossar da opinião pública para controlá-la age como Salmoneus, que desejou arremessar um trovão.[187] Fez enorme barulho com seu coche metálico e apavorou os passantes com archotes flamejantes. Num dia lindo, um trovão desceu das nuvens e o consumiu.

Et cum singulorum error publicum fecerit, singulorum errorem facit publicus. Sêneca, *Epistulae*, 81.[188] Com a diferença de que, no primeiro caso, há menos força.

"A necessidade de estudar os países da Europa em todos os aspectos, e a possibilidade de se chegar a um profundo conhecimento de suas questões, sempre a mim pareceu derivar de um dos

---

[186] Esses são o tomo, o capítulo e a página do livro de Sismondi.

[187] [Salmoneus, rei de Elis, no Peloponeso. Nota do tradutor americano].

[188] *Lettres à Lucilius*, de Sêneca, 81, 29. O texto exato é o seguinte: "et cum singulorum error publicum fecerit..." (O erro dos indivíduos causou o engano geral; hoje, o engano geral causa o dos indivíduos.) [Sêneca fala das coisas que os filósofos estóicos se acostumaram a desdenhar – riqueza, honra, poder etc., e escreve ainda mais: "Pois eles não são exaltados porque foram desejados. E quando a crença equivocada dos indivíduos causou um engano geral, o geral resultou na crença errada dos indivíduos". O texto em francês vem da tradução de Henri Noblot, Paris, Les Belles Lettres, 1965, p. 100: "*L'erreur des particuliers a fait l'erreur generale; aujourd'hui l'erreur generale fait celle des particuliers*". Nota do tradutor americano].

maiores males da humanidade. De fato, se a ambição e a ganância de todos os governos, por si sós, os forçam a se informar cuidadosamente sobre suas respectivas forças, o motivo que os leva, pelo menos de um modo geral, a se esforçar por conhecer nos mínimos detalhes aquilo que tem a ver com seus próprios domínios não é mais razoável nem de natureza diferente; e se, para evitar agitar com vigor demasiado os homens e seus afazeres, eu admitisse que existem diversos administradores cujas [639] manias de supervisionar tudo em seus países provêm de fonte mais pura, do sincero desejo de melhor desempenho de suas obrigações, teria eu menos direito de concluir de tudo isso que sua atividade inquisitorial era um grande mal que derivava daquela outra enfermidade mortal de querer governar além da conta? Quando os que governam impérios se atêm a bons princípios, só existem duas preocupações: manter a paz externa por um bom sistema de defesa e conservar a ordem interna por uma administração escrupulosa, imparcial e invariável da justiça. Tudo o mais será deixado aos esforços individuais, cuja irresistível influência, fazendo surgir uma soma maior de acesso aos vários direitos para cada cidadão, infalivelmente produzirá maior volume de felicidade pública. Nenhum soberano, nenhum ministro, nenhum comitê podem, por iniciativa própria, conhecer os interesses de milhares de pessoas, e cada indivíduo, em geral, vê muito bem seus próprios problemas." Mirabeau, *Prussian Monarchy*, Introdução.[189]

Erros na legislação são mil vezes mais desastrosos que outras calamidades. A dedução é que devemos reduzi-los ao máximo possível.

---

[189] Honoré-Gabriel Riquetti, conde de Mirabeau, *op. cit.*, t, I, p. aIV.

Ora, se os propósitos do governo forem preservação e segurança pública, as chances de erros serão consideravelmente diminuídas. Existem apenas alguns meios de se conseguir segurança pública e preservação. Para o aperfeiçoamento da felicidade, os meios são incontáveis e complicados. Se o governo se sai mal com os primeiros meios, seus enganos são apenas negativos, como também as conseqüências deles. Ele não faz tudo o que deveria, não chega ao objetivo que deveria atingir, mas o dano de faltas dessa natureza é reparável. Trata-se de mal cujo efeito cessa com sua causa. Se, ao contrário, o governo se engana nas tentativas de aperfeiçoamento (e, como eu disse, existem mil chances mais de se cometerem erros seguindo tal curso), seus erros perduram, os homens se acostumam com eles, hábitos se formam, interesses se reúnem em torno desse vínculo corrupto, e quando o erro é reconhecido, é quase tão perigoso destruí-lo quanto deixar que continue. Dessa forma, erros do segundo tipo produzem malefícios cuja duração e intensidade são incalculáveis. Não só implicam erros da qualidade dos enganos autorizados como também causam mais deles quando reconhecidos. O governo freqüentemente hesita em destruí-los. Nesse caso, vacilante e indeciso, age com muita incerteza e deixa o despotismo pesar sobre todos os cidadãos. Finalmente, surgem novos problemas mesmo quando [640] o governo decide. As decisões são revertidas, os laços acordados são rompidos, o comportamento usual é ofendido e a confiança pública é abalada.

"Comparem-se os efeitos nos governos que obstruem a publicação do pensamento e nos que dão rédeas livres a ele. De um lado, tem-se Espanha, Portugal e Itália. Do outro, Inglaterra, Holanda e América do Norte. Onde há mais decência e felicidade? Em quais deles mais crimes são cometidos? Em quais deles a sociedade é mais gentil?" Bentham, III, 20.

"O que é um censor? É um juiz com interesses, um juiz sem rival, um arbitrário que conduz processos clandestinamente, condena sem ouvir e decide sem apelação." Bentham, III, 22.

Entre o formulador de leis e o membro do governo, quando um ou outro excede suas prerrogativas, existe a seguinte diferença: o legislador tem um orgulho feroz o ministro, uma vaidade pueril. Um deles quer ser obedecido em vez de lisonjeado, porque a lisonja vindo de muitas pessoas o convenceria menos de seu mérito do que a obediência. O outro gosta de ser mais adulado do que obedecido, pois prescindir da obediência, depois de tê-la demandado, a ele pareceria uma segunda prova de poder.

A falta de jeito do formulador de leis, diz Bentham, quase sempre cria uma oposição entre a sanção natural e a política, III, 24.[190] Por conseguinte, ele admite que existem sanções naturais.

Pode-se dizer em geral de todos os bancos, seja dos bancos que recebem depósitos quanto dos que emitem notas, para cujos valores eles devem ter dinheiro vivo, o que Say diz, Livro II, Cap. 14.[191], para apenas os bancos de depósitos. "Tem sido questionado se uma coisa assim sobreviveria num Estado cujo governo não tivesse responsabilidade ou limite. Só a opinião pública pode decidir sobre

---

[190] Eis o texto de Bentham: "Os meios que iremos apresentar são tais que terminarão, em diversos casos, com essa discórdia interna, diminuirão essa tensão entre motivos que com freqüência existe apenas mediante a falta de jeito do legislador, pelo choque que ele criou entre a sanção natural e a política, entre a sanção moral e a religiosa".

[191] Jean-Baptiste Say, *op. cit.*, t. I, pp. 16-17.

uma questão dessa espécie. Cada pessoa pode ter uma opinião, mas ninguém é obrigado a revelá-la."

Ganilh mostra manifestamente, em sua digressão sobre crédito público, II, 224-251,[192] que esse agente especial, por assim dizer único, [641] é incompatível com o poder absoluto.

Os bancos, diz Montesquieu, não se coadunam com a monarquia pura. Isso significa dizer, em outras palavras, que o crédito é incompatível com o poder arbitrário.

Os mesmos homens, melindrosos entusiastas da independência, que quando lutam contra o governo acreditam não poder controlar suficientemente seus poderes, exaurem-se na multiplicação e no alargamento deles quando de oponentes do governo tornam-se seus herdeiros. É nos escritos dos reformadores mais austeros, dos mais implacáveis inimigos das instituições existentes, que se encontram os princípios mais absolutos sobre a jurisdição da autoridade política.

---

[192] Charles Ganilh, *op. cit.*, t. II, pp. 224-251.

Notas de Constant

A. [Referente à p. 743]
O que se pode imaginar mais frívolo do que as diferenças entre as cores numa corrida de cavalos? Tal diferença, no entanto, criou as facções mais amargas no império grego, a Prasini e a Veneti, que só deram fim à sua animosidade depois que causaram a queda daquele desafortunado governo. Hume, *Essays*, VIII, p. 54.[193]

B. [Referente à p. 748]
"Numa nação livre é em geral uma matéria desimportante se o indivíduo reflete bem ou mal. Basta que reflita. ... Da mesma forma, sob um governo despótico, é igualmente pernicioso se o indivíduo reflete bem ou mal. Basta que tal reflexão ocorra para que a própria base do governo se escandalize." *L'esprit des lois*, Livro XIX, 27.

C. [Referente à p. 757]
Só digo isso de instituições fixadas e legais, não de costumes e práticas que a lei não pode mudar.

---

[193] *Essays and Treatises on Several Subjects*, de David Hume, Basiléia, J.-J. Tourneisen, 1793, t. I, p. 54.

D. [Referente à p. 778]
Say, II, 5.[194]

E. [Referente à p. 782]
Existem argumentos de Montesquieu que dificilmente se pode crer que são dele. O que se segue é de quando trata em especial de produção, comércio ou dinheiro. "O Império romano", diz ele, "não estava em condições de saldar suas dívidas. Fabricou algum dinheiro em cobre. Ganhou com isso cerca de 50 por cento de seus credores. Tal operação causou um grande choque num Estado que necessitava da mínima agitação possível. O objetivo era livrar a República de seus credores. Isso requeria uma segunda operação. Houve ordem para que o centavo [denário], que até então valia apenas seis asses,[195] passasse a valer dezesseis. O resultado foi que, enquanto os credores da república perderam a metade, os credores dos indivíduos perderam apenas um quinto." *L'esprit des lois*, Livro XXII, Cap. 11. Mas com que fundos os credores da República pagaram seus próprios credores?

F. [Referente à p. 782]
Sobre as injustiças das revogações, da anulação de tratados etc., ver Ganilh, I, 303.

---

[194] Jean-Baptiste Say, *op. cit.*, t. I, pp. 449-465.
[195] [Essa era uma moeda romana de cobre, originalmente de doze onças, reduzida por sucessivas e deliberadas desvalorizações do governo a apenas meia onça, pelo início do segundo século a.C. Nota do tradutor americano].

G. [Referente à p. 783]

Os homens rapidamente se acostumam a recuperar aquilo que lhes foi tirado também rapidamente. Esforçam-se por conseguir pela esperteza o que lhes é tirado pela violência.

H. [Referente à p. 783]

"Numa tal ordem de coisas", diz Bentham, *Principes du Code Civil*, Cap. 11, "só haveria uma linha de ação sábia para os governados, a da prodigalidade. E só haveria um curso demente, o da economia".[196] Ver os Capítulos 9 e 10 da mesma obra.

[643] I. [Referente à p. 784]

O vale de Chamonix é protegido contra as avalanches apenas pelas matas que pertencem a uma série de indivíduos. Se essas matas fossem cortadas, o vale ficaria coberto pela neve como um outro vale chamado "caminho branco" [*sic*] o foi pela mesma razão. Como, no entanto, a propriedade de tais matas está espalhada entre muitos indivíduos pobres, cada um deles pode ser tentado a cortar sua seção porque não vê mal em fazê-lo, se os outros mantiverem as suas. É claro que, num caso desses, o governo tem que intervir para contrabalançar tal tendência dos indivíduos, exercendo assim o direito de restringir o livre uso da propriedade individual. Todavia, não sei se seria dever da sociedade compensar os proprietários. Qualquer que seja o caso, no entanto, fica patente que esse direito deriva de uma circunstância local. O mesmo se passa com diversas restrições de tipos diferentes que demandariam muito tempo para explicar.

---

[196] Jeremy Bentham, *op. cit.*, t. II, p. 49.

J. [Referente à p. 861]

"Essa subjugação que força o soberano a retirar a lei de seu povo é a última calamidade que pode desabar sobre uma pessoa de nossa posição."[197]

K. [Referente à p. 868]

Daí se segue que as melhores constituições são aquelas nas quais os poderes são combinados de tal maneira que um deles pode resistir ao ramo do governo que é opressor sem resistir a todo o governo.

---

[197] *Mémoires de Louis XIV*, op. cit., t. I, p. 60.

Índice

A

A Brief examination into the increase of the revenue, commerce and navigation of Great Britain (Beeke), 345, 345n45
"A Liberdade dos Antigos Comparada com a dos Modernos." (Constant), 28
A Riqueza das Nações (Smith), 30, 243n5, 334, 343, 530
Abuso, 31; antigas leis, 136, 766; contra as faculdade humanas, 121; da civilização, 846; das revoluções, 668; de governo de proprietários, 316; do governo, 31, 133, 167, 192, 631, 880; dos termos da linguagem, 46; evitado pelo julgamento por júri, 203; liberdade (*liberté*), 633; na educação, 526; na venda de cargos, 264; nos Estados pequenos, 540; pretensamente imputáveis à ilustração, 505; responsabilidade da teoria de Rousseau pelos, 54
Academia Francesa, 29
Ad Q. Mucium (Sextus Pomponius), 852 n162
Adendos, 20
Adolphe (Constant), 28
Aemilius Marmecus, 610n42
Agentes do governo: poder subalterno, 639-41; proliferação de leis, corrupção pela, 132-36, 730-32
Agripina: morte de, 560
Ahriman, 245
Alemanha (*Ver também* Prússia), 149, 207; liberdade de imprensa, 514n14; literatura germânica sob Frederico II (o Grande), 514
Alexandre I, 570n22
Alexandre, o Grande, 129, 570, 584, 825

América: assentamentos ingleses na, 422; atividade econômica, jurisdição do governo sobre, 809; credibilidade, 310; discurso de posse de Jefferson, 704; e Thomas Jefferson, 554; eleições pelo povo, 329; famílias numerosas, 446; liberdade religiosa, 245; pensamento, liberdade de, 887; sem instituições privilegiadas, 319; taxa de juros, 805

Ami des hommes (Mirabeau, marquês), 767

Anarquia: despotismo como proteção contra a, 862; ilegitimidade da, 45-47

Andocides, 866

Andromache (Racine), 594

Antigos (*Ver também Estados antigos específicos*), 586-91; "A Liberdade dos Antigos Comparada com a dos Modernos" (Constant), 28; banimento da filosofia grega em Roma, 822-24; cidadão-acusador, 854; comércio e indústria entre, 850-53; crimes, purificação de lugares assolados por, 738; débito público, 587-89; educação entre, 519, 525; eleição popular *versus* colégio eleitoral, 554-56; Estados grandes *versus* pequenos, 297, 581, 849; extensão da autoridade política, comparada com a do mundo moderno, 579; governantes *versus* governados, 107; imitadores modernos dos, 602-12, 854-57; independência do judiciário, 754; liberdade individual, 579, 591, 602, 853, 856; liberdade, 595-602, 853-57; moralidade e virtude, 592-95, 853-56; natureza guerreira dos, 582-86, 604; privilégios da hereditariedade, 322-24; progresso pela maturidade, diferenças provocadas por, 592-95; propriedade e direito de propriedade, 296-98, 316, 322-24, 326, 344, 596, 766-67; religião, 441-44, 587; tolerância com a escravidão, 297, 591-92; verdade, influência da, 90

Antiguidade: *Ver* Antigos

Apelação: direito à, 45, 266, 756

Aperfeiçoamentos prematuros, 566-73, 842-47

Aprendizado, 394, 549, 795

Aprimoramento (*Ver* Inovação e progresso)

Árabes, 111

Arcádia, 602

Aristocracia (*Ver também* Privilégios hereditários e propriedade): deportação da nobreza e lei dos reféns, 877; Hobbes sobre, 68

Aristófanes, 343, 827

Aristóteles: a bandidagem como forma de aquisição, 853; aceitação da metafísica de, 824; despotismo político como subversão de todas as leis, 820; e a concentração do poder nas classes superiores, 323; e a garantia de um governo duradouro, 186; e as distinções entre as classes agrícola e mercantil, 304; limitação da autoridade política, 91; privilégios hereditários, 324; propriedade e cidadania, 326

Armazenamentos ilícitos, 407

As Nuvens (Aristófanes), 827

Assembléias legislativas: dissolução das, 699

Associação: liberdade de, 740-43

Atenas e atenienses: atividade econômica, jurisdição do governo sobre, 806; comparação com Esparta, 623; desprezo de Mably por, 606; diferenciação dos povos da antiguidade, 583; e a escravidão, 617; e a música, 619; e a pena de morte, 762; e as peças teatrais, 828; educação, 518; eleição popular *versus* colégio eleitoral, 553; Estados grandes *versus* pequenos, 297; independência em relação ao magistrado, 590; jornada diária de trabalho, 396; julgamentos populares, 581, 754; jurisdição política sobre os indivíduos, 579; lei de Sólon contra a ociosidade, 618; liberdade de comércio, 590; liberdade individual comparada com a de Esparta, 589; liberdade política, 702; praga em, 152n6; Sólon e a taxa de juros, 420; Sólon e os emigrados, 616, 616n54; taxação comercial, 586; taxação sobre ativos, 613

Atividade econômica, jurisdição do governo sobre, 387-88, 440, 793, 814; controle de preços (*Ver* Preços, escassez e demanda); despotismo, 404-06; direitos e liberdades, 387-88; divisão do trabalho, 438-40; equilíbrio da produção e interesses individuais, 434-36; fixação de salários diários, 395-96; grãos e alimentos, comércio de, 405-16, 454, 801-04; guildas, aprendizado e corporativismo, 394-95, 795; importação de produtos estrangeiros, 397-402; importações e exportações, 397-402; interesses dos negócios, pressão dos, 422-27, 810-11; máquinas que economizavam mão-de-obra, bloqueio das, 807; monopólios, 390-93; ouro e prata em espécie, exportação de, 403-04, 798-800; patentes, 452; privilégios, 388-420; proibições, 389-427, 793-811; propriedade e direito de propriedade, 388; suprimento e demanda (*Ver* Preços, escassez e demanda); taxa de juros, 416-20, 805, 806; tipos de, 389

Atividades anticompetitivas, 303, 317, 365, 423

Ativos: atividade econômica, jurisdição do governo sobre, 402; os antigos, 588, 621n69, 852; propriedade e direito de propriedade, 301, 309; taxação sobre, 367-74

Atletismo, 519

Aubaine: lei de, 401

Augusto, 450

Áustria, 228, 568

Áustria, Casa da, 227, 228, 352

Autoridade absoluta/ilimitada (*Ver também* Despotismo): conseqüências da, 641-44; Hobbes sobre, 67-71; organização do governo, em casos de, 88-90, 715; teoria de Rousseau sobre, 39-66; teoria de Sieyès sobre, 52

Autoridade absoluta (*Ver* Despotismo)

Autoridade e poder políticos (*Ver* Autoridade/poder)

Autoridade/poder: absoluto (*Ver* Despotismo, Autoridade absoluta/ilimitada); mundo antigo, autoridade política no (*Ver* Antigos), 886-88; clemência, prerrogativa da, 281; concentração, tendência para, 636; Constant não faz distinção entre autoridade e poder, 21; crédito governamental comparado com, 85; deveres individuais para com (*Ver* Deveres do indivíduo em relação à autoridade política); divisão dos poderes, 89, 637-39, 652; escopo do, 47-60, 535-37; extensão além do mínimo necessário (*Ver* Extensão da autoridade política); Hobbes sobre, 67-71; ilimitado

(*Ver* Despotismo, Autoridade absoluta/ilimitada); judicial (*Ver* Poder judiciário); legislativo (*Ver* Corpos e poderes legislativos); liberdade como poder, poder como liberdade, 537, 633; limitação do (*Ver* Limitação da autoridade política); meios usados para exercitá-lo, bem *versus* mal, 120-24, 725; origem do, 43-47; poder executivo, 266, 281; poder subalterno, 639-41; princípios da liberdade diferenciados dos princípios de, 629-33; propensão humana pela, 129; propriedade e direito de propriedade, 299-300, 314-18, 769-70; resistência à, 651-53, 865; vontade geral, teoria de Rousseau para a (*Ver* Vontade geral)

Azuis e verdes (cores das corridas de bigas, Constantinopla), 699

B

Bacon, Francis, 573n23, 624n87, 654
Bacon, Roger, 514
Baert-Duholant, Alexandre-Balthazar de Paule, barão de, 452, 452n75, 459, 459 n96, 811 n124
Bancos, 157, 888, 889
Barante, Prosper de, 756n53
Bárbaros e barbarismo: antigos, 378, 468; artifícios de guerras, 503; atividade econômica, jurisdição do governo sobre, 393; civilização pelos conquistados, 846; classificação de Bonnot, 212; conquistas dos vindos do norte, 626; e a música, 598
Barrow, John, 229
Barthélémy, Jean-Jacques, 866n175
Bastiat, Frédéric, 17
Beccaria, Cesare, 51, 51n23, 75, 274n10
Beeke, 345, 345n45
Belvedere, Apolo, 236
"Benjamine" (*Acte additional aux constitutions de l'empire*), 28-30
Bentham, Jeremy, 656; censura, 746, 888; código penal de, 856; colônias, 763; críticas de Constant, 95n5; defensor das prerrogativas individuais, 32; descuido de Constant nas citações de, 19; e a sujeição das ações à lei, 658; e as escoras da moralidade, 504; e o termo "povo", 173, 710; educação, 836; falsificadores, 763; formulador de leis, 888; futilidade dos ódios políticos,

699n3; governo *versus* vícios, 832; indivíduos *versus* governo, 820; lei como mal necessário, 718; liberdade religiosa, 750; líderes de povos ignorantes, 211; meios indiretos de governo, vistos como ausência de intervenção governamental, 858; moralidade e legislação, 717; obscuridade das línguas, 775; ofensas imaginárias, 656; princípio da utilidade, 95, 98, 715; protesto contra direitos naturais, inalienáveis e imprescritíveis, 94; terminologia, 96

Bernadotte, Jean Baptiste Jules, 27

Bëthune, Maximilien de, duque de Sully, 225, 461n103, 813, 813n129

Biot, Jean-Baptiste, 511

Blackstone, William, 25, 796, 796n94

Blanc, Louis, 29

Boêmia, 254

Boécio, 689

Bonald, Louis Amboise de, 44n9, 197n10

Bossuet, Jacques-Bénigne, 253, 260, 289n2

Botany Bay, 277

Boulay de la Meurthe, Antoine Jacques Claude Joseph, 877n180

Brabante, 254, 665

Brillat-Savarin, Jean-Anthelme, 274n10

Brune, general, 148n5

Brunot, Ferdinand, 45n10

Brunswick, duque de, 26, 52n24

Brutus, 689

Buffon, George Louis Le Clere, conde de, 448, 448n69, 449n70

Burke, Edmund, 25, 196n8, 537, 537n2, 633

Burnet, Gilbert, 225

C

Cabanis, André, 197n10

Cabanis, Pierre-Jean-Georges, 52n24, 511, 545n8

Calas, Jean, 265

Calígula, 82

Calvinismo e calvinistas, 25, 185, 205, 749

Camilli, os, 478

Canard, Nicolas-François, 786

Capeto, Hugo, 861

Capitalismo e capitalistas (*Ver* Comércio e indústria)

Caracala, 173, 653

Carlos V (Augsburgo), 228, 751, 825

Carlos Magno, 107, 538, 844, 861

Carnéades, 822-24, 822n140
Carolina do Sul, 576
Carta Magna, 669
Cartago e cartaginenses, 66, 326, 586, 589, 850, 873n179
Cartouche, 652
Carvalho e Melo, Sebastião José de, marquês de Pombal, 459n95, 567, 568, 568n19, 729
Catarina II (a Grande), 275, 275n11, 433
Catilina, 161, 162, 183, 185
Catão (Publius Valerius), 713, 714, 823
Catão, o Velho (Marcus Porcius Cato), 343
Cécile (Constant), 26
Cecrops, 110
Celibato, 441, 444-45, 597, 853; proibição do, 449
Censura: romana, 183, 610, 611
Censura da imprensa (*Ver* Imprensa, liberdade de)
Cévennes: insurreição de, 185
Chamfort (Nicholas-Sébastien Roch), 672
Chamonix, vale, 893
Chandieu, Henriette de, 25
Chardin, Jean, 812
Charles I (Inglaterra), 270, 688, 692
Charles II (Inglaterra), 190, 225-26, 459, 688, 693, 790
Charles IX, 882
Charles VI (França), 556
Charles XII (Suécia), 470-72
Chateaubriand, François-René, 260, 594n21
China: agricultura na, 809; civilização por povos conquistadores, 565; destilação do arroz, 813; estabilidade/estagnação, 565n16, 566, 840; liberdade de imprensa, 745; liberdade de pensamento na, 211; moralidade regulada por lei, 830
Cícero: autoridade política no mundo antigo, 614, 617, 851; deveres dos homens ilustrados depois de revoluções violentas, 689; liberdade de pensamento, 161-62, 183, 185; liberdade religiosa, 766
Cidadania e propriedade (*Ver também* Propriedade e direito de propriedade), 286-88, 292-96
Cidadãos-Soldados, 476-82
Ciências e ilustração, 511-12, 825
Cincinato, 298, 478
Circunscrição da autoridade política (*Ver* Limitação da autoridade política)

Civilização, desenvolvimento da, 564-95, 844-47
Classe trabalhadora: e direitos do cidadão, 287-88
Classes da sociedade: despotismo julgado por, 862; direitos dos cidadãos, 286-88; educação das mais baixas, 522; educadas (*Ver* Classes educadas); governo representativo estabelecendo relações entre, 549, 839; despreparadas, 111, 253, 509, 525; verdade, apoio do governo à, 506-08
Classes educadas, 117; extensão da autoridade política, 111, 114, 116; preservação das, 679; propriedade intelectual e profissionais, 305-09
Classes despreparadas, 111, 251, 510, 525
Clermont-Tonnerre, Stanislas-Marie de, 256, 256n10, 257, 257n11, 258n13, 706, 706n7, 737, 738n38
Clóvis, 217, 217n19, 861
Clubes: governo por intermédio de, 742
Code de la nature (Morelly), 290n3
Coleta de impostos, 360, 363; da loteria, 365

Collatinus, 201
Colônias penais, 276-77, 763
Combinações, 392, 793
Comentários (Condordet), 51
Comércio (*Ver* Comércio e indústria)
Comércio e indústria: cidades pobres, revivificação pelos governos, 884; combinações, 392, 793; companhias, 393, 794; competição e atividades anticompetitivas, 365; contratos do governo, 780-82; e a liberdade de imprensa, 214-15; exportação de grãos, 405-15, 438, 454, 803-04; governo de proprietários, abusos do, 316; guerra e paz, 468-70, 473; importações e exportações, 397-416; importância da paz para, 292; imposto sobre patentes, 360-61; jurisdição do governo (*Ver* Atividade econômica, jurisdição do governo sobre); medidas arbitrárias destrutivas do, 153; mobilidade da propriedade, 588; monopólios, 390-92; os antigos, 586-91, 850-53; ouro e prata em espécie, exportação de, 403-04, 798-800; propriedade acumulada nas mesmas

mãos, 332; propriedade de negócios, 301-05, 767;
Comitê de Segurança Pública (França): queda do, 652
Common Sense (Paine), 52n26, 60n31
Companhia das Índias Orientais, 422
Companhia dos Vinhos, Portugal, 421
Companhias, 393, 794
Compensação para os injustamente presos ou condenados, 764
Competição e atividades anticompetitivas, 392, 423
Compilação das Leis de Atenas (Petit), 616
Condillac, Etienne Bonnot de, 66, 66n36, 212, 212n16, 347, 347n49
Conquistas (*Ver também* Guerra e paz): civilização via, 846-47; espírito dos antigos de, 582-86; guerras de, 471, 472-75
Conscrição *versus* recrutamento voluntário, 486-93, 817-19
Conselho de Paris, 825
Conspiração, 129, 148, 163, 796, 878
Constant de Rebecque, (Henri-) Benjamin: dados biográficos de, 25-29; obras e conceitos de, 28-33; traduções de, 17, 18; vocabulário de, 21
Constant de Rebecque, Juste, 25
Constantino, 46
Constantinopla/Império bizantino, 164, 620, 667, 699, 699n3, 743
Consumo: taxação sobre, 356, 361-64, 372-74
Contrato Social (Rousseau), 43, 43n8, 72n43, 259, 708n9, 711n11
Cook, James (capitão), 882
Corão, 820
Cordon bleu ou *cordon noir*, 437
Cores, nas corridas de bigas, 699, 743, 891
Corpos e poderes legislativos: eleição popular *versus* colégio eleitoral, 558; erros na legislação, desastrosos, 886; proliferação de leis, 109, 133, 134, 727
Corrupção: agentes do governo corrompidos pela proliferação de leis, 134-35, 730-32; atividade econômica, jurisdição do governo sobre, 389, 391, 395; constituições, 179; despotismo, 518, 644; fanatismo, 683; intriga, 548; judiciária, 263; liber-

dade de pensamento, 192, 197; liberdade religiosa, 236, 246, 249; Luís XV, 198; medidas arbitrárias que levam à, 152, 194; moral e censura, 626n91; petições de massa, 174; propriedade e direito de propriedade, 294, 299-300, 326-31; punições que levam à, 275, 277; taxação, 361, 364, 370, 378

Corte de Cassação, 280

Cortes (*Ver* Poder judiciário)

Costumes: dos antigos, 582, 589-92, 610, 611, 616, 619, 850-57; *coups d'état*, 163; hábitos das pessoas, respeito pelos, 542, 607-09, 843; aperfeiçoamentos prematuros, 847; estabilidade, 564; taxação, 792; uniformidade 542

Coups d'état: argumentos a favor e contra, 161-68, 739; extensão da autoridade política, 122, 123; questões constitucionais, 168-81

Cours de politique constitutionelle (Constant), 30

Couthon, Georges, 42n6

Cramm, Wilhelmine von, 26

Crédito e credores: antigos *versus* modernos, 588-89; autoridade/ poder comparado com crédito governamental, 85; bancos, 889; fundos públicos, 309-13, 588-89, 768-69; medidas arbitrárias, conseqüências morais das, 153, 157; taxas de juros estabelecidas pelo governo, 418-20

Creta, 518

Crime e leis penais: compensação para os injustamente presos ou condenados, 764; devido processo, importância do, 268-70; direitos das pessoas culpadas, 764; extensão da autoridade política, 107-08; extensão da autoridade, 535-37; fonte do crime, 656-58; medidas arbitrárias como meios de prevenção dos crimes, 145-50, 734-35; pena de morte, 225-26n25, 273-75, 758; penas, 273-78, 535-37, 762-64; pessoas inocentes tratadas como potencialmente criminosas, 145, 735; privilégios, punição pelo uso de, 678-86; proliferação de leis, efeito da, 131; 728-30

Croce, Benedetto, 33

Cromwell, Oliver, 270, 478, 556, 666, 688

Crueldade, 273, 592, 763

Curadorias, 394
Cyneas: discurso de Pirro para, 584

D

d'Alembert, Jean le Rond, 382n28, 511
d'Emskerque, François-Emmanuel, visconde de Toulongeon, 619
d'Ivernois, *Sir* Francis, 448
De l'administration des finances de la France (Necker), 345n44
De l'esprit (Helvétius), 69n38
De l'esprit des lois (Montesquieu), 144n1, 446n66, 449n71, 554n12, 733n37, 754n49
De l'esprit public (Toulongeon), 619
De l'homme (Helvétius), 530
De la garantie individuelle (Lauze de Péret), 759
De la législation des grains depuis 1692. Analyse historique à laquelle on a donné la forme d'un rapport à l'Assemblée nationale (Condorcet), 803
De la législation ou principes des lois (Mably), 620
De la litttérature considérée dans ses rapports avec les institutions sociales (Mme. de Staël), 594n20
De la monarchie prussiene sous Frédéric le Grand (Mirabeau, conde), 575n25, 801
De la richesse commerciale (Sismondi), 382
De Officis (Cícero), 614, 766n1
Décades (Tito Lívio), 347
Declaração dos Direitos do Homem e do Cidadão, 53, 714n17, 728
Demanda e preços (*Ver* Preços, escassez e demanda)
Democracia (*Ver* Governo representativo)
Demóstenes, 458, 852
Denúncia: leis que requerem, 661
Deodoro da Sicília (Diodorus Siculus), 828
Dernières vues de politique et de finance, offerté à la nation française (Necker), 553n10
Des circonstances actuelles (Mme. de Staël), 294n5
Desordem interna (*Ver* Crime e leis penais)
Despotismo (*Ver também* Autoridade absoluta/ilimitada); anarquia, como proteção contra, 862; atividade econômica, jurisdição do governo sobre, 404-05; atividade intelectual sob o, 825-29; civilização imposta pelo, 847; conseqüências do, 641-44, 861-63; definição de Aristó-

teles, 820; educação, 520-25; exemplos de leis tirânicas, 713; extensão da autoridade política que leva ao, 537; guerra e paz, 470-72; Hobbes sobre, 67; ilegitimidade do, 45-47; interesses dos governantes *versus* os dos governados, 860; liberdade de imprensa, 219-23; liberdade em oposição ao, 644-45, 872-75; liberdade individual, importância da, 631; moralidade e virtude, 150-54, 735-38; opinião pública não compatível com, 610-12; pensamento, restrição à liberdade de, 189; preocupação de Constant com, 21, 32; proliferação de leis não é proteção contra, 132-34, 136, 728-30; reinado de Luís XIV, 111, 190, 198, 228, 472, 641, 644-45

Deveres do indivíduo em relação à autoridade política, 651; obediência às leis, dever de, 653-64, 865-67; resistência, 651-53, 865; revoluções, 664-93, 867-82

Devido processo, 170, 267-69, 736-38, 817

Dialogues sur le commerce des grains (Galiani), 455, 455n88

Dictionnaire universel de commerce (Savary des Bruslons), 794n92

Dido, rainha de Cartago, 873n179

Dierauer, Johannes, 148n5

Diminuição da população: ações do governo para controlar, 441-50, 815; rural, 435-37

Diógenes Laércio, 531

Dionísio de Halicarnasso, 595, 617n58

Dionísio de Siracusa, 882

Dionísio, o Velho, 828

Direitos (*Ver também* Liberdade individual): apelação e sentenças judiciais, 266, 756; direitos da cidadania, 285-88; igualdade de (*Ver* Direitos iguais); liberdade de imprensa como salvaguarda dos, 203-05; propriedade privada (*Ver* Propriedade e direito de propriedade); utilidade *versus*, 94-99

Direitos iguais: cidadania e propriedade, 288, 313; limitação da autoridade política, 81; propriedade e direito de propriedade, 318-21

Discours (Cícero), 185n15

Discours préliminaire (Dumont), 101n12

Discours sur l'origine et les fondements de l'inégalité parmi les hommes (Rousseau), 333n36

Discours sur Tite-Live (Maquiavel), 125, 125n15, 295n6, 347n48, 610n42, 673n14
Distinções honoríficas, 437, 609
Divisão do trabalho, 438-40
Divisão dos poderes, 637-39
Documentos de identificação, 734
Domat, 289n2
Domiciano, 882
Dos Delitos e das Penas (Beccaria), 51
Du pouvoir executif dans les grands Etats (Necker), 251n8
Dumont, 101
Dúvida como condição do mundo moderno, 593-95

E

Eclaircissements sur la Révocation de l'Edit de Nantes (Rulhière), 186
Economia: economia comercial (*Ver* Comércio e indústria); efeitos da economia de guerra, 469-70; fisiocratas, 462n109; política, conexão com, 32
Economie politique (Say), 381, 384, 453, 463
Edito de Nantes: revogação do, 226
Educação: papel do governo na, 517-27, 833-36
Educação pública *versus* privada, 524-25

Egito, 221, 519, 582, 605, 624, 867
Eleição popular *versus* colégio eleitoral, 556-58
Elien, 827
Elizabeth I (Inglaterra), 459, 642, 796
Emoção e sentimento religioso, 233-35
Empresas, 392-93, 419, 422, 781
Eneida (Virgílio), 872n179
Energia: antigos *versus* modernos, 593; dos governantes, importância da, 549-51
Ênfase: uso de Constant da, 21
Enganos (*Ver* Erros, enganos e inconsistências)
Enobrecimento da atividade no campo, 437
Enquiry Concerning Political Justice (Godwin), 30, 290n3, 529n26, 821n139
Entretiens de Phocion sur les rapports de la morale avec la politique (Mably), 624n86
Entusiasmo: antigo *versus* moderno, 593, 598
Epistulae (Sêneca), 885
Erros, enganos e inconsistências: governantes e governados, erros de, 105-07, 110-20, 720-25;

legislativos, os mais desastrosos, 886; liberdade de pensamento, 499-500; Rousseau, inconsistência do pensamento, 72-74, 711, 712; texto original do *Princípios*, erros no, 19; valor suposto dos erros, 501-03; verdade, apoio do governo à, 506

Escócia (*Ver também* Inglaterra/Grã-Bretanha): Constant estuda em Edimburgo, 25; cultivo de uvas, 398; divisão do presbiterianismo, 245; liberdade de pensamento, 226; os Stuarts, 665, 669;

Escravidão: propriedade e direito de propriedade, 332-33; punição e crime, 275-77; Rousseau sobre, 333n36; tolerância dos antigos com a, 591-92, 841

Espanha: Alcavala, taxa de, 363, 370, 383n33; diminuição da população, 207, 443

Esparta: comércio e indústria, ausência de, 590; espírito guerreiro, 583; hilotas, 298n9; liberdade de ensino, 518; necessidade de fundos públicos, 590; republicanismo com restrições, 606; submissão à autoridade, 617

Especuladores, 405

Espírito de corpo no judiciário, 264-66, 755-56

Espírito puro: doutrina do, 499

Esportes, 519

Esprit de l'histoire (Ferrand), 183, 576, 647

Essai politique sur le revenu public des peuples de l'antiquité, du moyen-age, des siècles modernes et spécialement de la France et de l'Angleterre, depuis le milieu du XVe siècle jusqu'au XIXe (Ganilh), 381n27, 588n7

Essai sur l'application de l'analyse à la probabilité des decisions rendues à la pluralité des voix (Condorcet), 83n1

Essai sur l'histoire de l'espèce humaine (Walckenaer), 615

Essai sur le gouvernement civile (Fénelon), 105n1

Essai sur les privileges (Sieyès), 347, 347n50

Essais de morale et de politique (Molé), 42n7

Essays and Treatises on Several Subjects (Hume), 867n176, 891n193

Estados grandes *versus* pequenos, 539-42; exércitos, formação e manutenção de, 491-92; governo representativo, 549

Estados Unidos (*Ver* América)

Estrangeiros: direitos políticos dos, 287, 305
Eurípedes, 679
Exércitos (*Ver* Militares)
Exportação de grãos, 405, 409, 804
Extensão da autoridade política, 105-08, 535-37; governantes e governados, erros de, 105-07, 720-25; legitimidade do governo e, 109-10; meios usados pela autoridade política, bem *versus* mal, 120-24; os danos colhidos em outros danos, 839; proliferação de leis, 123-24; utilidade, baseada na, 105-08, 717-19
Extradição, 278

F

Fabricantes de algodão: reação contra os tecidos de seda, 426
Facções e facciosismo, 148; *coups d'état*, 161-63; devido processo, 270; educação controlada pelo governo, 520; escopo da autoridade política, 49, 54; extensão da autoridade política, 124; independência judicial, 263; liberdade, princípios da, 635; limitação da autoridade política, 85; medidas arbitrárias, 146; pensamento, liberdade de, 200; propriedade e direito de propriedade, 304; revoluções, 676
Família: ações do governo para controlar a população, 441-50, 815; casamento, 441, 444-47; despotismo, destrutivo da, 152; educação, direitos de parentesco relativos à, 525; exércitos, formação de, 486-87; propriedade e direito de propriedade, 331-33, 336-41
Fanatisme, ou Mahomet le prophète (Voltaire), 567n17
Fanatismo e revoluções violentas, 680-86, 875-78
Fauriel, Claude-Charles, 236n1, 482n8, 484n8
Federalismo e federalistas, 541
Federalist Papers, 32
Felicidade: Estados grandes *versus* pequenos, 539; extensão do governo sob o pretexto de, 536, 837-39; hábitos como parte essencial da, 543; liberdade política e, 636
Fénelon, François de Salignac de la Mothe-, 105, 105n1, 260
Fenícios, 582, 586, 850
Ferguson, Adam, 25

Ferrand, Antoine: duelos, edito sobre, 831; e a monarquia absoluta, 183, 185n15, 641, 646; e a opinião de Rousseau, 48; e a vontade geral, 710; Egito antigo, 624; extensão da autoridade política, 49, 75, 184; interesses dos governantes *versus* os dos governados, 717, 859n2; objetivo da autoridade política visado pelos antigos, 565n16, 613, 739n2; pensamento, liberdade do, 740

Ferrier, François-Louis-Auguste, 798n97, 799

Fiévée, Joseph, 197n10

Filangieri, Gaëtano, 449, 703; eleição popular *versus* colégio eleitoral, 554n11; medidas da população, 217

Filipe, o Justo, 825

Filósofos estóicos, 885n188

Fisiocratas, 462n110

Florença: leis contra os nobres da Itália, 347; privilégios hereditários, 324; proibição pela Casa de Medici dos lucros com a exportação, 802

Força: espírito militar a aceita de bom grado, 477; governos formados pela, 111, 184; revoluções, 671-77, 874-75

França (*Ver* Revolução Francesa)

Francis, *Sir* Philip, 196n8

Francos, 217, 324

Franklin, Benjamin, 52, 52n25, 75

Frederico Guilherme da Prússia, 196, 196n9, 751, 805

Frederico II (o Grande), 433; a ostentação dos soberanos, 790; atividades intelectuais de, 216; devido processo, 270; disputa com os filósofos, 827; liberdade de imprensa, 196; liberdade religiosa, 751; literatura francesa *versus* a germânica sob, 209, 513; pensamento, liberdade do, 196, 208

Fronde: guerra do, 205

Fundos públicos e débito público, 309-13, 588-90, 768-69, 774-80

Furet, François, 29

G

Gach (primeiro nome desconhecido): sobre o sistema de júri, 756-59, 756n53, 757n55, 758n57, 761n61

Galiani, Ferdinando (abade), 455, 455n88, 729, 821n138

Galileu, 514

Ganilh, Charles, 382, 495; crédito

público e o poder absoluto, 889; e os antigos, 613, 614n46; injustiça da revogação de contratos, 892; propriedade e direitos da propriedade, 620, 765; referência a Hume, 384n40; referência a Sully, 461n103; taxação, 374, 382, 382n30, 383n33

Garnier, Germain: atividade econômica, jurisdição do governo sobre, 814; controle da população, 448; e a educação gratuita, 835; fixação de salários, 797; propriedade e direitos da propriedade, 346; taxação, 456

Gauleses: conquista dos, 217

Génie du christianisme (Chateaubriand), 260n22

Gênova, 707

Geoffroy, 197n10

Gibbon, Edward, 25, 196n8, 855

Girondinos, 26

Gluck, Christoph Willibald, 743n42

Godos, 56, 324

Godwin, William, 529; Constant influenciado por, 25; extensão da autoridade política, 279n13; propriedade e direito da propriedade, 290n3; tradução de Constant do *Enquiry Concerning Political Justice*, 30; verdade, apoio do governo à, 724n2, 821

Goethe, Johann Wolfgang von, 27

Gournet (fisiocrata), 462n110

Governantes *versus* governados: erros, responsabilidade por, 105-07, 110-20, 720-25; interesses dos, 636-44, 858-63

Governo (*Ver também* tipos específicos), 885-89; antiguidade, participação direta do povo na soberania durante, 580; atividade econômica, controle da (*Ver* Atividade econômica, jurisdição do governo sobre); bem ou mal, capacidade para fazer, 573, 839; controles da propriedade, 330-31, 774-84; definição, 46; diferentes formas de, 45, 65; educação, papel do governo na, 517-27, 833-36; força, formado pela, 44, 45, 111; guerra resultante da ambição, 467, 482-86, 816; ilustração, ação sobre, 499-500, 511-15, 527, 825-29; limitação da autoridade política não o enfraquece, 633-35; medidas arbitrárias, efeitos sobre o governo, 166, 738; moralidade sustentação da, 515-16, 829-32; população, ações referentes à, 441-50, 815; prerrogativas da sociedade e do governo, distinção, 60-63; princípios da liberdade distintos dos do, 629-33; religião mantida ou restabelecida por, 246-54, 751-53; taxação, compatibilidade dos direitos individuais com os interesses do Estado, 369-75; taxação, direito de, 351; taxação, opulência do governo alimentada pela, 375-79, 789-92; verdade, apoio à, 506-11, 820-25

Governo representativo, 549; dissolução das assembléias representativas, 558-60; eleição popular *versus* colégio eleitoral, 545-62; governantes e governados, responsabilidade pelos erros, 111-18; guerra e paz, 473-75; Hobbes sobre a democracia, 67, 70; posições remuneradas e não-remuneradas, 327-28; propriedade e cidadania, 326-30; proprietários de terras, 550-55; regras para reeleições, 326-30

Governos eleitos (*Ver* Governos representativos)

Governos ilegítimos (*Ver* Legitimidade do governo)

Governos republicanos: intriga, papel da, 548; medidas arbitrárias tomadas por, 737; propriedade e cidadania, 295

Grã-Bretanha (*Ver* Inglaterra)

Gracos, os, 161, 183

Grand dictionnaire universel du XIXe siècle (Larousse), 289n2

Grécia: antiga (*Ver também cidades-estados específicas*), 518, 606, 623; desenvolvimento da civilização na, 575n26, 604, 845, 846;

Guerra dos Sete Anos, 206

Guerra e paz (*Ver também* Militares, *guerras específicas*): avanços tecnológicos na arte militar, 469; cidadão-soldado, 478-79; despotismo, 470-72; exércitos, formação e manutenção, 486-90, 817-19; medidas arbitrárias com base na, 147-48; natureza guerreira dos antigos, 582-86; vantagens da guerra, 467-70, 816; vida civil/doméstica afetada pela política de guerra, 467-69, 475-78

Guerras defensivas, 483

Guildas, 439, 439n62, 795, 797

Guises, os, 162, 183

Guizot, François, 33

H

Hábitos das pessoas (*Ver também* Costumes); respeito pelos, 541, 606-09
Habsburgos (*Ver* Áustria, *governantes específicos*)
Hardenburg, Charlotte von, 26
Hegel, 33
Helvétius, Claude-Adrien, 69, 69n38, 530, 530n28
Henrique VIII (Inglaterra), 560, 642
Henrique III (França), 162, 183, 437n59
Henrique IV (França), 162, 426, 461n103, 808n116
Hilotas, 298, 298n9, 575n26
Histoire ancienne (Condillac), 66n36
Histoire de Charles XII (Voltaire), 470n2
Histoire de la Confédération suisse (Dierauer), 148n5
Histoire des principaux événements du règne de F. Guillaume II, roi de Prusse (Ségur), 196n8
Histoire des republiques italiennes du moyen-âge (Sismondi), 849n157
Histoire Moderne (Condillac), 347n49
Histoire romaine (Tito Lívio), 201n12
Histoires Diverses (Elien), 827
Historiadores: antigos *versus* modernos, 593
Hobbes, Thomas, 67-71, 69, 710; defensor das prerrogativas da sociedade, 32
Hochet, Claude, 42n7
Holanda, 227, 310, 376, 381, 884, 887
Holandeses, 665
Holbach, Paul Henri Dietrich, barão d', 33, 48n15, 239n2
Honra e independência: nacionais, 471
Hume, David, 25, 226, 226n24, 378, 384n40, 750, 759n46, 867, 867n176, 891, 891n193
Hungria, 208

I

Idéias novas: opinião de Constant sobre, 481n7
Ilusão: conceito de, 593
Ilustração: ação do governo na, 499-500, 511-15, 825-29; ciências, 511-12; despotismo, 847; educação, papel do governo na, 517-27, 833-36; erros, valor dos, 501-06; iluminismo escocês, influência sobre Constant, 25; interesses do governo

na, 511-15; liberdade religiosa, oposição à, 233-41; liberdade, necessária para a, 516; moralidade, sustentação do governo da, 515-16, 829-30; preservação da, pessoas educadas, 679; propriedade e direito de propriedade, 301; revoluções e, 667-93, 871-82; tempo livre, condição indispensável para a, 293; teoria dos ciclos de iluminismo e barbarismo, 213; verdade, apoio do governo à, 506-11, 820-25

Imaginação: no mundo antigo e no moderno, 595

Império bizantino/Constantinopla, 164, 620, 667, 699, 699n3, 743

Importações e exportações, 397-16

Importações de produtos estrangeiros, 397-402

Impostos: sobre capital, 341, 367-69, 787

Imprensa, liberdade de, 192-203, 741-45; censura, ordem de 1806 contra, 706; e o pensamento intelectual, 212-16; efeitos negativos da falta de, 212-21, 746-48; expressão do pensamento, 192-203, 741-45; governos não-representativos substituindo direitos da, 205-07; opinião pública, 205-07; situações correntes e históricas, 195-99, 203-11, 745-46

Inalienabilidade dos bens, 331-36

Inalienabilidade/inviolabilidade da liberdade, 629-33, 690-93, 880-82

Inconsistência (*Ver* Erro, engano e inconsistências)

Índia: comércio com, 451n73

Índias: comércio francês com, 461n103, 794; comércio inglês com, 390; comércio português com, 451

Indústria (*Ver* Comércio e indústria)

Indústria de meias: ludismo da, 807-08

Influência no exterior como pretexto para a guerra, 472

Informantes, 134

Inglaterra/Grã-Bretanha (*Ver também Escócia*): apoio às descobertas e invenções, 431; axioma dos barões ingleses, 178; cidadão-soldado, 561; classe camponesa, 839n156; confiabilidade dos credores na, 310; Constant foge para, 28; constituição política, 211; educação na, 525; eleição popular *versus* colégio eleitoral, 60, 553, 555, 560; espírito nacional, 211; extensão da autoridade política, 390; governo representativo, 636; guerras civis de Charles I, 692; hereditariedade, 321; instituições políticas garantidoras da liberdade, 574; leis sobre mudança de freguesia, 346, 883; liberdade de imprensa, 745; liberdade de pensamento, 887; liberdade de produção, 796; monarquia constitucional, 669; obstáculos ao trabalho, 460; os Stuarts, 665, 669; pena de morte, 422; poder absoluto de Henrique VIII e Elizabeth I, 642; proibição da exportação de lã, 802; proibições, 427; regras para reeleições, 330; remuneração dos governantes, 326; republicanos depois da morte de Cromwell, 666; suporte à ilustração, 527; taxa de juros, 458n92; taxação da terra, 381; transações do governo, 783; tributos, 376

Inocência e pessoas inocentes: ação da liberdade sobre, 629; antigos, imitação moderna dos, 603; compensação para os injustamente presos ou condenados, 764; devido processo, importância do, 268-72; medidas arbitrárias, inocência como argumento falacioso para, 150-51; resultados perigosos das ações inocentes, direito de o governo intervir, 148; tratamento de pessoas inocentes como potencialmente criminosas, 145, 735

Inovação e progresso: aperfeiçoamentos prematuros, 566-73, 670-77, 842-47, 871-72; estabilidade/estagnação, 562-66, 840; mundo antigo *versus* moderno, 592-95

Inquisição, a, 207

Instituições (*Ver também* Costumes): antigos *versus* modernos, aceitação das, 595; aperfeiçoamentos prematuros, 847; estabelecimento de, 606-08, 756; estabelecimento *versus* formação de hábitos, 606-08; imitação moderna da antiguidade, 606-08

Interesse comum: interesse público confundido com interesse de todos, 86-88; legislação feita em nome do, 173

Interesse público: confundido com interesse de todos, 86-88; legislação em nome do, 173
Interino de Carlos V, 751
Intermediários, 405-07
Intriga, 548
Invasão estrangeira (*Ver* Guerra e paz)
Inviolabilidade/inalienabilidade da liberdade, 629-33, 690-93, 881-82
Irlanda, 390, 811
Islã, 111, 418, 806
Isócrates, 615, 615n49, 616, 616n51, 625, 625n89
Itália e estados italianos (*Ver também cidades-estados específicas*): corrupção, 574; diversas designações, 595; empréstimos de pessoas físicas a juros, 806; leis contra os nobres, 324; liberdade de pensamento, 887; religião e moralidade, 243; revoluções, 665; taxa de assassinatos, 149
Itálico (referenciação): uso por Constant do, 20

J
Jacquerie, 56
James II (Inglaterra), 270
Jefferies (Jeffreys), George, primeiro barão Jeffreys of Wem, 270
Jefferson, Thomas, 554, 704-05, 704n4, 705n5
Jesuítas, 568
José II, 254, 275, 568, 576, 665
Jouissances, 596n23
Jourdan, Jean-Baptiste, conde, 877n181
Journal intime (Constant), 25, 112, 658n9
Judeus: intolerância com os, 443, 805
Júlio César, 162, 217, 217n19, 495, 495n12, 747, 823
Junius: cartas de, 195
Jurisdição: controle econômico (*Ver* Atividade econômica, jurisdição do governo sobre)
Juvenal, 852

K
Kant, Immanuel, 259n19

L
L'ami des hommes (Mirabeau, marquês), 122n12
L'esprit de l'histoire ou lettres politiques et morales d'un père à son fils, sur la manière d'étudier l'histoire en général et particulièrement l'histoire de France (Ferrand), 49n18

La Barre, Jean-François Lefebvre, cavalheiro de, 265
La France nouvelle (Prévost-Paradol), 640n7
La politique naturelle ou discours sur les vrais principes du gouvernement (Holbach), 48n15
La république (Platão), 618n59
La république des Athéniens (Xenofonte), 615, 615n50, 619n63
La science de la législation (Filangieri), 217n19, 462n110, 626n90
Lacedemônios (*Ver* Esparta)
Lacônia, 298, 298n9
Laços hereditários, 331, 771
Lacrites, 458
Laharpe, Jean-François, 863
Larousse, Pierre, 289n2
Lasquenets, 286, 286n1
Lauze de Péret, J.-P., 759
Le Cahier rouge (Constant), 25
Le Maistre Pierre Patelin, 169
Le médicin malgré lui (Molière), 397n12
Lee, William, 807n116
Legitimidade do governo: a vontade geral e, 45, 81; *coups d'état* em países com constitituição escrita, 171; extensão da autoridade política, 109-10; formas ilegítimas, 47; liberdade individual e, 81, 601; obediência/desobediência à lei, 653
Leg V O de captivis (Pompônio), 851
Lei, 105-07; antigas, abuso das, 136-38, 732; ausência de leis, 123; fonte e conteúdo da, direito de avaliar, 654; guerra e armas, leis como, 676; leis ilegais/imorais/injustas, 660-64; leis que encorajam a posse de bens, 336-41, 772-74; leis retroativas, 660, 866; moralidade e justiça, promoção, 105-07, 717-19; multiplicidade de leis (*Ver* Proliferação de leis); obediência à lei, dever de, 653-64, 865-67; positivas e especulativas, 720-22; proibitivas e coercitivas (*Ver* Leis proibitivas ou coercitivas); tirânicas, exemplos de, 713; vontade geral, definida como expressão da, 726
Leis coercitivas (*Ver* Leis proibitivas ou coercitivas)
Leis especulativas *versus* positivas, 720-22
Leis ilegais/imorais/injustas, 659-64
Leis penais (*Ver* Crime e leis penais)
Leis positivas *versus* especulativas, 720-23

Leis proibitivas ou coercitivas: atividade econômica, jurisdição do governo sobre, 388-27, 793-11; taxas disfarçadas como proibições, 361-63

Leis que objetivam controlar ações desimportantes, 629, 659

Leis retroativas, 130, 576, 660, 775, 866

Les antiquités romaines (Dionísio de Halicarnasso), 617n58

Les Devoirs (Cícero), 614n46, 766n65

Lettres à Lucilius (Sêneca), 885n188

Lettres à un ami. Cent onze lettres inédites à Claude Hochet (Mme. de Staël), 112

Leuctra: batalha de, 519

Levelers, 56

Liberdade (*Ver também* Liberdade individual, *liberdades específicas*), 629-33; a ilustração como requisito para, 515; abusos da, 629-33; antigos, 595-602, 853-54; atividade econômica, 387-88; centralidade do conceito para o pensamento de Constant, 33; cidadão-soldado como ameaça à, 477-80; despotismo em oposição à, 644-45, 873-75; explicação de Constant para a Revolução Francesa, 27; fanatismo, incompatível com, 680-86; garantia constitucional confundida com, 50-51; governo não enfraquecido pela, 633-35; guerra e, 467-70, 474-75, 484-86; inviolabilidade/inalienabilidade, 629-33, 690-93, 881-82; liberdade política *versus* civil, 635-44, 858-63; poder como liberdade, liberdade como poder, 537, 633; princípios de governo/autoridade política diferenciados da, 629-33; proliferação de leis, efeitos da, 130; segurança *versus*, 858; taxação excessiva, 377-79; verdade, apoio do governo à, 506-11, 820-23

Liberdade das assembléias, 561, 740-43

Liberdade de ação, 438

Liberdade de reunião, 548, 829

Liberdade individual, 631; antigos, 579-91, 602, 853-56; atividade econômica, 387-88; deveres da autoridade política (*Ver* Deveres do indivíduo em relação à autoridade política); escopo da autoridade política e, 50-53, 58-60; formas legítimas de governo e, 82, 603; limitação da autoridade política, 81, 93; medidas arbitrárias infringindo, 143-44, 733; moralidade pública *versus* individual, 739; proliferação de leis, efeito da, 130; taxação, 367-75, 786-87; utilidade *versus*, 94-99, 715-16; verdade, apoio do governo à, 506-11, 820-23

Liberdade natural: deveres do soberano no sistema de, 719

Liberdade política *versus* civil, 635-44, 858-60

Liberdade religiosa, 233-41, 749; ilustração em oposição à, 233-41; intolerância civil, 241-43, 749-51; mal causado pela perseguição religiosa, 254-58; manutenção ou restabelecimento da, 246-55, 751-53; necessidade de as pessoas terem uma religião, 249-52, 750-51; proliferação de seitas, 243-46; tolerância, princípio da, 254, 751-53

Licurgo, 107, 598, 623, 713

Limitação da autoridade política, 81, 535-36; ação necessária do governo não enfraquecida por, 633-35; extensão além do mínimo necessário (*Ver* Extensão da autoridade política); extensão mínima da autoridade política, 92; liberdade individual, 93; opinião da maioria/minoria, 81-88, 713-15; possibilidade de, 90-92

Linguagem: invenção da, 195

Linguet, Simon Nicholas Henri, 290n3, 409, 409n24

Lisboa: terremoto de, 729

Lísias, 458, 591, 591n19, 592

Locke, John, 49n19, 289n2, 514

Loubère, Simon de la, 813

Lucano, 495n12, 689

Lucius Flaccus, 185, 185n15

Lucius Marcus Philippus, 766

Lucrécia: violação de, 201

Luís XI, 437n60, 647n14, 659, 861, 882

Luís XIII, 861, 871

Luís XIV, 112, 190, 206, 228, 247-48, 627, 644-45, 747, 783, 864, 871; a monarquia hereditária e o direito divino, 111; apologia ao despotismo, 642, 644-45, 861, 864; e a máquina de tecer meias, 808n116; efeitos do reinado de, 641; guerra do Fronde, 205; guerra e ambição de, 472, 747; imprensa, liberdade de, 198; morte de, 205; soberania genovesa, 707; taxação excessiva e demonstrações de ostentação, 784, 790

Luís XV: imprensa, liberdade de, 198

Luís XVI, 77, 191

Luís XVIII, 28

Luís, o Piedoso, 861

Luís-Felipe, 29

Luta romana, 519

Luteranos, 749, 751

Lyon: cerco de, 477

M

Mably, Honoré-Gabriel Bonnot de (abade), 48n13; antigos reverenciados pelos modernos, 606, 623; apologia ao despotismo, 620; defensor das prerrogativas da sociedade, 32; extensão da autoridade política, 49, 604; ganância desmedida aliada ao crédito público, 621n72; influência sobre os revolucionários, 604n34; propriedade e direito da propriedade, 290n3

Magistratura, 326

Maintenon, Mme. de, 248

Maioria/minoria, opinião da: a vontade geral, 707-09; deveres dos homens ilustrados durante as revoluções, 668; limitação da autoridade política, 81-88, 713-14; opressão levando à, 631

Maistre, Joseph de, 44n9

Mamercus, 610

Maomé (Mohammed, Mahomet), 111, 567, 598, 806

Maquiavel, 21, 113; conquistas hipócritas, 324, 474; Constant influenciado por, 22, 28; extensão da autoridade política, 114; mudança e tirania, 295, 673

Maquiavelismo, 505

Máquinas que economizavam mão-de-obra, bloqueio das, 807

Marcação indelével como punição, 763

Marco Aurélio, 173

Marema, da Toscana, 802

Maria Theresa, 568

Marie-Jean-Antoine-Nicolas de Caritat, marquês de, 52n24; atividade econômica, jurisdição do governo sobre, 804n111; e a educação, 115, 517; e a educação, 115n9; ilustração, ação do governo para, 511; limitação da autoridade política, 75; noção dos antigos sobre direitos indi-

viduais, 579; protesto contra a máxima de Rousseau, 51
Mário, 161
Materialistas, 499
Medici, Casa de, 802
Medidas arbitrárias, 143-44; atividade econômica, jurisdição do governo sobre, 426-27; controle de crimes, 734-35; controle do crime, 145-50; despotismo, 27; e a pena de morte, 274; governantes afetados por, 154, 738; inocência como argumento falacioso para, 150-51; interesses dos governantes *versus* os dos governados, 676; liberdade individual *versus* preocupações com a propriedade, 143-44, 733; moralidade e virtude, 151-54, 735-37; poder judiciário e, 263; privilégios e proscrições, 320
Mediocridade, 327, 549
Medo: como paixão política, 298
Mémoires (Luís XIV), 112, 783, 894n197
Mémoires (Pombal), 459n95
Mémoirs sur l'instruction publique (Condorcet), 52n24
Ménard, general, 148n5
Mercadores (*Ver* Indústria e comércio)

Mercier de la Rivière, Pierre Paul Le, 289n2, 462n110
Messênia (Mycenae), 298n9
Militares (*Ver também* Guerra e paz): cidadão-soldado, 476-82; conscrição *versus* recrutamento voluntário, 486-90, 817-19
Mill, John Stuart, 30, 33
Minas no Peru, 370, 787
Minerbi, Marco, 39
Ministros: *status* e responsabilidades, 116
Mirabeau, Honoré-Gabriel Riqueti, conde de, 122, 122n12, 575n25, 801, 833, 886
Mirabeau, Victor Riqueti, marquês de, 289n2; celibato sacerdotal, 444; governo guardião da moralidade, 815, 830; guerra, 816; aperfeiçoamentos prematuros, 843; jurisdição do governo sobre a atividade econômica, 436, 442, 535, 720, 813
Miscellaneous Works (Gibbon), 855
Mobilidade: da propriedade, 588
Molé, Louis-Mathieu, 42n7, 48n13, 53n28, 70n40, 71n42
Molière, 397
Monarquia, 22, 26-28, 30, 42, 45; governantes e governados, responsabilidade pelos erros,

III; Hobbes sobre, 67, 68; independência pessoal *versus* segurança pessoal, 124; meios da autoridade política, 123; poder absoluto/despotismo, efeitos do, 641-44

Montesquieu, Charles-Louis de Secondat, barão de la Brède e de, 25, 43, 289n2, 554, 703; assembléias representativas, 544; atividade econômica, jurisdição do governo sobre, 426; bancos, 157, 157n8, 889; comércio entre nações, 344, 853; confunde liberdade com segurança constitucional, 50; Constant e Mme. de Staël influenciados por, 26; crescimento da população, 446-47; definição de liberdade, 50; e a pesca das baleias, 462; e a tirania de Tibério, 136; e as máquinas que reduziam a mão-de-obra, 807; e as penas da lei, 189; e o descobrimento de terras, 853; e os direitos individuais, 51; economia do governo *versus* luxo, 788; eleição popular *versus* colégio eleitoral, 113; extensão da autoridade política, 49, 105; ginástica, 519; juízes e júris, 754; meios indiretos de governo, vistos como ausência de intervenção governamental, 858; monarquia, poder da, 644; moralidade e legislação, 717; mundo antigo *versus* moderno, 480, 618, 620; privilégios, 320, 346; propriedade e direito da propriedade, 144, 733; uniformidade, 538; verdade, apoio do governo à, 507

Moralidade e virtude: antigos *versus* modernos, 592-95, 853; censura romana, 610-11; crença religiosa e, 249-51; despotismo, 150-54, 735-38; erros, suposto valor dos, 501-06; justiça e leis, importância em se agir dentro dos limites das, 163; legislação que promove, 105-07, 717-18; leis que prescrevem ações imorais, 660; liberdade de imprensa, 203-05; loterias, 371; medidas arbitrárias, 150-54, 735-38; proliferação de leis, efeitos da, 130-32, 728-29; sustentação do governo da, 515-16, 829-31; tolerância, 254, 751-53

Moralidade privada (individual) *versus* moralidade pública, 739

Moralidade pública *versus* moralidade privada, 739

Morellet, André (abade), 392n4, 393, 455, 455n86
Morelly, 290n3
Multiplicidade de leis (*Ver* Proliferação de leis)
Mundo clássico (*Ver* Antigos)
Mundo moderno, 28; crédito e credores, 588-90; dúvida como condição do, 593-94; energia do, 593; extensão da autoridade política, 579; filosofia, 592, 593; guerra e paz, 597-602; imaginação, 595; imitação dos antigos, 602-12, 854-57; inovação e progresso, 592-95; liberdade religiosa, 596; moralidade e virtude, 592-95, 853-54; mundos antigo e moderno contrastados e comparados, 579-603; questões constitucionais, importância atribuída às, 857; refinamento das sensibilidades, 593
Musset, Alfred de, 41n5
Mycenae (Messênia), 298n9

N

Napoleão, Bonaparte, 27, 28, 30, 112n6, 148n5, 197n10
Natureza: imprecisão do conceito, 657
Necker, Jacques, 260; atividade econômica, jurisdição do governo sobre, 456; e o contrabando, 458; eleição popular *versus* colégio eleitoral, 552; extensão da autoridade política, 105, 106; milícias, 496; pai de Mme. de Staël, 26; receitas das loterias, 371; taxas de juros, 418, 419
Negócios (*Ver* Comércio e indústria)
Neoplatônicos, 618
Nero, 560, 653, 689, 862, 862n171
Newton, Isaac, 726
Nobres venezianos, 295
Nobreza (*Ver também* Privilégios hereditários e propriedade, Privilégios), deportação da nobreza e leis dos reféns, 68, 877-78
Nova Jersey, 576
Numa, 107, 598

O

O Dízimo Real (Vauban), 375
O Espírito de Conquista e Usurpação e Sua Relação com a Civilização Européia (Constant), 27
Obediência às leis, dever de, 653-64, 865-67

Observations sur l'histoire de France (Mably), 623n85

On Mysteries, Travel of Anacharsis (Andocides), 866

Opinião: liberdade de (*Ver* Pensamento, liberdade de)

Opinião pública: apoio do governo *versus* revolução, 666-67; aprimoramentos prematuros, 671-77; despotismo não compatível com, 609-12; expressão/repressão, 667; guerra, pretextos para, 470-72; influência do governo sobre, 122-23; legislação baseada na, 171-73; liberdade de imprensa e, 203-05; recompensas honoríficas, 610; revoluções, 666-77, 871-75

Opinião privada, liberdade da (*Ver* Pensamento, liberdade do)

Opinion sur la proprieté des biens du clergé, novembre 1789 (Clermont-Tonnerre), 257n11

Opinion sur une motion de M. Mirabeau, combattue par M. Barnave (Clermont-Tonnerre), 706n7

Ordem pública (*Ver* Ordem pública e segurança)

Ordem pública e segurança: e liberdade, 858; extensão da autoridade política, 122-24; ilustração e erro, 504, 829; independência judicial, 265n2; liberdade religiosa, 258n16; medidas arbitrárias, 145-47, 731-37

Ordens do mérito, 437, 609

Ormuzd, 245

Ossian, 237

Otaviano, 689

P

Pagamento (Ver Salários e vencimentos)

Paine, Thomas, 52, 52n26, 60n31, 196n8

Palavras (Ver Vocabulário)

Panégyrique (Isócrates), 615

Papia Poppaea, 449

Parentes (*Ver* Família)

Pascal, Blaise, 289n2, 654, 655

Patentes: cartas, 395; taxação, 360, 370, 786; técnicas, 452

Patriotismo, 287, 303, 344, 542-44, 604, 608, 637, 681, 851-53

Pauw, Cornelius de: antigos, 575, 615n49, 617n57, 619n64, 806, 828, 852; atividade econômica, controle do governo sobre, 810; liberdade religiosa, 598, 618n59; medidas arbi-

trárias, 756; patriotismo, 544; pensamento, liberdade de, 745
Pedro I (o Grande), 569, 569n21, 713
Pena de morte, 273, 274, 274n10, 275, 408, 422, 455n84, 661, 758, 759
Penalidades e punições, 273-81, 535-37, 762-64
Pensamento: erros, enganos e inconsistências, 499-500; expressão do (*Ver também* Imprensa, liberdade de), 192-203, 741-45; liberdade de, 189-92, 740-42; verdade, apoio do governo à, 506-11, 820-25
Pensamento intelectual: ciências e ilustração, 511-12; despotismo e repressão sob, 514, 825-29; efeitos da aversão ao, 55-58; liberdade de imprensa, 213-16; proliferação de seitas, 243-45; verdade, apoio do governo à, 506-11, 820-23
Péricles, 152n6, 713
Perseguição da religião (*Ver* Perseguição religiosa)
Perseguição religiosa: insurreição de Cévennes, 185; mal causado pela, 255-58; recusa dos sacramentos, 226

Pérsia, 519, 812
Pesca de baleias: Montesquieu sobre, 462
Pesquisa Histórica e Política das Perdas Experimentadas pela Nação Francesa (d'Ivernois), 448
Petit, Samuel, 616
Petições de massa, 172-74
Petrônio, 713
Piccini (compositor), 743n42
Pictet de Rochemont, Charles, 460n98, 809, 809n118, 834, 834n150
Piedade, 238, 520, 591, 659-61, 682, 689, 760-62, 878
Pirâmides, Egito, 221
Pirro: discurso para Cíneas, 584
Platão, 91, 602, 618, 625
Platão, 91n4, 602n31, 625n89, 822n140
Plutarco, 584n5, 616n53, 616n54, 679n16
Pobreza e pobres: atividade econômica, jurisdição do governo sobre, 421-22; crescimento da população, 447-48; educação, 525; leis da Inglaterra contra os pobres, 883; revitalização das cidades pobres, 884

Poder (Ver Autoridade/poder)
Poder executivo, 61n32, 89, 264-66, 281, 353-54, 480, 484-85, 552, 557, 698
Poder judiciário: apelação, 45, 166n5, 266, 272, 756; clemência, prerrogativa para exercê-la, 279-81; das penas, 273-81, 762-64; independência dos tribunais, importância da, 263-67, 754-61; o menos perigoso de todos os poderes, 718; sistema do júri, 266-68, 754-61
Poder subalterno, 351-53, 639-41
Poesia: antiga e moderna, 593
Poésies complètes (Musset), 41n5
Political Economy (Steuart), 810
Polônia, 84, 84n2, 228, 665
Pompônio, 851
População: ações do governo para controlar, 441-50, 815; êxodo rural, 435-36
Portugal, 421, 459, 567, 887
Posses (*Ver* Propriedade e direito de propriedade)
Povos mongóis, 244
Prasini, 891
Preços, escassez e demanda: equilíbrio da produção, 434; exportação de grãos, 405-12, 454; fixação de salários diários, 395; interesses dos negócios, 423, 424
Prerrogativas: clemência, exercício da, 279-81; da sociedade e do governo, distinção, 60-63; prerrogativas da classe governante ampliadas pela criação de deveres, 535
Prerrogativas sociais diferenciadas das prerrogativas do governo, 60
Prévost-Paradol, Lucien-Anatole, 640n7
Primogenitura, 319, 331, 337
Principes d'économie politique (Canard), 786
Principes du code civil (Bentham), 280n13, 453, 802, 893
Prisão perpétua, 622, 622n80
Privilégios, 318-20 (*Ver também* Privilégios hereditários e propriedade): atividade econômica, jurisdição do governo sobre, 389-420, 793-807; educação controlada pelo governo, 524-27; punições pelo uso de, 678-86, 876-78
Privilégios hereditários e propriedade: acúmulo de propriedade nas mesma mãos, 331-36, 771; cidadania e direitos de propriedade, 318-26; transferência,

disposição e transmissão de propriedade, 336-41, 772-74
Pro Roscio (Cícero), 617
Produção, equilíbrio da (*Ver também* Comércio e indústria, Atividade econômica, jurisdição do governo sobre), 436-37
Professores, independência dos, 521
Profissionais: propriedade intelectual, 306-08
Proliferação de leis: corrupção de agentes do governo pela, 134-35, 730-32; crime e violência, 727-28; despotismo não é proteção para, 132-33, 728-29; extensão da autoridade política, 123-24; medidas arbitrárias, 143; moralidade individual falsificada pela, 130-32, 727-28
Proliferação de religiões, temor de, 243-46
Promotores, 600
Propaganda, 122
Propriedade agrícola (*Ver* Proprietários de terras)
Propriedade e direito de propriedade: abolição da propriedade, 288-92; ações do governo, 331-34, 774-84; acúmulo de propriedade nas mesmas mãos, 331-34; ampliação da propriedade, leis que encorajam, 336-41, 772-74; direitos de cidadania e, 285-88, 292-96; direitos familiares e de parentesco, 331-34, 336-41, 771-74; donos de propriedades agrícolas (*Ver* Proprietários de terras, Proprietários); fundos públicos, propriedade dos, 309-13, 768-69; hereditária (*Ver* Privilégios hereditários e propriedade); inalienabilidade dos bens, 331-33; medidas arbitrárias *versus* liberdade individual, 143-44; mobilidade da propriedade, 588; os antigos, 296-98, 322-24, 766-67; poder e opressão, 299-300, 319-21, 769-70; posições políticas remuneradas e não-remuneradas, 326-27; primogenitura, 319, 331; propriedade de negócios, 300-05; propriedade intelectual, 306-09; salário/riqueza *versus* propriedade, 300; *status* da propriedade nas instituições políticas, 291-96; testamentos, 338-41, 772-74; transferência, disposição e transmissão, 336-41, 772-74
Proprietários de terras (*Ver também*

Propriedade e direito de propriedade): requisito da cidadania, 300-09, 425-27, 551-55; jurisdição do governo sobre, 425

Proprietários territoriais (*Ver* Proprietários de terras)

Protestantismo, calvinismo e calvinistas: insurreição em Cévennes, 185; reforma moralidade do clero, 245; reunião de Estrasburgo, 749; rixas com o catolicismo, 205

Prússia, 208, 270; Frederico Guilherme, 196, 209; Frederico II (Ver Frederico II), 195

Q

Quesnay, François (fisiocrata), 462n110

Questões constitucionais: "Benjamine" (*Acte additional aux constitutions de l'empire*), 28-30; *coups d'état*, 168-81; importância moderna ligada às, 856; papel no *Princípios*, 22, 30, 39-42; soberania do povo, 51; violações, como barrar, 174-81

Quintiliano (Quintilien), 828

R

Racine, Jean, 594
Rafael, 236

Rapport sur l'instruction publique fait au nom du Comité de constutution à l'Assemblé nationale les 10, 11 et 19 septembre 1791 (Talleyrand-Périgord), 179n8

Récamier, Jeanne- Françoise Julie- Adélaide, Mme. de, 28

Recherches philosophiques sur les Egyptiens et les Chinois (Pauw), 745n43

Recherches philosophiques sur les Grecs (Pauw), 72n44, 152n6

Recherches sur les constitutions des peuples libres (Sismondi), 39, 84n2, 347n51

Reciprocidade no comércio exterior, 401-02

Reféns: lei dos, 878

Refinamento de sensibilidades: antigos *versus* modernos, 594

Réflexions sur le fanatisme (Clermont-Tonerre) 256n10, 738n38

Reforma (*Ver* Inovação e progresso)

Reforma católica simulada pelo protestantismo, 245

Reino do Terror, 29, 145, 683

Reino Unido (Ver Inglaterra, Grã-Bretanha)

Relation de Siam (Loubère), 813

Religião: antigos, 441-95; celibato,

441; erros, suposto valor atribuído aos, 501-06; importância para Constant da, 233-41; interesse público confundido com interesse de todos, 86-88; juros e usura, 805-06; metafísica de Aristóteles, 824; moralidade e virtude, 249-51; pensamento, dominado pela, 499; protestantes (*Ver* Protestantismo), 251; reforma católica estimulada pelo protestantismo, 245

Représentations aux magistrats (Morellet), 455

Resistência à autoridade política, 651-53, 865-71

Resistência negativa à autoridade política, 653

Resistência positiva à autoridade política, 653

Respublica Lacedaemoniorum (Xenofonte), 617, 617n55

Revolução de Julho, 29

Revolução Francesa, 22, 30, 91; a instituição do júri, 760; antigos *versus* modernos, 598; aplicação dos erros dos filósofos, 603; clubes, governos por, 742; débito público, 588; desperta respeito e amor pela estabilidade, 564; e opinião pública, 122; eleição popular *versus* colégio eleitoral, 556; emigrados, punidos com a morte e o confisco, 775; formulação de leis absurdas e espoliadoras, 296; governo na destruição de erros, 510; idéia de De Bonald, 197n10; impacto sobre o pensamento de Constant, 30; ódio inveterado e hostilidade violenta, 585; pretexto falacioso, 474; Reino do Terror, 29; situação da nobreza antes da, 765; subversão do princípio da liberdade, 43

Revoluções (*Ver também* Revolução Francesa), 664-67, 867-69; abusos e malefícios das, 667-69; deveres dos indivíduos para com a autoridade política, 664-93, 867-82; fanatismo e violência, 680-86, 875-78; homens ilustrados, deveres dos, 667-93, 871-82; obediência à lei, 653-64, 865-67; privilégios, punição pelo uso de, 678-86, 876-78

Ricardo III, 659

Richelieu, 205, 861

Robespierre, Maximilien-François-Marie-Isidore de: colonizadores *versus* princípios, 566; direito de propriedade, 289n2; e a queda do Comitê de Segurança Pública, 653; horrores de, 82; opiniões de Mably, 620; pena de morte, 274n10; devido processo, 270; vontade geral, 29

Rodas de orações, 244

Rollin, Jacques-Fortunat Savoye de, 545n7

Romanos, 814; banimento da filosofia grega, 822, 823; classes sociais em função da riqueza, 856; contra a ganância dos coletores de impostos, 378; costumes, 852; costumes familiares, 449; costumes sobre escravos, 617; desvalorização da moeda nas Guerras Púnicas, 344; diálogo entre Pirro e Cíneas sobre a conquista dos, 584n5; e a expulsão dos sofistas, 824; e Tibério, 147; erro de César ao combater os francos, 217; espírito guerreiro, 583; guerra, pretexto para, 747; julgamentos populares, 754; medidas arbitrárias, 469; menos iluminados que Numa, 111; obediência à lei, 659; patrícios, 295; propriedade de terras, 766; tribunos romanos, sediciosos, 688

Romantismo germânico, 27

Rose, George, 345n45

Roubaud, Pierre-Joseph-André, 455n86

Rousseau, Jean-Jacques, 105; argumentos para a autoridade política ilimitada, 58-60, 709; conseqüências da teoria de, 63-66, 710; Constant e Mme. de Staël influenciados por, 26; Constant e o paradoxo de, 73n45; Constant e o perigo das opiniões de, 31; defensor das prerrogativas da sociedade, 32; desejo de distinção entre as prerrogativas da sociedade e as do governo, 60-63; distinção entre os dois princípios de, 81; e os defensores do despotismo, 49; excedente financeiro dos súditos, 376; inconsistência de que foi censurado, 72-74, 711; influência sobre a obra de Molé, 53n28; intolerância civil, 241; leis da liberdade, 136; leis tirânicas, 713; prerrogativas da sociedade sobre as do indivíduo, 70; Primeiro princípio sobre a origem da autoridade política, 43-47, 707; princípios da autoridade política *versus* os da liberdade, 630; refutação de Beccaria, 51n23; Segundo princípio sobre o escopo da autoridade política, 47-58, 707; sistema que leva ao despotismo, 710; tratado sobre o governo da Polônia, 854; vontade geral, 29, 707

Rulhière, Claude Carloman de, 186, 186n16, 225n23, 227n26,

Rumford, Benjamin, conde de, 791

Rússia, 569, 570

S

Saint-Just, Louis, 596

Salários e vencimentos: fixação pelo governo, 395-97, 797; posições remuneradas e não remuneradas, 326-27; professores, 522-23, 833-34

Salmoneus (rei de Elis), 885

Salvaguardas: clemência, prerrogativa para exercê-la, 279-81; devido processo, 267-72; independência dos tribunais, 263-67, 754-61; penas, 273-78, 535-37, 762-64

Savary des Bruslons, Jacques, 794n92

Say, Jean-Baptiste: associação de Constant com, 27; atividade econômica, jurisdição do governo sobre, 807, 815; bancos, 801, 888; crítica a Montesquieu, 462n108, 788n86; derrubada de governos, 850; direito da propriedade, 32; e a fabricação de papel moeda, 800; e os fatos particulares, 451; empréstimos nos países muçulmanos, 806; fundos públicos, 768; moralidade, 834; taxa de juros, 457

Schauenbourg, general, 148n5

Schiller, Johann Christoph Friedrich von, 27

Schlegel, August Wilhem e Friedrich von, 27

Scruton, Roger, 17

Ségur, Louis-Philippe, 196n9

Segurança (*Ver* Ordem pública e segurança)

Selim III, 47n11

Sêneca, 689, 862, 885, 885n188

Sião, 812

Sieyès, Emmanuel, 52, 76, 76n46, 347n50

Sila, 185

Sirven, Pierre-Paul, 265

Sismondi, Jean-Charles-Léonard, 39, 382; atividade econômica, jurisdição do governo sobre,

797, 802; desvantagens do consumo improdutivo, 884; dívida das nações, 798; e a fabricação de papel moeda, 800; e o aperfeiçoamento, 795; efeito do consumo de capital, 787; histórias de descobertas de tesouros, 806; mundo dos antigos *versus* os dos modernos, 849; o pernicioso das teorias econômicas, 814; perspectiva de negócios, 811; privilégios para indústrias manufatureiras, 793; taxa de juros, 805; taxação, 786

Sistema do júri, 266, 754-61

Sistema feudal, 331-36, 861

Smith, Adam, 25, 343, 446, 703, 771, 800, 835; antigos, 850; atividade econômica, jurisdição do governo sobre, 459, 576n28, 814; bancos, 452n74; competição, 801; contrabando, 809; credores do Estado, 344n42; defensor das prerrogativas individuais, 32; deveres do soberano no sistema de liberdade natural, 719; direito da propriedade, 32; e as guerras modernas, 614, 768; e o combate às importações, 398; e os interesses particulares, 460n100; educação, 834; eleições, 839; elevação dos preços, 454; escassez, 802; fixação de salários, 395, 797; grandes estradas, 811; grandes propriedades nas mãos das mesmas famílias por muito tempo, 335n38; intervenção do governo nas profissões, 884; laços hereditários, 771; leis tirânicas do sistema mercantil, 713; liberdade e justiça nas nações 460, 460n99; oferta *versus* demanda, 463n111; privilégios das empresas, 392, 393n6; proibições de exportações, 804; subcontrato da tributação, 382n30; taxa de juros, 418, 458n92; taxação sobre as minas do Peru, 787

Soberania (*Ver também* Autoridade/poder); nacional, 471, 631; do povo (*Ver* Soberania do povo)

Soberania do povo: influência direta do povo ateniense na soberania, 581; opinião de Hobbes, 68; Sieyès sobre, 76; teoria de Rousseau, 58-60

Soberania nacional, 471, 631

Sobre a Religião Considerada em Suas Fontes, Suas Formas e Seus Desenvolvimentos (Constant), 27, 29

Sócrates, 618, 618n60, 689, 827

Sofistas, 213
Sófocles, 525
Sólon, 107, 420, 618, 866; lei contra a ociosidade, 618n60
Sólon (Plutarco), 616, 616n54
Spinoza, Benedito de (Baruch), 646
Staël, Mme. Germaine de: acompanha Constant no exílio na Alemanha e Suíça, 27; comparação de leis com armas e declarações de guerra, 676n15; descrita por Constant em *Cécile*, 26; filha de Jacques Necker, 26; influência na Europa de seu tempo, 26; libertação pela recitação de versos de Eurípedes, 679n16; mundo antigo *versus* moderno, 673n14; provoca indisposição de Constant com Napoleão, 27; relação de Constant com, 26; romantismo germânico, 27; Rousseau, Robespierre e a vontade geral, 29; vantagens da reeleição, 328n34
Steuart, James, 810
Stewart, Douglas, 25
Stuarts, os, 191, 665, 669
Suábia, 299
Suécia (Charles XII), 470, 472
Suffetes, 66
Suíça: Constant e, 25; exílio de Constant na, 27; guerra de 1789 contra, 148; insurreição na, 665
Sultanato, 47, 658, 862
Sultanato turco, 47n11
Superstição e moralidade, 320
Suprimento e demanda (*Ver* Preços, escassez e demanda)
Sur la législation et le commerce des grains (Necker), 105n3, 455
Swift, Jonathan, 879
System of Nature (Holbach), 33
Système de la nature ou des lois du monde physique et du monde moral (Holbach), 239n2

T

Tableau de la Grande Bretagne, de l'Irlande et des possessions anglaises dans les quatre parties du monde (Baert-Duholant), 452n75, 459n96, 811, 811n124
Tableau des Etats-Unis (Pictet), 809, 834
Tácito, 519, 560, 882
Talleyrand-Périgord, Charles-Maurice de, 179n8
Tarquínios: expulsão dos, 665
Taxa de juros, 416-20, 804, 805-06

Taxação: arrecadação da, 365-66; capital, taxas sobre, 367-69, 787; consumo, taxa sobre, 361-63; contrabando, 362; contrária aos direitos individuais, 363-66; da terra, 355-59; direitos individuais, 367-75; excessiva, 377-78, 789-90; exércitos, formação e manutenção de, 488; inevitabilidade dos danos produzidos, 375-77, 788; interesses do governo compatíveis com os individuais, 369-75, 787; interesses do Estado compatíveis com os direitos individuais, 369-75; loterias, 371; opulência do governo, alimentada pela taxação excessiva, 375-78, 790-92; patentes, 360, 786-88; pobreza causada pela, 367; rejeição ou aceitação da, 353-54; tipos de, 355-63

Taxação da terra, 355-60, 367-69, 785

Taxação excessiva, 377-79, 789-90

Tebanos, 519

Teodorico, 689

Terminologia (*Ver* Vocabulário)

Terray, Joseph-Marie (abade), 456

Território, como pretexto para a guerra, 472, 474-75

Testamentos: transferência de propriedade por, 338-39, 772-73

The History of England from the Invasion of Julius Caesar to the Revolution in 1688 (Hume), 226n24

Theomnestes, 458

Théorie de pouvoir politique et religieux (Bonald), 44n9

Thrasea Paetus (Traseus), 862n171

Tibério (Tiberias), 136, 147, 173

Tirania (*Ver* Despotismo)

Tito Lívio, 201n12, 347, 554n12

Tocqueville, Alexis de, 25, 30, 33

Tortura, 225, 273, 477, 592, 675, 762

Trabalhos forçados: como forma de punição, 274, 275

Traité des lois (Cícero), 186n15

Traités de législation civile et pénale, précédés de principes généraux de législation (Bentham), 94n5

Transferência testamentária de propriedade, 338-39, 772-73

Trapezeticus (Isócrates), 616

Traseus (Thrasea Paetus), 862n171

Tratado sobre o governo da Polônia (Rousseau), 855n166

Tratado sobre Tolerância (Voltaire), 265n1

Treilhard, Jean-Baptiste, 402n17
Tronchet, 289n2
Turgot, Anne-Robert-Jacques, 454n82

U

Ulloa, Antonio de, 383, 383n34
Unidade do corpo eleitoral, 545-47
Uniformidade, 538-44
Ustariz, Dom Geronimo, 370, 383n33
Usura e taxa de juros, 416-20, 804-05
Usurpação: antigos *versus* modernos, 586-87; distinção entre os princípios da autoridade política e os da liberdade, 630; liberdade como fórmula nova para o despotismo, 631; *O Espírito de Conquista e Usurpação e Sua Relação com a Civilização Européia* (Constant), 27; pensamento, liberdade de, 741
Utilidade e utilitarismo: extensão da autoridade política por razões de, 105-08, 535-37, 717-19; medidas arbitrárias justificadas por, 145; meios usados pela autoridade política em função da, 120-24, 725; teoria de Bentham sobre, 94-99, 715-16

V

Valério Máximo, 852
Valério Publícola, 166
Valois, os, 162
Vauban, Sébastian Le Prestre, 375
Vencimentos (*Ver* Salários e vencimentos)
Veneti, 891
Verdade: governo em apoio à, 506-11, 820-23; valor suposto dos erros como causa para a, 501-06
Vie de Theophraste (Diogenes Laertius), 531
Vies parallèles (Plutarco), 679n16
Villers, Charles, 236n1
Virgílio, 594, 872n179
Vitélio, 653, 862
Vocabulário: "tudo" e "todos", 709; governantes e governados, responsabilidade pelos erros dos, 108; significado político da terminologia de Constant, 17-18, 20; poder das palavras, conceito de Constant, 39-40
Voltaire, 40, 41n4, 265n1, 470n2, 514, 567n17, 732, 732n36
Vontade geral: conseqüências da teoria da, 63-66, 72-74; escopo da autoridade política e, 47-60; legitimidade do governo e, 45, 81; leis definidas como expres-

são da, 726; opinião da maioria/minoria, 707-12; prerrogativas da sociedade e do governo, distinção, 60-63
Voyage du jeune Anacharsis en Grèce (Barthélémy), 866n175
Voyage historique de l'Amérique méridionale fait par ordre du roi (Ulloa), 383n34

W
Walckenaer, C.-A., 615

Webbe, John, 52
Weber, Max, 21

X
Xenofonte, 343, 554, 554n11, 590, 615n50, 616, 619, 619n63, 619n64

Z
Zend-Avesta, 820, 820n135
Zoroastrismo, 245n7
Zoroastro, 820n135

Coleção LibertyClassics

OBRAS JÁ PUBLICADAS

Política
Johannes Althusius
Democracia e liderança
Irving Babbitt
Cartas
Jacob Burckhardt
A lógica da liberdade — reflexões e réplicas
Michael Polanyi
Ensaios morais, políticos e literários
David Hume
A perfectibilidade do homem
John Passmore
Sobre a história e outros ensaios
Michael Oakeshott
Os limites da ação do estado
Wilhelm von Humboldt
O homem racional — uma interpretação moderna da ética aristotélica
Henry B. Veatch
História como história da liberdade
Benedetto Croce
Os Deveres do Homem e do Cidadão de acordo com as Leis do Direito Natural
Samuel Pufendorf

Informações sobre os próximos lançamentos
topbooks@topbooks.com.br
www.topbooks.com.br
Telefax: (21) 2233.8718 / 2283.1039

LibertyClassics@LibertyClassics.com.br
www.libertyfund.org.br

Impresso nas oficinas da
SERMOGRAF - ARTES GRÁFICAS E EDITORA LTDA.
Rua São Sebastião, 199 - Petrópolis - RJ
Tel.: (24)2237-3769